Jänich | Lauterkeitsrecht

# Lauterkeitsrecht

von
Professor Dr. Volker Michael Jänich
Richter am Oberlandesgericht
Friedrich-Schiller-Universität Jena

2019

Verlag Franz Vahlen

Zitiervorschlag: *Jänich* LauterkeitsR § Rn.

www.vahlen.de

ISBN 978 3 8006 4734 7

© 2019 Verlag Franz Vahlen GmbH
Wilhelmstraße 9, 80801 München
Druck: Druckhaus Nomos
In den Lissen 12, 76547 Sinzheim

Satz: Jung Crossmedia Publishing GmbH
Gewerbestraße 17, 35633 Lahnau

Umschlaggestaltung: Martina Busch Grafikdesign, Homburg Saar

Gedruckt auf säurefreiem, alterungsbeständigem Papier
(hergestellt aus chlorfrei gebleichtem Zellstoff)

# Vorwort

Nicht noch ein Buch zum Lauterkeitsrecht! Das mag manch Interessierter in Anlehnung an einen Filmtitel aus dem Jahr 2001 nach dem Erspähen des vorliegenden Werkes denken. Dennoch hoffe ich, mit dem vorliegenden Lehrbuch eine Lücke im Angebot der Ausbildungsliteratur zu schließen. Das Werk wendet sich zentral an Studierende der Rechtswissenschaft, die sich gezielt auf die Schwerpunktbereichsprüfung vorbereiten wollen. Klausurtipps, Hinweise auf typische Klausurfehler und eine Musterklausur nebst drei bewerteten studentischen Bearbeitungen unterschiedlicher Qualität sollen einen sicheren Weg zur erfolgreichen Schwerpunktbereichsprüfung weisen. Auch Studierende in Bachelor- und Masterstudiengängen an Universitäten und Fachhochschulen dürften das Buch mit Gewinn zur Veranstaltungsnacharbeit und Klausurvorbereitung nutzen können. Zudem wendet sich das Buch an Berufsanfänger, die einen ersten Zugang zum Lauterkeitsrecht suchen. Für diese Zielgruppe dürften die Ausführungen zum Wettbewerbsrecht nebst Musterakte von besonderem Interesse sein.

Gegenstand des Werkes ist das in Deutschland oft (noch) als »Wettbewerbsrecht« bezeichnete, primär im Gesetz gegen den unlauteren Wettbewerb geregelte Lauterkeitsrecht. Drei dicht aufeinanderfolgende, grundlegende Novellen (2004, 2008 und 2015) und die mit ihrer praktischen Umsetzung verbundenen Probleme prägen das aktuelle Recht, das dieses Buch erläutern und vermitteln will. Die seit dem 25.5.2018 geltende DS-GVO hat Berücksichtigung gefunden. Gleiches gilt für die beabsichtigte Umsetzung der Know-how-RL 2016/943 durch ein Gesetz zum Schutz von Geschäftsgeheimnissen, dessen Regierungsentwurf seit dem 18.7.2018 vorliegt. Eingearbeitet wurde auch schon der Referentenentwurf eines Gesetzes »zum Schutz des fairen Wettbewerbs« vom September 2018, das den sog. Abmahnmissbrauch bekämpfen soll. Unmittelbar nach Inkrafttreten der Gesetze erhalten Sie ein Update zum Buch unter www.recht.uni-jena.de/z10.

Ich widme das Werk meiner Tochter *Nike Sophie,* die mir während der Arbeiten an dem Buch regelmäßig angenehme Gesellschaft im Arbeitszimmer geleistet hat.

Großer Dank für die stets umsichtige Hilfe bei der Erstellung des Textes gilt meiner Sekretärin *Nicole Hinz.* Ausgesprochen engagiert und kritisch haben die wiss. Mitarbeiterinnen und Mitarbeiter *Lukas Haun, Johannes Kühl, Bettina Licht* und *Vivian Reck* die Manuskripte durchgeschaut. Frau *Bärbel Smakman* aus dem Hause Vahlen danke ich für ihre unerschöpfliche Geduld mit dem Autor und die schöne Umsetzung des Manuskripts.

Den Leserinnen und Lesern wünsche ich recht viel Freude bei der Lektüre des Werkes!

Jena, im September 2018 *Volker Jänich*

# Inhaltsübersicht

Vorwort . . . . . . . . . . . . . . . . . . . . . . . . . . . . . . . . . . . . . . . . . . . . . . . . . . . . . . . . . . . . . . . . . V
Inhaltsverzeichnis . . . . . . . . . . . . . . . . . . . . . . . . . . . . . . . . . . . . . . . . . . . . . . . . . . . . . . . IX
Abkürzungsverzeichnis . . . . . . . . . . . . . . . . . . . . . . . . . . . . . . . . . . . . . . . . . . . . . . . . . . XIX
Verzeichnis der abgekürzt zitierten Literatur . . . . . . . . . . . . . . . . . . . . . . . . . . . . . . . . XXV

1. Kapitel. Grundlagen, Grundbegriffe . . . . . . . . . . . . . . . . . . . . . . . . . . . . . . . . . . . 1
  § 1  Einführung . . . . . . . . . . . . . . . . . . . . . . . . . . . . . . . . . . . . . . . . . . . . . . . . . . . . 1
       A. Zum Begriff des Wettbewerbsrechts . . . . . . . . . . . . . . . . . . . . . . . . . . . . 1
       B. Lauterkeitsrecht und Kartellrecht . . . . . . . . . . . . . . . . . . . . . . . . . . . . . . 4
       C. Lauterkeitsrecht und Recht des geistigen Eigentums . . . . . . . . . . . . . . 4
       D. Lauterkeitsrecht und Bürgerliches Recht . . . . . . . . . . . . . . . . . . . . . . . . 5
       E. Aufbau und Struktur des UWG . . . . . . . . . . . . . . . . . . . . . . . . . . . . . . . . 6
  § 2  Geschichte des Schutzes vor unlauterem Wettbewerb . . . . . . . . . . . . . . . . . 7
       A. Einleitung . . . . . . . . . . . . . . . . . . . . . . . . . . . . . . . . . . . . . . . . . . . . . . . . . 7
       B. Anfänge eines Schutzes vor unlauterem Wettbewerb . . . . . . . . . . . . . . 8
       C. UWG von 1896 und 1909 . . . . . . . . . . . . . . . . . . . . . . . . . . . . . . . . . . . . 9
       D. Änderungen bis 2004 . . . . . . . . . . . . . . . . . . . . . . . . . . . . . . . . . . . . . . . 10
       E. UWG von 2004 . . . . . . . . . . . . . . . . . . . . . . . . . . . . . . . . . . . . . . . . . . . . 11
       F. Die UGP-RL und ihre Umsetzung in das deutsche Recht mit der UWG-Novelle 2008 . . . 12
       G. Das Gesetz zur Bekämpfung unlauterer Telefonwerbung . . . . . . . . . . 12
       H. Die UWG-Novelle 2015 . . . . . . . . . . . . . . . . . . . . . . . . . . . . . . . . . . . . . . 12
  § 3  Der Zweck des UWG (§ 1 UWG) . . . . . . . . . . . . . . . . . . . . . . . . . . . . . . . . . . . 13
       A. Einleitung . . . . . . . . . . . . . . . . . . . . . . . . . . . . . . . . . . . . . . . . . . . . . . . . . 13
       B. Schutzzweck . . . . . . . . . . . . . . . . . . . . . . . . . . . . . . . . . . . . . . . . . . . . . . . 13
  § 4  Grundbegriffe . . . . . . . . . . . . . . . . . . . . . . . . . . . . . . . . . . . . . . . . . . . . . . . . . . 18
       A. Einleitung . . . . . . . . . . . . . . . . . . . . . . . . . . . . . . . . . . . . . . . . . . . . . . . . . 18
       B. Grundbegriffe und Anwendungsbereich (§ 2 UWG) . . . . . . . . . . . . . . . 19
  § 5  UWG und Europarecht . . . . . . . . . . . . . . . . . . . . . . . . . . . . . . . . . . . . . . . . . . 29
       A. Einleitung . . . . . . . . . . . . . . . . . . . . . . . . . . . . . . . . . . . . . . . . . . . . . . . . . 29
       B. Die Bedeutung des primären Gemeinschaftsrechts für das UWG . . . . 30
  § 6  UWG und Verfassung . . . . . . . . . . . . . . . . . . . . . . . . . . . . . . . . . . . . . . . . . . . 35
       A. Einleitung . . . . . . . . . . . . . . . . . . . . . . . . . . . . . . . . . . . . . . . . . . . . . . . . . 35
       B. Das Zusammenspiel von UWG und GG . . . . . . . . . . . . . . . . . . . . . . . . . 36
       C. Die Bedeutung der EMRK und der Charta der Grundrechte der EU für das Lauterkeitsrecht . . . 38
  § 7  Internationales Lauterkeitsrecht . . . . . . . . . . . . . . . . . . . . . . . . . . . . . . . . . . . 40
       A. Einleitung . . . . . . . . . . . . . . . . . . . . . . . . . . . . . . . . . . . . . . . . . . . . . . . . . 41
       B. Internationales Privatrecht (IPR) . . . . . . . . . . . . . . . . . . . . . . . . . . . . . . . 41
       C. Das Herkunftslandprinzip (§ 3 TMG) . . . . . . . . . . . . . . . . . . . . . . . . . . . 45
       D. Internationale Zuständigkeit . . . . . . . . . . . . . . . . . . . . . . . . . . . . . . . . . . 47
       E. Internationale Verträge . . . . . . . . . . . . . . . . . . . . . . . . . . . . . . . . . . . . . . 47

2. Kapitel. Die lauterkeitsrechtlichen Verbotstatbestände . . . . . . . . . . . . . . . . . . 49
  § 8  § 3 UWG und der Anhang zu § 3 III UWG . . . . . . . . . . . . . . . . . . . . . . . . . . . 49
       A. Einleitung . . . . . . . . . . . . . . . . . . . . . . . . . . . . . . . . . . . . . . . . . . . . . . . . . 49
       B. Der zentrale Verbotstatbestand des § 3 UWG . . . . . . . . . . . . . . . . . . . . 50
       C. § 3 III UWG und der Anhang . . . . . . . . . . . . . . . . . . . . . . . . . . . . . . . . . . 73
  § 9  Rechtsbruch (§ 3a UWG) . . . . . . . . . . . . . . . . . . . . . . . . . . . . . . . . . . . . . . . . . 92
       A. Einleitung . . . . . . . . . . . . . . . . . . . . . . . . . . . . . . . . . . . . . . . . . . . . . . . . . 92
       B. Tatbestand . . . . . . . . . . . . . . . . . . . . . . . . . . . . . . . . . . . . . . . . . . . . . . . . 94
  § 10 Mitbewerberschutz (§ 4 UWG) . . . . . . . . . . . . . . . . . . . . . . . . . . . . . . . . . . . . 99
       A. Einleitung . . . . . . . . . . . . . . . . . . . . . . . . . . . . . . . . . . . . . . . . . . . . . . . . . 100
       B. Herabsetzung eines Mitbewerbers (§ 4 Nr. 1 UWG) . . . . . . . . . . . . . . . 100

|  |  | C. Anschwärzung (§ 4 Nr. 2 UWG) | 103 |
|---|---|---|---|
|  |  | D. Ergänzender wettbewerbsrechtlicher bzw. lauterkeitsrechtlicher Leistungsschutz (§ 4 Nr. 3 UWG) | 107 |
|  |  | E. Behinderung von Mitbewerbern (§ 4 Nr. 4 UWG) | 116 |
|  | § 11 | Aggressive geschäftliche Praktiken (§ 4a UWG) | 133 |
|  |  | A. Einleitung, Normstruktur, europarechtliche Grundlagen, Konkurrenzen | 134 |
|  |  | B. Der Verbotstatbestand des § 4a I UWG | 136 |
|  | § 12 | Das Irreführungsverbot (§§ 5f. UWG) | 145 |
|  |  | A. Einleitung, Normstruktur, europarechtliche Grundlagen | 147 |
|  |  | B. Grundtatbestand des § 5 I UWG | 154 |
|  |  | C. § 5a UWG – Irreführung durch Unterlassen | 182 |
|  | § 13 | Vergleichende Werbung (§ 6 UWG) | 191 |
|  |  | A. Einleitung, Normstruktur, europarechtliche Grundlagen, Konkurrenzen | 191 |
|  |  | B. Die Definition der vergleichenden Werbung (§ 6 I UWG) | 194 |
|  |  | C. Die ausnahmsweise Unzulässigkeit nach § 6 II UWG | 196 |
|  | § 14 | Unzumutbare Belästigungen (§ 7 UWG) | 204 |
|  |  | A. Einleitung, Normstruktur, europarechtliche Grundlagen, Konkurrenzen | 205 |
|  |  | B. § 7 I UWG | 207 |
|  |  | C. § 7 II UWG | 212 |
| 3. Kapitel. | | **Rechtsfolgen** | 223 |
|  | § 15 | Rechtsfolgen (§§ 8–11 UWG) | 223 |
|  |  | A. Einführung – Die lauterkeitsrechtlichen Ansprüche | 223 |
|  |  | B. Die Abwehransprüche des § 8 UWG | 228 |
|  |  | C. Schadensersatz (§ 9 UWG) | 250 |
|  |  | D. Auskunfts- und Rechnungslegungsansprüche | 253 |
|  |  | E. Gewinnabschöpfung (§ 10 UWG) | 255 |
|  |  | F. Verjährung und Verwirkung | 260 |
| 4. Kapitel. | | **Anspruchsdurchsetzung** | 265 |
|  | § 16 | Verfahren (§§ 12–15 UWG) | 265 |
|  |  | A. Überblick, Problemstellung | 265 |
|  |  | B. Die Abmahnung (§ 12 I UWG) | 267 |
|  |  | C. Die strafbewehrte Unterlassungserklärung | 273 |
|  |  | D. Die einstweilige Verfügung (§ 12 II UWG) | 276 |
|  |  | E. Das Hauptsacheverfahren | 279 |
|  |  | F. Sachliche und örtliche Zuständigkeit | 281 |
|  |  | G. Einigungsstellen (§ 15 UWG) | 283 |
|  |  | H. Übersicht: Ablauf einer lauterkeitsrechtlichen Steitigkeit | 284 |
| 5. Kapitel. | | **Straf- und Bußgeldvorschriften** | 285 |
|  | § 17 | Straftatbestände und Ordnungswidrigkeiten | 285 |
|  |  | A. Überblick | 285 |
|  |  | B. Strafbare Werbung (§ 16 UWG) | 285 |
|  |  | C. Schutz von Geschäftsgeheimnissen | 286 |
| 6. Kapitel. | | **Die Klausur im Lauterkeitsrecht** | 293 |
|  | § 18 | Musterklausur | 293 |
|  |  | A. Vorbemerkungen und Hinweise | 293 |
|  |  | B. Aufgabentext | 293 |
|  |  | C. Lösungsskizze | 296 |
|  |  | D. Studentische Bearbeitungen | 302 |

**Anhang Musterakte einer lauterkeitsrechtlichen Streitigkeit** ... 327

**Verzeichnis wichtiger Entscheidungen** ... 343

**Sachverzeichnis** ... 345

# Inhaltsverzeichnis

| | |
|---|---|
| Vorwort | V |
| Inhaltsübersicht | VII |
| Abkürzungsverzeichnis | XIX |
| Verzeichnis der abgekürzt zitierten Literatur | XXV |

**1. Kapitel. Grundlagen, Grundbegriffe** ... 1
  § 1 Einführung ... 1
   A. Zum Begriff des Wettbewerbsrechts ... 1
    I. Wettbewerb ... 1
    II. Wettbewerbsrecht und Lauterkeitsrecht ... 3
   B. Lauterkeitsrecht und Kartellrecht ... 4
   C. Lauterkeitsrecht und Recht des geistigen Eigentums ... 4
   D. Lauterkeitsrecht und Bürgerliches Recht ... 5
   E. Aufbau und Struktur des UWG ... 6
  § 2 Geschichte des Schutzes vor unlauterem Wettbewerb ... 7
   A. Einleitung ... 7
   B. Anfänge eines Schutzes vor unlauterem Wettbewerb ... 8
   C. UWG von 1896 und 1909 ... 9
   D. Änderungen bis 2004 ... 10
   E. UWG von 2004 ... 11
   F. Die UGP-RL und ihre Umsetzung in das deutsche Recht mit der UWG-Novelle 2008 ... 12
   G. Das Gesetz zur Bekämpfung unlauterer Telefonwerbung ... 12
   H. Die UWG-Novelle 2015 ... 12
  § 3 Der Zweck des UWG (§ 1 UWG) ... 13
   A. Einleitung ... 13
   B. Schutzzweck ... 13
    I. Die Schutzzweckdiskussion bis zur UWG-Novelle 2004 ... 13
    II. Die Schutzzweckregelung in § 1 UWG ... 15
    III. Der Schutzzweck des EU-Lauterkeitsrechts ... 17
  § 4 Grundbegriffe ... 18
   A. Einleitung ... 18
   B. Grundbegriffe und Anwendungsbereich (§ 2 UWG) ... 19
    I. Der Anwendungsbereich des UWG: Geschäftliche Handlungen (§ 2 I Nr. 1 UWG) ... 19
     1. Überblick ... 19
     2. Geschichtliche Entwicklung ... 19
      a) UWG bis 2004 ... 19
      b) UWG 2004: »Wettbewerbshandlung« ... 20
      c) Seit 2008: »geschäftliche Handlung« ... 20
     3. Anwendbarkeit des UWG auf Verhaltensweisen der öffentlichen Hand ... 22
    II. Mitbewerber, Verbraucher und Marktteilnehmer (§ 2 I Nr. 3 UWG, § 2 II UWG, § 2 I Nr. 2 UWG) ... 24
     1. Mitbewerber (§ 2 I Nr. 3 UWG) ... 24
     2. Verbraucher (§ 2 II UWG) ... 25
     3. Marktteilnehmer (§ 2 I Nr. 2 UWG) ... 26
    III. Nachricht (§ 2 I Nr. 4 UWG) ... 26
    IV. Verhaltenskodex (§ 2 I Nr. 5 UWG) ... 27
    V. Unternehmer (§ 2 I Nr. 6 UWG) ... 27
    VI. Unternehmerische Sorgfalt (§ 2 I Nr. 7 UWG) ... 27
    VII. Wesentliche Beeinflussung (§ 2 I Nr. 8 UWG) ... 28
    VIII. Geschäftliche Entscheidung (§ 2 I Nr. 9 UWG) ... 29
  § 5 UWG und Europarecht ... 29
   A. Einleitung ... 29

|  |  |  |  |
|---|---|---|---|
| | B. Die Bedeutung des primären Gemeinschaftsrechts für das UWG | | 30 |
| | I. Die Warenverkehrsfreiheit (Art. 34 AEUV) | | 30 |
| | II. Rechtfertigung von Maßnahmen gleicher Wirkung | | 30 |
| | III. Sekundäres Gemeinschaftsrecht und UWG | | 32 |
| § 6 | UWG und Verfassung | | 35 |
| | A. Einleitung | | 35 |
| | B. Das Zusammenspiel von UWG und GG | | 36 |
| | I. Wettbewerbsfreiheit und wirtschaftspolitische Neutralität der Verfassung | | 36 |
| | II. Im Wettbewerb betroffene Grundrechte und ihre Berücksichtigung bei der Anwendung lauterkeitsrechtlicher Verbotstatbestände | | 36 |
| | C. Die Bedeutung der EMRK und der Charta der Grundrechte der EU für das Lauterkeitsrecht | | 38 |
| § 7 | Internationales Lauterkeitsrecht | | 40 |
| | A. Einleitung | | 41 |
| | B. Internationales Privatrecht (IPR) | | 41 |
| | I. Lauterkeitsrecht als Deliktsrecht | | 41 |
| | II. Die Rom II-VO | | 42 |
| | 1. Grundlagen | | 42 |
| | 2. Die Anknüpfungsregeln der Rom II-VO für das Lauterkeitsrecht | | 42 |
| | a) Allgemeines | | 42 |
| | b) Art. 6 I Rom II-VO | | 43 |
| | c) Art. 6 II Rom II-VO | | 44 |
| | C. Das Herkunftslandprinzip (§ 3 TMG) | | 45 |
| | I. Eckpunkte | | 45 |
| | II. Die Wirkweise des Herkunftslandprinzips | | 45 |
| | D. Internationale Zuständigkeit | | 47 |
| | E. Internationale Verträge | | 47 |
| **2. Kapitel.** | **Die lauterkeitsrechtlichen Verbotstatbestände** | | **49** |
| § 8 | § 3 UWG und der Anhang zu § 3 III UWG | | 49 |
| | A. Einleitung | | 49 |
| | B. Der zentrale Verbotstatbestand des § 3 UWG | | 50 |
| | I. Der Weg zur Generalklausel des § 3 I UWG | | 50 |
| | 1. Einleitung | | 50 |
| | 2. § 1 UWG 1909 | | 50 |
| | 3. § 3 UWG 2004 | | 53 |
| | 4. § 3 I UWG 2008 | | 54 |
| | 5. § 3 I, II UWG 2015 | | 55 |
| | II. Das Verhältnis von § 3 I UWG zu § 3 II, III UWG und den §§ 3a ff. UWG | | 56 |
| | 1. Problemstellung | | 56 |
| | 2. B2B und B2C | | 56 |
| | 3. Beurteilung des Konkurrenzverhältnisses bis zur UWG-Novelle 2015 | | 57 |
| | 4. Aktuelle Rechtslage | | 58 |
| | 5. Aufbauhinweise für die gutachterliche Prüfung | | 59 |
| | III. Der Tatbestand des § 3 I UWG | | 61 |
| | 1. Eckpunkte | | 61 |
| | 2. Unlauterkeit | | 61 |
| | a) Grundsätze | | 61 |
| | b) Fallgruppen zu § 3 I UWG | | 63 |
| | aa) Unlauterkeit wegen Grundrechtsverletzung | | 63 |
| | bb) Allgemeine Marktstörung | | 64 |
| | IV. § 3 II UWG | | 67 |
| | 1. Überblick | | 67 |
| | 2. Geschäftliche Handlung, die an Verbraucher gerichtet ist oder diesen erreicht | | 67 |
| | 3. Unternehmerische Sorgfalt | | 68 |
| | 4. Relevanz | | 69 |
| | V. Das Verbraucherleitbild (§ 3 IV UWG) | | 70 |
| | 1. Die Bedeutung des Verbraucherleitbildes | | 70 |
| | 2. Die Entwicklung des Verbraucherleitbildes | | 70 |
| | a) Ältere Rechtsprechung | | 70 |

|     |     |                                                                                                  |     |
| --- | --- | ------------------------------------------------------------------------------------------------ | --- |
|     |     | b) Das Verbraucherleitbild des EuGH                                                              | 71  |
|     |     | c) Die Entscheidung »Orient-Teppichmuster« des BGH                                               | 71  |
|     | 3.  | Die Grundregel des § 3 IV 1 UWG                                                                  | 72  |
|     | 4.  | § 3 IV 2 UWG                                                                                     | 73  |
| C.  | § 3 III UWG und der Anhang                                                                       || 73  |
| I.  | Funktion und Aufbau                                                                              || 73  |
| II. | Die Tatbestände des Anhangs zu § 3 III UWG                                                       || 74  |
|     | 1.  | Nr. 1 – Verhaltenskodex                                                                          | 74  |
|     | 2.  | Nr. 2 – Gütezeichen                                                                              | 75  |
|     | 3.  | Nr. 3 – Billigung eines Verhaltenskodexes                                                        | 75  |
|     | 4.  | Nr. 4 – Unwahre Angaben zur Bestätigung, Billigung oder Genehmigung von Waren oder Dienstleistungen durch öffentliche oder private Stellen | 76  |
|     | 5.  | Nr. 5 – Lockangebote                                                                             | 76  |
|     | 6.  | Nr. 6 – bait-and-switch-Praktiken                                                                | 77  |
|     |     | a) Normzweck                                                                                     | 77  |
|     |     | b) Tatbestand                                                                                    | 77  |
|     | 7.  | Nr. 7 – Täuschung über den Zeitpunkt der Verfügbarkeit                                           | 78  |
|     |     | a) Normzweck                                                                                     | 78  |
|     |     | b) Tatbestand                                                                                    | 78  |
|     | 8.  | Nr. 8 – Sprache von Kundendienstleistungen                                                       | 79  |
|     |     | a) Normzweck                                                                                     | 79  |
|     |     | b) Tatbestand                                                                                    | 79  |
|     | 9.  | Nr. 9 – Täuschung über Verkehrsfähigkeit                                                         | 79  |
|     | 10. | Nr. 10 – Werbung mit gesetzlich bestehenden Rechten                                              | 80  |
|     |     | a) Normzweck                                                                                     | 80  |
|     |     | b) Tatbestand                                                                                    | 80  |
|     | 11. | Nr. 11 – Getarnte Werbung                                                                        | 80  |
|     |     | a) Normzweck                                                                                     | 80  |
|     |     | b) Tatbestand                                                                                    | 81  |
|     | 12. | Nr. 12 – Drohung mit einer Gefahr für die persönliche Sicherheit                                 | 81  |
|     | 13. | Nr. 13 – Herkunftstäuschung                                                                      | 81  |
|     | 14. | Nr. 14 – Schneeball- oder Pyramidensystem                                                        | 82  |
|     |     | a) Normzweck                                                                                     | 82  |
|     |     | b) Tatbestand                                                                                    | 82  |
|     | 15. | Nr. 15 – Räumungsverkäufe                                                                        | 83  |
|     |     | a) Normzweck                                                                                     | 83  |
|     |     | b) Tatbestand                                                                                    | 84  |
|     | 16. | Nr. 16 – Gewinnchance bei Glückspielen                                                           | 84  |
|     | 17. | Nr. 17 – Kopplungsangebote und Gewinnmitteilungen                                                | 84  |
|     |     | a) Normzweck                                                                                     | 84  |
|     |     | b) Tatbestand                                                                                    | 85  |
|     | 18. | Nr. 18 – Unwahre Angaben zu Heilwirkungen einer Ware oder Dienstleistung                         | 85  |
|     | 19. | Nr. 19 – Unwahre Angabe über Marktbedingungen                                                    | 85  |
|     | 20. | Nr. 20 – Preisausschreiben                                                                       | 85  |
|     | 21. | Nr. 21 – Täuschung über die Unentgeltlichkeit eines Waren- oder Dienstleistungsangebots          | 86  |
|     | 22. | Nr. 22 – Irreführung über das Bestehen eines Vertrages                                           | 86  |
|     | 23. | Nr. 23 – Täuschung über den geschäftlichen Charakter des Handelns                                | 87  |
|     | 24. | Nr. 24 – Täuschung über Kundendienstleistungen                                                   | 87  |
|     | 25. | Nr. 25 – Festhalten zum Vertragsabschluss                                                        | 88  |
|     | 26. | Nr. 26 – Nichtverlassen der Wohnung                                                              | 88  |
|     | 27. | Nr. 27 – Erschwerung der Durchsetzung von Ansprüchen aus einem Versicherungsvertrag              | 89  |
|     | 28. | Nr. 28 – Kaufaufforderung an Kinder                                                              | 89  |
|     |     | a) Normzweck                                                                                     | 89  |
|     |     | b) Tatbestand                                                                                    | 89  |

|  |  |  | aa) »Kinder« | 89 |
|---|---|---|---|---|
|  |  |  | bb) Unmittelbare Aufforderung an Kinder zum Kauf | 90 |
|  |  |  | cc) Kinder als Kaufmotivatoren | 90 |
|  |  | 29. | Nr. 29 – Aufforderung zur Bezahlung unbestellter Waren | 91 |
|  |  |  | a) Normzweck | 91 |
|  |  |  | b) Tatbestand | 91 |
|  |  | 30. | Nr. 30 – Drohung mit Verlust des Arbeitsplatzes des Werbenden | 91 |
| § 9 | Rechtsbruch (§ 3a UWG) | | | 92 |
|  | A. Einleitung | | | 92 |
|  | B. Tatbestand | | | 94 |
|  |  | I. Grundstruktur | | 94 |
|  |  | 1. | Zuwiderhandlung gegen eine gesetzliche Vorschrift | 94 |
|  |  | 2. | Marktverhaltensregelung | 95 |
|  |  |  | a) Grundlagen | 95 |
|  |  |  | b) Kasuistik | 96 |
|  |  |  | aa) Marktverhaltensregelungen | 96 |
|  |  |  | bb) Keine Marktverhaltensregeln | 97 |
|  |  | 3. | Zuwiderhandlung | 97 |
|  |  | 4. | Eignung zur spürbaren Beeinträchtigung der Interessen der Verbraucher, Mitbewerber oder sonstiger Marktteilnehmer | 98 |
|  |  | II. Konkurrenzen | | 99 |
| § 10 | Mitbewerberschutz (§ 4 UWG) | | | 99 |
|  | A. Einleitung | | | 100 |
|  | B. Herabsetzung eines Mitbewerbers (§ 4 Nr. 1 UWG) | | | 100 |
|  |  | I. Überblick | | 100 |
|  |  | II. Mitbewerber | | 100 |
|  |  | III. Herabsetzung/Verunglimpfung | | 101 |
|  |  | 1. | Verfassungsrechtliche Einbindung | 101 |
|  |  | 2. | Herabsetzung und Verunglimpfung: Definition und Abgrenzung | 101 |
|  |  | IV. Konkurrenzen | | 102 |
|  | C. Anschwärzung (§ 4 Nr. 2 UWG) | | | 103 |
|  |  | I. Überblick | | 103 |
|  |  | II. Geschäftliche Handlung gegenüber Mitbewerbern | | 104 |
|  |  | III. Grundfall des § 4 Nr. 2 Hs. 1 UWG | | 104 |
|  |  | 1. | Tatsachenbehauptung | 104 |
|  |  | 2. | Unwahrheit | 105 |
|  |  | 3. | Behaupten oder Verbreiten | 105 |
|  |  | 4. | Eignung zur Schädigung des Kredits oder des Unternehmens | 105 |
|  |  | IV. Einschränkung des Verbotes durch § 4 Nr. 2 Hs. 2 UWG | | 106 |
|  |  | V. Konkurrenzen | | 106 |
|  | D. Ergänzender wettbewerbsrechtlicher bzw. lauterkeitsrechtlicher Leistungsschutz (§ 4 Nr. 3 UWG) | | | 107 |
|  |  | I. Überblick: Normzweck, Konkurrenzen, Normstruktur | | 107 |
|  |  | 1. | Normzweck | 107 |
|  |  | 2. | Konkurrenzen | 108 |
|  |  | 3. | Normstruktur | 109 |
|  |  | II. Angebot von Waren oder Dienstleistungen | | 110 |
|  |  | III. Nachahmung | | 111 |
|  |  | IV. Wettbewerbliche Eigenart | | 111 |
|  |  | V. Besondere, unlauterkeitsbegründende Umstände | | 112 |
|  |  | 1. | Vermeidbare Herkunftstäuschung (§ 4 Nr. 3 lit. a UWG) | 112 |
|  |  | 2. | Rufausbeutung und -schädigung (§ 4 Nr. 3 lit. b UWG) | 113 |
|  |  | 3. | Unredliche Erlangung von Kenntnissen (§ 4 Nr. 3 lit. c UWG) | 114 |
|  |  | VI. Weitere Fälle? | | 115 |
|  |  | VII. Rechtsfolgen | | 116 |
|  | E. Behinderung von Mitbewerbern (§ 4 Nr. 4 UWG) | | | 116 |
|  |  | I. Struktur, Konkurrenzen, EU-Recht | | 116 |
|  |  | 1. | Struktur | 116 |

|  |  |  |  |  |
|---|---|---|---|---|
|  | 2. | Konkurrenzen | | 116 |
|  |  | a) Kartellrecht | | 116 |
|  |  | b) Bürgerliches Recht | | 117 |
|  |  | c) Andere UWG-Tatbestände | | 117 |
|  |  | d) EU-Recht | | 117 |
|  | 3. | Die »gezielte Behinderung« | | 117 |
| II. | Fallgruppen des § 4 Nr. 4 UWG | | | 119 |
|  | 1. | Absatzbehinderung | | 119 |
|  |  | a) Ausspannen und Abfangen von Kunden | | 119 |
|  |  | b) Behinderung von Werbung | | 120 |
|  |  | c) Behinderung durch Kontrollnummernbeseitigung | | 121 |
|  | 2. | Behinderung und Kennzeichenrecht | | 122 |
|  | 3. | Behinderungspraktiken im Internet | | 123 |
|  |  | a) Registrierung von Domainnamen | | 124 |
|  |  | b) Tippfehler-Domains (sog. »Typosquatting«) | | 124 |
|  |  | c) Keyword-Advertising und Paid Listing | | 124 |
|  |  | d) Werbeblocker | | 126 |
|  | 4. | Betriebsstörungen | | 126 |
|  | 5. | Abwerben von Mitarbeitern | | 127 |
|  | 6. | Unberechtigte Schutzrechtsverwarnungen und Abmahnungen | | 129 |
|  |  | a) Unberechtigte Schutzrechtsverwarnung | | 129 |
|  |  | b) Unberechtigte Abmahnungen | | 130 |
|  | 7. | Kartellrechtlich geprägte Behinderungspraktiken | | 131 |
|  |  | a) Missbrauch von Nachfragemacht | | 131 |
|  |  | b) Boykott | | 131 |
|  |  | c) Behindernde Preisgestaltung | | 132 |
| III. | Rechtsfolgen | | | 133 |

§ 11 Aggressive geschäftliche Praktiken (§ 4a UWG) ... 133
A. Einleitung, Normstruktur, europarechtliche Grundlagen, Konkurrenzen ... 134
  I. Geschichte und Normstruktur ... 134
  II. Konkurrenzen ... 134
B. Der Verbotstatbestand des § 4a I UWG ... 136
  I. Geschäftliche Handlungen gegenüber Verbrauchern oder sonstigen Marktteilnehmern ... 136
  II. Die aggressive geschäftliche Handlung nach § 4a I UWG ... 136
    1. Einleitung ... 136
    2. Mittel ... 136
      a) Belästigung (§ 4a I Nr. 1 UWG) ... 136
      b) Nötigung (§ 4a I 2 Nr. 2 UWG) ... 137
      c) Unzulässige Beeinflussung (§ 4a I 2 Nr. 3 UWG) ... 138
      d) Die Beurteilungskriterien des § 4a II UWG ... 139
      e) Fallgruppen zu § 4a I 2 UWG ... 141
        aa) Verkaufsförderungsmaßnahmen ... 141
        bb) Formen der Aufmerksamkeitswerbung ... 142
        cc) Ansprechen am Unfallort ... 143
        dd) Hoheitliche Autorität ... 143
  III. Die »doppelte Relevanz« in § 4a UWG ... 144
    1. Überblick ... 144
    2. Erhebliche Beeinträchtigung der Entscheidungsfreiheit (§ 4a I 2 UWG) ... 144
    3. Eignung zur Veranlassung einer geschäftlichen Entscheidung (§ 4a I 1 UWG) ... 145

§ 12 Das Irreführungsverbot (§§ 5f. UWG) ... 145
A. Einleitung, Normstruktur, europarechtliche Grundlagen ... 147
  I. Einleitung ... 147
  II. Normstruktur ... 150
  III. Europarecht ... 151
    1. Richtlinie über irreführende und vergleichende Werbung ... 151
    2. UGP-RL ... 152
    3. Warenverkehrsfreiheit (Art. 34, 36 AEUV) ... 152

4. Verfassungsrecht ............................................. 152
5. Irreführungsverbote außerhalb des UWG ........................ 153
B. Grundtatbestand des § 5 I UWG .................................... 154
 I. Die irreführende geschäftliche Handlung ....................... 154
  1. Eckpunkte ................................................. 154
  2. Angaben ................................................... 155
   a) Grundbegriffe ........................................... 155
   b) Das Bezugsobjekt der Angabe (§ 5 I 2 UWG) ............... 156
    aa) Nr. 1 – Irreführung über die wesentlichen Merkmale der Ware oder Dienstleistung ............................ 156
    bb) Nr. 2 – Anlass des Verkaufs; Preis; Vertragsbedingungen ........... 161
    cc) Nr. 3 – Person, Eigenschaften und Rechte des Unternehmers ........ 163
    dd) Nr. 4 – Sponsoring und Zulassung des Unternehmens oder der Warendienstleistungen ................. 167
    ee) Nr. 5 – Notwendigkeit einer Leistung ..................... 167
    ff) Nr. 6 – Verhaltenskodex ................................ 167
    gg) Nr. 7 – Rechte des Verbrauchers, Garantieversprechen ............ 168
  3. Unwahr oder zur Täuschung geeignet ......................... 168
   a) Methodik ................................................ 168
    aa) Angesprochene Verkehrskreise ........................... 169
    bb) Verständnis der angesprochenen Verkehrskreise ............. 170
    cc) Vergleich des Verständnisses der angesprochenen Verkehrskreise mit tatsächlichen Verhältnissen ................. 172
    dd) Relevanz, § 5 I 1 aE UWG .............................. 174
    ee) Interessenabwägung, Verhältnismäßigkeit ................. 175
   b) Prozess .................................................. 176
 II. § 5 II UWG – Verwechslungsgefahr mit einem anderen Produkt oder Kennzeichen . 178
  1. Verwechslungsschutz durch Markenrecht und durch Lauterkeitsrecht ........ 178
  2. Tatbestand des § 5 II UWG .................................. 179
 III. Vergleichende Werbung (§ 5 III UWG) .......................... 179
 IV. Werbung mit Preisherabsetzungen (§ 5 IV UWG) .................. 180
  1. Regelungszwecke, Struktur .................................. 180
  2. § 5 IV 1 UWG .............................................. 180
  3. Beweislast (§ 5 IV 2 UWG) .................................. 182
C. § 5a UWG – Irreführung durch Unterlassen ......................... 182
 I. Struktur ...................................................... 182
 II. § 5a I UWG .................................................. 183
  1. Wirkweise, Anwendungsbereich .............................. 183
  2. Verschweigen einer Tatsache ................................ 183
 III. Irreführung durch Vorenthalten einer wesentlichen Information (§ 5a II–IV UWG) 184
  1. Struktur ................................................... 184
  2. Wesentliche Information .................................... 184
   a) Grundsätze der Auslegung ................................ 184
   b) Normative Konkretisierungen ............................. 185
  3. Vorenthalten ............................................... 186
  4. Benötigen .................................................. 186
  5. Relevanz ................................................... 187
 IV. Getarnte Werbung (§ 5a VI UWG) ............................... 187
  1. Struktur, Normzweck ....................................... 187
  2. Geschäftliche Handlung .................................... 188
  3. Nichtkenntlichmachung des kommerziellen Zwecks ............. 188
   a) Grundsätze .............................................. 188
   b) Fallgruppen ............................................. 188
    aa) Getarnte Werbung in der Presse .......................... 188
    bb) Rundfunk und Fernsehen ................................ 190
    cc) Werbung im Internet ................................... 190
§ 13 Vergleichende Werbung (§ 6 UWG) ................................... 191
 A. Einleitung, Normstruktur, europarechtliche Grundlagen, Konkurrenzen ............ 191

|     |     |     | I. Geschichte, Normstruktur und europarechtliche Grundlagen | 191 |
| --- | --- | --- | --- | --- |
|     |     |     | II. Konkurrenzen | 193 |
|     |     |     | 1. § 5 UWG | 193 |
|     |     |     | 2. § 4 UWG | 193 |
|     |     |     | 3. Immaterialgüterrechte | 193 |
|     | B.  | Die Definition der vergleichenden Werbung (§ 6 I UWG) | | 194 |
|     |     |     | I. Werbung | 194 |
|     |     |     | II. Erkennbarmachung | 195 |
|     |     |     | 1. Mitbewerber | 195 |
|     |     |     | 2. Erkennbarkeit | 195 |
|     |     |     | 3. Vergleich | 196 |
|     | C.  | Die ausnahmsweise Unzulässigkeit nach § 6 II UWG | | 196 |
|     |     |     | I. Systematik | 196 |
|     |     |     | II. § 6 II Nr. 1 UWG | 197 |
|     |     |     | III. § 6 II Nr. 2 UWG | 198 |
|     |     |     | 1. Eigenschaftsvergleich (§ 6 II Nr. 2 Alt. 1 UWG) | 198 |
|     |     |     | 2. Preisvergleich (§ 6 II Nr. 2 Alt. 2 UWG) | 199 |
|     |     |     | 3. Objektivität des Vergleichs | 200 |
|     |     |     | IV. § 6 II Nr. 3 UWG | 200 |
|     |     |     | V. § 6 II Nr. 4 UWG | 201 |
|     |     |     | VI. § 6 II Nr. 5 UWG | 202 |
|     |     |     | VII. § 6 II Nr. 6 UWG | 203 |
| § 14 | Unzumutbare Belästigungen (§ 7 UWG) | | | 204 |
|     | A.  | Einleitung, Normstruktur, europarechtliche Grundlagen, Konkurrenzen | | 205 |
|     |     |     | I. Geschichte, Normstruktur und europarechtliche Grundlagen | 205 |
|     |     |     | 1. Geschichte | 205 |
|     |     |     | 2. Normstruktur | 206 |
|     |     |     | 3. Europarechtliche Grundlagen | 206 |
|     |     |     | II. Konkurrenzen | 206 |
|     | B.  | § 7 I UWG | | 207 |
|     |     |     | I. Der Grundtatbestand des § 7 I UWG | 207 |
|     |     |     | 1. Geschäftliche Handlung | 207 |
|     |     |     | 2. Belästigung | 208 |
|     |     |     | 3. Unzumutbarkeit | 208 |
|     |     |     | II. Fallgruppen | 209 |
|     |     |     | 1. Ansprechen in der Öffentlichkeit | 209 |
|     |     |     | 2. Haustürwerbung | 210 |
|     |     |     | 3. Werbung in Schulen und Hochschulen | 210 |
|     |     |     | 4. Briefkastenwerbung | 211 |
|     |     |     | 5. Zusendung unbestellter Waren | 211 |
|     |     |     | 6. Scheibenwischerwerbung | 211 |
|     | C.  | § 7 II UWG | | 212 |
|     |     |     | I. Funktion | 212 |
|     |     |     | II. Werbung mit Fernkommunikationsmitteln (§ 7 II Nr. 1 UWG) | 212 |
|     |     |     | III. Telefonwerbung (§ 7 II Nr. 2 UWG) | 213 |
|     |     |     | 1. Zweck und Regelungsrahmen | 213 |
|     |     |     | 2. Werbung mit einem Telefonanruf | 214 |
|     |     |     | 3. Einwilligung | 215 |
|     |     |     | a) Grundsätze | 215 |
|     |     |     | b) Verbraucher – ausdrückliche Einwilligung (§ 7 II Nr. 2 Alt. 1 UWG) | 215 |
|     |     |     | c) Sonstige Marktteilnehmer – mutmaßliche Einwilligung (§ 7 II Nr. 2 Alt. 2 UWG) | 216 |
|     |     |     | IV. Automatische Anrufmaschinen, Faxwerbung und elektronische Post (§ 7 II Nr. 3 UWG) | 217 |
|     |     |     | 1. Eckpunkte | 217 |
|     |     |     | 2. Erfasste Werbeformen | 218 |
|     |     |     | 3. Vorherige ausdrückliche Einwilligung | 218 |
|     |     |     | 4. Erweiterte Zulässigkeit elektronischer Post gem. § 7 III UWG | 218 |
|     |     |     | 5. Exkurs: Zulässigkeit von E-Mail-Werbung nach dem BGB | 220 |
|     |     |     | V. Identitätsverschleierung (§ 7 II Nr. 4 UWG) | 220 |

**3. Kapitel. Rechtsfolgen** . . . . . . . . . . . . . . . . . . . . . . . . . . . . . . . . . . . . . . . . . . . . . . . . 223
§ 15 Rechtsfolgen (§§ 8–11 UWG) . . . . . . . . . . . . . . . . . . . . . . . . . . . . . . . . . . . . . . . . . 223
   A. Einführung – Die lauterkeitsrechtlichen Ansprüche . . . . . . . . . . . . . . . . . . . . . . 223
      I. Rechtsdurchsetzung im Lauterkeitsrecht – privatrechtlich und/oder öffentlich-
         rechtlich? . . . . . . . . . . . . . . . . . . . . . . . . . . . . . . . . . . . . . . . . . . . . . . . . . . . . . . . 223
      II. Struktur der Ansprüche . . . . . . . . . . . . . . . . . . . . . . . . . . . . . . . . . . . . . . . . . . 227
   B. Die Abwehransprüche des § 8 UWG . . . . . . . . . . . . . . . . . . . . . . . . . . . . . . . . . . . 228
      I. Einleitung . . . . . . . . . . . . . . . . . . . . . . . . . . . . . . . . . . . . . . . . . . . . . . . . . . . . . . 228
      II. Der Unterlassungsanspruch (§ 8 I UWG) . . . . . . . . . . . . . . . . . . . . . . . . . . . . 228
         1. Grundlagen . . . . . . . . . . . . . . . . . . . . . . . . . . . . . . . . . . . . . . . . . . . . . . . . . . 228
         2. Anspruchsvoraussetzungen . . . . . . . . . . . . . . . . . . . . . . . . . . . . . . . . . . . 229
         3. Inhalt des Anspruchs . . . . . . . . . . . . . . . . . . . . . . . . . . . . . . . . . . . . . . . . . 231
      III. Der Beseitigungs- und Widerrufsanspruch (§ 8 I 1 UWG) . . . . . . . . . . . . . 233
         1. Überblick . . . . . . . . . . . . . . . . . . . . . . . . . . . . . . . . . . . . . . . . . . . . . . . . . . . 233
         2. Beseitigungsanspruch . . . . . . . . . . . . . . . . . . . . . . . . . . . . . . . . . . . . . . . . 234
         3. Widerrufsanspruch . . . . . . . . . . . . . . . . . . . . . . . . . . . . . . . . . . . . . . . . . . 234
      IV. Der Schuldner des Unterlassungsanspruchs . . . . . . . . . . . . . . . . . . . . . . . . 235
         1. Problemstellung . . . . . . . . . . . . . . . . . . . . . . . . . . . . . . . . . . . . . . . . . . . . . 235
         2. Täterschaft und Teilnahme . . . . . . . . . . . . . . . . . . . . . . . . . . . . . . . . . . . . 236
            a) Grundsätze . . . . . . . . . . . . . . . . . . . . . . . . . . . . . . . . . . . . . . . . . . . . . . 236
            b) Haftung für Verletzung von Verkehrspflichten . . . . . . . . . . . . . . . . 236
               aa) Grundlagen . . . . . . . . . . . . . . . . . . . . . . . . . . . . . . . . . . . . . . . . . . 236
               bb) Voraussetzungen der Haftung für die Verletzung von
                   lauterkeitsrechtlichen Verkehrspflichten . . . . . . . . . . . . . . . . . . 238
               cc) Beispiele für Verkehrspflichtverletzungen im Lauterkeitsrecht . . . . . . . 240
         3. Haftung für Mitarbeiter oder Beauftragte (§ 8 II UWG) . . . . . . . . . . . . 242
      V. Der Gläubiger des Anspruchs . . . . . . . . . . . . . . . . . . . . . . . . . . . . . . . . . . . . . 244
         1. Vorüberlegungen . . . . . . . . . . . . . . . . . . . . . . . . . . . . . . . . . . . . . . . . . . . . 244
         2. Anspruchsberechtigung der Mitbewerber (§ 8 III Nr. 1 UWG) . . . . . . . . . . . 245
         3. Rechtsfähige Verbände zur Förderung gewerblicher oder selbstständiger
            beruflicher Interessen (§ 8 III Nr. 2 UWG) . . . . . . . . . . . . . . . . . . . . . . . . 246
         4. Verbraucherverbände (§ 8 III Nr. 3 UWG) . . . . . . . . . . . . . . . . . . . . . . . 247
         5. Industrie- und Handelskammern und Handwerkskammern (§ 8 III Nr. 4 UWG) . . 248
      VI. Rechtsmissbräuchliche Geltendmachung des Unterlassungs- und
         Beseitigungsanspruchs (§ 8 IV UWG) . . . . . . . . . . . . . . . . . . . . . . . . . . . . . . 248
   C. Schadensersatz (§ 9 UWG) . . . . . . . . . . . . . . . . . . . . . . . . . . . . . . . . . . . . . . . . . . . 250
      I. Überblick . . . . . . . . . . . . . . . . . . . . . . . . . . . . . . . . . . . . . . . . . . . . . . . . . . . . . . 250
      II. Anspruchsvoraussetzungen . . . . . . . . . . . . . . . . . . . . . . . . . . . . . . . . . . . . . . 251
      III. Umfang des Schadensersatzanspruches . . . . . . . . . . . . . . . . . . . . . . . . . . . 252
   D. Auskunfts- und Rechnungslegungsansprüche . . . . . . . . . . . . . . . . . . . . . . . . . . 253
      I. Problemlage und Systematisierung . . . . . . . . . . . . . . . . . . . . . . . . . . . . . . . 253
      II. Der Auskunftsanspruch . . . . . . . . . . . . . . . . . . . . . . . . . . . . . . . . . . . . . . . . . . 254
      III. Rechnungslegungsanspruch . . . . . . . . . . . . . . . . . . . . . . . . . . . . . . . . . . . . . 255
      IV. Durchsetzung der Auskunftsansprüche . . . . . . . . . . . . . . . . . . . . . . . . . . . . 255
   E. Gewinnabschöpfung (§ 10 UWG) . . . . . . . . . . . . . . . . . . . . . . . . . . . . . . . . . . . . . 255
      I. Problemfeld und Regelungsidee . . . . . . . . . . . . . . . . . . . . . . . . . . . . . . . . . . 255
      II. Voraussetzungen des § 10 UWG . . . . . . . . . . . . . . . . . . . . . . . . . . . . . . . . . . 258
         1. Grundstruktur . . . . . . . . . . . . . . . . . . . . . . . . . . . . . . . . . . . . . . . . . . . . . . . 258
         2. Vorsätzlicher Verstoß gegen § 3 UWG oder § 7 UWG . . . . . . . . . . . . . . 258
         3. Gewinnerzielung zulasten einer Vielzahl von Abnehmern . . . . . . . . . 258
      III. Besonderheiten bei der Anspruchsdurchsetzung . . . . . . . . . . . . . . . . . . . . 260
   F. Verjährung und Verwirkung . . . . . . . . . . . . . . . . . . . . . . . . . . . . . . . . . . . . . . . . . 260
      I. Überblick . . . . . . . . . . . . . . . . . . . . . . . . . . . . . . . . . . . . . . . . . . . . . . . . . . . . . . 260
      II. § 11 UWG . . . . . . . . . . . . . . . . . . . . . . . . . . . . . . . . . . . . . . . . . . . . . . . . . . . . . . 261
         1. Beginn und Dauer der Frist . . . . . . . . . . . . . . . . . . . . . . . . . . . . . . . . . . . . 261
         2. Hemmung und Neubeginn . . . . . . . . . . . . . . . . . . . . . . . . . . . . . . . . . . . 263
      III. Verwirkung . . . . . . . . . . . . . . . . . . . . . . . . . . . . . . . . . . . . . . . . . . . . . . . . . . . . 264

**4. Kapitel. Anspruchsdurchsetzung** ... 265
§ 16 Verfahren (§§ 12–15 UWG) ... 265
    A. Überblick, Problemstellung ... 265
    B. Die Abmahnung (§ 12 I UWG) ... 267
        I. Funktion und Erforderlichkeit der Abmahnung ... 267
        II. Anforderungen an die Abmahnung ... 268
            1. Anspruchsberechtigung und Aktivlegitimation ... 269
            2. Bezeichnung des Rechtsverstoßes ... 269
            3. Aufforderung zur Abgabe einer strafbewehrten Unterlassungsverpflichtung ... 269
            4. Fristsetzung und Androhung gerichtlicher Maßnahmen ... 270
        III. Rechtsfolgen der Abmahnung ... 271
            1. Berechtigte Abmahnung ... 271
            2. Unberechtigte Abmahnung ... 272
        IV. Novellierungsbestrebungen ... 272
    C. Die strafbewehrte Unterlassungserklärung ... 273
        I. Handlungsmöglichkeiten des Abgemahnten ... 273
            1. »Keine Reaktion« ... 273
            2. Abgabe der beigefügten Unterlassungserklärung und Zusage, die Kosten zu übernehmen ... 274
            3. Abgabe einer selbst formulierten Unterlassungserklärung ... 274
            4. Unterlassungserklärung unter Kostenwiderspruch ... 274
        II. Folgen ... 275
    D. Die einstweilige Verfügung (§ 12 II UWG) ... 276
        I. Grundsätze ... 276
        II. Die Dringlichkeitsvermutung des § 12 II UWG ... 276
        III. Hinweise zum Verfahrensgang ... 277
    E. Das Hauptsacheverfahren ... 279
        I. Urteilsbekanntmachung (§ 12 III UWG) ... 279
        II. Streitwertbegünstigung (§ 12 IV, V UWG) ... 280
        III. Unterlassungsvollstreckung ... 281
    F. Sachliche und örtliche Zuständigkeit ... 281
        I. Sachliche Zuständigkeit (§ 13 UWG) ... 281
        II. Örtliche Zuständigkeit (§ 14 I UWG) ... 282
    G. Einigungsstellen (§ 15 UWG) ... 283
    H. Übersicht: Ablauf einer lauterkeitsrechtlichen Steitigkeit ... 284

**5. Kapitel. Straf- und Bußgeldvorschriften** ... 285
§ 17 Straftatbestände und Ordnungswidrigkeiten ... 285
    A. Überblick ... 285
    B. Strafbare Werbung (§ 16 UWG) ... 285
        I. Überblick ... 285
        II. Strafbare irreführende Werbung (§ 16 I UWG) ... 286
        III. Progressive Kundenwerbung (§ 16 II UWG) ... 286
    C. Schutz von Geschäftsgeheimnissen ... 286
        I. Einführung ... 286
        II. § 17 UWG ... 288
        III. Vorlagenfreibeuterei (§ 18 UWG) ... 289
        IV. Die Know-how-RL und ihre Umsetzung in das deutsche Recht ... 290
            1. Die Know-how-RL ... 290
            2. Die geplante Umsetzung in das deutsche Recht ... 291
        V. Der Bußgeldtatbestand des § 20 UWG ... 291

**6. Kapitel. Die Klausur im Lauterkeitsrecht** ... 293
§ 18 Musterklausur ... 293
    A. Vorbemerkungen und Hinweise ... 293
    B. Aufgabentext ... 293
        Lauterkeitsrecht – Vorlesungsabschlussklausur ... 293
        Fall 1 ... 293
        Fall 2 ... 294

| | | |
|---|---|---|
| C. | Lösungsskizze | 296 |
| | Fall 1 (nach BGH GRUR 2008, 183 – Tony Taler) | 296 |
| | Fall 2 (nach BGH GRUR 1984, 665 – Werbung in Schulen) | 299 |
| D. | Studentische Bearbeitungen | 302 |
| | I. Studentische Bearbeitung 1 | 302 |
| | Fall 1 | 302 |
| | Fall 2 | 304 |
| | II. Studentische Bearbeitung 2 | 308 |
| | Fall 1 | 308 |
| | Fall 2 | 312 |
| | III. Studentische Bearbeitung 3 | 317 |
| | Fall 1 | 317 |
| | Fall 2 | 320 |

**Anhang Musterakte einer lauterkeitsrechtlichen Streitigkeit** . . . . . . . . . . . . . . . . . . . . . . . . 327

**Verzeichnis wichtiger Entscheidungen** . . . . . . . . . . . . . . . . . . . . . . . . . . . . . . . . . . . . . . . 343

**Sachverzeichnis** . . . . . . . . . . . . . . . . . . . . . . . . . . . . . . . . . . . . . . . . . . . . . . . . . . . . . . . . 345

# Abkürzungsverzeichnis

| | |
|---|---|
| aA | anderer Ansicht |
| ABl. | Amtsblatt der Europäischen Union |
| Abs. | Absatz |
| aE | am Ende |
| AEUV | Vertrag über die Arbeitsweise in der Europäischen Union |
| aF | alte Fassung |
| AfP | Archiv für Presserecht (Zeitschrift) |
| AG | Amtsgericht |
| AGB | Allgemeine Geschäftsbedingungen |
| allg. | allgemein |
| AMG | Gesetz über den Verkehr mit Arzneimitteln (Arzneimittelgesetz) |
| Anh. | Anhang |
| Anm. | Anmerkung |
| ApoG | Gesetz über das Apothekenwesen (Apothekengesetz) |
| ArbGG | Arbeitsgerichtsgesetz |
| ArbZG | Arbeitszeitgesetz |
| Art. | Artikel |
| ASA | Advertising Standards Authority |
| Aufl. | Auflage |
| ausf. | ausführlich |
| AVMD-RL | Richtlinie 2010/13/EU des Europäischen Parlaments und des Rates zur Koordinierung bestimmter Rechts- und Verwaltungsvorschriften der Mitgliedstaaten über die Bereitstellung audiovisueller Mediendienste (Richtlinie über audiovisuelle Mediendienste) |
| B2B | Business to Business |
| B2C | Business to Consumer |
| BÄO | Bundesärzteordnung |
| BauKaG NRW | Gesetz über den Schutz der Berufsbezeichnungen »Architekt«, »Architektin«, »Stadtplaner« und »Stadtplanerin« sowie über die Anerkennung weiterer Berufsbezeichnungen auf dem Gebiet der Architektur, über den Schutz der Berufsbezeichnung »Beratender Ingenieur« und »Beratende Ingenieurin« sowie über die Ingenieurkammer-Bau (Baukammerngesetz) |
| BayBauKaG | Gesetz über die Bayerische Architektenkammer und die Bayerische Ingenieurekammer-Bau (Baukammerngesetz) |
| BayEUG | Bayerisches Gesetz über das Erziehungs- und Unterrichtswesen |
| BayGO | Gemeindeordnung für den Freistaat Bayern |
| BB | Betriebs-Berater (Zeitschrift) |
| Bd. | Band |
| BeckRS | Beck'sche Rechtsprechungssammlung |
| Begr. | Begründung |
| BGB | Bürgerliches Gesetzbuch |
| BGB-InfoV | Verordnung über Informations- und Nachweispflichten nach bürgerlichem Recht (BGB-Informationspflichten-Verordnung) |
| BGBl. | Bundesgesetzblatt |
| BGH | Bundesgerichtshof |
| BGHSt | Entscheidungen des Bundesgerichtshofs in Strafsachen |
| BGHZ | Entscheidungen des Bundesgerichtshofs in Zivilsachen |
| BImSchV | Verordnung zur Durchführung des Bundes-Immissionsschutzgesetzes |
| BMJ | Bundesministerium der Justiz |
| BMJV | Bundesministerium der Justiz und für Verbraucherschutz |
| BORA | Berufsordnung für Rechtsanwälte |
| BRAO | Bundesrechtsanwaltsordnung |
| BR-Drs. | Bundesrats-Drucksache |

Brüssel Ia-VO ... Verordnung (EU) Nr. 1215/2012 des Europäischen Parlaments und des Rates über die gerichtliche Zuständigkeit und die Anerkennung und Vollstreckung von Entscheidungen in Zivil- und Handelssachen
BSG .......... Bundessozialgericht
bspw. ......... beispielsweise
BT-Drs. ....... Bundestags-Drucksache
BVerfG ........ Bundesverfassungsgericht
BVerfGE ....... Entscheidungen des Bundesverfassungsgerichts

CR ............ Computer und Recht (Zeitschrift)

DesignG ....... Gesetz über den rechtlichen Schutz von Design (Designgesetz)
dh ............ das heißt
diff. .......... differenzierend
DÖV .......... Die öffentliche Verwaltung (Zeitschrift)
DPMA ........ Deutsches Patent- und Markenamt
DS-GVO ...... Verordnung (EU) 2016/679 des Europäischen Parlaments und des Rates zum Schutz natürlicher Personen bei der Verarbeitung personenbezogener Daten, zum freien Datenverkehr und zur Aufhebung der Richtlinie 95/46/EG (Datenschutz-Grundverordnung)

ECLI ......... European Case Law Identifier
E-Commerce-RL Richtlinie 2000/31/EG des Europäischen Parlaments und des Rates über bestimmte rechtliche Aspekte der Dienste der Informationsgesellschaft, insbesondere des elektronischen Geschäftsverkehrs, im Binnenmarkt (»Richtlinie über den elektronischen Geschäftsverkehr«)
Ed. ........... Edition
EG ........... Europäische Gemeinschaft
EFZG ......... Gesetz über die Zahlung des Arbeitsentgelts an Feiertagen und im Krankheitsfall (Entgeltfortzahlungsgesetz)
EGBGB ....... Einführungsgesetz zum Bürgerlichen Gesetzbuche
EGMR ........ Europäischer Gerichtshof für Menschenrechte
EGV .......... Vertrag zur Gründung der Europäischen Gemeinschaft
Einf .......... Einführung
EinhZeitG ..... Gesetz über die Einheiten im Messwesen und die Zeitbestimmung (Einheiten- und Zeitgesetz)
Einl .......... Einleitung
Enforcement-RL Richtlinie 2004/48/EG des Europäischen Parlaments und des Rates zur Durchsetzung der Rechte des geistigen Eigentums vom 29.4.2004
ePrivacy-RL ... Richtlinie 2002/58/EG des Europäischen Parlaments und des Rates über die Verarbeitung personenbezogener Daten und den Schutz der Privatsphäre in der elektronischen Kommunikation (Datenschutzrichtlinie für elektronische Kommunikation)
etc ........... et cetera
EU ........... Europäische Union
EUR .......... Euro
EUV .......... Vertrag über die Europäische Union idF des Vertrags von Lissabon
EuZW ........ Europäische Zeitschrift für Wirtschaftsrecht (Zeitschrift)
e.V. .......... eingetragener Verein
EWiR ......... Entscheidungen zum Wirtschaftsrecht (Zeitschrift)

f. ............ folgende, für
Fernabsatz-RL ... Richtlinie 97/7/EG des Europäischen Parlaments und des Rates über den Verbraucherschutz bei Vertragsabschlüssen im Fernabsatz vom 20.5.1997
ff. ........... fortfolgende
FS ........... Festschrift

GBl. .......... Gesetzblatt
GebrMG ...... Gebrauchsmustergesetz

| | |
|---|---|
| gem. | gemäß |
| GG | Grundgesetz |
| GGV | Verordnung (EG) Nr. 6/2002 des Rates über das Gemeinschaftsgeschmacksmuster |
| GKG | Gerichtskostengesetz |
| GmbH | Gesellschaft mit beschränkter Haftung |
| GmbHG | Gesetz betreffend die Gesellschaften mit beschränkter Haftung |
| GO | Gemeindeordnung |
| GO NRW | Gemeindeordnung für das Land Nordrhein-Westfalen |
| GPR | Zeitschrift für das Privatrecht der Europäischen Union |
| GRCh | Charta der Grundrechte der Europäischen Union |
| grdl. | grundlegend |
| GRUR | Gewerblicher Rechtsschutz und Urheberrecht (Zeitschrift) |
| GRUR Int. | Gewerblicher Rechtsschutz und Urheberrecht, Internationaler Teil (Zeitschrift) |
| GRUR-Prax | Gewerblicher Rechtsschutz und Urheberrecht, Praxis im Immaterialgüter- und Wettbewerbsrecht |
| GRUR-RR | Gewerblicher Rechtsschutz und Urheberrecht Rechtsprechungs-Report (Zeitschrift) |
| GVG | Gerichtsverfassungsgesetz |
| GWB | Gesetz gegen Wettbewerbsbeschränkungen |
| | |
| Health-Claim-VO | VO (EG) Nr. 1924/2006 des Europäischen Parlaments und des Rates über nährwert- und gesundheitsbezogene Angaben über Lebensmittel |
| HeilPraktG | Gesetz über die berufsmäßige Ausübung der Heilkunde ohne Bestallung (Heilpraktikergesetz) |
| HWG | Gesetz über die Werbung auf dem Gebiete des Heilwesens (Heilmittelwerbegesetz) |
| HGB | Handelsgesetzbuch |
| hM | herrschende Meinung |
| Hs. | Halbsatz |
| HWG | Gesetz über die Werbung auf dem Gebiete des Heilwesens (Heilmittelwerbegesetz) |
| | |
| idF | in der Fassung |
| iErg | im Ergebnis |
| IIC | International Review of Intellectual Property and Competition Law (Zeitschrift) |
| insbes. | insbesondere |
| Irreführungs-RL | Richtlinie 2006/114/EG des Europäischen Parlaments und des Rates über irreführende und vergleichende Werbung |
| iSd | im Sinne des |
| iSv | im Sinne von |
| iVm | in Verbindung mit |
| | |
| JURA | Juristische Ausbildung (Zeitschrift) |
| JuS | Juristische Schulung (Zeitschrift) |
| JZ | Juristenzeitung (Zeitschrift) |
| | |
| Kap. | Kapitel |
| KapMuG | Gesetz über Musterverfahren in kapitalmarktrechtlichen Streitigkeiten (Kapitalanleger-Musterverfahrensgesetz) |
| KG | Kommanditgesellschaft, Kammergericht (Berlin) |
| Know-how-RL | Richtlinie (EU) 2016/943 des Europäischen Parlaments und des Rates über den Schutz vertraulichen Know-hows und vertraulicher Geschäftsinformationen (Geschäftsgeheimnisse) vor rechtswidrigem Erwerb sowie rechtswidriger Nutzung und Offenlegung |
| KosmetikV | Verordnung über kosmetische Mittel (Kosmetik-Verordnung) |
| krit. | kritisch |
| KWG | Gesetz über das Kreditwesen (Kreditwesengesetz) |
| K&R | Kommunikation & Recht (Zeitschrift) |

*Abkürzungsverzeichnis*

| | |
|---|---|
| LG | Landgericht |
| LFGB | Lebensmittel-, Bedarfsgegenstände- und Futtermittelgesetzbuch |
| LMKV | Verordnung über die Kennzeichnung von Lebensmitteln (Lebensmittel-Kennzeichnungsverordnung) |
| LPresseG NRW | Pressegesetz für das Land Nordrhein-Westfalen |
| mAnm | mit Anmerkung(en) |
| MarkenG | Markengesetz |
| MarkenR | Markenrecht (Zeitschrift) |
| MDR | Monatsschrift für Deutsches Recht (Zeitschrift) |
| MessEG | Gesetz über das Inverkehrbringen und die Bereitstellung von Messgeräten auf dem Markt, ihre Verwendung und Eichung sowie über Fertigpackungen (Mess- und Eichgesetz) |
| MMR | Multi Media & Recht (Zeitschrift) |
| mN | mit Nachweisen |
| MüKo | Münchener Kommentar |
| MuW | Markenschutz und Wettbewerb (Zeitschrift) |
| mwN | mit weiteren Nachweisen |
| nF | neue Fassung |
| NKomVG | Niedersächsisches Kommunalverfassungsgesetz |
| NJOZ | Neue Juristische Online-Zeitschrift (Zeitschrift) |
| NJW | Neue Juristische Wochenschrift (Zeitschrift) |
| NJW-RR | Neue Juristische Wochenschrift – Rechtsprechungs-Report (Zeitschrift) |
| NJWE-WettbR | NJW-Entscheidungsdienst Wettbewerbsrecht (Zeitschrift) |
| Nr. | Nummer |
| nrkr | nicht rechtskräftig |
| NRWSchulG | Schulgesetz für das Land Nordrhein-Westfalen |
| NVwZ | Neue Zeitschrift für Verwaltungsrecht (Zeitschrift) |
| NZKart | Neue Zeitschrift für Kartellrecht (Zeitschrift) |
| NZV | Neue Zeitschrift für Verkehrsrecht (Zeitschrift) |
| OGH | Oberster Gerichtshof (Österreich) |
| OLG | Oberlandesgericht |
| OWiG | Gesetz über Ordnungswidrigkeiten |
| PAngV | Preisangabenverordnung |
| PatG | Patentgesetz |
| PBefG | Personenbeförderungsgesetz |
| Pkw | Personenkraftwagen |
| Pkw-EnVKV | Verordnung über Verbraucherinformationen zu Kraftstoffverbrauch und $CO_2$-Emissionen und Stromverbrauch neuer Personenkraftwagen (Pkw-Energieverbrauchskennzeichnungsverordnung) |
| PVÜ | Pariser Verbandsübereinkunft zum Schutz des gewerblichen Eigentums |
| RDG | Gesetz über außergerichtliche Rechtsdienstleistungen (Rechtsdienstleistungsgesetz) |
| RefE | Referentenentwurf |
| RegE | Regierungsentwurf |
| RG | Reichsgericht |
| RGZ | Entscheidungen des Reichsgerichts in Zivilsachen |
| RIW | Recht der internationalen Wirtschaft (Zeitschrift) |
| RL | Richtlinie |
| Rn. | Randnummer |
| Rspr. | Rechtsprechung |
| RStV | Staatsvertrag für Rundfunk und Telemedien (Rundfunkstaatsvertrag) |
| S. | Satz/Seite |
| s. | siehe |

| | |
|---|---|
| schwUWG | Schweizer Gesetz gegen den unlauteren Wettbewerb |
| sog. | sogenannt(e, en) |
| SP | Schaden-Praxis (Zeitschrift) |
| StBerG | Steuerberatungsgesetz |
| StGB | Strafgesetzbuch |
| str. | streitig |
| stRspr | ständige Rechtsprechung |
| ThürKO | Thüringer Gemeinde- und Landkreisordnung |
| ThürLadÖffG | Thüringer Ladenöffnungsgesetz |
| ThürSchulG | Thüringer Schulgesetz |
| TMG | Telemediengesetz |
| TRIPS | Übereinkommen über handelsbezogene Aspekte der Rechte des geistigen Eigentums (Agreement on Trade-Related Aspects of Intellectual Property Rights) |
| UGP-RL | Richtlinie über unlautere Geschäftspraktiken (RL 2005/29/EG) |
| UKlaG | Gesetz über Unterlassungsklagen bei Verbraucherrechts- und anderen Verstößen (Unterlassungsklagengesetz) |
| UrhG | Gesetz über Urheberrecht und verwandte Schutzrechte (Urheberrechtsgesetz) |
| usw | und so weiter |
| uU | unter Umständen |
| UWG | Gesetz gegen den unlauteren Wettbewerb |
| v. | vom, von |
| Verbraucherrechte-RL | Richtlinie 2011/83/EU des Europäischen Parlaments und des Rates über die Rechte der Verbraucher |
| VersR | Versicherungsrecht (Zeitschrift) |
| vgl. | vergleiche |
| VO | Verordnung |
| VwGO | Verwaltungsgerichtsordnung |
| WeinG | Weingesetz |
| Werbe-RL 1984 | Richtlinie 84/450/EWG des Rates vom 10. September 1984 zur Angleichung der Rechts- und Verwaltungsvorschriften der Mitgliedstaaten über irreführende Werbung |
| Werbe-RL 1997 | Richtlinie 97/55/EG des Europäischen Parlaments und des Rates vom 6. Oktober 1997 zur Änderung der Richtlinie 84/450/EWG über irreführende Werbung zwecks Einbeziehung der vergleichenden Werbung |
| Werbe-RL | Richtlinie 2006/114/EG des Europäischen Parlaments und des Rates vom 12. Dezember 2006 über irreführende und vergleichende Werbung |
| WM | Wertpapiermitteilungen (Zeitschrift) |
| WpHG | Gesetz über den Wertpapierhandel (Wertpapierhandelsgesetz) |
| WRP | Wettbewerb in Recht und Praxis (Zeitschrift) |
| WZG | Warenzeichengesetz |
| ZahnheilkG | Gesetz über die Ausübung der Zahnheilkunde |
| ZAW | Zentralverband der deutschen Werbewirtschaft |
| zB | zum Beispiel |
| ZGE | Zeitschrift für Geistiges Eigentum (Zeitschrift) |
| ZHR | Zeitschrift für das gesamte Handelsrecht und Wirtschaftsrecht (Zeitschrift) |
| ZIP | Zeitschrift für Wirtschaftsrecht und Insolvenzpraxis (Zeitschrift) |
| ZLR | Zeitschrift für Lebensmittelrecht (Zeitschrift) |
| ZPO | Zivilprozessordnung |
| zT | zum Teil |
| ZugabeVO | Verordnung des Reichspräsidenten zum Schutze der Wirtschaft (Zugabeverordnung) |

*Abkürzungsverzeichnis*

ZUM . . . . . . . . Zeitschrift für Urheber- und Medienrecht (Zeitschrift)
zust. . . . . . . . . . zustimmend
zutr. . . . . . . . . . zutreffend
ZVglRWiss . . . . . Zeitschrift für vergleichende Rechtswissenschaft (Zeitschrift)

# Verzeichnis der abgekürzt zitierten Literatur

*Ahrens, H.-J.,* Der Wettbewerbsprozess, 8. Aufl. 2017 (zit.: *Bearbeiter* in Ahrens Wettbewerbsprozess)

*Bamberger, H. G./Roth, H./Hau, W./Poseck, R.,* Beck'scher Online-Kommentar BGB, 45. Ed. 1.3.2018 (zit.: BeckOK BGB/*Bearbeiter*)

*Baumbach, A./Hefermehl, W.,* Wettbewerbsrecht, 22. Aufl. 2001 (zit.: Baumbach/Hefermehl/*Bearbeiter*)

*Emmerich, V.,* Unlauterer Wettbewerb, 10. Aufl. 2016 (zit.: *Emmerich* Unlauterer Wettbewerb)

*Epping, V./Hillgruber, C.,* Beck'scher Online-Kommentar Grundgesetz, 36. Ed. 15.2.2018 (zit.: BeckOK GG/*Bearbeiter*)

*Fezer, K.-H./Büscher, W./Obergfell, E. I.,* Lauterkeitsrecht: UWG, 3. Aufl. 2016 (zit.: Fezer/Büscher/Obergfell/*Bearbeiter*)

*Harte-Bavendamm, H./Henning-Bodewig, F.,* Gesetz gegen den unlauteren Wettbewerb (UWG), 4. Aufl. 2016 (zit.: Harte-Bavendamm/Henning-Bodewig/*Bearbeiter*)

*Heermann, P./Schlinghoff, J.,* Münchener Kommentar zum Lauterkeitsrecht, 3. Aufl. 2018 (zit.: MüKoUWG/*Bearbeiter*)

*Jänich, V.M.,* Überhöhte Verbotsstandards im UWG?, 1993 (zit.: *Jänich* Überhöhte Verbotsstandards)

*Köhler, H./Bornkamm, J./Feddersen, J.,* Gesetz gegen den unlauteren Wettbewerb, 36. Aufl. 2018 (zit.: Köhler/Bornkamm/Feddersen/*Bearbeiter*)

*Kur, A./v. Bomhard, V./Albrecht, F.,* Beck'scher Online-Kommentar Markenrecht, 13. Ed. 1.5.2018 (zit.: BeckOK MarkenR/*Bearbeiter*)

*Ohly, A./Sosnitza, O.,* Gesetz gegen den unlauteren Wettbewerb: UWG, 7. Aufl. 2016 (zit.: Ohly/Sosnitza/*Bearbeiter*)

*Palandt, O.,* Bürgerliches Gesetzbuch: BGB, 76. Aufl. 2017 (zit.: Palandt/*Bearbeiter*)

*Posser, H./Wolff, H.A.,* Beck'scher Online-Kommentar VwGO, 45. Ed. 1.4.2018 (zit.: BeckOK VwGO/*Bearbeiter*)

*Schmidt, I./Haucap, J.,* Wettbewerbspolitik und Kartellrecht, 10. Aufl. 2013 (zit.: *Schmidt/Haucap* Wettbewerbspolitik)

*Teplitzky, O.,* Wettbewerbsrechtliche Ansprüche und Verfahren, 11. Aufl. 2016 (zit.: Teplitzky/*Bearbeiter*)

*Vorwerk, V./Wolf, C.,* Beck'scher Online-Kommentar ZPO, 28. Ed. 1.3.2018 (zit.: BeckOK ZPO/*Bearbeiter*)

*Zöller, R.,* Zivilprozessordnung, 32. Aufl. 2018 (zit.: Zöller/*Bearbeiter*)

# 1. Kapitel. Grundlagen, Grundbegriffe

## § 1 Einführung

**Literatur:** *Alexander,* Vertrag und unlauterer Wettbewerb, 2002; *Hayek,* Hayek-Lesebuch, 2011; *Leistner,* Richtiger Vertrag und lauterer Wettbewerb, 2007; *Möschel,* Neuere Entwicklungen der Wettbewerbstheorie. Kritische Bemerkungen zu kritischen Bemerkungen, ZHR 145 (1981), 590 ff.; *Posner,* Antitrust Law, 2. Ed. 2001, *Schmidt/Haucap,* Wettbewerbspolitik und Kartellrecht, 10. Aufl. 2013; *Adam Smith,* An Inquiry into the Nature and Causes of Wealth of Nations, 5. Aufl. 1789.

**Fall (sog. Benrather Tankstellenfall):** A betreibt in Düsseldorf eine freie Tankstelle. Sein Betrieb ist unmittelbar umgeben von Tankstellen großer Mineralölunternehmen. Deren Tankstellen unterbieten immer den Preis des A, auch dann, wenn die Unternehmen sonst in der Region deutlich höhere Preise verlangen. Was kann A machen?

### A. Zum Begriff des Wettbewerbsrechts

#### I. Wettbewerb

Die Beschäftigung mit dem Wettbewerbsrecht und dem Lauterkeitsrecht setzt eine belastbare Vorstellung davon voraus, was »**Wettbewerb**« überhaupt ist. Dies verlangt schon § 1 UWG, der den Normzweck des UWG nennt. Nach dieser Vorschrift bezweckt das UWG den Schutz »der Mitbewerber, der Verbraucherinnen und Verbraucher sowie der sonstigen Marktteilnehmer vor unlauteren geschäftlichen Handlungen«. Weiter soll das »Interesse der Allgemeinheit an einem unverfälschten Wettbewerb« geschützt werden. Der Terminus »Wettbewerb« ist die deutsche Übersetzung des französischen Begriffes »concurrence« (zusammenlaufen) und ist auf das lateinische »concurrere« zurückzuführen.[1] Einer einheitlichen Definition ist der Begriff »Wettbewerb« nicht zugänglich.[2] »Wettbewerb« kann grob definiert werden als das Streben von zwei oder mehr Personen nach einem Ziel, bei dem der höhere Zielerreichungsgrad eines Teilnehmers einen niedrigeren Zielerreichungsgrad des (der) anderen bedingt.[3] Wettbewerbe gibt es in den verschiedensten Bereichen, beispielsweise im Sport. Hier interessiert der wirtschaftliche Wettbewerb. Dieser ist gekennzeichnet durch einen Markt mit mehreren Teilnehmern (Anbietern und Nachfragern): Ein Marktteilnehmer will eine Entscheidung treffen. Ihm stehen mehrere Teilnehmer der Marktgegenseite gegenüber, die seine Entscheidung zu ihren Gunsten beeinflussen. Sie stehen daher im wirtschaftlichen Wettbewerb miteinander.

1

Die Wettbewerbspolitik versucht, den Wettbewerbsprozess zu beschreiben und zu erklären.[4] Die vom Wettbewerb zu verwirklichenden Ziele, die dafür vorzuhaltende Struktur sowie die zur Zielverwirklichung einzusetzenden Mittel werden von ihr ab-

2

---
1 MüKoUWG/*Sosnitza* Grundl A. Rn. 1; Köhler/Bornkamm/Feddersen/*Köhler* UWG Einl Rn. 1.1.
2 *Meesen/Kersting* in Loewenheim/Meessen/Riesenkampff/Kersting/Meyer-Lindemann, Kartellrecht, 3. Aufl. 2016, Einf. Rn. 6.
3 *Schmidt/Haucap* Wettbewerbspolitik 3.
4 *Schmidt/Haucap* Wettbewerbspolitik 4 ff.

gebildet.⁵ Die **klassische Wettbewerbstheorie,** untrennbar verbunden mit dem Namen *Adam Smith,* rückte die Freiheit des Wettbewerbs in den Vordergrund und wandte sich primär gegen staatliche Beschränkungen des Wettbewerbs.⁶ Später etablierte sich das auf den Mathematiker *Cournot*⁷ zurückgehende Modell der **vollständigen Konkurrenz.**⁸ Geprägt ist es durch die Annahme perfekter Marktparameter. Danach verhalten sich Anbieter und Nachfrager immer rational. Die Märkte sind vollkommen transparent. Marktzutrittsschranken bestehen nicht. Der Staat greift nicht in den Preisbildungsprozess ein. Den Unzulänglichkeiten des Modells trat *John Maurice Clark* mit dem **»workable-competition-approach«** entgegen. Bestehende Unvollkommenheiten des Marktes sollten durch die Hinzufügung weiterer Unvollkommenheiten bekämpft werden.⁹ Stärker auf empirischen Untersuchungen beruht die klassische Industrieökonomik (**»Industrial Organization«**)¹⁰. Insbesondere mit Blick auf das Kartellrecht entwickelte sich als Gegenpol hierzu die **Chicago School,** die marktstarken Unternehmen nur verhalten skeptisch gegenübersteht.¹¹ In Deutschland fand das von *Hoppmann* in Auseinandersetzung mit *Kantzenbach* in den 1960er Jahren entwickelte **Konzept der Wettbewerbsfreiheit** große Aufmerksamkeit.¹² Nicht die Erfüllung der dem Wettbewerb zukommenden Funktionen, sondern die Wettbewerbsfreiheit an sich müsse geschützt werden.¹³ Im Kartellrecht hat ein Ansatz aus den USA, der **»more economic approach«,** an Bedeutung gewonnen. Bei der Anwendung von Kartellrechtsbestimmungen solle vermehrt ökonomischen Erwägungen Rechnung getragen werden.¹⁴ Im Ergebnis heißt dies, dass Effizienzerwägungen verstärkt beachtet werden sollen. Die **Spieltheorie** versucht, mit spieltheoretischen Erwägungen das Verhalten von Unternehmen zu beschreiben und zu prognostizieren.¹⁵ Sie hat im Wettbewerbsrecht bisher noch keine umfassende Berücksichtigung gefunden, obwohl Anknüpfungspunkte insbesondere im Kartellrecht gegeben sind.¹⁶ Aktuell wird erörtert, ob bzw. welche Erkenntnisse die Verhaltensökonomie (**Behavioural Economics**) für das Lauterkeitsrecht liefern kann.¹⁷

---

5 *Schmidt/Haucap* Wettbewerbspolitik 4.
6 Grdl. *Adam Smith,* An Inquiry into the Nature and Causes of Wealth of Nations, 5. Aufl. 1789, deutsche Übersetzung der 5. Aufl. von *Recktenwald* unter dem Titel »Der Wohlstand der Nationen«, 7. Aufl. 1996; besonders deutlich seine Kritik am Merkantilismus, S. 347 ff. (deutsche Übersetzung).
7 *Örtel,* Die Oligopolproblematik in Wettbewerbstheorie und europäischer Fusionskontrollpraxis, 2005, 8 f.
8 Näher *Frank H. Knight,* Risk, Uncertainty and Profit, Boston und New York City, 1921, 76 ff., der 1921 erstmals umfassend die Rahmenbedingungen der vollständigen Konkurrenz zusammenstellte.
9 Beispiel: Auf einem oligopolistischen Markt (ein Markt mit wenigen Anbietern oder Nachfragen) wird die Effektivität des Wettbewerbs gesteigert, wenn die Preistransparenz *vermindert* wird; näher zu *Clarks* Ansatz *Schmidt/Haucap* Wettbewerbspolitik 12 f.; *Örtel,* Die Oligopolproblematik in Wettbewerbstheorie und europäischer Fusionskontrollpraxis, 2005, 17 ff.
10 Hierzu *Künzler,* Effizienz oder Wettbewerbsfreiheit, 2008, 47 ff.
11 Vgl. *Künzler,* Effizienz oder Wettbewerbsfreiheit, 2008, 49 ff.
12 Ausf. hierzu *Schmidt/Haucap* Wettbewerbspolitik 18 ff.; *Künzler,* Effizienz oder Wettbewerbsfreiheit, 2008, 56 ff.
13 *Hoppmann,* Wirtschaftsordnung und Wettbewerb, 1988, 260 ff.
14 Ausf. hierzu *Künzler,* Effizienz oder Wettbewerbsfreiheit, 2008, 5 ff.
15 Ein bekanntes Beispiel für die Anwendung der Spieltheorie ist das bekannte »Gefangenendilemma« (Wie verhalten sich zwei Gefangene, deren Bestrafung von der Aussage des jeweils anderen abhängig ist, die aber nicht miteinander kommunizieren können?).
16 So auch *Örtel,* Die Oligopolproblematik in Wettbewerbstheorie und europäischer Fusionskontrollpraxis, 2005, 77.
17 Hierzu umfassend *Leistner* ZGE 2009, 3 ff.

Für das Recht des unlauteren Wettbewerbs sind die Versuche erlahmt, eine griffige Definition des Begriffs Wettbewerb zu entwickeln.[18] In der Tat ist eine abstrakte Definition nur von ausgesprochen eingeschränktem Erkenntniswert. Im Übrigen drängt auch das **UWG** selbst den Begriff immer weiter zurück. Nach § 2 I Nr. 1 des UWG in der Fassung aus dem Jahr 2004 wurde der Anwendungsbereich des Gesetzes über den Begriff »Wettbewerbshandlung« bestimmt. Mit der UWG-Novelle 2008 ist dieser Begriff durch den Terminus »**geschäftliche Handlung**« ersetzt worden.   3

Jedenfalls ist Wettbewerb ein reales **Phänomen,** das auf der Freiheit der Marktteilnehmer beruht. Dieses reale Phänomen wird durch die Rechtsordnung, insbesondere durch das Kartellrecht und das Lauterkeitsrecht, geschützt. Der Grund des Schutzes liegt in den Wirkungen des Wettbewerbs, die auch als Wettbewerbsfunktionen bezeichnet werden können. Der Wettbewerb steuert unter anderem Warenverteilung und Warenproduktion.[19] Die Effizienz der Steuerungsfunktion wird gesichert.   4

## II. Wettbewerbsrecht und Lauterkeitsrecht

Der Begriff »Wettbewerbsrecht« ist mehrdeutig. Er kann sowohl für das Kartellrecht als auch für das Recht gegen unlauteren Wettbewerb verwendet werden. Beide Normbereiche bezwecken den Schutz des unverfälschten Wettbewerbs. Das UWG will insbesondere vor unlauteren geschäftlichen Handlungen schützen. Traditionell wurde der Regelungsbereich des UWG in Deutschland als Wettbewerbsrecht (gelegentlich auch als **Wettbewerbsrecht im engeren Sinne**) bezeichnet. Mittlerweile hat sich der Begriff »**Lauterkeitsrecht**« verfestigt. Gründe hierfür sind insbesondere europarechtliche Impulse. Das UWG dient unter anderem der Umsetzung der Richtlinie über unlautere Geschäftspraktiken (RL 2005/29/EG, UGP-RL).[20] Der Begriff ist primär europarechtlich geprägt[21] und unterstreicht die verbraucherschützende Zielrichtung des Wettbewerbsrechts. Auch verhindert er Missverständnisse im internationalen Rechtsverkehr. Im englischen und im US-Recht wird unter »competition law« (= Wettbewerbsrecht) das Kartellrecht verstanden. Daher wird auch hier der Begriff »Lauterkeitsrecht« für das Recht gegen unlauteren Wettbewerb bevorzugt verwendet. Die zentrale gesetzliche Regelung des Lauterkeitsrecht in der Bundesrepublik Deutschland ist das Gesetz gegen unlauteren Wettbewerb (UWG). Regelungen mit ähnlicher Schutzrichtung finden sich auch in anderen Gesetzen. Beispielhaft seien hier genannt die Preisangabenverordnung (PAngV), das Heilmittelwerbegesetz (HWG, insbesondere § 3 HWG: Verbot irreführender Werbung) und das Lebensmittel-, Bedarfsgegenstände- und Futtermittelgesetzbuch (LFGB). In § 11 LFGB findet sich ein spezielles Irreführungsverbot.   5

---

18 MüKoUWG/*Sosnitza* Grundl. A Rn. 13.
19 Auch die Funktionen, die der Wettbewerb zu erfüllen hat, können unterschiedlich gesehen werden, Beispiel bei *Kantzenbach*, Die Funktionsfähigkeit des Wettbewerbs, 2. Aufl. 1967, 15 ff.
20 RL 2005/29/EG des Europäischen Parlaments und des Rates über unlautere Geschäftspraktiken von Unternehmen gegenüber Verbrauchern im Binnenmarkt und zur Änderung der Richtlinie 84/450/EWG des Rates, der Richtlinien 97/7/EG, 98/27/EG und 2002/65/EG des Europäischen Parlaments und des Rates sowie der Verordnung (EG) Nr. 2006/2004 des Europäischen Parlaments und des Rates (Richtlinie über unlautere Geschäftspraktiken) v. 11.5.2005, ABl. 2005 L 149, 22.
21 Vgl. umfassend zur Genese MüKoUWG/*Micklitz* Teil III. Das Unionsrecht und die UGP-RL, D, Vorbem. Rn. 1 ff.

## B. Lauterkeitsrecht und Kartellrecht

6   Schon die obigen Ausführungen haben gezeigt, dass es vielfältige Überschneidungen zwischen dem Lauterkeitsrecht und dem Kartellrecht gibt. Üblicherweise wird nach der Schutzrichtung unterschieden: Das Kartellrecht, geregelt unter anderem im Gesetz gegen Wettbewerbsbeschränkungen (GWB) und im Vertrag über die Arbeitsweise der Europäischen Union (Art. 101 ff. AEUV), solle den Bestand des Wettbewerbs (das »Ob«) schützen. Demgegenüber stelle das UWG die Fairness des Wettbewerbs (das »Wie«) sicher.[22] Diese Unterscheidung eignet sich allerdings allenfalls als Faustregel.[23]

7   **UWG und Kartellrecht** (GWB und AEUV) stehen nicht in einem Ausschließlichkeitsverhältnis zueinander. Sie **ergänzen sich** gegenseitig. Verhaltensweisen können sowohl nur von einer als auch von beiden Normgruppen erfasst werden. Beispielsweise werden Behinderungspraktiken grundsätzlich sowohl vom Kartellrecht (§§ 19 f. GWB, Art. 102 AEUV) als auch vom UWG (§ 4 Nr. 4 UWG) erfasst. Die einzelnen Anspruchsvoraussetzungen sind jedoch nicht vollständig deckungsgleich. Auch geben beide Normkomplexe bei Rechtsverletzungen zivilrechtliche Ansprüche (über § 33 GWB bzw. über § 8 UWG). Eine umfassende Befugnis zu behördlichem Handeln enthält allein das Kartellrecht (§§ 32 ff. GWB, Art. 4 ff. VO (EG) Nr. 1/2003[24]). Das UWG beruht darauf, dass die Marktteilnehmer und ein beschränkter Kreis von Anspruchsbefugten wie Verbraucherverbände und Industrie- und Handelskammern Ansprüche geltend machen können. Etwas anderes gilt nur, wenn ein UWG-Straftatbestand (§§ 16 ff. UWG) erfüllt ist oder ein Fall der unzulässigen Telefonwerbung nach § 20 UWG (dh eine von der Bundesnetzagentur zu verfolgende Ordnungswidrigkeit) vorliegt.

> **Lösung Fall:** Der sog. Benrather Tankstellenfall (RGZ 134, 342) wurde vom Reichsgericht auf der Grundlage von § 1 UWG in der Fassung aus dem Jahr 1909 und § 826 BGB gelöst. Heute käme neben § 4 Nr. 4 UWG und § 826 BGB auch ein Verstoß gegen das Kartellrecht (§ 19 GWB) in Betracht.

## C. Lauterkeitsrecht und Recht des geistigen Eigentums

8   »Geistiges Eigentum« wird heute zumindest als Sammelbegriff für die Schutzrechte für geistiges Schaffen verwendet.[25] Beispiele sind das Urheberrecht, das Patentrecht, das Designrecht und das Markenrecht. Diese Schutzrechte unterscheiden sich im dogmatischen Ansatz grundlegend vom Lauterkeitsrecht. Die Schutzrechte für geistiges Eigentum begründen subjektive Rechte des Rechteinhabers. Die Verletzung löst – ähnlich wie die Verletzung von Sacheigentum – unter anderem Schadensersatz- und Unterlassungsansprüche aus (vgl. nur § 97 UrhG, § 139 PatG, § 42 DesignG, § 14 MarkenG). Das Lauterkeitsrecht gibt demgegenüber **keine subjektiven Rechte.** Es dient dem Schutz des unverfälschten Wettbewerbs und der individuellen Interessen der Marktteilnehmer (vgl. § 1 UWG). Jedenfalls aufgrund seiner deliktsrechtlichen Wurzeln ist

---

22   *Jestaedt,* Wettbewerbsrecht, 2007, Rn. 5; *Lettl,* Wettbewerbsrecht, 3. Aufl. 2016, § 1 Rn. 38.
23   *Beater,* Unlauterer Wettbewerb, 2011, § 1 Rn. 99, unter Hinweis auf die im amerikanischen Recht gemachte Unterscheidung zwischen einem »Zuwenig« und einem »Zuviel« an Wettbewerb. Aber auch bei dieser Differenzierung kann es sich allenfalls – wie auch *Beater,* Unlauterer Wettbewerb, 2011, § 1 Rn. 99 anmerkt – nur um eine grobe Faustformel handeln.
24   VO (EG) Nr. 1/2003 des Rates zur Durchführung der in den Artikeln 81 und 82 des Vertrags niedergelegten Wettbewerbsregeln v. 16.12.2002, ABl. 2003 L 1, 8 ff.
25   *Jänich,* Geistiges Eigentum, 2002, 182.

das UWG – auch – **Sonderdeliktsrecht**.[26] Verstöße gegen das UWG sind unerlaubte Handlungen.[27] Dennoch sind Überschneidungen zwischen den beiden Regelungsbereichen festzustellen. Besonders deutlich macht dies § 4 Nr. 3 UWG, der einen lauterkeitsrechtlichen Schutz vor Nachahmungen gibt und nur sehr schwer von den Schutzrechten des geistigen Eigentums abzugrenzen ist.[28]

## D. Lauterkeitsrecht und Bürgerliches Recht

Bereits der Begriff »Sonderdeliktsrecht« wirft die Frage nach dem Verhältnis zwischen den Ansprüchen aus dem UWG und solchen aus dem BGB auf. Ein Verhalten kann grundsätzlich sowohl von einer UWG-Norm als auch von einem BGB-Tatbestand erfasst werden. Hier gilt Folgendes: 9

Sofern die Voraussetzungen der §§ 3 ff. UWG vorliegen, wird **§ 823 I BGB** (Recht am eingerichteten und ausgeübten Gewerbebetrieb) im Regelfall im Wege der Gesetzeskonkurrenz verdrängt.[29] Abweichend davon werden Fälle der unberechtigten Schutzrechtsverwarnung behandelt. Eine unberechtigte Schutzrechtsverwarnung liegt vor, wenn Ansprüche aus einem Schutzrecht des geistigen Eigentums (Beispiel: Patentrecht) außergerichtlich zu Unrecht geltend gemacht werden. Verlangt nun der Inanspruchgenommene Ersatz seiner Schäden vom Anspruchsteller, zieht die Rechtsprechung immer auch § 823 I BGB als Anspruchsgrundlage heran.[30] **§ 823 II BGB** kann grundsätzlich neben den UWG-Tatbeständen angewendet werden. Es liegt also Anspruchskonkurrenz und keine normverdrängende oder Gesetzeskonkurrenz vor.[31] Nach bisher allgemein anerkannter Meinung sollen aus dem UWG nur die lauterkeitsrechtlichen Straftatbestände (§§ 16 ff. UWG) Schutzgesetze iSd § 823 II BGB sein.[32] Abzuwarten bleibt die Einordnung des § 20 UWG (Ordnungswidrigkeit bei belästigender Telefonwerbung). § 824 BGB (Kreditgefährdung) soll ebenfalls neben den UWG-Vorschriften anwendbar sein.[33] **§ 826 BGB** kommt einschränkungslos zur Anwendung.[34] 10

> **Klausurtipp:** In Klausuren ist auf die genaue Formulierung der Fallfrage zu achten. Oft sind nur Ansprüche aus dem UWG zu prüfen. Ansonsten dürfte bei Schwerpunktbereichsklausuren im Lauterkeitsrecht typischerweise nur eine knappe Abhandlung der BGB-Tatbestände geboten sein. Hierbei sind die eben beschriebenen Konkurrenzen zu beachten.

---

26 Köhler/Bornkamm/Feddersen/*Köhler* UWG Einl Rn. 7.2; MüKoBGB/*Wagner* § 840 Rn. 9; Harte-Bavendamm/Henning-Bodewig/*Ahrens* UWG Einl G Rn. 121; zur Geschichte des UWG und zu den Versuchen, unlautere Wettbewerbshandlungen über das allgemeine Zivilrecht zu bekämpfen, → § 2 Rn. 3.
27 BGH GRUR 1982, 495 (497) – Domgarten-Brand.
28 Ohly/Sosnitza/*Ohly* UWG § 4 Rn. 3/12 ff. und → § 10 Rn. 22.
29 BGH GRUR 2004, 877 (880) – Werbeblocker; Köhler/Bornkamm/Feddersen/*Bornkamm* UWG Einl Rn. 7.4.
30 BGH GRUR 2005, 882 – unberechtigte Schutzrechtsverwarnung; näher zum Problem Köhler/Bornkamm/Feddersen/*Köhler* UWG § 4 Rn. 4.176 a ff.; MüKoUWG/*Jänich* § 4 Nr. 4 Rn. 126 ff.; ausf. → § 10 Rn. 95 ff.; zur Anwendung des § 823 I BGB neben den UWG-Normen bei Äußerungsdelikten (Warentests, Filmberichte, etc) Harte-Bavendamm/Henning-Bodewig/*Ahrens* Einl G Rn. 139.
31 Zur Terminologie Ohly/Sosnitza/*Ohly* UWG Einf D Rn. 58.
32 MüKoUWG/*Brammsen* § 16 Rn. 14; *Alexander* WRP 2004, 407 (420).
33 Köhler/Bornkamm/Feddersen/*Köhler* UWG Einl Rn. 7.6.
34 BGH GRUR 1977, 539 (540 f.) – Prozessrechner.

11 Auch Wechselwirkungen mit dem **Vertragsrecht des BGB** sind zu beobachten. Die bloße Wettbewerbswidrigkeit allein führt grundsätzlich nicht zu einem Verstoß gegen § 134 BGB oder § 138 BGB.[35]

> **Beispiel:** V wird von U belästigend (§ 7 UWG) angerufen und zum Abschluss eines Vertrages gedrängt. Der Vertrag ist nicht allein aufgrund des Wettbewerbsverstoßes unwirksam.

12 Umgekehrt steht – selbstverständlich – die Wettbewerbswidrigkeit des Zustandekommens des Vertrages einer Unwirksamkeit nach dem BGB nicht entgegen.

> **Beispiel:** U hat vorsätzlich irreführend (§ 5 UWG) geworben. V hat aufgrund dieser wettbewerbswidrigen Werbung einen Vertrag abgeschlossen. Liegen die Voraussetzungen des § 123 I BGB vor, kann V anfechten (§ 143 I, § 142 I BGB).

13 Zudem ist eine gewisse Annäherung und Überschneidung zwischen dem **Verbraucherschutzrecht** und dem Lauterkeitsrecht zu beobachten.[36] Verbraucherschützende Richtlinien der EU sichern die Entscheidungsfreiheit des Verbrauchers und verwirklichen somit gleichzeitig einen Schutzzweck des UWG.

> **Beispiel:** Art. 5 Pauschalreise-RL[37] gibt dem nationalen Gesetzgeber auf, umfangreiche Informationspflichten zu statuieren, um den Verbraucher bei Pauschalreiseverträgen zu schützen (umgesetzt in § 4 BGB-InfoV). Die Nichterfüllung solcher Informationspflichten wird unabhängig davon von § 5a II UWG erfasst.

## E. Aufbau und Struktur des UWG

14 Das UWG ist heute (2018) in vier Kapitel unterteilt. Das **Kapitel 1** »Allgemeine Bestimmungen« beginnt mit der Zweckbestimmung in § 1 UWG. § 2 UWG enthält allgemeine Definitionen. **Zentraler Verbotstatbestand** ist **§ 3 I UWG**. Nach § 3 I UWG sind **unlautere** geschäftliche Handlungen **unzulässig**. Die konkreten Rechtsfolgen finden sich in den §§ 8 ff. UWG. § 3 III UWG nennt unter Bezugnahme auf den Anhang (die sog. »schwarze Liste« oder »Blacklist«) geschäftliche Handlungen, die stets unzulässig sind. § 3 II UWG und die §§ 4–6 UWG knüpfen tatbestandlich an § 3 I UWG an. Sie erklären bestimmte Verhaltensweisen für **unlauter**. Die Unzulässigkeit unlauterer Verhaltensweisen folgt aus § 3 I UWG. § 3 II UWG enthält einen speziellen Verbotstatbestand für geschäftliche Handlungen gegenüber Verbrauchern. § 3a UWG erfasst den Verstoß gegen gesetzliche Vorschriften, die das Marktverhalten regeln.

> **Beispiel:** Unternehmer U veräußert im Fernabsatz Waren an Verbraucher. Eine Information über das Widerrufsrecht erteilt U entgegen § 312d I BGB iVm Art. 246a § 1 II EGBGB nicht. Der hierin liegende Rechtsverstoß stellt zugleich einen Verstoß gegen § 3a UWG dar.

15 § 4 UWG untersagt unlautere Verhaltensweisen gegenüber Mitbewerbern. Verbraucher und sonstige Marktteilnehmer schützt § 4a UWG vor aggressiven geschäftlichen Handlungen. Die §§ 5, 5a UWG untersagen irreführende geschäftliche Handlungen.

---

[35] BGH GRUR 1990, 522 (528) – HBV-Familien- und Wohnungsrechtsschutz; BGH GRUR 1998, 945 (946) – Co-Verlagsvereinbarung; Köhler/Bornkamm/Feddersen/*Köhler* UWG Einl Rn. 7.8.
[36] Umfassend *Leistner*, Richtiger Vertrag und lauterer Wettbewerb, 2007, passim.
[37] RL (EU) 2015/2302 des Europäischen Parlaments und des Rates über Pauschalreisen und verbundene Reiseleistungen, zur Änderung der Verordnung (EG) Nr. 2006/2004 und der Richtlinie 2011/83/EU des Europäischen Parlaments und des Rates sowie zur Aufhebung der Richtlinie 90/314/EWG des Rates v. 25.11.2015, ABl. 2015 L 326, 1.

§ 6 UWG nennt die Voraussetzungen einer unlauteren vergleichenden Werbung. Der Katalog der Verbotstatbestände des UWG wird mit § 7 UWG, der unzumutbar belästigende geschäftliche Handlungen untersagt, abgeschlossen.

In **Kapitel 2** (§§ 8 ff. UWG) werden die **Rechtsfolgen** genannt, die eine *unzulässige* geschäftliche Handlung auslöst. Zentrale Bedeutung in der Praxis hat § 8 UWG. Dieser gibt einen Anspruch auf Beseitigung und Unterlassung. Der Schadensersatzanspruch (§ 9 UWG) wird aufgrund von Beweisschwierigkeiten in der Praxis nur selten geltend gemacht. § 10 UWG ermöglicht eine Gewinnabschöpfung bei sog. Streuschäden (eine Vielzahl von Abnehmern hat einen – typischerweise nur kleinen – Schaden erlitten). § 11 UWG regelt die Verjährungsfrist der Ansprüche aus § 8 und § 9 UWG: Die Ansprüche verjähren schon in sechs Monaten (typische Regressfalle für Anwälte!).

16

**Kapitel 3** enthält **Verfahrensvorschriften.** Besonderheiten des Lauterkeitsrechts, insbesondere das Interesse an einer zügigen und effektiven Durchsetzung der Rechte, haben zur Herausbildung eines selbstständigen »Wettbewerbsverfahrensrechts«[38] geführt. Dieses ist nur partiell kodifiziert. Besonders bedeutsam ist § 12 I 1 UWG. Unterlassungsansprüche sollen vor der gerichtlichen Geltendmachung außergerichtlich mit einer sog. Abmahnung geltend gemacht werden. Bei einer berechtigten Abmahnung müssen dem Abmahnenden die Kosten ersetzt werden (§ 12 I 2 UWG).

17

UWG-Verstöße lösen nicht immer nur zivilrechtliche Rechtsfolgen aus. In den §§ 16 ff. UWG **(4. Kapitel)** finden sich einige wenige **Straftatbestände.** Zentral ist der Schutz von Geschäfts- und Betriebsgeheimnissen durch § 17 UWG. Ordnungswidrig handelt, wer gegenüber Verbrauchern ohne deren vorherige ausdrückliche Einwilligung mit einem Telefonanruf wirbt (§ 20 I UWG). Das Gesetz schließt mit dem bereits erwähnten (wichtigen!) **Anhang zu § 3 III UWG, der »schwarzen Liste«.**

18

# § 2 Geschichte des Schutzes vor unlauterem Wettbewerb

**Literatur:** *Beater,* Entwicklungen des Wettbewerbsrechts durch die gesetzgebende und rechtsprechende Gewalt, FS Erdmann, 2002, 513 ff.; *Baums,* Kartellrecht in Preußen, 1990; *J. Kohler,* Der unlautere Wettbewerb, 1914; *v. Stechow,* Das Gesetz zur Bekämpfung des unlauteren Wettbewerbs vom 27. Mai 1896, 2002; *Wadle,* Das rheinisch-französische Deliktsrecht und die Judikatur des Reichsgerichts zum unlauteren Wettbewerb, in Wadle, Geistiges Eigentum, Bd. 2, 2003, 365 ff.; *Wadle,* Das Reichsgesetz zur Bekämpfung des unlauteren Wettbewerbs von 1896. Etappe eines zögerlichen Beginns, JuS 1996, 1064 ff., abgedruckt auch in *Wadle,* Geistiges Eigentum, Bd. 2, 2003, 381 ff.

## A. Einleitung

Die Sinnhaftigkeit der Beschäftigung mit der Rechtsgeschichte wird von Studierenden gelegentlich angezweifelt. Hilfreich ist sie jedenfalls, wenn sie das Verständnis des geltenden Rechts erleichtert. Aus diesem Blickwinkel soll die Entwicklung des Rechts des unlauteren Wettbewerbs betrachtet werden. Es zeigt sich dabei beispielsweise, dass ak-

1

---

38 Prägend die Titel der Werke von *Pastor,* Der Wettbewerbsprozeß, 1968 (heute *Ahrens,* Der Wettbewerbsprozess, 8. Aufl. 2017) und der Habilitationsschrift von *Ahrens,* Wettbewerbsverfahrensrecht: zum vorbeugenden Rechtsschutz durch einstweiligen Rechtsschutz, 1983.

tuelle Fragestellungen, wie die nach dem Konkurrenzverhältnis von BGB und UWG, auf eine lange Geschichte zurückblicken können.

## B. Anfänge eines Schutzes vor unlauterem Wettbewerb

2 »Unlauterer Wettbewerb« und damit das Erfordernis, einen Schutz vor einem solchen Wettbewerb durch das Recht zu gewährleisten, setzt denknotwendigerweise einen Wettbewerb voraus. Ein intensiver wirtschaftlicher Wettbewerb zwischen den Marktteilnehmern konnte sich erst mit der Überwindung des Zünftewesens durch die **Gewerbefreiheit** etablieren. 1791 wurde die Gewerbefreiheit in Frankreich eingeführt.[1] In Deutschland gestaltete sich die Liberalisierung zögerlicher. Preußen führte die Gewerbefreiheit schrittweise ab 1806 ein.[2] Erst die Gewerbeordnung für den Norddeutschen Bund von 1869, die ab 1871 als Reichsgesetz fortgalt, gewährleistete eine umfassende Gewerbefreiheit.[3] Zuvor gab es zunftinterne Regelungen zum Marktverhalten ihrer Mitglieder (beispielsweise Verbote, andere Zunftmitglieder zu behindern), die teilweise einen dem heutigen Lauterkeitsrecht ähnlichen Regelungsgehalt aufwiesen.[4]

3 Nach Einführung der Gewerbefreiheit erschien es naheliegend, sich etablierende, unerwünschte unlautere Verhaltensweisen über das Deliktsrecht zu bekämpfen, mithin aus dem Deliktsrecht ein Recht gegen den unlauteren Wettbewerb zu entwickeln. Dieser Weg wurde in Frankreich über Art. 1382 und Art. 1383 des **Code Civil** beschritten.[5] Aus Frankreich stammt auch der Begriff »**concurrence déloyale**«, der wiederum die Quelle für den deutschen Ausdruck »unlauterer Wettbewerb« ist. Anders aber als in Frankreich wurde in Deutschland eine Problemlösung über das Deliktsrecht verworfen. Grundlegend hierzu ist die Apollinaris-Entscheidung des RG vom 30.11.1880.[6] Der klagende Apollinarisbrunnen ging gegen einen Wettbewerber vor, der Wasser unter der Bezeichnung »Apollinisbrunnen« in Verkehr brachte. Das RG verneinte einen Anspruch aus dem Markenschutzgesetz von 1874. Sodann war zu erörtern, ob aus der deliktsrechtlichen Generalklausel (hier – vor Inkrafttreten des BGB im Rheinland – Art. 1382 des französischen Code civil) ein Anspruch auf Unterlassung folgte. Das RG verneinte dies: Die Regelungen des Markenschutzgesetzes seien »einheitlich und erschöpfend«. Handlungen, die nach dem Markenschutzgesetz zulässig seien, könnten nicht nach dem allgemeinen Zivilrecht untersagt werden.[7] Das RG schützte damit nicht **vor,** sondern **den** unlauteren Wettbewerb.

---

1 *Kulischer*, Allgemeine Wirtschaftsgeschichte des Mittelalters und der Neuzeit, 1988, Bd. 1, 446.
2 Näher *Baums*, Kartellrecht in Preußen, 1990, 8 ff.; dort auch zur Herausbildung eines Kartellrechts ab ungefähr 1810.
3 *Kulischer*, Allgemeine Wirtschaftsgeschichte des Mittelalters und der Neuzeit, 1988, Bd. 1, 447; Gewerbeordnung für den Norddeutschen Bund, BGBl. des Norddeutschen Bundes v. 21.6.1869, 245 ff.
4 Zum »Wettbewerbsrecht der Zünfte« *Beater*, Unlauterer Wettbewerb, 2011, § 3 Rn. 229 ff.
5 Zur Rechtsentwicklung in Frankreich vgl. Köhler/Bornkamm/Feddersen/*Köhler* UWG Einl Rn. 4.6.
6 RGZ 3, 67 ff.
7 RGZ 3, 67 (69).

## C. UWG von 1896 und 1909

In den 1890er Jahren kamen in Deutschland erste Forderungen auf, den unlauteren Wettbewerb zu bekämpfen.[8] Die Diskussion mündete in den Arbeiten zur Schaffung eines Gesetzes gegen unlauteren Wettbewerb. Eine zentrale Frage im Gesetzgebungsverfahren war, ob durch das Gesetz einzelne, bestimmt bezeichnete Verhaltensweisen verboten werden sollten, oder aber, ob eine Generalklausel unlauteres Handeln schlechthin untersagen sollte.[9] Eine »große Generalklausel« zur Bekämpfung unlauteren Wettbewerbs fand schließlich keinen Eingang in das erste **UWG von 1896,** das am 27.5.1896 verkündet wurde.[10] Stattdessen prägten Einzeltatbestände das erste UWG. An der Spitze des Gesetzes befand sich das Irreführungsverbot, § 1 UWG 1896, der spätere § 3 UWG 1909. Zur Bekämpfung des unlauteren Wettbewerbs hatte sich der deutsche Gesetzgeber im Grundsatz für eine primär zivilrechtliche Lösung entschieden. Die Generalklausel des § 1 UWG 1896 gab einen Anspruch auf Unterlassung und Schadensersatz. Nur vereinzelt fanden sich strafrechtliche Sanktionen im UWG von 1896 (Beispiele: § 4 UWG 1896: vorsätzliche irreführende Werbung; § 9 UWG 1896: Verrat eines Geschäfts- oder Betriebsgeheimnisses). Große praktische Bedeutung in den ersten Anwendungsjahren des UWG hatte die Bekämpfung des Reklame- und Ausverkaufschwindels. Man störte sich beispielsweise an jahrelangen (!) Ausverkäufen wegen Geschäftsaufgabe.[11] Recht früh nach Inkrafttreten des Gesetzes gewannen Bestrebungen zu einer Modernisierung des UWG an Dynamik. Bestehende Schutzlücken sollten geschlossen werden. **1909** schließlich erfolgte eine umfassende **Novellierung** des UWG. An der Spitze des UWG befand sich die neue große Generalklausel des § 1 UWG 1909, die im Kern annähernd 100 Jahre Bestand haben sollte und zentrale Grundgedanken des Wettbewerbsrechts bis heute mitprägt.[12] § 1 UWG 1909 lautete:

4

Wer im geschäftlichen Verkehr zu Zwecken des Wettbewerbs Handlungen vornimmt, die gegen die guten Sitten verstoßen, kann auf Unterlassung und Schadensersatz in Anspruch genommen werden.

Die Regelung muss vor dem Hintergrund des zuvor am 1.1.1900 in Kraft getretenen **BGB** gesehen werden. Bestehende Rechtsschutzlücken in der Anwendung des UWG wurden zunächst durch eine ergänzende Anwendung des BGB geschlossen.[13] Das RG rückte diesbezüglich von seiner Entscheidungspraxis aus der Zeit vor Inkrafttreten des BGB ab.[14] § 826 BGB wurde ergänzend zu den Bestimmungen des UWG herangezogen. Daneben etablierte das RG das Recht am eingerichteten und ausgeübten Gewerbebetrieb als »sonstiges Recht« iSd § 823 I BGB.[15]

5

---

8 Vgl. *v. Stechow,* Das Gesetz zur Bekämpfung des unlauteren Wettbewerbs vom 27. Mai 1896, 2002, 103 ff.
9 Vgl. *v. Stechow,* Das Gesetz zur Bekämpfung des unlauteren Wettbewerbs vom 27. Mai 1896, 2002, 192 ff.
10 RGBl. 1896, 145 ff.
11 Analysen der Rspr. bei *Poeschl,* Die Praxis des Gesetzes zur Bekämpfung des unlauteren Wettbewerbs, 1903, 155 ff.; *v. Stechow,* Das Gesetz zur Bekämpfung des unlauteren Wettbewerbs vom 27. Mai 1896, 2002, 316 ff. Ein besonders prägnantes Beispiel ist ein von *Poeschl* (Die Praxis des Gesetzes zur Bekämpfung des unlauteren Wettbewerbs, 1903, 162) geschilderter jahrelanger Räumungsverkauf in Berlin.
12 Den Weg zur Generalklausel beschreibt *v. Stechow,* Das Gesetz zur Bekämpfung des unlauteren Wettbewerbs vom 27. Mai 1896, 2002, 304 ff.
13 RGZ 48, 114 (119).
14 Anders vor Inkrafttreten des BGB RGZ 3, 67 ff., zu dieser Entscheidung → § 2 Rn. 3.
15 Grdl. RGZ 58, 24 (29).

## D. Änderungen bis 2004

6  In der Folgezeit erwies sich das UWG als erstaunlich robust gegenüber Änderungen. Erwähnung verdienen zwei Normenkomplexe, die sich in Regelungsnähe zum UWG befanden: 1932 wurde die **Zugabeverordnung**[16] eingeführt, 1933 folgte das **Rabattgesetz**[17]. Beide Regelungen richteten sich gegen bestimmte Verkaufsförderungsmaßnahmen (heute sog. »sales promotion«). Die Zugabeverordnung untersagte die mittlerweile so beliebten Zugaben beim Warenkauf und erscheint aus heutiger Sicht grotesk: Unzulässig war es beispielsweise, beim Kauf eines Fahrrads eine Lampe oder einen Kilometerzähler kostenlos dazuzugeben.[18] Ernsthaft erwogen werden konnte sogar, ob die Zugabe eines Musikers bei einem Konzert einen Verstoß gegen die Zugabeverordnung darstellte. Das Rabattgesetz begrenzte die Höhe von Preisnachlässen. Zulässig waren – heute kaum noch vorstellbar – maximal 3 % Barzahlungsrabatt (§ 2 RabattG). Vorgeblich sollten der »reguläre Warenumsatz« des Fachhandels gesichert und der Verbraucher vor unsachlichen Beeinflussungen geschützt werden.[19] Tatsächlich hatten beide Normenkomplexe jedenfalls die Verfestigung bestimmter Handlungsstrukturen zur Folge: Der mittelständische Einzelhandel wurde vor preisaktiven Großbetriebsformen wie Kaufhäusern geschützt.[20] Hinsichtlich des Rabattgesetzes war zudem zu erwägen, ob es sich hierbei nicht sogar um spezifisch nationalsozialistisches Unrecht handelte.[21]

7  **1969** wurde das UWG um die **abstrakten Gefährdungstatbestände** der §§ 6a, 6b UWG 1909 ergänzt. Diese speziellen Irreführungsverbote richteten sich gegen die Werbung mit der Hersteller- und Großhändlereigenschaft und den sog. Kaufscheinhandel (Ausgabe von Berechtigungsscheinen zum Warenbezug). Sie erschwerten die wirtschaftliche Tätigkeit des Großhandels und schützten dadurch mittelständische Betriebe, insbesondere im Einzelhandel.[22] Es kam zu einer Erhöhung des Verbotsstandards. Eine weitere Verschärfung erfolgte **1986** mit der Einführung **weiterer Gefährdungstatbestände**, den §§ 6d und 6e UWG 1909. Diese untersagten die Werbung mit mengenmäßigen Beschränkungen sowie mit Preisgegenüberstellungen. Auch bei diesen Normen drängte sich der Verdacht auf, bestimmte, kleinere Formen des Einzelhandels sollten geschützt werden.[23] Der ebenfalls 1986 eingeführte Straftatbestand des § 6c UWG 1909 untersagte progressive Kundenwerbung, sog. »Schneeballsysteme«.

---

16  RGBl. 1932 I 121.
17  RGBl. 1933 I 1011.
18  Baumbach/Hefermehl/*Hefermehl*, 16. Aufl. 1990, ZugabeVO § 1 Rn. 4; weitere bizarre Beispiele: Gewährung einer Transportversicherung an Kunden, die ihre Möbel selbst abholen (BGH NJW-RR 1991, 560); Ausschank von Kaffee an Wettinteressenten in einem Wettbüro (OLG Düsseldorf GRUR 1991, 69).
19  Vgl. Baumbach/Hefermehl/*Hefermehl*, 16. Aufl. 1990, ZugabeVO Allgemeines Rn. 6.
20  *Emmerich* Unlauterer Wettbewerb, 7. Aufl. 2004, § 12 IV 2 (S. 219f.).
21  Das Gesetz ist am 25.11.1933 in Kraft getreten; Gegen die Annahme typisch nationalsozialistischen Unrechts ohne nähere Begr. BVerfG NJW 1967, 1459. Das nationalsozialistische Gedankengut im Rabattgesetz zeigt der Artikel »Das Rabattgesetz, ein Nachruf«, Berliner Zeitung, Ausgabe 171 v. 25.7.2001, S. 4, auf.
22  Zu diesen Normen näher *Jänich* Überhöhte Verbotsstandards 20ff.
23  Vgl. zu diesen Normen *Jänich* Überhöhte Verbotsstandards 27ff.

Ab **1994** kam es zu einer **Liberalisierung des Lauterkeitsrechts.** Es erfolgte eine **Deregulierung.** Der Schutzstandard wurde abgesenkt. Motor dieser Entwicklung war das Europarecht, genauer die Anwendung der Regeln zur Warenverkehrsfreiheit durch den EuGH. Aufgrund einer rigiden Anwendung der Art. 28, 30 EG (zuvor Art. 30, 36 EGV, heute Art. 34, 36 AEUV) waren im grenzüberschreitenden Verkehr die strengen Regeln des deutschen Lauterkeitsrechts nicht zu halten (→ § 5 Rn. 3 ff.). Um eine Inländerdiskriminierung zu verhindern, sah sich der deutsche Gesetzgeber gezwungen, den Schutzstandard insgesamt abzusenken. 1994 wurden die erst vier Jahre zuvor eingeführten §§ 6d und 6e UWG aufgehoben. 2001 wurden das **Rabattgesetz** und die **Zugabeverordnung** ersatzlos **gestrichen.** Aber nicht nur der Gesetzgeber liberalisierte das Wettbewerbsrecht, auch die Rechtsprechung änderte ihre Beurteilungsmaßstäbe. Besonders wichtig für die Anwendung der Verbotstatbestände des UWG war die Modifikation des **Verbraucherleitbildes.** Seit 1999 zieht die Rechtsprechung als Maßstab für die Beurteilung, ob eine Irreführung vorliegt, einen situationsadäquat aufmerksamen, durchschnittlich informierten und verständigen Verbraucher heran.[24] Zuvor ging die Rechtsprechung von einem eher leichtgläubigen, einfach irrezuführenden Verbraucher aus.[25] Die ältere Rechtsprechung, die einen (nicht pauschal zu verwerfenden) weitreichenden Minderheitenschutz zur Konsequenz hatte, führte zu einer strengeren Beurteilung von Handlungen im Wettbewerb. Auch diese Abmilderung des Schutzes durch die Rechtsprechung ist aufgrund von Vorgaben des EuGH zum Verbraucherleitbild zumindest initiiert worden.[26]

## E. UWG von 2004

Ab 2001 begannen Arbeiten zu einer **grundlegenden Novellierung des UWG.**[27] Eine weitere Liberalisierung des Lauterkeitsrechts war gewünscht. Hierzu sollten unter anderem die komplexen Regelungen für Schluss- und Räumungsverkäufe (§§ 7, 8 UWG aF) aufgehoben werden. Daneben stand eine Harmonisierung des Lauterkeitsrechts auf europäischer Ebene im Raum. Zu erwarten waren Richtlinien oder Verordnungen zur Harmonisierung des Rechts gegen unlauteren Wettbewerb. Eine Idee der deutschen UWG-Novelle 2004 war es anscheinend, auf diese europäischen Gesetzgebungsinitiativen einzuwirken. Der Versuch ist gescheitert. Die UGP-RL wählt einen anderen Regelungsansatz als das deutsche Recht. Das deutsche UWG schützt neben den Verbrauchern auch die Wettbewerber. Reguliert wird nicht nur das Verhältnis von Unternehmern zu Verbrauchern (Business to Consumer, **B2C**), sondern auch der Wettbewerb zwischen Unternehmen, der sog. **B2B**-Bereich (Business to Business). Dieses Verhältnis wird nicht von der UGP-RL erfasst. Sie reguliert nur den sog. **B2C**-Bereich.[28]

Mit der **UWG-Novelle 2004** erhielt das UWG eine **vollkommen neue Struktur.** Zuvor war das Gesetz durch die beiden Generalklauseln des § 1 UWG und des § 3 UWG

8

9

10

---

24 Grdl. BGH GRUR 2000, 619 (621) – Orient-Teppichmuster.
25 Krit. *Emmerich* Unlauterer Wettbewerb, 7. Aufl. 2004, § 14 III (S. 265 ff.).
26 Grdl. zum Verbraucherleitbild EuGH ECLI:EU:C:1990:102 = GRUR Int. 1990, 955 (956 f.) – GB-Inno-BM; EuGH ECLI:EU:C:1998:369 = NJW 1998, 3183 Rn. 31 – Gut Springenheide.
27 Näher zum Ablauf des Verfahrens Köhler/Bornkamm/Feddersen/*Köhler* UWG Einl Rn. 2.10.
28 Ausf. zu den Begriffen B2B und B2C → § 5 Rn. 11 ff.

geprägt. 2004 ergänzte und modifizierte der Gesetzgeber diesen Regelungsansatz durch die **Regelbeispielstechnik**. Das grundlegende Verbot unlauterer Wettbewerbshandlungen in § 3 UWG wurde durch die §§ 4 ff. UWG konkretisiert.

## F. Die UGP-RL und ihre Umsetzung in das deutsche Recht mit der UWG-Novelle 2008

11  Die Regulierungsideen der EU verwirklichten sich mit der UGP-RL. Trotz der Beschränkung auf das Verhältnis B2C entschied sich der deutsche Gesetzgeber, die Richtlinienumsetzung (nur) durch eine Anpassung des UWG vorzunehmen. Dies erfolgte mit der UWG-Novelle 2008.[29] Zur Umsetzung der UGP-RL musste das UWG tiefgreifend umgestaltet werden. Versucht wurde dennoch, möglichst dicht an der alten Regelung zu bleiben. Gänzlich neu ist das Regelungskonzept des **§ 3 III UWG** und des dazu gehörigen Anhangs. In einer sog. »**schwarzen Liste**« (Blacklist) werden geschäftliche Handlungen gegenüber Verbrauchern genannt, die auf jeden Fall unlauter sind. Des Weiteren wurde das Irreführungsverbot grundlegend umgestaltet und der zentrale Begriff der »Wettbewerbshandlung« durch die »geschäftliche Handlung« ersetzt (→ § 4 Rn. 4 ff.).

## G. Das Gesetz zur Bekämpfung unlauterer Telefonwerbung

12  Bereits im Jahr 2009 wurde das UWG erneut geändert. Die Regelung für Telefonwerbung (§ 7 II Nr. 2 UWG) wurde verschärft. Nunmehr ist eine ausdrückliche vorherige Einwilligung in die Telefonwerbung erforderlich, um eine Unlauterkeit auszuschließen. Verstöße gegen diese Bestimmung sind bußgeldbewehrt (§ 20 UWG).

## H. Die UWG-Novelle 2015

13  Eine weitere grundlegende Novelle erfuhr das UWG Ende 2015.[30] Zur Begründung führte der Gesetzgeber an, der Gedanke der Rechtssicherheit erfordere im »Wortlaut des UWG selbst eine vollständige Rechtsangleichung« an die UGP-RL.[31] Tatsächlicher Auslöser der Reform war eine Aufforderung nach Art. 258 AEUV durch die EU-Kommission, die eine ungenügende Richtlinienumsetzung durch Deutschland beanstandete.[32] Der von der Bundesregierung eingebrachte Gesetzesentwurf wurde im Rechtsausschuss des Bundestages – auch mit Blick auf Stellungnahmen aus der Wissenschaft[33] – grundlegend umgestaltet. Das deutsche UWG wurde dichter an die UGP-RL herangeführt. Die Generalklausel des § 3 UWG erhielt eine neue Struktur. Die Regelungen zum Rechtsbruchtatbestand in § 4 Nr. 11 UWG wurden in einen selbststän-

---

29 BGBl. 2008 I 2949; Gesetzentwurf der Bundesregierung mit Stellungnahme des Bundesrates und Gegenäußerung der Bundesregierung: BT-Drs. 16/10145.
30 Materialien: Gesetzentwurf der Bundesregierung BT-Drs. 18/4535 v. 1.4.2015; Beschlussempfehlung und Bericht des Ausschusses für Recht und Verbraucherschutz v. 4.11.2015, BT-Drs. 18/6571.
31 BT-Drs. 18/6571, 1.
32 Vertragsverletzungsverfahren Nr. 20132216, Beschl. v. 23.1.2014; Informationen zugänglich über http://ec.europa.eu/atwork/applying-eu-law/infringements-proceedings/infringement_decisions/.
33 Vgl. *Alexander* WRP 2014, 1384 ff.; *Fritzsche* WRP 2014, 1392 ff.; *Glöckner* WRP 2014, 1399 ff.; *Köhler* WRP 2014, 1410 ff.; *Sack* WRP 2014, 1418 ff.

digen § 3a UWG überführt. § 4 UWG enthält nur noch Regelungen zum Wettbewerberschutz und mit § 4a UWG wurde ein besonderer Schutz der Verbraucher und sonstigen Marktteilnehmer vor aggressiven geschäftlichen Handlungen geschaffen. Daneben erfolgte eine Vielzahl von kleineren Modifikationen. Nach dem geäußerten Willen des Gesetzgebers soll es sich nur um »gesetzessystematische Klarstellungen« handeln.[34] Die weitreichenden Änderungen sprechen jedoch eine andere Sprache.

# § 3 Der Zweck des UWG (§ 1 UWG)

**Literatur:** *Beater,* Entwicklungen des Wettbewerbsrechts durch die gesetzgebende und rechtsprechende Gewalt, FS Erdmann, 2002, 513 ff.; *Fezer,* Modernisierung des deutschen Rechts gegen den unlauteren Wettbewerb auf der Grundlage einer Europäisierung des Wettbewerbsrechts, WRP 2001, 989 ff.; *Helm,* Hohes Verbraucherschutzniveau. Zur Umsetzung der UGP-Richtlinie 2005/29/EG, WRP 2013, 720 ff.; *Podszun,* Der »more economic approach« im Lauterkeitsrecht, WRP 2009, 509 ff.

**Fall:** Der Bundesgesetzgeber möchte Kleinbetriebsformen im Einzelhandel (sog. »Tante-Emma-Läden«) stärken. Ein neuer § 21 UWG wird geschaffen. Er lautet: »Die Vorschriften des UWG gelten nicht für Unternehmen des Lebensmitteleinzelhandels mit weniger als 100 qm Verkaufsfläche«.

## A. Einleitung

Für das Verständnis und die Anwendung des UWG ist es von zentraler Bedeutung, 1
den Normzweck zu kennen und zu erkennen. Der Zweck ist die Grundlage der zentralen teleologischen Auslegung einer Norm.[1] Da das Lauterkeitsrecht weitgehend harmonisiertes Recht ist, müssen auch die Zweckbestimmungen lauterkeitsrechtlicher Richtlinien der EU beachtet werden.

**Klausurtipp:** Die Erwägungen in diesem Abschnitt können und müssen in eine teleologische Auslegung der einzelnen Verbotstatbestände einfließen.

## B. Schutzzweck

### I. Die Schutzzweckdiskussion bis zur UWG-Novelle 2004

§ 1 UWG in der aktuellen Fassung nennt den **Schutzzweck** des Gesetzes ausdrücklich. 2
Das Gesetz soll dem Schutz der Mitbewerber, der Verbraucherinnen und Verbraucher sowie der sonstigen Marktteilnehmer vor unlauteren geschäftlichen Handlungen dienen. Zugleich schützt das UWG das Interesse der Allgemeinheit an einem unverfälschten Wettbewerb (§ 1 S. 2 UWG). Eine im Kern inhaltsgleiche Regelung fand sich schon in § 1 UWG 2004. Bis zu dieser Regelung war es ein langer Weg. Zuvor kannte das UWG eine ausdrückliche Schutzzweckbestimmung nicht. Zum alten Recht wurde eine intensive Schutzgutdiskussion geführt. Erörtert wurde insbesondere, ob das Ge-

---
34 Gesetzentwurf der Bundesregierung BT-Drs. 18/4535, 1.
1 *Rüthers/Fischer/Birk,* Rechtstheorie, 9. Aufl. 2016, Rn. 717 ff.

setz lediglich einen rein deliktsrechtlichen Konkurrentenschutz begründete oder ob daneben weitere Schutzgüter anerkannt werden konnten.[2] *Emmerich* meinte mit guten Argumenten, schon den alten Fassungen des UWG habe der Gedanke des Verbraucherschutzes zugrunde gelegen.[3] Er bezog sich hierzu auf verbraucherschutzpolitische Überlegungen in den Gesetzesmaterialien sowie auf den Schutz vor Irreführung.[4]

3   Bei einer Analyse der Schutzgutdiskussion zum alten UWG ist zu unterscheiden zwischen dem **Schutzsubjekt**, also der Frage nach dem geschützten Personenkreis, und dem **Schutzobjekt**, der Suche nach dem geschützten Rechtsgut (Freier Wettbewerb? Lauterer Wettbewerb?). Diese Auseinandersetzung wandelte sich im Laufe der Zeit zu einer Debatte um den Zweck des UWG.[5] Das sog. sozialrechtliche Verständnis des UWG setzte sich durch.[6] Gemeint ist damit, dass die Interessen der Schutzsubjekte geschützt werden, ohne dass diese zu subjektiven Rechten verdichtet sein müssen.[7] Damit war aber noch nicht die Frage beantwortet, wer durch das UWG geschützt wird. Hierzu etablierte sich eine sog. **Schutzzwecktrias**. Angenommen wurde, das UWG bezwecke den Schutz von Mitbewerbern, Verbrauchern und »Allgemeinheit«.[8] Der Begriff der »Allgemeinheit« ist diffus. Es bereitet Schwierigkeiten, die Interessen der Allgemeinheit in ihrer Breite zu erfassen und bei der Rechtsanwendung zu bündeln. Oft sind die Interessen verschiedener Teile der »Allgemeinheit« höchst unterschiedlich. Das Schutzgut kann dafür instrumentalisiert werden, die Interessen bestimmter Gruppen zu schützen. Ein Beispiel hierfür ist die Einführung der abstrakten Gefährdungstatbestände der §§ 6a, 6b UWG im Jahr 1969 und der §§ 6d, 6e UWG im Jahr 1986 (→ § 2 Rn. 7f.). Nach dem geäußerten Willen des Gesetzgebers[9] sollten diese Tatbestände bestimmte besondere Irreführungsgefahren bekämpfen. Aufgrund eines besonders hohen Irreführungsrisikos für die Werbungsadressaten seien einige Verhaltensweisen im Wettbewerb schlechthin zu untersagen. Tatsächlich aber sprach vieles dafür, dass durch die §§ 6a, b und §§ 6d, e UWG die etablierten Einzelhändler vor neuen, besonders preisaktiven Vertriebsformen (wie Großmärkten) geschützt werden sollten.[10] Dies wirft die Frage nach dem Bestehen eines Allgemeininteresses an bestimmten Handelsstrukturen auf. Bejaht man dies, ist zu erörtern, ob das Interesse durch das Lauterkeitsrecht geschützt werden kann. Im Ergebnis ist dies zu verneinen. Anderenfalls könnte das Lauterkeitsrecht dazu eingesetzt werden, bestimmte, politisch gewollte Wettbewerbsstrukturen zu verfestigen (bzw. zu generieren). Gleichzeitig würde der Vorteil des Wettbewerbs, eine möglichst effiziente Bedarfsdeckung zu bewirken (→ § 1 Rn. 4), verloren gehen.

---

2   Ausf. Darstellung der Diskussion bei *Emmerich* Unlauterer Wettbewerb, 7. Aufl. 2004, § 3 I (S. 24 ff.).
3   *Emmerich* Unlauterer Wettbewerb, 7. Aufl. 2004, § 3 I (S. 25 ff.).
4   *Emmerich* Unlauterer Wettbewerb, 7. Aufl. 2004, § 3 I (S. 25 ff.).
5   *Emmerich* Unlauterer Wettbewerb, 7. Aufl. 2004, § 3 II (S. 26 ff.); *Beater* Unlauterer Wettbewerb, 2011, Rn. 842 ff.; *Schricker* ZHR 139 (1975), 208 ff.
6   *Emmerich* Unlauterer Wettbewerb, 7. Aufl. 2004, § 3 II (S. 27).
7   Vgl. BGH GRUR 2001, 1181 (1182 f.) – Telefonwerbung für Blindenwaren; *Emmerich* Unlauterer Wettbewerb, 7. Aufl. 2004, § 3 II. (S. 27).
8   BGH GRUR 2001, 1181 (1182 f.) – Telefonwerbung für Blindenwaren; *Emmerich* Unlauterer Wettbewerb § 3 Rn. 9.
9   BT-Drs. V/4035, 3 ff. (zu §§ 6a, 6b UWG); BT-Drs. 10/4741, 11 ff. (zu §§ 6d, 6e UWG).
10  *Emmerich* Unlauterer Wettbewerb, 7. Aufl. 2004, § 8 II (S. 144 ff.); *Jänich* Überhöhte Verbotsstandards 21.

Im **Fall** könnte mit einem »Allgemeininteresse an der Versorgung der Bevölkerung mit Lebensmitteln« argumentiert werden, um die tatsächlich eintretende Beeinträchtigung der Verbraucherinteressen (Irreführungen, Belästigungen etc) zu rechtfertigen.

Der Schutz der Verbraucher fand im Gesetz erstmals ausdrücklich Niederschlag mit der 1965 geschaffenen Verbandsklagebefugnis (heute: § 8 III Nr. 3 UWG). Die mit der UWG-Reform 2008 in Umsetzung der verbraucherschützenden UGP-RL eingeführten speziellen Verbotstatbestände der §§ 3 II, III UWG bezwecken allein einen Konsumentenschutz. Das besondere Rücktrittsrecht für Verbraucher, 1986 mit § 13a UWG eingeführt, ist mit der UWG-Reform 2004 entfallen. 4

## II. Die Schutzzweckregelung in § 1 UWG

Seit der UWG-Novelle **2004** wird am Anfang des Gesetzes ausdrücklich der Schutzzweck des UWG genannt. Nach § 1 S. 1 UWG 2004 diente das Gesetz »dem **Schutz der Mitbewerber, der Verbraucherinnen und Verbraucher sowie der sonstigen Marktteilnehmer vor unlauterem Wettbewerb**«. Nach § 1 S. 2 UWG 2004 war »zugleich das Interesse der Allgemeinheit an einem unverfälschten Wettbewerb« geschützt. Mit der UWG-Novelle **2008** wurde diese Bestimmung der modifizierten Terminologie des UWG angepasst. Nunmehr dient das Gesetz dem Schutz vor »**unlauteren geschäftlichen Handlungen**« (statt: »unlauterem Wettbewerb«). 5

Im Grundsatz hat sich der Gesetzgeber bei der Kodifizierung des Schutzzwecks an der schon zum alten Recht entwickelten Schutzzwecktrias (→ § 3 Rn. 3) orientiert. Auffällig ist aber die schärfere Differenzierung zwischen Mitbewerbern und sonstigen Marktteilnehmern. Heute sind Schutzsubjekte des UWG kraft ausdrücklicher gesetzgeberischer Anordnung: 6

- Mitbewerber (§ 2 I Nr. 3 UWG),
- Verbraucher (§ 2 II UWG iVm § 13 BGB),
- sonstige Marktteilnehmer (§ 2 I Nr. 1 UWG),
- Allgemeinheit.

Zu beachten ist, dass nicht alle Interessen der Allgemeinheit Schutz genießen. Geschützt wird nur das Interesse der Allgemeinheit an einem »unverfälschten Wettbewerb« (§ 1 S. 2 UWG aE). Sonstige Allgemeininteressen, wie etwa ein diffuses Interesse an einem Mittelstandsschutz, werden nicht erfasst. 7

**Fall:** Auch unter Bezugnahme auf den Schutz von Allgemeininteressen nach § 1 S. 2 UWG aE lässt sich eine wettbewerbsrechtliche Privilegierung von »Tante-Emma-Läden« nicht rechtfertigen.

Der Begriff des **unverfälschten Wettbewerbs** hat seine Wurzeln im EU-Recht; er fand sich in Art. 3 I lit. g des durch den Vertrag von Lissabon abgelösten EG-Vertrages. Nach Art. 3 I lit. g EG zählte es zu den Zielen der Gemeinschaft, ein System zu schaffen, das den Wettbewerb innerhalb des Binnenmarktes vor **Verfälschungen** schützt. Im Vertrag von Lissabon wurde Art. 3 EG funktional durch Art. 3 III 1 EUV ersetzt. Dieser erklärt es nur noch zum Ziel der Europäischen Union, einen **gemeinsamen Markt** zu errichten. Das Ziel, ein System unverfälschten Wettbewerbs zu errichten, wurde aus den Verträgen der EU gestrichen. Es handelt sich hierbei nicht um ein gesetzgeberisches Versehen: Wohl von französischer Seite war darauf gedrängt worden, das Ziel, ein »System unverfälschten Wettbewerbs« zu schaffen, nicht in den AEUV 8 zu übernehmen.[11] Nunmehr findet sich eine Regelung im Protokoll Nr. 27 über den Binnenmarkt und den Wettbewerb.[12] Dort heißt es, der Binnenmarkt iSv Art. 3 EUV umfasse ein System unverfälschten Wettbewerbs. Jedenfalls aber kann in dem Streichen des Ziels aus dem Vertrag eine (politische) Abschwächung der Zielvorgabe gesehen werden.[13] Gemäß Art. 51 EUV und den völkerrechtlichen Grundsätzen[14] im Sinne der Wiener Vertragsrechtskonvention v. 23.5.1969[15] kommt den Protokollen der Rang primären Unionsrechts zu.[16] Auch der deutsche UWG-Gesetzgeber hat aus der Verlagerung keine Konsequenzen gezogen. Hierzu besteht auch kein Anlass: Vor dem Hintergrund des Protokolls lässt sich dem europäischen Recht zumindest kein Verbot entnehmen, ein System des unverfälschten Wettbewerbs zu schützen.

9 Schwierigkeiten bereitet es, den Begriff des unverfälschten Wettbewerbs für das Lauterkeitsrecht mit Inhalt zu füllen. Gängig ist die Definition, der Wettbewerb sei unverfälscht, wenn er nicht durch unlautere Verhaltensweisen verzerrt wird und sich frei entfalten kann.[17] Diese Aussage ist beinahe tautologisch. Immerhin aber lassen sich § 1 UWG zwei konkrete Wertungen entnehmen. Zum einen macht die Norm deutlich, dass Verhaltensweisen, die zu einer allgemeinen Marktbehinderung oder Marktstörung führen, vom UWG erfasst werden können.[18] Daneben deutet die Bestimmung darauf hin, dass das UWG nicht nur den sog. **Leistungswettbewerb**, also einen Wettbewerb mit Preis und Qualität der Ware oder Dienstleistung, schützt.[19] Das Einsetzen von Aktionsparametern im Wettbewerb, die nicht auf Leistung beruhen (wie das bloße Streben um Aufmerksamkeit[20]), führt daher nicht automatisch zu einer Wettbewerbswidrigkeit des Verhaltens.

---

11 Vgl. *Drexl* in v. Bogdandy/Bast, Europäisches Verfassungsrecht: Theoretische und dogmatische Grundzüge; Europäisches Verfassungsrecht, 2. Aufl. 2009, 909 ff.
12 ABl. 2008 C 115, 201.
13 In diese Richtung deuten auch Äußerungen des ehemaligen französischen Präsidenten *Sarkozy*, wiedergegeben bei und übersetzt von *Drexl* in v. Bogdandy/Bast, Europäisches Verfassungsrecht: Theoretische und dogmatische Grundzüge, Europäisches Verfassungsrecht, 2. Aufl. 2009, 910 f.; für eine Verbindlichkeit des Protokolls BGHZ 188, 326 Rn. 33 = GRUR 2011, 444 (447) – Flughafen Frankfurt-Hahn; BGH BeckRS 2014, 01233; *Behrens* EuZW 2008, 193; *Basedow* EuZW 2008, 225.
14 *Basedow* EuZW 2008, 225.
15 Wiener Übereinkommen über das Recht der Verträge zwischen Staaten v. 23.5.1969 (BGBl. 1985 II 926).
16 Klarstellend GA *Szpunar*, Schlussanträge des Generalanwalts ECLI:EU:C:2014:345 Rn. 143 – McCarthy; von der Groeben/Schwarze/Hatje/*Hofstötter*, Europäisches Unionsrecht, 7. Aufl. 2015, EUV Art. 51 Rn. 8; bereits den lediglich deklaratorischen Charakter betonend Grabitz/Hilf/Nettesheim/*Dörr*, Das Recht der Europäischen Union, 62. Aufl. 2017, EUV Art. 51 Rn. 27; Calliess/Ruffert/*Schmalenbach*, EUV/AEUV, 5. Aufl. 2016, EUV Art. 51 Rn. 3.
17 Vgl. Köhler/Bornkamm/Feddersen/*Köhler* UWG § 1 Rn. 43; Ohly/Sosnitza/*Sosnitza* UWG § 1 Rn. 31.
18 Ohly/Sosnitza/*Sosnitza* UWG § 1 Rn. 31; zu dieser Fallgruppe allg. BGH GRUR 1991, 616 – Motorboot-Fachzeitschrift; BGH GRUR 2004, 602 – 20 Minuten Köln; MüKoUWG/*Heermann* Anhang UWG §§ 1–7 B Rn. 1 ff.; grundl. Kritik bei Ohly/Sosnitza/*Ohly* UWG § 4 Rn. 4/97.
19 Vgl. BGH GRUR 2002, 360 (367) – H.I.V. POSITIVE II; Köhler/Bornkamm/Feddersen/*Köhler* UWG § 1 Rn. 44.
20 Vgl. hierzu die Benetton-Fälle: BGH GRUR 1995, 595 – Kinderarbeit; BGH GRUR 1995, 600 – H.I.V. POSITIVE.

## III. Der Schutzzweck des EU-Lauterkeitsrechts

Das UWG dient auch der Umsetzung einer Reihe von Richtlinien der Europäischen Union. Diese verfolgen unterschiedliche Schutzzwecke. Die Werbe-RL[21] schützt *Gewerbetreibende* vor irreführenden Geschäftspraktiken (Art. 1 Werbe-RL). Ganz anders ist der Normzweck der UGP-RL gelagert. Diese gleicht nach Art. 1 UGP-RL die Rechts- und Verwaltungsvorschriften der Mitgliedstaaten über unlautere Geschäftspraktiken an, die die wirtschaftlichen Interessen der **Verbraucher** beeinträchtigen. Dementsprechend wird in Art. 3 UGP-RL der Anwendungsbereich der Richtlinie bestimmt. Erfasst werden nur unlautere Geschäftspraktiken von Unternehmen gegenüber Verbrauchern, das sog. **B2C-Verhältnis** (Business to Consumer). **B2B-Praktiken** (Business to Business) werden durch die Richtlinie nicht harmonisiert (→ § 5 Rn. 11 ff.). 10

Die **Zwecke** von **UWG und UGP-RL** differieren damit. Während das UWG neben Verhaltensweisen gegenüber Verbrauchern auch unlautere Geschäftspraktiken zwischen Unternehmen erfasst, regelt (und harmonisiert) die UGP-RL nur Geschäftspraktiken gegenüber Verbrauchern. Diesem Umstand ist in mehrfacher Hinsicht Rechnung zu tragen. Im Grundsatz steht es dem deutschen Gesetzgeber – natürlich – frei, ein Marktverhaltensrecht für Unternehmen in dem Gesetz zu regeln, das auch der Umsetzung der UGP-RL dient. Eine andere Frage ist, ob es nicht die Normanwendung erleichtert hätte, wenn zur Umsetzung der UGP-RL das UWG in zwei Gesetze, ein »Lauterkeitsrecht der Unternehmen« und ein »Lauterkeitsrecht für geschäftliche Handlungen gegenüber Verbrauchern« zerlegt worden wäre. Derart differenzierte Regelungsansätze zur Umsetzung der UGP-RL haben beispielsweise Griechenland, Polen und Slowenien gewählt.[22] 11

Die bindenden Vorgaben der Richtlinie, insbesondere die Festschreibung des **maximalen Schutzstandards** (Art. 3 V UGP-RL) gelten aber nur für Verhaltensweisen von Unternehmen gegenüber Verbrauchern. 12

> **Beispiel:** Das vom EuGH (GPR 2010, 149 mit Anmerkung *Jänich*) entwickelte Verbot abstrakter Gefährdungstatbestände außerhalb der sog. Blacklist (in Deutschland § 3 III UWG in Verbindung mit dem dazugehörigen Anhang) gilt nur für Handlungen von Unternehmen gegenüber Verbrauchern. Für geschäftliche Handlungen zwischen Unternehmen stünden solche nationalen Verbote nicht in Widerspruch zu Art. 3 V UGP-RL.

Eine richtlinienkonforme Auslegung[23] ist nur dann erforderlich, wenn es sich um harmonisiertes Recht handelt[24]. Daneben kann und muss ein vom nationalen Gesetzgeber verfolgter Zweck »Richtlinienumsetzung« im Rahmen der teleolo- 13

---

21 RL 2006/114/EG des Europäischen Parlaments und des Rates über irreführende und vergleichende Werbung v. 12.12.2006, ABl. 2006 L 376, 21 (früher RL 84/450/EG und RL 97/7/EG).
22 Vgl. Köhler/Bornkamm/Feddersen/*Köhler* UWG Einl Rn. 4.7, 4.14, 4.19.
23 Zu diesem methodischen Instrument EuGH ECLI:EU:C:1984:153 – von Colson und Kamann; EuGH ECLI:EU:C:1984:155 – Harz; EuGH ECLI:EU:C:1998:617 = EuZW 1999, 154 – Codan; *Rüthers/Fischer/Birk*, Rechtstheorie, 9. Aufl. 2016, Rn. 766 ff.
24 BGHZ 195, 135 = NJW 2013, 220 Rn. 18 ff. (zur richtlinienkonformen Auslegung des § 439 I Var. 2 BGB [Umfang des Nacherfüllungsanspruchs nach § 439 I Var. 2 BGB bei einem Kaufvertrag zwischen Unternehmern]); abzugrenzen ist dies von der gebotenen richtlinienkonformen Auslegung von Vorschriften, die fakultative Richtlinienbestimmungen umsetzen: EuGH ECLI:EU:C:2003:582 = GRUR 2004, 58 Rn. 18 ff. – Adidas/Fitnessworld; EuGH ECLI:EU:C:2013:435 Rn. 28 = WRP 2013, 1166 – Malaysia Dairy/Ankenævnet for Patenter og Varemær-

gischen Auslegung nur dann berücksichtigt werden, wenn ein solcher Zweck tatsächlich verfolgt wurde. Da der nationale Gesetzgeber gem. Art. 4 III EUV zur Unionstreue aufgerufen ist und ein Vertragsverletzungsverfahren (Art. 258 AEUV) vermeiden möchte, ist er darauf bedacht, richtlinienkonformes Recht zu schaffen. Regelmäßig enthalten daher die Gesetzgebungsmaterialien[25] und/oder die amtlichen Anmerkungen zum Gesetz[26] den Hinweis, dass eine Richtlinie umgesetzt werden soll.

**Beispiel:** Ein Unternehmen behindert seinen Konkurrenten durch das systematische Abwerben von Handelsvertretern, die für den Wettbewerber tätig sind. Der Fall ist an § 4 Nr. 4 UWG (gezielte Behinderung von Mitbewerbern) zu messen. Unionsrechtliche Vorgaben existieren für diese Situation nicht. Etwas anderes gilt aber dann, wenn ein Unternehmen auf die Entscheidungsfreiheit von Verbrauchern einwirkt, um ein anderes Unternehmen zu behindern.[27] Es sind dann die Vorgaben der UGP-RL zu beachten. Der Schutzhöchststandard der UGP-RL darf nicht überschritten werden.

## § 4 Grundbegriffe

**Fall 1:** Aus religiösen Gründen ruft die Kirche K zum Boykott von Geflügelprodukten auf. Geflügelproduzent W hält dies für lauterkeitsrechtlich unzulässig.

**Fall 2:** A betreibt eine Dönerbude in Flensburg. Er wirbt wahrheitswidrig damit, das von ihm verwendete Fleisch für seine Döner stamme aus artgerechter Tierhaltung (Verstoß gegen § 5 I Nr. 1 UWG). Z, der eine Dönerbude in Garmisch-Partenkirchen betreibt, möchte einen lauterkeitsrechtlichen Unterlassungsanspruch geltend machen. Auch Y, der in Flensburg ein Restaurant betreibt, welches mit drei Michelin-Sternen ausgezeichnet ist, beabsichtigt, gegen A vorzugehen.

**Fall 3:** Der kommunale Gartenbaubetrieb G verkauft überaus preisgünstig Blumen. Die Floristin F hält dies für lauterkeitsrechtswidrig.

**Fall 4:** Die Stadt S betreibt ein Schwimmbad. Sie bewirbt das Schwimmbad irreführend: Geworben wird mit 28 Grad Wassertemperatur. Die Wassertemperatur beträgt tatsächlich nur 21 Grad. Kann Wettbewerber W, der ein privates Schwimmbad betreibt, gegen S vorgehen? Spielt es eine Rolle, ob das Benutzungsverhältnis für das Schwimmbad öffentlich-rechtlich oder privatrechtlich ausgestaltet ist?

### A. Einleitung

1 In § 2 UWG werden Grundbegriffe, die für die Anwendung des UWG von Bedeutung sind, legal definiert. Zentral ist der Begriff der geschäftlichen Handlung, § 2 I Nr. 1 UWG. Er bestimmt den Anwendungsbereich des UWG und grenzt dieses vom Recht

---

ker; aA Ströbele/Hacker/*Hacker,* Markengesetz, 12. Aufl. 2018, Einl Rn. 28 (jeweils zum Markenrecht).
25 Beispiel: Erstes Gesetz zur Änderung des Gesetzes gegen den unlauteren Wettbewerb (BGBl. 2008 I 2949).
26 Beispiel: Entwurf eines Ersten Gesetzes zur Änderung des Gesetzes gegen den unlauteren Wettbewerb, BT-Drs. 16/10145, 1.
27 Vgl. zu dieser Konstellation Ohly/Sosnitza/*Ohly* UWG § 4 Rn. 4/13.

der unerlaubten Handlungen (§§ 823 ff. BGB) ab. Aufmerksam muss betrachtet werden, was »Anwendungsbereich« überhaupt meint.

> **Klausurtipp:** Bei Begriffsdefinitionen sollte immer auf die Legaldefinitionen des § 2 UWG zurückgegriffen werden. Oft werden diese in der Klausur übersehen und durch ungeschickte eigene Beschreibungen ersetzt.

## B. Grundbegriffe und Anwendungsbereich (§ 2 UWG)

### I. Der Anwendungsbereich des UWG: Geschäftliche Handlungen (§ 2 I Nr. 1 UWG)

#### 1. Überblick

Mit dem Begriff »**sachlicher Anwendungsbereich**« werden die Verhaltensweisen beschrieben, die einer Kontrolle durch das UWG unterworfen sind. Äußerungen im privaten Bereich sollen aus der lauterkeitsrechtlichen Verhaltenskontrolle ausgegrenzt werden. Diese Handlungen sind allein am Deliktsrecht des BGB zu messen. 2

Zur Abgrenzung verwendet das UWG seit Ende 2008 den Begriff der »**geschäftlichen Handlung**«. Nur unlautere »geschäftliche Handlungen« werden untersagt. Der Begriff ist in § 2 I Nr. 1 UWG legal definiert: 3

Im Sinne dieses Gesetzes bedeutet
1. »geschäftliche Handlung« jedes Verhalten einer Person zugunsten des eigenen oder eines fremden Unternehmens vor, bei oder nach einem Geschäftsabschluss, das mit der Förderung des Absatzes oder des Bezugs von Waren oder Dienstleistungen oder mit dem Abschluss oder der Durchführung eines Vertrags über Waren oder Dienstleistungen objektiv zusammenhängt; als Waren gelten auch Grundstücke, als Dienstleistungen auch Rechte und Verpflichtungen;
…

Der Begriff der »**geschäftlichen Handlung**« ist relativ jung. Bis 2008 erfasste das UWG »**Wettbewerbshandlungen**«, § 2 I Nr. 1 UWG 2004. Dieser Terminus wiederum geht zurück auf die Rechtsprechung zum alten UWG aus der Zeit vor 2004. Es bietet sich daher eine historische Annäherung an die Bestimmung des Anwendungsbereiches an. 4

#### 2. Geschichtliche Entwicklung

##### a) UWG bis 2004

Die beiden Generalklauseln des UWG 1909 knüpften an eine Handlung »im geschäftlichen Verkehr zu Zwecken des Wettbewerbs« an. Diese Voraussetzung wurde von der Rechtsprechung in eine objektive und eine subjektive Komponente zerlegt. In objektiver Hinsicht musste ein Handeln vorliegen, das geeignet war, den eigenen Wettbewerb zum Nachteil eines anderen zu fördern.[1] Daneben wurde eine subjektive Komponente verlangt. Es musste mit einer entsprechenden Absicht, der sog. **Wettbewerbsabsicht**, 5

---

1 RG GRUR 1930, 977 (978); BGH GRUR 1953, 293 (294) – Fleischbezug; BGH GRUR 1960, 384 (386) – Mampe Halb und Halb I; BGH GRUR 1986, 898 (899) – Frank der Tat; BGH GRUR 1992, 707 – Erdgassteuer.

gehandelt worden sein.² Diese Absicht durfte nicht vollkommen hinter anderen Beweggründen zurücktreten.³ Die Praktikabilität dieses Ansatzes sicherte eine weitreichende Vermutung ab: Handelten Kaufleute im geschäftlichen Verkehr, wurde bei objektiv wettbewerbsfördernden Handlungen nach der Lebenserfahrung eine Wettbewerbsabsicht vermutet.⁴ Bei der Anlehnung an den Ruf einer fremden Ware konnte auch bei gänzlich verschiedenen Produktgruppen ein Wettbewerbsverhältnis bestehen.⁵

6  Die Vermutung der Wettbewerbsabsicht war mit Blick auf die Meinungsfreiheit (Art. 5 I 1 GG) einer Reihe von Grenzen unterworfen.⁶ Besonderheiten galten insbesondere für die **Presse**. Bei Äußerungen der Presse im Rahmen ihrer redaktionellen Tätigkeit war das Vorliegen der Wettbewerbsabsicht im Einzelfall festzustellen.⁷ Die Wettbewerbsförderungsabsicht wurde zudem nicht vermutet bei Stellungnahmen der Medien, der Kirchen und der Wissenschaft zu Wettbewerbsfragen.⁸ Einschränkungslose Zustimmung verdiente diese Rechtsprechung nicht. Das subjektive Kriterium der Wettbewerbsabsicht ließ sich nur schwer nachweisen. Typischerweise behalf man sich mit der eben beschriebenen, recht wackeligen Vermutung. Zu erwägen war daher, vollständig auf ein subjektives Element zu verzichten.

### b) UWG 2004: »Wettbewerbshandlung«

7  Der Anwendungsbereich des UWG wurde ab dem Jahr 2004 durch den legal definierten Begriff der »**Wettbewerbshandlung**« abgesteckt. Eine Wettbewerbshandlung war »jede Handlung einer Person mit dem Ziel, zugunsten des eigenen oder eines fremden Unternehmens den Absatz oder den Bezug von Waren oder die Erbringung oder den Bezug von Dienstleistungen, einschließlich unbeweglicher Sachen, Rechte und Verpflichtungen zu fördern«. Der Begriff »Ziel« deutete auf ein subjektives Element hin. Dennoch waren Versuche zu beobachten, dieses Merkmal objektiv zu interpretieren.⁹ Zu Ende geführt wurde diese Diskussion nicht, da bereits 2008 erneut eine Novellierung der Regelung erfolgte.

### c) Seit 2008: »geschäftliche Handlung«

8  Im Jahr 2005, also kurz nach der UWG-Novelle 2004, trat die UGP-RL in Kraft. Die UGP-RL erfasst »**Geschäftspraktiken im Geschäftsverkehr zwischen Unternehmen und Verbrauchern**«. Der Begriff wird in Art. 2 lit. d UGP-RL definiert:

---

2 BGH GRUR 1952, 410 (413) – Constanze I; BGH GRUR 1953, 293 (294) – Fleischbezug; BGH GRUR 1986, 898 (899) – Frank der Tat; BGH GRUR 1992, 707 – Erdgassteuer.
3 BGH GRUR 1960, 384 (386) – Mampe Halb und Halb I; BGH GRUR 1986, 898 (899) – Frank der Tat; BGH GRUR 1992, 707 (708) – Erdgassteuer.
4 BGH GRUR 1996, 798 (799) – Lohnentwesungen.
5 BGH GRUR 1985, 550 (552f.) – DIMPLE: Wettbewerbsverhältnis zwischen einem Whisky-Hersteller und einem Anbieter von Kosmetika.
6 Hierzu BGH GRUR 1992, 707 (708) – Erdgassteuer.
7 Grdl. zur Presse BGH GRUR 1982, 234 (235) – Großbanken-Restquoten; BGH GRUR 1986, 812 (813) – Gastrokritiker; BGH GRUR 1995, 270 (272) – Dubioses Geschäftsgebaren; BGH GRUR 1998, 167 (168) – Restaurantführer; für Sendeunternehmen BGH GRUR 2000, 703 (706) – Mattscheibe.
8 BGH GRUR 1952, 410 (413f.) – Constanze I; BGH GRUR 1966, 693 (694f.) – Höllenfeuer; BGH GRUR 1981, 658 (659f.) – Preisvergleich.
9 So *Emmerich* Unlauterer Wettbewerb, 7. Aufl. 2004, § 4 III (S. 45f.).

Im Sinne dieser Richtlinie bezeichnet der Ausdruck:
...
d) »Geschäftspraktiken im Geschäftsverkehr zwischen Unternehmen und Verbrauchern« (nachstehend auch »Geschäftspraktiken« genannt) jede Handlung, Unterlassung, Verhaltensweise oder Erklärung, kommerzielle Mitteilung einschließlich Werbung und Marketing eines Gewerbetreibenden, die unmittelbar mit der Absatzförderung, dem Verkauf oder der Lieferung eines Produkts an Verbraucher zusammenhängt;

Der deutsche Gesetzgeber nahm die Richtlinie zum Anlass, die Regelung zum sachlichen Anwendungsbereich des UWG im Jahr 2008 erneut umzuformulieren. Nunmehr gilt das UWG für **»geschäftliche Handlungen«**, § 2 I Nr. 1 UWG.

Der Begriff ist in mehrfacher Hinsicht weiter als der der »Geschäftspraktik«. Durch die Geltung des UWG bei Handlungen **zwischen Unternehmen** werden auch Handlungen im Vertikalverhältnis, also auf unterschiedlichen Wirtschaftsstufen erfasst. Gleiches gilt für gegen Wettbewerber gerichtete Handlungen (Horizontalverhältnis). Auch Handlungen beim Bezug von Waren und Dienstleistungen sind zwar am UWG zu messen, unterfallen aber nicht der UGP-RL.

**Beispiele:**
- W erlässt gegenüber seinen Abnehmern willkürlich Liefersperren (Vertikalverhältnis).
- Die Schlösser der Türen der Geschäftsräume seines Wettbewerbers X verschließt W mit Sekundenkleber (Horizontalverhältnis).

Beides sind »geschäftliche Handlungen« iSd § 2 I Nr. 1 UWG, jedoch keine »Geschäftspraktiken« iSd Art. 2 lit. d UGP-RL.

**Rein private Willensäußerungen** fallen mithin nicht in den Anwendungsbereich des UWG. Gleiches gilt für Äußerungen aus weltanschaulichen, wissenschaftlichen, redaktionellen oder verbraucherpolitischen Motiven. Es soll bei diesen an einem objektiven Zusammenhang mit dem Warenabsatz fehlen.[10]

**Beispiele:**
- Studentin X erzählt ihren Freundinnen, der Kaffee bei S schmecke wie »mit schwarzer Tinte gefärbtes Rheinwasser«. Diese Äußerung ist grundsätzlich nicht am UWG, sondern am BGB (§ 824 BGB!) zu messen. Etwas anderes gilt aber beispielsweise, wenn X ein wirtschaftliches Interesse daran hat, dass ihre Freundinnen ein anderes Café besuchen.
- Verbraucher V äußert sich gegenüber seinem Bekannten B abfällig über die Qualität eines vor Kurzem erworbenen Staubsaugers.

Bei **Fall 1** fehlt es daher an einer geschäftlichen Handlung, die am UWG zu messen ist.

Der Begriff »Verhalten« erfasst sowohl aktives Tun als auch Unterlassen. Ebenso sind Verhaltensweisen nach Vertragsabschluss heute unproblematisch am UWG zu messen (»... vor, bei oder **nach** einem Geschäftsabschluss ...«).

**Beispiel:** Fünf Monate nach Abschluss eines Kaufvertrages macht Verbraucher V Gewährleistungsrechte geltend. Der Unternehmer U behauptet wahrheitswidrig (§ 477 BGB), V müsse das Vorliegen eines Mangels bei Gefahrübergang beweisen. U handelt lauterkeitswidrig (§ 5 I Nr. 7 UWG).

Gefördert werden muss das **eigene** oder ein **fremdes** Unternehmen.

---

10 Begr. RegE zur UWG-Novelle 2008, BT-Drs. 16/10145, 20f.

*1. Kapitel. Grundlagen, Grundbegriffe*

> **Beispiel:** Unternehmer U preist irreführend die Leistungen des Unternehmers X an. Dies genügt, um das UWG zur Anwendung zu bringen.

14  Auch eine Privatperson kann ein **fremdes Unternehmen** fördern und so selbst nach dem UWG haften.

> **Beispiel:** Kritisiert die X den Kaffee bei S, um ihre Freundinnen zum Besuch eines Cafés zu bewegen, das ihr regelmäßig Gutscheine für kostenlose Iced-Caramel-Macchiato-Frappés zuwendet, wenn dort auf ihre Veranlassung neue Kunden erscheinen, haftet X nach dem UWG.

15  Wer im **Namen oder Auftrag eines Unternehmers** handelt, haftet schon selbst als »Unternehmer« nach § 2 I Nr. 6 aE UWG.

> **Klausurtipp:** § 2 I Nr. 6 aE UWG wird oft übersehen. Versucht wird dann, umständlich eine Haftung für die Förderung fremden Wettbewerbs zu konstruieren.

### 3. Anwendbarkeit des UWG auf Verhaltensweisen der öffentlichen Hand

16  Regelmäßig kommt es zu Meinungsverschiedenheiten über Art und Umfang der wirtschaftlichen Betätigung der öffentlichen Hand. Zu erörtern sind hier unterschiedliche Fragestellungen. Zu klären ist, **ob** sich die Kommunen und Kreise unternehmerisch betätigen dürfen. Die Antwort auf diese Frage ist dem **Kommunalrecht** der Länder zu entnehmen (Beispiele: § 107 GO NRW; Art. 87 BayGO; § 71 I ThürKO; § 136 I NKomVG). Sind die Kommunen wirtschaftlich tätig, ist zu bestimmen, **wie** sie am Markt agieren dürfen, also welche lauterkeitsrechtlichen Maßstäbe an das Verhalten der öffentlichen Hand anzulegen sind. Diese Fragestellung beantwortet das **UWG**.

17  Im Lauterkeitsrecht sind zwei Problemkreise scharf zu differenzieren. **Zunächst** ist zu klären, **ob** eine **geschäftliche Handlung (§ 2 I Nr. 1 UWG)** der öffentlichen Hand vorliegt. Erst **wenn** diese Frage **bejaht** werden kann, ist zu prüfen, ob gegen lauterkeitsrechtliche Verhaltensanforderungen verstoßen worden ist. Zu prüfen sind dann die **§§ 3 ff. UWG.** Leider lässt die Rechtsprechung gelegentlich diese zwingend gebotene Differenzierung vermissen. Bei der Anwendung der Verbotstatbestände (§§ 3 ff. UWG) sind Lauterkeitsrecht und Öffentliches Recht eng miteinander verwoben. Besondere Bedeutung kommt § 3a UWG zu. Über diesen Tatbestand wird gelegentlich versucht, Verstöße gegen öffentlich-rechtliche Regelungen zur wirtschaftlichen Betätigung der öffentlichen Hand lauterkeitsrechtlich zu sanktionieren.

> **Beispiel (ähnlich Fall 3):** Die Gemeinde X betreibt einen Gartenbaubetrieb und bietet gärtnerische Dienstleistungen an, obwohl die Voraussetzungen für eine wirtschaftliche Betätigung nach § 107 GO NRW nicht vorliegen. Ein Wettbewerber will hiergegen über § 3a UWG vorgehen.

18  Dieser Ansatz könnte große praktische Bedeutung entfalten, da ein öffentlich-rechtlicher Rechtsschutz bei Verstoß gegen die kommunalrechtlichen Vorschriften zur erwerbswirtschaftlichen Betätigung der Kommunen von der Rechtsprechung bisher nicht gewährt wird. Es soll an einem verletzten subjektiven öffentlichen Recht (§ 42 II VwGO) fehlen.[11] Aber auch ein lauterkeitsrechtliches Vorgehen ist dem Marktteilnehmer nicht möglich: Schon unter der Geltung des alten § 1 UWG ist der Rechtsbruch-

---

11 BVerwGE 39, 329 (336 f.) = JuS 1972, 596; Überblick über den Meinungsstand bei BeckOK VwGO/ Schmidt-Kötters, 46. Ed. 1.7.2017, § 42 Rn. 209.

tatbestand von der Rechtsprechung neu justiert worden. Erfasst wurden nur noch Verstöße gegen Normen, die das **Marktverhalten, nicht** den **Marktzutritt** regeln.[12] Diese Rechtsprechungsänderung ist vom deutschen Gesetzgeber 2004 mit § 4 Nr. 11 UWG nachvollzogen worden und findet sich heute in § 3 a UWG. Verstöße gegen Marktzutrittsregelungen des Kommunalrechts können daher nicht über das UWG unterbunden werden.

Bei **Fall 3** liegt ein Verstoß gegen das UWG nicht vor.

**Beispiel:** Die Stadt X eröffnet in der Fußgängerzone ein Speiserestaurant, in dem preisgünstig Essen und Bier veräußert werden. Gastronom G kann nicht über § 3 a UWG gegen den Betrieb der Gaststätte vorgehen. Da auch das öffentliche Recht keine Rechtsschutzmöglichkeiten gewährleistet, besteht nur die Hoffnung, dass (gegebenenfalls auf einen Hinweis hin) die Kommunalaufsicht einschreitet. Die Situation ist unbefriedigend, aber nach der ausdrücklichen, in § 3 a UWG zum Ausdruck kommenden gesetzgeberischen Wertentscheidung vom Öffentlichen Recht und nicht vom UWG zu bewältigen.

Für das Vorliegen einer geschäftlichen Handlung (§ 2 I Nr. 1 UWG) gilt Folgendes: 19

Die **rein erwerbswirtschaftliche** Betätigung der öffentlichen Hand ist eine »geschäftliche Handlung« und mithin einschränkungslos am UWG zu messen.[13]

**Beispiel:** Bei dem Betrieb einer Gaststätte muss die Gemeinde selbstverständlich die Bestimmungen des UWG beachten. Schenkt sie das Bier ständig unter Eichstrich aus, haftet sie über § 5 I 2 Nr. 1 UWG (Irreführung) auf Unterlassung.[14]

Eine geschäftliche Handlung iSd § 2 I Nr. 1 UWG fehlt, wenn die öffentliche Hand 20 **aufgrund gesetzlicher Ermächtigung hoheitlich** tätig wird.[15] Lässt die Polizei nach Gefahrenabwehrrecht ein Fahrzeug abschleppen und macht sie die Herausgabe des Fahrzeuges von der Zahlung der Abschleppkosten abhängig, so ist dieses Vorgehen ein hoheitliches Handeln in Erfüllung gesetzlicher Vorgaben, das nicht am UWG zu messen ist.[16] Dies gilt auch dann, wenn in den Inkassovorgang ein Privatunternehmen eingebunden wird.[17]

Problematisch ist die Feststellung einer geschäftlichen Handlung iSd § 2 I Nr. 1 UWG, 21 wenn die öffentliche Hand **öffentliche Aufgaben** erfüllt, **die ihr nicht ausdrücklich gesetzlich zugewiesen** sind.[18] Grundsätzlich aus dem Anwendungsbereich des UWG ausgenommen werden können diese Handlungen nicht, da die öffentliche Hand ansonsten die Möglichkeit hätte, sich fast immer dem UWG zu entziehen. Umgekehrt kann bei der Erfüllung öffentlicher Aufgaben nicht stets eine geschäftliche Handlung angenommen werden, da die öffentliche Hand oft nur die ihr zugewiesenen Funktionen erfüllen will und nicht beabsichtigt, in den Wettbewerb einzugreifen. Die Abgrenzung und die Entwicklung von Differenzierungskriterien bereiten erhebliche Schwie-

---

12 BGH GRUR 2002, 825 (826f.) – Elektroarbeiten; BGH GRUR 2003, 164 (165f.) – Altautoverwertung; gegen eine Beschränkung des Lauterkeitsrechts auf Marktverhaltensregeln österreichischer OGH GRUR Int. 2009, 342 (345f.) – Stadtrundfahrten.
13 Köhler/Bornkamm/Feddersen/*Köhler* UWG § 3a Rn. 2.18.
14 Zur Irreführung durch einen unzureichenden Bierausschank vgl. BGH GRUR 1983, 451 – Ausschank unter Eichstrich I; BGH GRUR 1987, 180 – Ausschank unter Eichstrich II.
15 BGH GRUR 2006, 428 Rn. 12 – Abschleppkosten-Inkasso.
16 BGH GRUR 2006, 428 Rn. 12 – Abschleppkosten-Inkasso.
17 BGH GRUR 2006, 428 Rn. 16 – Abschleppkosten-Inkasso.
18 Zu dieser Fallgruppe ausf. Köhler/Bornkamm/Feddersen/*Köhler* UWG § 3a Rn. 2.22ff.

rigkeiten. Eine Gewinnerzielungsabsicht kann für eine geschäftliche Handlung iSd § 2 I Nr. 1 UWG sprechen. Praktikabel erscheint weiter ein bisher noch nicht beachtetes Indiz: Möglich ist es, die Struktur des Marktes zu analysieren, auf dem die öffentliche Hand Aktivitäten entfaltet. Handelt es sich um einen Markt, der keine nennenswerten Defizite (genügende Anzahl an Angeboten, funktionierende Preisbildung) aufweist (Beispiele: Blumen, Bestattungsunternehmen, Gastronomie), ist eine geschäftliche Handlung anzunehmen. Sollen Bedarfsdeckungsdefizite im öffentlichen Interesse geschlossen werden (Beispiele: Kindergärten, Kinderkrippen), spricht dies gegen eine geschäftliche Handlung, auch wenn private Wettbewerber am Markt tätig sind.

> Bei **Fall 4** ist eine geschäftliche Handlung anzunehmen, da auf dem Markt auch private Wettbewerber agieren. Die Ausgestaltung des Benutzungsverhältnisses (öffentlich-rechtlich oder privatrechtlich) kann keine Rolle spielen, da anderenfalls die Gemeinde frei entscheiden könnte, ob sie die Reglungen des UWG beachten muss.

22 Ebenso liegt eine geschäftliche Handlung vor, wenn die öffentliche Hand privaten Unternehmen einen **Wettbewerbsvorsprung** verschafft, sie also in den Wettbewerb eingreift.[19]

> **Beispiel (ähnlich BGH GRUR 2013, 301 – Solarinitiative):** Auf ihrer Homepage nennt eine Kommune Anbieter von Solaranlagen. Die Kommune möchte die Nutzung regenerativer Energien fördern. Werden nur Unternehmen aufgeführt, die die Kommune finanziell unterstützen, liegt eine »geschäftliche Handlung« vor.

## II. Mitbewerber, Verbraucher und Marktteilnehmer (§ 2 I Nr. 3 UWG, § 2 II UWG, § 2 I Nr. 2 UWG)

### 1. Mitbewerber (§ 2 I Nr. 3 UWG)

23 Der Begriff des »Mitbewerbers« ist einer der zentralen Grundbegriffe des UWG. Er setzt ein **konkretes Wettbewerbsverhältnis** voraus. Sowohl auf der Tatbestandsebene (Beispiel: § 4 UWG) als auch auf der Rechtsfolgenebene (Klagebefugnis des Mitbewerbers nach § 8 III Nr. 1 UWG) entfaltet der Terminus Bedeutung. Zudem muss er für § 1 UWG (Schutzzweckbestimmung) geklärt werden.

24 Ein **Wettbewerbsverhältnis** liegt vor, wenn gleiche oder gleichartige Waren oder Dienstleistungen an den gleichen Abnehmerkreis abgesetzt werden sollen. Die Betrachtung erfolgt aus Sicht der Marktgegenseite. Mitbewerber betätigen sich auf demselben Markt in sachlicher, räumlicher und zeitlicher Hinsicht. Entscheidend ist das Kriterium der Austauschbarkeit:[20] Wenn die Leistungen aus der Sicht der Abnehmer austauschbar sind, besteht ein konkretes Wettbewerbsverhältnis.[21] Dabei weicht das Lauterkeitsrecht trotz ähnlicher Kriterien bei der Marktabgrenzung von dem im Kartellrecht durchgesetzten Bedarfsmarktkonzept ab.[22] Für die Bestimmung des Marktes ist es im Lauterkeitsrecht ausreichend, dass zwischen den angebotenen Leistungen oder Produkten derartige Ähnlichkeit besteht, dass der Absatz des einen Unternehmers durch die Handlungen des anderen Unternehmers beeinflusst werden könnte.[23]

---

19 BGH GRUR 2002, 550 (553) – Elternbriefe.
20 Ohly/Sosnitza/*Sosnitza* UWG § 2 Rn. 60.
21 BGH GRUR 2002, 828 (829) – Lottoschein (kein Wettbewerbsverhältnis zwischen dem Zahlenlotto und einer Wirtschaftszeitschrift).
22 Köhler/Bornkamm/Feddersen/*Köhler/Feddersen* UWG § 8 Rn. 3.35.
23 BGH GRUR 2015, 1240 Rn. 14 – Der Zauber des Nordens.

> **Fall 2:** Waren derselben Produktkategorie sind grundsätzlich austauschbare Waren, jedoch wird derjenige, der in Flensburg einen Döner erwerben möchte, eine Dönerbude in Garmisch-Partenkirchen nicht als Alternative in Betracht ziehen. Gleiches gilt für den Gast eines Drei-Sterne-Restaurants. Ein Wettbewerbsverhältnis liegt in beiden Fällen nicht vor.

Der Begriff »**konkret**« geht noch auf das alte UWG von 1909 zurück. Dort wurde zwischen der Klagebefugnis aus § 13 II Nr. 1 UWG bei Bestehen eines abstrakten Wettbewerbsverhältnisses und der Klagebefugnis des unmittelbar Verletzten direkt aus dem Verbotstatbestand unterschieden.[24] Letztere setzte ein konkretes Wettbewerbsverhältnis voraus. Heute ist der Begriff überflüssig. Immerhin macht er deutlich, dass auf eine konkrete Handlung abzustellen ist.[25] Durch einzelne Werbemaßnahmen kann so ein ansonsten nicht bestehendes Wettbewerbsverhältnis begründet werden. 25

> **Beispiel:** Ein Kaffeehersteller wirbt damit, als Mitbringsel für eine Kaffeeeinladung eigne sich ein Paket Kaffee ebenso wie ein Blumenstrauß. Ein Wettbewerbsverhältnis zwischen Blumenhändler und Kaffeeanbieter liegt aufgrund der Werbung vor.[26]

Das **Internet** hat zu einer Ausdehnung der Märkte in räumlicher Hinsicht geführt. Gerade bei Konsumgütern stehen die Anbieter oft bundesweit im Wettbewerb. Dies führt gelegentlich zu Missbräuchen: Durch die Eröffnung eines Onlineshops kann versucht werden, die Mitbewerbereigenschaft (künstlich) zu begründen, um anschließend eine intensive Abmahntätigkeit zu entfalten und daraus Einkünfte zu erzielen. Der Durchsetzung solcher Ansprüche steht jedoch das Missbrauchsverbot des § 8 IV UWG entgegen.[27] 26

Grundsätzlich ist die Rechtsprechung sehr großzügig mit der Annahme eines Wettbewerbsverhältnisses. Gelegentlich werden die Grenzen des Merkmals bis zur Unkenntlichkeit verwischt: Beispielsweise bejahte der BGH ein Wettbewerbsverhältnis zwischen einem privaten Fernsehsender und einem Unternehmen, das ein Gerät produzierte und veräußerte, das die Werbeinseln aus dem laufenden Programm ausblendete (sog. Werbeblocker).[28] Der BGH begründete das Wettbewerbsverhältnis damit, beide Unternehmen würden sich an den Fernsehzuschauer wenden. Dies überzeugt nicht: Konkrete gesetzgeberische Entscheidungen dürfen von der Rechtsprechung nicht übergangen werden. 27

### 2. Verbraucher (§ 2 II UWG)

Zur Definition des Verbraucherbegriffes nimmt das UWG in § 2 II UWG auf das BGB Bezug. Die Legaldefinition des **§ 13 BGB** gilt entsprechend. Verbraucher iSd UWG ist jede natürliche Person, deren Handeln von einem Zweck bestimmt ist, der weder ihrer gewerblichen noch ihrer selbstständigen beruflichen Tätigkeit zugerechnet werden kann.[29] Wenn sich eine geschäftliche Handlung an eine bestimmte Person richtet (Ansprache im Geschäft, Vertragsangebot etc), ist aus einer objektiven Perspektive zu bestimmen, ob der Unternehmer einen Verbraucher oder einen sonstigen Marktteilneh- 28

---

24 Dazu *Arnemann*, Die Bestimmung des unmittelbar Verletzten im Wettbewerbsprozeß, 2005, 11 ff.
25 Köhler/Bornkamm/Feddersen/*Köhler* UWG § 2 Rn. 96.
26 BGH GRUR 1972, 553 – statt Blumen ONKO-Kaffee.
27 Beispiel: LG Bochum BeckRS 2009, 13731; AG Schleiden GRUR-RR 2009, 156 – Rechtsmissbräuchliche Abmahnung; näher → § 15 Rn. 92.
28 BGH GRUR 2004, 877 (878f.) – Werbeblocker; zu Werbeblockern im Internet → § 10 Rn. 86.
29 Ohly/Sosnitza/*Sosnitza* UWG § 2 Rn. 105.

mer angesprochen hat.[30] Aktivitäten im Zusammenhang mit einer Existenzgründung sind unternehmerisches Handeln.[31] Will der Verbraucher erst noch darüber entscheiden, ob er sich selbstständig macht, ist er in der Entscheidungsphase noch Verbraucher.[32] Schwierigkeiten bereiten die Fälle der sowohl privaten als auch gewerblichen Nutzung (»Dual-Use«).

> **Beispiel:** Rechtsanwältin R möchte sich einen neuen Porsche kaufen. Das Fahrzeug soll hälftig privat und hälftig für die Kanzlei genutzt werden. Sie holt bei Händler PZ per E-Mail ein Angebot ein. Der Händler erteilt in seiner Antwort-E-Mail nicht alle wesentlichen Informationen, die er einem Verbraucher geben muss (§ 5a II UWG). Hat PZ lauterkeitswidrig gehandelt?

29 Bei natürlichen Personen ist grundsätzlich von ihrer Verbrauchereigenschaft auszugehen, es sei denn, nach objektiven Kriterien kann das Rechtsgeschäft klar und eindeutig der gewerblichen Sphäre zugerechnet werden.[33] Dies folgt aus einer grammatikalischen Auslegung des § 13 BGB (»... die überwiegend weder ...«). Im Regelfall ist jede natürliche Person Verbraucher. Nur ausnahmsweise gilt etwas anderes. In Dual-use-Fällen (wie im vorgenannten Beispiel) müssen die verbraucherschützenden Regelungen des UWG beachtet werden.[34]

30 Das **Verbraucherleitbild** des UWG ist in § 3 IV UWG definiert (→ § 8 Rn. 59 ff.).

### 3. Marktteilnehmer (§ 2 I Nr. 2 UWG)

31 Marktteilnehmer sind gem. § 2 I Nr. 2 UWG diejenigen, die weder Mitbewerber noch Verbraucher sind, aber dennoch als Anbieter oder Nachfrager von Waren oder Dienstleistungen tätig sind. Geschützt werden hier Unternehmen in einem vertikalen Wettbewerbsverhältnis, also in Situationen, in denen sie nicht Mitbewerber (wie bei einem horizontalen Wettbewerbsverhältnis) sind.

> **Beispiel:** Unternehmer U wirbt gegenüber Rechtsanwalt R irreführend für ein Telefaxgerät. Ein konkretes Wettbewerbsverhältnis zwischen U und R besteht nicht. Die beiden sind keine Wettbewerber. R wird als »sonstiger Marktteilnehmer« gem. § 2 I Nr. 2 UWG durch § 5 I 1 UWG (»... Verbraucher oder sonstiger Marktteilnehmer ...«) vor irreführender Werbung geschützt.

### III. Nachricht (§ 2 I Nr. 4 UWG)

32 Der Begriff der Nachricht wird – sehr abstrakt – in § 2 I Nr. 4 UWG bestimmt. Die Regelung erklärt sich durch die Umsetzung der ePrivacy-RL[35] und definiert den Begriff für § 7 II Nr. 4 UWG. Dieser schützt vor Belästigungen durch elektronische Nachrichten wie E-Mails und SMS.

---

30 Köhler/Bornkamm/Feddersen/*Köhler* UWG § 2 Rn. 168.
31 BGHZ 162, 253 (256) = NJW 2005, 1273 (1274) (zur Frage der Wirksamkeit einer Schiedsklausel in einem Gemeinschaftspraxisvertrag); ausf. und krit. hierzu MüKoBGB/*Micklitz/Purnhagen* § 13 Rn. 61–68, insbes. Rn. 66.
32 BGH GRUR 2011, 941 Rn. 24 – Schneeballseminare.
33 BGH NJW 2009, 3780 Rn. 11 (zu § 13 BGB).
34 Köhler/Bornkamm/Feddersen/*Köhler* UWG § 2 Rn. 169.
35 RL 2002/58/EG des Europäischen Parlaments und des Rates über die Verarbeitung personenbezogener Daten und den Schutz der Privatsphäre in der elektronischen Kommunikation v. 12.7.2002 (Datenschutzrichtlinie für elektronische Kommunikation), ABl. 2002 L 201, 37 ff.

## IV. Verhaltenskodex (§ 2 I Nr. 5 UWG)

§ 2 I Nr. 5 UWG definiert den Begriff »Verhaltenskodex«. Die Definition ist für die 33
Nr. 1 des Anhangs zu § 3 III UWG und § 5 I 2 Nr. 6 UWG von Bedeutung: Ein Unternehmer darf nicht behaupten, einen Verhaltenskodex einzuhalten, wenn er diesen tatsächlich nicht beachtet. Verhaltenskodizes sind ein Element der **Selbstregulierung der Wirtschaft.** Unternehmensübergreifende Kodizes sind in Deutschland nur selten anzutreffen. In anderen Ländern (beispielsweise Großbritannien) ist die Selbstregulierung der Wirtschaft ein wesentliches Element des Lauterkeitsschutzes.[36] In Deutschland ist es bei großen Unternehmen mittlerweile üblich, sich selbst einen Verhaltenskodex **(Code of Conduct)** zu geben. § 2 I Nr. 5 UWG definiert **einen** Kodex als eine Vereinbarung über das Verhalten von **Unternehmern.** Dies lässt den Schluss darauf zu, dass mehrere Unternehmen an dem Kodex beteiligt sein müssen. Ein unternehmensinterner Verhaltenskodex fällt also nicht unter § 2 I Nr. 5 UWG. Allerdings kann der Irreführungstatbestand des § 5 I 2 Nr. 3 UWG (»Eigenschaften des Unternehmers«) zu einer »wettbewerblichen Selbstbindung« von Unternehmen durch selbst gegebene Verhaltenskodizes führen. Wird gegen die in einem eigenen **Code of Conduct** gegebene Zusage verstoßen, kommt eine Irreführung über das Unternehmen in Betracht.

> **Beispiel:** Unternehmen U sagt in einem Verhaltenskodex zu, nachdrücklich für die Rechte der Frau einzutreten und Männer und Frauen gleich zu behandeln. Tatsächlich erhalten Frauen immer 10% weniger Gehalt als Männer in vergleichbarer Position. Zudem haben Frauen keine Möglichkeit, Führungspositionen zu erlangen. Wirbt U mit dem Verhaltenskodex, liegt eine Irreführung über eine Eigenschaft des Unternehmens vor (§ 5 I 2 Nr. 3 UWG). Der Verbraucher erwartet, mit einem Unternehmen zu kontrahieren, das die Rechte der Frau achtet.

## V. Unternehmer (§ 2 I Nr. 6 UWG)

An den Begriff des Unternehmers knüpft eine Vielzahl von UWG-Normen an (Beispiel: § 8 III Nr. 2 UWG, § 3 II UWG). Ein Verweis auf § 14 BGB hätte nicht genügt, 34
da vom UWG auch ein Verhalten **vor** Vertragsabschluss erfasst werden muss. § 2 I Nr. 6 UWG gibt daher in enger Anlehnung an den Terminus »Gewerbetreibender« in Art. 2 lit. b UGP-RL eine UWG-autonome Definition. Unternehmer ist danach »jede natürliche oder juristische Person, die geschäftliche Handlungen im Rahmen ihrer gewerblichen, handwerklichen oder beruflichen Tätigkeit vornimmt« sowie jede Person, die im Namen oder im Auftrag eines solchen Unternehmers handelt.

## VI. Unternehmerische Sorgfalt (§ 2 I Nr. 7 UWG)

§ 2 I Nr. 7 UWG definiert den Begriff der »unternehmerischen Sorgfalt«. Es handelt 35
sich hierbei – vom Gesetzgeber selbst vielleicht zunächst verkannt – um einen der Zentralbegriffe des UWG. Die Vorschrift dient der Umsetzung von Art. 2 lit. h UGP-RL, der die **»beruflichen Sorgfalt«** definiert. Die große Bedeutung der Definition resultiert aus der Generalklausel des **§ 3 II UWG.** Nach dieser sind geschäftliche Handlungen gegenüber Verbrauchern unlauter, wenn sie nicht der **unternehmerischen Sorgfalt** entsprechen und dazu geeignet sind, das wirtschaftliche Verhalten des Ver-

---

36 Informationen zur Tätigkeit der britischen Advertising Standard Authority unter www.asa.org.uk.

brauchers wesentlich zu beeinflussen. Die Regelung dient der Umsetzung einer zentralen Bestimmung der UGP-RL: Art. 5 II lit. a UGP-RL verlangt die Beachtung der »Erfordernisse der beruflichen Sorgfaltspflicht«. »Unternehmerische Sorgfalt« ist nach § 2 I Nr. 7 UWG der Standard an Fachkenntnissen und Sorgfalt, von dem billigerweise angenommen werden kann, dass ein Unternehmer ihn in seinem Tätigkeitsbereich gegenüber Verbrauchern nach Treu und Glauben unter Berücksichtigung der anständigen Marktgepflogenheiten einhält.

36 Diese weite Begriffsbestimmung ermöglicht es, über die »unternehmerische Sorgfalt« umfassende Verhaltenspflichten für Unternehmer zu begründen, die gegenüber Verbrauchern zu beachten sind. Die Reichweite verdeutlicht ein Gedankenspiel: Theoretisch ermöglicht es § 2 I Nr. 7 UWG (ähnlich wie früher § 1 UWG 1909), über den Begriff der »unternehmerischen Sorgfalt« das komplette Marktverhaltensrecht für Unternehmer gegenüber Verbrauchern zu konstruieren. § 3 II UWG würde die Durchsetzung dieser Verhaltenspflichten gewährleisten. Die übrigen Verbotstatbestände des UWG wären dann beinahe entbehrlich, zumindest, soweit sie dazu herangezogen werden, geschäftliche Handlungen gegenüber Verbrauchern zu beurteilen.[37] Alle erforderlichen Verhaltenspflichten könnten aus dem Begriff der »unternehmerischen Sorgfalt« entwickelt werden.

37 Die zentrale Bedeutung der »beruflichen Sorgfalt« macht auch der **Aufbau der UGP-RL** deutlich. Der Verbotskatalog der UGP-RL beginnt mit einem Verbot unlauterer Geschäftspraktiken in Art. 5 UGP-RL. Eine Geschäftspraktik ist unlauter, wenn sie der beruflichen Sorgfalt widerspricht und das Verhalten des Durchschnittsverbrauchers beeinflusst bzw. beeinflussen kann (Art. 5 II UGP-RL). Die Regelung ähnelt also von ihrer Systematik der alten deutschen Generalklausel in § 1 UWG 1909, dem Verbot von Handlungen im Wettbewerb, die gegen die guten Sitten verstoßen. Die weiteren Regelungen der UGP-RL zu irreführenden und aggressiven Geschäftspraktiken sind lediglich Konkretisierungen dieses Verbots.[38] Ein typisches **Beispiel** für die Verletzung der unternehmerischen Sorgfalt gegenüber Verbrauchern ist ein **Verstoß gegen verbraucherschützende Belehrungs- und Informationspflichten** wie § 312d I, § 312 I, § 310 III, § 312b I BGB.[39]

### VII. Wesentliche Beeinflussung (§ 2 I Nr. 8 UWG)

38 Mit der UWG-Novelle 2015 ist in den Katalog des § 2 UWG in § 2 I Nr. 8 UWG die »wesentliche Beeinflussung des wirtschaftlichen Verhaltens des Verbrauchers« aufgenommen worden. Umgesetzt wird hiermit Art. 2 lit. e UGP-RL. Eine wesentliche Beeinflussung setzt voraus, dass die Fähigkeit des Verbrauchers, eine informierte Entscheidung zu treffen, spürbar beeinträchtigt wird und damit der Verbraucher zu einer geschäftlichen Entscheidung veranlasst wird, die er anderenfalls nicht getroffen hätte. Bezug genommen wird auf die geschäftliche Entscheidung, die in § 2 I Nr. 9 UWG definiert wird. Die Beeinträchtigung zur Fähigkeit einer informierten Entscheidung muss spürbar sein. Dies verlangt nicht, dass dem Verbraucher jede Möglichkeit genommen

---

37 Aufgrund dieser systematischen Bedeutung kann die These von *Scherer* WRP 2010, 586 (592), § 3 II 1 UWG sei vollkommen redundant, nicht überzeugen; sehr krit. zu Recht *Fezer* WRP 2010, 677 ff.
38 Wie hier *Fezer* WRP 2010, 677 (678).
39 Ohly/Sosnitza/*Sosnitza* UWG § 2 Rn. 94.

wird, eine rationale Kaufentscheidung zu treffen. Es genügt, wenn die tatsächliche Gefahr einer Beeinträchtigung eintritt.[40]

### VIII. Geschäftliche Entscheidung (§ 2 I Nr. 9 UWG)

Ebenso wurde mit der UWG-Novelle 2015 in Umsetzung von Art. 2 lit. k UGP-RL die »geschäftliche Entscheidung« in § 2 I Nr. 9 UWG legal definiert. Die Norm bestimmt recht detailliert, was eine geschäftliche Entscheidung sein soll. Der Grundfall ist die Entscheidung des Verbrauchers oder sonstigen Marktteilnehmers darüber, ob, wie und unter welchen Bedingungen er ein Geschäft abschließen will. Daneben werden aber auch weitere Fälle wie die Geltendmachung von Rechten erfasst.   39

> **Beispiel:** Verbraucher K reklamiert 15 Monate nach dem Kauf seine Schuhe bei Online-Schuhhändler F. Dieser behauptet wahrheitswidrig, die Gewährleistung sei abgelaufen. Die Geltendmachung der Rechte durch K ist eine geschäftliche Entscheidung (§ 2 I Nr. 9 UWG). F handelt irreführend gem. § 5 I 2 Nr. 7 UWG.

# § 5 UWG und Europarecht

> **Fall 1:** Der Kosmetikhersteller X vertreibt beanstandungsfrei europaweit eine Produktserie unter der Bezeichnung »Clinique«. Ein deutsches Gericht zieht in Betracht, den Vertrieb der Kosmetikserie unter dieser Bezeichnung zu untersagen: Der Verbraucher werde irregeführt, da ihm eine medizinische Wirkung der Kosmetik suggeriert werde. Wäre ein solches Verbot mit dem Europarecht zu vereinbaren? (nach EuGH GRUR 1994, 303 – Clinique).
>
> **Fall 2:** Der Lebensmitteldiscounter P verteilt an seine Kunden Lose für eine Lotterie. Ein Los erhält nur, wer auch bei P einkauft. Wettbewerber W sieht hierin eine lauterkeitsrechtswidrige, unter § 3 I UWG fallende Kopplung. Das LG B folgt dem. P hält dies für »europarechtswidrig«.

## A. Einleitung

Das Recht der Europäischen Union hat für das deutsche Lauterkeitsrecht erhebliche Bedeutung. Zunächst (ab den späten 1980er Jahren) wurde erkannt, dass die **Grundfreiheiten** des damaligen EGV (heute: AEUV) gewichtige Auswirkungen auf die Anwendung des nationalen Lauterkeitsrechts haben können. Der Grund hierfür war das Schutzgefälle zwischen den Mitgliedstaaten: Einige Länder hatten ein eher liberales Lauterkeitsrecht. In anderen, insbesondere in Deutschland, galt ein strenger Maßstab. Im grenzüberschreitenden Warenverkehr wurde vom EuGH in der Anwendung des strikten deutschen Lauterkeitsrechts gelegentlich eine Beschränkung der Warenverkehrsfreiheit (heute Art. 34 AEUV) gesehen (→ § 5 Rn. 5f.). Das Lauterkeitsrecht in Europa ist heute durch **Richtlinien der EU** stark harmonisiert. Aufgrund der gebotenen richtlinienkonformen Auslegung haben die Richtlinien der EU für die Anwendung des nationalen Lauterkeitsrechts große praktische Relevanz gewonnen. Die Wechselwirkungen zwischen dem Recht der EU und dem nationalen Lauterkeitsrecht sollen in diesem Teil betrachtet werden.   1

---

40 Köhler/Bornkamm/Feddersen/*Köhler* UWG § 2 Rn. 146.

## B. Die Bedeutung des primären Gemeinschaftsrechts für das UWG

2   Das primäre Gemeinschaftsrecht war der entscheidende Impuls für die **Liberalisierung des UWG**, die in den 1980er Jahren einsetzte. Bedeutsam waren insbesondere die Streichung der abstrakten Gefährdungstatbestände der §§ 6d, 6e UWG (Verbot von Werbung mit mengenmäßigen Beschränkungen oder Preisgegenüberstellungen) und die auch für das Lauterkeitsrecht wichtige Aufhebung des RabattG und der ZugabeVO im Jahr 2001. Aus dem Katalog der Grundfreiheiten hat für das UWG die Warenverkehrsfreiheit zentrale Bedeutung. Auch die Dienstleistungsfreiheit kann auf das Lauterkeitsrecht einwirken. Aufgrund der durch Richtlinien, insbesondere der UGP-RL, bewirkten Rechtsangleichung in der EU ist die Bedeutung der Grundfreiheiten für die Rechtsanwendung im Lauterkeitsrecht heute reduziert. Insbesondere im B2B-Bereich können sie aber weiter praktische Relevanz entfalten.

### I. Die Warenverkehrsfreiheit (Art. 34 AEUV)

3   Art. 34 AEUV gewährleistet die Warenverkehrsfreiheit. Die Regelung untersagt mengenmäßige Einfuhrbeschränkungen sowie »**Maßnahmen gleicher Wirkung**«. Der Begriff der »Maßnahme gleicher Wirkung« wird vom EuGH weit ausgelegt. Erfasst wird jede Handelsregelung der Mitgliedstaaten, die geeignet ist, den Handel zwischen den Mitgliedstaaten unmittelbar oder mittelbar, tatsächlich oder potentiell zu behindern.[1] Hiervon ausgehend können auch lauterkeitsrechtliche Verbote eine »Maßnahme gleicher Wirkung« sein.

> Soll in **Fall 1** der Verkauf der Ware aufgrund einer Irreführung der Konsumenten untersagt werden, könnte es sich um eine Maßnahme gleicher Wirkung handeln.

4   Dieses weite Verständnis der »Maßnahmen gleicher Wirkung« ist mit der Entscheidung »**Keck**« eingeschränkt worden.[2] Unter ausdrücklicher Aufgabe der bisherigen Rechtsprechung soll nunmehr die Anwendung nationaler Bestimmungen, die lediglich »bestimmte Verkaufsmodalitäten« regeln, nicht geeignet sein, den Handel zwischen den Mitgliedstaaten zu beeinträchtigen. Gegenstand der Entscheidung war eine nationale (französische) Regelung, die den Verkauf unter Einstandspreis untersagte. Eine solche Regelung sei keine Maßnahme gleicher Wirkung, wenn die Bestimmung für alle Wirtschaftsteilnehmer gelte und sie den Absatz inländischer und ausländischer Produkte rechtlich und tatsächlich in der gleichen Weise betreffe.[3]

### II. Rechtfertigung von Maßnahmen gleicher Wirkung

5   Maßnahmen gleicher Wirkung sind nicht immer unzulässig. Nach Art. 36 AEUV sind Beschränkungen der Warenverkehrsfreiheit unter anderem aus Gründen der öffentlichen Ordnung und Sicherheit sowie zum Gesundheitsschutz zulässig. In teilweiser Überschneidung mit Art. 36 AEUV hat der EuGH in der Cassis-de-Dijon-Entscheidung[4] weitere Rechtfertigungsgründe entwickelt.[5] Danach müssen Hemmnisse für den Binnenmarkt hingenommen werden, die notwendig sind, um **zwingenden Erfor-**

---

1 StRspr seit EuGH ECLI:EU:C:1974:82 = NJW 1975, 515 – Dassonville.
2 EuGH ECLI:EU:C:1993:905 = GRUR Int. 1994, 56 – Keck.
3 EuGH ECLI:EU:C:1993:905 Rn. 16 = GRUR Int. 1994, 56 – Keck.
4 EuGH ECLI:EU:C:1979:42 = GRUR Int. 1979, 468 – Cassis de Dijon.
5 Die dogmatische Einbindung ist streitig, vgl. MüKoUWG/*Heermann* AEUV Art. 34 Rn. 43.

**dernissen** gerecht zu werden.[6] Hierzu zählt der EuGH unter anderem die Lauterkeit des Handelsverkehrs und den Verbraucherschutz.[7] Prima facie scheint danach die Warenverkehrsfreiheit keine Bedeutung für die Anwendung des UWG zu haben, da dieses die Lauterkeit des Handelsverkehrs sicherstellen und Konsumenten schützen will. Dieser Gedanke greift jedoch zu kurz: Nicht jedes Verbot des UWG wird vom EuGH automatisch als »zwingendes Erfordernis« angesehen. Vielmehr entscheidet der Gerichtshof im Einzelfall, ob tatsächlich »zwingende Erfordernisse« einen Verbotstatbestand erfordern.[8] Eine Verbotsregelung des UWG kann sich also als »Maßnahme gleicher Wirkung« entpuppen. Konsequenz ist, dass der Verbotstatbestand im Handel zwischen den Mitgliedstaaten nicht zur Anwendung kommen darf.

> **Lösung zu Fall 1:** Die Pflicht, die Verpackung für den Vertrieb in Deutschland zu ändern, ist auch nach der Keck-Doktrin eine Maßnahme gleicher Wirkung. Erwogen wurde vom LG Berlin, die Werbung gem. § 3 UWG aF als irreführend (der Konsument erwarte ein medizinisches Produkt) zu untersagen. Der EuGH verwarf dies: Schon der Umstand, dass das Produkt in anderen Ländern vertrieben werde, genügte dem EuGH, um eine Rechtfertigung der Maßnahme gleicher Wirkung zu verneinen.[9]

Größte Bedeutung für die Anwendung des UWG hatte die Ausbildung des **Verbraucherleitbildes** durch den **EuGH,** das auch anhand der Warenverkehrsfreiheit entwickelt wurde. Besonders anschaulich macht dies die Entscheidung »Estée Lauder/Lancaster« des EuGH.[10] Auf dem deutschen Markt wurde eine Gesichtscreme als »Lifting Creme« angeboten. Diese Creme wurde aus anderen Mitgliedstaaten der Gemeinschaft, in denen sie zulässigerweise vertrieben wurde, importiert. Ein Wettbewerber wandte sich gegen den Vertrieb der Creme. Die Bezeichnung sei irreführend. Die frühere deutsche Rechtsprechung ließ es für eine nach § 3 UWG aF zu unterlassende Irreführung genügen, wenn bei (nur) ca. 10–15 % der angesprochenen Verkehrskreise relevante Fehlvorstellungen hervorgerufen wurden. Das vorlegende Gericht (LG Köln) ging von einer relevanten Irreführung aus, da ein Teil der Verbraucher die Bezeichnung »Lifting Creme« dahingehend verstehe, dass die Creme – wie eine Lifting-Operation – eine dauerhafte Wirkung auslöse. Der EuGH hatte zu prüfen, ob ein solches Verständnis des Irreführungsrechts mit der Warenverkehrsfreiheit in Einklang steht. Der Handel zwischen den Mitgliedstaaten war betroffen: Wäre das Begehren erfolgreich gewesen, hätte eine Umetikettierung erfolgen müssen. Der EuGH entschied, der Grundsatz der Verhältnismäßigkeit gebiete es, für die Beurteilung der Irreführungseignung auf die mutmaßliche Erwartung eines durchschnittlich informierten, aufmerksamen und verständigen Durchschnittsverbrauchers abzustellen.[11] Nur wenn dieser der Creme entsprechende, »schönheitsoperationsähnliche« Wirkungen beimesse, sei eine Irreführung gegeben. Das Verständnis der Warenverkehrsfreiheit (und insbesondere des Verhältnismäßigkeitsprinzips) durch den EuGH führte also dazu, dass jedenfalls für grenzüberschreitende Sachverhalte dem deutschen Lauterkeitsrecht ein (»europäischer«) Verbraucherbegriff zugrunde zu legen war, der zu einer Abmilderung des Verbotsniveaus führte.

6

---

6 EuGH ECLI:EU:C:1979:42 Rn. 8 = GRUR Int. 1979, 468 – Cassis de Dijon.
7 EuGH ECLI:EU:C:1979:42 Rn. 8 = GRUR Int. 1979, 468 – Cassis de Dijon.
8 Rechtsprechungsüberblick bei MüKoUWG/*Heermann* AEUV Art. 34 Rn. 56 f.
9 EuGH ECLI:EU:C:1994:34 Rn. 22 aE = GRUR 1994, 303 – Clinique.
10 EuGH ECLI:EU:C:2000:8 = GRUR Int. 2000, 354 – Estée Lauder/Lancaster.
11 EuGH ECLI:EU:C:2000:8 Rn. 27 = GRUR Int. 2000, 354 – Estée Lauder/Lancaster.

7   Art. 34 AEUV gewährleistet nur die Freiheit des Handels in der Union. In reinen Inlandsfällen ist es daher nicht möglich, sich auf die Abmilderungen der Warenverkehrsfreiheit zu berufen.

> Wenn in Abwandlung von Fall 1 ein inländisches Produkt von einem deutschen Händler in der Bundesrepublik Deutschland zum Verkauf angeboten wird, ist die Warenverkehrsfreiheit nicht betroffen. Das Irreführungsverbot kann einschränkungslos angewendet werden.

8   Es kann daher zu **Inländerdiskriminierungen** kommen. Diese sind europa- und verfassungsrechtlich grundsätzlich unbedenklich.[12] Resultat ist aber ein faktischer Anpassungsdruck auf den Gesetzgeber. Nachdem der EuGH in der Entscheidung »Yves Rocher«[13] das deutsche Verbot der Werbung mit Preisgegenüberstellungen (§ 6e UWG aF) für unzulässig erklärte, hätte der deutsche Gesetzgeber die Norm unverändert lassen können. Bei reinen Inlandssachverhalten wäre sie weiter zur Anwendung gekommen. Konsequenz wäre eine Privilegierung des grenzüberschreitenden Handels gewesen. Dort hätten sich die Händler auf die Europarechtswidrigkeit des § 6e UWG aF berufen können. Um die drohende Benachteiligung inländischer Marktteilnehmer zu vermeiden, war der deutsche Gesetzgeber faktisch zu einer Reaktion gezwungen. Daher wurde § 6e UWG mit dem Gesetz v. 25.7.1994[14] aufgehoben. Ebenso hat der BGH Ende 1999 wohl (eine ausdrückliche Bezugnahme erfolgte nicht) mit Blick auf die Entwicklungslinien in der Rechtsprechung des EuGH das Verbraucherleitbild neu gefasst.[15]

### III. Sekundäres Gemeinschaftsrecht und UWG

9   **Verordnungen** der EU haben bisher nur eine geringe Bedeutung für das Lauterkeitsrecht gewinnen können. Eine geplante Verordnung über Verkaufsförderung im Binnenmarkt[16] wurde nicht realisiert. Demgegenüber ist das UWG heute durch **Richtlinien** der EU stark geprägt. Ohne nennenswerte Bedeutung für das deutsche Recht war die 1984 erlassene RL 84/450/EWG über irreführende Werbung.[17] Sie erforderte keine Anpassungen des UWG. Anders stellte sich die Situation 1997 nach Erlass der RL 97/95/EG[18] dar. Sie war Anlass für den deutschen Gesetzgeber, die grundsätzliche Zulässigkeit vergleichender Werbung herbeizuführen. Beide Richtlinien sind nunmehr zusammenfassend neu kodifiziert worden in der **Werbe-RL 2006.**[19]

10  Von hervorgehobener Bedeutung für das deutsche UWG ist die **UGP-RL**. Sie zwang den deutschen Gesetzgeber dazu, das erst 2004 neu gestaltete UWG bereits im Jahr 2008 grundlegend zu novellieren. Die UGP-RL bewirkt in ihrem Regelungsbereich **(B2C)** eine **Vollharmonisierung** des Lauterkeitsrechts in der EU. Dies folgt aus

---

12  Köhler/Bornkamm/Feddersen/*Köhler* UWG Einl Rn.3.16; *Jänich* Überhöhte Verbotsstandards 114ff.
13  EuGH ECLI:EU:C:1993:191 = GRUR Int. 1993, 763 – Yves Rocher.
14  BGBl. 1994 I 1738.
15  BGH GRUR 2000, 619 (621) – Orient-Teppichmuster, ausf. dazu → § 4 Rn. 28.
16  Ursprünglicher Entwurf v. 2.10.2001, KOM(2001) 546 endg.
17  RL des Rates über irreführende und vergleichende Werbung v. 10.9.1984 (84/450/EWG), ABl. 1984 L 250, 17ff.
18  RL 97/55/EG des Europäischen Parlaments und des Rates zur Änderung der Richtlinie 84/450/EWG über irreführende Werbung zwecks Einbeziehung der vergleichenden Werbung v. 6.10.1997, ABl. 1997 L 290, 18ff.
19  RL 2006/114/EG des Europäischen Parlaments und des Rates über irreführende und vergleichende Werbung v. 12.12.2006, ABl. 2006 L 376, 21ff.

**Art. 3 V UGP-RL.** Danach dürfen die Mitgliedstaaten grundsätzlich keine strengeren oder restriktiveren Vorschriften beibehalten, als in der Richtlinie vorgesehen. Die Richtlinie schreibt also das **maximale Schutzniveau** (den Schutzstandard) fest.

> **Lösung zu Fall 2:** Ein absolutes Verbot, die Teilnahme an Gewinnspielen für Verbraucher von einem Warenerwerb abhängig zu machen (so § 4 Nr. 6 UWG 2008), ist unionsrechtlich nur zulässig, wenn die UGP-RL ein solches Verbot vorsieht. Dies ist nicht der Fall. Ein entsprechendes nationales Verbot ist daher unzulässig.[20] Der BGH versuchte, § 4 Nr. 6 UWG aF mit einer richtlinienkonformen Auslegung zu halten.[21] Diese Auslegung tangierte angesichts des eindeutigen Wortlauts des § 4 Nr. 6 UWG aF die Grenzen der richterlichen Rechtsfortbildung. Mit der UWG-Novelle 2015 ist die Norm ersatzlos gestrichen worden.

Da die UGP-RL gleichzeitig einen Mindeststandard festschreibt, erfolgt im Ergebnis eine Vollharmonisierung. Zu beachten ist der nur eingeschränkte Regelungsbereich der UGP-RL. Sie erfasst nur unlautere Geschäftspraktiken gegenüber Verbrauchern. Dieses Verhältnis wird üblicherweise als »**Business to Consumer**« oder als **B2C** bezeichnet. Demgegenüber reguliert das UWG sowohl geschäftliche Handlungen gegenüber Verbrauchern als auch gegenüber Unternehmern, den sog. »**Business to Business**« oder **B2B**-Bereich.

Diese Beziehungen verdeutlicht die folgende Skizze:

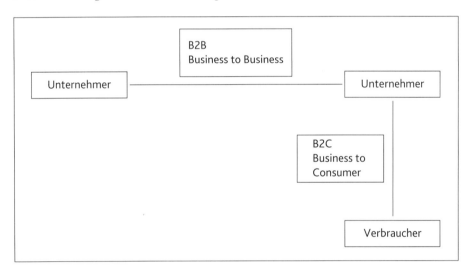

Während des Rechtsetzungsverfahrens drängte Deutschland vergeblich darauf, auch den B2B-Bereich in den Regelungskanon der Richtlinie zum Lauterkeitsrecht einzubeziehen. Das deutsche UWG 2004 sollte Vorbild für die geplante Richtlinie werden. Dieser Versuch scheiterte.

Heute bereitet die Rechtsanwendung erhebliche Schwierigkeiten, da es sich beim UWG **nur teilweise** um harmonisiertes Recht mit daraus folgender Letztentscheidungskompetenz des EuGH handelt. Der Schutz der Verbraucher vor Irreführungen (§ 5 UWG) beispielsweise beruht auf der UGP-RL (Art. 6 UGP-RL). Bei Auslegungs-

---
20 EuGH ECLI:EU:C:2010:12 Rn. 47 = GRUR 2010, 244 – Plus Warenhandelsgesellschaft.
21 BGH GRUR 2011, 532 Rn. 25 – Millionen-Chance II.

zweifeln ist das Verfahren vom letztentscheidenden nationalen Gericht dem EuGH zur Vorabentscheidung vorzulegen (Art. 267 III AEUV). Daneben regelt das UWG auch die Zulässigkeit von geschäftlichen Handlungen gegenüber Mitbewerbern (insbesondere § 4 UWG). Diese Regeln fallen nicht in den harmonisierten Bereich. Für das Verständnis der Problemlage hilfreich ist ein Vergleich mit dem Kaufrecht. Die §§ 433 ff. BGB gelten für alle Kaufverträge, also sowohl für Kaufverträge zwischen Unternehmen als auch für Kaufverträge zwischen Unternehmern und Verbrauchern. Nur das Recht der Verbrauchsgüterkaufverträge ist durch die Verbrauchsgüterkauf-RL harmonisiert. Teilweise hat der Gesetzgeber spezielle Vorschriften für den Verbrauchsgüterkauf geschaffen (§§ 474 ff. BGB). Daneben findet sich harmonisiertes Recht auch in den §§ 433–473 BGB, die ebenso für Unternehmer gelten. Eine richtlinienkonforme Auslegung dieser Vorschriften muss nach der Rechtsprechung des BGH nur erfolgen, soweit es um einen Verbrauchsgüterkauf geht (sog. gespaltene Auslegung).[22] Auf das Lauterkeitsrecht übertragen heißt dies, dass das UWG **richtlinienkonform** auszulegen ist, soweit der harmonisierte Bereich betroffen ist. Die Letztentscheidungskompetenz über die Auslegung liegt beim **EuGH** (Art. 267 I lit. b AEUV). Bei der Auslegung können die »Leitlinien zur Umsetzung/Anwendung der Richtlinie 2005/29/EG über unlautere Geschäftspraktiken« der Europäischen Kommission herangezogen werden.[23]

15  Die Unterschiede macht auch ein Blick in das **europäische Ausland** deutlich. Zur Umsetzung der UGP-RL ist in Polen das Gesetz gegen unlauteren Wettbewerb nicht geändert worden. Stattdessen wurde ein neues separates Gesetz geschaffen.[24] In Deutschland existieren damit bei genauer Betrachtung **zwei Systeme des Lauterkeitsrechts**, die sich **in einem Gesetz**, dem UWG, befinden: ein harmonisiertes Lauterkeitsrecht für geschäftliche Handlungen gegenüber Verbrauchern und ein nicht harmonisiertes Lauterkeitsrecht für geschäftliche Handlungen gegenüber Mitbewerbern und sonstigen Marktteilnehmern. Weiter verkompliziert wird die Situation dadurch, dass zwar einige Normen eindeutig nur das sog. B2B-Verhältnis betreffen (Beispiele: § 4 Nr. 1 UWG [Herabsetzung von Mitbewerbern]; § 4 Nr. 4 UWG [Behinderung von Mitbewerbern]) oder nur geschäftliche Handlungen gegenüber Verbrauchern regeln (insbesondere: § 3 III UWG in Verbindung mit dem Anhang). Es finden sich aber auch Tatbestände im UWG, die »doppelfunktional« sind, also sowohl geschäftliche Handlungen gegenüber Unternehmern als auch gegenüber Verbrauchern erfassen. Typisches Beispiel hierfür ist das Irreführungsverbot des § 5 I UWG. Erwogen werden kann, die Norm unterschiedlich (**»gespalten«**) auszulegen, je nachdem, ob es sich um eine geschäftliche Handlung gegenüber Verbrauchern (harmonisiertes Recht) oder gegenüber Unternehmern (nicht harmonisiertes Recht) handelt.[25]

---

22 BGH NJW 2013, 220 Rn. 18 ff.; 2014, 2183 Rn. 27, beide zur richtlinienkonformen Auslegung des § 439 aF BGB (Aus- und Einbaukosten bei Nacherfüllung) bei Kaufverträgen zwischen Unternehmern; *Lorenz* NJW 2011, 2241 (2244); krit. *J. Schmidt* GPR 2013, 210 ff.
23 SWD(2016) 163 final.
24 Gesetz über die Bekämpfung von unlauteren Geschäftspraktiken v. 23.8.2007, GBl. Nr. 171/2007, 1206.
25 Vgl. Streit um die Zulässigkeit einer »gespaltenen« Auslegung EuGH ECLI:EU:C:1998:370 = EuZW 1999, 20; BGH NJW 2002, 1881 – Heininger; BGH NJW 2013, 220 Rn. 20 ff.; *Lorenz* NJW 2013, 207 f.; *Habersack/Mayer* in Riesenhuber, Europäische Methodenlehre, 3. Aufl. 2015, § 14 Rn. 20 ff.; BeckOK BGB/*Faust*, 46. Ed. 1.5.2018, § 433 Rn. 9.

Weiter muss bedacht werden, dass die **Unterscheidung** zwischen dem **B2B-** und dem **B2C**-Verhältnis nicht immer so eindeutig ist, wie sie auf den ersten Blick erscheint. Geschäftliche Handlungen gegenüber Verbrauchern entfalten unter Umständen **auch** Wirkung gegenüber Wettbewerbern. Dies zeigt ein Beispiel: Ein Unternehmer lockt irreführend Verbraucher an. Es handelt sich um eine Geschäftspraxis gegenüber Verbrauchern (B2C). Nicht verkannt werden darf aber, dass gleichzeitig die Wettbewerber des Unternehmers geschädigt werden: Ihnen entgehen Geschäftschancen. Da jedenfalls **auch** eine B2C-Praktik vorliegt, ist der Schutzhöchststandard der UGP-RL zu beachten. Anderenfalls könnte unter Verweis auf eine B2B-Wirkung die Schutzstandardharmonisierung der UGP-RL umgangen werden. 16

Die Abgrenzung zwischen dem B2B- und B2C-Verhältnis ist auch für die **Anwendung des § 3 UWG** bedeutsam (→ § 8 Rn. 24 ff.). 17

Neben den bereits genannten Richtlinien hat für das Lauterkeitsrecht insbesondere die E-Commerce-RL[26] und das in ihr verankerte **Herkunftslandprinzip** Bedeutung (→ § 7 Rn. 12 ff.). 18

# § 6 UWG und Verfassung

**Literatur:** *Leisner,* Selbstbedienungsgroßhandel und Verfassungsrecht, 1986; *Leisner,* Wettbewerb als Verfassungsprinzip, 2012; *Ohler,* Grundrechtliche Bindungen der Mitgliedstaaten nach Art. 51 GRCh, NVwZ 2013, 1433 ff.; *Thym,* Die Reichweite der EU-Grundrechte-Charta – Zu viel Grundrechtsschutz?, NVwZ 2013, 889 ff.

**Fall 1:** Der Steinmetz S bietet den Angehörigen eines Verstorbenen zwei Wochen nach dem Trauerfall postalisch einen Grabstein an. Wettbewerber W meint, S belästige die Hinterbliebenen (§ 7 UWG).

**Fall 2:** Das Textilunternehmen T zeigt in einer Anzeigenserie Motive, die auf Probleme in der Welt hinweisen, unter anderem Bilder einer ölverschmierten Ente, arbeitender Kinder und die Abbildung eines Oberarms, auf den »H.I.V. Positive« tätowiert ist.

**Fall 3:** Der Verlag X veröffentlicht in einem Handbuch eine Liste der »Besten Anwälte Deutschlands«.

## A. Einleitung

Das Verfassungsrecht wirkt in vielfältiger Weise auf das Lauterkeitsrecht ein. Soll ein Verhalten im Wettbewerb als lauterkeitswidrig untersagt werden, wird sich der Betroffene oft auf seine Freiheitsgrundrechte berufen. Es ist daher zu untersuchen, welchen verfassungsrechtlichen Begrenzungen lauterkeitsrechtsrechtliche Verbote unterliegen. Darüber hinaus müssen bei der Auslegung der lauterkeitsrechtlichen Verbotstatbestände, insbesondere bei den generalklauselartigen Regelungen der §§ 3 I, II UWG, verfassungsrechtliche Wertentscheidungen berücksichtigt werden. 1

---

26 RL 2000/31/EG des Europäischen Parlaments und des Rates über bestimmte rechtliche Aspekte der Dienste der Informationsgesellschaft, insbesondere des elektronischen Geschäftsverkehrs, im Binnenmarkt v. 8.6.2000, ABl. 2000 L 178, 1.

## B. Das Zusammenspiel von UWG und GG

### I. Wettbewerbsfreiheit und wirtschaftspolitische Neutralität der Verfassung

2   Das BVerfG hat schon früh entschieden, dass das GG wirtschaftspolitisch neutral sei.[1] Demnach darf der Gesetzgeber jede ihm sachgemäß erscheinende Wirtschaftspolitik verfolgen, sofern er dabei das Grundgesetz und insbesondere die Grundrechte beachtet.[2] Allerdings stehen die Freiheitsgrundrechte der Verfassung einer grundlegenden Umgestaltung der Wirtschaftsordnung entgegen. Art. 12 I GG und Art. 14 I GG gewährleisten umfassend und in verschiedensten Ausprägungen die Wirtschaftsfreiheit.[3] Hierzu zählt auch die Wettbewerbsfreiheit.[4] Diese wird jedenfalls in der bestehenden Wirtschaftsordnung gewährleistet.[5] Somit wirken die die wirtschaftliche Betätigung beschränkenden Regelungen des UWG und die auf sie gestützten Unterlassungssanktionen staatlicher Gerichte auf die Grundrechte des betroffenen Wettbewerbers ein. Die Frage nach den verfassungsrechtlichen Grenzen des Lauterkeitsrechts ist damit aufgeworfen.

### II. Im Wettbewerb betroffene Grundrechte und ihre Berücksichtigung bei der Anwendung lauterkeitsrechtlicher Verbotstatbestände

3   Die verfassungsrechtliche Konfliktlage, die regelmäßig zu bewältigen ist, macht der (dem Fall 1 ähnelnde) Sachverhalt der Entscheidung BVerfGE 32, 311 deutlich: Ein Steinmetzmeister vertrieb Grabsteine unter Einschaltung von Vertretern, die die Hinterbliebenen nach Kenntnis des Todesfalls aufsuchten. Die Steinmetzinnung bezeichnete das Verhalten in einem Merkblatt, das auf Friedhöfen ausgelegt wurde, als grob pietätlos. Es entwickelte sich eine lauterkeitsrechtliche Streitigkeit. Der Steinmetz verlangte von der Innung, das Verteilen des Merkblatts zu unterlassen. Die Innung wollte Hausbesuche bei Angehörigen von Verstorbenen durch Vertreter des Steinmetzes untersagen lassen. Der BGH verurteilte den Steinmetz zur Unterlassung.[6] Hiergegen wandte sich der Steinmetz – im Ergebnis erfolglos – mit einer **Urteilsverfassungsbeschwerde**. Er rügte die Verletzung seiner Grundrechte aus »Art. 12, 14, 3 und 2 GG«.[7] Diesen gegenüber steht das Grundrecht aus Art. 2 I GG, welches die Hinterbliebenen vor unzumutbaren Belästigungen schützt.

> Bei dem ähnlichen **Fall 1** sind die betroffenen Grundrechtspositionen des werbenden Steinmetzes (Art. 5 I GG und Art. 12 I GG) und die der Angehörigen gegeneinander abzuwägen. Der BGH verneinte für eine vergleichbare Konstellation eine unzumutbare Belästigung (§ 7 I UWG).[8]

---

1   BVerfGE 4, 7 (17f.) = NJW 1954, 1235 (1236); BVerfGE 7, 377 (400) = NJW 1958, 1035 (1036); BVerfGE 14, 19 (23) = NJW 1962, 579; BVerfGE 30, 292 (317) = NJW 1971, 1255 (1256); BVerfGE 50, 290 (338) = NJW 1979, 699 (702).
2   BVerfGE 50, 290 (338) = NJW 1979, 699 (702).
3   Maunz/Dürig/*Scholz*, Grundgesetz, EL 80, 2017, GG Art. 12 Rn. 132.
4   BVerfGE 32, 311 (317) = GRUR 1972, 358 (360) – Grabsteinwerbung; BVerfGE 46, 120 (137) = NJW 1978, 313; 105, 252 (265) = NJW 2002, 2621 (2622) – Glykolwein; BVerfGE 106, 275 (298) = NJW 2003, 1232 (1233); BVerfGE 110, 274 (288) = NVwZ 2004, 846.
5   BVerfGE 105, 252 (265) = NJW 2002, 2621 (2622) – Glykolwein; BVerfGE 106, 275 (298) = NJW 2003, 1232 (1233).
6   BGH GRUR 1971, 317 (318) – Grabsteinwerbungen II.
7   BVerfGE 32, 311 (313) = NJW 1972, 573.
8   BGH GRUR 2010, 1113 – Grabmalwerbung; da auf die Entscheidungsfreiheit der Angehörigen eingewirkt werden sollte, wäre der Fall heute jedenfalls auch an § 4a UWG zu messen.

**Art. 12 I GG,** das Grundrecht der Berufsausübungsfreiheit, wird durch lauterkeits- 4
rechtliche Sanktionen regelmäßig berührt. Bei der Anwendung des UWG ist daher
stets der Freiheitsgehalt des Art. 12 I GG zu beachten.[9] **Art. 14 I GG** kommt keine Bedeutung zu, da eine Marktwirtschaft keine gesicherten Marktpositionen kennt, welche
gem. Art. 14 I GG schutzfähig wären.[10] Ebenfalls ohne selbstständige Bedeutung ist
**Art. 2 I GG.** In der hier interessierenden Kollisionslage tritt Art. 2 I GG hinter Art. 12
I GG zurück.[11]

Große Aufmerksamkeit genießt das Zusammenspiel der Kommunikationsgrundrechte 5
aus Art. 5 GG, insbesondere des Grundrechts der **Meinungsäußerungsfreiheit (Art. 5
I 1 GG)**, mit dem UWG. Lange Zeit wurde kontrovers diskutiert, ob Wirtschaftswerbung in den Schutzbereich des Art. 5 I GG fällt.[12] Es konnte sich die Position durchsetzen, die Wirtschaftswerbung jedenfalls dann in den Schutzbereich der Meinungsfreiheit
einbezieht, wenn die Ankündigung einen wertenden, meinungsbildenden Inhalt hat
oder Angaben enthält, die zur Meinungsbildung dienen.[13] Diese Aufnahme von **Werbung** in den **Schutzbereich** des Art. 5 I GG hat in der Fachgerichtsbarkeit »Spuren hinterlassen«.[14] Zu beobachten ist eine gewisse Verunsicherung und Zurückhaltung, sobald
sich ein Inanspruchgenommener nachdrücklich auf diese Grundrechte beruft. Dieses
Ergebnis verwundert, da eine verfassungsrechtliche Überprüfung geschäftlicher Handlungen im Wettbewerb sowohl nach Art. 5 I 1 GG als auch nach Art. 12 I GG aufgrund
einer Schrankenparallelität für den hier interessierenden Bereich des Lauterkeitsrechts
zu identischen Ergebnissen führt.[15] Daher stellen sich unter Berücksichtigung des
Art. 5 I GG keine anderen Ergebnisse ein als bei einer Prüfung – nur – an Art. 12 I GG,
dessen Anwendbarkeit auf Wirtschaftswerbung nie streitig war.

Von großer Bedeutung ist die Frage nach der dogmatisch zutreffenden **Integration** 6
**verfassungsrechtlicher Erwägungen in eine UWG-Prüfung.** Das Problem ist nicht
nur von akademischer Natur: Studierenden muss das Problem vertraut sein, um bei
UWG-Klausuren verfassungsrechtliche Probleme zutreffend in die Falllösung einzubinden. Es bietet sich an, für die Prüfung zwischen richterrechtlich gebildeten und gesetzlichen Verbotstatbeständen zu differenzieren. Bis zur UWG-Novelle 2004 beruhte
ein Großteil der Verhaltensgebote auf der Generalklausel des § 1 UWG 1909. Das Sonderdeliktsrecht des UWG erfordert ein Rechtswidrigkeitsurteil.[16] Es bestand daher die
Möglichkeit, auf der Rechtswidrigkeitsebene das betroffene Grundrecht zur Entfaltung zu bringen. Eine an sich tatbestandliche und rechtswidrige Handlung war dann
ausnahmsweise rechtmäßig.[17] Heute hat dieser Ansatz an Bedeutung verloren. Die

---

9 BVerfGE 32, 311 (317) = NJW 1972, 573.
10 Harte-Bavendamm/Henning-Bodewig/*Ahrens* UWG Einl G Rn. 37.
11 *Jänich* Überhöhte Verbotsstandards 97; näher zur Bedeutung der verfassungsrechtlichen Absicherung der Wettbewerbsfreiheit Harte-Bavendamm/Henning-Bodewig/*Ahrens* UWG Einl G Rn. 35 f.
12 Überblick über die Diskussion bei *Jänich* Überhöhte Verbotsstandards 87 ff.
13 BVerfGE 71, 162 (175) = NJW 1986, 1533 (1534); BVerfGE 102, 347 (359) = GRUR 2001, 170 (172) – Benetton-Werbung; BVerfG GRUR 2001, 1058 (1059) – Therapeutische Äquivalenz; BVerfG GRUR 2002, 455 – Tier- und Artenschutz; BVerfG NJW 2003, 277 – JUVE Handbuch; BVerfG GRUR 2008, 81 – Pharmakartell; BVerfG GRUR 2015, 507 Rn. 16 – Werbetassen.
14 Harte-Bavendamm/Henning-Bodewig/*Ahrens*, 2. Aufl. 2009, UWG Einl F Rn. 51.
15 Vgl. näher *Jänich* Überhöhte Verbotsstandards 93 ff.; für eine Differenzierung auf der Schrankenebene *Faßbender* GRUR Int. 2006, 965 (969).
16 Näher Harte-Bavendamm/Henning-Bodewig/*Ahrens* UWG Einl G Rn. 66 f.
17 Harte-Bavendamm/Henning-Bodewig/*Ahrens*, UWG Einl G Rn. 66.

richterliche Entscheidung über die Rechtswidrigkeit bei Anwendung der Generalklausel des § 1 UWG 1909 ist weitgehend ersetzt worden durch konkrete Wertungen des Gesetzgebers, die sich in den detailreichen Verbotstatbeständen des UWG widerspiegeln.[18] Etwas anderes mag allenfalls noch für § 3 I, II UWG gelten. Von ungleich größerer Bedeutung ist heute daher eine Korrektur auf Tatbestandsebene durch eine **verfassungskonforme Auslegung** der Tatbestandsmerkmale der Verbotstatbestände des UWG. Diese Vorgehensweise verdient aufgrund der konkretisierten gesetzlichen Verhaltensanordnungen durch die detaillierten Verbotstatbestände den Vorzug. Beispielsweise können die Tatbestandsmerkmale »Herabsetzung« und »Verunglimpfung« bei der Rufschädigung (§ 4 Nr. 1 UWG) verfassungskonform so ausgelegt werden, dass dem Grundrecht des Äußernden aus Art. 5 I GG hinreichend Rechnung getragen wird.

**Klausurtipp:** Die Grundrechte sind schon bei der Auslegung der Tatbestandsmerkmale der §§ 3 ff. UWG zu berücksichtigen.

**Lösung zu Fall 2:** Die gefühlsbetonte bzw. schockierende Werbung ist heute an §§ 3 I, II, 4a, 7 UWG zu messen, anders war dies noch bei der dem Fall 2 zugrunde liegenden Entscheidung des BVerfG zum alten Recht (§ 1 UWG 1909).[19] Bei der Interpretation der Tatbestandsmerkmale der §§ 3 I, II, 4a, 7 UWG ist der Meinungsäußerungsfreiheit des Werbenden Rechnung zu tragen. Im Ergebnis ist eine solche Schockwerbung bzw. eine Werbung, die allenfalls negative Gefühle auslöst, grundsätzlich zulässig.

**Lösung zu Fall 3:** Eine Anwaltsrangliste ist nach der Rechtsprechung des BVerfG eine Meinungsäußerung und keine Tatsachenbehauptung (BVerfG NJW 2003, 277). Eine solche Äußerung könnte allenfalls dann untersagt werden, wenn eine Gefährdung des Leistungswettbewerbs (dazu § 8 Rn. 7) erfolgt. Im Ergebnis wurde ein Wettbewerbsverstoß verneint (BGH GRUR 2006, 875 – Rechtsanwalts-Rangliste).

## C. Die Bedeutung der EMRK und der Charta der Grundrechte der EU für das Lauterkeitsrecht

7 Neben dem GG sind die Grundrechtsgewährleistungen der **Charta der Grundrechte der EU (GRCh)**[20] und der **EMRK**[21] zu beachten. Ebenso wie Art. 5 I 1 GG garantiert **Art. 10 I 1 EMRK** die Meinungsfreiheit. Er ist daher bei der Anwendung des UWG zu beachten.[22] Gegen die Untersagung einer Werbemaßnahme durch ein nationales Zivilgericht kann damit auch Rechtsschutz beim EGMR durch eine Individualbeschwerde (Art. 34 EMRK) ersucht werden. Der EGMR bezieht – anders als das BVerfG – alle Formen von Werbung in den Schutzbereich der Meinungsfreiheit ein.[23] Aufgrund der abweichenden Norminterpretation können Schutzunterschiede zum nationalen Verfassungsrecht entstehen. Art. 59 II GG begründet eine verfassungsrechtliche Pflicht,

---

18 Harte-Bavendamm/Henning-Bodewig/*Ahrens* UWG Einl G Rn. 67.
19 BVerfG GRUR 2001, 170 – Benetton-Werbung; BVerfG GRUR 2003, 442 – Benetton-Werbung II. Dem BGH gelang es zweimal [!] nicht, den Grundrechten des Werbenden bzw. des Presseunternehmens hinreichend Rechnung zu tragen.
20 Charta der Grundrechte der Europäischen Union v. 14.12.2007, ABl. 2012 C 326, 391.
21 Konvention zum Schutz der Menschenrechte und Grundfreiheiten idF der Bek. v. 22.10.2010 (BGBl. 2010 II 1198).
22 OLG Köln GRUR-RR 2011, 372 – PKV – Die gesunde Versicherung; OLG Hamburg GRUR-RR 2010, 74 – Läusemittel.
23 EGMR GRUR-RR 2009, 173f. – Gebührenhöchstbetrag; EGMR GRUR-RR 2009, 175f. – Verkehrsspezialist; Ohly/Sosnitza/*Ohly* UWG Einf D Rn. 4.

bei der Anwendung des GG die EMRK, die den Rang eines einfachen Gesetzes hat, zu beachten.[24]

Bis zum Inkrafttreten des Lissabon-Vertrages erkannte der EuGH ungeschriebene Grundrechte als Element der allgemeinen Rechtsgrundsätze, die der Gerichtshof zu wahren hatte, an.[25] Mit dem Vertrag von Lissabon wurde die **GRCh** förmlich in Kraft gesetzt (Art. 6 I EUV).[26] Aus der GRCh[27] und ihrer Anwendung ergeben sich neue Impulse für die Begrenzung des Lauterkeitsrechts durch das Verfassungsrecht. Insbesondere das **Verhältnis zwischen den nationalen Grundrechtsgewährleistungen des GG und den Grundrechten der GRCh** gilt es zu bestimmen. Art. 11 GRCh gewährleistet die Freiheit der Meinungsäußerung und die Informationsfreiheit. Die »unternehmerische Freiheit« wird durch Art. 16 GRCh geschützt. Art. 15 GRCh garantiert die Berufsfreiheit. Der Anwendungsbereich der GRCh wird durch Art. 51 GRCh bestimmt. Danach gilt die Charta für die Mitgliedstaaten »ausschließlich bei der Durchführung des Rechts der Union«.[28] Zur Reichweite hat sich der **EuGH** in der Rs. Åklagare/Hans Åkerberg Fransson grundlegend positioniert.[29] Die in der Unionsrechtsordnung garantierten Grundrechte sollen **danach in allen unionsrechtlich geregelten Fallgestaltungen,** aber nicht außerhalb derselben, Anwendung finden.[30] Die Grundrechte der Charta seien zu beachten, wenn eine nationale Rechtsvorschrift in den Geltungsbereich des Unionsrechts fällt. Es seien daher keine Fallgestaltungen denkbar, die vom Unionsrecht erfasst würden, und bei der die GRCh nicht zur Anwendung käme.[31] Im konkreten Fall zum Umsatzsteuerrecht stellte der EuGH nur sehr geringe Anforderungen an die unionsrechtlichen Vorgaben für die nationale Rechtsvorschrift. Es genügte, dass die Mitgliedstaaten nach dem Umsatzsteuersystem der EU verpflichtet waren, »abschreckende und wirksame« Maßnahmen zu treffen, um die konkrete schwedische Vorschrift zum Steuerstrafrecht an der GRCh zu messen.[32]

Von diesem weiten Verständnis ausgehend ist die **GRCh** bei der **Anwendung des UWG** zu beachten, soweit die Bestimmungen des UWG auf Unionsrecht beruhen. Dies ist insbesondere bei den Tatbeständen der Fall, die Vorgaben der **UGP-RL umsetzen.** Dies gilt auch nach der Rechtsprechung des BVerfG, das in der Entscheidung zur Antiterror-Datendatei sehr scharf auf die Entscheidung Åkerberg Fransson repliziert hat.[33] Das BVerfG stellt entscheidend darauf ab, ob das Unionsrecht die angegrif-

---

24 BVerfGE 111, 307 (329) = NJW 2004, 3407; BeckOK GG/*Hillgruber,* 37. Ed. 15.5.2018, Art. 1 Rn. 57.
25 EuGH ECLI:EU:C:1979:290 = NJW 1980, 505 – Hauer; EuGH ECLI:EU:C:1989:321 Rn. 17 = BeckRS 2004, 73224 – Wachauf.
26 Zum Verfahren *Jarass,* Charta der Grundrechte der Europäischen Union, 3. Aufl. 2016, Einl Rn. 6.
27 Allg. zur Bedeutung der EU-Grundrechtecharta, *Hoffmann/Rudolphi* DÖV 2012, 597 ff.
28 Grdl. hierzu *Thym* NVwZ 2013, 889 ff.; *Ohler* NvWZ 2013, 1433 ff.
29 EuGH ECLI:EU:C:2013:105 = NJW 2013, 1415 – Åklagare/Hans Åkerberg Fransson.
30 EuGH ECLI:EU:C:2013:105 Rn. 19 = NJW 2013, 1415 – Åklagare/Hans Åkerberg Fransson.
31 EuGH ECLI:EU:C:2013:105 Rn. 21 = NJW 2013, 1415 – Åklagare/Hans Åkerberg Fransson.
32 EuGH ECLI:EU:C:2013:105 Rn. 25 ff. = NJW 2013, 1415 – Åklagare/Hans Åkerberg Fransson.
33 BVerfGE 133, 277 Rn. 91 = NJW 2013, 1499 (1501):
»Im Sinne eines kooperativen Miteinanders zwischen dem BVerfG und dem EuGH (vgl. BVerfGE 126, 286 [307] = NJW 2010, 3422) darf dieser Entscheidung keine Lesart unterlegt werden, nach der diese offensichtlich als Ultra-vires-Akt zu beurteilen wäre oder Schutz und Durchsetzung der mitgliedstaatlichen Grundrechte in einer Weise gefährdete (Art. 23 I 1 GG), dass dies die Identität der durch das Grundgesetz errichteten Verfassungsordnung in Frage stellte (vgl. BVerfGE 89, 155 [188] = NJW 1993, 3047; BVerfGE 123, 267 [353 f.] = NJW 2009, 2267; BVerfGE 125, 260 [324] = NJW

fenen Regelungen des nationalen Rechts **determiniert**.³⁴ Innerstaatliche Normen, die Richtlinien der EU umsetzen, werden **nicht** am **GG** gemessen, sofern das Unionsrecht keinen Umsetzungsspielraum lässt, sondern zwingende Vorgaben macht.³⁵ Hiervon ausgehend ist zu entscheiden: Normen des UWG, die nicht auf Unionsrecht beruhen (Beispiel: Mitbewerberschutz, § 4 UWG), sind nur am GG zu messen. Bestimmungen des UWG, die in Umsetzung der UGP-RL ergangen sind und bei denen der Gesetzgeber keinen Umsetzungsspielraum hatte, sind ausschließlich an der GRCh zu messen. Da die UGP-RL einerseits einen Mindestschutz vorschreibt, andererseits der von ihr vorgegebene Schutzstandard nicht überschritten werden darf (Art. 3 V UGP-RL), fehlt ein beachtlicher Umsetzungsspielraum. Daher ist die **GRCh ausschließlicher Prüfungsmaßstab** für **UWG-Tatbestände, die in Umsetzung der UGP-RL** erlassen worden sind.

## § 7 Internationales Lauterkeitsrecht

**Literatur:** *Ahrens,* Das Herkunftslandprinzip in der E-Commerce-Richtlinie, CR 2000, 835 ff.; *Lehmann/Duczek,* Grundfälle zur Rom II-VO, JuS 2012, 788 ff.; *Ohly,* Das Herkunftslandprinzip im Bereich vollständig angeglichenen Lauterkeitsrechts, WRP 2006, 1401 ff.; *Sack,* Grenzüberschreitende Werbung in audiovisuellen Medien – ihre Rechtskontrolle im Herkunftsland, WRP 2015, 1281 ff.

**Fall 1:** Die in Deutschland ansässigen Unternehmen A und B kämpfen im EU-Mitgliedstaat Spanien um einen Auftrag. A behauptet wahrheitswidrig, die von B angebotene Maschine werde in patentrechtsverletzender Weise hergestellt. Kann B den A vor einem Gericht in Deutschland auf Unterlassung in Anspruch nehmen?

**Fall 2:** Der zypriotische Zahnarzt Z wirbt auf seiner Internetseite in deutscher Sprache um Kunden aus der Bundesrepublik Deutschland. Unter anderem verwendet er den Slogan: »Einen Kiefer zahlen Sie, einen gibt es umsonst«. Weiter heißt es auf der Seite: »Lieber eine mehr: Ab der zehnten Krone 33,33 % Rabatt«. Z wird in Deutschland auf Unterlassung in Anspruch genommen. Das zuständige LG meint, die Werbung verstoße gegen deutsches Lauterkeitsrecht (§ 3a UWG¹). Nach zypriotischem Lauterkeitsrecht ist die Werbung zulässig. Darf das LG die Werbung untersagen?

---

2010, 833; BVerfGE 126, 286 [302 ff.] = NJW 2010, 3422; BVerfGE 129, 78 [100] = NJW 2011, 3428). Insofern darf die Entscheidung nicht in einer Weise verstanden und angewendet werden, nach der für eine Bindung der Mitgliedstaaten durch die in der Grundrechte-Charta niedergelegten Grundrechte der Europäischen Union jeder sachliche Bezug einer Regelung zum bloß abstrakten Anwendungsbereich des Unionsrechts oder rein tatsächliche Auswirkungen auf dieses ausreiche. Vielmehr führt der EuGH auch in dieser Entscheidung ausdrücklich aus, dass die europäischen Grundrechte der Charta nur in »unionsrechtlich geregelten Fallgestaltungen, aber nicht außerhalb derselben Anwendung finden« (EuGH NJW 2013, 1415 Rn. 19 = EuZW 2013, 302 – Åkerberg Fransson).

34 BVerfGE 121, 1 Rn. 135 = MMR 2008, 303; BVerfGE 125, 260 Rn. 181 f. = NJW 2010, 833 (835); BVerfGE 133, 277 Rn. 88 = NJW 2013, 1499.
35 BVerfGE 118, 79 Rn. 69 = NVwZ 2007, 937 (938).
1 Die Pflicht zur sachlichen Werbung nach den Berufsordnungen der Freien Berufe ist keine Marktverhaltensregelung iSd § 3a UWG (Ohly/Sosnitza/*Ohly,* UWG § 3a Rn. 40. Beispiel:
§ 21 BO für die Bayerischen Zahnärzte:
(1) Dem Zahnarzt sind sachliche Informationen über seine Berufstätigkeit gestattet. Berufswidrige Werbung ist dem Zahnarzt untersagt. Berufswidrig ist insbesondere eine anpreisende, irreführende, herabsetzende oder vergleichende Werbung. Der Zahnarzt darf eine berufswidrige Werbung durch Dritte weder veranlassen noch dulden und hat dem entgegen zu wirken ...

## A. Einleitung

Lauterkeitsrechtlich relevante Sachverhalte machen vor den Grenzen nicht halt. Es ist daher zu klären, wie grenzüberschreitende Sachverhalte zu handhaben sind (→ § 7 Rn. 2). Um den grenzüberschreitenden Handel zu erleichtern, findet sich im Europarecht das sog. Herkunftslandprinzip, das den Kreis der vom Werbenden zu beachtenden Rechtsordnungen begrenzt (→ § 7 Rn. 12 ff.). Nicht nur das anwendbare Recht ist zu identifizieren. Gleiches gilt für die internationale und örtliche Zuständigkeit der Gerichte (→ § 7 Rn. 16 f.). Anders als das Recht des Geistigen Eigentums ist das Lauterkeitsrecht nur blass durch völkerrechtliche, internationale Verträge geprägt (→ § 7 Rn. 18).

1

## B. Internationales Privatrecht (IPR)

### I. Lauterkeitsrecht als Deliktsrecht

Zu klären ist, welches Recht bei Sachverhalten mit Auslandsberührung zur Anwendung kommt. Dies ist Aufgabe des **Internationalen Privatrechts (IPR)**. Die **Kollisionsnormen** des IPR bestimmen das anwendbare Recht. Trotz des weit gespannten Schutzzwecks des UWG, der sog. Schutzzwecktrias (→ § 3 Rn. 5 ff.), wird das Lauterkeitsrecht im IPR als Deliktsrecht verstanden.[2] Bis zum Inkrafttreten der Rom II-VO[3] galt das EGBGB als nationales Kollisionsrecht. Nach Art. 40 I 1 EGBGB war grundsätzlich das Recht des Handlungsortes anzuwenden. Alternativ konnte der Verletzte sich nach Art. 40 I 2 EGBGB auf das Recht des Erfolgsortes berufen. Die Rechtsprechung zog für Wettbewerbsverstöße das Recht des sog. **Marktortes** heran. Dies ist der Ort, an dem die wettbewerblichen Interessen der Mitbewerber kollidieren.[4] Geht es um die lauterkeitsrechtliche Beurteilung eines Verhaltens bei der Gewinnung von Kunden, ist Marktort auch der Ort, an dem auf die Entschließung von potenziellen Kunden eingewirkt wird.[5] Unklar blieb unter der Geltung des EGBGB die dogmatische Herleitung des Marktortprinzips.[6] Alternativ wurde vorgeschlagen, stattdessen das kartellrechtliche Auswirkungsprinzip heranzuziehen (§ 185 II GWB 2017 [ex. § 130 II GWB], Art. 6 III Rom II-VO für das Kartelldeliktsrecht).[7] Danach kommt das Kartellrecht des Landes oder der Länder zur Anwendung, auf deren Märkten sich die kartellrechtlich relevante Verhaltensweise auswirkt. Daher konnte beispielsweise der Zusammenschluss der US-amerikanischen Unternehmen McDonnell Douglas und Boeing von den europäischen Kartellbehörden untersucht werden.[8]

2

---

2 BGH GRUR 1962, 243 (245) – Kindersaugflaschen; BGH GRUR 2002, 618 (619) – Meißner Dekor; Köhler/Bornkamm/Feddersen/*Köhler* UWG Einl Rn. 5.4.
3 VO (EG) Nr. 864/2007 des europäischen Parlaments und des Rates v. 11.7.2007 über das auf außervertragliche Schuldverhältnisse anzuwendende Recht (»Rom II«), ABl. 2007 L 199, 40.
4 BGH GRUR 1962, 243 (245) – Kindersaugflaschen; BGH GRUR 1988, 453 (454) – Ein Champagner unter den Mineralwässern; BGH GRUR 2010, 847 Rn. 10 – Ausschreibung in Bulgarien.
5 BGH GRUR 1991, 463 (464 f.) – Kauf im Ausland; BGH GRUR 1998, 419 (420) – Gewinnspiel im Ausland; BGH GRUR 2010, 847 Rn. 10 – Ausschreibung in Bulgarien.
6 Zu den Deutungsversuchen Köhler/Bornkamm/Feddersen/*Köhler* UWG Einl Rn. 5.6.
7 Vgl. *Koos* WRP 2006, 499 (502 f.).
8 E 97/816/EG, Entscheidung der Kommission über die Vereinbarkeit eines Zusammenschlusses mit dem Gemeinsamen Markt und dem EWR-Abkommen Sache Nr. IV/M.877 v. 30.7.1997, ABl. 1997 L 336/16 v. 8.12.1997 – Boeing/McDonnell Douglas.

## II. Die Rom II-VO

### 1. Grundlagen

3 Das auf Wettbewerbsverstöße anwendbare IPR ist seit dem 11.1.2009 anhand der **Rom II-VO** der EU (864/2007) zu bestimmen. Dieser gegenüber ist das EGBGB nachrangig. Der Vorrang folgt aus Art. 4 III EUV, Art. 23 I 1 GG.[9] Art. 3 Nr. 1 EGBGB stellt dies deklaratorisch klar. Mit der Rom II-VO reguliert die EU das auf außervertragliche Schuldverhältnisse anwendbare Recht (Kollisionsrecht). Erfasst werden unter anderem das Deliktsrecht und das Bereicherungsrecht. Aufgegriffen wird hier die aus dem nationalen Recht bekannte Zuordnung des Lauterkeitsrechts zum Deliktsrecht.

4 Als Unionsrecht ist die Rom II-VO **autonom-unionsrechtlich auszulegen.** Bei der Anwendung kann sich im Einzelfall die alte deutsche Rechtsprechung zu Art. 40f. EGBGB als nützliche Auslegungshilfe erweisen.[10] Das deutsche Recht (Art. 40f. EGBGB) behält für das UWG nur noch insoweit Bedeutung, als vom UWG erfasste Verhaltensweisen **nicht** unter die Rom II-VO fallen (→ § 7 Rn. 7).

### 2. Die Anknüpfungsregeln der Rom II-VO für das Lauterkeitsrecht

#### a) Allgemeines

5 Die beiden zentralen Regeln für das Lauterkeitsrecht finden sich in Art. 6 I und II Rom II-VO (iVm Art. 4 Rom II-VO).

**Art. 6 Rom II-VO**
Unlauterer Wettbewerb und den freien Wettbewerb einschränkendes Verhalten
(1) Auf außervertragliche Schuldverhältnisse aus unlauterem Wettbewerbsverhalten ist das Recht des Staates anzuwenden, in dessen Gebiet die Wettbewerbsbeziehungen oder die kollektiven Interessen der Verbraucher beeinträchtigt worden sind oder wahrscheinlich beeinträchtigt werden.
(2) Beeinträchtigt ein unlauteres Wettbewerbsverhalten ausschließlich die Interessen eines bestimmten Wettbewerbers, ist Art. 4 anwendbar.

**Art. 4 ROM II-VO**
Allgemeine Kollisionsnorm
(1) Soweit in dieser Verordnung nichts anderes vorgesehen ist, ist auf ein außervertragliches Schuldverhältnis aus unerlaubter Handlung das Recht des Staates anzuwenden, in dem der Schaden eintritt, unabhängig davon, in welchem Staat das schadensbegründende Ereignis oder indirekte Schadensfolgen eingetreten sind.
(2) Haben jedoch die Person, deren Haftung geltend gemacht wird, und die Person, die geschädigt wurde, zum Zeitpunkt des Schadenseintritts ihren gewöhnlichen Aufenthalt in demselben Staat, so unterliegt die unerlaubte Handlung dem Recht dieses Staates.
(3) Ergibt sich aus der Gesamtheit der Umstände, dass die unerlaubte Handlung eine offensichtlich engere Verbindung mit einem anderen als dem in den Absätzen 1 oder 2 bezeichneten Staat aufweist, so ist das Recht dieses anderen Staates anzuwenden. Eine offensichtlich engere Verbindung mit einem anderen Staat könnte sich insbesondere aus einem bereits bestehenden Rechtsverhältnis zwischen den Parteien – wie einem Vertrag – ergeben, das mit der betreffenden unerlaubten Handlung in enger Verbindung steht.

6 Art. 6 I Rom II-VO stellt auf den Ort der Beeinträchtigung der Wettbewerbsbeziehungen oder der kollektiven Interessen der Verbraucher ab. Sind nur Individualinteressen betroffen, kommt nach Art. 6 II Rom II-VO die allgemeine Kollisionsnorm des Art. 4 Rom II-VO zur Anwendung.

---

9 Ohly/Sosnitza/*Ohly* UWG Einf B Rn. 13.
10 Ohly/Sosnitza/*Ohly* UWG Einf B Rn. 13b.

### b) Art. 6 I Rom II-VO

Nach Art. 6 I Rom II-VO ist auf außervertragliche Schuldverhältnisse das **Recht des** 7 **Staates** anzuwenden, **in dessen Gebiet die Wettbewerbsbeziehungen oder** die kollektiven **Interessen der Verbraucher beeinträchtigt** worden sind oder wahrscheinlich beeinträchtigt werden. Voraussetzung für die Anwendung von Art. 6 I Rom II-VO ist ein **außervertragliches Schuldverhältnis aus unlauterem Wettbewerbsverhalten.** Dies ist ein autonomer Begriff des Unionsrechts, der sich jedenfalls mit dem Anwendungsbereich des durch die UGP-RL und die Werbe-RL harmonisierten Bereichs des Lauterkeitsrechts deckt.[11] Zweifelhaft ist allein, ob belästigende Direktwerbung iSd § 7 II UWG erfasst wird, wenn diese nicht auf das Entscheidungsverhalten des Verbrauchers einwirkt.[12] Die Regelung hat – jedenfalls zum Teil – ihre Grundlage in Art. 13 ePrivacy-RL für elektronische Kommunikation.[13] Diese dient dem Persönlichkeitsschutz, der nicht unter die Rom II-VO fällt (Art. 1 II lit. g Rom II-VO).[14]

Eine **Beeinträchtigung der Wettbewerbsbeziehungen** liegt vor, wenn die Marktchancen der Wettbewerber gemindert werden.[15] Zu beachten ist, dass **mehrere** Marktteilnehmer beeinträchtigt werden müssen. Ansonsten ist Art. 6 II Rom II-VO einschlägig, der auf Art. 4 Rom II-VO verweist. 8

Verbreitet wird in der deutschen Literatur vorgeschlagen, weiter auf den zu Art. 40 9 EGBGB entwickelten Begriff des Marktortes abzustellen. Dem ist *Köhler* überzeugend entgegengetreten.[16] Vorzugswürdig sei es, von einem **Einwirkungsort** zu sprechen. Es handele sich hierbei um den Ort der Interessenbeeinträchtigung bzw. der Interessenkollision. *Köhler* begründet die Begriffswahl mit temporären Aspekten. Der Begriff müsse Verhalten vor, bei und nach Vertragsschluss erfassen. Auch verdeutliche der Begriff »Einwirkungsort«, dass es sich um einen autonomen Terminus des Unionsrechts handele. Für den wichtigen Fall der Werbung beispielsweise ist der Einwirkungsort der Ort, an dem die Werbung verteilt wird.[17] Kollidieren die wettbewerblichen Interessen deutscher Unternehmen im Ausland, kann erwogen werden, deutsches Recht anzuwenden.

> **Beispiel:** Die deutschen Unternehmen A und B konkurrieren auf dem spanischen Zementmarkt. A behindert B lauterkeitswidrig. Auf solche Fälle sollte zwar nach der alten deutschen Rechtsprechung Art. 40 II 2 EGBGB[18] nicht angewendet werden. Allerdings unterwarf der

---

11 Köhler/Bornkamm/Feddersen/*Köhler* UWG Einl Rn. 5.31.
12 Ohly/Sosnitza/*Ohly* UWG Einf B Rn. 17.
13 *Junker* NJW 2007, 3675 (3679); *Sack* WRP 2008, 845 (846ff.). Die ePrivacy-RL für elektronische Kommunikation soll durch eine Verordnung abgelöst werden, Vorschlag für eine Verordnung des europäischen Parlaments und des Rates über die Achtung des Privatlebens und den Schutz personenbezogener Daten in der elektronischen Kommunikation und zur Aufhebung der Richtlinie 2002/58/EG, COM (2017) 10 Final v. 10.1.2017.
14 Vgl. hierzu BGH GRUR 2012, 850 Rn. 22 – www.rainbow.at II; OLG Köln BeckRS 2012, 22271.
15 Köhler/Bornkamm/Feddersen/*Köhler* UWG Einl Rn. 5.32.
16 Köhler/Bornkamm/Feddersen/*Köhler* UWG Einl Rn. 5.33.
17 Köhler/Bornkamm/Feddersen/*Köhler* UWG Einl Rn. 5.34; ebenso noch zum Marktortprinzip des Art. 40 EGBGB BGH GRUR 2010, 847 Rn. 10 – Ausschreibung in Bulgarien.
18 Art. 40 EGBGB
...
(2) Hatten der Ersatzpflichtige und der Verletzte zur Zeit des Haftungsereignisses ihren gewöhnlichen Aufenthalt in demselben Staat, so ist das Recht dieses Staates anzuwenden. Handelt es sich um Gesellschaften, Vereine oder juristische Personen, so steht dem gewöhnlichen Aufenthalt der Ort gleich, an dem sich die Hauptverwaltung oder, wenn eine Niederlassung beteiligt ist, an dem sich diese befindet.

> BGH diese Fälle gelegentlich dem Recht des gemeinsamen Sitzlandes, hier also Deutschland.[19] Diese Rechtsprechung hat der BGH nunmehr ausdrücklich aufgegeben.[20] Auch in solchen Fällen ist das Recht des Einwirkungsortes (oder, nach früherer Terminologie, Marktortes) anzuwenden. Es ist also zu prüfen, ob das Verhalten des A gegen spanisches Lauterkeitsrecht verstößt.

10 Probleme bereiten sog. **Multi-State-Fälle**. Gemeint ist die Situation, in der ein Wettbewerbsverhalten, insbesondere eine Werbung, Auswirkungen in verschiedenen Staaten zeigt. Denkbar sind solche Fälle vor allem bei Werbung im Internet sowie in Funk und Fernsehen. Möglich ist aber auch die grenzüberschreitende Verteilung eines Werbeprospektes. In einer solchen Situation kann es mehrere Einwirkungsorte iSd Art. 6 I Rom II-VO geben.[21] Konsequenz kann sein, dass mehrere Rechte zur Anwendung kommen. Im Ergebnis wird dann das Verhalten dem strengsten Recht unterworfen.[22] Eine wichtige Ausnahme ist dabei zu beachten: Auf einige Fallkonstellationen findet das sog. **Herkunftslandprinzip** (→ § 7 Rn. 12ff.) Anwendung. Dieses hat zur Folge, dass der Werbende nur das Recht eines Staates beachten muss. Es gilt teilweise für Werbung in Rundfunk und Fernsehen[23] sowie für Werbung im Internet[24].

### c) Art. 6 II Rom II-VO

11 Nach Art. 6 II Rom II-VO kommt Art. 4 Rom II-VO zur Anwendung, wenn ein unlauteres Wettbewerbsverhalten **ausschließlich** die Interessen eines **bestimmten Wettbewerbers** beeinträchtigt. Art. 6 II Rom II-VO erfasst unter anderem die Betriebsspionage (§ 17 II UWG)[25] oder das unlautere Abwerben von Mitarbeitern (§ 4 Nr. 4 UWG). Kommt es allerdings gleichzeitig auch zu einer Einwirkung auf die Entschließungsfreiheit der Marktgegenseite, bleibt Art. 6 I Rom II-VO anwendbar.[26] Wird also beispielsweise durch eine Anschwärzung im Rahmen einer Ausschreibung ein Mitbewerber beeinträchtigt, erfolgt zugleich eine Einwirkung auf die Auswahlentscheidung des ausschreibenden Unternehmens. Dessen Interessen sind ebenfalls betroffen. Es bleibt bei der Anwendung des Art. 6 I Rom II-VO.

> In **Fall 1** sind auch die Interessen des ausländischen Nachfragers betroffen. Art. 6 II Rom II-VO ist damit nicht einschlägig. Über Art. 6 I Rom II-VO ist das Recht des ausländischen Marktortes, also Spanien, anwendbar.

---

19 BGHZ 40, 391 (397) = GRUR 1964, 316 (318f.) – Stahlexport.
20 BGH GRUR 2010, 847 Rn. 12 – Ausschreibung in Bulgarien (noch zu Art. 40f. EGBGB).
21 Ausf. zu Problemen des internationalen Wettbewerbsrechts bei Verletzungshandlungen im Internet *Mankowski* GRUR Int. 1999, 909ff. (zur Rechtslage vor Inkrafttreten der ROM II-VO).
22 Köhler/Bornkamm/Feddersen/*Köhler* UWG Einl Rn. 5.41.
23 Art. 2 I, 3 I RL 2010/13/EU des Europäischen Parlaments und Rates zur Koordinierung bestimmter Rechts- und Verwaltungsvorschriften der Mitgliedstaaten über die Bereitstellung audiovisueller Mediendienste v. 10.3.2010, ABl. 2010 L 95, 1 umgesetzt durch den 13. Rundfunkänderungsstaatsvertrag (BGBl. 2010, 307).
24 Art. 3 E-Commerce-RL, umgesetzt durch § 3 TMG.
25 BGH GRUR 2010, 847 Rn. 19 – Ausschreibung in Bulgarien; Köhler/Bornkamm/Feddersen/*Köhler* UWG Einl Rn. 5.44.
26 BGH GRUR 2010, 847 Rn. 18 – Ausschreibung in Bulgarien (insoweit auf das aktuelle Recht übertragbar).

## C. Das Herkunftslandprinzip (§ 3 TMG)

### I. Eckpunkte

Das Herkunftslandprinzip in § 3 TMG ist ein Element des sekundären Unionsrechts, das bei der Anwendung des UWG eine gewichtige Bedeutung entfaltet (zum Herkunftslandprinzip im Rundfunkrecht → § 7 Rn. 10). § 3 TMG geht zurück auf Art. 3 E-Commerce-RL. Die Richtlinie soll den freien Verkehr von Diensten der Informationsgesellschaft gewährleisten. Der Begriff »**Dienste der Informationsgesellschaft**« wird durch den Verweis in Art. 2 lit. a E-Commerce-RL auf Art. 1 Nr. 2 RL 98/34/EG in der Fassung der RL 98/48/EG[27] (jetzt Art. 1 lit. b RL 2015/1535/EG) definiert. Das praktisch wichtigste Anwendungsfeld ist – natürlich – das Internet, respektive Angebote im Internet. Ein weiterer zentraler Begriff der Richtlinie für die Bestimmung des Anwendungsbereiches ist die »**kommerzielle Kommunikation**«, definiert in Art. 2 lit. f E-Commerce-RL. Danach ist kommerzielle Kommunikation grundsätzlich jede Kommunikation, die der Förderung des Absatzes von Waren oder Dienstleistungen oder dem Erscheinungsbild eines Unternehmens dient. Ausgenommen werden insbesondere Domainnamen und E-Mail-Adressen. Probleme bereitetet die **grenzüberschreitende Kommunikation im Binnenmarkt**. Wendet sich eine Werbung an die Bewohner verschiedener Mitgliedstaaten der EU, müßte der Werbende (ausgehend von den obigen [→ § 7 Rn. 9ff.] Erwägungen) unter Umständen die Rechtsordnungen mehrerer oder sogar einer Vielzahl von Mitgliedstaaten beachten. 12

> Bewirbt der zypriotische Zahnarzt aus **Fall 2** auf Deutsch und Französisch an potentielle Interessenten, wären nach den Grundsätzen des IPR (ohne Berücksichtigung des Herkunftslandprinzips) allein in der EU die Rechtsordnungen von Frankreich, Belgien, Luxemburg, Österreich und Deutschland zu beachten.

Dies erschwert den Waren- und Dienstleistungsverkehr in der EU. Um dieses Problem abzumildern, hat der EU-Gesetzgeber in Art. 3 I E-Commerce-RL das **Herkunftslandprinzip** kodifiziert. 13

### II. Die Wirkweise des Herkunftslandprinzips

Nach dem **Herkunftslandprinzip** muss der Werbende nur die **Rechtsordnung seines Herkunftslandes**, also die des Staates, in dem er niedergelassen ist, beachten. Um dieses Ziel zu verwirklichen, trifft die E-Commerce-RL zwei Anordnungen: Nach **Art. 3 I E-Commerce-RL**, umgesetzt in Deutschland mit § 3 TMG, muss jeder Mitgliedstaat dafür Sorge tragen, dass die von einem Diensteanbieter, der im betreffenden Mitgliedstaat ansässig ist, erbrachten Dienste **seinem Recht,** also dem Recht des Staates, in dem sich die Niederlassung befindet, **entsprechen**. Dies betrifft allerdings nur das Recht des sog. **koordinierten Bereichs**. Der Begriff des koordinierten Bereichs ist in Art. 2 lit. h E-Commerce-RL definiert. Es handelt sich hierbei um die Anforderungen, die 14

---

[27] RL 98/48/EG des Europäischen Parlaments und des Rates zur Änderung der Richtlinie 98/34/EG über ein Informationsverfahren auf dem Gebiet der Normen und technischen Vorschriften v. 20.7.1998, ABl. 1998 L 217, 18; mittlerweile ersetzt durch die RL 2015/1535 des Europäischen Parlaments und des Rates über ein Informationsverfahren auf dem Gebiet der technischen Vorschriften und der Vorschriften für die Dienste der Informationsgesellschaft v. 9.9.2015, ABl. 2015 L 241, 15.

der Diensteanbieter insbesondere in Bezug auf die Aufnahme und die Ausübung seiner Tätigkeit erfüllen muss.[28]

In **Fall 2** heißt das, dass der Zahnarzt zypriotisches Recht beachten muss.

14a  Die zweite zentrale Anordnung findet sich in § 3 II E-Commerce-RL, umgesetzt in § 3 II 1 TMG. Nach dieser Vorschrift wird der freie Dienstleistungsverkehr von Telemedien, deren Anbieter in einem anderen Mitgliedstaat der EU ansässig sind, »nicht eingeschränkt«.

**§ 3 TMG**
Herkunftslandprinzip
(1) In der Bundesrepublik Deutschland nach § 2a niedergelassene Diensteanbieter und ihre Telemedien unterliegen den Anforderungen des deutschen Rechts auch dann, wenn die Telemedien in einem anderen Staat innerhalb des Geltungsbereichs der Richtlinien 2000/31/EG und 89/552/EWG geschäftsmäßig angeboten oder erbracht werden.
(2) ¹Der freie Dienstleistungsverkehr von Telemedien, die in der Bundesrepublik Deutschland von Diensteanbietern geschäftsmäßig angeboten oder erbracht werden, die in einem anderen Staat innerhalb des Geltungsbereichs der Richtlinien 2000/31/EG und 89/552/EWG niedergelassen sind, wird nicht eingeschränkt. ²Absatz 5 bleibt unberührt.

15  Was aber meint »nicht eingeschränkt«? In Deutschland ist intensiv diskutiert worden, ob es sich bei der Regelung des Art. 3 E-Commerce-RL bzw. § 3 TMG um eine Kollisionsnorm des IPR[29] oder um ein sachrechtliches Beschränkungsgebot[30] handelt. Nach Vorlage an den EuGH[31] hat der BGH nunmehr entschieden, § 3 TMG sei ebenso wie Art. 3 E-Commerce-RL keine Kollisionsnorm, sondern ein sachrechtliches Beschränkungsgebot.[32] Dies heißt, dass das anzuwendende Recht nach den Regeln des IPR zu bestimmen ist. Anschließend ist der Schutzstandard über § 3 II TMG auf das Verbotsniveau des Herkunftslandes zu kürzen.

---

28  Art. 2 E-Commerce-RL
...
h) »koordinierter Bereich« die für die Anbieter von Diensten der Informationsgesellschaft und die Dienste der Informationsgesellschaft in den Rechtssystemen der Mitgliedstaaten festgelegten Anforderungen, ungeachtet der Frage, ob sie allgemeiner Art oder speziell für sie bestimmt sind.
i) Der koordinierte Bereich betrifft vom Diensteanbieter zu erfüllende Anforderungen in Bezug auf
– die Aufnahme der Tätigkeit eines Dienstes der Informationsgesellschaft, bspw. Anforderungen betreffend Qualifikationen, Genehmigung oder Anmeldung;
– die Ausübung der Tätigkeit eines Dienstes der Informationsgesellschaft, bspw. Anforderungen betreffend das Verhalten des Diensteanbieters, Anforderungen betreffend Qualität oder Inhalt des Dienstes, einschließlich der auf Werbung und Verträge anwendbaren Anforderungen, sowie Anforderungen betreffend die Verantwortlichkeit des Diensteanbieters.
ii) Der koordinierte Bereich umfaßt keine Anforderungen wie
– Anforderungen betreffend die Waren als solche;
– Anforderungen betreffend die Lieferung von Waren;
– Anforderungen betreffend Dienste, die nicht auf elektronischem Wege erbracht werden ...
29  So MüKoUWG/*Mankowski* Int WettbR Rn. 48 ff.; *Dethloff* JZ 2000, 179 (180 f.); *Mankowski* ZVglRWiss 100 (2001), 137 (138 ff.); wohl auch OLG Hamburg GRUR 2004, 880 – Aktive Two, dazu *Henning-Bodewig* GRUR 2004, 822.
30  So OLG Hamburg ZUM 2008, 63 f.; Harte-Bavendamm/Henning-Bodewig/*Glöckner* UWG Einl C Rn. 34 f.; *Ahrens* FS Tilmann, 2014, 739 (745 f.); *Sack* WRP 2002, 271 (273 ff.); diff. zwischen § 3 I TMG und § 3 II TMG mit guten Gründen Ohly/Sosnitza/*Ohly* UWG Einf C Rn. 80.
31  Vorlageentscheidung des BGH: BGH GRUR 2010, 261 – www.rainbow.at; Entscheidung des EuGH dazu: EuGH ECLI:EU:C:2011:685 = GRUR 2012, 300 – eDate Advertising und Martinez.
32  BGH GRUR 2012, 850 Rn. 30 – www.rainbow.at II.

Wird der zypriotische Zahnarzt Z in **Fall 2** in Deutschland wegen des Werbens um deutsche Patienten auf Unterlassung in Anspruch genommen, ist nach den Regeln des IPR (Art. 6 I Rom II-VO) deutsches Recht anzuwenden. Aufgrund der Regelung in § 3 II TMG ist dann der Schutzstandard auf den zypriotischen Standard zu beschränken: Ist die Werbung in Zypern zulässig, muss sie auch in Deutschland zugelassen werden. Der Fall zeigt, wie wichtig die Harmonisierung des materiellen Rechts in der EU für die Beseitigung von Ungleichheiten ist.

## D. Internationale Zuständigkeit

Nicht nur das anwendbare Recht muss bestimmt werden. Auch ist zu untersuchen, ob deutsche Gerichte überhaupt zur Entscheidung über den Sachverhalt befugt sind. Die internationale Zuständigkeit bestimmt sich grundsätzlich nach den Regeln über die örtliche Zuständigkeit.[33] Das nach § 14 UWG iVm §§ 12ff. ZPO zuständige Gericht ist daher auch international zuständig. 16

Vorrangig zu beachten sind die Regeln der 2012 neu gefassten Brüssel Ia-VO (oder EuGVVO).[34] Klagen, mit denen Wettbewerbsverstöße verfolgt werden, sind Klagen aufgrund unerlaubter Handlungen gem. Art. 7 Nr. 2 Brüssel Ia-VO.[35] Zuständig ist damit das Gericht des Ortes der schädigenden Handlung. Dies ist sowohl der Ort, an dem die schädigende Handlung vorgenommen worden ist **(Handlungsort)**, als auch der Ort, an dem sich der Schaden verwirklicht hat **(Erfolgsort)**.[36] Der Kläger kann zwischen den beiden Gerichtsständen frei wählen.[37] Bei Verstößen im Internet soll der Erfolgsort in dem Land gelegen sein, in dem sich die Handlung bestimmungsgemäß auswirken sollte.[38] 17

## E. Internationale Verträge

Anders als das Recht des Geistigen Eigentums ist das Lauterkeitsrecht nur fragmentarisch durch völkerrechtliche Verträge durchdrungen. Die mehrfach geänderte Pariser 18

---

33 BGH GRUR 1987, 172 (173) – Unternehmensberatungsgesellschaft I; BGH NJW 1979, 1104; OLG Koblenz GRUR 1993, 763 – Kfz-Reinigungsmittel; Köhler/Bornkamm/Feddersen/*Köhler* UWG Einl Rn. 5.50.
34 VO (EU) 1215/2012 des europäischen Parlaments und des Rates über die gerichtliche Zuständigkeit und die Anerkennung und Vollstreckung von Entscheidungen in Zivil- und Handelssachen v. 12.12.2012, ABl. 2012 L 351, 1.
35 BGH GRUR 1988, 483 (485) – AGIAV; BGH GRUR 2005, 431 (432) – HOTEL MARITIME.
36 EuGH ECLI:EU:C:1995:61 Rn. 20f. = GRUR Int. 1998, 298 – Fiona Shevill I; EuGH ECLI:EU:C:2011:685 = GRUR 2012, 300 Rn. 41 – eDate Advertising und Martinez.
37 EuGH ECLI:EU:C:2014:1318 Rn. 46 = GRUR 2014, 806 – Coty Germany/First Note; BGH GRUR 2015, 689 Rn. 27 – Parfümflakon III.
38 BGH GRUR 2006, 513 Rn. 21 – Arzneimittelwerbung im Internet, OLG München GRUR-RR 2010, 53 – Treuebonus II; OLG Frankfurt a. M. GRUR-RR 2012, 392 (393) – Screen Scraping; zum ähnlichen Problem im Kennzeichenrecht BGH GRUR 2005, 431 (432) – HOTEL MARITIME (mN zum Streitstand); bei Persönlichkeitsrechtsverletzungen im Internet soll der Gerichtsstand nach Art. 5 Nr. 3 Brüssel Ia-VO sowohl am Sitz des potenziellen Verletzers (Handlungsort) als auch dort sein, wo sich der Mittelpunkt der Interessen des potenziellen Opfers befindet, EuGH ECLI:EU:C:2011:685 Rn. 48f. = GRUR 2012, 300 – eDate Advertising und Martinez; BGH GRUR 2012, 850 Rn. 15 – www.rainbow.at II; zuvor zur Rechtslage außerhalb des Anwendungsbereichs der EuGVVO; BGH GRUR 2010, 461 Rn. 16f. – The New York Times.

Verbandsübereinkunft (**PVÜ**)[39] v. 20.3.1883 verpflichtet die Verbandsländer zu einem »wirksamen Schutz gegen unlauteren Wettbewerb«.[40] Nach der Legaldefinition in Art. 10$^{bis}$ PVÜ ist unlauterer Wettbewerb jede Wettbewerbshandlung, die den **anständigen Gepflogenheiten** in Gewerbe oder Handel zuwiderläuft. Art. 10$^{bis}$ III PVÜ nennt Beispiele für solche unlauteren Handlungen. Zu unterlassen sind insbesondere Verhaltensweisen, die eine Verwechslungsgefahr von Erzeugnissen begründen können. Gleiches gilt für herabsetzende Behauptungen und irreführende Angaben. Das Abkommen über die handelsbezogenen Aspekte Geistigen Eigentums (**TRIPS, Agreement on Trade-Related Aspects of Intellectual Property Rights**) enthält nur wenige Regelungen zum Lauterkeitsrecht. Art. 22 TRIPS behandelt geographische Herkunftsangaben. Dieser im Kern spezifisch lauterkeitsrechtliche Schutz ist im deutschen Recht in das Markenrecht abgewandert (§ 126 MarkenG). Einen Schutz von Betriebsgeheimnissen unter ausdrücklicher Bezugnahme auf Art. 10$^{bis}$ PVÜ mahnt Art. 39 I TRIPS an.

---

39 Pariser Verbandsübereinkunft zum Schutz des gewerblichen Eigentums v. 20.3.1883 (BGBl. 1970 II 391).
40 Vgl. hierzu ausf. *Henning-Bodewig* GRUR Int. 2013, 1 ff.

# 2. Kapitel. Die lauterkeitsrechtlichen Verbotstatbestände

## § 8 § 3 UWG und der Anhang zu § 3 III UWG

**Literatur zu § 3 I–III UWG:** *Alexander*, Grundfragen des neuen § 3 UWG, WRP 2016, 411 ff.; *Ohly*, Richterrecht und Generalklausel im Recht des unlauteren Wettbewerbs, 1997.

**Literatur zum Verbraucherbegriff:** *Ahrens*, Verwirrtheiten juristischer Verkehrskreise – zum Verbraucherleitbild einer »normativen« Verkehrsauffassung, WRP 2000, 812 ff.

**Fall 1:** Der Zeitungsverlag Z verteilt unentgeltlich eine meinungsbildende Tageszeitung, deren redaktioneller Teil dem Angebot von zu bezahlenden Zeitungen entspricht. Z finanziert sein Angebot ausschließlich mit Anzeigen. V, der eine traditionelle Bezahlzeitung herausgibt, befürchtet, vom Markt verdrängt zu werden.

**Fall 2:** Nudelhersteller N bewirbt seine Eiernudeln im Radio. Im Hintergrund ist dabei Hühnergegacker zu hören. Konkurrent K hält die Werbung für irreführend: Das Hühnergegacker lasse den Konsumenten darauf schließen, dass Frischei bei der Nudelherstellung verwendet werde. Tatsächlich setze N Flüssigei ein.

**Fall 3:** Die Bank P verspricht ihren Kunden »10% Zins-Bonus«. Auf den Nominalzins von 1% wird ein Zuschlag von 10% gewährt, sodass der Kunde im Ergebnis 1,1% Zinsen erhält. Wettbewerber W meint, die Werbung sei irreführend. Der Konsument erwarte 11% Zinsen.

**Fall 4:** F kennzeichnet Fahrradhelme mit dem Zeichen »GS«. Tatsächlich sind die Fahrradhelme jedoch keinerlei Prüfung oder Untersuchung unterzogen worden.

**Fall 5:** In einer Einkaufspassage befindet sich eine öffentliche Toilette. Am Ausgang der Toilettenanlage steht ein Geldteller. Auf diesem sind drei 50-Cent-Stücke platziert. Der Bereich steht unter der Aufsicht eines sehr kräftigen Türstehers.

## A. Einleitung

§ 3 UWG ist der zentrale Verbotstatbestand des UWG. Seit der UWG-Novelle 2008 beinhaltet die Vorschrift mehrere, gänzlich unterschiedliche Regelungsanordnungen. In ihr spiegelt sich eine gewisse innere Zerrissenheit des UWG wider: Einerseits wird der klassische B2B-Ansatz verfolgt. Andererseits zeigt sich in ihr die Funktion des UWG als modernes Verbraucherschutzrecht. § 3 UWG enthält vier ganz verschiedene Regelungen: 1

Der zentrale Verbotstatbestand in **§ 3 I UWG** untersagt (»… sind unzulässig …«) unlautere geschäftliche Handlungen.

**§ 3 II UWG** ist eine (was etwas widersprüchlich klingt) speziellere Generalklausel, die unlautere geschäftliche Handlungen **gegenüber Verbrauchern** verbietet.

Eine per-se-Unzulässigkeit der im Anhang genannten geschäftlichen Handlungen gegenüber Verbrauchern ordnet **§ 3 III UWG iVm Anh. zu § 3 III UWG** (»schwarze Liste«) an.

In § 3 IV UWG ist das der Anwendung der Verbotstatbestände zugrunde zu legende Verbraucherleitbild kodifiziert.

2  Das Verständnis der Generalklausel des § 3 I UWG wird durch eine Betrachtung ihrer Entwicklung erleichtert (→ § 8 Rn. 3 ff.). Die Differenzierung zwischen B2B- und B2C-Verhältnissen und – damit einhergehend – das Verhältnis von § 3 I UWG zu den §§ 3 II, III UWG sowie den übrigen UWG-Tatbeständen ist zu erörtern (→ § 8 Rn. 24 ff.). Anschließend wird der Verbotsbereich des § 3 I UWG bestimmt (→ § 8 Rn. 36 ff.). § 3 II UWG verpflichtet Unternehmen dazu, gegenüber Verbrauchern die »unternehmerische Sorgfalt« zu beachten. Was damit gemeint ist, wird unter IV. (→ § 8 Rn. 49 ff.) erörtert. Von welchem Verbrauchertypus geht das UWG aus? Schützt es auch besonders unaufmerksame Verbraucher? Diese Fragen werden von § 3 IV UWG beantwortet (→ § 8 Rn. 59 ff.). Bestimmte irreführende und aggressive geschäftliche Praktiken sind gegenüber Verbrauchern stets verboten. Diese Praktiken werden – in einer für Deutschland recht ungewöhnlichen Gesetzgebungstechnik – in einem »Anhang« des UWG aufgelistet. § 3 III UWG ordnet das grundsätzliche Verbot dieser geschäftlichen Handlungen an (→ § 8 Rn. 70 ff.).

## B. Der zentrale Verbotstatbestand des § 3 UWG

### I. Der Weg zur Generalklausel des § 3 I UWG

#### 1. Einleitung

3  § 3 I UWG untersagt generalklauselartig »unlautere geschäftliche Handlungen«. Der Verbotskern kann auf eine über einhundert Jahre lange Geschichte zurückblicken. Die Betrachtung einer Entwicklung erleichtert das Verständnis des heutigen Rechts.

#### 2. § 1 UWG 1909

4  Beim Inkrafttreten des UWG befand sich an der Spitze des Gesetzes, in § 1 UWG 1896, das allgemeine Irreführungsverbot, der spätere § 3 UWG 1909 und Vorläufer des heutigen § 5 UWG. Schon Anfang des 20. Jahrhunderts intensivierte sich Kritik am Schutzstandard des UWG. Das Gesetz erfasse viele unlautere Praktiken nicht (→ § 3 Rn. 2 ff.). Im Jahr 1909 wurde das Gesetz daher um die Generalklausel des § 1 UWG ergänzt.

§ 1 UWG 1909:
»Wer im geschäftlichen Verkehre zu Zwecken des Wettbewerbes Handlungen vornimmt, die gegen die guten Sitten verstoßen, kann auf Unterlassung und Schadensersatz in Anspruch genommen werden.«

5  Verboten wurden Handlungen, die gegen die guten Sitten im Wettbewerb verstoßen. Aufgegriffen wurde der schon von § 138 BGB und § 826 BGB bekannte Begriff der **Sittenwidrigkeit**. Der Gesetzgeber entschied sich für die Schaffung einer **Generalklausel**, um unlautere Verhaltensweisen effektiv zu bekämpfen. Das UWG demonstriert die Vor- und Nachteile von Generalklauseln als gesetzgeberisches Normsetzungskonzept im Vergleich zur Normierung von Einzeltatbeständen und Regelbeispielen sehr anschaulich. Die »Flucht in die Generalklau-

sel«¹ gibt große Flexibilität und ermöglicht es der Rechtsprechung, das Recht dynamisch an neue Gegebenheiten anzupassen. Gerade das Lauterkeitsrecht als Element des Wirtschaftsrechts ist darauf angewiesen, zügig auf veränderte Umstände reagieren zu können. Es ist wünschenswert, neuartige unlautere Geschäftspraktiken rasch bekämpfen zu können. Generalklauseln geben der Rechtsprechung die Möglichkeit, Verhaltensmaßstäbe für neue tatsächliche Phänomene zu entwickeln. Beispielsweise ermöglichte es die aus dem Jahr 1909 stammende Generalklausel des § 1 UWG, in den 1990er Jahren lauterkeitsrechtliche Verhaltensmaßstäbe für das damals neue Internet zu entwickeln. Allerdings bringen Generalklauseln auch Nachteile mit sich: Ihre Unbestimmtheit löst Rechtsunsicherheit aus. Die Normadressaten können nur mit Schwierigkeiten den eigenen Verhaltensspielraum erkennen und Erlaubtes von Unerlaubtem trennen. Dies löst Rechtsstreitigkeiten aus und kann zu einer starken Belastung der Gerichte führen, wie ein Beispiel aus dem Sozialrecht, die Umsetzung der sog. Hartz-Reformen des Arbeitsmarktes, zeigt. Eine Vielzahl von unbestimmten Rechtsbegriffen bewirkt eine starke Arbeitsbelastung der Sozialgerichte.² Auch werden de facto Rechtsetzungskompetenzen vom Gesetzgeber auf die Rechtsprechung verlagert.

Der Rechtsprechung oblag es von 1909 an für annähernd 100 Jahre, die Verhaltensspielräume im Wettbewerb in einem weiten Bereich zu justieren. Anknüpfend an die Rechtsprechungspraxis zum etwas älteren § 826 BGB stellte das Reichsgericht zur Konkretisierung des § 1 UWG auf das **Anstandsgefühl aller billig und gerecht Denkenden** ab.³ Der BGH modifizierte diese Formel leicht: Entscheidend sei das **Anstandsgefühl eines verständigen Durchschnittsgewerbetreibenden**.⁴ Gelegentlich wurde auf den Schutz eines »Leistungswettbewerbs« abgestellt.⁵ Im weiteren Verlauf der Entwicklung wurde der Schutzzwecktrias des UWG verstärkt Rechnung getragen: Das UWG schützt nicht nur die Wettbewerber des Handelnden, sondern auch Verbraucher und (partiell) die Allgemeinheit vor unlauteren Verhaltensweisen (→ § 3 Rn. 3 ff.). Die letzten Entscheidungen zur Generalklausel des § 1 UWG 1909 sahen ein Verhalten als unlauter bzw. sittenwidrig an, wenn es dem **Anstandsgefühl des redlichen und verständigen Durchschnittsgewerbetreibenden widersprach oder es von der Allgemeinheit missbilligt und für untragbar** gehalten wurde.⁶ Die Beurteilung erforderte eine **Gesamtabwägung** aller betroffenen Interessen, also insbesondere der Interessen der Mitbewerber, der Verbraucher und der Allgemeinheit.⁷

6

---
1 Die Formulierung geht zurück auf die Schrift von *Hedemann*, Die Flucht in die Generalklauseln: eine Gefahr für Recht und Staat, 1933; aufgrund seiner Verstrickung in den Nationalsozialismus ist die Person *Hedemanns* ausgesprochen krit. zu betrachten, vgl. hierzu *Mohnhaupt* in Stolleis/Simon, Rechtsgeschichte im Nationalsozialismus, 1989, 107 (113 ff., 140 ff.); *Wegerich*, Die Flucht in die Grenzenlosigkeit: Justus Wilhelm Hedemann (1878–1963), 2004, 146 ff.
2 **Beispiel:** Nach § 22 II SGB II werden **angemessene** Aufwendungen für Unterkunft und Heizung anerkannt. Zum komplizierten Verfahren zur Bestimmung der Angemessenheit; BSG BeckRS 2011, 69030 Rn. 16 ff.; BSG BeckRS 2013, 70605 Rn. 19 ff. (sog. »Produkttheorie«).
3 RGZ 80, 219 (221); 150, 1 (5); 166, 315 (318 f.); *Emmerich* Unlauterer Wettbewerb § 5 Rn. 5.
4 BGH GRUR 1955, 346 (349) – Progressive Kundenwerbung; BGH GRUR 1957, 131 (136) – Arzneifertigwaren.
5 BGH GRUR 1955, 346 (349) – Progressive Kundenwerbung; BGH GRUR 1965, 489 (491) – Kleenex; BGH GRUR 1976, 248 (249) – Vorspannangebot.
6 BGH GRUR 1995, 592 (593 f.) – Busengrapscher; BGH GRUR 2001, 1181 (1182) – Telefonwerbung für Blindenwaren; BGH GRUR 2002, 360 (362 f.) – H.I.V. Positive II.
7 BGH GRUR 2001, 1181 (1182) – Telefonwerbung für Blindenwaren.

7   Diese Formel war vielfältiger **Kritik** ausgesetzt. Das mit dem Verdikt der Sittenwidrigkeit verknüpfte Unwerturteil sei für eine Handlung im Wettbewerb oft unangemessen.[8] Aufgrund ihrer Unbestimmtheit fehle es der Regelung an Praktikabilität. Gänzlich ungeeignet sei auch ein Abstellen auf den Begriff des »**Leistungswettbewerbs**«.[9] Nach der Grundidee des Begriffes soll sich der Wettbewerb auf den Preis und die Qualität der Ware (bzw. der Dienstleistung) konzentrieren.[10] Diese Begriffe sind aber nur scheinbar präzise. Insbesondere der Begriff der Qualität ist mit großen Unsicherheiten behaftet: Ist beispielsweise ein gutes Markenimage Ausdruck von Qualität? Oder ist dem Markenimage eine Nichtleistungskomponente immanent, sodass es sich hierbei nicht mehr um einen Qualitätswettbewerb handelt? Ist nicht auch die Gewährung einer Zugabe ein Element des Preiswettbewerbs? Jedenfalls war der Begriff geeignet, wettbewerbsfeindlichen Tendenzen insoweit Vorschub zu leisten, als neuartige Werbe- und Absatzformen als »leistungsfremd« stigmatisiert wurden.[11]

8   Für die Rechtsanwendung war die **Bildung von Fallgruppen** etabliert.[12] Einen der ersten Versuche unternahm 1914 *Josef Kohler,* der zwischen »Irreleitungen« und »Feindseligkeiten« unterschied.[13] *Kohlers* Differenzierung ist bis heute aktuell: Die UGP-RL differenziert zwischen »irreführenden Geschäftspraktiken« (Art. 6f. UGP-RL) und »aggressiven Geschäftspraktiken« (Art. 8f. UGP-RL). Auch nach Schutzrichtungen kann das Fallmaterial gruppiert werden. *Emmerich* beispielsweise unterschied bis zur UWG-Novelle 2004 nach der Schutzrichtung (Konkurrenten, Abnehmer und Allgemeinheit).[14] Auf breite Zustimmung trafen die fünf von *Hefermehl* gebildeten Fallgruppen:[15]

- Kundenfang,
- Behinderung,
- Ausbeutung,
- Rechtsbruch,
- Marktstörung.

9   Diese wurden in der Rechtsprechung beinahe normgleich angewendet. Mit dem verfassungsrechtlichen Bestimmtheitsgrundsatz war die Norm vereinbar. Durch die jahrzehntelange Rechtsprechung zu § 1 UWG 1909 war der Tatbestand hinreichend konkretisiert.[16]

---

8 *Schricker,* Gesetzesverletzung und Sittenverstoß, 1970, 190ff.; *Simitis,* Gute Sitten und ordre public, 1960, 64ff.; *Emmerich* Unlauterer Wettbewerb, 7. Aufl. 2004, 68; *Schünemann* in Jacobs/Lindacher/Teplitzky, UWG, 1. Aufl. 2006, Einl D 24ff.
9 *Emmerich* Unlauterer Wettbewerb, 9. Aufl. 2012, § 5 Rn. 21.
10 Grdl. *Nipperdey* in einem Parteigutachten für einen der Beklagten im Benrather Tankstellenfall. Der Begriff wurde sodann vom RG ganz selbstverständlich in die Entscheidungsgründe übernommen, RGZ 134, 342 (353ff.); vgl. *Nipperdey,* Wettbewerb und Existenzvernichtung, 1930, 16ff.
11 Vgl. BGH GRUR 1977, 668ff. – WAZ-Anzeiger; OLG Düsseldorf GRUR 1980, 62 (63) – Altbier-Prospektwerbung.
12 Zur Entwicklung der Systembildung Baumbach/Hefermehl/*Hefermehl,* 16. Aufl. 1990, UWG Einl Rn. 158f.
13 *Kohler,* Der unlautere Wettbewerb, 1914, 24ff., 104ff.
14 *Emmerich,* Der unlautere Wettbewerb, 2. Aufl. 1987, 63f.
15 Baumbach/Hefermehl/*Hefermehl,* 16. Aufl. 1990, UWG Einl Rn. 160ff.
16 Zu dem verfassungsrechtlichen Bestimmtheitsgebot und seiner Anwendung auf Generalklauseln des UWG vgl. BVerfG NJW 1993, 1969ff.

### 3. § 3 UWG 2004

2004 ist das UWG grundlegend novelliert worden. (→ § 2 Rn. 9f.). § 3 UWG lautete ab 2004:

§ 3 Verbot unlauteren Wettbewerbs
Unlautere Wettbewerbshandlungen, die geeignet sind, den Wettbewerb zum Nachteil der Mitbewerber, der Verbraucher oder der sonstigen Marktteilnehmer nicht nur unerheblich zu beeinträchtigen, sind unzulässig.

Der Begriff des Sittenverstoßes wurde durch den Begriff der »**Unlauterkeit**« abgelöst. Eine inhaltliche Änderung des Rechts war damit nicht beabsichtigt.[17] Im Grundsatz konnte von einer materiell-rechtlichen Kontinuität des Beurteilungsmaßstabs ausgegangen werden.[18] Dennoch waren in der Folgezeit Modifikationen des Verbotsverständnisses zu beobachten, insbesondere wohl aufgrund der Liberalisierungs- bzw. Deregulierungsidee, die im Lauterkeitsrecht Raum gegriffen hatte.[19] Zustimmung verdiente daher die Position, die Generalklausel des § 3 UWG 2004 sei tendenziell enger auszulegen gewesen als § 1 UWG 1909.[20]

Eine grundlegende Neujustage der Rechtsprechung erfolgte im Jahr 2006 mit der BGH-Entscheidung »Probeabonnement«.[21] Die Parteien stritten um die Zulässigkeit einer Abonnement-Werbeaktion für eine Zeitschrift. Der auf Unterlassung in Anspruch genommene Verlag hatte einen höheren Preisnachlass gewährt, als in einem Selbstbeschränkungsabkommen der Zeitungsverleger, einer sog. Wettbewerbsabrede, vereinbart worden war. Solche Wettbewerbsregeln konnten vom Bundeskartellamt nach § 26 I GWB 1998 (= § 24 GWB 2017) kartellrechtlich anerkannt werden. Wettbewerbsregeln treffen im Kartellrecht auf Bedenken, da sie zu einer Beschränkung der wettbewerblichen Aktivitäten der Beteiligten führen. Dies zeigt auch der vom BGH zu entscheidende Fall: Die Attraktivität der ausgelobten Prämien für den potenziellen Leser wurde durch die Selbstbeschränkungsabrede begrenzt. Zu entscheiden war, ob der Vorstoß gegen die Selbstbindung der Verleger **unlauter** iSd § 3 UWG 2004 war. Hierzu führte der BGH aus:

»Für die Frage, ob ein bestimmtes Verhalten als unlauter zu beurteilen ist, haben Wettbewerbsregeln heute nur mehr eine begrenzte Bedeutung. Während in der Vergangenheit in der Frage der Unlauterkeit maßgeblich auf das Anstandsgefühl des verständigen Durchschnittsgewerbetreibenden sowie auf die Verkehrssitte und damit auf die im Verkehr herrschende tatsächliche Übung abgestellt wurde, besteht heute Einigkeit darüber, dass der Wettbewerb in bedenklicher Form beschränkt würde, wenn das Übliche zur Norm erhoben würde.«[22]

Der BGH lehnte es also nunmehr ab, auf die Üblichkeit abzustellen, um Erlaubtes vom Unerlaubten zu unterscheiden. Dies heißt im Ergebnis nichts anderes, als dass mit dieser Entscheidung die alte »Anstandsformel« aufgegeben wurde. Eine Alternative oder eine Neudefinition wurde vom BGH in dieser Entscheidung allerdings noch nicht angeboten.

---

17 Begr. RegE, BT-Drs. 15/1487, 16.
18 Ohly/Sosnitza/*Sosnitza*, 6. Aufl. 2014, UWG § 3 Rn. 12; *Emmerich* Unlauterer Wettbewerb § 5 Rn. 9, S. 45f.; *Köhler* NJW 2004, 2121 (2122); *Sack* BB 2003, 1073.
19 Ebenso Ohly/Sosnitza/*Sosnitza*, 6. Aufl. 2014, UWG § 3 Rn. 13; vgl. § 2 Rn. 8.
20 Ohly/Sosnitza/*Sosnitza*, 6. Aufl. 2014, UWG § 3 Rn. 13; *Emmerich* Unlauterer Wettbewerb, 9. Aufl. 2012, § 5 Rn. 27.
21 BGH GRUR 2006, 773 – Probeabonnement.
22 BGH GRUR 2006, 773 Rn. 19 – Probeabonnement.

14 Die bis heute fortwirkende, grundlegende Neudefinition erfolgte wenige Monate später mit der Entscheidung »Kontaktanzeigen«:[23] Dort heißt es:

»Zwar kann eine Wettbewerbshandlung unlauter iSd § 3 UWG sein, die nicht von den Beispielstatbeständen des § 4 UWG erfasst wird, allerdings mit entsprechendem Unwertgehalt den anständigen Gepflogenheiten im Gewerbe und Handel zuwiderläuft.«[24]

15 Der BGH belegt diese Position mit Nachweisen aus der Literatur. Die Formulierung geht allerdings im Kern auf Art. 10$^{bis}$ II PVÜ zurück, der unlauteren Wettbewerb als Wettbewerbshandlung definiert, die den anständigen Gepflogenheiten in Gewerbe oder Handel zuwiderläuft. Daneben stellt der BGH auf eine Vergleichbarkeit mit den Beispielstatbeständen des § 4 UWG ab. Weiter präzisiert und konkretisiert wird diese Rechtsprechung durch die Entscheidung »Auskunft der IHK«[25] aus dem Jahr 2009. Ein Verstoß gegen § 3 UWG 2004 setzt danach voraus, dass (1.) die betreffende Verhaltensweise von ihrem Unlauterkeitsgehalt her den in §§ 4–7 UWG 2004 aufgeführten Beispielen bzw. Anwendungsfällen unlauteren Verhaltens entspricht **und zudem** (2.) den anständigen Gepflogenheiten in Gewerbe und Handel zuwiderläuft.[26]

16 Dies begründete für den Rechtsanwender die Pflicht, die anständigen Gepflogenheiten der Durchschnittsgewerbetreibenden zu bestimmen. Hier bot sich eine Bezugnahme auf das tradierte sog. »**funktionale Verständnis**« des UWG an. Referenzsystem für das funktionale Verständnis ist das auch in § 1 S. 2 UWG angesprochene System des unverfälschten Wettbewerbs, nicht aber außerrechtliche Maßstäbe wie das allgemeine Sittengesetz oder die Sozialethik.[27] Unlauter ist danach eine Störung des unverfälschten Wettbewerbs. Diese Vorstellung hatte sich schon zum alten UWG von 1909 herausgebildet.[28] Zur Konkretisierung bot es sich ab 2004 jedenfalls an, auf die Beispielstatbestände der §§ 4–7 UWG zurückzugreifen.[29] Dies ist schließlich auch der Ansatz, den der BGH in der Entscheidung »Auskunft der IHK«[30] wählt.

### 4. § 3 I UWG 2008

17 § 3 UWG 2004 ging in § 3 I UWG 2008 auf. Sprachlich erfolgten nicht ganz unerhebliche Modifikationen. Die »Wettbewerbshandlung« wandelte sich zur »geschäftlichen Handlung« (→ § 4 Rn. 2ff.). Verlangt wurde nunmehr statt eines »Nachteils« eine »Beeinträchtigung« der Interessen von Mitbewerbern, Verbrauchern oder sonstigen Marktteilnehmern. Diese musste zudem spürbar sein. Das UWG 2004 arbeitete demgegenüber mit dem Begriff der nicht unerheblichen Beeinträchtigung. Inhaltliche Veränderungen beabsichtigte der Gesetzgeber nicht.[31]

18 Die Rechtsprechung des BGH führte die zu § 3 UWG 2004 entwickelte Linie fort. Ein Rückgriff auf die Generalklausel des § 3 I UWG setzte – weiter – voraus, dass der Unlauterkeitsgehalt der angegriffenen Verhaltensweise den in den §§ 4–7 UWG angeführ-

---
23 BGH GRUR 2006, 1042 – Kontaktanzeigen.
24 BGH GRUR 2006, 1042 Rn. 29 – Kontaktanzeigen.
25 BGH GRUR 2009, 1080 – Auskunft der IHK.
26 BGH GRUR 2009, 1080 Rn. 13 – Auskunft der IHK.
27 *Emmerich* Unlauterer Wettbewerb § 5 Rn. 10ff. unter Bezugnahme auf *Böhm*, Wettbewerb- und Monopolkampf, 1933, 104, 124, 273f.
28 Vgl. *Emmerich* Unlauterer Wettbewerb, 9. Aufl. 2012, § 5 Rn. 23.
29 So auch *Emmerich* Unlauterer Wettbewerb, 9. Aufl. 2012, § 5 Rn. 22.
30 BGH GRUR 2009, 1080 Rn. 13 – Auskunft der IHK.
31 Vgl. BT-Drs. 16/10145, 22.

ten Beispielen unlauteren Verhaltens entsprach[32] und zudem den anständigen Gepflogenheiten in Gewerbe und Handel zuwiderlief.[33] Ein **Rückgriff** auf die Generalklausel sollte insbesondere dann geboten sein, wenn die Anwendung der §§ 4–7 UWG im konkreten Fall eine umfassende Interessenbewertung nicht ermöglichte.[34] Die Verwendung des Begriffes »Rückgriff« durch den BGH zeigt, dass der Anwendung des § 3 I UWG im Verhältnis zu den Beispielstatbeständen der §§ 4–7 UWG nur noch ein Ausnahmecharakter zukam. Zustimmung verdient der heute noch aktuelle, mahnende Hinweis von *Emmerich*: § 3 I UWG darf nicht das Vehikel sein, um bloß unerwünschten oder unbequemen Wettbewerb zu bekämpfen oder bloße Geschmacklosigkeiten zu untersagen.[35]

### 5. § 3 I, II UWG 2015

Mit der UWG-Novelle 2015 ist § 3 UWG neu gefasst worden. Die Norm hat deutlich an begrifflicher Schärfe gewonnen. § 3 UWG enthält nunmehr zwei Generalklauseln: § 3 I UWG ist die »**Unternehmergeneralklausel**«. Es handelt sich um einen Auffangtatbestand. Sie untersagt alle Fälle unlauterer geschäftlicher Handlungen im B2B-Bereich, die nicht von einem speziellen Tatbestand der §§ 3 a ff. UWG erfasst werden. 19

Für Handlungen gegenüber Verbrauchern findet sich eine besondere Generalklausel in § 3 II UWG. Die »**Verbrauchergeneralklausel**« in § 3 II UWG untersagt an Verbraucher gerichtete geschäftliche Handlungen, die nicht der unternehmerischen Sorgfalt entsprechen und dazu geeignet sind, das wirtschaftliche Verhalten des Verbrauchers wesentlich zu beeinflussen. 20

Darüber hinaus enthält § 3 I UWG eine Rechtsfolgenanordnung, die für einen Großteil der anderen UWG-Tatbestände von Bedeutung ist. Während diese allein definieren, welche Verhaltensweisen **unlauter** sind, ordnet § 3 I UWG deren **Unzulässigkeit** an. An die **Unzulässigkeit** wiederum knüpfen die Rechtsfolgenanordnungen (Unterlassung, Schadensersatz pp.) der §§ 8 ff. UWG an. 21

> **Beispiel:** Nach § 5 I UWG sind irreführende geschäftliche Handlungen **unlauter**. Aus § 3 I UWG folgt, dass diese unlautere geschäftliche Handlung **unzulässig** ist. Nach § 8 I UWG (Anspruchsgrundlage!) kann auf Unterlassung in Anspruch genommen werden, wer eine nach »§ 3 oder § 7 **unzulässige** geschäftliche Handlung« vornimmt. Als Anspruchsgrundlage in der Klausur ist also § 8 I UWG iVm §§ 5 I, 3 I UWG zu nennen.

Etwas anderes gilt für § 3 III UWG und § 7 UWG. Diese beiden Tatbestände ordnen selbstständig die **Unzulässigkeit** an. 22

Zum Begriff der Unlauterkeit heute → § 8 Rn. 35 ff. 23

---

32 BGH GRUR 2011, 431 Rn. 11 – FSA-Kodex; BGH GRUR 2013, 301 Rn. 26 – Solarinitiative.
33 BGH GRUR 2009, 1080 Rn. 13 – Auskunft der IHK (missverständlich, auf welche UWG-Fassung sich die Aussage bezieht, wahrscheinlich auf die Fassungen 2004 und 2008.).
34 BGH GRUR 2013, 301 Rn. 26 – Solarinitiative.
35 *Emmerich* Unlauterer Wettbewerb, 9. Aufl. 2012, § 5 Rn. 28 unter Hinweis auf die Benetton-Entscheidungen von BGH und BVerfG: BVerfG GRUR 2001, 170; 2003, 442 mAnm *Jänich* EWiR 2003, 727; BGH GRUR 1995, 595 – Kinderarbeit; BGH GRUR 1995, 600 – H.I.V. POSITIVE; BGH GRUR 1995, 598 – Ölverschmierte Ente; BGH GRUR 2002, 360 – H.I.V. POSITIVE II mAnm *Jänich* EWiR 2002, 459.

## II. Das Verhältnis von § 3 I UWG zu § 3 II, III UWG und den §§ 3a ff. UWG

### 1. Problemstellung

24  Zu klären ist das Verhältnis von § 3 I UWG zu § 3 II, § 3 III UWG und den §§ 3a ff. UWG. Diese Frage ist für Studierende von großer Bedeutung: Die Prüfungsreihenfolge in der Klausur wird von der Beantwortung dieser Frage bestimmt. Mit der UWG-Novelle 2015 sind einige Schwierigkeiten beseitigt worden.

> **Klausurtipp:** Aufbauhinweise und Schemata aus der Zeit **vor** der UWG-Novelle 2015 sind nur mit größten Einschränkungen verwendbar.

### 2. B2B und B2C

25  Untrennbar verbunden mit der Diskussion um die Konkurrenz der Verbotstatbestände des UWG sind die Termini B2B und B2C. Es handelt sich hierbei um Begriffe der Ökonomie, die Eingang in die Jurisprudenz gefunden haben. Ihre Bedeutung für das Lauterkeitsrecht folgt aus dem Regelungsansatz der UGP-RL, die nur den sog. B2C-Bereich reguliert (→ § 5 Rn. 11). **Business-to-Business** bezeichnet Geschäfts-, aber auch Kommunikationsbeziehungen zwischen Unternehmen.[36] B2B ist eine für diese Beziehung gebräuchliche Abkürzung. **Business-to-Consumer,** abgekürzt B2C, beschreibt die Geschäfts- und Kommunikationsbeziehungen zwischen Unternehmern und Verbrauchern.[37]

26  Auch in der Diskussion um den Anwendungsbereich des UWG und um die Abgrenzung der Tatbestände des § 3 UWG gegeneinander sind die Termini B2B und B2C etabliert. Es wird zwischen Handlungen im B2B- und im B2C-Bereich unterschieden. Die Unterscheidung ist meist komplexer, als sie auf den ersten Blick erscheint. Dies verdeutlicht ein kleiner Fall:

> **Beispiel:** Dem W ist der Geschäftserfolg seines Konkurrenten K ein Dorn im Auge. Daher verschmiert W am Wochenende mit Sekundenkleber die Türschlösser zu den Geschäftsräumen des K. Als K am Montagmorgen sein Geschäft öffnen will, kann er die Türen nicht öffnen. Die potenziellen Kunden (Verbraucher) ziehen enttäuscht weiter und müssen ihren Bedarf zum höheren Preis bei W decken.

27  Es handelt sich hierbei um einen typischen Fall einer Individualbehinderung nach § 4 Nr. 4 UWG. W hat seinen Wettbewerber K gezielt behindert. Die Handlung hat aber auch nachteilige Auswirkungen auf die Verbraucher, denn diese müssen beim teureren W einkaufen. Liegt hier nun gleichzeitig eine Handlung im B2B-Verhältnis **und** im B2C-Verhältnis vor? Ökonomische Bewertungen helfen nicht weiter. Da es sich um harmonisiertes Recht handelt, kann und muss die UGP-RL beachtet werden. Nach Art. 3 I UGP-RL gilt diese zwischen Unternehmern und Verbrauchern vor, während und nach Abschluss eines auf ein Produkt bezogenen Handelsgeschäfts. Art. 5 II lit. b UGP-RL verlangt als zweites Tatbestandsmerkmal für die Unlauterkeit der Geschäftspraxis, dass auf das Verhalten des Durchschnittsverbrauchers, **den sie erreicht** oder **an den sie sich richtet,** eingewirkt wird. Entscheidend für die Anwendung des UWG ist mithin das Ziel bzw. die Zielrichtung der geschäftlichen Handlung: Richtet sich diese primär an Verbraucher,

---
36 *Bächle/Lehmann,* E-Business, 2010, 9.
37 *Bächle/Lehmann,* E-Business, 2010, 9.

ist die UGP-RL einschlägig. Zielt die Geschäftspraxis dagegen auf einen Mitbewerber, kommt der nicht harmonisierte Teil des deutschen UWG zur Anwendung. Zu erwägen ist dann allein, ob auch in diesem Bereich harmonisiertes Recht anzuwenden ist. Eine entsprechende Bindung besteht nicht (→ § 5 Rn. 11 ff.).

### 3. Beurteilung des Konkurrenzverhältnisses bis zur UWG-Novelle 2015

Mit der UWG-Novelle 2008 ging die alte Generalklausel des § 3 UWG 2004 in § 3 I UWG 2008 auf. Zur Umsetzung von Art. 5 II, III UGP-RL fügte der deutsche Gesetzgeber mit § 3 II 1 UWG 2008 eine neue, zweite Generalklausel in das Gesetz ein. Diese untersagte – weitgehend inhaltsgleich mit dem heutigen § 3 II UWG – geschäftliche Handlungen gegenüber Verbrauchern, wenn sie nicht der für den Unternehmer geltenden fachlichen Sorgfalt entsprachen und geeignet waren, die Fähigkeit des Verbrauchers, sich aufgrund von Informationen zu entscheiden, spürbar zu beeinträchtigen und ihn damit zu einer geschäftlichen Entscheidung zu veranlassen, die er anderenfalls nicht getroffen hätte.[38]

28

Völlig unklar und heftig umstritten war das Verhältnis von § 3 I UWG 2008 zu § 3 II 1 UWG 2008. Die Probleme wurden durch eine ungeschickte Fassung des Normtextes ausgelöst, der das Verhältnis der Tatbestände zueinander nicht klarstellte. Dies war aber geboten, da das UWG sowohl Geschäftspraktiken gegenüber Unternehmern als auch gegenüber Verbrauchern erfasst. Diesem Regelungsansatz folgt die UGP-RL nicht. Sie regelt nur den B2C-Bereich (Art. 3 I UGP-RL). Die erforderliche Anpassung an die UGP-RL nahm der deutsche Gesetzgeber 2008 (bedauerlicherweise) nicht zum Anlass, sein Regelungskonzept insgesamt zu überdenken bzw. zu modifizieren. Stattdessen wurde versucht, das UWG minimalinvasiv an die UGP-RL anzupassen. Dieser Versuch misslang. Das Verhältnis der einzelnen Verbote des § 3 UWG zueinander war unklar. Auch die §§ 4–6 UWG, die zuvor an § 3 UWG 2004 angekoppelt waren (Beispiel: § 4 UWG 2004: »Unlauter **iSd § 3** handelt insbesondere, wer ...«), hingen beziehungslos in der Luft, wie § 8 UWG verdeutlichte. Hiernach löste (nur) ein Verstoß gegen »§ 3 UWG oder § 7 UWG« die Unterlassungssanktion aus. Was aber sollte bei einem Verstoß gegen die §§ 4–6 UWG geschehen? Von 2004 bis 2008 war diese Frage einfach zu beantworten: Es handelte sich um Fälle des § 3 UWG, da dies in den Tatbeständen der §§ 4–6 UWG ausdrücklich angeordnet wurde (»**unlauter im Sinne von**

29

---

38 Art. 5 UGP-RL
...
(2) Eine Geschäftspraxis ist unlauter, wenn
a) sie den Erfordernissen der beruflichen Sorgfaltspflicht widerspricht
und
b) sie in Bezug auf das jeweilige Produkt das wirtschaftliche Verhalten des Durchschnittsverbrauchers, den sie erreicht oder an den sie sich richtet oder des durchschnittlichen Mitglieds einer Gruppe von Verbrauchern, wenn sich eine Geschäftspraxis an eine bestimmte Gruppe von Verbrauchern wendet, wesentlich beeinflusst oder dazu geeignet ist, es wesentlich zu beeinflussen.
(3) Geschäftspraktiken, die voraussichtlich in einer für den Gewerbetreibenden vernünftigerweise vorhersehbaren Art und Weise das wirtschaftliche Verhalten nur einer eindeutig identifizierbaren Gruppe von Verbrauchern wesentlich beeinflussen, die aufgrund von geistigen oder körperlichen Gebrechen, Alter oder Leichtgläubigkeit im Hinblick auf diese Praktiken oder die ihnen zugrunde liegenden Produkte besonders schutzbedürftig sind, werden aus der Perspektive eines durchschnittlichen Mitglieds dieser Gruppe beurteilt. Die übliche und rechtmäßige Werbepraxis, übertriebene Behauptungen oder nicht wörtlich zu nehmende Behauptungen aufzustellen, bleibt davon unberührt.

§ 3«…«). Diese Verknüpfung wurde indes 2008 gestrichen. Die Begründung des Gesetzgebers zu der Streichung mutet befremdlich an:

> »Die Angabe »im Sinne von § 3« wird gestrichen, weil sie den unzutreffenden Eindruck erweckt, § 3 UWG definiere den Begriff der Unlauterkeit. Tatsächlich ergeben sich aus § 3 UWG und künftig § 3 UWG-E aber nur die Voraussetzungen, bei deren Vorliegen eine unlautere Handlung unzulässig ist. Die Bestimmungen der §§ 4–7 UWG einschließlich des Anhangs § 3 III UWG-E enthalten sodann einen Katalog von Beispielen unlauteren Verhaltens.«[39]

30 Diese Begründung ist – vorsichtig formuliert – ohne jede Substanz.

31 Intensiv umstritten war im alten Recht das Verhältnis von § 3 I UWG zu § 3 II 1 UWG.[40] Die beiden Extrempositionen wurden von *Scherer* und *Fezer* markiert. Nach Ansicht von *Scherer* war § 3 II 1 UWG 2008 eine völlig überflüssige Norm.[41] Die entgegengesetzte Position wurde von *Fezer* vertreten. Danach waren Sachverhalte des B2C-Geschäftsverkehrs, die unter der Bestimmung der UGP-RL zu subsumieren waren und damit in den Anwendungsbereich des harmonisierten Lauterkeitsrechts fielen, nach der speziellen Generalklausel des § 3 II 1 UWG 2008 lauterkeitsrechtlich zu beurteilen. Dieser Teil des Lauterkeitsrechts sei aus dem Anwendungsbereich der allgemeinen Generalklausel des § 3 I UWG herausgenommen und nach den speziellen Rechtsgrundsätzen des § 3 II UWG zu beurteilen.[42] Daneben vertrat beispielsweise *Köhler* einen differenzierten Ansatz. Der Tatbestand des § 3 II 1 UWG erstrecke sich nicht auf geschäftliche Handlungen, die zu den irreführenden oder aggressiven Geschäftspraktiken iSd Art. 5 IV, V UGP-RL, Art. 6–9 UGP-RL gehören.[43]

**4. Aktuelle Rechtslage**

32 Mit der UWG-Novelle 2015 hat sich der Streit um die Abgrenzung der Regelungen zueinander erledigt.[44] Unlautere geschäftliche Handlungen gegenüber **Verbrauchern** sind (neben den speziellen Tatbeständen der §§ 3a ff. UWG und dem § 3 III UWG) allein an der **Verbrauchergeneralklausel des § 3 II UWG** zu messen. § 3 I UWG kann **grundsätzlich nicht** zur Anwendung kommen. § 3 II UWG, der § 5 II UGP-RL umsetzt, ist spezieller. Zudem darf der Schutzstandard des § 3 II UWG aufgrund der Festschreibung des Maximalschutzstandards durch die UGP-RL (Art. 3 V UGP-RL) nicht überschritten werden. Daher ist eine Schließung vermeintlicher Schutzlücken über § 3 I UWG im B2C-Bereich grundsätzlich nicht möglich. Allerdings ist in Ausnahmefällen an eine Anwendung des § 3 I UWG im B2C-Bereich zu denken. Möglich erscheint dies, sollten Verbotstatbestände der UGP-RL nicht vollständig in das nationale Recht umgesetzt sein. Auch außerhalb des durch die UGP-RL harmonisierten Bereichs ist eine Anwendbarkeit grundsätzlich möglich. Die UGP-RL will unlautere Verhaltensweisen bekämpfen, mit denen auf die geschäftlichen Entscheidungen der Verbraucher **eingewirkt** wird.[45] Beabsichtigt der Werbende dies **nicht**, kommt eine Anwendung im B2C-Bereich in Betracht. Erwogen werden kann, geschlechterdiskriminierende Wer-

---

39 BT-Drs. 16/10145, 22.
40 Umfassender Überblick über den Meinungsstand bei *Köhler* WRP 2010, 1293 (1296 ff.).
41 *Scherer* WRP 2010, 586 (592).
42 *Fezer* WRP 2010, 677 (683); *Fezer*, UWG, 2. Aufl. 2010, § 3 Rn. 23 ff., 31 ff.
43 Köhler/Bornkamm/Feddersen/*Köhler*, 33. Aufl. 2015, UWG § 3 Rn. 8a.
44 Ebenso Ohly/Sosnitza/*Sosnitza* UWG § 3 Rn. 8.
45 Vgl. insbes. Erwägungsgrund 7f. und die Relevanzkriterien der einzelnen Verbotstatbestände der UGP-RL.

bung an § 3 I UWG zu messen.⁴⁶ Aber auch bei dieser Werbeform ist im Einzelfall zu prüfen, ob nicht mit ihr auf die Konsumentenentscheidung eingewirkt werden soll.

Da **§ 3 I UWG** grundsätzlich nur auf geschäftliche Handlungen im B2B-Bereich zur Anwendung kommt, kann die Regelung als **Unternehmergeneralklausel** bezeichnet werden. Sie kann als Auffangtatbestand Verhaltensweisen erfassen, die unter keinen der besonderen Verbotstatbestände des UWG fallen. 33

Immer (also im B2B- und B2C-Bereich) muss **§ 3 I UWG** herangezogen werden, wenn der Verbotstatbestand selbst **nicht die Unzulässigkeit, sondern (nur) die Unlauterkeit des Verhaltens anordnet.** Dies ist der Fall bei den §§ 3 II (!), 3a, 4, 4a, 5, 5a II, und 6 II UWG. 34

**5. Aufbauhinweise für die gutachterliche Prüfung**

In fast jeder UWG-Klausur wird der Bearbeiter mit der Frage konfrontiert, in welcher Reihenfolge die Ansprüche zu prüfen sind. Für den Grundfall des **Unterlassungsanspruchs** aus **§ 8 I UWG** wird der folgende Prüfungsaufbau vorgeschlagen: 35

**Vorüberlegung:**
Liegt eine geschäftliche Handlung gegenüber einem Verbraucher, einem Mitbewerber oder einem sonstigen Marktteilnehmer (beispielsweise einem gewerblichen Kunden) vor?

**Schema 1: Geschäftliche Handlung gegenüber einem Unternehmer (B2B)**
1. Geschäftliche Handlung, § 2 I Nr. 1 UWG
2. Unzulässigkeit der geschäftlichen Handlung
   a) Unzulässigkeit gem.
      aa) § 3a UWG
      bb) § 4 Nr. 1–4 UWG
      cc) § 5 UWG (gegebenenfalls iVm § 5a I UWG)
      dd) § 6 UWG
      jeweils iVm § 3 I UWG (Anordnung der Unzulässigkeit)
   b) Unzulässigkeit gem. § 7 I, II Nr. 3–4 UWG
   c) Unzulässigkeit gem. § 3 I UWG (Unternehmergeneralklausel)
3. Wiederholungs- bzw. Erstbegehungsgefahr, § 8 I UWG

**Erläuterungen:**
1. Die Prüfung der §§ 3a–6 UWG iVm § 3 I UWG erfolgt vor einem Anspruch aus § 7 I UWG iVm § 8 I UWG, da dies der gesetzlichen Systematik entspricht (Reihenfolge der Nennung der Vorschriften in § 8 I UWG).
2. § 3 I UWG als Auffangtatbestand wird zum Schluss geprüft.

---

46 Vgl. zur Diskussion um ein ausdrückliches Verbot im UWG *Völzmann*, Geschlechterdiskriminierende Wirtschaftswerbung, 2015, passim; »Bleibt sexistische Werbung doch erlaubt?«, DIE WELT v. 28.8.2016, abrufbar unter https://www.welt.de/wirtschaft/article 157876980/Bleibt-sexistische-Werbung-doch-erlaubt.html.

### Schema 2: Geschäftliche Handlungen gegenüber einem Verbraucher (B2C)

1. Geschäftliche Handlung, § 2 I Nr. 1 UWG
2. Unzulässigkeit der geschäftlichen Handlung
   a) Unzulässigkeit gem. § 3 III UWG iVm Anh. zu § 3 III UWG, Nr. 1–30 UWG
   b) Unzulässigkeit gem.
      aa) § 3 a UWG
      bb) § 4 a UWG
      cc) § 5 (gegebenenfalls iVm § 5 a I UWG)
      dd) § 5 a II UWG
      ee) § 6 UWG
      jeweils iVm § 3 I UWG (Anordnung der Unzulässigkeit)
   c) Unzulässigkeit gem. § 7 I, II Nr. 1–4 UWG
   d) Unzulässigkeit gem. § 3 II UWG (Verbrauchergeneralklausel)
   e) Ausnahmsweise (!, keine Einwirkung auf die Verbraucherentscheidung): Unzulässigkeit gem. § 3 I UWG
3. Wiederholungs- bzw. Erstbegehungsgefahr, § 8 I UWG

### Erläuterungen:

– § 3 I UWG wird im Regelfall herangezogen, um über diese Norm die Unzulässigkeit der geschäftlichen Handlung zu begründen. Gegenüber Verbrauchern kommt die Regelung als Generalklausel grundsätzlich nicht zur Anwendung, da die UGP-RL den Schutzhöchststandard festschreibt (Art. 3 V UGP-RL). Dieser wird durch § 3 II UWG (Umsetzung des Art. 5 II UGP-RL) schon ausgefüllt. Ausnahme: Keine Einwirkung auf die Verbraucherentscheidung!
– § 3 II UWG als Auffangtatbestand wird zum Schluss geprüft.

### Schema 3: Geschäftliche Handlung gegenüber einem sonstigen Marktteilnehmer

1. Geschäftliche Handlung, § 2 I Nr. 1 UWG
2. Unzulässigkeit der geschäftlichen Handlung
   a) Unzulässigkeit gem.
      aa) § 3 a UWG
      bb) § 4 a UWG
      cc) § 5 UWG (gegebenenfalls iVm § 5 a I UWG)
      dd) § 6 UWG
      jeweils iVm § 3 I UWG (Anordnung der Unzulässigkeit)
   b) Unzulässigkeit gem. § 7 I, II Nr. 3–4 UWG
   c) Unzulässigkeit gem. § 3 I UWG (Unternehmergeneralklausel)
3. Wiederholungs- bzw. Erstbegehungsgefahr, § 8 I UWG

**Erläuterungen:**
Da ein sonstiger Marktteilnehmer kein Verbraucher ist, kann die Unternehmergeneralklausel in § 3 I UWG zur Anwendung kommen (zum Begriff des sonstigen Marktteilnehmers, § 2 I Nr. 2 UWG → § 4 Rn. 30 und die Ausführungen zu § 4a UWG → § 11 Rn. 4.

## III. Der Tatbestand des § 3 I UWG

### 1. Eckpunkte

§ 3 I UWG kommt – wie bereits dargelegt (→ § 8 Rn. 23) – im Regelfall nur eine Auffangfunktion bei geschäftlichen Handlungen gegenüber Unternehmern zu. Die Verbotstatbestände der §§ 3a ff. UWG sind vorrangig zu prüfen. 36

### 2. Unlauterkeit

#### a) Grundsätze

Der Begriff der Unlauterkeit hat sich aus der »Sittenwidrigkeit« in § 1 UWG 1909 entwickelt (→ § 8 Rn. 3f., 11). Nach einer verfestigten Definition des BGH, die zu § 3 I UWG 2008 entwickelt wurde, ist eine geschäftliche Handlung dann unlauter, wenn der **Unlauterkeitsgehalt der angegriffenen Verhaltensweise den in §§ 4–7 UWG angeführten Beispielen unlauteren Verhaltens entspricht**[47] **und zudem den anständigen Gepflogenheiten in Gewerbe und Handel zuwiderläuft.** Diese Formel allein ist aber noch nicht subsumtionsfähig. Eine nähere Konkretisierung durch eine Bewertung der angegriffenen Verhaltensweise ist erforderlich. Hierzu hat sich ein sog. funktionales Verständnis des UWG etabliert. Danach hat zur Konkretisierung des Begriffes der Unlauterkeit eine funktionale, das heißt am Schutzzweck des UWG ausgerichtete Betrachtung zu erfolgen.[48] Das Leitbild des Lauterkeitsschutzes des UWG ist in § 1 S. 2 UWG kodifiziert: Geschützt werden soll ein System des unverfälschten Wettbewerbs. Dieses ist der Referenzmaßstab für die lauterkeitsrechtliche Beurteilung geschäftlicher Handlungen. In Verknüpfung mit der im Kern auf Art. 10$^{bis}$ PVÜ beruhenden Formel des BGH kann also festgehalten werden, dass ein Handeln den anständigen Gepflogenheiten in Gewerbe und Handel zuwiderläuft, wenn es das System des unverfälschten Wettbewerbs attackiert. 37

Die vom BGH vorgenommene Bezugnahme auf die §§ 4–7 UWG kann als Erheblichkeitskriterium verstanden werden. Jede Beeinträchtigung der geschützten Interessen muss eine **Intensität** erreichen, die mit der eines nach §§ 4–7 UWG lauterkeitswidrigen Verhaltens vergleichbar ist. Es obliegt der Rechtsprechung, aber auch der Rechtswissenschaft, die Definition zu konkretisieren. Beachtet werden muss, dass schon mit der UWG-Novelle 2004 die lauterkeitsrechtlichen Verbote, die zuvor aus § 1 UWG 1909 abgeleitet wurden, umfassend kodifiziert worden sind. Eine Anwendung des § 3 I UWG kommt daher nur noch ausnahmsweise in Betracht.[49] Dieses Ergebnis wird durch das Bestreben des Gesetzgebers unterstrichen, der schon mit der UWG-Novelle 2004 Liberalisierungstendenzen Rechnung tragen 38

---
47 BGH GRUR 2011, 431 Rn. 11 – FSA-Kodex; BGH GRUR 2013, 301 Rn. 26 – Solarindustrie.
48 Ohly/Sosnitza/*Sosnitza* UWG § 3 Rn. 20; *Emmerich* Unlauterer Wettbewerb § 5 Rn. 19.
49 *Emmerich* Unlauterer Wettbewerb § 5 Rn. 19.

wollte.⁵⁰ § 3 UWG hat daher tendenziell einen engeren Anwendungsbereich als § 1 UWG 1909.⁵¹ Zentral für die Anwendung des § 3 I UWG ist mithin die Beurteilung, ob die angegriffene Verhaltensweise auf den Schutzzweck des § 1 UWG nachteilig einwirkt. Bei der Konkretisierung des Begriffes der Unlauterkeit ist zudem übergeordnetes Recht zu beachten.

39 Das **Unionsrecht** hat Vorrang vor dem nationalen Recht. Dies ist auch bei der Konkretisierung des Begriffes der Unlauterkeit in § 3 I UWG zu bedenken: Über § 3 I UWG darf kein Verbotssatz gebildet werden, der sich im Lichte der Rechtsprechung des EuGH als ein Verstoß gegen die Warenverkehrsfreiheit (Art. 34 AEUV) darstellt (→ § 5 Rn. 3 f.).

40 Das **Verfassungsrecht** ist in zweierlei Hinsicht von Bedeutung. Auf der einen Seite können grundrechtliche Gewährleistungen Anlass geben, von einem Verbot Abstand zu nehmen. Der Werbende kann sich auf die Grundrechte aus Art. 5 I GG, Art. 12 I GG berufen (→ § 6 Rn. 5 ff.). Eine Konkretisierung des Begriffes der Unlauterkeit darf nicht dazu führen, dass ein auf § 3 I UWG gestütztes Verbot einer geschäftlichen Handlung zu einem Grundrechtseingriff führt. Grundrechte können allerdings auch in der entgegengesetzten Richtung wirken: Geschäftliche Handlungen können Grundrechte verletzen. Dies kann dazu führen, dass die Handlung unlauter nach § 3 I UWG ist. Diese Fallgruppe einer »Unlauterkeit wegen Grundrechtsverstoßes« ist eine der wenigen verbliebenen praktischen Anwendungsfälle für die Generalklausel des § 3 I UWG (→ § 8 Rn. 41 f.).

41 Verbreitet wird in Rechtsprechung und Literatur die Ansicht vertreten, die Feststellung der Unlauterkeit setze eine **Interessenabwägung** voraus.⁵² Diese Position bedarf einer kritischen Überprüfung: Bei der Anwendung von § 3 I UWG treffen nicht zwingend die Interessen von zwei Individualrechtssubjekten aufeinander. Oft sind das Einzelinteresse des handelnden Wettbewerbers und das abstrakte Allgemeininteresse an einem fairen Wettbewerb auszubalancieren. Der Terminus »Abwägung« deutet dann irreführend auf eine Abwägung von Individualinteressen. Zutreffend ist es allerdings, bei der Beurteilung der Lauterkeit alle tangierten Interessen zu berücksichtigen. Bei dieser Gesamtbetrachtung kann erwogen werden, eine **Nachahmungsgefahr** als unterlauterkeitsbegründendes Element in die Abwägung einzustellen. Hieran ist zu denken, wenn das konkret zu bewertende Verhalten selbst zwar noch hinnehmbar erscheint, aber aufgrund einer möglichen Nachahmung durch andere Wettbewerber eine Untersagung geboten erscheint. Die Frage ist zu § 1 UWG 1909 intensiv erörtert worden, insbesondere im Rahmen der Fallgruppe der allgemeinen Marktstörung (→ § 8 Rn. 43 ff.) und bei Fällen der Belästigung (heute § 7 UWG).⁵³ Im verbliebenen schmalen Anwendungsbereich des heutigen § 3 I UWG kann das Merkmal allenfalls für die Begründung der Unlauterkeit in der Fallgruppe der **allgemeinen Marktbehinderung** Relevanz entfalten. In der Literatur wird heute verbreitet die Berücksichtigung einer Nachahmungsgefahr abge-

---

50 *Emmerich* Unlauterer Wettbewerb, 9. Aufl. 2012, § 5 Rn. 27, S. 56; zu den Liberalisierungstendenzen Begr. Gesetzesentwurf, BT-Drs. 15/1487, 12 ff.
51 Ohly/Sosnitza/*Sosnitza*, 6. Aufl. 2014, UWG § 3 Rn. 13 aE.
52 BGH GRUR 2001, 1061 (1062) – Mitwohnzentrale.de; BGH GRUR 2004, 696 (697 f.) – Direktansprache am Arbeitsplatz; Ohly/Sosnitza/*Sosnitza* UWG § 3 Rn. 33.
53 Rechtsprechungsüberblick bei Ohly/Sosnitza/*Sosnitza* UWG § 3 Rn. 34.

lehnt.⁵⁴ Lauterkeitsrecht als Sonderdeliktsrecht knüpft an individuelles Fehlverhalten an. Dies spreche gegen die Berücksichtigung einer Nachahmungsgefahr. Allerdings liefern die deliktsrechtlichen Wurzeln des UWG auch Argumente für eine Einbeziehung der Nachahmungsgefahr in die Gesamtbetrachtung zur Lauterkeit. Bei den sog. Herausforderungsfällen im Deliktsrecht kommt eine Haftung auch dann in Betracht, wenn die Schädigung auf einem Willensentschluss des Verletzten beruht.⁵⁵ Begründet wird also eine deliktsrechtliche Verantwortung für einen fremden, freien Willensentschluss, der dem Verhalten des Inanspruchgenommenen zugerechnet werden kann. Hiervon ausgehend erscheint es konsequent, im Lauterkeitsrecht einer Nachahmungsgefahr haftungsbegründende Wirkung beimessen zu können.

Ein Verstoß gegen § 1 UWG 1909 erforderte nach der Rechtsprechung die Erfüllung eines **subjektiven Tatbestandsmerkmals.**⁵⁶ Demgegenüber hatte sich zum UWG 2004 eine objektive Deutung durchgesetzt, die auch heute noch Bestand hat: Ein subjektives Element ist nicht mehr erforderlich.⁵⁷ Allein objektive Umstände genügen, um den Tatbestand des § 3 I UWG auszufüllen. Allerdings ist im Einzelfall Vorsicht geboten. Bei einigen Tatbeständen des UWG – beispielsweise der Individualbehinderung (§ 4 Nr. 4 UWG) – wirkt ein subjektives Element (wie eine Behinderungsabsicht) unlauterkeitsbegründend (→ § 10 Rn. 57). 42

### b) Fallgruppen zu § 3 I UWG

**aa) Unlauterkeit wegen Grundrechtsverletzung.** Verletzt ein Handeln im Wettbewerb **Grundrechte** anderer Marktteilnehmer, kommt eine **unmittelbar nach § 3 I UWG unlautere** geschäftliche Handlung in Betracht. Intensiv diskutiert wurde ein Grundrechtsverstoß in den sog. Benetton-Fällen. Das Textilunternehmen Benetton hatte eine Reihe von Anzeigen mit sog. »Schockwerbung« geschaltet. Die Anzeigenmotive zeigten unter anderem eine ölverschmutzte Ente, arbeitende Kinder und menschliche Körperteile (Gesäß, Arm) mit dem Stempel »H.I.V. POSITIVE«. Hinzugesetzt zu den Anzeigen war das farbige Unternehmenslogo. Die Verwendung des Motivs »H.I.V. POSITIVE« wurde mit der Begründung untersagt, es liege ein Verstoß gegen die Menschenwürde vor.⁵⁸ Die Entscheidung des BGH in der Sache »H.I.V. POSITIVE« wurde vom BVerfG aufgehoben. Der BGH habe sich nicht hinreichend mit der Mehrdeutigkeit des Anzeigenmotivs auseinandergesetzt.⁵⁹ Nach der Zurückverweisung untersagte der BGH erneut die Werbung. Es liege ein Verstoß gegen die Menschenwürde vor.⁶⁰ Tiefe Not und Stigmatisierung der Aidskranken würden zum wirtschaftlichen Vorteil ausgenutzt.⁶¹ Auch diese zweite Entscheidung 43

---

54 Köhler/Bornkamm/Feddersen/*Köhler* UWG § 4 Rn. 5.3, Ohly/Sosnitza/*Sosnitza* UWG § 3 Rn. 38; aA zum UWG 2004 OLG Jena GRUR 2006, 246 (247).
55 BGH NJW 1995, 126 (127); 1971, 1980f.; 1995, 449 (451); 2001, 512 (513); 2012, 1951 Rn. 8.
56 BGH GRUR 1983, 587 (588) – letzte Auftragsbestätigung; BGH GRUR 1992, 448 (449) – Pullovermuster; aA Baumbach/Hefermehl/*Hefermehl* UWG Einl Rn. 128.
57 BGH GRUR 2009, 1080 Rn. 21 – Auskunft der IHK (für das UWG 2004 und das UWG 2008); zum UWG 2015: Köhler/Bornkamm/Feddersen/*Köhler* UWG § 3 Rn. 2.17; Ohly/Sosnitza/*Sosnitza* UWG § 3 Rn. 40; Fezer/Büscher/Obergfell/*Fezer* UWG § 3 Rn. 357ff., 361.
58 BGH GRUR 1995, 600 – H.I.V. POSITIVE; vgl. weiter BGH GRUR 1995, 595 – Kinderarbeit; BGH GRUR 1995, 598 – Ölverschmierte Ente.
59 BVerfG GRUR 2001, 170 (174f.).
60 BGH GRUR 2002, 360 (364f.) – H.I.V. POSITIVE II mAnm *Jänich* EWiR 2002, 459.
61 BGH GRUR 2002, 360 (365) – H.I.V. POSITIVE II mAnm *Jänich* EWiR 2002, 459.

des BGH hielt der Kontrolle durch das BVerfG nicht stand.[62] Die Menschenwürde setze zwar als nicht abwägungsfähiges Grundrecht der Meinungsäußerungsfreiheit auch im Wettbewerbsrecht eine absolute Grenze.[63] Diese sei aber noch nicht erreicht. Die Betroffenen würden nicht verhöhnt oder verspottet. Der bloße Umstand, dass das werbende Unternehmen profitieren wolle, begründet (noch) nicht den schweren Vorwurf einer Verletzung der Menschenwürde.[64] Vor diesem verfassungsrechtlichen Hintergrund ist eine Entscheidung des BGH aus dem Jahr 1995, die die geschmacklosen und anzüglichen Likörflaschenetiketten »Busengrapscher« und »Schlüpferstürmer« aufgrund eines Verstoßes gegen die Menschenwürde untersagte, unhaltbar und überholt.[65]

44  Die Fallgruppe der Grundrechtsverletzungen im Wettbewerb ist nicht zwingend in § 3 I UWG einzuordnen. Werden **Grundrechte der Verbraucher** verletzt, ist die Annahme eines Verstoßes gegen die unternehmerische Sorgfalt – **§ 3 II UWG** – möglich, wenn durch die Grundrechtsverletzung das wirtschaftliche Verhalten des Verbrauchers wesentlich beeinflusst werden kann. § 3 II UWG ist dann gegenüber § 3 I UWG vorrangig.

45  bb) Allgemeine Marktstörung. Unter § 3 I UWG kann – zumindest nach Meinung des Gesetzgebers[66] – die umstrittene Fallgruppe der **allgemeinen Marktbehinderung (oder Marktstörung)** gefasst werden. Eine allgemeine Marktbehinderung liegt nach der – vorwiegend älteren – Rechtsprechung vor, wenn ein Marktverhalten, gegebenenfalls unter Berücksichtigung von gleichwirkenden Handlungen der Wettbewerber (Nachahmungsgefahr, → § 10 Rn. 20), die ernstliche Gefahr begründet, der Leistungswettbewerb werde in erheblichem Maße eingeschränkt.[67] Typischer Anwendungsfall ist das massenhafte Verschenken von Originalware.[68] Deckt diese den Bedarf für eine längere Zeit, kommt es zu einer Marktverstopfung. Die Wettbewerbschancen der Mitbewerber werden erheblich verschlechtert.

46  Diese Fallgruppe trifft auf erhebliche **Bedenken**. Das UWG will die Fairness des Wettbewerbs, also das »wie« des Wettbewerbs schützen. Den Bestand des Wettbewerbs selbst schützt das **Kartellrecht** (→ § 2 Rn. 6). Die Bekämpfung von Marktstörungen ist primär Aufgabe des Kartellrechts. Die Behinderungstatbestände des GWB (§§ 19f. GWB) und des AEUV (Art. 102 AEUV) bieten umfassenden Schutz vor Behinderungspraktiken. Eine Heranziehung des UWG könnte bezwecken, vermeintlich missbräuchliche Verhaltensweisen, die nach dem Kartellrecht zulässig sind, zu untersagen. Beispielsweise könnte das Verhalten eines Unternehmens nach dem UWG unzulässig sein, das aufgrund seiner geringen Marktstärke nicht Normadressat des GWB ist. Für eine solche Ausdehnung des Schutzes hat *Ulmer* in den 1970er Jahren den Ausdruck »Vorfeldthese« geprägt.[69] Erfasst und untersagt werden sollen Verhaltensweisen im **Vorfeld** kartellrechtlicher Behinderungstatbestände. Dieser Ansatz wird heute weitge-

---

62 BVerfG GRUR 2003, 442 – Benetton-Werbung II mAnm *Jänich* EWiR 2003, 727.
63 BVerfG GRUR 2003, 442 – Benetton-Werbung II.
64 BVerfG GRUR 2003, 442 (443) – Benetton-Werbung II.
65 BGH GRUR 1995, 592 – Busengrapscher.
66 Begr. RegE, BT-Drs. 15/1487, 19 (zu § 3 UWG 2004).
67 BGH GRUR 1991, 616 (617) – Motorboot-Fachzeitschrift.
68 BGH GRUR 1965, 489 (491) – Kleenex; BGH GRUR 1957, 365 (367) – SUWA.
69 *Ulmer* AfP 1975, 870 (875f.); dazu *Merz*, Die Vorfeldthese, 1988, passim.

hend abgelehnt.⁷⁰ Jedenfalls sind auch bei einer parallelen Anwendung von GWB- und UWG-Normen, die grundsätzlich möglich ist, konkrete Wertentscheidungen des Gesetzgebers, die im GWB Niederschlag gefunden haben, zu berücksichtigen.⁷¹ Darüber hinaus dürfte das kartellrechtliche Verwaltungsverfahren besser als ein kontradiktorischer Zivilprozess geeignet sein, die in den einschlägigen Fällen erforderliche Marktstrukturanalyse durchzuführen.⁷² Daher ist eine lauterkeitsrechtliche Fallgruppe der allgemeinen Marktbehinderung, die eine Ausdehnung des kartellrechtlichen Schutzes bezweckt, abzulehnen. Allerdings ist die Idee, die einer solchen Fallgruppe zugrunde liegt, nicht gänzlich zu verwerfen: § 4 Nr. 4 UWG untersagt die Individualbehinderung einzelner Wettbewerber. Gelegentlich wird eine Gruppe von Wettbewerbern behindert. Können die Angehörigen der Gruppe aus tatsächlichen Gründen nicht näher konkretisiert werden, ist ein Rückgriff auf § 3 I UWG geboten. Es liegt dann eine allgemeine Marktbehinderung vor.⁷³

Eine allgemeine Marktbehinderung liegt nach der Rechtsprechung des BGH vor, wenn **ein für sich genommen nicht unlauteres, aber doch bedenkliches Wettbewerbsverhalten allein oder in Verbindung mit gleichartigen Maßnahmen von Mitbewerbern die ernstliche Gefahr begründet, der Wettbewerb werde in nicht unerheblichem Maße eingeschränkt.**⁷⁴ Die Fallgruppe der allgemeinen Marktbehinderung (Marktstörung) ist vom BGH nach der UWG-Novelle 2008 ausdrücklich fortgeführt worden.⁷⁵ Praktische Bedeutung kommt der bereits angesprochenen Frage zu, ob die unentgeltliche Verteilung von Waren und Dienstleistungen zu einer lauterkeitswidrigen Marktstörung führt.⁷⁶ Diese Frage musste vom BGH erstmals noch vor dem Inkrafttreten des GWB in der Entscheidung »SUWA« für eine Werbeaktion für Waschmittel beantwortet werden.⁷⁷ Heute ist die Fallgruppe der unentgeltlichen Verteilung von Presseerzeugnissen bedeutsam.⁷⁸ 47

Der **Pressemarkt** verfügt über hohe Marktzutrittsschranken. Er ist daher stark verfestigt. Newcomer finden nur schwer einen Marktzutritt. Die Verleger agieren auf zwei Märkten: auf dem Anzeigenmarkt und auf dem Lesermarkt. Auf dem Anzeigenmarkt kämpfen sie um Inserenten. Gleichzeitig müssen sie ihren Absatz auf dem Lesermarkt sichern und steigern. Verschiedenste Wettbewerbspraktiken auf dem Pressemarkt musste die Rechtsprechung aus der Perspektive der Fallgruppe der allgemeinen Marktstörung bereits beurteilen. Eine dieser Fallgruppen ist die Verteilung von Zeitungen über sog. »Stumme Verkäufer«. Aus diesen Behältern wird häufig die Zeitung entnommen, ohne dass eine Bezahlung erfolgt. Verlage haben die Möglichkeit, dies in großem Umfang zu dulden. Sie können durch diese de facto-Gratisverteilung ihren Marktanteil erhöhen und Wettbewerber behindern oder sogar vom Markt verdrängen. Eine 48

---

70 Überblick über den Meinungsstand bei MüKoUWG/*Heermann* Anh. §§ 1–7 B Rn. 8f.
71 *Jänich* Überhöhte Verbotsstandards 63ff.
72 *Lux,* Der Tatbestand der allgemeinen Marktbehinderung, 2006, 376ff.
73 MüKoUWG/*Jänich* § 4 Nr. 4 Rn. 1.
74 BGH GRUR 1991, 616 (617) – Motorboot-Fachzeitschrift; BGH GRUR 2001, 80 (81) – Ad-hoc-Meldung; BGH GRUR 2001, 752 (753) – Eröffnungswerbung; BGH GRUR 2004, 960 (961) – 500 DM-Gutschein für Autokauf.
75 BGH GRUR 2010, 455 Rn. 20 – Stumme Verkäufer II.
76 Umfassende Rechtsprechungsanalyse bei MüKoUWG/*Heermann* Anh. §§ 1–7 B Rn. 29, 36, 57f.
77 BGH GRUR 1957, 365 – SUWA.
78 BGH WRP 2004, 746 – Zeitung zum Sonntag; BGH GRUR 2004, 602 – Zwanzig Minuten Köln; BGH GRUR 2010, 455 – Stumme Verkäufer II.

solche Praxis soll in Ausnahmefällen lauterkeitswidrig sein. Unlauterkeit ist nach der Rechtsprechung des BGH gegeben, wenn es zu einer dauerhaften Abgabe unter Selbstkosten kommt und auf diese Weise der Bestand des Wettbewerbs gefährdet wird.[79] Der BGH zieht hier eine Parallele zur intensiv geführten Diskussion um die Rechtmäßigkeit einer dauerhaften **unentgeltlichen Verteilung von meinungsbildenden Tageszeitungen.** Diese Zeitungen, sog. Leserzeitungen, werden in Deutschland gegen Entgelt abgegeben. Ihr Geschäftsmodell beruht auf einer Mischfinanzierung: Zum Teil finanzieren sich die Zeitungen aus den Anzeigenerlösen. Dazu treten die Verkaufserlöse. In der Entscheidung »Zwanzig Minuten Köln«[80] war über die lauterkeitsrechtliche Zulässigkeit der unentgeltlichen Verteilung einer Zeitung zu entscheiden, deren Gesamtumfang zu 2/3 redaktionell gestaltet war. Die »Zeitung zum Sonntag« war Gegenstand einer weiteren Entscheidung des BGH[81]. Es handelte sich um eine unentgeltlich verteilte Sonntagszeitung, die über einen umfassenden, einer Bezahlzeitung ähnlichen redaktionellen Teil verfügte. In beiden Fällen lehnte der BGH eine allgemeine Marktstörung ab. Zwar hatte der BGH schon zuvor entschieden, dass die Gratisverteilung von Printmedien ausnahmsweise gegen § 1 UWG aF verstoßen könne.[82] Dies sei insbesondere dann der Fall, wenn der redaktionelle Teil des Anzeigenblattes geeignet sei, für einen nicht unerheblichen Teil der Angesprochenen eine Tageszeitung zu ersetzen, und wenn die **ernstliche Gefahr** bestehe, dass deshalb die Tagespresse als Institution in ihrem verfassungsrechtlich garantierten Bestand betroffen sei.[83] In beiden Fällen aber wurde im Ergebnis ein Verstoß gegen das Lauterkeitsrecht abgelehnt: In den Entscheidungen »Zwanzig Minuten Köln« und »Zeitung zum Sonntag«[84] stellt der BGH zentral auf verfassungsrechtliche Erwägungen ab. Die Garantie der Pressefreiheit (Art. 5 I 2 GG) unterscheide nicht danach, ob sich eine Zeitung allein durch Anzeigen oder daneben auch dadurch finanziert, dass der Leser ein Entgelt für sie zahlen muss.[85] Etwas anderes komme nur in Betracht, wenn der Bestand eines meinungsbildenden Blattes, also einer Zeitung, die »sich redaktionell vor allem mit allgemein interessierenden politischen, wirtschaftlichen und kulturellen Gegenständen« befasst und dabei »informierend und kommentierend in der Bildung der öffentlichen Meinung mitwirkt«, durch ein Konkurrenzprodukt gefährdet werden würde, das diese Funktionen nicht wahrnehmen könne. Dann käme ein Rückgriff auf Art. 5 I 2 GG in Betracht.[86] Auch ein präventiver Schutz könne nicht zugesprochen werden. Eine abstrakte Gefährdung reiche nicht aus. Zudem genieße die von Lesern mitfinanzierte Tageszeitung keinen Vorrang gegenüber rein anzeigenfinanzierten Zeitungen.[87] Beide Entscheidungen treffen in der Literatur auf Zustimmung[88], können aber im Ergebnis nicht überzeugen. Der BGH trägt der überragenden Bedeutung einer freien Presse für eine funktionierende Demokratie nicht hinreichend Rechnung. Die Mischfinanzierung sichert Pluralität und Unabhängigkeit, ähnlich wie beim öffentlich-rechtlichen Rundfunk. Über diese »relative Unabhängigkeit« verfügt eine anzeigenfinanzierte Presse

---

79 BGH GRUR 2010, 455 Rn. 22 – Stumme Verkäufer II.
80 BGH GRUR 2004, 602 – Zwanzig Minuten Köln.
81 BGH WRP 2004, 746 – Zeitung zum Sonntag.
82 BGH GRUR 1985, 881 – Bliestal-Spiegel.
83 BGH GRUR 1985, 881 (882) – Bliestal-Spiegel.
84 Die Entscheidungsbegründungen sind in beiden Fällen fast identisch.
85 BGH GRUR 2004, 602 (604) – Zwanzig Minuten Köln.
86 BGH GRUR 2004, 602 (604) – Zwanzig Minuten Köln.
87 BGH GRUR 2004, 602 (604) – Zwanzig Minuten Köln.
88 *Ruess/Tellmann* WRP 2004, 665 (666 ff.); MüKoUWG/*Heermann* Anh. §§ 1–7 B Rn. 51.

nicht. Jedenfalls hätte der BGH die Gefahrenschwelle, ab der ein Einschreiten erforderlich ist, in Anbetracht des überragend wichtigen Gemeinschaftsgutes »Pressefreiheit« niedriger festlegen müssen.[89] Bemerkenswert ist die Fallgruppe der allgemeinen Marktstörung durch Verteilung von Presseerzeugnissen schließlich auch in dogmatischer Hinsicht: Bei genauer Betrachtung handelt es sich um eine Ausprägung der bereits erörterten Fallgruppe der »Unlauterkeit wegen Grundrechtsverletzung« (→ § 8 Rn. 43).

> **Lösung zu Fall 1:** Eine Verletzung von § 3 I UWG ist abzulehnen, wenn man der eben geschilderten Rechtsprechung des BGH folgt.

## IV. § 3 II UWG

### 1. Überblick

§ 3 II UWG enthält die **Verbrauchergeneralklausel**. Geschäftliche Handlungen gegenüber Verbrauchern müssen nach § 3 II UWG der **unternehmerischen Sorgfalt** entsprechen. Anderenfalls sind sie unlauter. Dieser Verbotstatbestand erfasst nur geschäftliche Handlungen, die an Verbraucher gerichtet sind oder diese erreichen, nicht aber geschäftliche Handlungen gegenüber Mitbewerbern und sonstigen Marktteilnehmern. 49

Der Verbotskern ist zweigliedrig aufgebaut. Verlangt wird ein Verstoß gegen die unternehmerische Sorgfalt. Dieser muss zu einer Beeinträchtigung der Entscheidungsfreiheit des Verbrauchers führen (können). Hieraus ergibt sich folgendes **Prüfungsschema** für einen Verstoß gegen § 3 II UWG: 50

1. Geschäftliche Handlung, die an einen Verbraucher gerichtet ist oder diesen erreicht (→ § 8 Rn. 49)
2. Verstoß gegen die unternehmerische Sorgfalt (→ § 8 Rn. 52)
3. Eignung zur wesentlichen Beeinflussung des wirtschaftlichen Verhaltens des Verbrauchers (→ § 8 Rn. 55)

### 2. Geschäftliche Handlung, die an Verbraucher gerichtet ist oder diesen erreicht

§ 3 II UWG setzt voraus, dass eine geschäftliche Handlung vorliegt, die entweder an einen Verbraucher gerichtet ist **oder** diesen erreicht. An einen Verbraucher **gerichtet** ist jede Handlung, die gewerblicher Natur ist und unmittelbar mit der Absatzförderung, dem Verkauf oder der Lieferung ihrer Produkte an Verbraucher zusammenhängt.[90] Die Handlung **erreicht** den Verbraucher bereits, wenn sie zwar an Fachkreise gerichtet ist, von diesen aber typischerweise Konsumenten zugänglich gemacht wird. 51

> **Beispiel:** U wirbt in einer Fachzeitschrift für Tischler für ein Regalbefestigungssystem. Er weiß, dass die Zeitschrift in Baumärkten oft im Kundenbereich ausgelegt wird. Die geschäftliche Handlung »erreicht« Verbraucher.

---

89 Vgl. *Ahrens* WRP 1999, 123 (126f.).
90 EuGH ECLI:EU:C:2013:669 = GRUR 2013, 1245 Rn. 17 – GOOD NEWS.

### 3. Unternehmerische Sorgfalt

52 Der Begriff der »unternehmerischen Sorgfalt« ist im Rahmen der Erörterung der Grundbegriffe (→ § 4 Rn. 35 ff.) bereits ausgeleuchtet worden. Er ist in § 2 I Nr. 7 UWG legal definiert. Gemeint ist der **Standard an Fachkenntnissen und Sorgfalt, von dem billigerweise angenommen werden kann, dass ein Unternehmer ihn in seinem Tätigkeitsbereich gegenüber Verbrauchern nach Treu und Glauben unter Berücksichtigung der Marktgepflogenheiten einhält.** Ein typischer Verstoß ist eine Missachtung von verbraucherschützenden Belehrungs- und Informationspflichten (Beispiele: § 312a II, § 312d, § 312e, § 312f, § 312j II, § 316 I, § 356 II, III, § 356a III, § 356b I BGB). Jede Verletzung einer gesetzlichen Informationspflicht ist zugleich ein Verstoß gegen die unternehmerische Sorgfalt. Es entspricht der geschuldeten Sorgfalt, Verbraucher den gesetzlichen Anforderungen genügend zu belehren. Ein typisches Beispiel ist die Pkw-Energieverbrauchskennzeichnungsverordnung (Pkw-EnVKV). Nach dieser muss in Anzeigen für Kraftfahrzeuge der Kraftstoffverbrauch angegeben werden. Der BGH fasst Verstöße gegen diese Regelung typischerweise unter § 3a UWG (Verstoß gegen eine Marktverhaltensnorm).[91] Zugleich liegt eine Verletzung der unternehmerischen Sorgfalt vor. Ebenso darf der Konsument erwarten, dass lebensmittelrechtliche Kennzeichnungsvorschriften beachtet werden.[92]

53 Ein Verstoß gegen die unternehmerische Sorgfalt kann auch dann vorliegen, wenn eine **lauterkeitsrechtliche Verkehrspflicht** verletzt worden ist. Die lauterkeitsrechtlichen Verkehrspflichten können als Untergruppe der unternehmerischen Sorgfalt verstanden werden. Wer im Wettbewerb Gefahren für andere Marktteilnehmer schafft oder andauern lässt, muss geeignete Gefahrenabwehrmaßnahmen treffen.[93] Gegen eine solche Pflicht kann beispielsweise durch die ungenügende Sicherung eines eBay-Accounts verstoßen werden.[94] (→ § 15 Rn. 55).

54 Bei der Anwendung des § 3 II UWG ist die Festschreibung des Schutzhöchststandards durch die UGP-RL zu beachten. Nach Art. 3 V UGP-RL dürfen die Mitgliedstaaten im regulierten Bereich grundsätzlich keine strengeren Regeln aufrechterhalten, als sie die UGP-RL vorsieht. Wird beispielsweise ein Produkt als »gratis«, »umsonst«, »kostenfrei« oder ähnlich beworben, dürfen dem Verbraucher nur die Kosten berechnet werden, die im Rahmen des Eingehens auf das Angebot entstehen (Porto, Telefongebühren etc) sowie die Kosten, die für die Abholung oder Lieferung der Ware unvermeidbar sind (Anhang I Nr. 20 UGP-RL). Dies heißt umgekehrt, dass der Unternehmer auch bei einem als »kostenlos« beworbenen Angebot die Versandkosten verlangen darf. Konsequenz ist, dass über § 3 II UWG kein Verbotssatz gebildet werden darf, nach dem ein Angebot auch dann nicht als »kostenlos« beworben werden darf, wenn nur die Versandkosten berechnet werden (dies heißt allerdings nicht, dass

---

91 BGH GRUR 2010, 852 Rn. 20 – Gallardo Spyder; BGH GRUR 2012, 842 Rn. 15 – Neue Personenkraftwagen. Aus den Entscheidungen darf nicht vorschnell der Schluss gezogen werden, dass die genannten Fälle nach Ansicht des BGH nur unter § 3a UWG fallen: Der BGH hat im Lauterkeitsrecht eine Zeit lang einen sehr engen Streitgegenstandsbegriff vertreten und daher in vielen Fällen nicht alle in Betracht kommende Verbotstatbestände untersucht, vgl. BGH GRUR 2007, 161 – Dentalästhetika II. Dieses vom allgemeinen Zivilprozessrecht abweichende Verständnis des Streitgegenstandsbegriffs ist mit der Entscheidung BGH GRUR 2013, 401 – Biomineralwasser aufgegeben worden.
92 BGH GRUR 2013, 739 Rn. 19 ff. – Barilla.
93 BGH GRUR 2007, 894 Rn. 36 – Jugendgefährdende Medien bei ebay.
94 BGH GRUR 2009, 597 – Halzband.

ein Unternehmer vollkommen überhöhte Versandkosten veranschlagen darf. Solche Kosten sind nicht, wie Nr. 21 Anh. zu § 3 III UWG verlangt, »unvermeidbar«).

**4. Relevanz**

§ 3 II UWG verlangt, anders als § 3 I UWG, ausdrücklich eine Relevanz der Pflichtverletzung. Bis zur UWG-Reform 2015 fand sich in § 3 I UWG 2008 ein gemeinsames Relevanzkriterium für alle UWG-Tatbestände. § 3 II UWG 2008 ergänzte diese Regelung um eine spezielle Relevanzklausel für die Verstöße gegen die »fachliche Sorgfalt«. Heute verlangt § 3 II UWG, dass der Verstoß gegen die **unternehmerische** Sorgfalt **»geeignet«** sein muss, **»das wirtschaftliche Verhalten des Verbrauchers wesentlich zu beeinflussen«.** Die Formulierung lehnt sich eng an Art. 5 II lit. b UGP-RL an. Der Begriff der »wesentlichen Beeinflussung« wird (seit 2015) in § 2 I Nr. 8 UWG legal definiert (→ § 4 Rn. 38). Die Regelung soll verhindern, dass gänzlich belanglose Aussagen des Unternehmers einen Anspruch aus dem UWG auslösen. 55

**Häufigkeit, Dauer und Intensität** sind zentrale Kriterien für die Bestimmung der Unlauterkeit. Um die **Intensität** der Beeinflussung zu bestimmen, kann die alte Rechtsprechung zum – mit der UWG-Novelle 2015 aus dem Wortlaut des § 3 I UWG gestrichenen – Kriterium der Spürbarkeit teilweise verwertet werden. Eine spürbare Beeinträchtigung von Verbraucherinteressen wurde bejaht, wenn dem Verbraucher Informationen vorenthalten wurden, die nach europäischem Recht wesentlich sind.[95] Dies galt beispielsweise bei Informationen über Lebensmittel.[96] Bei leichten Verstößen gegen die PAngV[97] oder Verstößen gegen das Gesetz über die Einheiten im Messwesen und die Zeitbestimmung (EinhZeitG)[98] wurde demgegenüber ein spürbarer Verstoß in der Regel verneint. 56

> **Beispiele (aus dem Anwendungsbereich des § 3a UWG, der ein Spürbarkeitskriterium aufstellt):**
> - Nach dem EinhZeitG sind Größen in den gesetzlich vorgegebenen Einheiten anzugeben. Werden Fernseher und Computermonitore unter Verstoß gegen das EinhZeitG mit Größenangaben in Zoll statt in cm beworben, sind Verbraucherinteressen typischerweise nur leicht betroffen.
> - Eine Immobilie wird unter Missachtung der PAngV nur mit einem m²-Preis, nicht aber mit einem Endpreis beworben. Eine spürbare Beeinträchtigung der Verbraucherinteressen liegt nicht vor.[99]

Auch hier stellt sich die Frage, ob eine **Nachahmungsgefahr** zu berücksichtigen ist. Aus den oben zu § 3 I UWG geschilderten Gründen (→ § 8 Rn. 41) ist dies zu verneinen.[100] 57

Es genügt die bloße **Eignung** zur Beeinflussung. Zu einer tatsächlichen Beeinflussung der geschäftlichen Entscheidung muss es hingegen nicht gekommen sein. Hier zeigt sich der präventive Charakter des Lauterkeitsrechts.[101] 58

---

95 BGH GRUR 2010, 852 Rn. 20 ff. – Gallardo Spyder. Zur Wesentlichkeit von Informationen vgl. auch § 5a II UWG.
96 BGH GRUR 2013, 739 Rn. 34 – Barilla.
97 Beispiel: BGH GRUR 2001, 258 – Immobilienpreisangaben.
98 OLG Hamm MMR 2010, 548; zu § 1 UWG 1909 BGH GRUR 1995, 427 – Zollangaben; zur PS/kw-Werbung BGH GRUR 1994, 220 – PS-Werbung II.
99 BGH GRUR 2001, 258 (259) – Bewerbung von Immobilien mit Angabe des m²-Preises.
100 Ebenso Ohly/Sosnitza/*Sosnitza* UWG § 3 Rn. 84.
101 Näher dazu *Jänich* FS Schricker, 2005, 715 (720).

## V. Das Verbraucherleitbild (§ 3 IV UWG)

### 1. Die Bedeutung des Verbraucherleitbildes

59 Nach § 1 UWG schützt das UWG die »Verbraucherinnen und Verbraucher« vor unlauteren geschäftlichen Handlungen. Wer genau aber soll das sein? »Den« Verbraucher gibt es nicht. Verbraucherinnen und Verbraucher sind in höchst unterschiedlichem Maße schutzbedürftig. Ein Extrem markiert der leichtgläubige, intellektuell leistungsschwache, einfach zu beeinflussende Verbraucher, der Werbeaussagen blindlinks vertraut. Dem diametral gegenüber steht der aufmerksame, vorsichtige, pfiffige Verbraucher, der ständig Gefahren wittert und jedes Angebot ausgesprochen kritisch und vorsichtig würdigt. Insbesondere für die Anwendung des Irreführungsverbotes, aber auch für eine Vielzahl anderer Verbotstatbestände des UWG, muss bestimmt werden, auf welchen Verbrauchertypus abzustellen ist.

> **Beispiel:** Der Elektronikhändler A wirbt auf einem Werbeplakat mit der großen Überschrift »Apple iPhone für nur 99 EUR«. Dem weiteren, kleiner gedruckten Text lässt sich entnehmen, dass der Preis nur gilt, wenn der Verbraucher einen Mobilfunkvertrag mit 24 Monaten Laufzeit abschließt, der erhebliche monatliche Gebühren auslöst. Ein Teil der Verbraucher wird nur die Überschrift wahrnehmen und davon ausgehen, das Gerät könne für eine einmalige Zahlung von 99 EUR ohne Folgekosten erworben werden.

### 2. Die Entwicklung des Verbraucherleitbildes

#### a) Ältere Rechtsprechung

60 Die **ältere Rechtsprechung** des BGH und der Obergerichte ging von einem **flüchtigen Durchschnittsverbraucher** aus, der die Werbeaussage ungezwungen und unkritisch aufnimmt.[102] Fernliegende Deutungen des Bedeutungsgehalts wurden der rechtlichen Beurteilung zugrunde gelegt. Beispielsweise wurde aus der Verwendung des deutschen Wortes »frisch« in der Kennzeichnung einer Hähnchenroulade mit »Pingo Frisch« der Schluss gezogen, der Konsument vermute, das Produkt stamme aus der Bundesrepublik Deutschland.[103] Ein aufmerksamer, nachdenklicher Konsument hätte einen solchen Schluss nicht gezogen. Für das Irreführungsverbot wurde der Verbotsstandard noch weiter dadurch erhöht, dass schon die Irreführung eines nicht unerheblichen Teils der angesprochenen Verkehrskreise (ca. 10 %) genügte.[104] Im Ergebnis stellte sich ein sehr hohes Schutzniveau ein, das in der Literatur teilweise auf heftige Kritik stieß.[105] Eingewandt wurde, der Schutz intellektuell leistungsschwächerer Bevölkerungskreise habe zur Konsequenz, dass ein Großteil der Bevölkerung nicht sachgerecht informiert werden könne. *Emmerich* verwies 1987 darauf, dass rund 5 % der Bevölkerung »stets auf Hilfsschulniveau« verharren« und »dass es mit dem geistigen Niveau weiterer 5–10 % der Bevölkerung nicht viel besser bestellt ist«.[106] Heute verlassen im Bundesdurch-

---

102 BGH GRUR 1959, 365 (366) – Englisch Lavendel; BGH GRUR 1968, 702 (703) – Hamburger Volksbank; BGH GRUR 1969, 415 (416) – Kaffeerösterei; BGH GRUR 1970, 425 (426) – Melitta-Kaffee; OLG Köln GRUR 1989, 694 (695) – Frischgeflügel.
103 OLG Köln GRUR 1989, 694 (695).
104 Vgl. näher *Jänich* Überhöhte Verbotsstandards 5f.
105 *Emmerich*, Das Recht des unlauteren Wettbewerbs, 5. Aufl. 1998, 181; *Ehlers*, Das Irreführungsverbot des UWG im Spannungsfeld des freien europäischen Warenverkehrs, 1996, 74; *Sosnitza*, Wettbewerbsbeschränkungen durch die Rechtsprechung, 1995, 201; *Dauses* RIW 1998, 750; *Dreher* JZ 1997, 167 (173, 174, 175).
106 *Emmerich*, Das Recht des unlauteren Wettbewerbs, 2. Aufl. 1987, § 12, 2 (S. 176).

schnitt ca. 6 % der Schüler die Schule ohne einen Schulabschluss. Der regionale Spitzenwert lag 2016 bei erschreckenden 14,4 %.[107] Der Kritik konnte entgegengehalten werden, dass auch der Schutz intellektuell leistungsschwacher Bevölkerungskreise ein berechtigtes Anliegen des Lauterkeitsrechts ist (näher sogleich § 8 Rn. 67).

### b) Das Verbraucherleitbild des EuGH

Der EuGH entwickelte ein eigenes Verbraucherleitbild. Geboten war dies für die Anwendung der Warenverkehrsfreiheit (→ § 5 Rn. 3) sowie für die Interpretation verschiedenster Normen des Sekundärrechts wie beispielsweise des Markenrechts. In einer Reihe von Entscheidungen aus den 1990er Jahren bildete der EuGH das europäische Verbraucherleitbild heraus. Abzustellen sei auf einen **durchschnittlich informierten, aufmerksamen und verständigen Durchschnittsverbraucher.**[108] Dieses Verbraucherleitbild stand in einem deutlichen Widerspruch zum Leitbild der deutschen Rechtsprechung.

61

### c) Die Entscheidung »Orient-Teppichmuster« des BGH

Die über Jahrzehnte gefestigte Rechtsprechung des BGH zum Verbraucherleitbild wurde mit der Entscheidung »Orient-Teppichmuster« v. 20.10.1999 aufgegeben.[109] Dort führt der BGH ohne jede Auseinandersetzung mit der früheren Rechtsprechung aus:[110]

62

»Der Grad der Aufmerksamkeit des durchschnittlich informierten und verständigen Verbrauchers, auf dessen Verständnis es ankommt, ist abhängig von der jeweiligen Situation. Er wird vor allem von der Bedeutung der beworbenen Waren oder Dienstleistungen für den angesprochenen Verbraucher abhängen. Er wird beispielsweise dort eher gering, d. h. flüchtig sein, wo es um den Erwerb geringwertiger Gegenstände des täglichen Bedarfs geht.«

Abzustellen war also nunmehr auf einen **»durchschnittlich informierten und verständigen Verbraucher«.** »Durchschnittlich informiert« heißt allerdings nicht, dass er jede Werbeangabe sorgfältig prüft. Werbebeilagen oder Zeitungsanzeigen werden regelmäßig zunächst flüchtig gesichtet. Die Begriffe »flüchtig« und »verständig« schließen sich nicht gegenseitig aus. Nur wenn an einer – nicht völlig geringwertigen – Ware oder Dienstleistung schon Interesse bestand oder dieses bei flüchtiger Durchsicht geweckt wurde, wird die Werbung mit größerer Aufmerksamkeit wahrgenommen. Diese **situationsadäquate Aufmerksamkeit** des Durchschnittsverbrauchers ist für die Ermittlung des Verkehrsverständnisses maßgebend. Mögliche Missverständnisse flüchtiger oder nicht interessierter Verbraucher haben dabei zurückzutreten.

63

Bereits in der Entscheidung »Energiekosten-Preisvergleich II« aus dem Jahr 1996[111] fand sich ein erster Hinweis auf eine Neubestimmung auch des Irreführungsmaßstabs: Eine etwaige Irreführung *vereinzelter* Verbraucher sollte mit Blick auf das Informationsinteresse hinzunehmen sein. Jedenfalls mit der Entscheidung **Orient-Teppichmuster** schwenkte der BGH sodann vollständig auf die Linie des EuGH ein. Diese Rechtsprechung wurde anschließend fortgeführt.[112] Mit der UWG-Novelle 2004 fand

64

---

107 Angaben abrufbar auf regionalstatistik.de.
108 EuGH GRUR Int. 1998, 795 (797) – Gut Springenheide; zuvor in diese Richtung weisend EuGH GRUR Int 1990, 955 (956) – GB-Inno-BM; EuGH GRUR Int 1991, 215 (216) – Pall Corp (Rn. 21: »Umsichtiger Wirtschaftsteilnehmer«); EuGH GRUR Int 1995, 804 (805) – Mars (Rn. 24: »Verständiger Verbraucher«).
109 BGH GRUR 2000, 619.
110 BGH GRUR 2000, 619 (621) unter (b).
111 BGH GRUR 1997, 304 (306).
112 BGH GRUR 2001, 1061 (1063) – Mitwohnzentrale.de; BGH GRUR 2002, 828 (829) – Lottoschein; BGH GRUR 2003, 249 – Preis ohne Monitor.

diese Rechtsprechung noch keinen kodifikatorischen Niederschlag. Erst mit der UWG-Novelle 2008 wurde das Verbraucherleitbild in das Gesetz aufgenommen.

### 3. Die Grundregel des § 3 IV 1 UWG

65 Nach § 3 IV 1 UWG ist für die Anwendung lauterkeitsrechtlicher Verbotstatbestände auf »den durchschnittlichen Verbraucher« abzustellen. Wendet sich die Werbung an eine besondere Gruppe, ist auf ein durchschnittliches Mitglied dieser Gruppe abzustellen.

> **Beispiel:** Ein juristisches Repetitorium zur Vorbereitung auf die 1. juristische Prüfung wird beworben. Für die rechtliche Beurteilung ist abzustellen auf einen durchschnittlichen Studierenden der Rechtswissenschaft, der als Kunde in Betracht kommt.

66 Abhängig von der konkreten Situation sind der Aufmerksamkeitsgrad und die Sorgfalt des Durchschnittsverbrauchers zu bestimmen. Eine Fernsehwerbung für geringpreisige Güter des täglichen Bedarfs wird flüchtiger wahrgenommen als Werbung für ein Auto, wenn eine entsprechende Kaufentscheidung ansteht.

67 Das Verbraucherleitbild von EuGH und BGH (und damit des § 3 IV UWG) ist kritisch zu betrachten. Es akzeptiert Nachteile für »unterdurchschnittliche« Verbraucher, also Verbraucher, die nicht über das intellektuelle Niveau des Durchschnittsverbrauchers verfügen. Im amerikanischen Recht wird dieses Problem unter der Formel **»Why the poor pay more«** erörtert.[113] Wenn auch die »Erziehung« der Verbraucher und ihre Information zu den Zielen der EU zählt (Art. 169 I AEUV), so ist doch zu konstatieren, dass ein erheblicher Teil der Verbraucher durch das Lauterkeitsrecht nicht geschützt wird, und zwar gerade die Konsumenten, die besonders schutzbedürftig sind. Schon zum vermeintlich zu strengen alten Recht hat *Sack* zutreffend darauf hingewiesen, die vom BGH verlangte Irreführung von ca. 10 % der angesprochenen Konsumenten bedeutet, dass – je nach Zielgruppe – immerhin vier bis acht Millionen Menschen irregeführt werden.[114] Es erstaunt, in welchem Umfang heute große Bevölkerungsgruppen schutzlos gestellt werden.

> **Fall 2:** Der BGH (GRUR 1961, 544 – Hühnergegacker) billigte unter Berücksichtigung einer feinsinnigen Differenzierung zwischen »Legegegacker« und »Kommunikationsgegacker« im Jahr 1961 die Annahme des Berufungsgerichts, die angesprochenen Verkehrskreise ziehen aus der Verwendung des Hühnergegackers in der Werbung den Schluss, Frischei sei verwendet worden. Ein Durchschnittsverbraucher heute (§ 3 IV UWG) wird einer solchen Werbung skeptischer gegenübertreten.

> **Fall 3:** Im Jahr 2007 entschied der BGH (GRUR 2007, 981 Rn. 11 – Zinsbonus), der Verbraucher erwarte schon vom Wortsinn her nur einen Zuschlag auf die gewährten Zinsen und nicht die Höhe des Zinssatzes selbst. Für die Richtigkeit der Entscheidung spricht der dort in Aussicht gestellte Zinsbonus von »bis zu 150 %«. In unserem Fall kommt eine abweichende Beurteilung in Betracht, da die angegebene Bonushöhe deutlich niedriger ist, also dichter an einem marktüblichen Zinssatz liegt.

68 Beachtung verdient, dass § 3 II UWG den **Singular** verwendet: Es ist auf »den durchschnittlichen Verbraucher« und nicht auf »die durchschnittlichen Verbraucher« abzustellen. Oft werden Mitglieder der Gesamtgruppe der Durchschnittsverbraucher geschäftliche Angaben unterschiedlich verstehen. Dennoch soll nach der aktuellen Rechtsprechung nur auf **den** (einen) Durchschnittsverbraucher abgestellt werden.[115]

---

113 Ausf. dazu *Beater*, Unlauterer Wettbewerb, 2011, Rn. 1110.
114 *Sack*, WRP 2004, 521 (524).
115 BGH GRUR 2014, 1013 Rn. 33 – Original Bach-Blüten.

Eine gespaltene Verkehrsauffassung gebe es grundsätzlich nicht.[116] Nur wenn sich die Werbung an eine eindeutig identifizierbare Gruppe von Verbrauchern richtet, soll etwas anderes in Betracht kommen. [117](→ § 12 Rn. 99).

> **Beispiel:** Wie vor, ein juristisches Repetitorium zur Vorbereitung auf die 1. juristische Prüfung wird beworben. 10% der Studierenden sind besonders aufmerksam. 80% sind von durchschnittlicher Aufmerksamkeit. 10% der Studentinnen und Studenten sind unaufmerksam. Für die rechtliche Beurteilung ist abzustellen auf **einen** durchschnittlichen Studierenden der Rechtswissenschaft, der als Kunde in Betracht kommt. Er ist in der Gruppe der Studierenden mit durchschnittlicher Aufmerksamkeit zu suchen.

### 4. § 3 IV 2 UWG

Ein modifizierter Maßstab ist anzunehmen, wenn sich die Werbung **nur** an eine Gruppe wendet, die aufgrund von geistigen oder körperlichen Gebrechen, Alter oder Leichtgläubigkeit besonders schutzbedürftig ist. Hieran wird beispielsweise zu denken sein bei Werbung gegenüber Kindern oder Senioren und gegenüber mit den hiesigen Usancen geschäftlich unerfahrenen Gruppen wie Spätaussiedlern[118] und Flüchtlingen. In diesen Fällen ist auf ein durchschnittliches Mitglied der angesprochenen Gruppe abzustellen. Flankiert wurde diese Regelung bis zum Jahr 2015 durch § 4 Nr. 2 UWG aF, einem speziellen Verbotstatbestand, der geschäftliche Handlungen untersagte, die bestimmte situationsbedingte Nachteile wie Alter oder Angst ausnutzen wollten. In das neue UWG hat diese Regelung keinen Eingang gefunden. Alle entsprechenden Handlungen sind nunmehr am neuen § 4a UWG (aggressive geschäftliche Handlungen) zu messen.[119]

69

## C. § 3 III UWG und der Anhang

### I. Funktion und Aufbau

§ 3 III UWG und der Anhang wurden zur Umsetzung der UGP-RL in das Gesetz eingefügt. Der Gesetzgeber folgt damit dem Regelungskonzept der UGP-RL. Diese benennt im Anhang I eine Reihe von Geschäftspraktiken, die »unter allen Umständen« unlauter sind (Art. 5 V UGP-RL). Mit der Liste wird der Zweck verfolgt, Geschäftspraktiken zu identifizieren, die unter allen Umständen unlauter sein sollen. Erfasst werden nur geschäftliche Handlungen gegenüber Verbrauchern.

70

> **Beispiel:** Ein Versicherer beantwortet Post mit Schadensmeldungen systematisch nicht. Dies verstößt nur dann gegen Art. 3 III UWG iVm Anhang Nr. 27, wenn es sich um Schadensmeldungen von Verbrauchern handelt. Selbstverständlich aber kann ein Wettbewerber des Versicherers diese unlautere Verhaltensweise über § 8 I UWG bekämpfen.

Ausgelöst durch die Entstehungsgeschichte und die dreifache Schutzrichtung des UWG (Verbraucher, Mitbewerber, sonstige Marktteilnehmer) gibt es vielfältige Überschneidungen mit den §§ 3a ff. UWG. Beide Regelungen sind parallel anwendbar.

71

---

116 BGH GRUR 2014, 1013 Rn. 33 – Original Bach-Blüten.
117 BGH GRUR 2014, 1013 Rn. 33 – Original Bach-Blüten.
118 BGH GRUR 1998, 1041 – Verkaufsveranstaltung in Aussiedlerwohnheim.
119 Ausf. zur Bedeutung des Wegfalls des § 4 Nr. 2 UWG für § 4a UWG Köhler/Bornkamm/Feddersen/*Köhler* UWG § 4a Rn. 2.9–2.11.

> **Klausurtipp:** Der Grundsatz der Vollständigkeit des Gutachtens ist zu beachten. Neben dem Anhang zu § 3 III UWG sind immer alle weiteren in Betracht kommenden Tatbestände zu prüfen.

72 Die Nummern 1–24 untersagen irreführende geschäftliche Praktiken. Die Nummern 25–30 erfassen aggressive geschäftliche Praktiken. Es handelt sich um sog. »**per-se-Verbote**«.[120] Es ist keine Spürbarkeitsprüfung vorzunehmen. Das wirtschaftliche Verhalten der Verbraucher (§ 3 II UWG) muss nicht beeinflusst werden, um einen Verstoß bejahen zu können. Diese Feststellung darf aber nicht den Blick darauf verstellen, dass einzelne Tatbestände des Anhangs Tatbestandsmerkmale wie »angemessen« und »vertretbar« enthalten, die eine Abwägungsentscheidung erfordern. Da der Anhang zur Umsetzung der UGP-RL geschaffen worden ist, muss eine **richtlinienkonforme Auslegung** erfolgen.

## II. Die Tatbestände des Anhangs zu § 3 III UWG

### 1. Nr. 1 – Verhaltenskodex

73 Nach Nr. 1 des Anhangs zu § 3 III UWG ist die **unwahre Angabe** eines Unternehmers, **zu den Unterzeichnern eines Verhaltenskodexes zu gehören,** unzulässig. Der Begriff des Verhaltenskodexes ist in § 2 I Nr. 5 UWG (Umsetzung von Art. 2 lit. f UGP-RL) legal definiert. Ein Verhaltenskodex enthält Vereinbarungen oder Vorschriften über das Verhalten von Unternehmern, zu welchen diese sich in Bezug auf Wirtschaftszweige oder einzelne geschäftliche Handlungen verpflichtet haben, ohne dass sich solche Verpflichtungen aus Gesetzes- oder Verwaltungsvorschriften ergeben. Es handelt sich hierbei im Regelfall um Vereinbarungen auf horizontaler Ebene (zwischen Unternehmen), mit denen ein bestimmtes Verhalten im Vertikalverhältnis zugesagt wird. Denkbar ist auch, dass gegenüber einem Dritten (Verband, Verein) eine Zusage abgegeben wird, ein bestimmtes Verhalten gegenüber Verbrauchern zu gewährleisten oder zu unterlassen.

> **Beispiel:** Ziff. 6 des Verhaltenskodexes des Gesamtverbandes der Deutschen Versicherungswirtschaft für den Vertrieb von Versicherungsprodukten, dem eine Vielzahl von Versicherungsunternehmen beigetreten ist (also eine Abstimmung im Horizontalverhältnis), verpflichtet die Unternehmen, bei Abwerbungen und sog. Umdeckungen den Kunden über Nachteile zu informieren. Es wird also eine Verhaltenspflicht im Vertikalverhältnis begründet.

74 In Bezug auf Verhaltenskodizes enthält das UWG zwei zentrale Regelungen. **Anhang Nr. 1 zu § 3 III UWG** untersagt die unwahre Angabe, zu den Unterzeichnern eines Kodexes zu gehören. Die Einhaltung der Verpflichtung aus dem Kodex wird durch **§ 5 I 2 Nr. 6 UWG** sichergestellt.

75 Beachtet werden muss die kartellrechtliche Zulässigkeit von Verhaltenskodizes. Durch einen Verhaltenskodex wird das Verhalten von Unternehmen abgestimmt. Eine solche Verhaltensabstimmung unterliegt der Kontrolle durch das GWB. In der Regel handelt es sich um Wettbewerbsregeln nach §§ 24 ff. GWB. Diese können von den Kartellbehörden anerkannt werden (§§ 24 III, 26 GWB). Zur lauterkeitsrechtlichen Wirkung von Wettbewerbsregeln verdient die BGH-Entscheidung »Probeabonnement« besondere Beachtung.[121] Nach dieser Entscheidung begründet ein Verstoß gegen Wettbe-

---

120 Köhler/Bornkamm/Feddersen/*Köhler* UWG Anh. zu § 3 III Einf Rn. 0.10.
121 BGH GRUR 2006, 773 – Probeabonnement.

werbsregeln allein keinen Verstoß gegen das Lauterkeitsrecht. Er hat allenfalls indizielle Bedeutung.[122] Diese Entscheidung verdient uneingeschränkte Zustimmung: Es obliegt nicht den Marktteilnehmern, sondern dem Gesetzgeber, die Grenzen des Zulässigen zu bestimmen.

## 2. Nr. 2 – Gütezeichen

Nr. 2 des Anhangs zu § 3 III UWG untersagt die Verwendung von Gütezeichen, Qualitätskennzeichen oder Ähnlichem ohne die erforderliche Genehmigung. Es handelt sich hierbei um einen besonderen Schutz vor Irreführungen. Der Tatbestand erfasst unternehmens- und produktbezogene Kennzeichnungen, die nach einer Prüfung anhand objektiver Kriterien vergeben werden.[123] Typische Beispiele sind das »VDE«-Zeichen (elektronische Sicherheit) und das« GS«-Zeichen (geprüfte Sicherheit).[124] Die »CE«-Kennzeichnung (Conformité Européenne = Europäische Konformität) wird nicht von Anhang Nr. 2 zu § 3 III UWG erfasst. Mit dieser Kennzeichnung erklärt der Hersteller selbst (und nicht ein Dritter), dass das Produkt den gestellten rechtlichen Anforderungen der EU genügt. Nr. 2 des Anhangs zu § 3 III UWG erfasst nur Kennzeichen, die von Dritten oder privaten Stellen vergeben werden. Es wird verlangt, dass die Erlaubnis zur Verwendung des Zeichens ausdrücklich erteilt worden ist.[125] In der Tat ist ein Gütezeichen nicht »gebilligt, bestätigt, oder genehmigt«, wenn der Verleihende nur abstrakte Standards aufstellt und der Verwender dann selbst entscheidet, ob er das Zeichen führen darf. Umgekehrt genügt es für die Annahme einer Genehmigung, wenn der Herstellungsprozess eines Produktes genehmigt wird und der Hersteller sodann die Einhaltung des genehmigten Produktionsprozesses garantiert.[126]

76

**Fall 4:** Mit dem GS-Zeichen gibt der Hersteller an, dass sein Produkt erfolgreich einer Baumusterprüfung durch eine GS-Stelle unterzogen worden ist (§ 21 ProSG). Wird ein nicht geprüftes Produkt gekennzeichnet, liegt ein Verstoß gegen Anhang Nr. 2 zu § 3 III UWG vor.

Das Testsiegel der Stiftung Warentest fällt nicht unter Nr. 2 des Anhangs zu § 3 III UWG, da dieses nicht eine Auszeichnung für eine abstrakt definierte Produktqualität betrifft.[127] Fehlt die Genehmigung zur Verwendung, ist die Verwendung des Zeichens (lauterkeits-) rechtswidrig. Keine Rolle spielt es, ob das Produkt den Anforderungen genügt.

77

## 3. Nr. 3 – Billigung eines Verhaltenskodexes

Nr. 3 des Anhangs zu § 3 III UWG untersagt die unwahre Angabe, ein Verhaltenskodex sei von einer öffentlichen oder anderen Stelle gebilligt. Der Begriff des Verhaltenskodexes ist bereits erörtert worden (→ § 4 Rn. 33). Nach Nr. 3 des Anhangs zu § 3 III UWG ist die unwahre Angabe, eine **Billigung** durch einen Dritten sei erfolgt, unzulässig. Unter einer Billigung wird eine Anerkennung des Verhaltenskodexes nach der Prüfung seines Inhalts verstanden.[128] Der typische Fall einer Billigung ist die Anerken-

78

---

122 BGH GRUR 2006, 773 Rn. 19 – Probeabonnement.
123 MüKoUWG/*Alexander* Anh. § 3 III Nr. 2 Rn. 16f.
124 MüKoUWG/*Alexander* Anh. § 3 III Nr. 2 Rn. 18.
125 Köhler/Bornkamm/Feddersen/*Köhler* UWG Anh. zu § 3 III Rn. 2.7.
126 Vgl. zum Verfahren bei Nachhaltigkeitssiegeln test, 5/2016, 26ff.
127 IErg ebenso OLG Köln GRUR-RR 2011, 275 (277) – »Testsieger«-Werbung.
128 MüKoUWG/*Alexander* Anh. § 3 III Nr. 3 Rn. 20.

nung einer Wettbewerbsregel durch das Bundeskartellamt gem. §§ 24 ff. GWB. Generell sollten an eine Billigung keine zu strengen Anforderungen gestellt werden. Eine Billigung ist ein Minus zu einer Genehmigung. Daher sollte eine zustimmende Kenntnisnahme durch eine private oder öffentliche Stelle ausreichen.

#### 4. Nr. 4 – Unwahre Angaben zur Bestätigung, Billigung oder Genehmigung von Waren oder Dienstleistungen durch öffentliche oder private Stellen

79 Nr. 4 des Anhangs zu § 3 III UWG erfasst zwei verschiedene Tatbestände der Bestätigung oder Billigung von geschäftlichen Handlungen, Waren oder Dienstleistungen. Die **Variante 1** der Nr. 4 untersagt die unwahre Angabe, eine vom Unternehmer vorgenommene geschäftliche Handlung oder eine Ware oder eine Dienstleistung sei von einer öffentlichen oder privaten Stelle **bestätigt oder genehmigt worden.** Abgewehrt werden hierdurch verschiedene, recht unterschiedlich gelagerte Irreführungsgefahren. Einer Autorisierung durch Dritte bringt der Verbraucher mehr Vertrauen entgegen als Äußerungen des Unternehmers selbst. Insoweit birgt die unzutreffende Angabe eine besondere Irreführungsgefahr in sich. Auch kann die Verwendungseignung eines Produktes von der Genehmigung einer öffentlichen Stelle abhängig sein. Hier läuft der Konsument Gefahr, frustrierte Aufwendungen zu tätigen, wenn er das Produkt entgegen der Werbeaussage nicht verwenden darf.

> **Beispiel:** Der Verlag V behauptet, seine Gesetzestexte seien für die 1. juristische Prüfung im Bundesland X zugelassen. Tatsächlich ist dies nicht der Fall.

80 Die **zweite Variante** von **Nr. 4** untersagt die unwahre Angabe, **den Bedingungen** für die Bestätigung, Billigung oder Genehmigung **werde entsprochen.** Auch hier werden insbesondere die Fälle erfasst, bei denen über die Verwendungseignung des noch zu erwerbenden Produktes getäuscht werden soll. Allerdings wird nicht eine schon erteilte Genehmigung, sondern eine (zukünftige) Genehmigungsfähigkeit behauptet.

#### 5. Nr. 5 – Lockangebote

81 Mit Nr. 5 des Anhangs zu § 3 III UWG sollen die von Verbrauchern oft beklagten **Lockvogelangebote** bekämpft werden. Der Konsument wird mit einem Sonderangebot in ein Geschäft gelockt. Dort ist die beworbene günstige Ware jedoch nicht vorrätig. Oft weicht der Verbraucher dann auf ein an sich nicht gewünschtes, teureres Produkt aus. Nr. 5 des Anhangs zu § 3 III UWG bekämpft diese Praktiken, indem dem Unternehmer (nur) Informationspflichten über sein Angebot auferlegt werden. Eine Lieferpflicht wird lauterkeitsrechtlich nicht begründet. Dem Unternehmer verbleibt daher grundsätzlich die Möglichkeit, auch knappe Warenvorräte zu bewerben.

82 Erfasst werden Waren- oder Dienstleistungsangebote iSd § 5a III UWG zu einem bestimmten Preis. Gemeint sind damit Aufforderungen zum Kauf. Sofern der Unternehmer »hinreichende Gründe« für die Annahme hat, er könne die Waren oder Dienstleistungen (oder vergleichbare Waren oder Dienstleistungen) **nicht** für einen angemessenen Zeitraum in angemessener Menge bereitstellen (lassen), muss er den Verbraucher **informieren.** Gefordert ist damit eine Prognoseentscheidung des Unternehmers.[129] Für den Unternehmer begründet diese Norm nicht einfach zu erfüllende Pflichten. Er muss beurteilen, was ein »angemessener Zeitraum« ist. Zudem ist die

---

129 *Lettl*, Wettbewerbsrecht, 3. Aufl. 2016, § 3 Rn. 21.

Norm durch eine wenig sinnvolle Doppelung des Merkmals »angemessen« gekennzeichnet: Wenn die Ware über einen »angemessenen Zeitraum« verfügbar ist, dann ist sie denknotwendigerweise auch in »angemessener Menge« vorrätig.

In der **Praxis** behelfen sich die Unternehmen mit dem stereotypen Hinweis in der Werbung, eine Ware könne schnell vergriffen sein. So vermeidet der Werbende eine lauterkeitsrechtliche Haftung. Der Verbraucher wird allerdings nicht zielführend informiert. Die **Beweislast** für alle anspruchsbegründenden Umstände obliegt nach allgemeinen Beweislastgrundsätzen dem anspruchstellenden Gläubiger. Eine Modifikation der Beweislastregeln enthält S. 2 der Nr. 5 des Anhangs zu § 3 III UWG. Reicht der Vorrat für weniger als zwei Tage (die Sprache des Gesetzes ist unpräzise und unschön: »Ist die Bevorratung kürzer als zwei Tage«), muss der Unternehmer darlegen und beweisen, dass seine Prognoseentscheidung zur Angemessenheit zutreffend war. Aber auch diese Beweislastumkehr geht ins Leere, wenn der Unternehmer in der Werbung auf mögliche Lieferschwierigkeiten hingewiesen hat. 83

### 6. Nr. 6 – bait-and-switch-Praktiken

#### a) Normzweck

Nr. 6 des Anhangs zu § 3 III UWG untersagt eine in Deutschland eher selten anzutreffende Geschäftspraktik, die sog. bait-and-switch-Technik. Der Unternehmer lockt den Kunden mit einem Angebot an, um dann an den Kunden eine andere Ware oder Dienstleistung abzusetzen. 84

#### b) Tatbestand

Zur Bekämpfung dieser Wettbewerbspraxis hält das Gesetz vier Tatbestandvarianten bereit. Immer erforderlich ist eine Absicht, eine **andere** Leistung abzusetzen. Bei Variante 1 führt der Verkäufer eine fehlerhafte Ausführung der Ware oder Dienstleistung vor. 85

> **Beispiel:** X lässt sich im Baumarkt von V eine beworbene Bohrmaschine vorführen. V zeigt dem X eine Maschine mit einem defekten, lauten Motor, um diesen zu veranlassen, eine andere, teurere Maschine zu erwerben.

Variante 2 der Nr. 6 untersagt die Weigerung, das Beworbene zu zeigen. Eine Weigerung, eine Bestellung anzunehmen, ist nach Variante 3 unzulässig. Eine teleologische Auslegung der Norm zwingt zu einer weiten Auslegung: Gleich zu behandeln ist erst recht die fehlende Bereitschaft, schon vorrätige Ware abzusetzen. Variante 4 schließlich erfasst die Weigerung, Bestellungen innerhalb einer vertretbaren Zeit zu »erbringen«. 86

Trotz dieser weit gefächerten Varianten werden nicht alle Fälle der bait-and-switch-Technik erfasst, wie ein Beispiel aus der Literatur zeigt: In *John Grishams* Roman »The Litigators« wirbt eine Anwaltskanzlei für eine kostengünstige Scheidung zum Preis von $ 399 auf Bingokarten (!).[130] Erscheint aufgrund der Werbung ein potentieller Mandant in der Kanzlei, passiert Folgendes, wie der Anwalt seiner Angestellten erläutert: 87

---

130 Anwaltswerbung muss den Vorgaben des Lauterkeitsrechts und des anwaltlichen Berufsrechts (insbesondere §§ 43 ff. BRAO) genügen, vgl. dazu Gloy/Loschelder/Erdmann/*Jänich*, Wettbewerbsrecht, 4. Aufl. 2010, § 67 Rn. 26 ff., 40 ff.

»See! It worked,« Wally said proudly. »You gotta get 'em in here, Ms. Gibson, that's what I always say. The $ 399 is the bait, then you pull the switch. Oscar did it perfectly.«[131]

88 Dieser Fall könnte eventuell unter Variante 3 zu subsumieren sein. Die Mandatierung des Anwalts müsste eine »Bestellung« iSv Nr. 6 des Anhangs zu § 3 III sein. Dies lässt sich mit Blick auf die werkvertragsrechtliche Terminologie des Verbots (§ 631 I BGB) eventuell vertreten.[132] Die geschickte Argumentation des Anwalts im Werbegespräch allerdings, eine andere, höherwertige Leistung anzubieten, ist grundsätzlich keine Verweigerung einer Bestellung. Gegen eine weite Interpretation dieses Merkmals spricht zudem die Gefahr, dass der Verkäufer abgehalten werden könnte, dem Kunden ein für ihn besser geeignetes Produkt zu empfehlen.

### 7. Nr. 7 – Täuschung über den Zeitpunkt der Verfügbarkeit

#### a) Normzweck

89 Die Nr. 7 des Anhangs zu § 3 III UWG will verhindern, dass auf die Entscheidungsfreiheit des Verbrauchers **Druck** ausgeübt wird, indem er durch eine Täuschung über die Dauer der Verfügbarkeit eines Angebots zu einer raschen Entscheidung gedrängt wird. Auch Nr. 7 des Anhangs zu § 3 III UWG ist ein Irreführungstatbestand. Der Unlauterkeitsvorwurf folgt aus einer **Irreführung** und nicht aus der Herbeiführung eines »**psychischen Kaufzwangs**«[133], einer lange Zeit im Lauterkeitsrecht etablierten Argumentationsfigur.[134]

#### b) Tatbestand

90 Untersagt wird die unwahre Angabe, bestimmte Waren oder Dienstleistungen seien allgemein oder zu bestimmten Bedingungen nur für einen sehr begrenzten Zeitraum verfügbar, um den Verbraucher zu einer sofortigen geschäftlichen Entscheidung zu veranlassen, ohne dass dieser Zeit und Gelegenheit hat, sich aufgrund von Informationen zu entscheiden. Ist die Ware allerdings tatsächlich nur für einen bestimmten, sehr begrenzten Zeitraum verfügbar, scheidet der Tatbestand aus. Eine zielgerichtete Absicht, wie sie in anderen Tatbeständen des Anhangs (Nr. 6, 13) vorausgesetzt wird, ist hier nicht vorgesehen. Zweifel bestehen allerdings, ob die Motivation des Unternehmers »verobjektiviert« werden kann, um von einer »objektiven Zielvorstellung« zu sprechen.[135] Hinsichtlich der anderweitigen Informationsmöglichkeit des Verbrauchers ist zu berücksichtigen, dass die Durchschnittsverbraucher heute via Internet und Smartphone sehr schnell Preisvergleiche einholen können und ihnen auch weitere

---

131 *Grisham*, The Litigators, First Edition, 2011, New York et al., p. 54.
132 Der Anwaltsvertrag ist im Regelfall ein Geschäftsbesorgungsvertrag mit Dienstvertragscharakter. Nur ausnahmsweise (Gutachten, Rechtsauskunft im Einzelfall) liegt eine Geschäftsbesorgung mit Werkvertragscharakter vor, Palandt/*Sprau* BGB § 675 Rn. 23.
133 *Lettl*, Wettbewerbsrecht, 3. Aufl. 2016, § 3 Rn. 36.
134 Ein »psychischer Kaufzwang« wurde unter der Geltung des alten UWG von 1909 angenommen, wenn dem Verbraucher Vorteile (Preisausschreiben pp.) gewährt wurden, die zur Folge hatten, dass es dem Verbraucher anschließend »peinlich« oder »unangenehm« war, nichts zu kaufen. Heute ist in diesen Fällen an § 4a I 2 Nr. 2 UWG (Nötigung) zu denken. Oft wird es aber an der für § 4a I 2 Nr. 2 UWG erforderlichen *erheblichen* Beeinträchtigung der Entscheidungsfreiheit fehlen, vgl. zu dieser Fallgruppe Köhler/Bornkamm/Feddersen/*Köhler* UWG § 4a Rn. 1.79ff.; *Steinbeck* WRP 2008, 865, 870.
135 Vgl. für eine »objektive Zweckerreichung« MüKoUWG/*Alexander* UWG Anh. § 3 III Nr. 7 Rn. 27.

Informationen zur Ware oder Dienstleistung zugänglich sind. Daher wird dieses Merkmal nur sehr selten gegeben sein. Der Tatbestand der Nr. 7 ist dann nicht erfüllt.

### 8. Nr. 8 – Sprache von Kundendienstleistungen

#### a) Normzweck

Der recht kompliziert gefasste Irreführungstatbestand sichert lauterkeitsrechtlich eine oft schon vertragsrechtlich geschützte Verbrauchererwartung ab: Der Verbraucher erwartet, dass er nach Vertragsschluss mit dem Verkäufer in der Sprache der Vertragsabschlussverhandlungen kommunizieren kann. 91

#### b) Tatbestand

Die eben beschriebene Verbrauchererwartung wird vom Tatbestand des Anhangs Nr. 8 nur partiell geschützt: Es ist nicht generell lauterkeitswidrig, wenn die Kundendienstleistungen in einer anderen Sprache erbracht werden als der Sprache der Verhandlungen vor Abschluss des Geschäfts. Hinzutreten muss weiter, dass die Sprache, die ursprünglich verwendet worden ist, **nicht** (!) Amtssprache des Mitgliedsstaates ist, in dem der Unterzeichner niedergelassen ist. Verhandelt also ein Niederländer in der Bundesrepublik Deutschland über den Kauf eines Fernsehgerätes auf Niederländisch, müssen die Kundendienstleistungen auch in niederländischer Sprache erbracht werden. Sind die Vertragsverhandlungen auf Deutsch geführt worden und werden dann die Kundendienstleistungen plötzlich in englischer Sprache erbracht, liegt ein Verstoß gegen Anhang Nr. 8 **nicht** vor. Helfen kann in dieser Situation nur der allgemeine Irreführungstatbestand des § 5 UWG. 92

### 9. Nr. 9 – Täuschung über Verkehrsfähigkeit

Der spezielle Irreführungstatbestand des Nr. 9 des Anhangs zu § 3 III UWG untersagt Unternehmern die unwahre Angabe, eine Ware oder Dienstleistung sei »verkehrsfähig«. Unklar ist, was damit gemeint sein soll. Helfen kann eine richtlinienkonforme Auslegung. Anhang I Nr. 9 der UGP-RL untersagt eine Behauptung oder anderweitige Herbeiführung des Eindrucks, ein Produkt könne »rechtmäßig verkauft« werden. Die UGP-RL stellt – wenig überzeugend – damit entscheidend auf das Verkäuferhandeln ab. Sinnvoller wäre es, nach der Möglichkeit eines rechtmäßigen Erwerbs zu fragen: Die Regelung soll den Konsumenten schützen. Es bietet sich daher an, entscheidend auf die Verwendungsmöglichkeit abzustellen. Folgt man dem, liegt ein Verstoß gegen Nr. 9 vor, wenn ein in Deutschland nicht zugelassenes Produkt ohne entsprechenden Hinweis veräußert wird. In diesem Fall wird der Konsument über die »Verkehrsfähigkeit« getäuscht. 93

> **Beispiel:** Nach § 21 Ia StVO dürfen Kinderautositze in Deutschland nur verwendet werden, wenn sie den UN/ECE Regelungen 44/03 oder 129 entsprechen. Täuscht der Verkäufer über das Entsprechen, liegt nach hier vertretener Ansicht ein Verstoß gegen Nr. 9 des Anhangs zu § 3 III UWG vor.

Schwierig zu handhaben sind subjektive Beschränkungen der Abgabe und des Erwerbs, beispielsweise die Veräußerung einer Schusswaffe an einen nach dem WaffenG nicht besitzberechtigten Erwerber. Die Schusswaffe ist grundsätzlich »verkehrsfähig« (Nr. 9 des Anhangs zu § 3 III UWG), der Verkauf aber »rechtswidrig« (Anhang I 94

Nr. 9 UGP-RL). Aufgrund der drohenden, uU unbewussten Rechtsverletzung durch den Verbraucher spricht vieles dafür, in diesen Fällen einen Verstoß gegen Nr. 9 des Anhangs zu § 3 III UWG anzunehmen.

### 10. Nr. 10 – Werbung mit gesetzlich bestehenden Rechten

#### a) Normzweck

95 Es handelt sich um einen speziellen Irreführungstatbestand aus der Fallgruppe der **Werbung mit Selbstverständlichkeiten**. Etwas Selbstverständliches darf nicht als Besonderheit dargestellt werden. Vermieden wird so eine Täuschung über die Preiswürdigkeit des Angebots.

#### b) Tatbestand

96 Der Tatbestand verlangt eine **unwahre** Angabe oder das Erwecken eines **unzutreffenden Eindrucks**. Es ist also nicht zwingend eine Tatsachenbehauptung erforderlich. Genügend ist das irgendwie geartete Hervorrufen einer Fehlvorstellung. Dieses muss sich darauf beziehen, dass gesetzlich bestehende Rechte eine Besonderheit des Angebots seien. Ein typischer Anwendungsfall ist das Herausstellen von Gewährleistungsrechten: Wird beispielsweise für den Kauf einer neuen beweglichen Sache geworben mit »Sensation: Zwei Jahre Gewährleistung«, erweckt der Werbende den Eindruck, die gesetzlich bestehenden Gewährleistungsrechte seien eine Besonderheit seines Angebots. Kein Anwendungsfall des Anhangs Nr. 10 war der Streit um die Apple-Care-Garantie.[136] Apple wurde vorgeworfen, es habe den Eindruck erweckt, man stehe gesetzlich nur ein Jahr für das Produkt ein. Ein Schutz für zwei Jahre setze eine entgeltliche Garantie voraus. Werden bei einem Konsumenten derartige Fehlvorstellungen über die gesetzlichen Gewährleistungsrechte hervorgerufen (beispielsweise über die zweijährige Gewährleistung bei beweglichen Sachen, § 438 I Nr. 3 BGB), verstößt dies gegen § 5 I 2 Nr. 7 UWG.

### 11. Nr. 11 – Getarnte Werbung

#### a) Normzweck

97 Von großer praktischer Bedeutung ist Nr. 11 des Anhangs zu § 3 III UWG, der **getarnte Werbung in Medien** untersagt. Geschützt wird das Vertrauen des Verbrauchers in unabhängige, neutrale journalistische Arbeit. Die Vorsicht, die der Verbraucher Werbeaussagen entgegenbringt, wird umgangen, wenn ein vermeintlich redaktioneller Beitrag tatsächlich eine getarnte Werbung ist. Werbung wird viel kritischer wahrgenommen als der redaktionelle Teil. Das Verbot des Anhangs Nr. 11 zu § 3 III UWG ist ein Element des Lauterkeitsrechts für Presse und Rundfunk. Eine zentrale Verhaltensregel ist die in Nr. 11 niedergelegte Pflicht zur Trennung von redaktionellem Inhalt und Werbung. Weiter ist § 5a Nr. 6 UWG zu beachten. Nach diesem handelt unlauter, wer den kommerziellen Zweck einer geschäftlichen Handlung nicht kenntlich macht. Für die Presse folgt das Trennungsgebot aus den Landespressegesetzen. Eine entsprechende Bestimmung für den Rundfunk findet sich in § 7 III RStV.

---

136 Näheres dazu unter https://www.heise.de/newsticker/meldung/EU-Kommission-verdaechtigt-Apple-der-Kundentaeuschung-1720506.html und → § 15 Rn. 6.

## b) Tatbestand

Nr. 11 des Anhangs zu § 3 III UWG untersagt dem Unternehmer als Information getarnte Werbung. Werbung muss vom redaktionellen Teil abgetrennt werden. Das Gesetz will den Kreis der zu untersagenden Handlungen mit drei recht unspezifischen Voraussetzungen erfassen. (1) Redaktionelle Inhalte müssen zur Verkaufsförderung eingesetzt werden. (2) Dies muss vom »Unternehmer« finanziert werden. (3) Dieser Zusammenhang schließlich darf für den Werbeadressaten nicht eindeutig erkennbar sein. Gemeint ist mit »Unternehmer« derjenige, der Verkaufsförderung betreiben will. Aus dem Begriff »redaktioneller Teil« lässt sich ableiten, dass es sich um ein grundsätzlich unabhängiges Medium von gewisser Größe handeln muss. Ein typisches Beispiel ist eine Tageszeitung. **Internet-Blogger und Bewertungsportale** werden von Nr. 11 des Anhangs zu § 3 III UWG **nicht** erfasst (vgl. zu diesen § 5a VI UWG → § 12 Rn. 160). Ob eine »eindeutige Erkennbarkeit« vorliegt, bestimmt sich nach der Zielgruppe des Mediums. Nicht zweifelsfrei lässt sich Anhang Nr. 11 entnehmen, wer eigentlich haften soll. Der Verbotskern der Nr. 11 erfasst eine Unrechtsvereinbarung zwischen dem werbenden Unternehmer und dem Medium (Zeitung etc). Beide gemeinsam wollen den Verbraucher täuschen und Vorteile aus den Handlungen ziehen. Daher gelten beide als Verletzer.

98

### 12. Nr. 12 – Drohung mit einer Gefahr für die persönliche Sicherheit

Nr. 12 des Anhangs will den Verbraucher vor einer Irreführung schützen. Untersagt wird eine **unwahre** Angabe über Art und Ausmaß einer Gefahr für die persönliche Sicherheit des Verbrauchers oder seiner Familie für den Fall, dass er die angebotene Ware nicht erwirbt oder die angebotene Dienstleistung nicht in Anspruch nimmt. Entscheidend ist die Unwahrheit der Angabe. Droht beispielsweise eine schwere Sturmflut mit Gefahr für Leib und Leben, handelt ein Taxifahrer, der gegen ein erhöhtes Entgelt eine Fahrt in ein sicheres, höher gelegenes Gebiet anbietet, nicht unlauter, wenn er die Gefahr der Sturmflut zutreffend beschreibt. Überhöht er die Gefahr, liegt ein Fall der Nr. 12 vor. Ist dieser nicht einschlägig, kann ein Verstoß gegen das Verbot aggressiver geschäftlicher Handlungen gem. § 4a UWG vorliegen.

99

### 13. Nr. 13 – Herkunftstäuschung

Nachahmung ist dem Wettbewerb immanent und grundsätzlich zulässig (→ § 10 Rn. 20). Nur **ausnahmsweise** ist eine **Nachahmung unzulässig.** Der klassische lauterkeitsrechtliche Nachahmungsschutz ist der sog. ergänzende wettbewerbsrechtliche Leistungsschutz, der heute als Mitbewerberschutz in § 4 Nr. 3 UWG verankert ist. Verbraucher und sonstige Marktteilnehmer werden daneben durch den Irreführungstatbestand des § 5 I 2 Nr. 1 UWG (»Irreführung über die betriebliche Herkunft«) geschützt. In Umsetzung der UGP-RL ist schließlich mit Nr. 13 des Anhangs zu § 3 III UWG ein per-se-Verbot zum Schutz der Verbraucher vor Herkunftstäuschung geschaffen worden.

100

Der Verbotstatbestand der Nr. 13 untersagt »**Werbung**«. Dieser Begriff ist im UWG nicht legal definiert. Herangezogen werden kann die Definition in Art. 2 lit. a Werbe-RL. Dort heißt es:

101

»Werbung (ist) jede Äußerung bei der Ausübung eines Handels, Gewerbes, Handwerks oder freien Berufs mit dem Ziel, den Absatz von Waren oder die Erbringung von Dienstleistungen, einschließlich unbeweglicher Sachen, Rechte und Verpflichtungen, zu fördern«.

102 Die beworbene Ware oder Dienstleistung muss der Ware oder Dienstleistung eines **bestimmten Herstellers ähnlich** sein. Der Begriff der »Ähnlichkeit« ist aus § 14 MarkenG bekannt. Für die Anwendung von Anhang Nr. 13 sind die wesentlichen Produktmerkmale aus Sicht der angesprochenen Verkehrskreise zu vergleichen. Eine Substituierbarkeit ist nicht erforderlich.[137] Diese fehlt beispielsweise bei einem Billigimitat einer Rolex-Uhr. Praktische Relevanz kann diese Frage allerdings nicht entfalten. Nr. 13 des Anhangs verlangt weiter, dass die Täuschung in der Absicht erfolgt, den Verbraucher über die **betriebliche Herkunft** zu **täuschen**. Eine solche Absicht fehlt beim Anbieter eines Billig-Plagiates einer teuren Armbanduhr. Deutlich wird damit, dass Anhang Nr. 13 den Verbraucher nur vor einer bestimmten Form der Produktpiraterie schützt: Erfasst werden die Fälle, bei denen dem Konsumenten das Plagiat als Original untergeschoben werden soll. Ein praktisch bedeutsamer Fall ist das Fälschen von Ersatzteilen (Bremsbeläge etc).

### 14. Nr. 14 – Schneeball- oder Pyramidensystem

#### a) Normzweck

103 Nr. 14 des Anhangs zu § 3 III UWG wendet sich gegen sog. Pyramiden- oder Schneeballsysteme. Es handelt sich hierbei um ein per-se-Verbot progressiver Kundenwerbesysteme. Diese sind nach Maßgabe des § 16 II UWG strafbar. Ebenso liegt ein Verstoß gegen § 3a UWG vor.[138] Ergänzend kann der Irreführungstatbestand des § 5 UWG zur Anwendung kommen.

#### b) Tatbestand

104 Das Verbot progressiver Kundenwerbung in Nr. 14 des Anhangs zu § 3 III UWG weicht in auffälliger Weise von Anhang I Nr. 14 zur UGP-RL ab. Die UGP-RL untersagt **Schneeballsysteme,** während Nr. 14 des Anhangs zu § 3 III UWG die Begriffe »Schneeballsystem« und »Pyramidensystem« anscheinend synonym verwenden will. Dies ist mit Blick auf die etablierte Terminologie zu § 16 II UWG nicht überzeugend. Bei einem Schneeballsystem kontrahiert der Veranstalter sowohl mit dem ersten Kunden als auch mit dem von diesem geworbenen Kunden. Beim Pyramidensystem kontrahieren die Kunden untereinander.

105 Allen Systemen gemein ist, dass sie auf den Warenabsatz gerichtet sind. Der Tatbestand verlangt ein **»System zur Verkaufsförderung«.** Unlauter ist es, wenn vom Verbraucher »ein finanzieller Beitrag für die Möglichkeit verlangt wird, allein oder hauptsächlich durch die Einführung weiterer Teilnehmer in das System eine Vergütung zu erlangen«. Diese Systeme funktionieren wie Kettenbriefe.

> **Beispiel:** H vertreibt Kosmetik über ein spezielles Vertriebssystem. Ein Kosmetikset kostet 100 EUR. Der Kaufpreis setzt sich, wie H ausdrücklich ausweist, aus 90 EUR »Warenwert« und 10 EUR »Systemprämie« zusammen. Die Erwerber des Sets werden »Systempartner« und bekommen das Recht, neue »Systempartner« anzuwerben. Für jeden neu geworbenen »Systempartner« erhalten sie eine Vergütung von 10 EUR.

---

137 Wie hier Köhler/Bornkamm/Feddersen/*Köhler* UWG Anh. zu § 3 III Rn. 13.3 mN zur Gegensicht.
138 Köhler/Bornkamm/Feddersen/*Bornkamm* UWG § 16 Rn. 59.

Der Unwertgehalt solcher Systeme wird darin gesehen, dass aufgrund des **exponen-** **106** **tiellen Wachstums** und der damit einhergehenden Marktsättigung später hinzutretende Abnehmer keine Chance haben, neue Systemmitglieder zu werben und damit ihren Einsatz zu amortisieren.[139] Schwierigkeiten bereitet die Abgrenzung zu Strukturvertriebsformen, die rechtmäßig sein sollen. Gerne verwenden **Strukturvertriebe**, wohl um der negativen Konnotation des Begriffes auszuweichen, den Ausdruck »**Multi-Level-Marketing**«.[140] Zu § 16 II UWG ist verbreitet vertreten worden, die Systeme seien zulässig, wenn der Kunde nicht veranlasst werde, Ware über den eigenen Bedarf hinaus zu erwerben. Erlaubt sei es dann, die Möglichkeit einzuräumen, sich durch das Werben von weiteren Absatzmittlern eine Provision zu verdienen.[141] Dieser Position ist jedenfalls für Nr. 14 des Anhangs zu § 3 III UWG entschieden entgegenzutreten. Das per-se-Verbot der Nr. 14 wendet sich einschränkungslos gegen die Verknüpfung eines finanziellen Beitrags mit der Möglichkeit, im Rahmen eines Absatzförderungssystems eine Vergütung zu erlangen. Für die eben beschriebene Eingrenzung nach dem »eigenen Bedarf« fehlt jede Stütze im Gesetz. Auch steht es einer progressiven Wirkung nicht entgegen, wenn der Kunde nur ein einziges Mal Provision für die Werbung eines neuen Absatzmittlers erhält, sofern auch der neue Kunde die Möglichkeit hat, durch das Anwerben neuer Abnehmer selbst eine Provision zu verdienen.[142] Der finanzielle Beitrag liegt in der Entrichtung des Kaufpreises durch den Verbraucher. Konsequenz der hier vertretenen Ansicht ist, dass ein Großteil der am Markt etablierten sog. »Multi-Level-Marketing-Systeme« lauterkeitswidrig ist. Das Ergebnis überrascht, überzeugt aber. Warenabsatz und Absatzmittlung sind zu trennen. Die Motivation eines Verbrauchers zum Warenerwerb darf es nicht sein, sich im Bereich der Absatzmittlung betätigen zu können. Dieses Trennungsgebot beruht auf dem Transparenzgedanken.

### 15. Nr. 15 – Räumungsverkäufe

#### a) Normzweck

Die Regulierung und Deregulierung von **Schlussverkäufen** kann auf eine lange, wech- **107** selvolle Geschichte zurückblicken (→ § 2 Rn. 8f.). Lange Zeit war das Schluss- und Räumungsverkaufswesen überaus detailliert geregelt. Aus heutiger Sicht kaum vorstellbar, enthielt § 7 UWG bis zur UWG-Novelle 2004 ein grundsätzliches Verbot von Sonderveranstaltungen. Nur ausnahmsweise waren diese zulässig (beispielsweise Schlussverkäufe). § 8 UWG aF enthielt eine extrem komplexe Regelung für Räumungsverkäufe, deren Detailversessenheit erkennen lässt, wie wichtig dem Gesetzgeber, aber auch den betroffenen Kreisen des Handels, diese Materie erschien.[143] Da Sonderverkäufe zumindest in der Vergangenheit eine große Anziehungskraft auf die Kunden ausübten, war auch das Missbrauchspotential entsprechend groß.

---

139 Grdl., auch zu den ethischen Problemen der Sturkturvertriebe *Groß/Vriens* Journal of Business Ethics, 10.1007/s10551-017-3556-9.
140 Vgl. *Leible* WRP 1998, 18 (20f.).
141 OLG Frankfurt a. M. BeckRS 2011, 16036; LG Offenburg WRP 1998, 85 (86); Köhler/Bornkamm/Feddersen/*Bornkamm* UWG § 16 Rn. 43.
142 Anders die hM, OLG Frankfurt a. M. GRUR-RR 2012, 77; OLG Frankfurt a. M. NJOZ 2011, 1482 (1483); Köhler/Bornkamm/Feddersen/*Bornkamm* UWG Anh. zu § 3 III Rn. 14.4.
143 Erforderlich war unter anderem eine sog. Räumungszwangslage. Der Verkauf musste bei der IHK oder der Handwerkskammer unter Bezeichnung der betroffenen Waren angezeigt werden.

### b) Tatbestand

108 Nr. 15 des Anhangs zu § 3 III UWG enthält ein ausgesprochen knappes, eng gefasstes Verbot von Räumungsverkäufen. Untersagt werden nur sog. Scheinräumungsverkäufe. Verboten ist die unwahre Angabe, »der Unternehmer werde demnächst sein Geschäft aufgeben oder seine Geschäftsräume verlegen«. In subjektiver Hinsicht ist eine Absicht, Geschäftsräume tatsächlich nicht verlegen oder aufgeben zu wollen, erforderlich.[144] Dies folgt aus einer richtlinienkonformen Auslegung von Nr. 15 des Anhangs zu § 3 III UWG. Nr. 15 des Anhangs I zur UGP-RL setzt eine solche Absicht voraus. Dieser Vorgabe muss das deutsche Recht in richtlinienkonformer Auslegung folgen: Art. 3 V UGP-RL bestimmt, dass die UGP-RL den Schutzhöchststandard festschreibt. Verzichtet man auf die von Nr. 15 des Anhangs zur UGP-RL verlangte Absicht, wäre das deutsche Recht unionsrechtswidrig strenger als die UGP-RL.

### 16. Nr. 16 – Gewinnchance bei Glücksspielen

109 Nr. 16 des Anhangs zu § 3 III UWG untersagt die Angabe, durch eine bestimmte Ware oder Dienstleistung ließen sich die **Gewinnchancen beim Glücksspiel** erhöhen. Der Wortlaut verlangt – recht überraschend – keine Unwahrheit der Angabe. Glücksspiele sind Gewinnspiele, bei denen die Teilnahme nur gegen Entgelt möglich ist.[145] Erfasst werden sollen auf jeden Fall untaugliche Mittel wie Lotto-, Horoskop- und Vorhersageprogramme für Gewinnzahlen, wenn für diese mit einer Erhöhung der Gewinnwahrscheinlichkeit geworben wird.

110 Nicht unter den Tatbestand der Nr. 16 des Anhangs zu § 3 III UWG sollen Praktiken fallen, die tatsächlich den Ablauf des Glücksspiels beeinflussen, wie beispielsweise **gezinkte Karten oder Würfel** sowie Magneten, die den Lauf der Kugel beim Roulette beeinflussen können.[146] Jedoch kann Nr. 16 des Anhangs zu § 3 III UWG ähnlich wie Nr. 9 des Anhangs (Verkehrsfähigkeit von Waren) dahingehend verstanden werden, dass der Verbraucher vor Produkten geschützt werden soll, deren Benutzung nicht erlaubt ist. Folgt man diesem Ansatz, ist zumindest auch die Bewerbung von solchen Manipulationsmitteln unzulässig, die bei kommerziellen Spielen eingesetzt werden können.

### 17. Nr. 17 – Kopplungsangebote und Gewinnmitteilungen

#### a) Normzweck

111 Nr. 17 des Anhangs zu § 3 III UWG setzt Nr. 31 des Anhangs I der UGP-RL um. Nach der Zwischenüberschrift in der UGP-RL enthalten die Nr. 24–31 des Anhangs I UGP-RL **aggressive Geschäftspraktiken**. Nach dieser Systematik ist Nr. 17 des Anhangs zu § 3 III UWG also eine unzulässige aggressive (und damit keine irreführende) Geschäftspraktik.[147] Gleichwohl enthält der Tatbestand auch eine Irreführungskomponente.[148]

---

144 OLG Köln GRUR-RR 2010, 250; Köhler/Bornkamm/Feddersen/*Köhler* UWG Anh. zu § 3 III Rn. 15.4.
145 So Köhler/Bornkamm/Feddersen/*Köhler* UWG Anh. zu § 3 III Rn. 16.4 unter Bezugnahme auf Art. 1 V lit. d E-Commerce-RL.
146 Köhler/Bornkamm/Feddersen/*Köhler* UWG Anh. zu § 3 III Rn. 16.6.
147 Vgl. EuGH ECLI:EU:C:2012:651 Rn. 37f., 41, 49 = GRUR 2012, 1269 – Purely Creative.
148 *Köhler* GRUR 2012, 1211 (1212).

## b) Tatbestand

Es wird untersagt, dem Verbraucher vorzuspiegeln, er werde einen **Preis** gewinnen oder habe ihn bereits gewonnen, obwohl es den Preis tatsächlich nicht gibt. Erfasst werden sollen hier die typischen Fälle unzutreffender Gewinnmitteilungen. Um die Effektivität des Tatbestands sicherzustellen, verbietet er auch das Versprechen eines sonstigen Vorteils und erfasst die Fälle, bei denen die behauptete Auslieferung des Preises von einer Gegenleistung wie einer Geldzahlung abhängig ist. Die letzte Variante ist unabhängig von einer eventuellen Wahrheit von Informationen über zu erbringende Zahlungen. Muss also ein Verbraucher etwas zahlen, liegt kein Preis und damit ein Verstoß gegen Nr. 17 vor.

112

### 18. Nr. 18 – Unwahre Angaben zu Heilwirkungen einer Ware oder Dienstleistung

Das per-se-Verbot der Nr. 18 des Anhangs zu § 3 III UWG ist ein Irreführungsverbot. Es untersagt »die unwahre Angabe, eine Ware oder Dienstleistung könne Krankheiten, Funktionsstörungen oder Missbildungen heilen«. Es handelt sich bei dieser Norm um ein Element des Systems der Regulierung von **Gesundheitswerbung.** Weitere Regelungen finden sich im Arzneimittelgesetz (§ 8 I Nr. 2a AMG), im Heilmittelwerberecht (§ 3 S. 2 Nr. 2a HWG) und im Lebensmittelrecht (§ 11 I Nr. 3 LFGB iVm Art. 7 III der Verordnung (EU) Nr. 1169/2011). Daneben ist immer das allgemeine Irreführungsverbot des § 5 UWG anwendbar. Nr. 18 des Anhangs zu § 3 III UWG untersagt eine objektiv unrichtige Angabe. Dies folgt aus dem Tatbestandsmerkmal »unwahr«. Immer beachtet werden muss jedoch, dass der Begriff der »Wahrheit« mit Schwierigkeiten behaftet ist (ausführlich dazu → § 12 Rn. 82 ff.).

113

### 19. Nr. 19 – Unwahre Angabe über Marktbedingungen

Nr. 19 erfasst eine Irreführungspraktik. Untersagt wird eine Irreführung über die **Preiswürdigkeit des Angebots.**[149] Nicht zulässig sind unwahre Angaben über »die Marktbedingungen oder Bezugsquellen, um den Verbraucher dazu zu bewegen, eine Ware oder Dienstleistung zu weniger günstigen Bedingungen als den allgemeinen Marktbedingungen abzunehmen oder in Anspruch zu nehmen«.

114

> **Beispiel:** A möchte ein Kinderfahrrad erwerben. R erklärt, die unverbindliche Preisempfehlung für das Fahrrad betrage 239 EUR und zu diesem Preis werde es auch von den Wettbewerbern angeboten. Er könne es für 234 EUR abgeben. Tatsächlich beträgt der übliche Marktpreis 229 EUR. R verstößt damit gegen Nr. 19 des Anhangs zu § 3 III UWG.

Wahre Angaben über die Marktsituation, beispielsweise zu einer Knappheit der Waren, sind dagegen zulässig.

115

### 20. Nr. 20 – Preisausschreiben

Ein weiteres Irreführungsverbot, das **Preisausschreiben** zum Gegenstand hat, ist in Nr. 20 des Anhangs zu § 3 III UWG aufgeführt. Untersagt werden Wettbewerbe und Preisausschreiben, wenn **weder** der in Aussicht gestellte **Preis noch** ein angemessenes **Äquivalent vergeben** wird. Möglich ist es, dass schon bei der Auslobung die Absicht

116

---

149 Diff. hinsichtlich des Normzwecks und Anwendungsbereichs Köhler/Bornkamm/Feddersen/*Köhler* UWG Anh. zu § 3 III Rn. 19.1.

besteht, den Preis nicht zu vergeben. Dies ist in der Praxis aber nur ausgesprochen schwer nachweisbar.

> **Beispiel:** Pizzariabetreiber P wirbt damit, er werde unter allen Gästen, die v. 1.4. bis 30.9.2017 bei ihm essen, einen neuen Ferrari 488 GTB verlosen. Am 1.10.2017 schließt P, wie schon seit März 2017 geplant, sein Restaurant für immer und verschwindet. Der Ferrari wird wie beabsichtigt nicht verlost.

117 Nun mag man in dieser Situation für die Anwendung der Nr. 20 des Anhangs zu § 3 III UWG aus dem Verhalten des P zum Ende der Aktion auf eine entsprechende Absicht schließen. Auch genügt für Nr. 20 des Anhangs zu § 3 III UWG die bloße Nichtvergabe der Preise. Eine entsprechende Absicht ist nicht erforderlich.[150] Der lauterkeitsrechtswidrige Erfolg aber, das Anlocken von Kunden, hat sich bereits im Sommer 2017 realisiert. Dies kann das Lauterkeitsrecht nicht mehr verhindern. Der präventive Charakter des UWG wird verfehlt.

### 21. Nr. 21 – Täuschung über die Unentgeltlichkeit eines Waren- oder Dienstleistungsangebots

118 Nr. 21 des Anhangs zu § 3 III UWG untersagt es dem Unternehmer, den Verbraucher über die Kosten eines Waren- oder Dienstleistungsangebots zu täuschen. Ein Produkt darf nicht mit Begriffen wie »**gratis**«, »**umsonst**« oder »**kostenfrei**« als unentgeltlich beworben werden, wenn tatsächlich vom Verbraucher Kosten zu tragen sind. Allerdings darf der Unternehmer Vertrags- und Lieferkosten erheben. Das Verbot greift nicht, wenn die Kosten »**unvermeidbar**« sind (Hs. 2 der Nr. 21 des Anhangs zu § 3 III UWG). Erfasst werden sollen Situationen, bei denen mit der Inanspruchnahme des Angebotes notwendigerweise Kosten verbunden sind. Wirbt der Unternehmer also mit der Aussage »2 Flaschen GRATIS beim Kauf eines Kastens«, ist der Tatbestand der Nr. 21 des Anhangs zu § 3 III UWG nicht erfüllt.[151] Kosten sind indes dann nicht »unvermeidbar«, der Tatbestand von Nr. 21 des Anhangs zu § 3 III UWG mithin erfüllt, wenn dem Verbraucher **unangemessen hohe Versandkosten** in Rechnung gestellt werden.

> **Beispiel:** Die Zeitschrift C wirbt gegenüber ihren Lesern: »Gratis Wecker für unsere Leser. Sie zahlen nur die Versandkosten«. Berechnet werden dann für die Warensendung (Porto: 0,90 EUR) 9,95 EUR Versandkosten. Ein Verstoß gegen Nr. 21 des Anhangs zu § 3 III UWG liegt vor.

119 Was »unvermeidbar« ist, bestimmt sich aus der Sicht der angesprochenen Verkehrskreise. Bei Versandkosten erwartet der Verbraucher typischerweise Kosten in Höhe üblicher Transportentgelte (Porto, Paketversandkosten). Mit weiteren Entgelten für Verpackung, Handling etc rechnet er nicht.

### 22. Nr. 22 – Irreführung über das Bestehen eines Vertrages

120 Nr. 22 des Anhangs zu § 3 III UWG untersagt das irreführende Verhalten, dem Konsumenten das Bestehen einer tatsächlich nicht bestehenden vertraglichen Bindung vorzuspiegeln. Der Tatbestand der Nr. 22 des Anhangs zu § 3 III UWG verlangt, dass dem Verbraucher **Werbematerial und** eine **Zahlungsaufforderung** zugeleitet werden. Die

---
150 Köhler/Bornkamm/Feddersen/*Köhler* UWG Anh. zu § 3 III Rn. 20.4.
151 BGH GRUR 2014, 576 Rn. 33 – 2 Flaschen GRATIS.

bloße Übersendung einer Rechnung bei nicht bestehendem Vertragsverhältnis genügt nicht, um den Tatbestand zu erfüllen. Erforderlich ist auch das Zuleiten eines irgendwie gearteten Werbematerials.

> **Beispiel:** Die Deutsche Eishockeyspielerinnenunion GmbH, ein Verband von Hobby-Eishockeyspielerinnen, will ehemalige Mitglieder zurückgewinnen. Der Verband sendet früheren Mitgliedern einen Werbebrief zu und fügt dem Schreiben sogleich eine »Rechnung über die Mitgliedschaft« bei. Die Umworbenen erhalten also Werbematerial **und** eine Zahlungsaufforderung.

Weiter ist erforderlich, dass »**damit**« der unzutreffende Eindruck vermittelt wird, die beworbene Ware oder Dienstleistung sei bereits bestellt. Unklar ist, worauf sich das »damit« beziehen soll: Sind Werbematerial und Zahlungsaufforderung in ihrer Gesamtheit zu betrachten? Erforderlich ist eine richtlinienkonforme Auslegung der Nr. 22 des Anhangs zu § 3 III UWG. Die Regelung setzt Nr. 21 des Anhangs I zur UGP-RL um. Dort wird ein Plural verwendet (… die … den Eindruck vermitteln …). Erforderlich ist also, dass beide Elemente zusammen den Eindruck einer bereits bestehenden Obligation hervorrufen. Bei der Beurteilung ist auch hier auf den Durchschnittsverbraucher abzustellen. 121

### 23. Nr. 23 – Täuschung über den geschäftlichen Charakter des Handelns

Nach Nr. 23 des Anhangs zu § 3 III UWG ist eine **unwahre Angabe oder das Erwecken des unzutreffenden Eindrucks**, der **Unternehmer sei Verbraucher** oder nicht für Zwecke seines Geschäftes tätig, unzulässig. Der Verbraucher steht kommerziellen Angeboten oft skeptischer gegenüber als Angeboten von Privatpersonen. Unternehmer können sich dies zunutze machen, indem sie sich als Verbraucher ausgeben oder erklären, sie handelten nicht für ihr Geschäft. Eine solche Täuschung kann sowohl auf der Angebots- als auch auf der Nachfrageseite erfolgen. Möchte ein Verbraucher einen Pkw verkaufen, wird er es oft bevorzugen, an eine Privatperson zu veräußern. Er hofft dann, einen besseren Preis erzielen zu können. Der veräußernde Verbraucher vermutet, die Unternehmergewinnspanne entfalle, sodass er einen höheren Preis erzielen könne. Dies kann gewerbliche Aufkäufer dazu verleiten, als Verbraucher aufzutreten. Nach Nr. 23 des Anhangs zu § 3 III UWG ist dies unzulässig. 122

### 24. Nr. 24 – Täuschung über Kundendienstleistungen

Nr. 24 des Anhangs zu § 3 III UWG untersagt eine Irreführung über mögliche Kundendienstleistungen. Der Unternehmer darf nicht suggerieren, in einem anderen Mitgliedstaat der Europäischen Union als dem des Warenkaufs sei eine Kundendienstleistung verfügbar. 123

> U verkauft in München an den niederländischen Touristen N einen Fotoapparat der Marke M. U erklärt dem N wahrheitswidrig, Hersteller M unterhalte in den Niederlanden einen Kundendienst, der unentgeltlich Garantiereparaturen durchführe. Ein Verstoß gegen Nr. 24 des Anhangs zu § 3 Nr. III UWG liegt vor.

Wenig überzeugend ist es, dass das Vorspiegeln, in einem anderen Land außerhalb der EU sei ein Kundendienst verfügbar, nicht von Nr. 24 des Anhangs zu § 3 III UWG erfasst wird. 124

U veräußert einen weiteren Fotoapparat der Marke M an die chinesische Touristin C. Gegenüber C behauptet U wahrheitswidrig, sie könne Garantiereparaturen bei M in China durchführen lassen. Ein Verstoß gegen Nr. 24 des Anhangs zu § 3 III UWG liegt nicht vor. Allerdings ist eine nach § 5 I 2 Nr. 1, Nr. 7 UWG unzulässige irreführende Handlung (»Kundendienst«) gegeben.

125 Eine Fragestellung des internationalen Lauterkeitsrechts wird hier nicht aufgeworfen: Die Handlung erfolgt im Inland. Auch tritt hier der Erfolg ein. Diese Fälle werden zudem von **§ 5 I 2 Nr. 1 UWG** (Irreführung über den Kundendienst) und gegebenenfalls **§ 5 I 2 Nr. 7 UWG** (Rechte des Verbrauchers, insbesondere aufgrund eines Garantieversprechens) erfasst.

### 25. Nr. 25 – Festhalten zum Vertragsabschluss

126 Nr. 25 des Anhangs zu § 3 III UWG betrifft eine **aggressive Geschäftspraktik.** Untersagt wird »das Erwecken des **Eindrucks,** der Verbraucher könne bestimmte Räumlichkeiten nicht ohne vorherigen Vertragsabschluss verlassen«. Ob ein entsprechender Eindruck erweckt wird, bestimmt sich nach der Wahrnehmung des Durchschnittsverbrauchers. Erfasst sind sowohl Äußerungen und Verhaltensweisen, durch die der Verbraucher darauf schließen kann, die Räumlichkeiten nicht ohne Vertragsschluss verlassen zu können, als auch diesbezügliche ausdrückliche Aussagen (Erst-Recht-Schluss).[152] Nicht unmittelbar im Wortlaut der Norm angesprochen ist die Situation, dass nicht nur der Eindruck erweckt wird, der Verbraucher könne die Räumlichkeit nicht verlassen, sondern dies auch **tatsächlich** der Fall ist, weil beispielsweise der Kaffeefahrtveranstalter den Raum abgesperrt hat, in dem die Verkaufsveranstaltung stattfindet. In der Literatur wird zutreffend vertreten, auch solche Konstellationen fielen unter die Nr. 25 des Anhangs zu § 3 III UWG.[153] Dies überzeugt. Ein Erst-Recht-Schluss führt zu diesem stimmigen Ergebnis.

127 Der Normzweck gebietet es, den Begriff **»Räumlichkeit«** weit zu verstehen und unter ihn alle abgrenzbaren Räume zu subsumieren. Es genügt somit beispielsweise schon eine Waldlichtung. Ebenso ist es ausreichend, wenn der Verbraucher angehalten wird, irgendeinen Vertrag abzuschließen. Dem Wortlaut der Norm lässt sich nicht entnehmen, dass derjenige Vertragspartner sein muss, der den in Nr. 25 des Anhangs zu § 3 III UWG untersagten Eindruck erweckt hat.

**Fall 5:** Das bloße Aufstellen des Tellers wird noch nicht genügen, um den Eindruck zu erwecken, die sanitären Anlagen könnten nicht ohne Vertragsschluss verlassen werden.[154] Etwas anderes kann aber angenommen werden, wenn – wie hier – zusätzlich noch durch einen Türsteher mittelbar gedroht wird.

### 26. Nr. 26 – Nichtverlassen der Wohnung

128 Nr. 26 des Anhangs zu § 3 III UWG erfasst eine aggressive Geschäftspraktik. Der Unternehmer bzw. sein Mitarbeiter oder Beauftragter[155] muss eine **Wohnung sofort verlassen,** wenn der Verbraucher ihn dazu auffordert. Gleiches gilt, wenn der Verbraucher den Unternehmer auffordert, nicht wieder zurückzukehren. Das Verbot der

---

152 Köhler/Bornkamm/Feddersen/*Köhler* UWG Anh. zu § 3 III, Rn. 25.2.
153 Köhler/Bornkamm/Feddersen/*Köhler* UWG Anh. zu § 3 III, Rn. 25.2.
154 So auch Ohly/Sosnitza/*Sosnitza* UWG Anh. zu § 3 III, Rn. 67.
155 Köhler/Bornkamm/Feddersen/*Köhler* UWG Anh. zu § 3 III, Rn. 26.1.

Nr. 26 des Anhangs zu § 3 III UWG wird nach Nr. 26 aE eingeschränkt: Zulässig ist der Besuch, wenn er zur »rechtmäßigen Durchsetzung einer vertraglichen Verpflichtung gerechtfertigt« ist. Hierunter sind Fälle zu fassen, in denen die Rechtsordnung dem Unternehmer ein Recht gibt, sich gegen den Willen des Verbrauchers in dessen Räumen aufzuhalten. Beachtet werden muss, dass Nr. 26 des Anhangs zu § 3 III UWG selbst – natürlich – keine entsprechenden Eingriffsbefugnisse gibt, um vertragliche Verpflichtungen durchzusetzen.

### 27. Nr. 27 – Erschwerung der Durchsetzung von Ansprüchen aus einem Versicherungsvertrag

Auch Nr. 27 des Anhangs zu § 3 III UWG untersagt eine aggressive Geschäftspraktik. Verboten sind »Maßnahmen, durch die der Verbraucher von der **Durchsetzung seiner vertraglichen Rechten aus einem Versicherungsverhältnis** dadurch abgehalten werden soll, dass von ihm bei der Geltendmachung seines Anspruchs die Vorlage von Unterlagen verlangt wird, die zum Nachweis dieses Anspruchs nicht erforderlich sind, oder dass Schreiben zur Geltendmachung eines solches Anspruchs systematisch nicht beantwortet werden«. Es handelt sich hierbei um einen für das deutsche Lauterkeitsrecht neuen Tatbestand; bislang fand das angesprochene Verhalten in Deutschland lauterkeitsrechtlich keine Beachtung.

129

Eine **systematische Nichtbeantwortung** von Schreiben kann schon vorliegen, wenn auf die Schreiben eines einzigen Versicherungsnehmers nicht geantwortet wird.[156] In der Praxis wird es große Schwierigkeiten bereiten, eine solche Systematik nachzuweisen. Beide Varianten der Nr. 27 setzen voraus, dass das Ziel verfolgt wird, den Verbraucher von einer Durchsetzung seiner vertraglichen Rechte abzuhalten. Oft werden objektive Umstände den Schluss auf die Erfüllung dieses subjektiven Kriteriums zulassen.

130

### 28. Nr. 28 – Kaufaufforderung an Kinder

#### a) Normzweck

Nr. 28 des Anhangs zu § 3 III UWG unterbindet eine aggressive geschäftliche Praxis gegenüber Kindern. Verboten ist eine »in eine Werbung einbezogene **unmittelbare Aufforderung an Kinder, selbst** die beworbene Ware zu erwerben oder die beworbene Dienstleistung in Anspruch zu nehmen oder ihre Eltern oder andere Erwachsene dazu zu veranlassen«. Geschützt werden Kinder in ihrer Entscheidungsfreiheit. Daneben bewirkt die Vorschrift eine Entkommerzialisierung des Verhältnisses zwischen Kindern und Erwachsenen (Eltern und sonstige Erwachsene). Die zweite Variante des Tatbestands untersagt es, die Kinder dazu aufzufordern, Erwachsene zu einer Kaufentscheidung zu veranlassen.

131

#### b) Tatbestand

aa) »Kinder«. Angesprochen werden müssen »Kinder«. Die Definition dieses Begriffes für Nr. 28 des Anhangs zu § 3 III UWG bereitet erhebliche Schwierigkeiten. In der AVMD-RL wird in Art. 9 I lit. g der Begriff des »Minderjährigen« verwendet. Auf die Vorgängerregelung zu dieser Vorschrift wird in Nr. 28 des Anhangs I zur UGP-RL Bezug genommen, die wiederrum durch Nr. 28 des Anhangs zu § 3 III UWG umge-

132

---
156 Köhler/Bornkamm/Feddersen/*Köhler* UWG Anh. zu § 3 III, Rn. 27.3.

setzt worden ist. Daraus wird der Schluss gezogen, dass »Kinder« etwas anderes sein müssten als »Minderjährige«. In der Konsequenz wird ganz verbreitet angenommen, »Kinder« seien nur Personen unter 14 Jahren.[157] Als weiteres Argument wird auf die im Normsetzungsverfahren gescheiterte Verordnung über Verkaufsförderung im Binnenmarkt verwiesen.[158] Gemäß Art. 2 lit. j des Entwurfs sollten »Kinder« »Person(en) unter 14 Jahren« sein. Demgegenüber aber kann die Bezugnahme in Nr. 28 des Anhangs I der UGP-RL auf das Recht zur Regulierung der Mediendienste dahingehend verstanden werden, dass der Begriff »Kind« als Komplementär zum Begriff »Erwachsener« zu verstehen ist.[159] Ein effektiver Schutz der Minderjährigen spricht für diese Position. Kinder sind also alle **Personen unter 18 Jahren.**

133 **bb) Unmittelbare Aufforderung an Kinder zum Kauf.** Die Aufforderung zum Kauf muss sich an Kinder richten. Ob dies der Fall ist, bestimmt sich nach einer Gesamtbetrachtung. Das Produkt und das Werbemedium (beispielsweise eine Kinderzeitschrift oder ein Kinderfernsehprogramm) sind in die Beurteilung einzubeziehen. Auch eine kindertypische Sprache und im Kinderjargon übliche Anglizismen können genügen.[160] Weiter setzt der Tatbestand ein **unmittelbares Auffordern** zum Kauf oder zu einer Inanspruchnahme einer Dienstleistung voraus. Eine abstrakte Unternehmensimagewerbung oder eine Werbung für eine vollständige Produktpalette genügt nicht. Entscheidend ist das Vorliegen eines **Kaufappells**.[161] Typisch ist hier ein imperatives »Kauf Dir ...«, »Hol Dir ...«, »Bestell Dir ...« und »Schnapp Dir...«.[162]

134 **cc) Kinder als Kaufmotivatoren.** Die Variante 2 der Nr. 28 des Anhangs zu § 3 III UWG untersagt die unmittelbare Aufforderung an Kinder, ihre Eltern oder andere Erwachsene zum Kauf des beworbenen Produktes zu veranlassen. Geschützt wird hier das Eltern-Kind-Verhältnis bzw. das Verhältnis von Kindern zu anderen Erwachsenen. Dieses soll nicht durch eine Kommerzialisierung der Privatsphäre beeinträchtigt werden. Ob die Entscheidungsfreiheit der Eltern betroffen ist, spielt keine Rolle.[163] Daher kann für die Anwendung von Nr. 28 des Anhangs zu § 3 III UWG die alte Rechtsprechung des BGH zur Zulässigkeit von Werbung gegenüber Kindern nach § 4 Nr. 1 UWG aF[164] nicht einschränkungslos nutzbar gemacht werden.

> **Klausurtipp:** Die Probeklausur in § 18 hat Probleme der Nr. 28 Anhang zu § 3 III UWG zum Gegenstand.

---

157 Köhler/Bornkamm/Feddersen/*Köhler* UWG Anh. zu § 3 III, Rn. 28.5; MüKoUWG/*Alexander* § 3 III Nr. 28, Rn. 25.
158 Köhler/Bornkamm/Feddersen/*Köhler* UWG Anh. zu § 3 III, Rn. 28.5.
159 Zu diesem Ergebnis kommt *Mankowski* WRP 2007, 1398 (1403 ff.).
160 BGH GRUR 2014, 298 Rn. 19 – Runes of Magic.
161 Köhler/Bornkamm/Feddersen/*Köhler* UWG Anh. zu § 3 III, Rn. 28.8.
162 BGH GRUR 2014, 298 Rn. 20 – Runes of Magic.
163 Ebenso Köhler/Bornkamm/Feddersen/*Köhler* UWG Anh. zu § 3 III, Rn. 28.13.
164 Beispiele: BGH GRUR 2008, 183 – Tony Taler; BGH GRUR 2009, 71 Rn. 19 – Sammelaktion für Schoko-Riegel.

### 29. Nr. 29 – Aufforderung zur Bezahlung unbestellter Waren

#### a) Normzweck

Eine beliebte aggressive Geschäftspraktik war es, Verbrauchern **unbestellte Waren zuzusenden.** Der Verbraucher fühlte sich dann genötigt, diese zu bezahlen. In Umsetzung der Fernabsatz-RL wurde im Jahr 2000 § 241a in das BGB eingefügt. Dieser schließt bei der Zusendung unbestellter Waren alle Ansprüche eines Unternehmers gegen einen Verbraucher aus. Die Norm hat zivilstrafrechtlichen Charakter, da sie auch gesetzliche Ansprüche, beispielsweise solche auf Herausgabe aus § 985 BGB, ausschließt.¹⁶⁵ In der Folge war diese Geschäftspraktik in Deutschland praktisch nicht mehr zu beobachten. Lauterkeitsrechtlich ist die Zusendung unbestellter Waren jedenfalls eine Belästigung iSd § 7 I UWG. Ergänzt wird dieser Verbotstatbestand durch Nr. 29 des Anhangs zu § 3 III UWG.

135

#### b) Tatbestand

Nr. 29 des Anhangs zu § 3 III UWG, der mit der UWG-Novelle 2015 geändert wurde, untersagt »die Aufforderung zur Bezahlung nicht bestellter, aber gelieferter Waren und erbrachter Dienstleistungen oder eine Aufforderung zur Rücksendung oder Aufbewahrung nicht bestellter Sachen«. Der Tatbestand untersagt also **nicht die Lieferung** nicht bestellter Waren, **sondern** allein **die Aufforderung zur Bezahlung oder Rücksendung.** Die Lieferung von nicht bestellten Waren oder die Erbringung nicht bestellter Dienstleistungen ist Tatbestandsmerkmal der Nr. 29 des Anhangs zu § 3 III UWG.¹⁶⁶ Tathandlungen der Nr. 29 des Anhangs zu § 3 III UWG sind alternativ die »Aufforderung zur Bezahlung« oder die »Aufforderung zur Rücksendung oder Verwahrung«. Der Verbraucher wird auf diese Weise zu einem Verhalten aufgefordert, das er aufgrund von § 241a BGB nicht schuldet.

136

Der Tatbestand dürfte aus Normzweckerwägungen nicht einschlägig sein, wenn der Unternehmer **irrtümlich** vom Vorliegen einer Bestellung ausgeht (vgl. § 241a II Var. 2 BGB). Demgegenüber liegt ein Verstoß vor, wenn Angehörige der Vertriebsorganisation den Unternehmer über das Bestehen eines Vertrages getäuscht haben.¹⁶⁷ Das Ergebnis mag vielleicht zunächst überraschen, folgt aber aus einer konsequenten Anwendung des § 8 II UWG, der eine Haftung des Unternehmers für Mitarbeiter und Beauftragte begründet.

137

### 30. Nr. 30 – Drohung mit Verlust des Arbeitsplatzes des Werbenden

Nr. 30 des Anhangs zu § 3 III UWG untersagt »die ausdrückliche Angabe, dass der Arbeitsplatz oder Lebensunterhalt des Unternehmers gefährdet sei, wenn der Verbraucher die Ware oder Dienstleistung nicht abnehme«. Typischer Anwendungsfall der Norm sind Zeitschriftenwerber an Haustüren (sog. »Drücker«), die behaupten, sie verlören ihren Arbeitsplatz, wenn der umworbene Verbraucher das angebotene Abonnement nicht bestelle. Der Wortlaut der Nr. 30 des Anhangs zu § 3 III UWG untersagt aber einen Hinweis auf einen drohenden Arbeitsplatzverlust oder Verlust des Lebens-

138

---

165 Palandt/*Grüneberg* BGB § 241a Rn. 7.
166 Köhler/Bornkamm/Feddersen/*Köhler* UWG Anh. zu § 3 III Rn. 29.4 mit Ausführungen zur Problematik bei nicht erfolgter Warenlieferung bzw. nicht erbrachter Dienstleistung nach alter Rechtslage, vgl. zu dieser Rechtslage BGH GRUR 2012, 82 Rn. 12 – Auftragsbestätigung.
167 BGH GRUR 2012, 82 Rn. 12f. – Auftragsbestätigung.

unterhaltes des **Unternehmers.** Gemeint sein kann damit nur, dass eine Haftung des Unternehmers über § 8 II UWG begründet werden soll, wenn seine Angestellten behaupten, sie verlören ihren Arbeitsplatz, sollte die Ware oder Dienstleistung nicht abgenommen werden. Ansonsten käme Nr. 30 des Anhangs zu § 3 III UWG nur ein schmaler Anwendungsbereich zu.

## § 9 Rechtsbruch (§ 3a UWG)

**Fall 1:** A betreibt einen Supermarkt in der Universitätsstadt Jena. Nach dem Thüringer Ladenöffnungsgesetz (§ 4 I Nr. 2) sind Verkaufsstellen für den geschäftlichen Verkehr an Sonnabenden nach 20 Uhr bis 24 Uhr geschlossen zu halten. Aufgrund der starken Nachfrage des studentischen Publikums nach Bier und Wein am Samstagabend hält A sein Geschäft samstags bis 23 Uhr offen.

**Fall 2:** C stellt Reifen für Pkws und landwirtschaftliche Nutzfahrzeuge (Mähdrescher pp.) her. Erheblicher Kostenfaktor in der Produktion ist die Reinigung des stark verunreinigten Abwassers. C beschließt zu sparen: Er leitet das Abwasser unter Verstoß gegen wasserrechtliche Regelungen, die dem Umweltschutz dienen, ungeklärt in einen Fluss. Sodann kann er seine Reifen deutlich billiger als seine Wettbewerber am Markt anbieten.

**Fall 3:** D scheitert im Medizinstudium. Er fällt endgültig durch den zweiten Abschnitt der Ärztlichen Prüfung (zweites Staatsexamen). Dennoch praktiziert er als Allgemeinmediziner in seiner Heimatgemeinde Q-Dorf.

**Fall 4:** Jurastudentin J möchte etwas Geld verdienen. An den Wochenenden befördert sie Fahrgäste mit ihrem privaten Pkw gegen Entgelt, obwohl ihr die dazu erforderlichen Genehmigungen fehlen (sog. »Schwarztaxi«).

**Fall 5:** Die Großkanzlei A&B lässt ihre jungen Anwältinnen und Anwälte ständig unter Verstoß gegen die Vorschriften des Arbeitszeitgesetzes mehr als 10 Stunden täglich arbeiten (§ 3 ArbZG). Zudem müssen die Anwältinnen und Anwälte sonntags zur Arbeit erscheinen (Verstoß gegen § 9 ArbZG). Die Großkanzlei C&D beachtet die Vorgaben des ArbZG und hat daher schon mehrere attraktive M&A-Mandate an A&B verloren. C&D geht nunmehr lauterkeitsrechtlich gegen A&B vor.

### A. Einleitung

1   Nach § 3a UWG handelt lauterkeitsrechtswidrig, »wer einer gesetzlichen Vorschrift zuwiderhandelt, die auch dazu bestimmt ist, im Interesse der Marktteilnehmer das Marktverhalten zu regeln«. Zudem muss der Verstoß geeignet sein, die Interessen von Verbrauchern, sonstigen Marktteilnehmern oder Mitbewerbern spürbar zu beeinträchtigen. Ein Verstoß gegen eine außerlauterkeitsrechtliche Norm begründet also einen Lauterkeitsrechtsverstoß.

2   Die Vorschrift kann auf eine lange Historie zurückblicken. Zu § 1 UWG 1909 war die Fallgruppe des Vorsprungs durch Rechtsbruch etabliert.[1] Allerdings sollte nicht jeder Verstoß gegen eine Rechtsnorm wettbewerbswidrig sein. Es wurde daher nach Kriterien gesucht, mit denen lauterkeitsrechtsrelevante Rechtsverstöße bestimmt werden konnten. Lange Zeit wurde zwischen »wertbezogenen« und »wertneutralen« Normen differenziert. »Wertbezogen« sollten Normen sein, die »Ausdruck einer sittlichen

---

1 Vgl. Baumbach/Hefermehl/*Hefermehl*, 16. Aufl. 1990, UWG § 1 Rn. 608 ff.

Anschauung« waren.[2] Ein Verstoß gegen eine solche Norm war im Regelfall sittenwidrig und damit auch wettbewerbswidrig. Ein typisches Beispiel war ein Verstoß gegen das Arzneimittelgesetz (AMG).[3] Diesen Vorschriften standen »wertneutrale« Vorschriften gegenüber. Es sollte sich hierbei um Normen handeln, die »nur aus Gründen ordnender Zweckmäßigkeit erlassen worden« waren. Ein Rechtsverstoß sollte grundsätzlich keinen Wettbewerbsverstoß begründen.[4] »Wertneutral« waren beispielsweise die Bestimmungen der Handwerksordnung über die Eintragung in die Handwerkerrolle und die Ablegung der Meisterprüfung.[5] Eine Verletzung wertneutraler Vorschriften konnte bei Hinzutreten weiterer, besonderer Umstände einen Wettbewerbsverstoß begründen. Hier wurde die Idee eines »**Vorsprungs durch Rechtsbruch**« nutzbar gemacht. Eine Verletzung des Lauterkeitsrechts begründete der Rechtsbruch nur, wenn sich der Verletzer einen sachlich ungerechtfertigten Vorsprung vor seinen Mitbewerbern verschafft hatte.[6]

Mit der Entscheidung »**Abgasemissionen**« leitete der **BGH** eine Neujustage der Rechtsprechung ein. Die Beklagte, ein Unternehmen der holzverarbeitenden Industrie, stellte Span- und Faserplatten her. Bei der Produktion verstieß sie gegen Emissionsschutzvorschriften der 13. BImSchV. Die Beklagte wurde sodann aus § 1 UWG 1909 unter dem Gesichtspunkt des Rechtsbruchs auf Unterlassung in Anspruch genommen. Die Klage war in allen Instanzen erfolglos. Der BGH entschied, dass ein Verstoß gegen Gesetze, die den Schutz wichtiger Gemeinschaftsgüter wie der Gesundheit dienen, grundsätzlich die Wettbewerbswidrigkeit indiziere.[7] Dies solle aber nicht gelten, wenn der Gesetzesverstoß nicht mit dem Wettbewerbsverhalten einhergehe, sondern dem wettbewerblichen Handeln vorgelagert sei oder ihm nachfolge.[8]

3

Weiter verfeinert wurde diese neue Entwicklungslinie in der Judikatur mit der Entscheidung »**Elektroarbeiten**«.[9] Die Stadtwerke München wurden über § 1 UWG 1909 aufgrund eines Rechtsbruchs auf Unterlassung in Anspruch genommen. Ihnen wurde vorgehalten, gegen Art. 87 Bayerische Gemeindeordnung (BayGO), der die eigenwirtschaftliche Betätigung der Gemeinde regelt, verstoßen zu haben. Der BGH verneinte einen Verstoß gegen das Lauterkeitsrecht: Es sei **nicht** Aufgabe des UWG, den Marktzutritt zu regeln und Rechtsschutz dort zu gewährleisten, wo nach öffentlichem Recht – vermeintliche – Schutzlücken bestünden.[10] Zuvor hatte bereits *Köhler* die Begrifflichkeit geschärft und zwischen **Marktverhaltens- und Marktzugangsregelungen differenziert**.[11] Diese Unterscheidung wurde mit § 4 Nr. 11 UWG 2004 kodifiziert. Sie findet sich heute nur leicht modifiziert, allein um ein Spürbarkeitserfordernis ergänzt, in § 3a UWG.

4

---

2 Baumbach/Hefermehl/*Hefermehl*, 16. Aufl. 1990, UWG § 1 Rn. 613.
3 OLG Düsseldorf GRUR 1987, 295 (296) – Tiamon.
4 Baumbach/Hefermehl/*Hefermehl*, 16. Aufl. 1990, UWG § 1 Rn. 630.
5 Vgl. Baumbach/Hefermehl/*Hefermehl*, 16. Aufl. 1990, UWG § 1 Rn. 632.
6 Vgl. näher Baumbach/Hefermehl/*Hefermehl*, 16. Aufl. 1990, UWG § 1 Rn. 646 ff.
7 BGH GRUR 2000, 1076 (1078) – Abgasemissionen
8 BGH GRUR 2000, 1076 (1078) – Abgasemissionen.
9 BGH GRUR 2002, 825 – Elektroarbeiten.
10 BGH GRUR 2002, 825 (827) – Elektroarbeiten.
11 *Köhler* GRUR 2001, 777 (780 f.).

> **Prüfungsschema für einen Unterlassungsanspruch
> aus § 8 I UWG iVm §§ 3, 3a UWG**
> 1. Geschäftliche Handlung (§ 2 I 1 Nr. 1 UWG)
> 2. Verstoß gegen eine Marktverhaltensnorm (§ 3a UWG)
> 3. Spürbare Beeinträchtigung der Interessen von Verbrauchern, sonstigen Marktteilnehmern oder Mitbewerbern (§ 3a aE UWG)
> 4. Wiederholungs- bzw. Erstbegehungsgefahr (§ 8 I 1, 2 UWG)

## B. Tatbestand

### I. Grundstruktur

6  Der Verbotstatbestand zerfällt in zwei Teile. Den Verbotskern bildet ein Verstoß gegen eine Marktverhaltensnorm. Daneben formuliert § 3a UWG ein Spürbarkeitserfordernis.

#### 1. Zuwiderhandlung gegen eine gesetzliche Vorschrift

7  Eine gesetzliche Vorschrift muss verletzt worden sein. Gesetzliche Vorschrift iSd § 3a UWG ist jede geltende Rechtsnorm (§ 2 EGBGB). Erfasst werden Bundes- und Landesgesetze, Rechtsverordnungen, primäres und sekundäres EU-Recht, Satzungen von Kammern und Gemeinden sowie Gewohnheitsrecht.[12] Keine Rechtsnormen sind ausländische Rechtsnormen, Verwaltungsakte und Verwaltungsvorschriften.[13] Gleiches gilt für Verhaltenskodizes (§ 2 I Nr. 5 UWG).[14] Beachtet werden müssen die unionsrechtlichen Vorgaben der **UGP-RL**. Diese schreibt einen **Schutzhöchststandard** für geschäftliche Handlungen gegenüber Verbrauchern, nicht aber für den B2B-Bereich vor (→ § 5 Rn. 10 ff.). Das unionsrechtlich maximal zulässige Schutzniveau darf durch eine Durchsetzung außerlauterkeitsrechtlicher Normen über § 3a UWG nicht überschritten werden. Keine Schwierigkeiten bereitet dies, soweit ein vom Anwendungsbereich der UGP-RL ausgenommener Bereich angesprochen ist. Es sind dies beispielsweise Regelungen des B2B-Verhältnisses (Art. 3 I UGP-RL) und des Vertragsrechts (Art. 3 II UGP-RL) sowie nationale Regelungen mit Bezug auf Gesundheits- und Sicherheitsaspekte des Produktes.[15]

> **Fall 1:** Der Fall betrifft das B2B-Verhältnis zwischen dem Supermarktinhaber und seinen Wettbewerbern. Die UGP-RL hat hier keine Bedeutung.

8  Weiter aus dem Anwendungsbereich der UGP-RL ausgenommen sind strengere nationale Regelungen für reglementierte Berufe (Art. 3 VIII UGP-RL). Hierunter fallen beispielsweise die freiberuflichen Tätigkeiten der Ärzte und Rechtsanwälte. **Im Anwendungsbereich der UGP-RL** (also nicht in den eben genannten Fällen!) verlangt der BGH zudem, dass die nationale **Marktverhaltensnorm** eine **unionsrechtliche**

---

12 Köhler/Bornkamm/Feddersen/*Köhler* UWG § 3a Rn. 1.52; Ohly/Sosnitza/*Ohly* UWG § 3a Rn. 12.
13 Ohly/Sosnitza/*Ohly* UWG § 3a Rn. 13.
14 BGH GRUR 2011, 431 Rn. 11 – FSA-Kodex.
15 Vollständiger Überblick bei Köhler/Bornkamm/Feddersen/*Köhler* UWG § 3a Rn. 1.20ff.

**Grundlage** hat.[16] In jedem Einzelfall ist die nationale Marktverhaltensnorm genau zu analysieren.[17]

## 2. Marktverhaltensregelung

### a) Grundlagen

Bei der verletzten Vorschrift muss es sich um eine Norm handeln, die **auch** dazu bestimmt ist, »im Interesse der Marktteilnehmer das Marktverhalten« zu regeln. Unschädlich ist es also, wenn mit der Regelung neben der Steuerung des Marktverhaltens noch ein oder mehrere andere Zwecke, uU sogar primär, verfolgt werden. Zwei Gruppen von Regelungen fallen nicht in den Anwendungsbereich des § 3a UWG. Zum einen sind dies Vorschriften, die ein Verhalten regeln, das zeitlich vor oder nach dem Verhalten auf dem Markt erfolgt.[18] Zu dieser Gruppe gehören beispielsweise Vorschriften des Umwelt- und Steuerrechts. 9

> **Fall 2:** Der Reifenhersteller, der gegen Umweltschutzvorschriften verstößt, verletzt eine Norm, die das Verhalten im Vorfeld des Markthandelns reguliert. Der Rechtsverstoß wird nicht von § 3a UWG erfasst.

Zum anderen werden Verstöße gegen **reine Marktzutrittsregelungen** nicht von § 3a UWG erfasst. Solche Marktzutrittsregelungen sind beispielsweise die Bestimmungen des Kommunalrechts zu den Voraussetzungen für die Zulässigkeit einer wirtschaftlichen Betätigung der Kommunen (Beispiel: Art. 87 BayGO, § 107 GO NRW, § 103 I GO Baden Württemberg, § 71 ThürKO). Eine Verletzung dieser bloßen Marktzutrittsregelungen begründet keinen Verstoß gegen § 3a UWG.[19] 10

Normen, die das **Marktverhalten und** den **Marktzutritt** regeln (doppelfunktionale Normen) werden von § 3a UWG erfasst. Dies macht der Wortlaut deutlich: Es genügt, wenn die Vorschrift »auch« dazu bestimmt ist, das Marktverhalten zu regeln. Typische Beispiele hierfür sind die Zulassungsregelungen für die freien Berufe und das Handwerk.[20] 11

Die aktuelle Rechtslage ist praktikabel und trägt dem Umstand Rechnung, dass das **UWG ein Marktverhaltensrecht** ist. Überdacht werden muss allerdings, ob nicht der frühere »Vorsprungsgedanke« vorschnell aufgegeben worden ist.[21] 12

> **Beispiel:** Bei Fall 2 erzielt der Reifenhersteller aufgrund der geringeren Produktionskosten einen erheblichen Vorteil im Wettbewerb. Dennoch soll ein Verstoß gegen das Lauterkeitsrecht nicht vorliegen.

Allerdings kann es nicht Aufgabe des Rechtsbruchtatbestandes des UWG sein, als »**Reparaturnorm**« Vollzugsdefizite in anderen Rechtsgebieten, namentlich im Verwaltungsrecht, zu beheben. 13

---

16 BGH GRUR 2010, 652 Rn. 11 – Costa Del Sol; BGH GRUR 2014, 1208 Rn. 11 – Preis zzgl. Überführung; BGH GRUR 2015, 1240 Rn. 19 – Der Zauber des Nordens.
17 Besonders prägnant: BGH GRUR 2015, 1240 Rn. 21 – Der Zauber des Nordens zu § 1 I 1 PAngV.
18 Ohly/Sosnitza/*Ohly* UWG § 3a Rn. 16: *Ohly* spricht vom »Vorfeld des Marktverhaltens«.
19 Beispiel: BGH GRUR 2002, 825 (826f.) – Elektroarbeiten: Selbst wenn gegen die Vorschrift des Art. 87 BayGO verstoßen wird, liegt kein Verstoß gegen das Lauterkeitsrecht vor.
20 Vgl. Köhler/Bornkamm/Feddersen/*Köhler* UWG § 3a Rn. 1.83.
21 In diese Richtung auch *Glöckner* GRUR 2013, 568 (576); vgl. zur aktuellen Entwicklung weiter *Metzger* GRUR Int 2015, 687ff.

> **Beispiel:** Die Versuche, über das Lauterkeitsrecht Verstöße der Kommunen gegen die kommunalrechtlichen Begrenzungen der wirtschaftlichen Betätigung zu unterbinden, werden dadurch ausgelöst, dass die für die Beachtung und Durchsetzung der öffentlich-rechtlichen Vorschriften zuständigen Behörden (Kommunalaufsicht) nicht tätig werden.

#### b) Kasuistik

14 **aa) Marktverhaltensregelungen.** Marktverhaltensregeln können grob unterteilt werden in zwei Gruppen: zum einen die **personenbezogenen** Verhaltensregeln und zum anderen die **produkt- bzw. gegenstandsbezogenen** Verhaltensregeln.

15 **(1) Personenbezogene Verhaltensregeln**
- Erlaubnisvorbehalt für Rechtsdienstleistungen (§ 3 RDG).[22]
- Berufsrechtliche Pflicht des Anwalts zur sachlichen Werbung (§ 43b BRAO, § 6 BORA).[23]
- Verstoß des Anwalts gegen die Pflicht zur Gestaltung des Briefbogens (§ 10 BORA).[24]
- Befugnis zur Erbringung von Steuerberatungsleistungen (§§ 3, 4 StBerG).[25]
- Werberegeln für Steuerberater (§ 57a StBerG).[26]
- Erfordernis der Approbation für Ärzte (§ 2 BÄO).[27]
- Erlaubnisvorbehalt bei Zahnheilkunde (§ 1 ZahnheilkG).
- Erlaubnispflicht für den Betrieb einer Apotheke (§ 1 II ApoG).[28]
- Verbot der Ausübung der Heilkunde ohne Erlaubnis (§ 1 I HeilPraktG).[29]
- Regelungen zum Schutz der Bezeichnung »Architekt« in den Landesbaukammerngesetzen (Beispiele: § 2 BauKaG NRW; Art. 1 BayBauKaG).[30]
- Genehmigungserfordernisse nach den §§ 2 I, 13 I PBefG.[31]
- Schulrechtliche Werbebeschränkungen.[32]
- Die Bestimmungen des ArbZG zur Begrenzung der täglichen Höchstarbeitszeit und der Sonntagsarbeit.[33]

> **Fall 3:** Wer als Arzt ohne Approbation praktiziert, verstößt damit auch gegen das Lauterkeitsrecht (§ 3a UWG).

---

22 Es handelt sich um eine Marktzutritts- **und** Marktverhaltensregelung, Ohly/Sosnitza/*Ohly* UWG § 3a Rn. 34f.; die Befugnis zur Rechtsberatung für Rechtsanwälte folgt aus § 3 BRAO.
23 BGH GRUR 2005, 520 (521) – Optimale Interessenvertretung; zurückhaltend Ohly/Sosnitza/*Ohly* UWG § 3a Rn. 40.
24 OLG Jena GRUR-RR 2012, 29 (30) – Zweigstellenbriefbogen.
25 Ohly/Sosnitza/*Ohly* UWG § 3a Rn. 48.
26 Ohly/Sosnitza/*Ohly* UWG § 3a Rn. 50.
27 Es handelt sich um eine Marktzutritts- **und** Marktverhaltensregelung, Köhler/Bornkamm/Feddersen/*Köhler* UWG § 3a Rn. 1.131.
28 OLG Saarbrücken GRUR 2007, 344 (345) – Apothekenbetriebserlaubnis.
29 Köhler/Bornkamm/Feddersen/*Köhler* UWG § 3a Rn. 1.141.
30 BGH GRUR 2010, 1115 Rn. 12ff. – Freier Architekt.
31 Köhler/Bornkamm/Feddersen/*Köhler* UWG § 3a Rn. 1.148.
32 BGH GRUR 2006, 77 Rn. 25 – Schulfotoaktion; MüKoUWG/*Schaffert* § 3a Rn. 202.
33 Wie hier unter Geltung des § 1 UWG 1909 und zu § 105b II 1 GewO (Vorgängerregelung zu § 9 ArbZG), BGH GRUR 1988, 310 (311) – Sonntagsvertrieb; *Sack* WRP 1998, 683 (685) (zu § 9 ArbZG).

**Fall 4:** J verstößt somit nicht nur gegen das PBefG, sondern auch gegen § 3a UWG, wenn sie ohne Genehmigung Personen befördert.

**Fall 5** Die Kanzlei A&B handelt lauterkeitsrechtswidrig.

**(2) Produkt- bzw. gegenstandsbezogene Regelungen** 16

- § 10 AMG (Vorschrift zur Kennzeichnung von Fertigarzneimitteln).[34]
- § 43 MessEG (Verbot von Mogelpackungen).[35]
- Lebensmittelrechtliche Kennzeichnungsvorschriften.[36]
- Kennzeichnungsvorschriften des Tabakrechts.[37]
- Patientenschutzvorschriften des Medizinproduktegesetzes.[38]
- Energieverbrauchskennzeichnungsverordnung für Pkw (Pkw-EnVKV), nach der Hersteller und Händler beim Anbieten neuer Pkw Angaben zum Verbrauch (Kraftstoff oder alternative Energien) und zum $CO_2$-Ausstoß machen müssen.[39]
- Werberegelungen des Heilmittelwerbegesetzes wie beispielsweise § 10 I HWG, der die Publikumswerbung für verschreibungspflichtige Arzneimittel untersagt.[40]
- Pflicht zur Briefkopfangabe nach § 35a GmbHG.[41]
- Regelungen zu Preisangaben, insbesondere die nach der PAngV.[42]
- Ladenschluss- bzw. Ladenöffnungsgesetze der Länder (es handelt sich hierbei um Marktverhaltensregelungen im Interesse der Wettbewerber).[43]

**Fall 1:** Die Ladenöffnung des Supermarktes außerhalb der erlaubten Ladenöffnungszeiten verstößt gegen § 3a UWG.

**bb) Keine Marktverhaltensregeln. Keine** Marktverhaltensregeln sind beispielsweise, 17 wie bereits erläutert,

- Öffentlich-rechtliche Vorschriften über den Marktzutritt der öffentlichen Hand.[44]
- Umweltschutzvorschriften.[45]

**3. Zuwiderhandlung**

Es muss eine »Zuwiderhandlung« gegen die Marktverhaltensregelung erfolgt sein. 18 Diese setzt voraus, dass der **objektive Tatbestand** der Marktverhaltensnorm verletzt ist. Für den Unterlassungsanspruch nach § 8 I 2 UWG genügt es, dass die Verletzung

---

34 BGH GRUR 2013, 857 Rn. 10 – Voltaren.
35 Zur Vorgängerregelung, § 7 EichG: OLG Frankfurt a. M. ZLR 2009, 618 (620ff.); MüKoUWG/ *Schaffert* § 4 Nr. 11 Rn. 210.
36 Umfassender Überblick bei MüKoUWG/*Schaffert* § 3a Rn. 214ff.
37 MüKoUWG/*Schaffert* § 3a Rn. 219.
38 Beispiel: OLG Jena GRUR-RR 2008, 92: Inverkehrbringen von Kondomen, bei denen es sich um Ausschussware des Herstellers handelt.
39 MüKoUWG/*Schaffert* § 3a Rn. 221. Hinweis: Der sog. »Dieselskandal« spielt hier keine Rolle; dort geht es um eine Manipulation der Stickoxidwerte ($NO_x$). Diese müssen nach der Pkw-EnVKV nicht angegeben werden.
40 MüKoUWG/*Schaffert* § 3a Rn. 249ff.
41 MüKoUWG/*Schaffert* § 3a Rn. 314ff.
42 BGH GRUR 2015, 1240 Rn. 18 – Zauber des Nordens; Köhler/Bornkamm/Feddersen/*Köhler* UWG § 3a Rn. 1.260ff.
43 OLG Hamm GRUR-RR 2013, 297.
44 BGH GRUR 2002, 825 (827) – Elektroarbeiten.
45 BGH GRUR 2000, 1076 – Abgasemissionen.

der Norm bevorsteht.[46] **Subjektive Erfordernisse** wie ein »Bewusstsein des Normverstoßes«[47] oder Ähnliches werden heute **nicht** mehr verlangt.[48]

### 4. Eignung zur spürbaren Beeinträchtigung der Interessen der Verbraucher, Mitbewerber oder sonstiger Marktteilnehmer

19 Die Handlung muss geeignet sein, »**die Interessen von Verbrauchern, sonstigen Marktteilnehmern oder Mitbewerbern spürbar zu beeinträchtigen**«. Eine Interessenbeeinträchtigung muss nicht tatsächlich eingetreten sein. Die bloße Möglichkeit genügt.[49] Verbreitet wird vertreten, dieses Merkmal recht großzügig auszulegen. Bei Verstößen gegen Vorschriften, die einen abstrakten Verbraucherschutz bezwecken, also ein bestimmtes Verhalten unabhängig von einer konkreten Gefährdung von Verbraucherinteressen untersagen, soll die Spürbarkeit grundsätzlich zu bejahen sein.[50] Dieser weiten Interpretation des Tatbestandsmerkmals ist *Ohly* entgegengetreten. Der Gesetzesverstoß indiziere nicht die Spürbarkeit.[51] Die **Spürbarkeit** bedürfe einer besonderen Feststellung und Begründung aufgrund aller Umstände des Einzelfalls.[52] Auch bei einem Verstoß gegen eine Vorschrift zum Schutz der Sicherheit und Gesundheit von Verbrauchern sei eine Spürbarkeitsprüfung erforderlich.[53] Aufgrund der Weite des Tatbestandsmerkmals »Marktverhaltensregelung« ist in der Tat einer allzu großzügigen Auslegung des Spürbarkeitserfordernisses entgegenzutreten. Allerdings besteht die Gefahr, sich bei Verstößen gegen Normen, die überragend wichtige Rechte und Rechtsgüter schützen, in einer sinnlosen, schematischen Prüfung zu verlieren. Es bietet sich daher eine vermittelnde Lösung an, die sich an der Rechtswidrigkeitsprüfung bei § 823 I BGB orientieren kann. Wird eines der in § 823 I BGB ausdrücklich genannten Rechte oder Rechtsgüter verletzt, indiziert die Tatbestandsmäßigkeit die Rechtswidrigkeit. Ist indes eines der Rahmenrechte wie das allgemeine Persönlichkeitsrecht verletzt, muss die Rechtswidrigkeit ausdrücklich festgestellt werden.[54] Folgt man dem, sind Verstöße gegen Marktverhaltensregeln, die die **Gesundheit und Sicherheit** von Verbrauchern, Mitbewerbern oder sonstigen Marktteilnehmern schützen, **regelmäßig spürbar**. Bei der Verletzung einer sonstigen Marktverhaltensregel ist die Spürbarkeit näher zu prüfen und ausdrücklich festzustellen. Für die **Prüfung der Spürbarkeit** sind alle Umstände des Einzelfalls wie Intensität, Dauer und Häufigkeit des Verstoßes zu berücksichtigen. Bei der Intensität sind die betroffenen Interessen zu gewichten, beispielsweise potentielle Gefährdungen, Intensität einer Irreführung oder die Bedeutung der beeinflussten Kaufentscheidung.

---

46 Köhler/Bornkamm/Feddersen/*Köhler* UWG § 3a Rn. 1.84.
47 Anders die frühere Rspr., vgl. BGH GRUR 1996, 786 (788) – Blumenverkauf an Tankstellen.
48 Köhler/Bornkamm/Feddersen/*Köhler* UWG § 3a Rn. 1.86 f.
49 Enger: Köhler/Bornkamm/Feddersen/*Köhler* UWG § 3a Rn. 1.97: Die objektive Wahrscheinlichkeit sei zu verlangen. Dies erscheint unpraktikabel. Ein solches Merkmal zwingt den Rechtsanwender zu unter Umständen schwierigen Wahrscheinlichkeitsbetrachtungen. Schutz vor einer uferlosen Tatbestandsausdehnung ermöglicht schon das Spürbarkeitserfordernis.
50 Vgl. BGH GRUR 2015, 916 Rn. 16 – Abgabe ohne Rezept; BGH GRUR 2015, 813 Rn. 25 – Fahrdienst zur Augenklinik; Köhler/Bornkamm/Feddersen/*Köhler* UWG § 3a Rn. 1.102 ff.
51 Ohly/Sosnitza/*Ohly* UWG § 3a Rn. 30a.
52 Ohly/Sosnitza/*Ohly* UWG § 3a Rn. 30a.
53 Ohly/Sosnitza/*Ohly* UWG § 3a Rn. 30a.
54 Vgl. MüKoBGB/*Wagner* § 823 Rn. 5 ff.; Palandt/*Sprau* BGB § 823 Rn. 24 f.

**Beispiel:** Der Inanspruchgenommene hat eine sog. »Mogelpackung« in Verkehr gebracht. Denkbar ist, dass die Verpackung nur in geringem Maße, aber doch für § 43 II MessEG genügend, einen zu großen Inhalt vorspiegelt. Alternativ ist möglich, durch die Verpackungsgestaltung eine gravierende Fehlvorstellung über die Füllmenge auszulösen. Eine Dose kann beispielsweise nur zu einem Viertel gefüllt sein. Dann wird eine Spürbarkeit eher zu bejahen sein.

Die Möglichkeit, dass andere Marktteilnehmer motiviert werden, das Verhalten nachzuahmen, wird **Nachahmungsgefahr genannt.** Unter der Geltung des UWG 1909 wurde die Nachahmungsgefahr als Indiz für die Begründung der Unlauterkeit herangezogen (»wenn das jeder machen würde«).[55] Heute soll diesem Merkmal keine Bedeutung mehr zukommen (→ § 8 Rn. 41).[56]    20

## II. Konkurrenzen

Bei geschäftlichen Handlungen gegenüber Verbrauchern ist **§ 3 III UWG in Verbindung mit dem Anhang** vorrangig zu prüfen. Ein Anspruch aus § 3a UWG in Verbindung mit einer Marktverhaltensnorm kann dazu in vollständiger Anspruchskonkurrenz stehen. Ein Rückgriff auf § 3 I UWG bei einer Verletzung einer Norm, die **nicht** das Marktverhalten regelt, ist nach dem Willen des Gesetzgebers nicht möglich, da nur Verstöße gegen Marktverhaltensnormen einen lauterkeitsrechtlichen Anspruch auslösen sollen.[57] Streitig ist das Verhältnis zu **§ 5a II 1, IV UWG.** § 5a II 1, IV UWG regelt in Umsetzung von Art. 7 II, V UGP-RL die Rechtsfolgen bei der Verletzung von Informationspflichten, die ihren Ursprung im Unionsrecht haben. Teilweise wird daraus der Schluss gezogen, bei der Verletzung einer solchen Informationspflicht komme eine Anwendung des § 3a UWG nicht in Betracht.[58] Von der Rechtsprechung wird die Anwendbarkeit des § 3a UWG in diesen Fällen (noch?) bejaht, allerdings in einer unionsrechtskonformen Auslegung des nationalen Rechts.[59]    21

# § 10 Mitbewerberschutz (§ 4 UWG)

**Fall 1:** A und B sind Wettbewerber auf dem Coachingmarkt. A gibt einen elektronischen Newsletter zum Coaching heraus. In einem Beitrag geht A der Frage nach, wie sich der Coachingmarkt weiter entwickeln wird. Zu viele Scharlatane seien auf dem Markt. Zu diesem Thema verlinkt A einen Artikel einer kirchlichen Beratungsstelle, in dem unter der Überschrift »Scharlatane auf dem Markt?« über bedenkliche Entwicklungen auf dem Coachingmarkt berichtet wird. In dem Artikel wird unter anderem der B benannt. Dieser geht nun gegen A lauterkeitsrechtlich vor.

**Fall 2:** S behauptet wahrheitswidrig, der von T angebotene Kalbs-Döner enthalte Pferdefleisch.

---

55 Vgl. nur BGH GRUR 1967, 430 (431) – Grabsteinaufträge I.
56 Köhler/Bornkamm/Feddersen/*Köhler* UWG § 3a Rn. 1.110; Ohly/Sosnitza/*Ohly* UWG § 3 Rn. 37f.
57 BT-Drs. 15/1487, 19; näher Ohly/Sosnitza/*Ohly* UWG § 3a Rn. 5, 8.
58 Köhler/Bornkamm/Feddersen/*Köhler* UWG § 3a Rn. 1.19; Ohly/Sosnitza/*Ohly* UWG § 3a Rn. 8a.
59 BGH GRUR 2010, 852 Rn. 14ff. – Gallardo Spyder; BGH GRUR 2012, 842 Rn. 17ff. – Neue Personenkraftwagen.

> **Fall 3:** L stellt das weltbekannte Lego-Spielzeug her. Es besteht unter anderem aus Kunststoff-Klemmbausteinen. X bietet ein dazu kompatibles Klemmbausteinsystem an. L sieht sich hierdurch in ihren Rechten verletzt.
>
> **Fall 4:** B und C sind erbitterte Wettbewerber auf dem Bettenmarkt. Um C die Geschäfte zu erschweren, tröpfelt B nachts Sekundenkleber in die Türschlösser der Geschäftsräume des C. Dieser kann am folgenden Tag erst mit Verspätung öffnen.

## A. Einleitung

1 § 4 UWG 2015 untersagt ausschließlich Verhaltensweisen, die sich gegen **Mitbewerber** richten. Zu § 1 UWG 1909 hatte die Rechtsprechung ein weit gefächertes System von Fallgruppen entwickelt (→ § 8 Rn. 8). Mit der UWG-Novelle 2004 wurden sowohl verbraucherschützende als auch mitbewerberschützende Fallgruppen in § 4 Nr. 1–11 UWG 2004 kodifiziert. Im Jahr 2015 ist der Tatbestand des § 4 UWG stark gestrafft und auf den Mitbewerberschutz reduziert worden.

## B. Herabsetzung eines Mitbewerbers (§ 4 Nr. 1 UWG)

### I. Überblick

2 § 4 Nr. 1 UWG (bis 2015: § 4 Nr. 7 UWG) erfasst Fälle von Verletzungen der geschäftlichen Ehre. Es bestehen vielfältige Querverbindungen mit anderen Normen. Insbesondere § 4 Nr. 2 UWG (Anschwärzung) und § 6 II Nr. 5 UWG (Herabsetzung und Verunglimpfung im Rahmen vergleichender Werbung) haben eine ähnliche Schutzrichtung (näher → § 10 Rn. 9 – »Konkurrenzen«).

> **Prüfungsschema für einen Unterlassungsanspruch aus § 8 I 1 UWG iVm § 4 Nr. 1 UWG**
>
> 1. Geschäftliche Handlung, § 2 I Nr. 1 UWG
>    (→ § 4 Rn. 8ff.)
> 2. Mitbewerber, § 2 I Nr. 3 UWG
>    (→ § 4 Rn. 23ff.)
> 3. Herabsetzung/Verunglimpfung
>    (→ § 10 Rn. 7ff.)
> 4. Wiederholungsgefahr, § 8 I 1 UWG
>    (→ § 15 Rn. 25 ff.)

### II. Mitbewerber

3 Die Äußerung muss sich auf einen »**Mitbewerber**« beziehen. Der Begriff des Mitbewerbers ist in § 2 I Nr. 3 UWG legal definiert. Erforderlich ist ein konkretes Wettbewerbsverhältnis (näher → § 4 Rn. 23ff.). Dieses kann auch durch die angegriffene Handlung selbst erst begründet werden.[1] Streitig ist, ob § 4 Nr. 1 UWG auch Fälle er-

---

1 MüKoUWG/*Jänich* § 4 Nr. 1 Rn. 15.

fasst, bei denen nicht nur ein Mitbewerber, sondern **mehrere oder alle Mitbewerber** herabgesetzt werden (»Alle meine Mitbewerber sind Betrüger«).² Für die Einbeziehung in § 4 Nr. 1 UWG spricht, dass eine Kollektivherabsetzung immer auch die Herabsetzung eines jeden einzelnen Mitbewerbers beinhaltet. Der unter Umständen unterschiedlichen Intensität kann bei der für die Anwendung des § 4 Nr. 1 UWG erforderlichen Abwägung Rechnung getragen werden.

## III. Herabsetzung/Verunglimpfung

### 1. Verfassungsrechtliche Einbindung

§ 4 Nr. 1 UWG verlangt eine Herabsetzung oder Verunglimpfung. Erfasst werden Meinungsäußerungen. Daraus resultiert eine große Bedeutung des Grundrechts der freien Meinungsäußerung aus Art. 5 I GG für die Anwendung des § 4 Nr. 1 UWG. Das BVerfG musste schon häufig über die Reichweite lauterkeitsrechtlicher Verbotstatbestände im Lichte des **Art. 5 I GG** (→ § 6 Rn. 6) entscheiden.³ Soll aufgrund von § 4 Nr. 1 UWG in dieses Grundrecht eingegriffen werden, ist eine verfassungsrechtliche Rechtfertigung erforderlich. Das BVerfG benennt drei Gründe, die eine lauterkeitsrechtliche Unterlassungssanktion rechtfertigen können: Belästigung der Abnehmer, Belange der Wettbewerber und Grundsätze des Leistungswettbewerbs.⁴ Da § 4 Nr. 1 UWG Mitbewerberinteressen schützt, kommt für diesen Tatbestand eine Rechtfertigung wegen einer »Belästigung der Abnehmer« nicht in Betracht. 4

Die Rechtsprechung des BVerfG differenziert dabei sorgfältig zwischen **Tatsachen und Meinungsäußerungen**.⁵ Dies kann aufgrund der Bedeutung von Tatsachen für die Meinungsbildung nicht überzeugen.⁶ 5

Für die **Abgrenzung von § 4 Nr. 1 UWG und § 4 Nr. 2 UWG** gilt Folgendes:⁷ § 4 Nr. 2 UWG erfasst unwahre Tatsachenbehauptungen bzw. Tatsachenbehauptungen, für deren Wahrheit der Behauptende beweisfällig bleibt. Wahre Tatsachenbehauptungen und Werturteile sind primär an § 4 Nr. 1 UWG zu messen. Im Wege eines Erstrecht-Schlusses können auch unwahre Tatsachenbehauptungen nicht nur nach § 4 Nr. 2 UWG, sondern auch nach § 4 Nr. 1 UWG unzulässig sein.⁸ Praktische Bedeutung kommt dem freilich nicht zu. 6

### 2. Herabsetzung und Verunglimpfung: Definition und Abgrenzung

Eine **Herabsetzung** ist eine Äußerung, die **in unangemessener Weise abfällig, abwertend oder unsachlich** ist.⁹ Eine **Verunglimpfung** ist vom Wortsinn her ein »Mehr« 7

---

2 Dafür OLG Hamburg WRP 2010, 156 Rn. 46–50 – Immer der günstigste Preis. Garantiert.; Köhler/Bornkamm/Feddersen/*Köhler* UWG § 4 Rn. 1.11; MüKoUWG/*Jänich* § 4 Nr. 1 Rn. 15; dagegen Ohly/Sosnitza/*Ohly* UWG § 4 Rn. 1/10.
3 Rechtsprechungsüberblick bei MüKoUWG/*Jänich* § 4 Nr. 1 Rn. 18 ff.
4 BVerfG GRUR 2001, 170 (174) – Benetton-Werbung.
5 Beispiel: BVerfG GRUR 2008, 81 f. – Pharmakartell.
6 Näher MüKoUWG/*Jänich* § 4 Nr. 1 Rn. 29.
7 Vgl. näher MüKoUWG/*Jänich* § 4 Nr. 1 Rn. 6 f.; Ohly/Sosnitza/*Ohly* UWG § 4 Rn. 1/19.
8 MüKoUWG/*Jänich* § 4 Nr. 1 Rn. 8.
9 MüKoUWG/*Jänich* § 4 Nr. 1 UWG Rn. 32 mit umfangreichen Nachweisen zur älteren Rspr. und zur Rspr. zu § 6 II Nr. 5 UWG.

zur Herabsetzung.¹⁰ Selbstständige Bedeutung kann das Tatbestandsmerkmal allerdings nicht erlangen.

8   Ob ein Verstoß vorliegt, ist durch eine umfassende **Interessenabwägung** festzustellen. Alle betroffenen Interessen sind in diese Abwägung einzubeziehen. Hierzu zählt beispielsweise die Intensität des Eingriffs. Auch müssen Interessen Dritter, wie etwa das Interesse der Abnehmer, Informationen über Missstände am Markt zu erhalten, berücksichtigt werden.¹¹ Eine sachliche Erörterung ist grundsätzlich zulässig. Pauschale Abwertungen haben dagegen zu unterbleiben.¹² Eine reine Schmähkritik ist stets unzulässig.¹³ Eine solche liegt vor, wenn nicht mehr die Auseinandersetzung in der Sache, sondern die Diffamierung der Person im Vordergrund steht.¹⁴ Auch Verstöße gegen die Menschenwürde sind – selbstverständlich – immer unzulässig.¹⁵ Humorvolle, satirische Äußerungen stehen oft einer Herabsetzung entgegen.¹⁶ Verbreitet wurde und wird ein hinreichender Anlass über die Äußerung verlangt.¹⁷ Dies kann heute nicht mehr überzeugen. In einer an der Freiheit des Wettbewerbs orientierten Wettbewerbsordnung ist kein sachlicher Anlass erforderlich, um sich mit den Wettbewerbern auseinanderzusetzen.

> **Fall 1:** Der Fall ist der Entscheidung BGH GRUR 2012, 74 – Coaching-Newsletter nachgebildet. Der BGH bejahte einen Wettbewerbsverstoß des A. Durch die Verlinkung werde die Kritik an einer abstrakten Gruppe auf die Person des B konkretisiert. Die Kritik sei nicht hinreichend mit Tatsachen unterlegt.

## IV. Konkurrenzen

9   **§ 6 II Nr. 5 UWG** erfasst Herabsetzungen im Rahmen vergleichender Werbung. Die Regelung ist lex specialis und damit vorrangig gegenüber § 4 Nr. 1 UWG.¹⁸ Zum Konkurrenzverhältnis zu § 4 Nr. 2 UWG (→ § 10 Rn. 19). § 4 Nr. 1 UWG ist wiederum spezieller als **§ 4 Nr. 4 UWG** (Behinderung)¹⁹, dennoch wendet die Rechtsprechung gelegentlich beide Normen parallel an.²⁰ **§ 3a UWG** kann parallel angewendet werden, wenn die Marktverhaltensregel, beispielsweise aus dem Berufsrecht, vor Herabsetzungen schützt.²¹ **§§ 824, 826 und § 823 II BGB** iVm § 185 StGB sind neben § 4 Nr. 1 UWG anwendbar.²² **§ 823 I BGB** (Recht am eingerichteten und ausgeübten Gewerbebetrieb) ist subsidiär. Aufgrund der längeren Verjährungsfrist (§ 195 BGB: drei Jahre,

---

10 MüKoUWG/*Jänich* § 4 Nr. 1 Rn. 33.
11 BGH GRUR 2012, 74 Rn. 37 – Coaching-Newsletter.
12 BGH GRUR 2002, 982 (983) – DIE »STEINZEIT« IST VORBEI!; MüKoUWG/*Jänich* § 4 Nr. 7 Rn. 34.
13 BGH GRUR 2012, 74 Rn. 32 – Coaching-Newsletter.
14 BVerfG NJW 2003, 3760; NJW-RR 2004, 1710 (1712); vgl. weiter BVerfG NJW 2009, 749 Rn. 16.
15 BVerfG GRUR 2003, 442 – Benetton-Werbung II.
16 Rechtsprechungsüberblick bei MüKoUWG/*Jänich* § 4 Nr. 7 Rn. 37.
17 OLG Hamm MMR 2008, 757; OLG Schleswig NJOZ 2008, 3533 (3536); Köhler/Bornkamm/Feddersen/*Köhler* UWG § 4 Rn. 1.21.
18 BGH GRUR 2012, 74 Rn. 17f. – Coaching-Newsletter; MüKoUWG/*Jänich* § 4 Nr. 1 Rn. 4; → § 13 Rn. 4.
19 MüKoUWG/*Jänich* § 4 Nr. 1 Rn. 8.
20 BGH GRUR 2010, 349 Rn. 38 – EKW-Steuerberater; BGH GRUR 2009, 1186 Rn. 25 – Mecklenburger Obstbrände.
21 BGH GRUR 2010, 349 Rn. 40 – EKW-Steuerberater.
22 MüKoUWG/*Jänich* § 4 Nr. 1 Rn. 10.

§ 11 UWG: sechs Monate) ist die Heranziehung der BGB-Tatbestände von praktischer Relevanz.

> **Klausurtipp:** Oft ist in der Aufgabenstellung nur nach »lauterkeitsrechtlichen Ansprüchen« gefragt. Auf Ansprüche aus dem BGB ist dann nicht einzugehen.

§ 4 Nr. 1 UWG ist neben **markenrechtlichen Ansprüchen** (insbesondere aus § 14 II Nr. 3, § 15 III MarkenG) nach heute ganz hM einschränkungslos anwendbar.[23] Der früher oft vertretene Vorrang des Markenrechts[24] ist heute überholt. Das an die UGP-RL angepasste UWG sichert mit § 5 II UWG Marken vor Verwechslungsgefahren. Dies belegt, dass ein paralleler Schutz durch UWG und MarkenG gewährleistet wird.

## C. Anschwärzung (§ 4 Nr. 2 UWG)

### I. Überblick

§ 4 Nr. 2 UWG schützt die geschäftliche Ehre von Unternehmen vor Angriffen mit **unwahren Tatsachenbehauptungen.** In Abgrenzung dazu werden Werturteile von § 4 Nr. 1 UWG erfasst (→ § 10 Rn. 6). § 4 Nr. 2 UWG verfügt über zwei Varianten. Der Ausgangstatbestand findet sich in Hs. 1. Der von diesem Tatbestand gewährte Schutz wird eingeschränkt durch die Regelung in Hs. 2. Hiernach wird bei **vertraulichen Mitteilungen,** an denen der Mitteilende oder der Empfänger ein berechtigtes Interesse hat, der Schutz reduziert: Nur erweislich unwahre Mitteilungen sind dann unlauter.

> **Prüfungsschema für einen Unterlassungsanspruch aus § 8 I UWG iVm § 4 Nr. 2 UWG**
>
> I. Geschäftliche Handlung, § 2 I Nr. 1 UWG
> II. über Waren, Dienstleistungen oder das Unternehmen eines Mitbewerbers:
>   1. Variante 1:
>      a) Tatsache
>      b) Eignung zur Geschäfts- oder Kreditschädigung
>      c) behaupten oder verbreiten
>   2. Variante 2:
>      a) Vertrauliche Mitteilung
>      b) Berechtigtes Interesse des Mitteilenden oder des Empfängers
>      c) **wahrheitswidrige** Behauptung oder Verbreitung
>
> **Hinweis:** Liegen die Voraussetzung der Variante 2 vor, ist Variante 1 gesperrt.
> III. Wiederholungs- bzw. Erstbegehungsgefahr, § 8 I UWG

---

23 *Fezer,* Markenrecht, 4. Aufl. 2009, MarkenG § 2 Rn. 2ff.; Köhler/Bornkamm/Feddersen/*Köhler* UWG § 4 Rn. 1.9b; Ohly/Sosnitza/*Ohly* UWG § 4 Rn. 1/8f.; MüKoUWG/*Jänich* UWG § 4 Nr. 7 Rn. 11ff.

24 Vgl. nur BGH GRUR 1999, 161 (162) – MAC Dog; MüKoUWG/*Jänich,* 1. Aufl. 2006, § 4 Nr. 7 Rn. 11.

## II. Geschäftliche Handlung gegenüber Mitbewerbern

12  Der Tatbestand des § 4 Nr. 2 UWG erfordert eine geschäftliche Handlung (§ 2 I Nr. 1 UWG, dazu → § 4 Rn. 8) gegenüber einem Mitbewerber (§ 2 I Nr. 3 UWG, → § 4 Rn. 23). An einer geschäftlichen Handlung fehlt es bei privaten Äußerungen, mit denen keinerlei Wettbewerb gefördert werden soll. Auch Äußerungen in der Presse sind häufig keine geschäftlichen Handlungen.[25] Die Handlung muss auf einen Mitbewerber abzielen. Erforderlich ist also ein **konkretes Wettbewerbsverhältnis** (→ § 4 Rn. 25). Dies ist beispielsweise zwischen dem Betreiber eines Hotels und einem Hotelbewertungsportal im Internet dann gegeben, wenn das Hotelportal selbst als Vermittler von Hoteldienstleistungen auftritt.[26] Fehlt es an einem konkreten Wettbewerbsverhältnis, ist auf die Vorschriften des BGB (insbesondere §§ 824, 826 BGB; zu den Konkurrenzen → § 1 Rn. 10) zurückzugreifen.

## III. Grundfall des § 4 Nr. 2 Hs. 1 UWG

### 1. Tatsachenbehauptung

13  § 4 Nr. 2 UWG erfasst **Tatsachenbehauptungen**. Dies sind Äußerungen, die dem **Wahrheitsbeweis** zugänglich sind.[27] Die Wertung »wahr/unwahr« muss also möglich sein.[28] Schwierigkeiten bereitet die Beurteilung, wenn eine Äußerung sowohl aus Tatsachen als auch aus Werturteilen besteht. § 4 UWG grenzt in Nr. 1 und Nr. 2 beide Fälle strikt voneinander ab. Dementsprechend wird vertreten, der Tatsachenkern einer Äußerung sei an § 4 Nr. 2 UWG zu messen, wohingegen Prüfungsmaßstab für das Werturteil § 4 Nr. 1 UWG sei.[29] Ist eine klare Trennung nicht möglich oder führt diese zur Verfälschung des Aussagegehalts, ist auf den Schwerpunkt der Äußerung (Tatsachenbehauptung oder Werturteil) abzustellen.[30] Die Diskussion zeigt, wie fragwürdig die systematische Unterscheidung von Tatsachenbehauptungen und Werturteilen ist.[31] Gleichwohl kann sie für § 4 Nr. 2 UWG de lege lata nicht aufgegeben werden, denn der Wortlaut des § 4 Nr. 2 UWG setzt eindeutig eine Tatsachenbehauptung voraus.

> Bei **Fall 2** wird eine unwahre Tatsachenbehauptung aufgestellt, die unter § 4 Nr. 2 UWG fällt.

14  Die Unterscheidung ist bei **unberechtigten Schutzrechtsverwarnungen** zu beachten. Eine Schutzrechtsverwarnung liegt vor, wenn aus einem absoluten Recht des geistigen Eigentums (beispielsweise einem Patent- oder Urheberrecht) außergerichtlich gegen einen vermeintlichen Verletzer vorgegangen wird. Solche Verwarnungen können gegenüber dem Hersteller (**Herstellerverwarnung**) oder einem Abnehmer (**Abnehmerverwarnung**) ausgesprochen werden. Das Problem ist zentral bei § 4 Nr. 4 UWG und § 823 I BGB (Recht am eingerichteten und ausgeübten Gewerbebetrieb) angesiedelt.[32] Bei einer Herstellerverwarnung ist § 4 Nr. 1 UWG von vornherein ausgeschlossen. Es

---

25 OLG Köln AfP 1984, 233; OLG GRUR 1999, 93; MüKoUWG/*Brammsen* § 4 Nr. 2 Rn. 35.
26 BGH GRUR 2015, 1129 Rn. 19 – Hotelbewertungsportal.
27 BGH GRUR 2009, 1186 Rn. 15 – Mecklenburger Obstbrände; BGH GRUR 2015, 289 Rn. 8 – Hochleistungsmagneten; Ohly/Sosnitza/*Ohly* UWG § 4 Rn. 2.12.
28 MüKoUWG/*Brammsen* § 4 Nr. 2 Rn. 42.
29 Ohly/Sosnitza/*Ohly* UWG § 4 Rn. 2/12.
30 BGH GRUR 2015, 291 Rn. 8 – Hochleistungsmagneten; Ohly/Sosnitza/*Ohly* UWG § 4 Rn. 2/12.
31 Vgl. MüKoUWG/*Jänich* § 4 Nr. 1 Rn. 29.
32 Hierzu sogleich näher → § 10 Rn. 95 und MüKoUWG/*Jänich* § 4 Nr. 4 Rn. 115 ff.

liegt dann keine Äußerung »über« (so der Wortlaut des § 4 Nr. 1 UWG), sondern »gegenüber« einem Mitbewerber vor. Bei einer Abnehmerverwarnung kommt § 4 Nr. 2 UWG in Betracht. Tatsachenäußerungen können beispielsweise Mitteilungen zu bestehenden Schutzrechten sein. Eine bloße Subsumtion von Tatsachen unter den Verletzungstatbestand ist keine Tatsachenbehauptung.[33]

## 2. Unwahrheit

Die behauptete Tatsache darf **nicht erwiesen wahr** sein. Der Begriff der Wahrheit ist ein schillernder Begriff. Er täuscht eine Objektivität vor, die tatsächlich nicht gegeben ist. Ob die Äußerung wahr ist, ist aus der Perspektive eines aufgeklärten und kritischen Erklärungsempfängers zu bestimmen.[34] Daher können auch objektiv wahre Tatsachen »unwahr« iSd § 4 Nr. 2 UWG sein. Der Satzbau und die Formulierung »sofern« zeigen, dass der Gesetzgeber zudem eine **Beweislastregelung** getroffen hat: Im Prozess muss der Behauptende zum Tatbestandsausschluss beweisen, dass die Behauptung wahr ist.

15

## 3. Behaupten oder Verbreiten

Ein »**Behaupten**« liegt vor, wenn der Äußernde die Tatsache als nach eigener Überzeugung richtig darstellt. Einschränkungen wie »wahrscheinlich« oder »ich selbst glaube es nicht« stehen dem Vorliegen einer Behauptung nicht entgegen.[35] »**Verbreiten**« ist die unveränderte Weitergabe einer fremden Tatsachenbehauptung. Zweifelhaft ist, ob einerseits ein ausdrückliches Zueigenmachen der Äußerung erforderlich ist und ob andererseits gegebenenfalls eine ausdrückliche, vielleicht augenzwinkernde Distanzierung der Tatbestandsverwirklichung entgegensteht. Bei der Beantwortung dieser beiden Fragen ist das Grundrecht aus Art. 5 I GG und die Differenzierung zwischen Täterschaft und Teilnahme (→ § 15 Rn. 53) zu beachten.[36] Zudem greifen bei Sachverhalten mit Internetbezug die Haftungsbeschränkungen der §§ 7–10 TMG. Gegen eine zu restriktive Auslegung wiederum spricht der Tatbestand des § 4 Nr. 2 UWG selbst, der eben nicht nur ein – unter Umständen auch nur konkludentes – Behaupten, sondern auch das Verbreiten untersagt. Zudem wird ein zu weiter Verbotsbereich schon dadurch verhindert, dass die Anwendung des Tatbestandes des § 4 Nr. 2 UWG ein konkretes Wettbewerbsverhältnis voraussetzt. Davon ausgehend ist für eine Untersagung ein Zueigenmachen nicht erforderlich. Auch eine vermeintliche Distanzierung wird nur ausnahmsweise den Tatbestand ausräumen: Unklar bleibt dann, warum der Äußernde nicht einfach geschwiegen hat.

16

## 4. Eignung zur Schädigung des Kredits oder des Unternehmens

Die Behauptung muss geeignet sein, den Betrieb des Unternehmens oder den »Kredit« zu schädigen. Auch hier wird der präventive Charakter des Lauterkeitsrechts deutlich. Erforderlich ist nicht eine tatsächlich eingetretene Schädigung. Vielmehr **genügt** die bloße **Möglichkeit** einer Schädigung.[37] Für die Beurteilung der Eignung ist auf das

17

---

33 MüKoUWG/*Jänich* § 4 Nr. 4 Rn. 125.
34 MüKoUWG/*Brammsen* § 4 Nr. 2 Rn. 69.
35 MüKoUWG/*Brammsen* § 4 Nr. 2 Rn. 57.
36 Ohly/Sosnitza/*Ohly* UWG § 4 Rn. 2/14.
37 Vgl. hierzu *Jänich* FS Schricker, 2005, 715 (720f.).

Verständnis der durchschnittlich informierten, aufmerksamen und verständigen Durchschnittsangehörigen der Zielgruppe der Äußerung abzustellen.[38] Der Begriff »Kredit«, der sich auch in § 824 BGB findet, umfasst die wirtschaftliche Wertschätzung von Personen und Unternehmen, die sog. Geschäftsehre.[39] Daher ist eine Differenzierung zwischen Geschäfts- und Kreditschädigung praktisch nicht möglich. Der Gesetzgeber verwendet hier zwei Begriffe, um etwas Identisches zu beschreiben. Beispiele für schädigende Äußerungen sind die Behauptung fehlender Lieferfähigkeit[40] und Aussagen zu medizinischen Nachteilen von Arzneimitteln eines Mitbewerbers.[41] Ein weiterer typischer Anwendungsfall ist die Behauptung fehlender Bonität (Zahlungsfähigkeit).[42]

### IV. Einschränkung des Verbotes durch § 4 Nr. 2 Hs. 2 UWG

18    § 4 Nr. 2 Hs. 2 UWG privilegiert in einer bestimmten Situation den Äußernden: Wenn es sich (1.) um eine vertrauliche Mitteilung handelt und (2.) der **Empfänger oder der Mitteilende** der Mitteilung an ihr ein besonderes Interesse hat, ist die Behauptung nur unzulässig, wenn die Tatsache unwahr ist. Die Beweislastumkehr zu Lasten des Äußernden, die Hs. 1 des § 4 Nr. 2 UWG vorsieht, wird also aufgehoben. In der Situation des § 4 Nr. 2 Hs. 2 UWG muss – allgemeinen Beweislastgrundsätzen entsprechend – der Antragsteller die Unwahrheit beweisen. **Vertrauliche Mitteilungen** sind solche, bei denen der Äußernde davon ausgeht, eine Weitergabe werde nicht erfolgen.[43] Ein Interesse des Empfängers an der Kenntnisnahme kann insbesondere aus dem Schutz seiner eigenen wirtschaftlichen Interessen folgen.

> **Beispiel:** A und B beliefern den Automobilhersteller W. A teilt dem B mit, W habe ihm streng vertraulich mitgeteilt, in Zahlungsschwierigkeiten zu stecken. W geht gegen A aufgrund der Äußerung gegenüber B vor. In dieser Situation muss W die Unwahrheit beweisen.

### V. Konkurrenzen

19    Es gilt im Grundsatz das zu § 4 Nr. 1 UWG Ausgeführte (→ § 10 Rn. 9). Auf **§ 4 Nr. 1 UWG** kann bei wahren Tatsachenäußerungen zurückgegriffen werden.[44] § 4 Nr. 2 UWG ist ein spezieller Fall der Individualbehinderung, sodass § 4 Nr. 4 UWG von der spezielleren Vorschrift des **§ 4 Nr. 2 UWG** verdrängt wird.[45] **§ 5 UWG** (Irreführung) und § 4 Nr. 2 UWG sind parallel anwendbar.[46] **§ 6 II Nr. 5 UWG** (Vergleichende Werbung) kommt neben § 4 Nr. 2 UWG zur Anwendung.[47] Die Vorschrift des **§ 824 BGB** ist neben § 4 Nr. 2 UWG anwendbar.[48] Der Schutz des eingerichteten und ausgeübten Gewerbebetriebs zu § 823 I BGB tritt nach allgemeinen Regeln hinter § 4 Nr. 2 UWG zurück.[49]

---

38 Köhler/Bornkamm/Feddersen/*Köhler* UWG § 4 Rn. 2.19.
39 Palandt/*Sprau* BGB § 824 Rn. 1.
40 BGH GRUR 1993, 572 (573) – Fehlende Lieferfähigkeit.
41 BGH GRUR 2002, 633 (635) – Hormonersatztherapie.
42 BGH GRUR 1995, 427 (428) – Schwarze Liste.
43 Ohly/Sosnitza/*Ohly* UWG § 4 Rn. 2/17.
44 MüKoUWG/*Jänich* § 4 Nr. 7 Rn. 8.
45 MüKoUWG/*Brammsen* § 4 Nr. 2 Rn. 16.
46 MüKoUWG/*Brammsen* § 4 Nr. 2 Rn. 15; Ohly/Sosnitza/*Ohly* UWG § 4 Rn. 2/6.
47 MüKoUWG/*Brammsen* § 4 Nr. 2 Rn. 18 f.; Ohly/Sosnitza/*Ohly* UWG § 4 Rn. 2/7.
48 MüKoUWG/*Brammsen* § 4 Nr. 2 Rn. 21.
49 Ohly/Sosnitza/*Ohly* UWG § 4 Rn. 2/8; → § 1 Rn. 10.

**Klausurtipps:**
1. Beachten Sie den Bearbeiterhinweis: Eventuell sind nur Ansprüche aus dem UWG zu prüfen.
2. Achtung: Aus § 823 I BGB ist nur das Recht am eingerichteten und ausgeübten Gewerbebetrieb gesperrt. Andere Fallgruppen des § 823 I BGB, insbesondere der Schutz des allgemeinen Persönlichkeitsrechts, sind neben dem UWG anwendbar.

## D. Ergänzender wettbewerbsrechtlicher bzw. lauterkeitsrechtlicher Leistungsschutz (§ 4 Nr. 3 UWG)

### I. Überblick: Normzweck, Konkurrenzen, Normstruktur

#### 1. Normzweck

Allgemein anerkannt ist im Lauterkeitsrecht der **Grundsatz der Nachahmungsfreiheit**.[50] Die Nachahmung fremder Produkte und Dienstleistungen ist grundsätzlich zulässig. Dies folgt aus der allgemeinen Wettbewerbsfreiheit, die von Art. 2 I GG iVm Art. 12 I GG garantiert wird,[51] sowie aus einem Umkehrschluss aus den Regelungen der Schutzrechte für geistiges Eigentum (Urheberrecht pp.), die nur für bestimmt bezeichnete Einzelfälle Nachahmungsschutz gewähren.[52] **Ausnahmsweise** ist bei Hinzutreten besonderer Umstände die Nachahmung **lauterkeitsrechtswidrig.** Heute ist dieser Fall der unzulässigen Nachahmung in § 4 Nr. 3 UWG kodifiziert. Die Regelung kann auf eine lange Geschichte zurückblicken. Das RG entwickelte aus § 1 UWG 1909 einen wettbewerbsrechtlichen Schutz vor Nachahmung in Abgrenzung zum Schutz der Ausstattung nach § 25 des früheren Warenzeichengesetzes (WZG[53]) und unter Differenzierung zwischen technischen und nichttechnischen Erzeugnissen.[54] Der BGH führte diese Rechtsprechung im Grundsatz fort.[55] Mit der UWG-Reform 2004 wurde die Fallgruppe des »ergänzenden wettbewerbsrechtlichen Leistungsschutzes« in § 4 Nr. 9 UWG 2004 normiert. Nach dem ausdrücklich geäußerten Willen des Gesetzgebers war eine Modifikation der Rechtslage nicht beabsichtigt. Allein die bisherige Rechtsprechung mit ihren Fallgruppen sollte kodifiziert werden.[56] Auffällig an der gesetzlichen Regelung des § 4 Nr. 9 UWG 2004 ist, dass das Tatbestandsmerkmal der

20

---

50 BGH GRUR 2007, 795 Rn. 50 f. – Handtaschen; BGH GRUR 2008, 1115 Rn. 32 – ICON; Ohly/Sosnitza/*Ohly* UWG § 4 Rn. 3/15.
51 Vgl. dazu *Jänich* Überhöhte Verbotsstandards 97.
52 Köhler/Bornkamm/Feddersen/*Köhler* UWG § 4 Rn. 3.3.
53 § 25 WZG (in der letzten, bis 1994 gültigen Fassung)
(1) Wer im geschäftlichen Verkehr Waren oder ihre Verpackung oder Umhüllung, oder Ankündigungen, Preislisten, Geschäftsbriefe, Empfehlungen, Rechnungen oder dergleichen widerrechtlich mit einer Ausstattung versieht, die innerhalb beteiligter Verkehrskreise als Kennzeichen gleicher oder gleichartiger Waren eines anderen gilt, oder wer derart widerrechtlich gekennzeichnete Waren in Verkehr bringt oder feilhält, kann von dem anderen auf Unterlassung in Anspruch genommen werden.
(2) Wer die Handlung vorsätzlich oder fahrlässig vornimmt, ist dem anderen zum Ersatz des daraus entstandenen Schadens verpflichtet.
Vgl. heute die Regelung zu Geschäftsabzeichen in § 5 II 2 MarkenG.
54 RGZ 120, 94 (98) – Huthaken; RGZ 144, 41 (45) = GRUR 1934, 370 – Hosenträgerband; RG GRUR 1941, 116 (119) – Torpedofreilauf; näher zur Geschichte Baumbach/Hefermehl/*Hefermehl*, 16. Aufl. 1990, UWG § 1 Rn. 443 f.
55 BGH GRUR 1958, 97 (99) – Gartensessel; BGH GRUR 1963, 152 (155) – Rotaprint.
56 BT-Drs. 15/1487, 18.

»wettbewerblichen Eigenart«, welches in der Rechtsprechung eine große Rolle spielte[57], keinen Niederschlag im Tatbestand gefunden hat. Die Rechtsprechung lässt sich hiervon nicht beirren und hält an den alten, zu § 1 UWG 1909 entwickelten tatbestandlichen Voraussetzungen – einschließlich des Merkmals der »wettbewerblichen Eigenart« – bis heute fest.[58] Der Fallgruppenbildung in lit. a–c des § 4 Nr. 3 UWG wird nur beispielhafte Bedeutung beigemessen.[59] Dieses Vorgehen erscheint prima facie mit Blick auf das Gewaltenteilungsprinzip bedenklich. Allerdings hat der Gesetzgeber 2004 zu erkennen gegeben, dass er der Rechtsprechung in diesem Bereich einen weiten Gestaltungsspielraum belassen will.[60]

21  Heute ist **kritisch** zu hinterfragen, ob überhaupt noch ein **Bedürfnis** für eine gesetzliche Regelung des »ergänzenden wettbewerbsrechtlichen Leistungsschutzes« besteht. Die Schutzrechte für geistiges Eigentum wehren in ihrem Anwendungsbereich Nachahmungen zuverlässig ab. Einen Schutz vor Irreführungen über die betriebliche Herkunft gewährleistet in Umsetzung der UGP-RL § 5 II UWG (und § 5 I 2 Nr. 1 UWG) ebenso wie § 4 Nr. 3 lit. a UWG. Fälle der Ausbeutung der Wertschätzung (§ 4 Nr. 3 lit. b UWG) können auch über § 4 Nr. 4 UWG (Individualbehinderung) erfasst werden. Die unredliche Erlangung von Kenntnissen (§ 4 Nr. 3 lit. c UWG) fällt auch unter die §§ 17, 18 UWG. Bei einer Streichung des ergänzenden wettbewerbsrechtlichen Leistungsschutzes dürften also keine Schutzlücken entstehen.

### 2. Konkurrenzen

22  Die verbreitete Bezeichnung »**ergänzender** wettbewerbsrechtlicher Leistungsschutz« suggeriert einen Vorrang der Schutzrechte für geistiges Eigentum. Ein solcher Ansatz verkennt allerdings die unterschiedlichen Schutzziele des Lauterkeitsrechts einerseits und des Rechts des geistigen Eigentums andererseits. Das Lauterkeitsrecht reguliert das Marktverhalten. Die Schutzrechte für geistiges Eigentum gewähren in Anerkennung der Schöpfungsleistung subjektive Ausschließlichkeitsrechte. Die Vorrangthese kann heute als überwunden angesehen werden.[61] Vorzugswürdig ist aus diesem Grunde die Bezeichnung als »**lauterkeitsrechtlicher Nachahmungsschutz**«.[62] Das Bestehen eines Urheberrechts[63] oder Designrechts[64] steht einer Anwendung des § 4 Nr. 3 UWG nicht entgegen. Für das Markenrecht ist zu differenzieren: Sofern es um die Herkunftsfunktion der Marke geht, wird man den Schutz des Markenrechts als abschließend ansehen müssen. Der Schutz des Leistungsergebnisses selbst (das Produkt beispielsweise) wird nicht durch das Markenrecht gewährleistet, sodass insoweit ein lauterkeitsrechtlicher Nachahmungsschutz nach § 4 Nr. 3 UWG in Betracht kommt.[65] Immer aber sind konkrete gesetzgeberische Wertungen im Recht des geistigen Eigen-

---

57 Vgl. nur BGH GRUR 1982, 305 (307) – Büromöbelprogramm; BGH GRUR 1984, 453 (454) – Hemdblusenkleid; BGH GRUR 1991, 223 (224) – Finnischer Schmuck.
58 BGH GRUR 2008, 1115 Rn. 18 – ICON; BGH GRUR 2010, 1125 Rn. 25 – Femur-Teil; BGH GRUR 2013, 951 Rn. 14 – Regalsystem.
59 Vgl. Ohly/Sosnitza/*Ohly* UWG § 4 Rn. 3/6.
60 BT-Drs. 15/1487, 18 (»nicht abschließend«).
61 Köhler/Bornkamm/Feddersen/*Köhler* UWG § 4 Rn. 3.6.
62 So Köhler/Bornkamm/Feddersen/*Köhler* UWG § 4 Rn. 3.4.
63 BGH GRUR 2011, 134 Rn. 65 – Perlentaucher; BGH GRUR 2012, 58 Rn. 41 – Seilzirkus.
64 BGH GRUR 2009, 79 Rn. 26 – Gebäckpresse; *Jänich* GRUR 2008, 873 (878).
65 Vgl. BGH GRUR 2008, 793 Rn. 26 – Rillenkoffer; näher Köhler/Bornkamm/Feddersen/*Köhler* UWG § 4 Rn. 3.9.

tums bei der Anwendung von § 4 Nr. 3 UWG zu berücksichtigen. Die gesetzlichen Beschränkungen der Schutzdauer beispielsweise dürfen nicht durch eine Anwendung von § 4 Nr. 3 UWG überspielt werden.

Spannend bleibt die **Abgrenzung zu § 3 I UWG.** Erwogen wird, (vermeintliche) Schutzlücken im Recht des geistigen Eigentums durch einen unmittelbaren Nachahmungsschutz aus § 3 I UWG zu schließen.[66] Der BGH hat diese Frage bisher ausdrücklich offengelassen.[67] Jedenfalls gibt es keine zwingenden dogmatischen Gründe, die gegen einen solchen Schutz sprechen: Der numerus clausus der Schutzrechte des geistigen Eigentums wird nicht durchbrochen, da das Lauterkeitsrecht keine subjektiven Rechte gewährt.[68]

### 3. Normstruktur

§ 4 Nr. 3 UWG setzt voraus, dass (1) Waren oder Dienstleistungen angeboten werden, die (2) die Nachahmung der Waren oder Dienstleistungen eines Mitbewerbers sind, und weiter (3) **ein** besonders unlauterkeitsbegründetes Element der lit. a–c (Herkunftstäuschung, Ausnutzung oder Beeinträchtigung der Wertschätzung, unredliche Erlangung von Kenntnissen oder Unterlagen) oder ein unbenanntes Element hinzutritt.

Die ganz hM verlangt auch heute noch, dass die nachgeahmte Ware über »**wettbewerbliche Eigenart**« verfügt.[69] Wettbewerbliche Eigenart sei gegeben, wenn die konkrete Ausgestaltung oder bestimmte Merkmale des Produkts geeignet seien, auf seine betriebliche Herkunft oder auf seine Besonderheiten hinzuweisen.[70] Das Merkmal ist indes schlicht entbehrlich und sollte aufgegeben werden. Für die Fallgruppe der Herkunftstäuschung (§ 4 Nr. 3 lit. a UWG) ist es selbstverständlich, dass eine solche Täuschung nur entstehen kann, wenn der Verkehr eine Vorstellung von der betrieblichen Herkunft der Originalware hat.

> **Beispiel:** Die bekannten Monoblock-Kunststoffstühle für den Außeneinsatz werden von unzähligen verschiedenen Herstellern hergestellt. Niemand weiß, wer den Stuhl entworfen hat. Der angesprochene Verkehr hat keine Vorstellungen über die betriebliche Herkunft. Daher kann auch eine Nachahmung nicht erfolgen. Das Kriterium einer »wettbewerblichen Eigenart« spielt keine Rolle.

Zieht man das Merkmal der »wettbewerblichen Eigenart« für die Fallgruppe der Herkunftstäuschung heran, besteht zudem die Gefahr, dass über dieses Kriterium ein allgemeiner Nachahmungsschutz für besonders originelle Produkte begründet wird, bei denen keine ausgeprägten Herkunftsvorstellungen bestehen.[71] Eine Ausnutzung der Wertschätzung, wie sie § 4 Nr. 3 lit. b UWG untersagt, setzt denknotwendig eine Wertschätzung der nachgeahmten Ware, also eine »wettbewerbliche Eigenart« voraus. Bei § 4 Nr. 3 lit. c UWG schließlich ist auf das Kriterium der »wettbewerblichen Eigenart«

---

66 Ausf. Ohly/Sosnitza/*Ohly* UWG § 4 Rn. 3/77 ff.
67 BGH GRUR 2011, 436 Rn. 19 – Hartplatzhelden.de.
68 Vgl. näher *Jänich*, Geistiges Eigentum, 2002, 239.
69 BGH GRUR 2010, 1125 Rn. 20 ff. – Femur-Teil; BGH GRUR 2013, 951 Rn. 19 – Regalsystem; BGH GRUR 2015, 909 Rn. 10 – Exzenterzähne.
70 BGHZ 60, 168 (170) – Modeneuheit; BGH GRUR 1996, 210 (211) – Vakuumpumpen; BGH GRUR 2003, 973 (974) – Tupperwareparty; BGH GRUR 2013, 1052 Rn. 18 – Einkaufswagen III.
71 Vgl. BGH GRUR 2007, 984 Rn. 24 – Gartenliege; MüKoUWG/*Wiebe* § 4 Nr. 3 Rn. 121 und die Kritik von Ohly/Sosnitza/*Ohly* UWG § 4 Rn. 3/33.

zu verzichten.⁷² Der Unlauterkeitsvorwurf bei dieser Fallgruppe beruht auf der Art und Weise der Verschaffung der Unterlagen für die Nachahmung. Hier kann es keinen Unterschied machen, ob die nachgeahmte Ware über »wettbewerbliche Eigenart« verfügt oder nicht. Dieses Ergebnis folgt aus einem Erst-Recht-Schluss in § 18 UWG: Die **strafbare** Vorlagenfreibeuterei erfordert nicht, dass die verwendeten Unterlagen sich auf eine Ware oder Dienstleistung mit »wettbewerblicher Eigenart« beziehen.

27 Die Liste der besonderen Unlauterkeitsmerkmale in lit. a–c des § 4 Nr. 3 UWG ist **nicht abschließend.** Weitere Fallgruppen sind möglich. Mithin ergibt sich das folgende Prüfungsschema für einen Unterlassungsanspruch aus § 8 I UWG iVm § 4 Nr. 3 UWG:

**Prüfungsschema für einen Unterlassungsanspruch aus § 8 I UWG iVm § 4 Nr. 3 UWG**

1. Anbieten einer Ware oder Dienstleistung
   (→ § 10 Rn. 28)
2. Nachahmung der Ware oder Dienstleistung eines Wettbewerbers
   (→ § 10 Rn. 30)
3. Wettbewerbliche Eigenart des nachgeahmten Produktes
   (→ § 10 Rn. 31)
4. Besondere unlauterkeitsbegründende Umstände gem.
   – lit. a: vermeidbare Herkunftstäuschung
     (→ § 10 Rn. 34)
   – lit. b: Rufausbeutung
     (→ § 10 Rn. 36)
   – lit. c: Unredliche Erlangung von Kenntnissen oder Unterlagen
     (→ § 10 Rn. 41)
   – Sonstiger Fall
     (→ § 10 Rn. 44)
5. Wiederholungs- oder Erstbegehungsgefahr, § 8 I UWG
   (→ § 15 Rn. 25)

**Hinweis:** Das Prüfungsschema folgt der hM und setzt entgegen der hier vertretenen Ansicht eine »wettbewerbliche Eigenart« voraus. Folgt man der hier vertretenen Position, entfällt Prüfungspunkt 3. Die Erwägungen, die von der hM zur »wettbewerblichen Eigenart« angestellt werden, sind dann zu Prüfungspunkt 4. anzustellen.

## II. Angebot von Waren oder Dienstleistungen

28 Der Inanspruchgenommene muss **Waren oder Dienstleistungen** anbieten. Die Begriffe der Waren und Dienstleistungen sind in § 2 I Nr. 1 aE UWG näher beschrieben. »**Waren**« sind alle wirtschaftlichen Güter, die Gegenstand eines geschäftlichen Handels sein können.⁷³ **Dienstleistungen** sind im Gegensatz zu den körperlichen Gegenständen unkörperliche Leistungen, die im geschäftlichen Verkehr erbracht werden können.⁷⁴

---

72 **AA** OLG Jena GRUR-Prax 2013, 210; Köhler/Bornkamm/Feddersen/*Köhler* UWG § 4 Rn. 3.60; skeptisch Ohly/Sosnitza/*Ohly* UWG § 4 Rn. 3/72.
73 Ohly/Sosnitza/*Ohly* UWG § 2 Rn. 47.
74 Ohly/Sosnitza/*Ohly* UWG § 2 Rn. 48.

Zudem muss ein »**Angebot**« vorliegen. Für ein Angebot iSd § 4 Nr. 3 UWG genügt  29
aufgrund des präventiven Charakters des UWG – anders als im BGB – schon eine invitatio ad offerendum. Die bloße **Herstellung einer Ware ist nicht lauterkeitsrechtswidrig**. Erst recht erfüllt die Erstellung von Prototypen und Designstudien den Tatbestand noch nicht.[75] Anders ist dies beispielsweise im Patentrecht: Bereits für die Herstellung des patentrechtlich geschützten Erzeugnisses ist die Zustimmung des Patentrechtsinhabers erforderlich (§ 9 Nr. 1 PatG).

## III. Nachahmung

Die angebotene Ware oder Dienstleistung muss eine **Nachahmung** sein. Der Terminus der Nachahmung setzt schon begrifflich voraus, dass ein Original existiert. Eine Nachahmung kann einen unterschiedlichen Grad an Übereinstimmung mit dem Original aufweisen. Je größer die Nähe zur nachgeahmten Ware oder Dienstleistung ist, desto geringere Anforderungen sind an die weiteren unlauterkeitsbegründenden Kriterien zu stellen.[76] Gleiches gilt für den erforderlichen Grad der wettbewerblichen Eigenart (sofern man eine solche verlangt, → § 10 Rn. 33).  30

Bei der **unmittelbaren Leistungsübernahme** wird das Original unverändert übernommen.[77] Typisch sind technische Vervielfältigungsverfahren wie der Nachdruck von Werken oder das Kopieren von DVDs oder anderen Datenträgern.[78] Auf der nächsten Stufe ist die **fast identische Leistungsübernahme** angesiedelt. Bei dieser werden nur marginale Abweichungen zum Original vorgenommen.  31

> **Beispiel:** U baut Rolex-Uhren nach. Die Uhren gleichen weitestgehend dem Original. Allein die Krone ist anders geformt.

Bei der **nachschaffenden Leistungsübernahme** wird das Original nur als Vorbild genommen.[79] Die Nähe zum Original kann dabei unterschiedlich stark ausgeprägt sein.[80]  32

## IV. Wettbewerbliche Eigenart

Die hM verlangt, dass das nachgeahmte Produkt über »**wettbewerbliche Eigenart**«  33
verfügt. Eine solche soll vorliegen, wenn die konkrete Ausgestaltung oder bestimmte Merkmale des Produktes geeignet seien, auf seine betriebliche Herkunft und auf seine Besonderheiten hinzuweisen.[81] Nach hier vertretener Ansicht ist dieses Merkmal abzulehnen (→ § 10 Rn. 25). Will man jedoch der hM folgen, ist zu prüfen, ob die Gestaltung auf die betriebliche Herkunft oder Besonderheiten des Erzeugnisses hinweist. Es muss also nicht zwingend ein Hinweis auf die betriebliche Herkunft erfolgen. Es genügt bereits eine »Gestaltung mit Besonderheiten«. In der Entscheidung Gartenliege ließ der BGH beispielsweise die »Relaxstellung« einer Gartenliege ausreichen, um

---

75 BGH GRUR 2015, 603 Rn. 22 – Keksstangen; Ohly/Sosnitza/*Ohly* UWG § 4 Rn. 3/50.
76 MüKoUWG/*Wiebe* § 4 Nr. 3 Rn. 66.
77 Ohly/Sosnitza/*Ohly* UWG § 4 Rn. 3/48.
78 MüKoUWG/*Wiebe* § 4 Nr. 3 Rn. 69.
79 MüKoUWG/*Wiebe* § 4 Nr. 3 Rn. 71.
80 Vgl. zu den denkbaren Abstufungen am Beispiel von sog. »Automobilplagiaten« *Jänich* GRUR 2008, 873ff.
81 BGHZ 60, 168 (170) = NJW 1973, 800 – Modeneuheit; BGH GRUR 1996, 210 (211) – Vakuumpumpen; BGH GRUR 2003, 973 (974) – Tupperwareparty; BGH GRUR 2013, 1052 Rn. 18 – Einkaufswagen III.

wettbewerbliche Eigenart zu begründen.[82] Dies kann nicht überzeugen. § 4 Nr. 3 UWG verlangt eine »Nachahmung« und damit einen Hinweis auf ein Original.

### V. Besondere, unlauterkeitsbegründende Umstände

#### 1. Vermeidbare Herkunftstäuschung (§ 4 Nr. 3 lit. a UWG)

34 Nach lit. a, dem praktisch bedeutsamsten Tatbestand des § 4 Nr. 3 UWG, darf keine vermeidbare Täuschung über die betriebliche Herkunft durch die nachgeahmte Ware hervorgerufen werden. Abzustellen ist auf die **angesprochenen Verkehrskreise** (typischerweise Endabnehmer, eventuell aber auch Unternehmen als Abnehmer). Eine **Herkunftstäuschung** liegt vor, wenn die fremde Ware oder Dienstleistung durch die Übernahme von Merkmalen nachgeahmt wird, mit diesen Merkmalen eine Herkunftsvorstellung verbunden ist und nicht im Rahmen des Möglichen und Zumutbaren alles Erforderliche getan wird, um die Gefahr einer Herkunftsverwechslung auszuschließen.[83] Der Gesamteindruck ist zu würdigen.[84] Entscheidend ist eine Übereinstimmung der Merkmale, die den Herkunftshinweis begründen.[85] Bei der identischen Nachahmung wird man zumeist auch eine Herkunftstäuschung annehmen können.[86] Allerdings ist Vorsicht geboten: Bei manchen Warengruppen rechnet der Verbraucher damit, identische Produkte von verschiedenen Herstellern erwerben zu können. In dieser Situation liegt keine Herkunftstäuschung vor.

> **Beispiel (nach BGH GRUR 1985, 876 – Tchibo/Rolex):** Ein Kaffeeröster hat Imitationen der bekannten Rolex-Uhren unter der Kennzeichnung »Royal« angeboten. Die unverbindliche Preisempfehlung der Rolex-Uhr betrug zum Zeitpunkt der Klageerhebung 4.650 DM. Die Uhr wurde vom Kaffeeröster für 39,95 DM angeboten. Eine Herkunftstäuschung (heute § 4 Nr. 3 lit. a UWG) erfolgte nicht, wohl aber eine Rufausbeutung, die heute von § 4 Nr. 3 lit. b UWG erfasst wird, dazu sogleich → § 10 Rn. 44.

35 Nicht jede Herkunftstäuschung ist unzulässig. § 4 Nr. 3 lit. a UWG untersagt nur die **vermeidbare** Herkunftstäuschung. Vermeidbar ist eine Herkunftstäuschung, wenn sie durch geeignete und zumutbare Maßnahmen verhindert werden kann.[87] Die Geeignetheit und Zumutbarkeit einer Maßnahme ist anhand einer Interessenabwägung zu beurteilen.[88] Zu berücksichtigen sind unter anderem das Interesse des Originalherstellers am Schutz vor Nachahmungen, das Interesse der Wettbewerber, nicht sondergesetzlich geschützte Leistungen nachzuahmen, und schließlich das Interesse der Abnehmer an einem intensiven Preis- und Leistungswettbewerb.

#### 2. Rufausbeutung und -schädigung (§ 4 Nr. 3 lit. b UWG)

36 Lauterkeitswidrig ist es, die **Wertschätzung** der nachgeahmten Waren oder Dienstleistungen **unangemessen auszunutzen oder zu beeinträchtigen**. Der Schutzzweck dieser Regelung ist unklar. Geschützt werden soll hier anscheinend das Leistungsergebnis

---

82 BGH GRUR 2007, 984 Rn. 20 – Gartenliege.
83 BGH GRUR 1996, 210 (212) – Vakuumpumpen; BGH GRUR 1999, 751 (753) – Güllepumpen; BGH GRUR 2010, 80 Rn. 27 – LIKEaBIKE.
84 Ohly/Sosnitza/*Ohly* UWG § 4 Rn. 3/57.
85 Vgl. BGH GRUR 1999, 923 – Tele-Info-CD.
86 BGH GRUR 1999, 751 (753) – Güllepumpen; BGH GRUR 2007, 984 Rn. 36 – Gartenliege.
87 BGH GRUR 2015, 909 Rn. 33 – Exzenterzähne.
88 BGH GRUR 2015, 909 Rn. 33 – Exzenterzähne.

des Herstellers des Originals und der gute Ruf, den er sich erarbeitet hat. Der Aufbau von Markenimage und Bekanntheit erfordert Investitionen. Begründet wird dann ein lauterkeitsrechtlicher Schutz, der auch als **Investitionsschutz** verstanden werden kann.[89] § 4 Nr. 3 lit. b UWG erfasst gerade auch die Fälle, bei denen eine Herkunftstäuschung gem. **§ 4 Nr. 3 lit. a UWG nicht** vorliegt.

> **Beispiel:** Deutlich macht dies der eben beschriebene Tchibo/Rolex-Fall: Aufgrund der eindeutigen Kennzeichnung lag eine Herkunftstäuschung nicht vor (die Konsumenten erkannten sofort, dass die Uhr nicht von Rolex stammte), wohl aber eine Rufausbeutung und -schädigung.

Nicht verkannt werden darf, dass auch § 4 Nr. 3 lit. b UWG immer eine **Nachahmung** voraussetzt. 37

»**Wertschätzung**« ist der gute Ruf eines Produktes. Hierunter fallen alle positiven Assoziationen, die einem Produkt entgegengebracht werden.[90] Dies sind beispielsweise Vorstellungen zur Qualität, ein Luxusimage[91], ein »Kultstatus«[92] oder ein anderes positives Image wie »Sportlichkeit« oder »Modernität«[93]. Eine **Ausnutzung** der Wertschätzung liegt vor, wenn ein Imagetransfer erfolgt.[94] Der Nachahmer macht sich dann das gute Image des Originalproduktes für seine Nachahmung zunutze. Wann ein solcher Imagetransfer erfolgt, ist in tatsächlicher Hinsicht schwer zu beurteilen. Die Praxis behilft sich mit einer Betrachtung des **Grades der Ähnlichkeit:** Je ähnlicher die Produkte sind, desto eher erfolgt ein Imagetransfer.[95] Die Ausnutzung der Wertschätzung muss zudem **unangemessen** sein. Zur Beurteilung muss eine Abwägung erfolgen. Je größer die Wertschätzung des Originals ist, desto eher ist die Unangemessenheit zu bejahen. Für den Nachahmer – und damit für die Zulässigkeit der Nachahmung – spricht ein Interesse am Marktzutritt nach dem Ablauf eines Schutzrechtes für geistiges Eigentum, beispielsweise eines Patents oder Designrechts. Hier liegt es in der Natur der Sache, dass nach Schutzfristende die Wettbewerber an einer bestehenden Wertschätzung partizipieren. Hierfür hat der Hersteller des Originals von der Rechtsordnung schon einen Ausgleich erhalten: Für die Dauer des Schutzrechts genoss der Originalhersteller Schutz vor allen Nachahmern. Dieser Schutz wurde von der Rechtsordnung gerade als Ausgleich dafür gewährt, dass **nach** Ablauf der Schutzfrist die Innovation der Allgemeinheit frei zugänglich ist.[96] 38

Eine **Beeinträchtigung** iSv § 4 Nr. 3 lit. b UWG liegt vor, wenn die Wertschätzung des Originals durch die Nachahmung geschädigt wird. Oft wird in diesen Fällen zudem eine Herkunftstäuschung nach § 4 Nr. 3 lit. a UWG bestehen. 39

---

89 MüKoUWG/*Wiebe* § 4 Nr. 3 Rn. 173 ff.
90 Ohly/Sosnitza/*Ohly* UWG § 4 Rn. 3/66.
91 BGH GRUR 1985, 876 (878) – Tchibo/Rolex.
92 OLG Düsseldorf GRUR-RR 2012, 200 (210) – Tablet PC.
93 Ohly/Sosnitza/*Ohly* UWG § 4 Rn. 3/66.
94 BGH GRUR 2005, 349 (353) – Klemmbausteine III; BGH GRUR 2011, 436 Rn. 18 – Hartplatzhelden.de; MüKoUWG/*Wiebe* § 4 Nr. 9 Rn. 177.
95 BGH GRUR 1985, 876 (878) – Tchibo/Rolex; BGH GRUR 2007, 795 Rn. 44 – Handtaschen; Ohly/Sosnitza/*Ohly* UWG § 4 Rn. 3/67.
96 Vgl. hierzu bspw. aus dem Patentrecht *Kraßer/Ann*, Patentrecht, 7. Aufl. 2016, § 2 Rn. 58 ff. und zur Transformation dieses Gedankens in § 4 Nr. 3 lit. b UWG BGH GRUR 2010, 1125 Rn. 42 – Femur-Teil; BGH GRUR 2015, 909 Rn. 41 – Exzenterzähne; Ohly/Sosnitza/*Ohly* UWG § 4 Rn. 3/68.

> **Beispiel:** X vertreibt nachgeahmte Verbindungselemente für das Steckregalsystem des Y. Die Verbindungselemente sind von schlechterer Qualität. Nachahmung und Original sind ohne Verpackung nicht zu unterscheiden. Die Kunden verlieren das Vertrauen in das Original. Zur Herkunftstäuschung (§ 4 Nr. 3 lit. a UWG) tritt eine Beeinträchtigung der Wertschätzung (§ 4 Nr. 3 lit. b UWG).

40 Aber auch **ohne Herkunftstäuschung** kann eine nach § 4 Nr. 3 lit. b UWG unzulässige Beeinträchtigung der Wertschätzung erfolgen. Werden Luxusprodukte massenhaft und billig nachgeahmt, sinkt ihr Prestigewert. Die Wertschätzung wird beeinträchtigt.

> **Beispiel (nach BGH GRUR 1985, 876 (878) – Tchibo/Rolex):** Der Kaffeeröster T bietet massenhaft Nachahmungen der teuren Rolex-Uhren an. Zu einer Herkunftstäuschung kommt es nicht, da die Uhren eindeutig gekennzeichnet sind (→ § 10 Rn. 34). Die Attraktivität des Originals für ihre Träger sinkt allerdings: Die Uhr kann von einem Betrachter leicht mit dem Billigimitat verwechselt werden. Der Inhaber der Rolex-Uhr kann für sich nicht mehr einschränkungslos das Image eines Rolex-Uhrenträgers in Anspruch nehmen. Damit kann der Reiz sinken, eine Rolex-Uhr anzuschaffen.

### 3. Unredliche Erlangung von Kenntnissen (§ 4 Nr. 3 lit. c UWG)

41 Nach § 4 Nr. 3 lit. c UWG ist es unlauter, wenn die für die Nachahmung erforderlichen **Kenntnisse** unredlich erlangt worden sind. Die Vorschrift hat eine ähnliche Schutzrichtung wie § 17 UWG (Schutz von Unternehmensgeheimnissen) und deckt sich in weiten Bereichen mit § 18 UWG (Vorlagenfreibeuterei; → § 17 Rn. 18). Geschützt wird das gesamte **Know-how**, das für eine Nachahmung erforderlich ist, also beispielsweise Pläne, Konstruktionszeichnungen, Messwerttabellen und Anleitungen.

42 Die Kenntnisse müssen zudem **unredlich erlangt** worden sein. In Betracht kommen hier unter anderem Diebstahl, Werkspionage und Hackerangriffe auf Datennetzwerke von Mitbewerbern (vgl. § 17 UWG). Genügen soll auch die Verwendung von Unterlagen, die im Rahmen von Vertragsverhandlungen überlassen worden sind.[97] Dies gilt allerdings nur, wenn ein Vertrauensverhältnis besteht. Hieran wird es oft fehlen. Ein Kaufinteressent für eine Einbauküche beispielsweise darf mit ihm überlassenen Planungsunterlagen ein Vergleichsangebot einholen, ohne dass der anbietende Wettbewerber einen Lauterkeitsrechtsverstoß begeht.[98] Allerdings kann sich der Ersteller des ersten Angebots durch eine Vertraulichkeitsvereinbarung schützen.[99]

43 Das sog. **Reverse Engineering,** also die Rückwärtsentwicklung und Analyse auf dem Markt frei erhältlicher Produkte zum Anlass des Nachbaus, ist grundsätzlich nicht als unlauter anzusehen.[100] Der Schutz von Geschäftsgeheimnissen über § 4 Nr. 3 lit. c UWG ist in Kürze gänzlich neu zu bewerten: Die EU hat eine **Richtlinie über den Schutz vertraulichen Know-hows und vertraulichen Geschäftsinformationen (Geschäftsgeheimnisse) vor rechtswidrigem Erwerb sowie rechtswidriger Nut-

---

97 BGH GRUR 2009, 416 Rn. 18 – Küchentiefstpreis-Garantie.
98 BGH GRUR 2009, 416 Rn. 19 – Küchentiefstpreis-Garantie.
99 BGH GRUR 2009, 416 Rn. 20 – Küchentiefstpreis-Garantie; MüKoUWG/*Jänich* § 4 Nr. 4 Rn. 163 (Fn. 603); MüKoUWG/*Wiebe* § 4 Nr. 3 Rn. 218.
100 So zutr. Ohly/Sosnitza/*Ohly* UWG § 4 Rn. 3/73 und § 17 Rn. 26 a; **aA** RGZ 149, 329 (334) – Stiefeleisenpresse; zur kommenden Rechtslage → § 17 Rn. 22.

zung und Offenlegung[101] erlassen. Die Richtlinie war bereits zum 9.6.2018 in nationales Recht umzusetzen. Beabsichtigt ist, die Richtlinie durch ein neues Gesetz zum Schutz vor Geschäftsgeheimnissen (GeschGehG) umzusetzen (→ § 17 Rn. 9ff.).[102]

## VI. Weitere Fälle?

Zweifelhaft ist, ob unter § 4 Nr. 3 UWG **weitere Fälle** des lauterkeitsrechtlichen Nachahmungsschutzes subsumiert werden können. Verbreitet wird dies bejaht.[103] Der Wortlaut des § 4 Nr. 3 UWG enthält allerdings keine geeignete Öffnungsklausel. Es erscheint daher überzeugend, mögliche andere Fallkonstellationen in § 4 Nr. 4 UWG (Behinderung) einzuordnen. Alternativ ist zu erwägen, auf § 3 I UWG auszuweichen.[104]   44

Als ein unlauterkeitsbegründendes Merkmal wurde das »**Einschieben in fremde Serie**« diskutiert. Geprägt wurde diese Problematik durch die »Lego-Rechtsprechung« des BGH.[105] Der Erwerb einer Startpackung von Lego-Steinen löse bei dem Käufer einen permanenten Ergänzungsbedarf aus. Er müsse immer weitere Ergänzungen erwerben. Der wettbewerbliche Erfolg bei Veräußerung der Startpackung gehe also über den Absatz der Startpackung hinaus. Diesen Erfolg mache sich derjenige zunutze, der kompatible Produkte anbietet. Diese Rechtsprechung ist in der Literatur auf starke Kritik gestoßen.[106] Praktisch ist das Problem dadurch entschärft worden, dass der BGH nunmehr den lauterkeitsrechtlichen Nachahmungsschutz zeitlich begrenzt. Alle Schutzrechte für geistiges Eigentum (bis auf das Markenrecht) sind befristet. Ohne zu der Kritik an seiner Rechtsprechung zum »Einschieben in fremde Serie« abschließend Stellung zu nehmen, geht der BGH davon aus, ein lauterkeitsrechtlicher Schutz sei **zeitlich begrenzt** und im Fall »Lego« 45 Jahre nach Systemeinführung jedenfalls abgelaufen.[107] Im Jahr 2016 wurde die Fallgruppe vom BGH endgültig aufgegeben.[108]   45

> Bei **Fall 3** ist das Anbieten kompatibler Bausteine nicht lauterkeitswidrig, da jedenfalls ein entsprechender Schutz abgelaufen ist.

Eine Besonderheit galt für die **Textilbranche**. Für Modeprodukte wurde unter Geltung des § 1 UWG 1909 ein allgemeiner Nachahmungsschutz, typischerweise für eine Saison (Frühjahr/Sommer oder Herbst/Winter), gewährt.[109] Für einen solchen Schutz ist heute kein Raum mehr: Das **nicht eingetragene Gemeinschaftsgeschmacksmuster (Art. 11 GGV)** gewährt auch Modeneuheiten für drei Jahre einen Nachahmungsschutz. Diese konkrete gesetzgeberische Wertentscheidung steht einem lauterkeitsrechtlichen Nachahmungsschutz entgegen.[110]   46

---

101 RL (EU) 2016/943 des Europäischen Parlaments und des Rates über den Schutz vertraulichen Know-hows und vertraulicher Geschäftsinformationen (Geschäftsgeheimnisse) vor rechtswidrigem Erwerb sowie rechtswidriger Nutzung und Offenlegung v. 8.6.2016, ABl. 2016 L 157, 1.
102 Ein Regierungsentwurf vom Juli 2018 ist unter https://www.bmjv.de zugänglich.
103 Gesetzesbegründung, BT-Drs. 15/1487, 18; Ohly/Sosnitza/*Ohly* UWG § 4 Rn. 3/74; Köhler/Bornkamm/Feddersen/*Köhler* UWG § 4 Rn. 3.63.
104 Dazu *Sack* GRUR 2016, 782ff.
105 BGH GRUR 1964, 621 (624) – Klemmbausteine; BGH GRUR 1992, 619 (620) – Klemmbausteine II; BGH GRUR 2005, 349 (352) – Klemmbausteine III.
106 Vgl. Köhler/Bornkamm/Feddersen/*Köhler* UWG § 4 Rn. 3.58 mwN.
107 BGH GRUR 2005, 349 (352) – Klemmbausteine III; BGH GRUR 2017, 79 Rn. 96 – Segmentstruktur.
108 BGH GRUR 2017, 79 Rn. 96 – Segmentstruktur.
109 BGH GRUR 1998, 477 (479) – Trachtenjanker.
110 BGH GRUR 2017, 79 Rn. 96 – Segmentstruktur; Ohly/Sosnitza/*Ohly* UWG § 4 Rn. 3/76; MüKoUWG/*Wiebe* § 4 Rn. 239.

## VII. Rechtsfolgen

47 Eine Verletzung des § 4 Nr. 3 UWG löst die Rechtsfolgen gem. §§ 8 ff. UWG aus. Schadensersatzansprüche spielen im Lauterkeitsrecht üblicherweise keine Rolle, da es dem Verletzten regelmäßig nicht möglich ist, einen Schaden nachzuweisen. Anders ist es bei § 4 Nr. 3 UWG. Dem Verletzten wird für diesen Verletzungstatbestand die aus dem Immaterialgüterrecht bekannte Möglichkeit der **dreifachen Schadensberechnung** eingeräumt. Er kann den Schaden daher **konkret berechnen**, die **Zahlung einer angemessenen Lizenzgebühr** verlangen oder die **Herausgabe des Verletzergewinns** begehren.[111]

48 Der aus § 4 Nr. 3 UWG folgende Schutz ist **zeitlich befristet**. Die Grundsätze, die der BGH in der Entscheidung »Klemmbausteine III«[112] für das sog. »Einschieben in fremde Serie« entwickelte, können generelle Geltung beanspruchen. Die Schutzhöchstdauer ist in jedem Fall zu begrenzen.[113] Es bietet sich eine Orientierung an der maximalen Schutzdauer für registrierte Schutzrechte des geistigen Eigentums an. Dort beträgt die Schutzhöchstdauer 25 Jahre (§ 27 II DesignG). Jedenfalls kann der Anspruch nicht länger bestehen, als die Anspruchsvoraussetzungen vorliegen. Entfällt die Herkunftstäuschung oder die Rufausbeutung, besteht auch kein Anspruch mehr.[114]

## E. Behinderung von Mitbewerbern (§ 4 Nr. 4 UWG)

### I. Struktur, Konkurrenzen, EU-Recht

#### 1. Struktur

49 § 4 Nr. 4 UWG untersagt die **gezielte Behinderung von Mitbewerbern**. Es handelt sich hierbei um **einen der zentralen Verbotstatbestände des UWG**. Bis 2015 fand sich eine identische Regelung in § 4 Nr. 10 UWG. Aber bereits zu § 1 UWG 1909 hatte die Rechtsprechung ein fein differenziertes Fallgruppensystem zur Mitbewerberbehinderung entwickelt.

#### 2. Konkurrenzen

##### a) Kartellrecht

50 Ebenso wie § 4 Nr. 4 UWG schützen das deutsche und das europäische **Kartellrecht** in vielfältiger Weise vor Behinderungspraktiken. § 19 I GWB untersagt den Missbrauch einer marktbeherrschenden Stellung. Nach § 20 I GWB ist es verboten, andere Unternehmen in einem Geschäftsverkehr, der gleichartigen Unternehmen üblicherweise zugänglich ist, unbillig zu behindern oder ohne sachlichen Grund unterschiedlich zu behandeln. § 21 GWB verbietet den Boykott. Vergleichbare Regelungen finden sich auch im europäischen Kartellrecht (Art. 101 f. AEUV).

51 Es gilt das **Prinzip der Doppelkontrolle.** Verhaltensweisen im Wettbewerb werden sowohl am UWG als auch am Kartellrecht (GWB, AEUV) gemessen.[115] Festzustellen ist

---

111 BGH GRUR 2007, 431 Rn. 21 – Steckverbindergehäuse, → § 15 Rn. 103.
112 BGH GRUR 2005, 349 (352) – Klemmbausteine III.
113 Zurückhaltender die hM, vgl. Ohly/Sosnitza/*Ohly* UWG § 4 Rn. 3/81.
114 Ohly/Sosnitza/*Ohly* UWG § 4 Rn. 3/81.
115 BGH GRUR 1986, 397 (399) – Abwehrblatt II; BGH GRUR 1987, 829 (830 f.) – Krankentransporte.

eine Wertungsparallelität: Kartellrechtlich verbotene Behinderungspraktiken sind auch lauterkeitswidrig.[116] Darüber hinaus sind konkrete gesetzgeberische Wertungen zu beachten. Hat der Gesetzgeber ein behinderndes Verhalten bewusst nicht einem GWB-Verbot unterworfen, dann ist diese gesetzgeberische Entscheidung bei der Anwendung des UWG zu berücksichtigen. Das Verhalten darf dann nicht nach § 4 Nr. 4 UWG untersagt werden.

### b) Bürgerliches Recht

Für das Konkurrenzverhältnis zwischen § 4 Nr. 4 UWG und dem Bürgerlichen Recht gelten die allgemeinen Grundsätze.[117] § 823 I BGB ist daher grundsätzlich (bis auf das Recht am eingerichteten und ausgeübten Gewerbebetrieb) anwendbar (→ § 1 Rn. 10). Wird beispielsweise eine Werbeanlage zerstört, ist dies nicht nur eine unzulässige Behinderungspraktik nach § 4 Nr. 4 UWG. Zugleich kann der Geschädigte wegen der Beschädigung des Eigentums nach § 823 I BGB vorgehen. Ebenso sind § 824 BGB (Kreditgefährdung) und § 826 BGB einschränkungslos anwendbar. Dies ist nicht nur ein dogmatisches Glasperlenspiel: Die Ansprüche aus dem BGB unterfallen nicht der kurzen Verjährung des § 11 UWG.[118]

52

### c) Andere UWG-Tatbestände

Beachtung verdient das Konkurrenzverhältnis von § 4 Nr. 4 UWG und den §§ 4 Nr. 1–3 UWG. Letztere können als spezielle Fälle des § 4 Nr. 4 UWG verstanden werden. Wenn einer der spezielleren Tatbestände im konkreten Einzelfall nicht einschlägig ist, dürfen vermeintliche Rechtsschutzlücken nicht über § 4 Nr. 4 UWG geschlossen werden. Die konkrete gesetzgeberische Wertentscheidung, ein Verhalten nicht dem speziellen Verbot zu unterwerfen, ist zu beachten.

53

### d) EU-Recht

Die UGP-RL regelt allein das B2C-Verhältnis. Daher ist § 4 Nr. 4 UWG, der das B2B-Verhältnis betrifft, nicht europarechtlich fundiert. Allerdings muss beachtet werden, dass die Unterscheidung von B2B- und B2C-Geschäftspraktiken nicht so einfach ist, wie sie scheint. Häufig wirken Geschäftspraktiken sowohl im B2B- als auch im B2C-Verhältnis.[119] Es kommt dann zu einer **Doppelkontrolle.** Auch für die Beurteilung anhand des nicht harmonisierten § 4 Nr. 4 UWG ist dann der **Schutzhöchststandard der UGP-RL** (Art. 3 V UGP-RL) zu beachten.[120]

54

### 3. Die »gezielte Behinderung«

§ 4 Nr. 4 UWG verlangt die **gezielte Behinderung** eines Mitbewerbers. Der Begriff des Mitbewerbers ist in § 2 I Nr. 3 UWG legal definiert. Zudem muss eine geschäftliche Handlung (§ 2 I Nr. 1 UWG) vorliegen. Dies folgt aus § 3 I UWG iVm § 4 Nr. 4 UWG.

55

---

116 MüKoUWG/*Jänich* § 4 Nr. 4 Rn. 4, ebenso OLG Jena GRUR-RR 2010, 113 (115).
117 Harte-Bavendamm/Henning-Bodewig/*Ahrens* UWG Einl G Rn. 121 ff.; MüKoUWG/*Jänich* § 4 Nr. 4 Rn. 6.
118 MüKoUWG/*Jänich* § 4 Nr. 4 Rn. 6.
119 MüKoUWG/*Jänich* § 4 Nr. 4 Rn. 7 und → § 5 Rn. 16.
120 MüKoUWG/*Jänich* § 4 Nr. 4 Rn. 7; anders anscheinend Köhler/Bornkamm/Feddersen/*Köhler* UWG § 4 Rn. 4.3a.

56 Eine »**Behinderung**« wird üblicherweise definiert als eine »Beeinträchtigung der wirtschaftlichen Entfaltungsmöglichkeiten eines Mitbewerbers«.[121] Allerdings führt jedes erfolgreiche Agieren am Markt zwangsläufig zu einer Beeinträchtigung aller Wettbewerber. Nur ein Unternehmen kann den geschäftlichen Erfolg erzielen. Der Erfolg des einen ist die Niederlage der anderen.

> **Beispiel:** Kfz-Händler A verkauft ein Motorrad an X. Alle anderen Händler haben dann nicht mehr die Möglichkeit, dieses Geschäft mit X zu tätigen. Ihre wettbewerblichen Entfaltungsmöglichkeiten werden durch den Kaufvertragsabschluss beeinträchtigt.

57 Es kann daher nicht jede Behinderung unlauter sein. Tautologisch kann formuliert werden, dass nur »unlautere Behinderungen« unlauter sein dürfen.[122] Zu der Behinderung selbst müssen daher **besondere Umstände** hinzutreten, die sie als unzulässig erscheinen lassen.[123] Folgern lässt sich dies aus dem Tatbestandsmerkmal »gezielt«. Rechtsprechung und hM unterscheiden zwei Formen der gezielten Behinderung. Erfasst werden sollen zum einen die Fälle, bei denen das Ziel des Handelns in einer **Beeinträchtigung der Wettbewerbsfähigkeit des Mitbewerbers** liegt.[124] Alternativ soll es genügen, dass es zu einer **ungemessenen Beeinträchtigung der wettbewerblichen Entfaltung des Mitbewerbers** kommt.[125] Eine solche wird angenommen, wenn der Unternehmer seine Leistung am Markt nicht mehr durch eigene Anstrengung in angemessener Weise zur Geltung bringen kann.[126] Immer soll eine Gesamtwürdigung aller Umstände des Einzelfalls unter einer **Abwägung** der betroffenen Interessen der Mitbewerber, Verbraucher und sonstigen Marktteilnehmer sowie der Allgemeinheit erfolgen.[127]

58 Mit dem Wortlaut der Vorschrift lässt sich dies nur schwer in Einklang bringen. Die zentrale Frage ist, ob § 4 Nr. 4 UWG ein **intentionales Element** (Vorsatz? Absicht?) erfordert. Die fast einheitliche Meinung in der Literatur lehnt dies im Anschluss an die BGH-Entscheidung »Außendienstmitarbeiter« ab.[128] Überzeugen kann dies nicht.[129] Der Wortlaut der Norm ist eindeutig. Eine Auslegung, die auf intentionale Elemente verzichtet, überschreitet die Wortlautgrenze. Auch entstehen keine Rechtsschutzlücken, wenn ein subjektives Element verlangt wird. Objektive Umstände lassen regelmäßig den Schluss auf subjektive Vorstellungen zu. Die Rechtsprechung nimmt eine bloße **Schein-Objektivierung** vor.[130] Zu verlangen ist daher eine Behinderungsabsicht. Bedeutung entfaltet die Differenzierung, wenn ein objektiv eintretender Behinderungserfolg subjektiv höchst unerwünscht ist. In diesen Fällen muss auf andere Ver-

---

121 BGH GRUR 2001, 1061 (1062) – Mitwohnzentrale.de; BGH GRUR 2002, 902 (905) – Vanity-Nummer; BGH GRUR 2004, 877 (879) – Werbeblocker; Köhler/Bornkamm/Feddersen/*Köhler* UWG § 4 Rn. 4.6.
122 So in der Tat die Formulierung in BGH GRUR 2014, 785 Rn. 33 – Flugvermittlung im Internet.
123 BGH GRUR 2011, 436 Rn. 33 – Hartplatzhelden.de; MüKoUWG/*Jänich* § 4 Nr. 4 Rn. 11.
124 BGH GRUR 2014, 393 Rn. 28 – wetteronline.de; Köhler/Bornkamm/Feddersen/*Köhler* UWG § 4 Rn. 4.8.
125 BGH GRUR 2007, 800 Rn. 22 – Außendienstmitarbeiter; BGH GRUR 2014, 393 Rn. 42 – wetteronline.de.
126 BGH GRUR 2014, 393 Rn. 28 – wetteronline.de; Ohly/Sosnitza/*Ohly* UWG § 4 Rn. 4/9.
127 BGH GRUR 2014, 393 Rn. 28 – wetteronline.de; BGH GRUR 2015, 607 Rn. 16 – Uhrenankauf im Internet; Ohly/Sosnitza/*Ohly* UWG § 4 Rn. 4/9.
128 BGH GRUR 2007, 800 – Außendienstmitarbeiter; Köhler/Bornkamm/Feddersen/*Kohler* UWG § 4 Rn. 4.4; Ohly/Sosnitza/*Ohly* UWG § 4 Rn. 4/9.
129 Vgl. ausf. – mN zur Gegenansicht – MüKoUWG/*Jänich* § 4 Nr. 4 Rn. 12 ff.
130 MüKoUWG/*Jänich* § 4 Nr. 4 Rn. 12b.

botstatbestände des UWG zurückgegriffen werden. Im Einzelfall kann § 3 I UWG Rechtsschutzlücken verhindern.

> **Beispiel:** A wirbt unter Einsatz unlauterer Mittel Mitarbeiter des B ab.[131] Die Behinderung der wettbewerblichen Entfaltungsmöglichkeiten des B ist dem A höchst unerwünscht. Er schätzt seinen Wettbewerber sehr. Allerdings benötigt A die Mitarbeiter dringendst, um seine Insolvenz abzuwenden.

## II. Fallgruppen des § 4 Nr. 4 UWG

### 1. Absatzbehinderung

Eine etablierte Fallgruppe des § 4 Nr. 4 UWG ist die Absatzbehinderung.[132] Diese Fallgruppe wird in weitere Sub-Fallgruppen zerlegt, welche jedoch in der Literatur nicht einheitlich gebildet werden.[133] Immer muss bedacht werden, dass die Behinderung des Absatzes der Wettbewerber dem Wettbewerb selbst immanent ist. Nicht jede Absatzbehinderung ist unlauter. Vielmehr müssen unlauterkeitsbegründende Umstände hinzutreten.[134]

#### a) Ausspannen und Abfangen von Kunden

Ein **Ausspannen von Kunden** liegt vor, wenn in eine **bereits bestehende** Vertragsbeziehung eingedrungen wird.

> **Beispiel:** S wirbt vor dem Fitnessstudio seines Wettbewerbers F. Er bietet den Kunden des F an, ihre Mitgliedsbeiträge bis zum Ablauf der Kündigungsfrist zu übernehmen.

Von einem **Abfangen** spricht man, wenn potenzielle Kunden des Wettbewerbers angelockt werden, indem der Werbende zwischen den Wettbewerber und die potenziellen Kunden tritt.

> **Beispiel:** F eröffnet ein neues Fitnessstudio. Bei der Studioeröffnung baut Wettbewerber S vor dem Studio des F einen Stand auf und bietet eine Preisgarantie an: Er sei jedenfalls immer um mindestens 20 % billiger als F.

Ein **Ausspannen** von Kunden ist lauterkeitswidrig, wenn **besondere Unlauterkeitsumstände** hinzutreten.[135] Allein ein planmäßiges und systematisches Vorgehen begründet den Vorwurf der Unlauterkeit nicht.[136] In einer funktionierenden Marktwirtschaft ist ein solches Vorgehen gerade erwünscht. Auch das Gewähren besonderer Vorteile wie beispielsweise einer hohen Vertragsabschlussprämie für den Abschluss eines Mobiltelefonvertrages ist grundsätzlich nicht nach § 4 Nr. 4 UWG unter dem Gesichtspunkt des Abfangens von Kunden unzulässig.[137] Wohl aber kann ein anderer Tatbestand des UWG oder eine andere Fallgruppe des § 4 Nr. 4 UWG einschlägig sein

---

131 Das Abwerben von Mitarbeitern ist nur ausnahmsweise lauterkeitsrechtswidrig, vgl. hierzu ausf. MüKoUWG/*Jänich* § 4 Nr. 4 Rn. 85 ff. und sogleich → § 10 Rn. 90.
132 Köhler/Bornkamm/Feddersen/*Köhler* UWG § 4 Rn. 4.24 ff.; MüKoUWG/*Jänich* § 4 Nr. 4 Rn. 14.
133 Überblick bei MüKoUWG/*Jänich* § 4 Nr. 4 Rn. 14.
134 Vgl. MüKoUWG/*Jänich* § 4 Nr. 4 Rn. 11, 15.
135 BGH GRUR 1986, 547 (548) – Handzettelwerbung; BGH GRUR 1990, 522 (527) – HBV-Familien- und Wohnungsrechtsschutz; BGH GRUR 2002, 548 (549) – Mietwagenkostenersatz; BGH GRUR 2004, 704 (705) – Verabschiedungsschreiben.
136 BGH GRUR 1986, 547 (548) – Handzettelwerbung; BGH GRUR 2002, 548 (549) – Mietwagenkostenersatz.
137 MüKoUWG/*Jänich* § 4 Nr. 4 Rn. 19.

(beispielsweise § 4a UWG, lauterkeitsrechtswidriger Behinderungswettbewerb durch Missbrauch einer marktbeherrschenden Stellung, Irreführung nach §§ 5, 5a UWG).

63 Das **Verleiten zum Vertragsbruch** ist nach hM unlauter.[138] Dies wird jedoch mittlerweile bestritten.[139] Kritisiert wird eine durch das Lauterkeitsrecht generierte vermeintliche Drittwirkung von Vertragspflichten.[140] Diese Kritik kann nicht überzeugen. Wird der Vertragspartner vertragsbrüchig, muss der Unternehmer außergerichtlich und gegebenenfalls gerichtlich seinen vertraglichen Anspruch durchsetzen. Er wird mit dem Rechtsverfolgungs- und Rechtsdurchsetzungsrisiko belastet.[141] Gerade davor will ihn das Lauterkeitsrecht schützen.

64 Das **Ausnutzen eines fremden Vertragsbruchs** ist ohne das Hinzutreten weiterer Umstände nicht unlauter.[142] Auch eine Kündigungshilfe – beispielsweise durch das Verteilen vorformulierter Kündigungsschreiben – ist grundsätzlich zulässig.[143] Versuchen der Versicherungswirtschaft, über ihre nach § 24 I GWB anerkannten Wettbewerbsregeln hinaus einzelne Werbepraktiken durch »Selbstbeschränkungsabkommen« oder Ähnliches zu regulieren, ist für die Anwendung des § 4 Nr. 4 UWG keine Bedeutung beizumessen: Die Verhaltensspielräume im Wettbewerb werden durch das Gesetz und nicht durch die Wettbewerber bestimmt.[144]

65 Ein **Abfangen von Kunden** ist jedenfalls dann unzulässig, wenn es mit Gewalt oder Drohung erfolgt.

> **Beispiel:** B will ein Etablissement auf der Reeperbahn besuchen. Noch bevor er den Eingang betreten hat, packt ihn der Türsteher P des Nachbaretablissements und veranlasst ihn mit körperlicher Gewalt, den Betrieb aufzusuchen, für den P tätig ist.

66 Im Übrigen ist von einer grundsätzlichen Zulässigkeit des Abfangens von Kunden auszugehen. Auch Werbemaßnahmen in der räumlichen Nähe zu einem Wettbewerber und das Verteilen von Handzetteln vor dessen Ladenlokal sind grundsätzlich zulässig.[145]

### b) Behinderung von Werbung

67 **Physische Einwirkungen,** die darauf gerichtet sind, fremde Werbemaßnahmen zu behindern, sind immer unzulässig.[146] Ähnlich ist das sog. **Ambush-Marketing.** Dies sind Werbeaktionen, bei denen der Werbende versucht, den Werbewert von Veranstaltungen, insbesondere sportlichen Großereignissen, auszunutzen, ohne sich hierüber mit dem Veranstalter verständigt zu haben.[147] Diese Werbeform soll grundsätzlich zulässig sein.[148] Aber auch hier ist jeder Einzelfall genau zu analysieren: Denkbar ist, dass eine lauterkeitsrechtswidrige gezielte Individualbehinderung vorliegt.

---

138 BGH GRUR 1969, 474f. – Bierbezug; BGH GRUR 1975, 555f. – Speiseeis; BGH GRUR 1994, 447 (448) – Sistierung von Aufträgen.
139 Köhler/Bornkamm/Feddersen/*Köhler* UWG § 4 Rn. 4.36a; *Sosnitza* WRP 2009, 373 (375ff.).
140 Köhler/Bornkamm/Feddersen/*Köhler* UWG § 4 Rn. 4.36a.
141 MüKoUWG/*Jänich* § 4 Nr. 4 Rn. 21; ähnlich Ohly/Sosnitza/*Ohly* UWG § 4 Rn. 4/56.
142 MüKoUWG/*Jänich* § 4 Nr. 4 Rn. 21.
143 BGH GRUR 2005, 603 (604) – Kündigungshilfe.
144 Vgl. hierzu näher MüKoUWG/*Jänich*, § 4 Nr. 4 Rn. 24; etwas zurückhaltender BGH GRUR 1991, 462 (463) – Wettbewerbsrichtlinie der Privatwirtschaft.
145 Köhler/Bornkamm/Feddersen/*Köhler* UWG § 4 Rn. 4.28; MüKoUWG/*Jänich* § 4 Nr. 4 Rn. 25.
146 MüKoUWG/*Jänich* § 4 Nr. 4 Rn. 29.
147 Definition nach *Heermann* GRUR 2006, 359.
148 Köhler/Bornkamm/Feddersen/*Köhler* UWG § 4 Rn. 4.74; *Heermann* GRUR 2006, 359 (364).

**Beispiel:**[149] Der Mobiltelefonnetzbetreiber X ist Hauptsponsor eines sportlichen Großereignisses. Das Stadion wird mit Werbung in der Unternehmensfarbe des X dekoriert. Auch werden die Sitzschalen gegen solche in der verkehrsbekannten Farbe des Hauptsponsors ausgetauscht. Das Sportereignis findet an einem heißen Sommertag statt. Der Wettbewerber Y verteilt Basecaps in seiner ebenfalls verkehrsbekannten Unternehmensfarbe, die vom Publikum ohne Weiteres seinem Telekommunikationsunternehmen zugeordnet wird. Der Werbewert des Veranstaltungssponsorings des X wird ausgehöhlt. In diesem Fall liegt eine gezielte, lauterkeitswidrige Behinderung nach § 4 Nr. 4 UWG vor.

### c) Behinderung durch Kontrollnummernbeseitigung

Hochwertige Waren wie preisintensive Kosmetika werden oft über **selektive Vertriebssysteme** vertrieben. Nur bestimmte, vom Hersteller aufgrund bestimmter Merkmale ausgewählte Händler dürfen die Produkte veräußern. Solche Vertriebssysteme sind kartellrechtlich grundsätzlich zulässig (§ 2 I, II GWB, Art. 101 III EUV in Verbindung mit entsprechenden Gruppenfreistellungsverordnungen der EU, insbesondere der Gruppenfreistellungsverordnung 330/2010 für vertikale Vereinbarungen).[150] Oft versuchen Außenseiter, also nicht in das Vertriebssystem aufgenommene Händler, sich gebundene Ware zu verschaffen, um diese ebenfalls anbieten zu können. 68

**Beispiel:** Drogeriediscounter R erwirbt auf verschlungenen Wegen von einem Vertragshändler, dem die Veräußerung an Wiederverkäufer untersagt ist, Gesichtscremes der Marke J.

Um einen solchen Schleichbezug zu verhindern, setzen viele Hersteller auf **Kontrollnummern**. Die Ware wird codiert, damit die Herkunft und die Vertriebswege festgestellt werden können. Ist die Ware bei einem nicht gebundenen Händler erhältlich, kann der Hersteller den Händler identifizieren, der vertragswidrig weiterveräußert hat. Um dies zu verhindern, ist es naheliegend, die Kontrollnummern zu entfernen. Zu erwägen ist dann, ob die Beseitigung der Kontrollnummern bereits gegen § 4 Nr. 4 UWG verstößt. Zu § 1 UWG 1909 bejahte die Rechtsprechung einen Unterlassungsanspruch gegen die Kontrollnummernentfernung, wenn das Vertriebssystem kartellrechtlich zulässig war und eine spezifische wettbewerbsrechtliche Schutzbedürftigkeit des Systems gegeben war.[151] Eine solche Schutzbedürftigkeit wurde bejaht, wenn das System wettbewerbskonform, also diskriminierungsfrei und nicht missbräuchlich, gehandhabt wurde.[152] Zweifelhaft ist, ob diese Rechtsprechung auf § 4 Nr. 4 UWG übertragen werden kann. Dieser verlangt eine Mitbewerberbehinderung, welche ein konkretes Wettbewerbsverhältnis voraussetzt (§ 2 I Nr. 3 UWG). Ein solches fehlt typischerweise zwischen Hersteller und Händler. Etwas anderes gilt nur, wenn der Hersteller auch – vielleicht über einen Internetshop – direkt an einen Endverbraucher liefert.[153] Fehlt ein Wettbewerbsverhältnis, kann über § 823 I BGB (Recht am eingerichteten und ausgeübten Gewerbebetrieb) vorgegangen werden.[154] Sofern spezialgesetzliche Kennzeichnungsvorschriften verletzt werden, ist eine Unlauterkeit nach § 3a UWG zu prüfen. Entsprechende Vorschriften finden sich etwa in § 4 I KosmetikV und § 10 AMG. Kosmetikprodukte und Arzneimittel müssen codiert werden, um bei fehlerhaften Produkten einen Rückruf zu ermöglichen. Verlockend ist es für die Herstel- 69

---

149 Vgl. *Heermann* GRUR 2006, 359 f.; MüKoUWG/*Jänich* § 4 Nr. 4 Rn. 31a.
150 Ausf. zur kartellrechtlichen Zulässigkeit MüKoUWG/*Jänich* § 4 Nr. 4 Rn. 35 ff.
151 BGH GRUR 2000, 724 (727) – Außenseiteranspruch II.
152 MüKoUWG/*Jänich* § 4 Nr. 4 Rn. 42.
153 **AA** ohne nähere Begr. Köhler/Bornkamm/Feddersen/*Köhler* UWG § 4 Rn. 4.64.
154 Köhler/Bornkamm/Feddersen/*Köhler* UWG § 4 Rn. 4.64.

ler, diese Codierungen auch zu nutzen, um den Vertriebsweg kenntlich zu machen. Ist das Vertriebssystem rechtlich zu missbilligen, liegt auch hierin eine nach § 4 Nr. 4 UWG unzulässige Behinderungspraktik.[155]

### 2. Behinderung und Kennzeichenrecht

70  Marken und andere Kennzeichen geben Ausschließlichkeitsrechte. Dem Zeicheninhaber stehen Ansprüche insbesondere aus den §§ 14, 15 MarkenG zu. Eine **Kennzeichenverletzung** setzt voraus, dass das Zeichen kennzeichenmäßig, also als Zeichen, verwendet wurde. Fehlt es daran, kommt ein **ergänzender Schutz** nach § 4 Nr. 4 UWG in Betracht.

> **Beispiel (nach BGH GRUR 2004, 1039 – SB-Beschriftung):** X stellt Elemente eines Steck-Regalsystems her. Das Herstellerzeichen befindet sich auf einer Pappumhüllung. Diese wird von Y entfernt. Die Beseitigung eines fremden Zeichens ist keine Benutzung des Zeichens und damit keine Zeichenverletzung nach § 14 MarkenG. Es kommt aber ein Verstoß gegen § 4 Nr. 4 UWG in Betracht.

71  Auch können Zeichen eingesetzt werden, um Unternehmen zu **behindern.** Zentrale Fallgruppe ist hier die **bösgläubige Markenanmeldung.** Diese kann markenrechtlich und lauterkeitsrechtlich bekämpft werden. Die bösgläubige Markenanmeldung ist ein absolutes Schutzhindernis nach § 8 II Nr. 10 MarkenG, das schon im markenrechtlichen Eintragungsverfahren berücksichtigt wird (§ 37 III MarkenG).

> **Beispiel:** A ist eine weltberühmte amerikanische Filmschauspielerin. Der X meldet den Namen der A ohne deren Zustimmung als Marke für Kosmetika an. Das DPMA kann schon die Eintragung der Marke verweigern.

72  Ist es zur Eintragung der Marke gekommen, kann ein Löschungsverfahren beim DPMA gem. §§ 50 I, 54 MarkenG durchgeführt werden.

73  Parallel dazu besteht ein lauterkeitsrechtlicher Schutz. Die bösgläubige Markenanmeldung ist zugleich eine nach § 4 Nr. 4 UWG unlautere Behinderungspraktik. Bei der Prüfung, ob eine Markenanmeldung bösgläubig ist, muss immer beachtet werden, dass das Markenrecht ein **Vorbenutzungsrecht nicht** kennt: Die bloße Benutzung eines Zeichens ohne Eintragung begründet keine Rechte am Zeichen. Ein Zeichenrecht entsteht erst mit Verkehrsgeltung (§ 4 Nr. 2 MarkenG).

> **Beispiel:** L verkauft Handtaschen, die er mit der Bezeichnung »Wundersam« kennzeichnet. Ohne Eintragung des Zeichens als Marke hat L an der Bezeichnung grundsätzlich keine Rechte.

74  Herausgebildet haben sich im Wesentlichen vier Fallgruppen der bösgläubigen Markenanmeldung.[156] Lauterkeitswidrig ist ein **Angriff auf einen schutzwürdigen Besitzstand.** Ein solcher liegt vor, wenn ein von einem Dritten verwendetes Zeichen in Kenntnis des erwirtschafteten Besitzstandes und mit dem Ziel, diesen Besitzstand zu stören, ohne hinreichenden sachlichen Grund als Marke für identische oder ähnliche Waren angemeldet wird.[157] Die Erarbeitung eines wertvollen Besitzstandes setzt die Nutzung des Zeichens über einen längeren Zeitraum voraus. Dadurch wird dem Umstand Rechnung getragen, dass das Markenrecht – wie eben erwähnt – kein Vorbenutzungsrecht kennt.

---

155 Vgl. näher MüKoUWG/*Jänich* § 4 Nr. 4 Rn. 47.
156 Vgl. umfassend hierzu MüKoUWG/*Jänich* § 4 Nr. 4 Rn. 57 ff.
157 BGH GRUR 1998, 412 (413) – Analgin; BGH GRUR 2000, 1032 (1034) – EQUI 2000; BGH GRUR 2005, 581 (582) – The Colour of Elégance.

Eine weitere Fallgruppe ist die **zweckfremde Nutzung als Mittel des Wettbewerbs-** 75
**kampfes.** Die präzise Eingrenzung dieser Fallgruppe bereitet Schwierigkeiten: Dem
Markenrecht immanent ist die Einräumung eines Monopols. Nur der Zeicheninhaber
darf das Zeichen benutzen. Über die Fallgruppe der zweckfremden Nutzung als Mittel
des Wettbewerbskampfes wird gelegentlich versucht, eine Billigkeitskontrolle zu etablieren.[158]

> **Beispiel (nach BGH GRUR 2005, 414 – Russisches Schaumgebäck):** Ein russisches Schaumgebäck wird in dreidimensionaler Form als Marke durch einen Importeur angemeldet. Die Anmeldung ist unzulässig. Es handele sich um die traditionelle Form eines in verschiedenen Staaten der ehemaligen Sowjetunion hergestellten Produktes, das von verschiedenen Unternehmen nach Deutschland importiert wird.

Ein typisches Ziel einer bösgläubigen Markenanmeldung ist die **Verhinderung aus-** 76
**ländischer Konkurrenz.** Auch hier muss das Fehlen eines Vorbenutzungsrechtes beachtet werden: Die bloße Kenntnis der Vorbenutzung des Zeichens begründet noch nicht den Vorwurf der Bösgläubigkeit.[159] Bösgläubig soll die Anmeldung sein, wenn sich dem Anmelder aufdrängen muss, dass der Inhaber des ausländischen Zeichens – vielleicht aufgrund des eingetretenen Erfolges im Ausland – dieses zeitnah im Inland verwenden will.[160]

> **Beispiel (nach BGH GRUR 2008, 621 – AKADEMIKS):** In den USA wird erfolgreich sog. Hip-Hop-Street-Wear unter der Marke »AKADEMIKS« angeboten. Ein Wettbewerber entdeckt die Marke in den USA und meldet sie in Deutschland an. Die Anmeldung ist bösgläubig. Es war damit zu rechnen, dass nach dem erfolgreichen Auftreten in den USA die Marke auch in Deutschland eingeführt werden soll.

Eine weitere Fallgruppe ist die der **Hinterhaltsmarke.** Als Hinterhaltsmarken können 77
die Zeichen bezeichnet werden, die ohne ernsthaften Benutzungswillen im Wesentlichen zu dem Zweck angemeldet werden, Dritten, die identische oder ähnliche Bezeichnungen verwenden, mit Geldforderungen entgegenzutreten.[161]

> **Beispiel (nach BGH GRUR 2001, 242 – Classe E):** Der Automobilhersteller M bezeichnet seine Fahrzeugtypen in Deutschland mit einem Buchstaben, dem der Ausdruck »Klasse« hinzugesetzt wird, beispielsweise A-Klasse, B-Klasse und E-Klasse. X vermutet, dass M zukünftig die Fahrzeuge auch im französischen Sprachraum so bezeichnen wird und meldet in Frankreich das Zeichen »Classe E« für mehrere Warenklassen, unter anderem für Fahrzeuge, an. Sodann tritt er an den Fahrzeughersteller M heran und bietet eine Lizenzerteilung an. Der BGH sah dies als lauterkeitswidrig an. Der Neuanmelder nutze eine Drucksituation aus.

### 3. Behinderungspraktiken im Internet

Verschiedenste Behinderungspraktiken sind im Internet zu beobachten. Im Folgenden 78
werden beispielhaft einige Fallgruppen vorgestellt.

---

158 MüKoUWG/*Jänich* § 4 Nr. 4 Rn. 58.
159 EuGH ECLI:EU:C:2009:361 = GRUR Int 2009, 914 Rn. 40 – Goldhase.
160 BGH GRUR 2008, 621 Rn. 29f. – AKADEMIKS.
161 BGH GRUR 2001, 242 (245) – Classe E.

### a) Registrierung von Domainnamen

79 Bei der **Registrierung von Domains** kommt es häufig zu Marken- und Namensrechtsverletzungen (§§ 14 f. MarkenG, § 12 BGB).[162] Dies ist der Fall, wenn ein Wettbewerber den Namen oder ein Unternehmenskennzeichen eines Wettbewerbers als Domain registriert.

> **Beispiel:** Petterson und Findus sind Wettbewerber auf dem Buch- und Entertainmentmarkt. Findus lässt für sich die Domain »petterson.de« registrieren.

80 § 4 Nr. 4 UWG hat bei Domain-Streitigkeiten nur ausnahmsweise Bedeutung. In der Frühzeit des Internets waren aufgrund der mangelhaften Qualität von Suchmaschinen generische (beschreibende) Domains wie »www.Mitwohnzentrale.de« oder »www.anwalt.de« von hohem Wert. Internetnutzer versuchten über das Eintippen von Domains zu den sie interessierenden Angeboten zu gelangen. Der BGH entschied, die Nutzung generischer Domains sei grundsätzlich keine unzulässige Behinderungspraktik.[163]

81 Ein Verstoß gegen § 4 Nr. 4 UWG kommt in Betracht, wenn eine Domain in Behinderungsabsicht registriert wird (sog. **Domain-Grabbing**).[164] Zur Beurteilung können die Erwägungen zur bösgläubigen Markenanmeldung (→ § 10 Rn. 74 ff.) nutzbar gemacht werden.

### b) Tippfehler-Domains (sog. »Typosquatting«)

82 Eine typische Erscheinungsform des Abfangens von Kunden im Internet ist das sog. »**Typosquatting**«. Verwendet wird ein Domainname, der aus einer schon verwendeten, erfolgreichen Domain im Internet gebildet wird (Beispiel: wetteronlin.de statt wetteronline.de). Interessenten, die sich bei der Eingabe der Internetadresse vertippen, sollen so abgefangen werden. Hierin liegt eine nach § 4 Nr. 4 UWG unzulässige Behinderung, wenn nicht auf der Zielseite sofort ein eindeutiger Hinweis erfolgt.[165]

### c) Keyword-Advertising und Paid Listing

83 Intensiv diskutiert wurde[166] und wird die Zulässigkeit des **Keyword-Advertising**. Es handelt sich hierbei um Werbung durch einen Suchmaschinenbetreiber, der neben oder über der Trefferliste eine entgeltliche Werbung einblendet.[167] Die Werbung steht in einem Kontext zur Suchanfrage. Der Werbende gibt Schlüsselwörter an. Werden diese vom Nutzer in eine Suchmaschine eingegeben, wird die entsprechende Anzeige eingeblendet. Die bekannteste und praktisch wichtigste Form dieser Art von Werbung ist **Google AdWords**.[168] Werden **fremde Kennzeichen** in einer AdWords-Werbung verwendet, stellt sich die Frage nach der marken- und lauterkeitsrechtlichen Zulässigkeit.

---

162 Vgl. aus der Rspr. nur BGH GRUR 2002, 622 (623) – shell.de; BGH GRUR 2002, 706 (707) – vossius.de; BGH GRUR 2005, 430 – mho.de; vgl. näher MüKoUWG/*Jänich* § 4 Nr. 4 Rn. 64.
163 BGH GRUR 2001, 1061 (1062f.) – Mitwohnzentrale.de.
164 OLG Hamburg MMR 2003, 280 (281) – dollhouse.de; MüKoUWG/*Jänich* § 4 Nr. 4 Rn. 66.
165 BGH GRUR 2014, 393 Rn. 34ff. – wetteronline.de.
166 Ohly/Sosnitza/*Ohly* UWG § 4 Rn. 4/53b weist zu Recht darauf hin, dass durch eine Reihe von EuGH- und BGH-Entscheidungen mittlerweile weitgehende Klarheit geschaffen worden ist.
167 Nähere Beschreibung bei MüKoUWG/*Jänich* § 4 Nr. 4 Rn. 68.
168 Ausf. Informationen zur Funktionsweise unter www.google.de/adwords.

**Beispiel:** V ist Inhaber der Wortmarke V für Kraftfahrzeuge. Der X verkauft Kraftfahrzeuge der konkurrierenden Marke O. X schaltet eine AdWords-Anzeige unter Verwendung des Begriffes V. Wer nach V sucht, bekommt die Anzeige des X mit einer Werbung für Fahrzeuge von O zu sehen. X versucht so, das Interesse auf die von ihm angebotenen Fahrzeuge umzulenken.

Werden als AdWord fremde Kennzeichen verwendet, ist der Konflikt **primär markenrechtlich** zu beurteilen. Im Regelfall wird ein Fall der sog. Doppelidentität (§ 14 II Nr. 1 MarkenG) vorliegen. Ein mit der Marke identisches Zeichen wird für Waren oder Dienstleistungen benutzt, die mit denjenigen identisch sind, für die Schutz besteht. Nach der Rechtsprechung des EuGH genügt die Identität allein nicht, um eine Verletzung des Markenrechts anzunehmen. Erforderlich ist nach der Entscheidung L'Oréal/Bellure die Verletzung einer sog. Markenfunktion wie der Herkunfts- oder Werbefunktion.[169] **Lauterkeitsrechtlich** wird die Werbung mit einem fremden Zeichen als Keyword **grundsätzlich für unbedenklich gehalten.** Eine unlautere Behinderung nach § 4 Nr. 4 UWG aufgrund eines Abfangens von Kunden soll daran scheitern, dass der Werbende nicht zwischen Zeicheninhaber und Kunde tritt.[170] Auch ein Verstoß gegen das Irreführungsverbot (§ 5 UWG) oder eine Rufausbeutung (§ 4 Nr. 3 lit. b UWG) wird im Regelfall nicht vorliegen.[171] **Google** gibt Zeicheninhabern die Möglichkeit, eine **allgemeine Markenbeschwerde** zu erheben, mit der die Verwendung von Marken in AdWords-Werbung unterbunden wird. Mitbewerber können dann nur mit Zustimmung des Zeicheninhabers das streitige Zeichen verwenden. Die Erhebung einer allgemeinen Zeichenbeschwerde verstößt nicht gegen § 4 Nr. 4 UWG. Der Zeicheninhaber muss allerdings einer rechtmäßigen Verwendung des Zeichens zustimmen. Verweigert er diese, liegt eine nach § 4 Nr. 4 UWG unzulässige Mitbewerberbehinderung vor.[172]

84

**Beispiel (nach BGH GRUR 2015, 607 – Uhrenankauf im Internet):** K handelt mit gebrauchten Uhren. B ist Inhaberin der Marke »ROLEX«. Der K möchte eine Google AdWords-Werbeanzeige schalten. Als Text soll verwendet werden: »Ankauf: Rolex-Armbanduhren«. Aufgrund der von B erhobenen allgemeinen Markenbeschwerde lehnt Google die Schaltung der Anzeige ab. K wendet sich daher an B und bittet um Zustimmung. B verweigert diese. Die Verweigerung ist eine unzulässige Mitbewerberbehinderung.

Beim sog. **Paid Listing** oder **Keyword Buying** bezahlt der Unternehmer dafür, dass sein Angebot auf der Trefferseite höher platziert wird, als es der Suchalgorithmus bei üblichem Programmablauf angeordnet hätte. Ist für den durchschnittlichen Nutzer leicht erkennbar, dass es sich um ein bezahltes Listing handelt, liegt weder ein Verstoß gegen § 4 Nr. 4 UWG noch gegen das Irreführungsverbot des § 5 UWG vor.[173] Es handelt sich dann allein um eine AdWords-ähnliche Werbung.

85

---

169 EuGH ECLI:EU:C:2009:378 = GRUR 2009, 756 Rn. 58 – L'Oréal/Bellure; EuGH ECLI:EU:C:2010:159 = GRUR 2010, 445 Rn. 77 – Google und Google France; EuGH ECLI:EU:C:2010:163 = GRUR 2010, 451 Rn. 31 – BergSpechte/trekking.at Reisen; näher hierzu MüKoUWG/*Jänich* § 4 Nr. 4 Rn. 68a; Ohly/Sosnitza/*Ohly* UWG § 4 Rn. 4/53b.
170 BGH GRUR 2011, 828 Rn. 35 – Bananabay II; nicht ohne Grund skeptisch Fezer/Büscher/Obergfell/*Mankowski* UWG § 12 Rn. 103.
171 Vgl. BGH GRUR 2011, 828 Rn. 33, 36 – Bananabay II.
172 BGH GRUR 2015, 607 Rn. 17, 19 – Uhrenankauf im Internet.
173 MüKoUWG/*Jänich* § 4 Nr. 4 Rn. 72; iErg auch Ohly/Sosnitza/*Ohly* UWG § 4 Rn. 4/53c.

### d) Werbeblocker

86  Werbung im Internet ist oft lästig. Internetnutzer ergänzen daher ihren Internetbrowser gerne um einen **Werbe- oder Adblocker** und einen Pop-up-Blocker. Die Verwendung solcher Blocker durch den Internetnutzer ist – selbstverständlich – zulässig. Die Werbenden versuchen jedoch, lauterkeitsrechtlich gegen die Anbieter von Internet-Werbeblockern vorzugehen. Oft fehlt es schon am erforderlichen Wettbewerbsverhältnis zwischen dem werbenden Anbieter im Internet, beispielsweise einem Zeitungsverleger, und dem Softwarehersteller.[174] Kommt § 4 Nr. 4 UWG dennoch zur Anwendung, sind Werbeblocker grundsätzlich nicht lauterkeitswidrig. Das Nutzerinteresse genießt Vorrang vor dem Interesse des Werbenden.[175]

87  Etwas anderes muss aber gelten, wenn der Adblocker über eine sog. **Whitelist-Funktion** verfügt, auf der Einträge entgeltlich erfolgen. Einige Anbieter von Adblock-Software ermöglichen es Unternehmen, gegen Zahlung eines Geldbetrages auf eine sog. Whitelist »akzeptabler Werbung« aufgenommen zu werden. In der Adblock-Software befindet sich eine Funktion, die solche »akzeptable Werbung« zulässt. Typischerweise ist diese Funktion bei der Installation der Software aktiviert. Zwar wird man auch hier eine individuelle gezielte Behinderung nach § 4 Nr. 4 UWG nicht annehmen können, da letztlich der Nutzer die Werbung blockiert. Es liegt aber gegenüber dem Unternehmen, dem die Eintragung auf der Whitelist angeboten wird, eine nach § 4a UWG unzulässige aggressive Geschäftspraktik vor.[176]

### 4. Betriebsstörungen

88  Nach § 4 Nr. 4 UWG ist es lauterkeitswidrig, vorsätzlich in den Betriebsablauf des Konkurrenten durch Einwirkung auf die Sachmittel wie Produktionsanlagen und EDV einzugreifen.[177] Gleiches gilt für ein Aufwiegeln von Mitarbeitern in Behinderungsabsicht.

> Ein anschauliches **Beispiel** findet sich in dem Kinofilm »Ocean's 13«: Um einen Casinobesitzer zu schädigen, werden die Arbeiter in einer Spielwürfelfabrik zum Streik angestachelt.

> Auch das Zukleben der Türschlösser in **Fall 4** ist eine Betriebsstörung.

89  **Testkäufe** in den Räumen des Wettbewerbers sowie sonstige Testmaßnahmen sind **grundsätzlich zulässig.**[178] Solche Maßnahmen dienen billigenswerten Zielen. Entweder soll ein Lauterkeitsrechtsverstoß aufgedeckt und dokumentiert werden, oder aber eine vergleichende Werbung, beispielsweise ein Preisvergleich, soll ermöglicht werden. Die grundsätzliche Zulässigkeit vergleichender Werbung (§ 6 UWG) zeigt, dass eine solche Werbung wettbewerbspolitisch gewünscht ist. Testkäufe und andere Testmaßnahmen sind allerdings dann unzulässig, wenn das Testen den Betriebsablauf

---

174 Vgl. zu einem TV-Werbeblocker BGH GRUR 2004, 877 (879) – Werbeblocker, MüKoUWG/*Jänich* § 4 Nr. 4 Rn. 30.
175 LG München I MMR 2016, 406; LG Hamburg CR 2016, 122.
176 OLG Köln WRP 2016, 1027 Rn. 33, 45 – Adblock Plus; **aA** BGH Urt. v. 19.4.2018 – I ZR 154/16; LG München I BeckRS 2015, 09563 (zu § 4 Nr. 1 UWG 2008); bestätigt durch OLG München GRUR-RS 2017, 122824 (nrkr); zur Bedeutung der GRCh für die lauterkeitsrechtliche Beurteilung von Werbeblockern *Katsivelas* MMR 2017, 286.
177 MüKoUWG/*Jänich* § 4 Nr. 4 Rn. 76.
178 BGH GRUR 1965, 612 (614) – Warnschild; BGH GRUR 1979, 859 (860) – Hausverbot II; BGH GRUR 1991, 843 (844) – Testfotos.

stört.[179] Das **Anfertigen von Fotos** in den Geschäftsräumen des Wettbewerbers wurde unter der Geltung des § 1 UWG 1909 grundsätzlich für unzulässig gehalten.[180] Heute ist das Fotografieren erlaubt, wenn dieses erforderlich ist, um einen Wettbewerbsverstoß hinreichend bestimmt darlegen zu können und zudem kein überwiegendes Interesse des Geschäftsinhabers, die vermeintliche Störung zu unterbinden, besteht.[181] Abzustellen ist hierbei auf die konkrete Art und Weise des Fotografierens. Eine diskrete Aufnahme mit einem Mobiltelefon wird eher zulässig sein. Das auffällige Hantieren mit einer Spiegelreflexkamera dürfte eher zu Verunsicherungen bei den Kunden führen. Dies spricht für eine Lauterkeitsrechtswidrigkeit.

### 5. Abwerben von Mitarbeitern

Art. 12 I GG garantiert die Berufsfreiheit. Dies hat die – selbstverständliche – Konsequenz, dass das **Abwerben von Mitarbeitern** lauterkeitsrechtlich **grundsätzlich unbedenklich** ist.[182] Nur bei Hinzutreten besonderer Umstände kommt eine Lauterkeitsrechtswidrigkeit in Betracht. Insbesondere kann diese aus dem Einsatz unlauterer Mittel oder dem Verfolgen unlauterer Zwecke resultieren.[183] **Umstritten** ist, ob es ein Einsatz unlauterer Mittel ist, wenn der umworbene Arbeitnehmer zum **Bruch** seines bisherigen **Vertragsverhältnisses** verleitet wird.[184] Gegen die Annahme einer Unlauterkeit wird vorgebracht, der Vertrag binde nur den Arbeitnehmer. Wie er sich aus dem Vertrag löst, sei seine Sache.[185] Dies kann nicht überzeugen. Es handelt sich nicht nur um einen Angriff auf eine schuldrechtliche Bindung, sondern auf die Unternehmensstruktur. Diese Unternehmensstruktur wird auch gebildet durch das System schuldrechtlicher Verträge, die der Unternehmer mit Lieferanten, Abnehmern und Mitarbeitern schließt. Einer zu weiten Ausdehnung des Verbotsbereichs steht entgegen, dass – natürlich – Vorsatz und nach hier vertretener Ansicht zudem eine Behinderungsabsicht erforderlich ist.[186]

90

Eine weitere Fallgruppe ist das **Ausnutzen eines fremden Vertragsbruchs.** Dies ist nur ausnahmsweise lauterkeitsrechtswidrig. Ein grob fahrlässiges Mitwirken am Vertragsbruch kann zur Unlauterkeit führen. Hieran ist beispielsweise bei einer Nebentätigkeit zu denken, wenn es sich aufdrängt, dass die Nebentätigkeit aufgrund des Konkurrenzverhältnisses der Arbeitgeber nicht genehmigt ist.[187] Werber (»Headhunter«) dürfen zur Personalgewinnung selbstverständlich eingesetzt werden. Intensiv erörtert werden die lauterkeitsrechtlichen Grenzen von Telefonanrufen am Arbeitsplatz, um das Interesse an einem Arbeitsplatzwechsel zu erkunden.[188] Zur

91

---

179 Vgl. BGH GRUR 1979, 859 (861) – Hausverbot II; MüKoUWG/*Jänich* § 4 Nr. 4 Rn. 81.
180 BGH GRUR 1991, 843 (844) – Testfotos.
181 BGH GRUR 2007, 802 Rn. 26 – Testfotos III.
182 BGH GRUR 1961, 482 (483) – Spritzgußmaschine; BGH GRUR 2004, 696 (697) – Direktansprache am Arbeitsplatz; MüKoUWG/*Jänich* § 4 Nr. 4 Rn. 85.
183 BGH GRUR 1961, 482 (483) – Spritzgußmaschine; BGH GRUR 2004, 696 (697) – Direktansprache am Arbeitsplatz.
184 Dafür BGH GRUR 2007, 800 Rn. 14 – Außendienstmitarbeiter; MüKoUWG/*Jänich* § 4 Nr. 4 Rn. 89; Ohly/Sosnitza/*Ohly* UWG § 4 Rn. 4/28a; aA Köhler/Bornkamm/Feddersen/*Köhler* UWG § 4 Rn. 4.108; *Sosnitza* WRP 2009, 373 ff.
185 Köhler/Bornkamm/Feddersen/*Köhler* UWG § 4 Rn. 4.108a.
186 → § 10 Rn. 57 und MüKoUWG/*Jänich* § 4 Nr. 4 Rn. 90 f.
187 BGH GRUR 1980, 296 (297 f.) – Konfektions-Stylist.
188 Überblick bei MüKoUWG/*Jänich* § 4 Nr. 4 Rn. 96.

Beurteilung der Zulässigkeit sind die Interessen aller Beteiligten (anwerbendes Unternehmen, potentieller Mitarbeiter, Arbeitgeber des Mitarbeiters, eventuell Personalberater) gegeneinander abzuwägen. Eine kurze telefonische Kontaktaufnahme ist zulässig.[189] Erkundet werden darf, ob Interesse an einem Stellenwechsel besteht.[190] Ebenso darf die neue Stelle knapp beschrieben werden.[191] Ein Werbeanruf ist lauterkeitsrechtlich zu beanstanden, wenn er über das für die Kontaktaufnahme Erforderliche hinausgeht.[192] Auch darf der Werbende nicht eine Kundenhotline anrufen, um herauszufinden, welche Mitarbeiter für einen Abwerbeversuch anzusprechen sind.[193]

92 Beim Abwerben von Mitarbeitern ist neben § 4 Nr. 4 UWG immer zu prüfen, ob nicht auch eine nach **§ 4a UWG** unzulässige aggressive Geschäftspraktik vorliegt. Ebenso kommt – beispielsweise bei einer unzutreffenden Beschreibung der neuen Stelle – eine irreführende geschäftliche Handlung (§ 5 UWG) in Betracht. Abfällige Äußerungen über den bisherigen Arbeitgeber können gegen § 4 Nr. 1 UWG oder § 4 Nr. 2 UWG verstoßen.

> **Klausurtipp:** Zu beachten ist der Grundsatz der Vollständigkeit des Gutachtens. Ist Gegenstand der Klausur ein Abwerben von Arbeitnehmern, sind alle in Betracht kommenden (lauterkeitsrechtlichen) Anspruchsgrundlagen zu prüfen.

93 Die Rechtsfolgen einer unzulässigen Abwerbemaßnahme sind ein Unterlassungs- und Beseitigungsanspruch nach § 8 UWG sowie gegebenenfalls ein Schadensersatzanspruch aus § 9 UWG. Die lauterkeitsrechtswidrige Abwerbemaßnahme ist zu unterlassen. Darüber hinaus kann ein Beschäftigungsverbot gegen den angeworbenen Arbeitnehmer erlassen werden. Üblich ist eine Dauer von 6 bis 18 Monaten. Unterschiedlich erörtert wird, ob es sich hierbei um einen Unterlassungsanspruch[194], einen Beseitigungsanspruch[195] oder um einen Schadensersatzanspruch[196] handelt. Ein Schadensersatzanspruch setzt zudem Verschulden voraus. In den Fällen der lauterkeitsrechtswidrigen Mitarbeiterabwerbung wird dieses typischerweise vorliegen.

94 Der Anspruch ist auch im Wege der einstweiligen Verfügung durchsetzbar.[197] Mit Blick auf **Art. 12 I GG** sollten Beschäftigungsverbote sehr zurückhaltend ausgesprochen werden.[198]

---

189 BGH GRUR 2004, 696 (697) – Direktansprache am Arbeitsplatz.
190 BGH GRUR 2004, 696 (697) – Direktansprache am Arbeitsplatz.
191 BGH GRUR 2004, 696 (697) – Direktansprache am Arbeitsplatz.
192 BGH GRUR 2008, 262 Rn. 8 – Direktansprache am Arbeitsplatz III.
193 Vgl. OLG Stuttgart WRP 2000, 318 – Mitarbeiter-Abwerbung; MüKoUWG/*Jänich* § 4 Nr. 4 Rn. 96.
194 BGH GRUR 1961, 482 (483) – Spritzgußmaschine.
195 OLG Frankfurt a. M. WM 1994, 861 (863).
196 OLG Jena WRP 1997, 363 (365) – Abwerben von Arbeitnehmern.
197 OLG Oldenburg WRP 1996, 612 (615) – Abwerbung von Arbeitskräften.
198 Vgl. näher MüKoUWG/*Jänich* § 4 Nr. 4 Rn. 104.

## 6. Unberechtigte Schutzrechtsverwarnungen und Abmahnungen

### a) Unberechtigte Schutzrechtsverwarnung

Die rechtliche Beurteilung der **unberechtigten Schutzrechtsverwarnung** im Schnittbereich von § 823 I BGB und § 4 Nr. 4 UWG wurde und wird ausgesprochen intensiv diskutiert. Mit einer Schutzrechtsverwarnung macht der Verwarnende Ansprüche wegen der Verletzung eines Schutzrechts des geistigen Eigentums (Patentrecht, Gebrauchsmusterrecht, Designrecht, Urheberrecht oder ein anderes Immaterialgüterrecht) geltend. Der Adressat wird aufgefordert, die Schutzrechtsverletzung zu unterlassen. Streng zu **unterscheiden** ist die Schutzrechtsverwarnung von der bloßen **Berechtigungsanfrage.** Hier weist der Rechtsinhaber lediglich auf sein bestehendes Recht des geistigen Eigentums hin und erkundigt sich bei dem Adressaten nach der Befugnis zur Benutzung. Eine Aufforderung zur Unterlassung erfolgt **nicht.**[199] Eine **berechtigte** Schutzrechtsverwarnung liegt vor, wenn das behauptete Recht besteht, es verletzt wurde und der behauptete Anspruch aus dem Recht abgeleitet werden kann.[200] Von einer **unberechtigten** Schutzrechtsverwarnung wird dagegen gesprochen, wenn eine der eben genannten Voraussetzungen fehlt, also beispielsweise das Schutzrecht nicht besteht. Weiter unterschieden werden kann zwischen einer **Herstellerverwarnung** und einer **Abnehmerverwarnung.** Bei der Herstellerverwarnung wird derjenige zur Unterlassung aufgefordert, der den rechtsverletzenden Gegenstand hergestellt oder in Verkehr gebracht hat. Die Abnehmerverwarnung ist an die Kunden des Herstellers adressiert.[201]

95

Die Rechtsprechung konzentriert sich für die rechtliche Beurteilung auf **§ 823 I BGB.** Seit der 1904 ergangenen Entscheidung des RG in der Sache Juteplüsch[202] wird die unberechtigte Schutzrechtsverwarnung als ein Eingriff in das Recht am eingerichteten und ausgeübten Gewerbebetrieb angesehen. Diese Rechtsprechung war immer wieder erheblicher Kritik ausgesetzt.[203] Im Jahr 2004 legte der I. Zivilsenat des BGH eine beabsichtigte Rechtsprechungsänderung dem Großen Senat für Zivilsachen (§ 132 GVG) vor.[204] Der Senat wollte eine unbegründete Schutzrechtsverwarnung aus einem Kennzeichenrecht nicht länger als Eingriff in das Recht am eingerichteten und ausgeübten Gewerbebetrieb werten, sondern primär anhand der UWG-Verbotstatbestände beurteilen. Dem widersprach **2005** der **Große Senat für Zivilsachen.** Die unberechtigte Schutzrechtsverwarnung könne auch weiterhin einen Eingriff am Recht des eingerichteten und ausgeübten Gewerbebetriebs darstellen, sodass eine Schadensersatzpflicht nach § 823 I BGB in Betracht komme.[205]

96

Überzeugen kann die Rechtsprechung des BGH nicht.[206] Im Grundsatz ist die unberechtigte **Schutzrechtsverwarnung** an den einschlägigen Tatbeständen des **Lauterkeitsrechts,** insbesondere **§ 4 Nr. 4 UWG,** zu messen. Das Recht am eingerichteten

97

---

199 MüKoUWG/*Jänich* § 4 Nr. 4 Rn. 115.
200 Köhler/Bornkamm/Feddersen/*Bornkamm* UWG § 4 Rn. 4.170; MüKoUWG/*Jänich* § 4 Nr. 4 Rn. 117.
201 Vgl. zu den Typen MüKoUWG/*Jänich* § 4 Nr. 4 Rn. 117 ff.
202 RGZ 58, 24.
203 *Larenz/Canaris,* Lehrbuch des Schuldrechts, Bd. II/2, 13. Aufl. 1994, § 81 III e, IV (S. 557, 560 ff.); *Deutsch* WRP 1999, 25 ff.; *Ullmann* GRUR 2001, 1027 (1029 f.).
204 BGH GRUR 2004, 958 – Verwarnung aus Kennzeichenrecht.
205 BGH GRUR 2005, 882 – Unberechtigte Schutzrechtsverwarnung.
206 Krit. auch Köhler/Bornkamm/Feddersen/*Köhler* UWG § 4 Rn. 4.176; Ohly/Sosnitza/*Ohly* UWG § 4 Rn. 4/38; ausf. MüKoUWG/*Jänich* § 4 Nr. 4 Rn. 127 f.

und ausgeübten Gewerbebetrieb, das nach § 823 I BGB geschützt wird, ist gegenüber den UWG-Tatbeständen subsidiär. Es ist nicht erkennbar, warum ausgerechnet für die unberechtigte Schutzrechtsverwarnung etwas anderes gelten soll. Zudem fehlt die für § 823 I BGB typische Interessenabwägung, wenn in der unberechtigten Verwarnung **immer** ein Eingriff in das Recht am eingerichteten und ausgeübten Gewerbebetrieb gesehen wird. Auch besteht ein unlösbarer Widerspruch zur Klageerhebung. Wenn eine unberechtigte Klageerhebung aus verfassungsrechtlichen Gründen eine Schadensersatzpflicht nicht auslösen darf[207], kann für die mildere außergerichtliche Geltendmachung eines Anspruchs nichts anderes gelten. Anderenfalls wird der Rechteinhaber faktisch gezwungen, sofort Klage zu erheben. Dies liegt weder im Interesse des Rechteinhabers noch im Interesse des vermeintlichen Verletzers. Daher ist es vorzugswürdig, die **Herstellerverwarnung** ausschließlich lauterkeitsrechtlich anhand von § 4 Nr. 4 UWG zu beurteilen. Bei einer vorsätzlichen fehlerhaften Beurteilung der Rechtslage in der Abmahnung liegt eine lauterkeitsrechtswidrige Individualbehinderung nach § 4 Nr. 4 UWG vor. Die Verwarnung eines Abnehmers fällt unter § 4 Nr. 2 UWG, sofern sie falsche Tatsachenbehauptungen enthält.[208]

### b) Unberechtigte Abmahnungen

98 Die **Abmahnung** ist ein mittlerweile gesetzlich geregeltes, außergerichtliches Instrument zur Beilegung lauterkeitsrechtlicher Streitigkeiten. Nach § 12 I UWG soll der zur Geltendmachung eines Unterlassungsanspruchs Berechtigte den Schuldner vor der Einleitung eines gerichtlichen Verfahrens abmahnen und ihm Gelegenheit geben, den Streit durch Abgabe einer mit einer angemessenen Vertragsstrafe bewährten Unterlassungsverpflichtung beizulegen (ausführlich → § 16 Rn. 26). Grundsätzlich soll eine Abmahnung auch dann nicht gegen § 4 Nr. 4 UWG verstoßen, wenn die **Rechtslage** in der Abmahnung bzw. für die Abmahnung **fahrlässig falsch beurteilt** worden ist.[209] Die Grundsätze über die unberechtigte Schutzrechtsverwarnung sollen auf die unberechtigte Abmahnung **nicht übertragbar** sein.[210] Mit der unberechtigten Abmahnung seien typischerweise weniger weitreichende Folgen verbunden.[211] Dies kann so pauschal nicht überzeugen. Eine unberechtigte Abmahnung, mit der eine sehr aufwendige Werbekampagne attackiert wird, kann gravierende wirtschaftliche Folgen für den Abgemahnten haben. Gleiches gilt für Abmahnungen wegen eines Verstoßes gegen den lauterkeitsrechtlichen Nachahmungsschutz nach § 4 Nr. 3 UWG.[212]

> **Beispiel:** U, ein großes Maschinenbauunternehmen, wird von W abgemahnt. Die von ihm produzierten Druckereimaschinen seien eine lauterkeitswidrige Nachahmung (§ 4 Nr. 3 UWG) einer Maschine des W. U stoppt vorsorglich die Produktion, um die Rechtslage prüfen zu lassen. Ihm entgeht täglich ein Umsatz in siebenstelliger Größenordnung.

99 Jedenfalls in besonders gelagerten Fällen kann eine Abmahnung lauterkeitsrechtswidrig sein. Dies ist beispielsweise bei einer sog. **Konzernsalve** der Fall, also einer Mehr-

---

207 Hierzu *Wagner* ZIP 2005, 49 (56).
208 BGH GRUR 2006, 433 Rn. 16 – Unbegründete Abnehmerverwarnung; Ohly/Sosnitza/*Ohly* UWG § 4 Rn. 4/39.
209 BGH GRUR 1985, 571 (573) – Feststellungsinteressen; BGH GRUR 2001, 354 (355) – Verbandsklage gegen Vielfachabmahner.
210 BGH GRUR 2011, 152 Rn. 63 – Kinderhochstuhle im Internet.
211 BGH GRUR 2011, 152 Rn. 63 – Kinderhochstühle im Internet.
212 Für diese wird verbreitet vertreten, die Grundsätze über die unberechtigte Schutzrechtsverwarnung anzuwenden: OLG Stuttgart GRUR-RR 2010, 298; Ohly/Sosnitza/*Ohly* UWG § 4 Rn. 4/33.

fachverfolgung von Wettbewerbsverstößen durch verbundene Unternehmen.[213] Auch eine missbräuchliche Abmahnung nach § 8 IV UWG ist ein typischer Fall einer Individualbehinderung nach § 4 Nr. 4 UWG.[214]

### 7. Kartellrechtlich geprägte Behinderungspraktiken

#### a) Missbrauch von Nachfragemacht

Marktstarke Nachfrager können ihre Lieferanten stark unter Druck setzen. Besonders deutlich lässt sich dies im Lebensmitteleinzelhandel beobachten. Die großen Handelsketten verfügen gegenüber ihren Lieferanten oft über eine besondere **Marktmacht**.

100

> **Beispiel:** Molkerei M wird von Supermarktkette L zum sog. »Jahresgespräch« gebeten, in dem die Konditionen für das kommende Jahr ausgehandelt werden sollen. M beliefert fast ausschließlich L. Die Supermarktkette L kann unter mehreren Molkereien auswählen.

Die Bekämpfung des **Missbrauchs von Nachfragemacht** erfolgt heute primär über das Kartellrecht. § 19 GWB untersagt die missbräuchliche Ausnutzung einer marktbeherrschenden Stellung. In den 1970er und 1980er Jahren wurde daneben versucht, missbräuchliche Nachfragepraktiken über den Behinderungstatbestand des UWG, einer Fallgruppe zu § 1 UWG 1909, zu erfassen.[215] Erörtert wurde die lauterkeitsrechtliche Beurteilung von Sonderleistungen wie von Lieferanten gewährten Eröffnungsrabatten oder der Verlagerung von Aufgaben des Handels (beispielsweise Preisauszeichnung, Einräumen der Ware in die Regale) auf die Hersteller. Heute sind diese Praktiken lauterkeitsrechtlich an § 4a UWG zu messen. Zudem müssen immer konkrete Wertentscheidungen des Gesetzgebers beachtet werden. Dies folgt aus dem Gewaltenteilungsprinzip und dem Gedanken der Einheit der Rechtsordnung und gilt auch für Wertungen, die in anderen Gesetzen wie dem GWB ihren Niederschlag gefunden haben.[216] Verhaltensweisen, die nach dem Willen des Gesetzgebers bewusst von einem GWB-Verbot ausgenommen worden sind, dürfen daher nicht ohne Hinzutreten weiterer Umstände nach dem UWG untersagt werden.

101

#### b) Boykott

Charles Cunningham Boycott war zum Ende des 19. Jahrhunderts in Irland als Landverwalter tätig. Pächter und Landarbeiter weigerten sich, für Boycott tätig zu werden. Diese Weigerung wurde durch einen Beschluss der Irish Land League, einer politischen Organisation, gebilligt.[217] Heute wird der Begriff dafür verwendet, Aufforderungen zu Sperren in Drei-Personen-Verhältnissen zu beschreiben. Es handelt sich hierbei nicht zwingend um ein Phänomen des Wettbewerbsrechts. Oft rufen Parteien, Verbände oder NGOs zu einem Boykott auf.

102

> **Beispiel:** Eine Kirche ruft zum Boykott eines Textildiscounters auf, da dieser Produkte anbietet, die von Kindern hergestellt worden sind.

---

213 Vgl. zu dieser Fallkonstellation MüKoUWG/*Jänich* § 4 Nr. 4 Rn. 110 und zur Anwendung des § 8 IV UWG in dieser Situation BGH GRUR 2002, 357f. – Missbräuchliche Mehrfachabmahnung, → § 16 Rn. 21ff.
214 Anders aber wohl BGH GRUR 2001, 354 (355) – Verbandsklage gegen Vielfachabmahner; Köhler/Bornkamm/Feddersen/*Köhler* UWG § 4 Rn. 4.167.
215 Umfassender Überblick bei MüKoUWG/*Jänich* § 4 Nr. 4 Rn. 135f.
216 MüKoUWG/*Jänich* § 4 Nr. 4 Rn. 133; *Jänich* Überhöhte Verbotsstandards 64.
217 http://de.wikipedia.org/wiki/Charles_Cunningham_Boycott.

103 Boykottaufrufe von Nicht-Unternehmern sind an § 826 BGB und an § 823 I BGB zu messen.[218] Ein gegen § 4 Nr. 4 UWG verstoßender Boykott setzt voraus, dass eine »geschäftliche Handlung« (§ 2 I Nr. 1 UWG) vorliegt und der Auffordernde Mitbewerber ist.[219] Rein private Boykottaufrufe werden nicht erfasst. Gleiches gilt für die Verfolgung politischer, sozialer oder kirchlicher Ziele.[220]

104 Das **Kartellrecht** untersagt in § 21 GWB den Boykott. Lauterkeitsrechtlich ist der Boykott an § 4 Nr. 4 UWG zu messen. Immer setzt der Boykott ein Drei-Personen-Verhältnis voraus. Für die Beteiligten haben sich bestimmte Bezeichnungen herausgebildet.[221] Derjenige, der zum Boykott aufruft, wird als **Verrufer** (auch Auffordernder oder – etwas diffus – Boykottierer) bezeichnet. Die Aufforderung wird an den **Adressaten** oder **Ausführer** gerichtet. Die Person, die gesperrt werden soll, kann als **Boykottierter** bezeichnet werden.

105 Erforderlich ist, dass eine **Aufforderung zu einer Sperre** erfolgt. Eine Aufforderung ist eine zumindest versuchte Einflussnahme auf die Willensbetätigung.[222] Entscheidend ist, ob aus der Empfängerperspektive (ähnlich der Auslegung von Willenserklärungen gem. §§ 133, 157 BGB) eine Aufforderung vorliegt.[223]

106 Es muss zu einer **Sperre des Boykottierten** aufgefordert werden. In Betracht kommt jedes Verhalten im geschäftlichen Verkehr. Typisch sind Liefer- und Bezugssperren.

> **Beispiel:** A und B stellen Kraftfahrzeuge her. Der A fordert der Zulieferer C auf, B nicht mehr mit Getriebegehäusen zu beliefern.

107 Auch Dienst- und Werkleistungen können boykottiert werden.[224]

> **Beispiel:** Taxiunternehmer T ruft dazu auf, den Fahrdienst U nicht mehr zu benutzen.

108 Die Unlauterkeit der Sperraufforderung ist durch eine **Gesamtabwägung** der Interessen aller Beteiligten festzustellen.[225] Dies folgt aus der Wertung des § 21 GWB, der eine **unbillige** Behinderung untersagt. In der Regel ist ein Boykott lauterkeitswidrig. Ausnahmsweise zulässig ist ein sog. Abwehrboykott.[226] Hier setzt sich der Verrufer gegen einen rechtswidrigen Angriff mit einem Boykottaufruf zur Wehr. Ein solcher Fall wird allerdings nur höchst selten vorliegen. Zulässig ist die Warnung eines Herstellers vor gefährlichen Zubehörteilen.[227]

> **Beispiel:** Mobiltelefonhersteller C warnt vor dem Erwerb von Akkus, die kompatibel zu den Smartphones des C sind, da bei Verwendung Brandgefahr besteht.

### c) Behindernde Preisgestaltung

109 Kennzeichen einer Wettbewerbsordnung ist die **Preisgestaltungsfreiheit.** Jeder Wettbewerber kann seine Preise grundsätzlich frei festsetzen. Auch steht es den Marktteil-

---

218 MüKoUWG/*Jänich* § 4 Nr. 4 Rn. 160.
219 MüKoUWG/*Jänich* § 4 Nr. 4 Rn. 152.
220 OLG Stuttgart GRUR-RR 2006, 20 (21) – Absperrband-Aktion.
221 Vgl. MüKoUWG/*Jänich* § 4 Nr. 4 Rn. 142 ff.
222 MüKoUWG/*Jänich* § 4 Nr. 4 Rn. 152 f.
223 Beispiele bei MüKoUWG/*Jänich* § 4 Nr. 4 Rn. 153.
224 BGH GRUR 1999, 1031 (1033) – Sitzender Krankentransport.
225 Köhler/Bornkamm/Feddersen/*Köhler* UWG § 4 Rn. 4.122; MüKoUWG/*Jänich* § 4 Nr. 4 Rn. 156.
226 MüKoUWG/*Jänich* § 4 Nr. 4 Rn. 158.
227 OLG Stuttgart GRUR-RR 2003, 21 (22) – Rohrpressverbindungen.

nehmern frei, Preise unter dem Einstandspreis zu verlangen. Ausnahmen finden sich im Kartellrecht: § 20 III 2 Nr. 2 GWB untersagt Unternehmen mit gegenüber kleinen oder mittleren Unternehmen überlegener Marktmacht den nicht nur gelegentlichen Verkauf unter Einstandspreis. Auch der Verkauf von Lebensmitteln unter Einstandspreis ist nach § 20 III 2 Nr. 1 GWB stets verboten. Hieraus lässt sich der Umkehrschluss ziehen, dass ansonsten der Verkauf unter Einstandspreis zulässig ist. Diese Wertung ist auf das Lauterkeitsrecht zu übertragen. Eine **Preisunterbietung** ist **grundsätzlich zulässig.**[228] **Unzulässig** sein soll eine Preisunterbietung in **Verdrängungsabsicht.**[229] Diese setzt die objektive Eignung zur Verdrängung und in subjektiver Hinsicht einen entsprechenden Verdrängungswillen voraus.[230] Stets bereitet die Bestimmung des Einstandspreises, der von den sog. Selbstkosten zu unterscheiden ist, Schwierigkeiten.[231]

## III. Rechtsfolgen

Die Rechtsfolgen bestimmen sich im Grundsatz nach den §§ 8 ff. UWG. **Streitig** ist, ob die Ansprüche **nur vom unmittelbar behinderten Wettbewerber** geltend gemacht werden können. Die hM beschränkt so den Kreis der Anspruchsberechtigten.[232] Gegen diese Position sprechen gute Argumente. Das UWG ist Sonderdeliktsrecht und gewährt keine subjektiven Rechte. Es werden Verhaltenspflichten gerade auch im Interesse der Verbraucher begründet. Deren Interessen sind zumindest mittelbar auch bei einer Mitbewerberbehinderung betroffen. Daher ist entgegen der hM der Kreis der zur Anspruchsdurchsetzung Legitimierten für § 4 Nr. 4 UWG nicht zu beschränken.[233]

110

# § 11 Aggressive geschäftliche Praktiken (§ 4a UWG)

> **Literatur:** *Fritzsche,* Aggressive Geschäftspraktiken nach dem neuen § 4a UWG, WRP 2016, 1 ff.; *Fritzsche,* Anmerkung zu OLG Köln, Urt. v. 24.6.2016 – 6 U 149/14 – Adblock Plus, WRP 2016, 1036 ff.; *Köhler,* Zur Neuvermessung der Tatbestände der unzumutbaren Belästigung (§ 7 UWG), WRP 2017, 253 ff.; *Karsten Schmidt* (Saarbrücken), Wettbewerbsrecht und Bestattungsgewerbe, GewArch Beilage WiVerw 01/2017, 70 ff.; *Scherer,* Das Chamäleon der Belästigung – Unterschiedliche Bedeutungen eines Zentralbegriffs des UWG, WRP 2017, 891 ff.

> **Fall 1:** X wird ohne Zustimmung von A mit E-Mails überschüttet. Dies ist für X zwar störend, aber ohne weitere Bedeutung: Er löscht die E-Mails sofort aus dem Posteingang seines E-Mail-Programms.
>
> **Fall 2:** Getränkehersteller P setzt subliminale Werbung ein: In Kinofilmen wird für einen Sekundenbruchteil mehrfach das Markenlogo des Getränkeherstellers eingeblendet. Die Besucher nehmen diese Werbung nicht bewusst wahr. Sie ist dennoch ausgesprochen erfolgreich: Nach der Kinovorführung greifen die Besucher begeistert nach den Produkten des P.

---

228 BGH GRUR 2006, 596 Rn. 22 – 10% billiger; BGH GRUR 2010, 1022 Rn. 20 – Ohne 19% Mehrwertsteuer.
229 Vgl. MüKoUWG/*Jänich* § 4 Nr. 4 Rn. 166.
230 Vgl. Köhler/Bornkamm/Feddersen/*Köhler* UWG § 4 Rn. 4.192; MüKoUWG/*Jänich* § 4 Nr. 4 Rn. 166.
231 Zu den erforderlichen Feststellungen, auch im Prozess, MüKoUWG/*Jänich* § 4 Nr. 4 Rn. 164 f., 167.
232 BGH GRUR 2009, 416 Rn. 22 – Küchentiefstpreis-Garantie; BGH GRUR 2011, 543 Rn. 7 – Änderung der Voreinstellung III; Köhler/Bornkamm/Feddersen/*Köhler* UWG § 4 Rn. 4.208.
233 Vgl. MüKoUWG/*Jänich* § 4 Nr. 4 Rn. 170.

> **Fall 3:** K stellt »Frühstückscerealien« (Cornflakes) her. Auf die Verpackungen druckt er Sammelpunkte. Diese Sammelpunkte sollen über Schulen an K weitergeleitet werden. Je nach Anzahl der Sammelpunkte erhalten die Schulen für ihre Ausstattung verschiedene Sportartikel, wie beispielsweise Badminton-Sets oder Basketballanlagen.
>
> **Fall 4:** D bietet eine zweitägige Werbeverkaufsfahrt mit dem Bus in das Sauerland an. Inbegriffen sind Übernachtung und Vollverpflegung. Der Fahrpreis (ab Dortmund) beträgt 9 EUR. Am zweiten Tag findet eine dreistündige Werbeverkaufsveranstaltung für Heizdecken statt. Viele der überwiegend älteren Teilnehmer fühlen sich aufgrund des geringen Reisepreises moralisch verpflichtet, eine Heizdecke zum Preis von 999 EUR zu erwerben.

## A. Einleitung, Normstruktur, europarechtliche Grundlagen, Konkurrenzen

### I. Geschichte und Normstruktur

1 § 4a UWG wurde mit der **UWG-Novelle 2015** neu eingeführt. Die Norm dient der Umsetzung der Vorschriften der UGP-RL zu aggressiven Geschäftspraktiken (Art. 5 IV lit. b, Art. 8, 9 UGP-RL). Der deutsche Gesetzgeber ging zunächst davon aus, eine richtlinienkonforme Auslegung von § 4 Nr. 1 und § 4 Nr. 2 UWG 2008 genüge, um den europarechtlichen Vorgaben nachzukommen. Diese Ansicht wurde von der Kommission zu Recht nicht geteilt. Es fehlte jedenfalls an der erforderlichen Publizität.[1] Seit 2015 sind die Bestimmungen der UGP-RL zu aggressiven Geschäftspraktiken mit dem neuen § 4a UWG (und § 7 UWG) umgesetzt. Das gesetzgeberische Konzept kann indes weiter nicht überzeugen: Neben § 4a UWG wirkt das Verbot unzumutbarer Belästigungen in § 7 UWG verloren. Sachgerecht wäre es gewesen, dieses vollständig in § 4a UWG zu integrieren.

2 § 4a UWG schützt Verbraucher und »sonstige Marktteilnehmer« vor aggressiven geschäftlichen Handlungen, die geeignet sind, diese zu einer geschäftlichen Entscheidung zu veranlassen, die sie anderenfalls nicht getroffen hätten. Die Norm ist kompliziert und verschachtelt aufgebaut. § 4a I 1 UWG enthält den Verbotskern und untersagt **aggressive geschäftliche Handlungen,** die auf die **Entscheidungsfreiheit** von **Verbrauchern oder sonstigen Marktteilnehmern einwirken.** Satz 2 des § 4a I UWG definiert, wann eine geschäftliche Handlung aggressiv ist. Untersagt werden drei Grundfälle: **Belästigung, Nötigung und unzulässige Beeinflussung** (§ 4a I 2 Nr. 1–3 UWG). § 4 I 3 UWG definiert den Begriff der »unzulässigen Beeinflussung« näher. § 4a II UWG schließlich nennt Kriterien, die bei der Feststellung, ob eine Handlung aggressiv iSd § 4a I 2 UWG ist, zu berücksichtigen sind.

### II. Konkurrenzen

3 Die Verbrauchergeneralklausel des **§ 3 II UWG** kann ergänzend herangezogen werden. Dies ist insbesondere dann von Bedeutung, wenn der aggressiven geschäftlichen Handlung die **Eignung fehlt,** den Verbraucher zu einer **geschäftlichen Entscheidung zu veranlassen.**[2] Die UGP-RL steht dem nicht entgegen. Die Art. 8 f. UGP-RL sperren die Ver-

---
1 Zu diesem Kriterium bei der Richtlinienumsetzung im Aufenthaltsrecht EuGH ECLI:EU:C:1997:165 = EuZW 1997, 348 Rn. 39; zur Umsetzung der UGP-RL und allgemein zu den Anforderungen an die Umsetzung einer Richtlinie *Glöckner* GRUR 2013, 224 (230).
2 Köhler/Bornkamm/Feddersen/*Köhler* UWG § 4a Rn. 1.8.

brauchergeneralklausel (Art. 3 II UGP-RL) nicht. Zweifelhaft ist aber, ob die Anwendung des § 3 II UWG einen praktischen Ertrag bringt: Auch § 3 II UWG verlangt einen Einfluss auf das (wirtschaftliche) Verhalten des Verbrauchers. Die angegriffene geschäftliche Handlung muss geeignet sein, dieses wesentlich zu beeinflussen (→ § 8 Rn. 55). Die im **Anhang zu § 3 III UWG** genannten aggressiven Geschäftspraktiken sind lex specialis zu § 4a UWG. Für die Abgrenzung zu **§ 4 Nr. 4 UWG** ist entscheidend, ob § 4a UWG auch aggressive Geschäftspraktiken gegenüber Mitbewerbern erfasst. Dies ist im Ergebnis zu verneinen.³ Allerdings fällt die Begründung nicht ganz einfach: Der Gesetzgeber verwendet in § 4a UWG den Begriff des »sonstigen Marktteilnehmers«. Dieser ist in § 2 I Nr. 2 UWG nicht legal definiert. Dort findet sich allein eine Definition des Begriffes »Marktteilnehmer«. Der Terminus »Marktteilnehmer« umfasst nach der Legaldefinition des § 2 I Nr. 2 UWG **auch** Mitbewerber (»neben Mitbewerbern«). Allerdings kann aus § 1 UWG abgeleitet werden, dass die »sonstigen Marktteilnehmer« keine Mitbewerber sind. Im Ergebnis heißt dies, dass aggressive Geschäftspraktiken gegenüber Mitbewerbern nur von § 4 Nr. 4 UWG und § 7 UWG sowie gegebenenfalls von der Generalklausel des § 3 I UWG erfasst werden. Die **§§ 5, 5a und 6 UWG** sind einschränkungslos neben § 4a UWG anwendbar. Für das Konkurrenzverhältnis zu **§ 7 UWG** gilt das gerade zum Begriff des Marktteilnehmers Ausgeführte: Dieser ist grundsätzlich neben § 4a UWG anwendbar und erfasst zudem Belästigungen von Mitbewerbern.⁴ Zu beachten ist allerdings, dass **§ 7 II UWG** zwischen Verbrauchern und sonstigen Marktteilnehmern differenziert. Der Anwendungsbereich des § 4a UWG überschneidet sich stark mit **§ 7 UWG** (unzumutbare Belästigungen). **Zentraler Unterschied** ist das **Relevanzkriterium in § 4a UWG**. § 7 UWG schützt vor unzumutbaren Belästigungen schlechthin. Nach § 4a UWG sind diese nur unzulässig, wenn in spezifizierter Weise auf die geschäftliche Entscheidung eingewirkt wird. Dies wird allerdings regelmäßig der Fall sein.

**Prüfungsschema für einen Unterlassungsanspruch aus § 8 I UWG iVm § 4a UWG** 4

1. Geschäftliche Handlung, § 2 I Nr. 1 UWG
2. gegenüber Verbraucher oder sonstigem Marktteilnehmer
   (→ § 11 Rn. 5)
3. Aggressivität der geschäftlichen Handlung
   a) Belästigung, § 4a I 2 Nr. 1 UWG iVm § 4a II UWG
      (→ § 11 Rn. 7)
   b) Nötigung, § 4a I 2 Nr. 2 UWG iVm § 4a II UWG
      (→ § 11 Rn. 8f.)
   c) unzulässige Beeinflussung, § 4a I 2 Nr. 3, I 3 UWG iVm § 4a II UWG
      (→ § 11 Rn. 11ff.)
4. Eignung zur Beeinflussung der Entscheidungsfreiheit, § 4a I 1 UWG
   (→ § 11 Rn. 29ff.)
5. Wiederholungsgefahr/Erstbegehungsgefahr, § 8 I UWG
   (→ § 15 Rn. 25)

---

3 Ebenso Ohly/Sosnitza/*Sosnitza* UWG § 4a Rn. 7.
4 Köhler/Bornkamm/Feddersen/*Köhler* UWG § 7 Rn. 12.

> **Hinweis:** Es empfiehlt sich dringend, die »Eignung zur Beeinflussung der Entscheidungsfreiheit« (§ 4a I 1 UWG) erst nach der Feststellung der Aggressivität zu prüfen, um lästige Doppelprüfungen zu vermeiden.

## B. Der Verbotstatbestand des § 4a I UWG

### I. Geschäftliche Handlungen gegenüber Verbrauchern oder sonstigen Marktteilnehmern

5   § 4a UWG erfordert eine geschäftliche Handlung gegenüber Verbrauchern oder sonstigen Marktteilnehmern. Die geschäftliche Handlung wird in § 2 I Nr. 1 UWG definiert. Für den Verbraucherbegriff gilt § 2 II UWG iVm § 13 BGB (→ § 4 Rn. 28). Schwierigkeiten bereitet allein – wie eben dargestellt – der Begriff der »**sonstigen Marktteilnehmer**«. Diese lassen sich durch eine Negativabgrenzung anhand des § 1 UWG bestimmen: Es handelt sich um alle Marktteilnehmer, die **weder Verbraucher noch Mitbewerber** sind.

> **Beispiel:** Faxgeräteverkäuferin F versucht mit körperlicher Gewalt, Rechtsanwalt R zum Erwerb eines Faxgerätes zu nötigen. Rechtsanwalt R wird als »sonstiger Marktteilnehmer« von § 4a UWG geschützt.

### II. Die aggressive geschäftliche Handlung nach § 4a I UWG

#### 1. Einleitung

6   § 4a I UWG erfasst **drei Fälle** der aggressiven geschäftlichen Handlung. Genannt werden in § 4a I 2 die **Belästigung (Nr. 1)**, die **Nötigung (Nr. 2)** und die **unzulässige Beeinflussung (Nr. 3)**. Immer erforderlich ist die Eignung, die **Entscheidungsfreiheit** des Verbrauchers oder sonstigen Marktteilnehmers erheblich zu beeinträchtigen. Diese Voraussetzung folgt aus § 4a I 2 UWG. Sie ist zu unterscheiden von dem (weiteren) Relevanzerfordernis nach § 4a I 1 UWG, nach dem die geschäftliche Handlung geeignet sein muss, den Verbraucher oder sonstigen Marktteilnehmer zu einer geschäftlichen Entscheidung zu veranlassen, die dieser **anderenfalls nicht getroffen** hätte. Dieses »doppelte Eignungskriterium« ist vom Gesetzgeber ausgesprochen unglücklich formuliert.

#### 2. Mittel

##### a) Belästigung (§ 4a I 2 Nr. 1 UWG)

7   § 4a UWG untersagt ebenso wie § 7 UWG **Belästigungen**. Die Schutzrichtungen der beiden Normen sind allerdings verschieden: Während § 4a UWG die **Entscheidungsfreiheit** des Verbrauchers bzw. sonstigen Marktteilnehmers schützen will, wehrt § 7 UWG **Beeinträchtigungen der Privatsphäre** bzw. der **betrieblichen Sphäre** aller Marktteilnehmer ab.[5] Die Belästigung kann **definiert** werden als eine geschäftliche Handlung, die dem Adressaten aufgedrängt wird, und die von diesem bereits wegen ihrer Art und Weise unabhängig von ihrem Inhalt als störend empfunden

---

5 BGH GRUR 2016, 831 Rn. 16 – Lebens-Kost.

wird.⁶ Die Beurteilung hat aus der Perspektive des Adressaten zu erfolgen. Wird ein Verbraucher angesprochen, kann die Definition des **Durchschnittsverbrauchers**, § 3 IV 1 UWG, herangezogen werden. Im Zuge der richtlinienkonformen Auslegung (Erwägungsgrund 18 S. 2 UGP-RL) sind die Grenzen des sozialen Umgangs zu beachten.⁷ Abhängig von der Zielgruppe kann ein unterschiedlicher Maßstab geboten sein. Eine geschäftliche Handlung gegenüber Amateurboxern ist unter Umständen anders zu beurteilen als eine Werbemaßnahme in einem Seniorenwohnheim. Für die **Konkretisierung** der Norm kann grundsätzlich auf die Rechtsprechung zu § 1 UWG 1909 und § 7 UWG zurückgegriffen werden. Beispielsweise sind unaufgeforderte Vertreterbesuche zur Erlangung von Aufträgen für Grabsteine belästigend.⁸ Dies gilt unabhängig vom Ablauf einer Wartefrist nach Eintritt des Trauerfalls.⁹ Ein weiterer typischer Fall ist die unerwünschte Werbung per Telefon, Fax oder E-Mail. Die Festschreibung des Schutzhöchststandards durch Art. 3 V UGP-RL ist zu beachten. Erforderlich ist daher, dass die genannten Fernkommunikationsmittel für ein »hartnäckiges und unerwünschtes Ansprechen« (iSv Anhang I Nr. 26 UGP-RL) genutzt werden.¹⁰

### b) Nötigung (§ 4a I 2 Nr. 2 UWG)

Nach § 4a I 2 Nr. 2 UWG darf auf die Entscheidungsfreiheit des Verbrauchers oder sonstigen Marktteilnehmers nicht durch **Nötigung einschließlich der Anwendung körperlicher Gewalt** eingewirkt werden. Die Formulierung ist Art. 8 UGP-RL entnommen. Die Interpretation hat demnach richtlinienkonform zu erfolgen. Zudem können Erkenntnisse zum deutschen Strafrecht (§ 240 StGB) nutzbar gemacht werden. Nötigung ist demnach die Anwendung körperlicher Gewalt (physischer Druck) oder psychischen Zwangs (vis absoluta oder vis compulsiva).¹¹ Auch eine subliminale (unterschwellige) Werbung, die vom Konsumenten nicht bewusst wahrgenommen wird, fällt hierunter.¹²

8

> **Fall 2:** Das Einsetzen der subliminalen Werbung ist eine Nötigung gem. § 4a I 2 Nr. 2 UWG.

Die erforderliche Folge der Anwendung des Nötigungsmittels ist aus § 4a I 2 UWG zu entnehmen: Die Nötigung muss nicht erfolgreich auf die Entscheidung des Verbrauchers oder sonstigen Marktteilnehmers eingewirkt haben. Es genügt, wenn die Nötigung **geeignet ist,** die **Entscheidungsfreiheit** des Verbrauchers oder sonstigen Marktteilnehmers erheblich **zu beeinträchtigen.** Der psychische Druck oder die Drohung müssen also nicht zu einem Geschäftserfolg des Unternehmers geführt haben.

9

---

6 Ohly/Sosnitza/*Sosnitza* UWG § 4a Rn. 11 unter Bezugnahme auf BGH GRUR 2011, 747 Rn. 17 – Kreditkartenübersendung.
7 Köhler/Bornkamm/Feddersen/*Köhler* UWG § 4a Rn. 1.40.
8 BGH GRUR 1967, 430 – Grabsteinaufträge I.
9 BGH GRUR 1971, 317 – Grabsteinaufträge II.
10 Darauf weist zu Recht Köhler/Bornkamm/Feddersen/*Köhler* UWG § 4a Rn. 1.44 hin.
11 Köhler/Bornkamm/Feddersen/*Köhler* UWG § 4a Rn. 1.48.
12 Ohly/Sosnitza/*Sosnitza* UWG § 4a Rn. 15. Ein ausdrückliches Verbot dieser Werbeform findet sich in § 58 I RStV (vgl. auch Art. 9 I lit. b RL 2010/13/EU des Europäischen Parlaments und des Rates zur Koordinierung bestimmter Rechts- und Verwaltungsvorschriften der Mitgliedstaaten über die Bereitstellung audiovisueller Mediendienste [Richtlinie über audiovisuelle Mediendienste] v. 10.3.2010, ABl. 2010 L 95, 15).

> **Beispiel:** Bei einer winterlichen Kaffeefahrt zu einem abgelegenen Gasthof im Thüringer Wald droht der Veranstalter der Werbeeinkaufsfahrt damit, die Teilnehmer nicht mit dem Bus zurückfahren zu lassen, wenn sie nicht in größerem Umfang Wärmedecken erwerben. Unabhängig davon, ob die Konsumenten aufgrund der Drohung Wärmedecken erwerben, ist der Tatbestand des § 4a I 2 UWG erfüllt. Die bloße Eignung zur Beeinflussung der Konsumentenentscheidung genügt. Auch hier wird der präventive Charakter des Lauterkeitsrechts deutlich.

10 In der älteren Rechtsprechung ist regelmäßig erörtert worden, ob ein »psychischer« oder »**moralischer Kaufzwang**« unlauterkeitsbegründend wirken kann.[13] Mit Blick auf das heutige Verbraucherleitbild ist dieser Ansatz überholt. Ein Durchschnittsverbraucher lässt sich durch Gratisgaben oder Ähnliches grundsätzlich nicht zu einem Kaufentschluss verleiten.[14]

> **Fall 4:** Grundsätzlich wird man eine Unlauterkeit aufgrund eines moralischen Kaufzwangs verneinen müssen. Ein anderes Ergebnis stellt sich ein, wenn sich die Werbemaßnahme allein an eine bestimmte (ältere) Verbrauchergruppe wendet, in der eine entsprechende Vorstellung vorherrscht.

### c) Unzulässige Beeinflussung (§ 4a I 2 Nr. 3 UWG)

11 Nach der dritten Variante des § 4a I 2 UWG darf auf die Entscheidungsfreiheit des Verbrauchers nicht durch eine **unzulässige Beeinflussung** eingewirkt werden. Der Begriff der unzulässigen Beeinflussung wird in § 4a I 3 UWG legal definiert. Die Legaldefinition ist Art. 2 lit. j UGP-RL entnommen. Eine unzulässige Beeinflussung liegt vor, wenn der Unternehmer »eine **Machtposition** gegenüber dem Verbraucher oder sonstigen Marktteilnehmer zur Ausübung von Druck, auch ohne Anwendung oder Androhung von körperlicher Gewalt, in einer Weise ausnutzt, **die die Fähigkeit** des Verbrauchers oder sonstigen Marktteilnehmers **zu einer informierten Entscheidung** wesentlich **einschränkt**«. Deutlich wird hier die Verknüpfung mit der Entscheidung des Verbrauchers bzw. sonstigen Marktteilnehmers.

12 § 4a I 2 Nr. 3 UWG kann im Verhältnis zu Nr. 1 und Nr. 2 des § 4a I 2 UWG als **Auffangtatbestand** verstanden werden. Um den Schutzzweck des § 4a I 3 UWG nicht zu gefährden, darf der Begriff »Machtposition«, zumindest im Verhältnis B2C, nicht zu eng ausgelegt werden. Die zentrale Idee des Tatbestandes ist es, eine nicht zu akzeptierende Einflussnahme durch Druckausübung im weitesten Sinne zu untersagen.[15]

13 Zu beachten ist, dass § 4a I 2 Nr. 3 UWG nicht nur eine unzulässige Beeinflussung von Verbrauchern, sondern auch von **sonstigen Marktteilnehmern** untersagt. Ist beispielsweise ein Industrieunternehmen gegenüber einem auf einer anderen Wirtschaftsstufe tätigen Unternehmen marktmächtig, kann das Verhalten des marktmächtigen Unternehmens gegen § 4a I 2 Nr. 3 UWG verstoßen. § 4 Nr. 4 UWG und § 4a I 2 Nr. 3 UWG bilden insoweit ein harmonisches Schutzsystem: Behinderungen von Mitbewerbern werden von § 4 Nr. 4 UWG untersagt. Werden »sonstige Marktteilnehmer« behindert, wird dies von § 4a I 2 Nr. 3 UWG erfasst.

---

13 BGH GRUR 2000, 820f. – Space Fidelity Peep-Show: Erörtert wurde, ob das Inaussichtstellen von »spacigen Sofortgewinnen« bei einer Verlosung einen Kaufzwang begründet (!). Umfassend zur älteren Rspr. Ohly/Sosnitza/*Sosnitza* UWG § 4a Rn. 19 ff.
14 Wie hier Ohly/Sosnitza/*Sosnitza* UWG § 4a Rn. 24.
15 Ohly/Sosnitza/*Sosnitza* UWG § 4a Rn. 36.

**Beispiel:** Die marktbeherrschende Molkerei M, die in einer strukturschwachen Region ansässig ist, attackiert den kleinen Wettbewerber W mit Preisunterbietungen. Diese haben zum Ziel, W vom Markt zu verdrängen. Zudem fordert M die mittelständische Rechtsanwalts- und Steuerberatungskanzlei RS auf, zukünftig auf die gesetzlichen Gebühren einen Rabatt von 25 % zu geben. Da RS von der Molkerei wirtschaftlich abhängig ist, wird der Nachlass zähneknirschend gewährt. Das Verhalten gegenüber dem Wettbewerber W fällt unter § 4 Nr. 4 UWG. Das Verhalten gegenüber RS ist eine unzulässige Beeinflussung nach § 4a I 2 Nr. 3, I 3 UWG. Zu beachten sind zudem die §§ 18 ff. GWB.

§ 4a I 2 Nr. 2 UWG (Nötigung) und § 4a I 2 Nr. 3 UWG (unzulässige Beeinflussung) sind nur schwer voneinander abzugrenzen. Es handelt sich um eine graduelle Abstufung. Die Beeinträchtigung der Entscheidungsfreiheit ist bei § 4a I 2 Nr. 2 UWG gewichtiger. Die in der Praxis zu beobachtenden typischen Fälle (dazu sogleich → § 11 Rn. 21 ff.) fallen daher je nach Intensität der Beeinträchtigung der Entscheidungsfreiheit entweder unter die Nr. 2 oder die Nr. 3 des § 4a I 2 UWG. 14

#### d) Die Beurteilungskriterien des § 4a II UWG

§ 4a I 2 UWG bezeichnet recht unbestimmt die unzulässigen aggressiven **Beeinflussungsmittel (Belästigung, Nötigung, unzulässige Beeinflussung).** Daher nennt § 4a II 1 UWG **ergänzende Beurteilungskriterien,** die bei der Anwendung des § 4a I 2 UWG zu berücksichtigen sind. Sie können entweder für oder gegen das Vorliegen einer aggressiven Handlung sprechen. Bedeutsam ist nach § 4a II 1 Nr. 1 UWG beispielsweise die »Dauer der Handlung«. Dauert die Handlung nur ausgesprochen kurze Zeit an, spricht dies eher gegen eine aggressive geschäftliche Handlung. Ein sehr langes Einwirken auf den Adressaten der geschäftlichen Handlung spricht eher für eine aggressive Handlung. Die folgenden Kriterien sind heranzuziehen: 15

- § 4a II 1 Nr. 1 UWG: Zeitpunkt, Ort, Art oder Dauer der Handlung.
- § 4a II 1 Nr. 2 UWG: Verwendung drohender oder beleidigender Formulierungen oder Verhaltensweisen.
- § 4a II 1 Nr. 3 UWG: Die bewusste Ausnutzung von konkreten Unglückssituationen oder Umständen von solcher Schwere, dass sie das Urteilsvermögen des Verbrauchers oder sonstigen Marktteilnehmers beeinträchtigen, um dessen Entscheidung zu beeinflussen.
- § 4a II 1 Nr. 4 UWG: Hindernisse, mit denen der Unternehmer die Ausübung vertraglicher Rechte zu verhindern sucht.
- § 4a II 1 Nr. 5 UWG: Drohungen mit rechtlich unzulässigen Handlungen.

§ 4a II 1 Nr. 3 UWG wird in Bezug auf Verbraucher weiter konkretisiert durch § 4a II 2 UWG. Danach zählen zu den Umständen, die nach § 4a II 1 Nr. 3 UWG zu berücksichtigen sind, insbesondere **geistige und körperliche Beeinträchtigungen, das Alter, die geschäftliche Unerfahrenheit, die Leichtgläubigkeit, die Angst und die Zwangslage von Verbrauchern.** § 4 Nr. 2 UWG in der von 2004 bis 2015 geltenden Fassung schützte besonders schutzbedürftige Verbrauchergruppen vor aggressiven Handlungen. § 4 Nr. 2 UWG 2004 lautete: 16

Unlauter im Sinne von § 3 handelt insbesondere, wer ...
2. Wettbewerbshandlungen vornimmt, die geeignet sind, die geschäftliche Unerfahrenheit insbesondere von Kindern oder Jugendlichen, die Leichtgläubigkeit, die Angst oder Zwangslage von Verbrauchern auszunutzen.«

17 Diese Norm ermöglichte es, aggressive Praktiken gegenüber besonders schutzbedürftigen Verbrauchergruppen, wie den ausdrücklich genannten Kindern und Jugendlichen, aber auch beispielsweise gegenüber Spätaussiedlern, die mit den wirtschaftlichen Gegebenheiten in der Bundesrepublik Deutschland noch nicht vertraut waren[16], abzuwehren.[17] Es bleibt abzuwarten, ob § 4a I UWG ebenso wie § 4 Nr. 2 UWG aF einen effektiven Schutz besonders schutzbedürftiger Verkehrskreise gewährleisten kann. Entscheidend dürfte die zukünftige Interpretation des Merkmals »**Machtposition**« sein (§ 4a I 3 UWG). Fehlt es an dieser, erfolgt keine nach § 4a I 2 Nr. 3 UWG unzulässige Beeinflussung. *Köhler* weist zutreffend darauf hin, dass eine Machtposition, auch bei richtlinienkonformer, weiter Auslegung, nur dann vorliegen kann, wenn der Unternehmer in der Lage ist, auf den Verbraucher Druck auszuüben.[18] Ein Zeitschriftenhändler, der Kunden attraktive Zeitschriften anbietet, hat gegenüber diesen keine »Machtposition«. Gleiches gilt für einen Elektrohändler, der vermeintlich besonders attraktive Angebote an Jugendliche adressiert.

18 Es besteht die Gefahr, dass die durch die UGP-RL veranlasste Neufassung des Schutzes besonders schutzbedürftiger Verkehrskreise empfindliche Schutzlücken begründet. Werden Kinder als sog. »**Kaufmotivatoren**« eingesetzt, um die Eltern zu einer Entscheidung zu veranlassen, wird **nicht** auf die Entscheidungsfreiheit der Kinder eingewirkt.[19]

> **Fall 3 (nach BGH GRUR 2008, 183 – Tony Taler):** »Frühstückscerealien« wie Cornflakes werden von den Eltern und nicht von den Kindern erworben. Die Werbung versucht, über die Kinder auf die Kaufentscheidung der Eltern einzuwirken. Es liegt kein Fall des § 4a II 1 Nr. 3, II 2 UWG vor.

19 **§ 4a II 1 Nr. 4 UWG** spricht Verhaltensweisen **nach Vertragsabschluss** an (auch diese sind geschäftliche Handlungen, vgl. § 2 I Nr. 1 UWG). Der Verbraucher oder sonstige Marktteilnehmer wird in der Ausübung seiner vertraglichen Rechte behindert. Denkbar ist beispielsweise, dass der Unternehmer unvollständige oder fehlerhafte Kontaktdaten angibt oder den Zugang von Erklärungen erschwert oder vereitelt, um so den Vertragswechsel zu einem anderen Dienstleister (beispielsweise im Bereich der Energieversorgung oder der Telekommunikationsdienstleistungen) zu erschweren.

20 Nach **§ 4a II Nr. 5 UWG** sind Drohungen mit rechtlich unzulässigen Handlungen in die Feststellung der Aggressivität einzubeziehen. Hier taucht beinahe zirkelschlussartig ein Element aus der Definition des Begriffes der Nötigung auf. Unzulässig war es hiernach beispielsweise, den Kunden damit zu drohen, eine Forderung der SCHUFA mitzuteilen, wenn die Forderung vom Kunden bestritten wird. Eine Datenübermittlung bei bestrittenen Forderungen durfte gem. § 28a I Nr. 4 BDSG aF nicht erfolgen.[20] Abzuwarten bleibt die Beurteilung solcher Meldungen nach dem neuen Datenschutzrecht (DS-GVO/BDSG 2018). Eine § 28a BDSG a. F. entsprechende Regelung fehlt. Die SCHUFA-Meldungen sind nunmehr an den allgemeinen Bestimmungen der DS-GVO, insbesondere Art. 6 DS-GVO, zu messen.

---

16 BGH GRUR 1998, 1041 – Verkaufsveranstaltung in Aussiedlerwohnheim.
17 Vgl. aus der Rspr. nur BGH GRUR 2006, 161 – Zeitschrift mit Sonnenbrille; BGH GRUR 2014, 686 – Goldbärenbarren; BGH GRUR 2014, 1117 – Zeugnisaktion.
18 Köhler/Bornkamm/Feddersen/*Köhler* UWG § 4a Rn. 1.57.
19 BGH GRUR 2008, 183 Rn. 17 – Tony Taler.
20 BGH GRUR 2015, 1134 Rn. 23 ff. – Schufa-Hinweis.

### e) Fallgruppen zu § 4a I 2 UWG

In der Rechtsprechung hat sich eine umfangreiche Kasuistik zu aggressiven Geschäftspraktiken herausgebildet. Ein Großteil der Entscheidungen ist vor Inkrafttreten des § 4a UWG ergangen. In jedem Einzelfall ist zu prüfen, ob das Verhalten auch nach neuem Recht noch unlauter ist.

**aa) Verkaufsförderungsmaßnahmen.** Ausgesprochen intensiv wurde unter der Geltung des UWG 1909 (und auch noch nach der UWG-Novelle 2004) die Zulässigkeit von Verkaufsförderungsmaßnahmen (auch als Wertreklame oder Sales Promotion bezeichnet[21]) diskutiert.

Typische Beispiele sind:
- Werbegeschenke
- Gutscheine
- Rabatte
- Zugaben
- Gewinnspiele, Verlosungen
- Werbe- und Verkaufsfahrten
- Koppelungsangebote

Die frühere, äußerst strenge Regulierung durch die ZugabeVO und das Rabattgesetz ist im Jahr 2001 aufgehoben worden (→ § 2 Rn. 8). Darüber hinaus ist die lauterkeitsrechtliche Beurteilung mit der Modernisierung des Verbraucherleitbildes ab 2000 erheblich liberalisiert worden (→ § 2 Rn. 8). Eine substantielle (weitere) Lockerung erfolgte schließlich mit der UWG-Novelle 2015. Beispielsweise untersagte § 4 Nr. 6 UWG in der ab 2004 geltenden Fassung eine Kopplung von Warenabsatz und der Teilnahme an Preisausschreiben und Gewinnspielen. Diese Regelung wurde aufgrund von Bedenken an ihrer Vereinbarkeit mit der UGP-RL[22] im Rahmen der UWG-Novelle 2015 ersatzlos gestrichen.

Für eine **Untersagung** von Verkaufsförderungsmaßnahmen nach § 4a UWG ist heute **im Regelfall kein Raum** mehr. Einem generellen Verbot steht schon die Festschreibung des Schutzhöchststandards durch die UGP-RL, die auch Verkaufsförderungsmaßnahmen erfasst (etwa Anhang I Nr. 19 UGP-RL), entgegen.[23] Zudem fehlt es bei Verkaufsförderungsmaßnahmen in aller Regel an der von § 4a I 3 UWG vorausgesetzten Machtposition. Dies ist jedoch nicht unumstritten.[24] Im Einzelfall kann eine Machtposition bei Verkaufsförderungsmaßnahmen vorliegen. Zu erinnern ist hier an das bereits genannte Beispiel zu den Kaffeefahrten. Folgt man der hier vertretenen Ansicht, ist die Zulässigkeit von Verkaufsförderungsmaßnahmen im Regelfall allein an § 3 II UWG zu messen. Ein Verstoß kommt nur ausnahmsweise in Betracht.

---

21 Vgl. Ohly/Sosnitza/*Sosnitza* UWG § 4a Rn. 38 f.
22 Vorlage des BGH: BGH GRUR 2008, 807 – Millionen-Chance; Entscheidung des EuGH: EuGH ECLI:EU:C:2010:12 = GRUR 2010, 244 – Plus Warenhandelsgesellschaft; dazu Anm. *Jänich* GPR 2010, 149 ff.; BGH GRUR 2011, 532 – Millionen-Chance II.
23 EuGH ECLI:EU:C:2009:244 Rn. 59 = GRUR 2009, 599 – VTB/Total Belgium und Galatea/Sanoma.
24 Dagegen Ohly/Sosnita/*Sosnitza* UWG § 4a UWG Rn. 41.

> **Beispiel:** Die Ausbildungszeitschrift Z veranstaltet eine Wahl zu den »Jurabüchern des Jahres«. Ausgelobt werden ausgesprochen attraktive Preise, unter anderem die kostenlose Teilnahme an einem Klausurenkurs nebst einem einwöchigen Aufenthalt an der Playa de Palma. Eine Teilnahme ist nur mit der Original-Teilnahmekarte möglich, die in der Zeitschrift eingeklebt ist. Die Teilnahme an der Verlosung setzt also den Erwerb der Zeitschrift voraus. Nach § 4 Nr. 6 UWG 2004 war eine solche Werbung unzulässig. Die Unvereinbarkeit dieses – mittlerweile durch die UWG-Novelle 2015 aufgehobenen – Verbots mit der UGP-RL stellte der EuGH bereits 2010 fest.[25]

25 **bb) Formen der Aufmerksamkeitswerbung.** Oft ist Werbung produkt- oder leistungsbezogen. Unter Umständen besteht aber überhaupt kein Bezug zu den angebotenen Waren oder Dienstleistungen. Der Unternehmer will dann allein das **Unternehmensimage** bewerben. Eine solche Werbung ist grundsätzlich zulässig. Der Unternehmer ist nicht verpflichtet, nur seine Leistungen, gegebenenfalls sogar objektiv, zu bewerben. In den Benetton-Entscheidungen hat das BVerfG klargestellt, dass grundsätzlich nichts gegen eine schockierende oder geschmacklose Werbung spricht.[26] Der Aufmerksamkeitswerbung zugerechnet werden kann auch die sog. **gefühlsbetonte Werbung.** Der Unternehmer appelliert hierbei an die soziale Verantwortung der Adressaten.[27] Ebenso ist denkbar, dass der Unternehmer an das **Umweltbewusstsein** der Konsumenten appelliert. Dies ist in ganz unterschiedlichen Formen möglich. Es kann auf die umweltbewusste Produktion hingewiesen werden. Die Produkte selbst können umweltschonend sein. Zudem kann der Unternehmer damit werben, Umweltschutzprojekte und -initiativen zu unterstützen. Früher beurteilte die Rechtsprechung solche Werbemaßnahmen überaus kritisch.[28] Diese Rechtsprechung ist heute nicht mehr verwertbar. Für die Anwendung des § 4a UWG ist im Regelfall kein Raum. Es fehlt auch bei dieser Fallgruppe die für § 4a I Nr. 3 UWG erforderliche **Machtposition.** Zudem muss es dem Verbraucher selbst überlassen werden, welche Kriterien er seiner Kaufentscheidung zugrunde legt. Es ist heute ganz selbstverständlich, Erwägungen zur sozialen Verantwortlichkeit und zum Umweltschutz in die Kaufentscheidung einzubeziehen.

> **Beispiel:** Studentin S möchte ein neues Mobiltelefon erwerben. Sie schwankt zwischen den Modellen der Hersteller A, S und F. Sie entscheidet sich für F, da dieser Hersteller eine besonders umweltfreundliche Produktion zusagt.

26 Selbstverständlich darf der Konsument nicht irregeführt werden. Unzutreffende Angaben zu den gerade genannten Kriterien sind nach § 5 UWG unlauter.

> **Beispiel**[29]: Die Krombacher Brauerei initiierte das »Krombacher Regenwaldprojekt«. Unter anderem warb sie mit dem Slogan: »Denn mit jedem verkauften Kasten Krombacher Pils, alkoholfrei oder Radler fließt eine Spende in die Regenwald-Stiftung des WWF, um einen Quadratmeter Regenwald in Afrika nachhaltig zu schützen!«. Eine unzulässige Beeinflussung gem. § 4a I 2 Nr. 3 UWG allein aufgrund des Umweltbezugs ist nicht gegeben. Zu erwägen ist aber,

---

25 EuGH ECLI:EU:C:2010:12 = GRUR 2010, 244 – Plus Warenhandelsgesellschaft; dazu *Jänich* GPR 2010, 149 ff.; → § 5 Rn. 10.
26 BVerfG GRUR 2001, 170 ff. – Benetton-Werbung I; BVerfG GRUR 2003, 442 (443) – Benetton-Werbung II.
27 Vgl. hierzu näher Ohly/Sosnitza/*Sosnitza* UWG § 4a Rn. 109.
28 Vgl. hierzu die Rechtsprechungsübersicht bei Ohly/Sosnitza/*Sosnitza* UWG § 4a Rn. 110 f.
29 BGH GRUR 2007, 251 – Regenwaldprojekt II (zur Werbeaktion 2003); ähnlich die Werbeaktion der Brauerei im Vorjahr: BGH GRUR 2007, 247 – Regenwaldprojekt I.

ob eine lauterkeitswidrige Irreführung (§§ 5 f. UWG) vorliegt, weil beim Konsumenten eine Fehlvorstellung über den Umfang des Engagements hervorgerufen wird.[30] Unter Umständen denkt der Verbraucher, es werde ein erheblicher Betrag (vielleicht 1 EUR pro Kiste) gespendet, während der tatsächliche Betrag eventuell geringer ist. In der Werbung wurde die Höhe der Spende pro Kiste Bier nicht genannt. Nunmehr wirbt die Brauerei transparenter: Die Brauerei fördert das »Krombacher Artenschutzprojekt«. Sie nennt im Internet und sogar auf Flaschenetiketten deutlich den Förderbetrag (500.000 EUR/Jahr). Dem Durchschnittsverbraucher dürfte die Marktstellung der Krombacher Brauerei bekannt sein, sodass er diesen Betrag einordnen kann.

**cc) Ansprechen am Unfallort.** Nach ständiger Rechtsprechung des BGH zu § 1 UWG 1909 war es unlauter, an einem **Unfallort** Unfallbeteiligte mit dem Ziel anzusprechen, diese zu einem Vertragsabschluss über unfallbezogene Leistungen (Abschleppen, Reparatur etc) zu bewegen.[31] Diese Rechtsprechung soll heute noch Bestand haben.[32] In der Tat kann in der psychischen Drucksituation eines Unfalls häufig eine **unzulässige Beeinflussung** (§ 4a I 2 Nr. 3 UWG) gegeben sein. Allerdings wird man heute von einem per-se Verbot nicht mehr ausgehen können. Zum einen ist das geänderte Verbraucherleitbild zu berücksichtigen. Zum anderen besteht mittlerweile für Unfallbeteiligte die Möglichkeit, über Mobiltelefone rasch Kontakt mit dem Kundendienst des Herstellers, Vertragswerkstätten und Versicherern aufzunehmen. Es sind daher Situationen vorstellbar, in denen es an einer aggressiven geschäftlichen Handlung fehlt. 27

**Beispiel:** Die überaus geschäftserfahrene, durchsetzungsstarke Rechtsanwältin R hat einen leichten Verkehrsunfall. An ihrem Fahrzeug ist die Hecklleuchte beschädigt. Während sie die Kontaktdaten mit dem Unfallgegner austauscht, spricht sie der zufällig vorbeigekommene Autohändler A an. Er bietet R an, die Rückleuchte zu einem Vorzugspreis zu wechseln. Er überreicht R seine Visitenkarte und entschwindet. In dieser Situation liegt keine aggressive geschäftliche Handlung gem. § 4a I 2 UWG vor. Jedenfalls fehlt es an der Relevanz (§ 4a I 1 UWG).

**dd) Hoheitliche Autorität.** Der Einsatz hoheitlicher Autorität kann unlauter sein. An einen solchen Fall ist beispielsweise zu denken, wenn Schüler in der Schule während des Unterrichts umworben werden. 28

**Beispiel:** In den Schulunterricht kommt ein Zeitschriftenwerber, um eine Schülerzeitschrift vorzustellen. In einer solchen Situation können sich die Schüler und/oder ihre Eltern veranlasst fühlen, das beworbene Produkt oder die beworbene Dienstleistung zur Absicherung des Bildungserfolges zu erwerben. Die Rechtsprechung bejaht in solchen Fällen nur dann eine Unlauterkeit, wenn Druck auf die Schüler und/oder die Eltern ausgeübt wird.[33]

---

30 2002 soll die Krombacher Brauerei ca. 460 Mio. EUR Umsatz gemacht haben. 1 Mio. EUR sind an den WWF für das »Regenwaldprojekt« geflossen, vgl. Pressemitteilung der Krombacher Brauerei v. 23.4.2003 (http://www.presseportal.de/pm/42000/440008); »Saufen für die Gorillas«, Der Spiegel 28/2003, 91.
31 BGH GRUR 1975, 264 – Werbung am Unfallort I; BGH GRUR 1975, 266 – Werbung am Unfallort II; BGH GRUR 1980, 790 – Werbung am Unfallort III; BGH GRUR 2000, 235 – Werbung am Unfallort IV.
32 Köhler/Bornkamm/Feddersen/*Köhler* UWG § 4a Rn. 2.32.
33 Vgl. BGH GRUR 1984, 665 (666) – Werbung in Schulen; BGH GRUR 2008, 183 – Tony Taler.

> **Klausurtipps:**
> - Die Landesschulordnungen der Bundesländer enthalten Regelungen zur Werbung an Schulen. Ein Verstoß hiergegen kann lauterkeitsrechtlich oft über § 3a UWG verfolgt werden.
> - Die Musterklausur (→ § 18) enthält einen Fall aus diesem Problembereich.

### III. Die »doppelte Relevanz« in § 4a UWG

#### 1. Überblick

29 § 4a UWG enthält verwirrende Relevanzkriterien. **Ein Relevanzkriterium** findet sich bereits in § 4a I 2 UWG, der die aggressive geschäftliche Handlung definiert. Aggressivität setzt voraus, dass **die Entscheidungsfreiheit des Verbrauchers oder sonstigen Marktteilnehmers erheblich beeinträchtigt** wird. Ein zweites Relevanzkriterium findet sich in § 4a I 1 UWG. Danach muss die aggressive geschäftliche Handlung **geeignet sein, den Verbraucher oder sonstigen Marktteilnehmer zu einer geschäftlichen Entscheidung zu veranlassen, die dieser anderenfalls nicht getroffen hätte.** Schließlich kann sogar ein drittes Relevanzkriterium aus § 4a I 3 UWG gewonnen werden: Eine unzulässige Beeinflussung liegt nur dann vor, wenn die **Fähigkeit des Verbrauchers oder sonstigen Marktteilnehmers zu einer informierten Entscheidung wesentlich durch die Machtposition des Antragenden** eingeschränkt wird (§ 4a I 3 aE UWG). Die Regelungen unterstreichen, dass die **bloße Belästigung** ohne Bezug zu einer geschäftlichen Entscheidung **nicht** gegen § 4a UWG verstößt.

> **Beispiel:** Modelleisenbahnhändler M betreibt sein Geschäft in einer Fußgängerzone. Wenn sich keine Kunden im Ladengeschäft befinden, tritt er vor die Tür und beleidigt vorbeigehende Passanten. Zwar liegt eine Belästigung nach § 4a I 2 Nr. 1 UWG vor. Diese Beleidigungen sind aber nicht geeignet, den Verbraucher oder sonstigen Marktteilnehmer zu einer geschäftlichen Handlung zu veranlassen. Ein Verstoß gegen § 4a UWG liegt nicht vor. An eine andere Beurteilung wäre allerdings zu denken, wenn die Beleidigungen zum Ziel haben, »störende« Kundschaft fernzuhalten.

30 Belästigungen, die nicht geeignet sind, die Kaufentscheidung zu beeinflussen, werden im Grundsatz von **§ 7 UWG** erfasst. Allerdings ist zweifelhaft, ob eine auf § 7 UWG gestützte Untersagung der bloßen Belästigung eines Verbrauchers europarechtskonform ist. Die UGP-RL schreibt den Schutzhöchststandard bindend vor (Art. 3 V UPG-RL). Nach Art. 8 UGP-RL sind nur für die Konsumentenentscheidung relevante Geschäftspraktiken unzulässig. Das Problem lässt sich lösen, indem man in § 7 UWG keine Regelung sieht, die die Entscheidungsfreiheit des Konsumenten schützt, sondern die Norm als eine Vorschrift zum Schutz der Privatsphäre versteht.[34]

> **Fall 1:** Die E-Mail-Werbung hat keinerlei Einfluss auf die Entscheidungsfreiheit des X. Sie kann daher allenfalls nach § 7 UWG unlauter sein.

#### 2. Erhebliche Beeinträchtigung der Entscheidungsfreiheit (§ 4a I 2 UWG)

31 Das Tatbestandsmerkmal »aggressive geschäftliche Handlung« in § 4a I 2 UWG ist nur erfüllt, wenn die Handlung unter Berücksichtigung aller Umstände **geeignet** ist, die **Entscheidungsfreiheit erheblich zu beeinträchtigen.** Entscheidungsfreiheit ist die

---

[34] So Ohly/Sosnitza/*Ohly* UWG § 7 Rn. 11. Ganz stimmig ist diese Lösung allerdings nicht, da Nr. 26 des Anhangs I zur UGP-RL in § 7 II Nr. 1 UWG umgesetzt worden ist, vgl. auch hierzu Ohly/Sosnitza/*Ohly* UWG § 7 Rn. 11.

Freiheit, nicht nur die vom Unternehmer angestrebte Entscheidung, sondern auch eine andere Entscheidung treffen zu können.³⁵ Zur Beurteilung der **Erheblichkeit** der Beeinträchtigung ist die Intensität der Beeinflussung zu gewichten. Dazu können die Dauer und die Nachdrücklichkeit der Einwirkung in die Betrachtung einbezogen werden. Darüber hinaus helfen die Formulierungen des § 4a II UWG.

Die Entscheidungsfreiheit muss nicht tatsächlich beeinträchtigt worden sein. Die bloße **Eignung** genügt. Demnach ist die bloße Möglichkeit zur Beeinträchtigung der Entscheidung ausreichend. Eine Wahrscheinlichkeitsbetrachtung ist vorzunehmen. Auch hier tritt der präventive Charakter des Lauterkeitsrechts zutage.³⁶ 32

### 3. Eignung zur Veranlassung einer geschäftlichen Entscheidung (§ 4a I 1 UWG)

Die aggressive geschäftliche Handlung muss **geeignet** sein, den Verbraucher oder sonstigen Marktteilnehmer **zu einer geschäftlichen Entscheidung zu veranlassen**, die dieser anderenfalls nicht getroffen hätte. Der Begriff der »geschäftlichen Entscheidung« ist in § 2 I Nr. 9 UWG legal definiert (→ § 4 Rn. 39). Zum Merkmal der Eignung gilt das soeben (→ § 11 Rn. 28) Ausgeführte. Das Merkmal »Veranlassung« macht deutlich, dass eine kausale Verknüpfung zwischen aggressiver Handlung und Eignung zur Beeinflussung der geschäftlichen Entscheidung erforderlich ist. *Köhler* hat überzeugend dargelegt, dass eine tatsächliche Vermutung (§ 292 ZPO) für die Kausalität spricht.³⁷ Im Prozess muss also der Unternehmer darlegen und gegebenenfalls beweisen, dass es an der Kausalität fehlt. 33

## § 12 Das Irreführungsverbot (§§ 5f. UWG)

**Fall 1:** A bewirbt auf einem Werbeplakat in seinem Schaufenster ein gängiges, recht preisgünstiges Mobiltelefon zum Preis von 99 EUR. Der Preis ist groß hervorgehoben. Neben dem Preis befindet sich ein kleines Sternchen. In der Fußzeile des Plakates weist A kleingedruckt, aber noch gut lesbar darauf hin, dass der Preis nur gilt, wenn gleichzeitig ein Mobiltelefonvertrag mit 24 Monaten Laufzeit und einem Monatsentgelt von 2,99 EUR abgeschlossen wird.

**Fall 2:** V inseriert in einer Tageszeitung einen Pkw mit »Tageszulassung, 0 km«. Tatsächlich war das Fahrzeug sechs Tage zugelassen.

**Fall 3:** Ein Preisvergleichsportal im Internet wird von I betrieben. Das Portal erstellt Preisranglisten. Interessenten können das gesuchte Produkt eingeben. Angezeigt wird dann eine Ergebnisliste, an deren Spitze das preisgünstigste Produkt platziert wird. Für eine Espressomaschine wird an Platz 1 ein Angebot des M für 550 EUR gelistet. Tatsächlich ist dieser Preis überholt: Wählt der Interessent das Angebot aus, wird er von der Seite des I zum Internetangebot des M weitergeleitet. Dort wird der aktuelle Preis von 587 EUR verlangt.

**Fall 4:** Bocksbeutelflaschen werden vom Verkehr traditionsgemäß als Hinweis auf fränkischen Wein aufgefasst. Aus historischen Gründen sind vier Gemeinden in Mittelbaden ebenfalls berechtigt, Wein in Bocksbeutelflaschen zu füllen. Winzer W, der seinen Wein in der Nähe der vier mittelbadischen Gemeinden anbaut, verwendet ebenfalls Bocksbeutelflaschen für seinen Wein. Er wird wegen Irreführung auf Unterlassung in Anspruch genommen. Mit Erfolg?

---

35 Köhler/Bornkamm/Feddersen/*Köhler* UWG § 4a Rn. 1.33.
36 Hierzu näher *Jänich* Überhöhte Verbotsstandards 7 f.
37 Köhler/Bornkamm/Feddersen/*Köhler* UWG § 4a Rn. 1.36.

**Fall 5:** Bäckermeister B in Nordhorn (an der niederländischen Grenze) backt zum Weihnachtsgeschäft mit großer Leidenschaft Stollen. Das Rezept hat er auf einer Wochenendreise nach Sachsen von einem Bäcker aus Dresden erfahren. B verkauft daher seinen Stollen als »Dresdner Stollen«. Die Kundin V, die aus Dresden stammt, fühlt sich von B irregeführt. Sie bittet die Verbraucherzentrale, den B auf Unterlassung in Anspruch zu nehmen. Wird dies der Verbraucherzentrale gelingen?

**Fall 6:** Die Gemeinde Ge wirbt mit dem Slogan »Schönster Aussichtspunkt an der Emscher«. Die Nachbargemeinde Do hält dies für irreführend.

**Fall 7:** Der Teppichhändler T schaltet eine Werbeanzeige mit dem Slogan »Das größte Teppichhaus der Welt«. Tatsächlich erzielt das Versandhaus V, ein Vollsortimenter, mit Teppichen einen mehr als doppelt so hohen Umsatz.

**Fall 8:** K bewirbt Kondome mit der Angabe »Made in Germany«. Tatsächlich werden die Kondome im Ausland hergestellt und im deutschen Werk nur noch verpackt, versiegelt und einer Qualitätskontrolle unterzogen.

**Fall 9:** Lebensmitteleinzelhändler L bietet ohne besonderen Hinweis in seinem Sortiment Lebensmittel mit abgelaufenem Mindesthaltbarkeitsdatum an. Bei einigen Waren ändert er zudem das aufgedruckte Mindesthaltbarkeitsdatum mit einem Filzstift. Er rechtfertigt dies damit, dass – was zutrifft – die Ware ja nicht verdorben sei.

**Fall 10:** Der Elektrogerätehersteller E bewirbt ein Epiliergerät mit »Testurteil: gut«. Er verschweigt, dass alle anderen Geräte in dem Test die Note »sehr gut« erhalten haben.

**Fall 11:** K betreibt ein Gardinengeschäft. Aus einer Insolvenzmasse erwirbt er vom Insolvenzverwalter I Gardinen und führt einen Sonderverkauf durch. Er bewirbt diesen mit »Insolvenzverkauf – Konkursware«.

**Fall 12:** Im Schaufenster der kleinen Modeboutique der T hängt ein Plakat mit dem Schriftzug »Räumungsverkauf wegen Geschäftsaufgabe«. Nach mehr als einem Jahr befindet sich das Plakat immer noch am Platz. Das Geschäft ist noch offen. Auf Nachfrage von Kundin K, wann sie denn schließe, antwortet die T, das wisse sie nicht, aber irgendwann einmal werde sie schließen. Nichts sei für die Ewigkeit.

**Fall 13:** Autohändler A bewirbt in einer Zeitungsanzeige einen Neuwagen. Deutlich hervorgehoben heißt es dort »Barpreis 20.222 EUR«. Auf Anfrage teilt er den Kunden mit, dass zu diesem Preis noch die Überführungskosten von 499 EUR hinzuzurechnen seien.

**Fall 14:** Elektronikhändler E schaltet in einer Sonntagszeitung eine große Werbeanzeige: »Ab Montag: 20 Prozent auf alles«. Zuvor hat er am Samstag alle Preise um 20% heraufgesetzt.

**Fall 15:** Das Startup Y bringt Kosmetikprodukte auf den Markt. Es firmiert als »Dr. Y«. Dr. Y ist Gründer des Unternehmens. Er ist promovierter Theologe.

**Fall 16:** Küchenhändler K verkauft an seine Kundschaft gerne Küchen mit Granit-Arbeitsplatten. Die Granitplatten schneidet er selbst in einer großen Lagerhalle zu. Er wirbt mit »Küchenverkauf aus der Granit-Fabrik«.

**Fall 17:** Das Warenhaus K wirbt im Internet mit dem Slogan: »K ist Marktführer in den Sortimentsfeldern Mode und Sport«. Ein Zusammenschluss von Sportfachgeschäften tritt dem mit dem Argument entgegen, die in diesen Verbund zusammengeschlossenen Sportfachgeschäfte erzielten einen deutlich größeren Jahresumsatz.

**Fall 18:** Dr. S hat die Wortmarke »Dr. S« für die Wirkung der Beneluxstaaten beim dortigen Markenamt registrieren lassen. Er wirbt nunmehr in der Bundesrepublik Deutschland in der Art und Weise, dass er der Bezeichnung »Dr. S« ein ® hinzusetzt.

**Fall 19:** Rechtsanwalt R wirbt damit, er sei »Hauptsponsor der Mitteldeutschen Meisterschaft der Friseurinnen und Friseure«. Tatsächlich hat er die Veranstaltung nicht unterstützt.

**Fall 20:** Privatdozentin E bringt mit Blick auf die bevorstehende Hauptuntersuchung ihren Pkw zur Durchsicht in eine Werkstatt. Monteur M behauptet wahrheitswidrig, die Bremsen müssten dringend erneuert werden.

**Fall 21:** Mobiltelefonhersteller A suggeriert Verbrauchern in seiner Werbung, beim Erwerb der Geräte bestehe nur für ein Jahr ein Gewährleistungsanspruch. Um im zweiten Jahr nach dem Kauf in den Genuss einer Gewährleistung zu kommen, müsse eine »Spezialgarantie« abgeschlossen werden.

**Fall 22:** X ist Inhaber der Marke »Planet Café« und betreibt unter der Marke weltweit, unter anderem in der Bundesrepublik Deutschland Cafés. Y betreibt unter der gleichen Bezeichnung ebenfalls schon seit vielen Jahren in Wuppertal ein Café. X entschließt sich, gegen Y vorzugehen. Markenrechtlich scheitert sein Vorhaben, da alle Ansprüche verwirkt sind. Er stützt sein Unterlassungsbegehren daher nunmehr auf § 5 II, IV UWG.

**Fall 23:** T betreibt ein Textilgeschäft. Er erhält eine neue Lieferung Jeans. Er preist diese mit 149 EUR aus. Nachdem die Hosen zu diesem Preis einen Tag lang zum Verkauf angeboten worden sind, streicht er handschriftlich den Preis durch und ändert ihn auf 79 EUR.

**Fall 24:** Die Modebloggerin M berichtet über Neues aus der Modebranche. Die Produkte, die sie vorstellt, erhält sie kostenlos. In ihren Rezensionen verlinkt sie die Online-Shops der betreffenden Textilhersteller. Kommt es über diesen Link zum Kauf, erhält sie eine Provision (sog. Affiliate-Marketing). In ihrem Blog weist sie auf die Zusammenarbeit nicht hin.

## A. Einleitung, Normstruktur, europarechtliche Grundlagen

### I. Einleitung

Das Irreführungsverbot des § 5 UWG ist einer der zentralen Verbotstatbestände des UWG. Im ersten UWG von 1896 stand das Irreführungsverbot noch an der Spitze des Gesetzes. Mit Einführung der großen Generalklausel des § 1 UWG 1909 rückte das Irreführungsverbot als »kleine Generalklausel« im Gesetz nach hinten: Es fand sich nunmehr in § 3 UWG 1909. Seit der UWG-Novelle 2004 ist der zentrale Irreführungstatbestand in § 5 UWG geregelt. 1

Die gewichtige Bedeutung des Irreführungsverbotes für das Lauterkeitsrecht verdeutlicht die UGP-RL. Diese untersagt in Art. 5 I UGP-RL unlautere Geschäftspraktiken. Nach Art. 5 IV UGP-RL sind unlautere Geschäftspraktiken insbesondere **irreführende** und **aggressive** Geschäftspraktiken. Die Irreführung ist also nach der UGP-RL einer der beiden Grundtypen der Unlauterkeit. 2

Von der Einführung im Jahr 1896 bis zur UWG-Reform 2004 erfuhr der Tatbestand des Irreführungsverbotes nur kleinere Veränderungen. **1969** wurde § 3 UWG 1909 neu gefasst.[1] Das Tatbestandsmerkmal »unrichtige Angaben« wurde durch den Termi- 3

---

1 Text des § 3 S. 1 UWG in der bis zum 7.7.2004 geltenden Fassung:
»Wer im geschäftlichen Verkehr zu Zwecken des Wettbewerbs über geschäftliche Verhältnisse, insbesondere über die Beschaffenheit, den Ursprung, die Herstellungsart oder die Preisbemessung einzelner Waren oder gewerblicher Leistungen oder des gesamten Angebots, über Preislisten, über die Art des Bezugs oder die Bezugsquelle von Waren, über den Besitz von Auszeichnungen, über den Anlaß oder den Zweck des Verkaufs oder über die Menge der Vorräte irreführende Angaben macht, kann auf Unterlassung der Angaben in Anspruch genommen werden ...

nus »irreführende Angaben« ersetzt. Diese Modifikation verdeutlicht, dass mit dem Begriff der Unrichtigkeit (objektive Unrichtigkeit? subjektive Unrichtigkeit?) im Lauterkeitsrecht wenig anzufangen ist. Entscheidend ist auf das tatsächliche Verständnis der Angabe durch die angesprochenen Verkehrskreise abzustellen. Mit der UWG-Novelle 2004 wurde das Irreführungsverbot vollständig neu gefasst.[2] Die Neufassung war in mehrfacher Hinsicht unglücklich formuliert: Der Begriff der Angabe wurde durch den diffusen Terminus der »Werbung« ersetzt. Misslungen war auch die Formulierung in § 5 II UWG 2004: »(B)ei der Beurteilung der **Frage,** ob eine Werbung irreführend ist, sind alle ihre Bestandteile zu berücksichtigen, insbesondere ...«. Die Regelung sollte – aus dem Wortlaut kaum ableitbar – das Bezugsobjekt der Angabe benennen. Auch § 5 II 2 UWG 2004 zu Unterlassungen war nebulös formuliert.[3] § 5 IV UWG 2004 enthielt eine spezielle Regelung zur Bekämpfung von irreführenden Preisherabsetzungen. Irreführungen über die Vorratsmenge fielen unter § 5 V UWG 2004.

4   Zur **Umsetzung der UGP-RL** ist § 5 UWG Ende **2008** grundlegend neu gefasst worden.[4] Gewichtige Mängel des § 5 UWG in der Fassung aus dem Jahr 2004 wurden abgestellt.

---

2 UWG 2004:
§ 5 Irreführende Werbung
(1) Unlauter im Sinne von § 3 handelt, wer irreführend wirbt.
(2) Bei der Beurteilung der Frage, ob eine Werbung irreführend ist, sind alle ihre Bestandteile zu berücksichtigen, insbesondere in ihr enthaltene Angaben über
1. die Merkmale der Waren oder Dienstleistungen wie Verfügbarkeit, Art, Ausführung, Zusammensetzung, Verfahren und Zeitpunkt der Herstellung oder Erbringung, die Zwecktauglichkeit, Verwendungsmöglichkeit, Menge, Beschaffenheit, die geographische oder betriebliche Herkunft oder die von der Verwendung zu erwartenden Ergebnisse oder die Ergebnisse und wesentlichen Bestandteile von Tests der Waren oder Dienstleistungen;
2. den Anlass des Verkaufs und den Preis oder die Art und Weise, in der er berechnet wird, und die Bedingungen, unter denen die Waren geliefert oder die Dienstleistungen erbracht werden;
3. die geschäftlichen Verhältnisse, insbesondere die Art, die Eigenschaften und die Rechte des Werbenden, wie seine Identität und sein Vermögen, seine geistigen Eigentumsrechte, seine Befähigung oder seine Auszeichnungen oder Ehrungen.
Bei der Beurteilung, ob das Verschweigen einer Tatsache irreführend ist, sind insbesondere deren Bedeutung für die Entscheidung zum Vertragsschluss nach der Verkehrsauffassung sowie die Eignung des Verschweigens zur Beeinflussung der Entscheidung zu berücksichtigen.
(3) Angaben im Sinne von Absatz 2 sind auch Angaben im Rahmen vergleichender Werbung sowie bildliche Darstellungen und sonstige Veranstaltungen, die darauf zielen und geeignet sind, solche Angaben zu ersetzen.
(4) Es wird vermutet, dass es irreführend ist, mit der Herabsetzung eines Preises zu werben, sofern der Preis nur für eine unangemessen kurze Zeit gefordert worden ist. Ist streitig, ob und in welchem Zeitraum der Preis gefordert worden ist, so trifft die Beweislast denjenigen, der mit der Preisherabsetzung geworben hat.
(5) Es ist irreführend, für eine Ware zu werben, die unter Berücksichtigung der Art der Ware sowie der Gestaltung und Verbreitung der Werbung nicht in angemessener Menge zur Befriedigung der zu erwartenden Nachfrage vorgehalten ist. Angemessen ist im Regelfall ein Vorrat für zwei Tage, es sei denn, der Unternehmer weist Gründe nach, die eine geringere Bevorratung rechtfertigen. Satz 1 gilt entsprechend für die Werbung für eine Dienstleistung.
3 Diese diffuse Regelung findet sich heute immer noch in § 5a I UWG → § 12 Rn. 128.
4 UWG 2008:
§ 5 Irreführende geschäftliche Handlungen
(1) Unlauter handelt, wer eine irreführende geschäftliche Handlung vornimmt. Eine geschäftliche Handlung ist irreführend, wenn sie unwahre Angaben enthält oder sonstige zur Täuschung geeignete Angaben über folgende Umstände enthält:
1. die wesentlichen Merkmale der Ware oder Dienstleistung wie Verfügbarkeit, Art, Ausführung, Vorteile, Risiken, Zusammensetzung, Zubehör, Verfahren oder Zeitpunkt der Herstellung, Liefe-

Der unglückliche Begriff der »Werbung« wurde durch den Terminus der »geschäftlichen Handlung« ersetzt. Untersagt wurden nunmehr geschäftliche Handlungen, die entweder »unwahre Angaben« oder »sonstige zur Täuschung geeignete Angaben« enthielten. Mit dieser Tatbestandsfassung wurde eine große Errungenschaft des deutschen Lauterkeitsrechts, der Verzicht auf den schillernden Begriff der Wahrheit, aufgegeben (→ § 12 Rn. 84). Geschuldet war dies den Vorgaben von Art. 6 UGP-RL. Die in der Praxis wirkungslose Regelung zur Werbung mit der Beschränkung der Vorratsmenge in § 5 V UWG entfiel. Die Irreführung durch Unterlassen wurde in einen neuen, eigenen Tatbestand aufgenommen (§ 5a UWG). Dieser ist allerdings etwas verwirrend aufgebaut: § 5a I UWG entspricht dem vorherigen § 5 II 2 UWG zur Irreführung durch Verschweigen einer Tatsache. Der zentrale Verbotstatbestand für lauterkeitswidrige Unterlassungen gegenüber Verbrauchern findet sich erst in Abs. 2 des § 5a UWG.

Diese Umsetzung der UGP-RL wurde jedoch durch die europäische Kommission als unzureichend beanstandet.[5] Daraufhin passte der deutsche Gesetzgeber Ende 2015 das UWG weiter an die UGP-RL an. § 5 I UWG verlangt nunmehr eine **Relevanz** der Irreführung für die geschäftliche Entscheidung des Verbrauchers oder sonstigen Marktteilnehmers. 5

Der **Schutzzweck** des § 5 UWG demonstriert anschaulich die Wirkweise des modernen Lauterkeitsrechts. Nach § 5 I UWG handelt unlauter, wer eine irreführende geschäftliche Handlung vornimmt, die geeignet ist, **Verbraucher** oder **sonstige Marktteilnehmer** zu 6

---

rung oder Erbringung, Zwecktauglichkeit, Verwendungsmöglichkeit, Menge, Beschaffenheit, Kundendienst und Beschwerdeverfahren, geographische oder betriebliche Herkunft, von der Verwendung zu erwartende Ergebnisse oder die Ergebnisse oder wesentlichen Bestandteile von Tests der Waren oder Dienstleistungen;
2. den Anlass des Verkaufs wie das Vorhandensein eines besonderen Preisvorteils, den Preis oder die Art und Weise, in der er berechnet wird, oder die Bedingungen, unter denen die Ware geliefert oder die Dienstleistung erbracht wird;
3. die Person, Eigenschaften oder Rechte des Unternehmers wie Identität, Vermögen einschließlich der Rechte des geistigen Eigentums, den Umfang von Verpflichtungen, Befähigung, Status, Zulassung, Mitgliedschaften oder Beziehungen, Auszeichnungen oder Ehrungen, Beweggründe für die geschäftliche Handlung oder die Art des Vertriebs;
4. Aussagen oder Symbole, die im Zusammenhang mit direktem oder indirektem Sponsoring stehen oder sich auf eine Zulassung des Unternehmers oder der Waren oder Dienstleistungen beziehen;
5. die Notwendigkeit einer Leistung, eines Ersatzteils, eines Austauschs oder einer Reparatur;
6. die Einhaltung eines Verhaltenskodexes, auf den sich der Unternehmer verbindlich verpflichtet hat, wenn er auf diese Bindung hinweist, oder
7. Rechte des Verbrauchers, insbesondere solche auf Grund von Garantieversprechen oder Gewährleistungsrechte bei Leistungsstörungen.
(2) Eine geschäftliche Handlung ist auch irreführend, wenn sie im Zusammenhang mit der Vermarktung von Waren oder Dienstleistungen einschließlich vergleichender Werbung eine Verwechslungsgefahr mit einer anderen Ware oder Dienstleistung oder mit der Marke oder einem anderen Kennzeichen eines Mitbewerbers hervorruft.
(3) Angaben im Sinne von Absatz 1 Satz 2 sind auch Angaben im Rahmen vergleichender Werbung sowie bildliche Darstellungen und sonstige Veranstaltungen, die darauf zielen und geeignet sind, solche Angaben zu ersetzen.
(4) Es wird vermutet, dass es irreführend ist, mit der Herabsetzung eines Preises zu werben, sofern der Preis nur für eine unangemessen kurze Zeit gefordert worden ist. Ist streitig, ob und in welchem Zeitraum der Preis gefordert worden ist, so trifft die Beweislast denjenigen, der mit der Preisherabsetzung geworben hat.
(5) »(weggefallen)«.

5 Vgl. Köhler/Bornkamm/Feddersen/*Köhler* UWG Einl Rn. 2.28.

einer geschäftlichen Entscheidung zu veranlassen. Hier manifestiert sich sowohl der Gedanke des Mitbewerberschutzes als auch die Idee des Verbraucherschutzes. Wer irreführend auf einen Verbraucher einwirkt, beeinträchtigt gleichermaßen Interessen der Verbraucher und der Wettbewerber. Der Verbraucher tätigt unter Umständen einen nachteiligen Geschäftsabschluss. Dem Wettbewerber geht ein Kunde verloren.

> **Beispiel:** S benötigt einen neuen Mobilfunkvertrag. Er studiert die Werbung der Anbieter A und B. A täuscht dem S fälschlich vor, der Mobilfunkvertrag sei bei ihm günstiger als bei B. S schließt den Vertrag bei A ab. Der Nachteil für S liegt in der Belastung mit dem ungünstigen Vertragsverhältnis. B ist ein Kunde entgangen.

7   Um einen umfassenden Schutz zu gewährleisten, genügt die Täuschung irgendeines Marktbeteiligten. Für § 5 I UWG ist es daher ausreichend, wenn ein Verbraucher **oder** ein sonstiger Marktteilnehmer getäuscht wird. Dass es auch einfacher geht, zeigt ein Blick in das alte Gesetz von 1909: Dort finden sich überhaupt keine Ausführungen zur Person des Getäuschten. Die Schutzwirkung war dennoch identisch.

## II. Normstruktur

8   Der **Grundtatbestand** findet sich in § 5 I 1 UWG. Danach handelt unlauter, wer eine irreführende Handlung vornimmt, die geeignet ist, den Verbraucher oder sonstigen Marktteilnehmer zu einer geschäftlichen Entscheidung zu veranlassen, die er anderenfalls nicht getroffen hätte. Sodann wird in § 5 I 2 UWG die Irreführung definiert und das Bezugsobjekt der Irreführung in einem langen Beispielskatalog beschrieben.

9   Nach § 5 II UWG ist eine geschäftliche Handlung auch dann irreführend, wenn sie in Zusammenhang mit der Vermarktung von Waren und Dienstleistungen eine **Verwechslungsgefahr** mit Waren, Dienstleistungen, Marken oder anderen Kennzeichen der Mitbewerber hervorruft.

10   § 5 III UWG stellt klar, dass auch Angaben im Rahmen **vergleichender Werbung** erfasst werden.

11   § 5 IV UWG schließlich will verhindern, dass mit **herabgesetzten Preisen** (»Sonderangeboten«) geworben wird, der Ausgangspreis aber nur kurze Zeit verlangt worden ist, also eine »Schein-Herabsetzung« vorliegt.

12   Auch ein **Unterlassen** kann lauterkeitswidrig sein. Die dogmatische Idee ist aus dem allgemeinen Zivilrecht bekannt. Im arglistigen Verschweigen einer Tatsache kann eine arglistige Täuschung liegen.[6] Die Täuschung durch Unterlassen ist in Umsetzung der UGP-RL seit 2008 gesetzlich geregelt. Verbraucher werden durch den Unlauterkeitstatbestand § 5a II UWG geschützt. Zum Schutz der sonstigen Marktteilnehmer vor einer Täuschung durch Unterlassen ergänzt § 5a I UWG den § 5 UWG. § 5a II UWG knüpft an das Vorenthalten von wesentlichen Informationen an. § 5a III–V UWG erläutert, was eine wesentliche Information ist. Nach § 5a VI UWG ist getarnte Werbung unlauter.

---

6 BGH NJW 1979, 2243; 2001, 3331 (3332); NJW-RR 2008, 258 Rn. 20; NJW 2010, 3362 Rn. 22; Palandt/*Ellenberger* BGB § 123 Rn. 5.

## III. Europarecht

### 1. Richtlinie über irreführende und vergleichende Werbung

Schon sehr frühzeitig wurde das Irreführungsrecht in Europa angeglichen. Eine erste Harmonisierung bewirkte **1984** die Werbe-RL 1984 (→ § 5 Rn. 9). Sie schrieb einen Mindeststandard fest. Dieser galt sowohl zwischen Unternehmen (B2B) als auch zwischen Unternehmern und Verbrauchern (B2C). Der deutsche Gesetzgeber sah keinen Anlass zu Änderungen des nationalen Lauterkeitsrechts aufgrund der Werbe-RL 1984. In der Tat genügte § 3 UWG in der in den 1980er Jahren geltenden Fassung den Anforderungen der Werbe-RL 1984.

**1997** wurde auch das Recht der vergleichenden Werbung in der (damaligen) EG harmonisiert. Die Regelungen zur irreführenden Werbung wurden in und durch die Richtlinie 97/55/EG über irreführende und vergleichende Werbung (→ § 5 Rn. 9) integriert. Mit der UGP-RL von **2005** wurde das Recht der irreführenden Werbung im B2C-Verhältnis umfassend neu geregelt. Die **2006** neu geregelte Werbe-RL erfasst nur noch das Verhältnis zwischen Unternehmern. Sie verdient jedoch auch heute noch Aufmerksamkeit: In Art. 2 Werbe-RL findet sich eine Reihe von Definitionen, die für die Anwendung des UWG benötigt werden. Der Begriff der Werbung, der für den deutschen Irreführungstatbestand nur von 2004 bis 2008 von Bedeutung war, aber noch immer für § 7 UWG benötigt wird, ist dort legal definiert.[7] Art. 2 lit. b Werbe-RL enthält zudem eine Definition der irreführenden Werbung. Irreführende Werbung ist danach »jede Werbung, die in irgendeiner Weise – einschließlich ihrer Aufmachung – die Personen, an die sie sich richtet oder die von ihr erreicht werden, täuscht oder **zu täuschen geeignet ist** und die infolge der ihr innewohnenden Täuschung ihr wirtschaftliches Verhalten beeinflussen kann oder aus diesen Gründen einen Mitbewerber schädigt oder zu schädigen geeignet ist«. Diese Definition macht den präventiven Charakter des Lauterkeitsrechts deutlich:[8] Eine konkrete Täuschung ist nicht erforderlich. Die bloße Täuschungseignung genügt. Ebenso genügt die bloße Möglichkeit, dass die Täuschung das wirtschaftliche Verhalten beeinflussen kann. Alternativ ist der Tatbestand erfüllt, wenn die bloße Eignung zur Schädigung eines Mitbewerbers festgestellt wird. Eine konkrete Schädigung des Mitbewerbers muss nicht eintreten.

Die ältere deutsche Rechtsprechung[9] ließ für den Irreführungstatbestand des § 3 UWG aF schon die Irreführung eines nicht unerheblichen Teils der angesprochenen Verkehrskreise genügen. Die Definition der irreführenden Werbung in Art. 2 lit. b Werbe-RL kann dahingehend interpretiert werden, dass in ihr schon eine Abkehr von diesem Ansatz liegt und grundsätzlich die Irreführung **aller** Werbungsadressaten zu verlangen ist.[10] Praktische Bedeutung konnte diese Frage nie erlangen, da nach Art. 8 I Werbe-RL (und ihren Vorgängerregelungen) die Richtlinie nur einen Schutzmindeststandard festlegte. Die Richtlinie selbst stand also einem strengeren nationalen Irreführungsrecht nicht entgegen.

---

7 Art. 2 lit. a Werbe-RL: »Werbung« [ist] »jede Äußerung bei der Ausübung eines Handels, Gewerbes, Handwerks oder freien Berufs mit dem Ziel, den Absatz von Waren oder die Erbringung von Dienstleistungen, einschließlich unbeweglicher Sachen, Recht und Verpflichtungen, zu fördern; …«.
8 Ausf. zum präventiven Charakter des Lauterkeitsrechts *Jänich* FS Schricker, 2005, 715 (723 f.).
9 BGH GRUR 1979, 716 (718) – Kontinent-Möbel, BGH GRUR 1981, 71 (72) – Lübecker Marzipan; vgl. näher *Jänich* Überhöhte Verbotsstandards 5 ff. und → § 12 Rn. 98 f., → § 8 Rn. 60.
10 In diese Richtung deutend Köhler/Bornkamm/Feddersen/*Bornkamm/Feddersen* UWG § 5 Rn. 0.17.

### 2. UGP-RL

16 Die UGP-RL enthält umfassende Vorgaben für das Recht der irreführenden Werbung. Nach Art. 5 IV UGP-RL sind unlautere Geschäftspraktiken insbesondere irreführende und aggressive Geschäftspraktiken. Die Bekämpfung von irreführenden Geschäftspraktiken ist also eine der zentralen Funktionen der UGP-RL. Art. 6 UGP-RL definiert, wann eine Geschäftspraxis irreführend ist. Dies soll der Fall sein, »wenn sie falsche Angaben enthält und somit unwahr ist **oder** wenn sie in irgendeiner Weise, einschließlich sämtlicher Umstände ihrer Präsentation, selbst mit sachlich richtigen Angaben den Durchschnittsverbraucher in Bezug auf einen oder mehrere der nachstehend aufgeführten Punkte täuscht oder ihn zu täuschen geeignet ist und ihn in jedem Fall tatsächlich oder voraussichtlich zu einer geschäftlichen Entscheidung veranlasst, die er ansonsten nicht getroffen hätte«. Es folgt in Art. 6 I UGP-RL ein umfangreicher Katalog der Punkte, auf die sich die Irreführung beziehen kann. Art. 6 II UGP-RL erfasst spezielle Irreführungsfälle: Nach Art. 6 II lit. a UGP-RL ist das Hervorrufen einer Verwechslungsgefahr mit einem anderen Produkt, Warenzeichen, Warennamen oder anderen Kennzeichen eines Mitbewerbers unzulässig. Lauterkeitswidrig ist es nach Art. 6 II lit. b UGP-RL, wenn ein Unternehmer die Verpflichtungen, die er in einem Verhaltenskodex übernommen hat, nicht einhält.

17 Art. 7 UGP-RL regelt irreführende Unterlassungen. Irreführend ist eine Geschäftspraxis, »wenn sie im konkreten Fall unter Berücksichtigung aller Umstände und der Beschränkungen des Kommunikationsmediums wesentliche Informationen vorenthält, die der durchschnittliche Verbraucher je nach den Umständen benötigt, um eine informierte geschäftliche Entscheidung zu treffen, und die somit einen Durchschnittsverbraucher zu einer geschäftlichen Entscheidung veranlasst oder zu veranlassen geeignet ist, die er sonst nicht getroffen hätte«. Der zentrale Begriff ist die »wesentliche Information«. Art. 7 IV UGP-RL nennt Beispiele für wesentliche Informationen. Der Tatbestand ist teilweise sehr unbestimmt. Beispielsweise muss nach Art. 7 IV lit. a UGP-RL über die »wesentlichen Merkmale« des Produktes im »angemessenen Umfang« informiert werden.

### 3. Warenverkehrsfreiheit (Art. 34, 36 AEUV)

18 Starken Einfluss auf die Anwendung des Irreführungsverbotes hatte die Warenverkehrsfreiheit (Art. 34, 36 AEUV). Die Auslegung der Warenverkehrsfreiheit durch den EuGH war Anlass für die Neufassung des Verbraucherbegriffs im deutschen Irreführungsrecht. Während es in Deutschland bis zur Jahrtausendwende genügte, wenn ein nicht unerheblicher Teil der angesprochenen Verkehrskreise in die Irre geführt wurde, so ist aufgrund der Rechtsprechung des EuGH zur Warenverkehrsfreiheit nunmehr auf einen durchschnittlich informierten, aufmerksamen und verständigen Durchschnittsverbraucher abzustellen (hierzu ausf. → § 5 Rn. 6 und → § 8 Rn. 61). Der für die Anwendung des § 5 UWG zentrale Verbraucherbegriff ist heute in § 3 IV 1 UWG kodifiziert.

### 4. Verfassungsrecht

19 Auch das Verfassungsrecht wirkt limitierend auf die Anwendung des Irreführungsverbotes des § 5 UWG ein.[11]

---
11 Vgl. ausf. *Jänich* Überhöhte Verbotsstandards 70 ff.

**Art. 12 I GG** schützt als einheitliches Grundrecht die Berufsfreiheit.[12] Wirtschaftswer- 20
bung fällt in den Schutzbereich des Art. 12 I GG.[13] 1992 musste das BVerfG über die Vereinbarkeit der Regelungen des § 3 UWG aF (Verbot irreführender Werbung) und der
§§ 6a, 6b UWG (Verbot der Werbung mit der Herstellereigenschaft, Verbot des Kaufscheinhandels) mit dem GG entscheiden. Insbesondere die §§ 6a, 6b UWG trafen auf verfassungsrechtliche Bedenken, da sie bestimmte Verhaltensweisen unabhängig von einer
konkret eingetretenen Irreführung nur aufgrund einer abstrakten Irreführungsgefahr untersagten.[14] Die dritte Kammer des ersten Senats gelangte zu dem Ergebnis, die Irreführungsverbote der §§ 3, 6a, 6b UWG seien mit Art. 12 I GG vereinbar. Abstrakte Gefährdungstatbestände zur Bekämpfung von Irreführungsgefahren seien grundsätzlich
zulässig.[15] Jedenfalls aber verbiete das Verhältnismäßigkeitsprinzip des Art. 12 I GG dem
Gesetzgeber und der Rechtsprechung, eingebildete Irreführungsgefahren zu bekämpfen.[16]

Weiter ist bei der Anwendung des § 5 I UWG das Grundrecht der Meinungs- und Presse- 21
freiheit (**Art. 5 I 1, 2 GG**) zu beachten. Lange Zeit wurde kontrovers diskutiert, ob Wirtschaftswerbung in den Schutzbereich des Art. 5 I 1 GG fällt.[17] Erste Anknüpfungspunkte
für eine Einbeziehung von Werbung in den Schutzbereich des Grundrechts der Meinungsfreiheit finden sich bereits seit den 1980er Jahren in Entscheidungen des BVerfG.[18]
Daher greift es etwas zu kurz, wenn angenommen wird, erst mit der Entscheidung »Benetton-Werbung I« aus dem Jahr 2000[19] habe das BVerfG Wirtschaftswerbung in den
Schutzbereich des Grundrechts der Meinungsfreiheit einbezogen.[20] Bedeutung für die
Anwendung des lauterkeitsrechtlichen Irreführungsverbotes des § 5 I UWG hätte dies
aber nur, wenn Art. 5 I GG strengere Anforderungen an eine Grundrechtseinschränkung
stellt als Art. 12 I GG. Dies ist aber nicht der Fall.[21]

### 5. Irreführungsverbote außerhalb des UWG

Außerhalb des UWG findet sich eine Reihe weiterer Irreführungsverbote, die in der Pra- 22
xis große Bedeutung haben. § 11 I LFGB schützt vor irreführenden Lebensmittelbezeichnungen. Kosmetische Erzeugnisse dürfen nach § 27 LFGB nicht unter irreführender Bezeichnung in den Verkehr gebracht werden.[22] Für Erzeugnisse des Weinbaus verbietet
§ 25 WeinG irreführende Bezeichnungen, Hinweise und sonstige Angaben oder Aufmachungen. Das Heilmittelwerbegesetz (HWG) untersagt in § 3 HWG irreführende Werbung. Schutz vor irreführenden Bezeichnungen, Angaben oder Aufmachungen gibt
auch § 8 Arzneimittelgesetz (AMG).

---

12 BVerfGE 7, 377 (402) = NJW 1958, 1035; *Jänich* Überhöhte Verbotsstandards 73.
13 BVerfGE 9, 213 (221f.) = NJW 1959, 1075; BVerfGE 32, 311 (370) = GRUR 1972, 358; BVerfGE 60,
   215 (229) = NJW 1982, 2487; BVerfGE 71, 183 (196) = GRUR 1986, 387; BGH GRUR 1989, 446
   (447) – Preisauszeichnung.
14 Ausf. zur Verfassungsmäßigkeit solcher abstrakten Gefährdungstatbestände *Jänich* Überhöhte Verbotsstandards 81 ff.
15 BVerfG NJW 1993, 1969 (1970).
16 *Jänich* Überhöhte Verbotsstandards 86.
17 Überblick über den Meinungsstand bei *Jänich* Überhöhte Verbotsstandards 87 f.
18 BVerfGE 71, 162 = NJW 1986, 1533; BVerfG NJW 1992, 1153.
19 BVerfG GRUR 2001, 170.
20 So Köhler/Bornkamm/Feddersen/*Bornkamm/Feddersen* UWG § 5 Rn. 0.87.
21 Vgl. *Jänich* Überhöhte Verbotsstandards 93 ff.
22 Hierzu die bereits erwähnte Entscheidung EuGH ECLI:EU:C:2000:8 = GRUR Int. 2000, 354 – Lifting-Creme.

> **Klausurhinweis:** Oft wird nur nach UWG-Tatbeständen gefragt. Sind hingegen alle in Betracht kommenden Anspruchsgrundlagen zu prüfen, ist im Kontext der eben genannten Anspruchsgrundlagen § 3a UWG (Rechtsbruch) in Verbindung mit lebensmittelrechtlichen Kennzeichnungsvorschriften sowie der Health-Claim-VO zu beachten.

## B. Grundtatbestand des § 5 I UWG

23 § 5 I UWG enthält den Grundtatbestand des Irreführungsverbotes.

> **Prüfungsschema für einen Unterlassungsanspruch aus § 8 I UWG iVm § 5 I UWG**
> 1. Geschäftliche Handlung, § 2 I Nr. 1 UWG
>    (→ § 12 Rn. 24 f.)
> 2. Irreführung
>    Die Irreführung setzt voraus:
>    a) Angabe
>       (→ § 12 Rn. 26 ff.)
>    b) unwahr oder zur Täuschung geeignet
>       (→ § 12 Rn. 82 ff.)
> 3. Geschäftliche Relevanz
>    (→ § 12 Rn. 101 ff.)
> 4. Interessenabwägung/Verhältnismäßigkeit
>    (→ § 12 Rn. 105 ff.)
> 5. Wiederholungs- bzw. Erstbegehungsgefahr, § 8 UWG

### I. Die irreführende geschäftliche Handlung

#### 1. Eckpunkte

24 Die tatbestandliche Fassung des Irreführungsverbotes zeigt sehr schön die Irrwege des deutschen Gesetzgebers und der deutschen Rechtswissenschaft bei der Fortentwicklung des Lauterkeitsrechts seit der vergangenen Jahrtausendwende. Über 100 Jahre lang untersagte der zentrale Irreführungstatbestand des UWG »irreführende Angaben«. Im Jahr 2004 flüchtete der Gesetzgeber ohne nachvollziehbaren Grund in eine diffuse Formulierung. Unlauter handelte ab 2004, wer »irreführend wirbt«. Diesen Irrweg verließ der Gesetzgeber mit der UWG-Novelle 2008. Nunmehr sind wieder »irreführende Angaben« unzulässig. Der Tatbestand ist aber weiter recht kompliziert konstruiert. Nach § 5 I 1 UWG handelt »unlauter«, wer eine irreführende geschäftliche Handlung vornimmt. Unlautere geschäftliche Handlungen sind nach § 3 I UWG »unzulässig«. Voraussetzung für das Eingreifen des Verbotes ist also zunächst das Vorliegen einer »geschäftlichen Handlung« iSd § 2 I Nr. 1 UWG. Diese muss irreführend sein. Wann eine geschäftliche Handlung irreführend ist, bestimmt § 5 I 2 UWG. Danach ist eine geschäftliche Handlung irreführend, wenn sie entweder unwahre Angaben oder sonstige zur Täuschung geeignete Angaben enthält. Das Bezugsobjekt der Angaben (wie beispielsweise »Eigenschaften der Ware«) wird in § 5 I 2 Nr. 1–7 UWG näher definiert.

25 Hinsichtlich des Begriffes der geschäftlichen Handlung kann auf die Ausführung zu § 2 I Nr. 1 UWG Bezug genommen werden (→ § 4 Rn. 2 ff.).

## 2. Angaben

### a) Grundbegriffe

Die sprachliche Fassung des § 5 I UWG ist recht holprig.[23] Der Unlauterkeitstatbestand ist erfüllt, wenn irreführende Angaben gemacht werden. Eine Angabe ist irreführend, wenn sie unwahre Informationen enthält oder sonst zur Täuschung geeignet ist. 26

**Angaben** sind **Tatsachenbehauptungen.** Sie müssen inhaltlich nachprüfbar sein.[24] 27
Keine Tatsachenbehauptungen sind Meinungsäußerungen. Eine Meinungsäußerung liegt vor, wenn eine Aussage nicht auf ihre Wahrheit hin überprüft werden kann. Die Abgrenzung bereitet regelmäßig Schwierigkeiten. Zudem enthalten Meinungsäußerungen häufig auch einen Tatsachenkern. In solchen Situationen ist allein der Tatsachenkern am Irreführungsverbot zu messen. Ob eine Tatsachenbehauptung vorliegt, soll aus der Sicht der angesprochenen Verkehrskreise bestimmt werden.[25]

> **Beispiel:** Ein Kinderbrei wird mit dem Werbeslogan »Mutti gibt mir immer nur das Beste« angepriesen. Ob in dem Werbeslogan eine Tatsachenbehauptung liegt, ist aus der Sicht der angesprochenen Verkehrskreise zu bestimmen. Im Jahr 1965 bejahte der BGH dies.[26] Heute sieht der Verkehr in einer solchen Werbung unter Umständen nur eine Anpreisung.

Bloße Anpreisungen, die keinen nachprüfbaren Inhalt haben, sind keine Angaben. 28
Wirbt eine Gemeinde mit dem Ausdruck »Schönster Aussichtspunkt der Mosel«, so verstößt dies nicht gegen das Irreführungsverbot.[27]

> Bei **Fall 6** (»schönster Aussichtspunkt an der Emscher«) handelt es sich also um eine bloße Anpreisung, die nicht an § 5 UWG zu messen ist.

Insbesondere bei Alleinstellungs- und Spitzenstellungswerbungen (»beste«, »größte«, 29
»erste« usw) ist kritisch zu prüfen, ob überhaupt eine Tatsachenbehauptung vorliegt, oder ob es sich um eine bloße Anpreisung handelt. Bei der Abgrenzung ist dem modifizierten Verbraucherleitbild des UWG Rechnung zu tragen. 1981 sah der BGH in der Bezeichnung »Der größte Biermarkt der Welt« eine »ernsthafte Werbebehauptung«, also eine Tatsachenbehauptung.[28] Im Jahr 2001 wurde in dem Slogan »Kellogg's – Das Beste jeden Morgen« eine bloße Anpreisung und keine am Irreführungsverbot zu messende Tatsachenbehauptung erblickt.[29]

> **Fall 17 (nach BGH GRUR 2012, 1053 – Marktführer Sport):** Die Spitzenstellungswerbung ist nur dann unzutreffend, wenn der Zusammenschluss der Sportgeschäfte als ein Unternehmen wahrgenommen wird.

Angaben können ausdrücklich oder konkludent, schriftlich oder mündlich, bildlich 30
oder akustisch, unmittelbar oder mittelbar erfolgen.[30] Ein legendärer Fall hierzu ist die BGH-Entscheidung »Hühnergegacker«.[31] Im Jahr 1956 war im Rundfunk für

---

23 So auch Köhler/Bornkamm/Feddersen/*Bornkamm/Feddersen* UWG § 5 Rn. 1.19.
24 Köhler/Bornkamm/Feddersen/*Bornkamm/Feddersen* § 5 Rn. 1.21; Ohly/Sosnitza/*Sosnitza* UWG § 5 Rn. 84.
25 BGH GRUR 1965, 363 (364) – Fertigbrei.
26 BGH GRUR 1965, 363 (364) – Fertigbrei.
27 OLG Koblenz WRP 1983, 225.
28 BGH GRUR 1981, 910 – Der größte Biermarkt der Welt (warenzeichenrechtliche Streitigkeit).
29 BGH GRUR 2002, 182 (183) – Das Beste jeden Morgen.
30 Ohly/Sosnitza/*Sosnitza* UWG § 5 Rn. 94.
31 BGH GRUR 1961, 544 – Hühnergegacker.

Eierteigwaren geworben worden. In der Rundfunkwerbung war Hühnergegacker zu hören. Die Werbung war beanstandet worden, da das verwendete Hühnergegacker den unzutreffenden Eindruck erweckt habe, die beworbenen Eierteigwaren seien aus Frischei hergestellt worden. Tatsächlich wurden sie aus dem deutlich preisgünstigeren Trockenei hergestellt.[32] Der BGH sah in der Verwendung des Hühnergegackers eine Tatsachenangabe.[33] Behauptet werde, die Nudeln seien mit Frischei hergestellt worden. Der Konsument verbinde das Gegacker mit dem Legen eines Eies. Gebilligt wird vom BGH auch die Ansicht des Berufungsgerichts, es sei zwischen »Konversationsgegacker« und »Legegegacker« zu unterscheiden. Es sei gerichtsbekannt, dass nach der Überzeugung zahlreicher ländlicher und kleinstädtischer, mit Hühnern vertrauter Personen die Hühner nach dem Legen eines Eies in einer besonders charakteristischen Weise gackerten. Dieses »Legegegacker« sei in der Werbung zu hören. Heute dürfte diese Entscheidung anders ausfallen. Zum einen dürfte der Durchschnittsverbraucher nicht mehr mit Hühnern vertraut sein. Zum anderen tritt er Werbung grundsätzlich skeptischer entgegen.

31   Ein Unterlassen kann irreführend sein. Dieser Fall ist heute in § 5a UWG geregelt.

32   § 5 III 1 UWG stellt klar, dass auch Angaben im Rahmen vergleichender Werbung Angaben iSd § 5 I 2 UWG sind, die sich am Irreführungsverbot messen lassen müssen. Irreführende vergleichende Werbung ist also nach § 5 UWG zu unterlassen. Die Norm entspricht § 3 S. 2 UWG in der bis 2004 geltenden Fassung und wurde – wie bereits erwähnt – in Umsetzung der Werbe-RL geschaffen, mit der die Zulässigkeit der vergleichenden Werbung herbeigeführt worden ist.

**b) Das Bezugsobjekt der Angabe (§ 5 I 2 UWG)**

33   § 5 I 2 UWG nennt einen Katalog möglicher Umstände, über die getäuscht werden kann. Dieser Katalog ist nicht abschließend.[34] Dies folgt aus dem Schutzzweck des § 5 UWG, Verbraucher und sonstige Marktteilnehmer umfassend vor Irreführungen zu schützen. Der Wortlaut orientiert sich eng an Art. 6 UGP-RL, allerdings sind kleine sprachliche Abweichungen zu verzeichnen.

34   Zur Interpretation der Regelung bietet sich ein Blick auf die überaus reiche Kasuistik zu § 3 UWG aF an. Jedoch ist Vorsicht geboten. Aufgrund des geänderten Verbraucherleitbildes sind heute viele Fallkonstellationen im Ergebnis abweichend zu beurteilen.[35]

35   **aa) Nr. 1 – Irreführung über die wesentlichen Merkmale der Ware oder Dienstleistung.** § 5 I 2 Nr. 1 UWG erfasst Fälle der **produktbezogenen Irreführung**. Die Begriffe »Waren« und »Dienstleistungen« sind – etwas versteckt – in § 2 I 2 Nr. 1 UWG definiert. Das Tatbestandsmerkmal »wesentlich« in § 5 I 2 Nr. 1 UWG macht deutlich, dass für die Entscheidung des Verbrauchers oder sonstigen Marktteilnehmers unbedeutende Merkmale auszublenden sind. Die wesentlichen Merkmale werden in § 5 I 2 Nr. 1 UWG beispielhaft (»wie«) genannt. Es sind dies »Verfügbarkeit, Art, Ausführung, Vorteile, Risiken, Zusammensetzung, Zubehör, Verfahren oder

---

32 BGH GRUR 1961, 544 – Hühnergegacker.
33 BGH GRUR 1961, 544 – Hühnergegacker.
34 Ohly/Sosnitza/*Sosnitza* UWG § 5 Rn. 228.
35 Vgl. Köhler/Bornkamm/Feddersen/*Bornkamm/Feddersen* UWG § 5 Rn. 0.76.

Zeitpunkt der Herstellung, Lieferung oder Erbringung, Zwecktauglichkeit, Verwendungsmöglichkeit, Mängel, Beschaffenheit, Kundendienst und Beschwerdeverfahren, geografische oder betriebliche Herkunft, von der Verwendung zu erwartende Ergebnisse oder die Ergebnisse oder wesentlichen Bestandteile von Tests der Waren oder Dienstleistungen«.

**Verfügbarkeit** meint die Fähigkeit und Bereitschaft, Waren zu liefern bzw. Dienstleistungen zu erbringen.[36] Ein typischer Fall hier ist die »Lockvogelwerbung«. Der Unternehmer bietet ein Produkt besonders günstig an, kann aber wahrscheinlich nicht liefern. Dieser Fall ist heute in Nr. 5 des Anhangs zu § 3 III UWG geregelt. Streitig ist, ob ein Rückgriff auf § 5 I 2 Nr. 1 UWG möglich ist, wenn Nr. 5 des Anhangs zu § 3 III UWG nicht einschlägig ist.[37] Zu Recht skeptisch sind *Bornkamm* und *Feddersen*.[38] In Anhang Nr. 5 zu § 3 III UWG kommt eine konkrete gesetzgeberische Wertung zum Ausdruck, die nicht durch eine einschränkungslose Anwendung des § 5 I 2 Nr. 1 UWG überspielt werden kann. 36

Die **Art** des Angebots meint eine Qualifizierung nach Gattungsmerkmalen.[39] Moderne Möbel dürfen daher nicht einfach als »Bauhaus-Möbel« angeboten werden.[40] Als »Original-Ersatzteile« dürfen Ersatzteile für Fahrzeuge und Maschinen nur beworben werden, wenn der Hersteller des Fahrzeugs oder der Maschine für die Qualität einsteht. Er muss das Ersatzteil nicht zwingend in seiner eigenen Fabrik herstellen.[41] Wird unzutreffend der Eindruck erweckt, das Ersatzteil stamme vom Originalhersteller, ist an eine Markenverletzung zu denken (§ 14 II Nr. 1 MarkenG). Auf die Kompatibilität mit dem Originalteil kann nach Maßgabe des § 23 Nr. 3 MarkenG hingewiesen werden.[42] Der Begriff der **Ausführung** ist recht unscharf. Gemeint sind hier wohl Abweichungen von individualisierten Gestaltungen auf Wunsch des Kunden, beispielsweise bei einer Handwerkerleistung.[43] 37

Über **Vorteile** und **Risiken** der Ware oder Dienstleistung darf nicht getäuscht werden. Gleiches gilt für Vorteile des Produktes, die nicht gegeben sind. Ebenso ist es – wie immer bei § 5 UWG – untersagt, mit **Selbstverständlichkeiten** zu werben. Eigenschaften, die für das Produkt selbstverständlich sind, dürfen nicht werblich herausgestellt werden.[44] 38

> **Beispiele:**
> - Ein Bierbrauer wirbt mit dem Slogan »Gebraut nach dem Reinheitsgebot«, wenn alle anderen Biere auf dem Markt ebenfalls nach dem Reinheitsgebot gebraut worden sind.
> - Für Grabmale wird mit der Angabe »Standsichere Fundamentierung« geworben.[45]

---

36 Ohly/Sosnitza/*Sosnitza* UWG § 5 Rn. 237.
37 Dafür MüKoUWG/*Busche* § 5 Rn. 360 aE; Ohly/Sosnitza/*Sosnitza* UWG § 5 Rn. 242.
38 Köhler/Bornkamm/Feddersen/*Bornkamm/Feddersen* UWG § 5 Rn. 2.3.
39 MüKoUWG/*Busche* § 5 Rn. 303.
40 Beispiel nach MüKoUWG/*Busche* § 5 Rn. 303.
41 Köhler/Bornkamm/Feddersen/*Bornkamm/Feddersen* UWG § 5 Rn. 4.208; MüKoUWG/*Busche* § 5 Rn. 304.
42 Vgl. hierzu näher Köhler/Bornkamm/Feddersen/*Bornkamm/Feddersen* UWG § 5 Rn. 4.207.
43 MüKoUWG/*Busche* § 5 Rn. 306.
44 Vgl. den Rechtsprechungsüberblick bei Köhler/Bornkamm/Feddersen/*Bornkamm/Feddersen* § 5 Rn. 1.118 ff.
45 OLG Karlsruhe NJWE-WettbR 1997, 121.

39 Täuschungen über Risiken müssen unterbleiben. Beispielsweise dürfen die Gefahren eines Kapitalanlageproduktes nicht verschleiert werden (vgl. hierzu auch die spezialgesetzlichen Informationspflichten in §§ 31 ff. WpHG[46]). Gleiches gilt für bekannte Gefährdungen bei der Produktanwendung. Besteht beispielsweise die Gefahr, dass ein Motorrad bei höheren Geschwindigkeiten ins Pendeln gerät, verstößt es gegen § 5 I UWG, mit dem Slogan »Fahrsicher bei jeder Geschwindigkeit« zu werben.

40 Mit dem Begriff der **Zusammensetzung** des Angebotes soll die stoffliche Zusammensetzung der angebotenen Ware erfasst werden.[47] Große Bedeutung hat dies für Lebensmittel und Arzneimittel. Für diese Bereiche existieren vielfältige spezialgesetzliche Kennzeichnungsvorschriften. § 11 LFGB enthält ein allgemeines Verbot der irreführenden Bezeichnung von Lebensmitteln. Exemplarisch seien weiter genannt die Lebensmittelkennzeichnungsverordnung (LMKV), die Health-Claim-VO[48] sowie die Bierverordnung.[49]

41 Eine Irreführung über das **Zubehör** liegt vor, wenn unzutreffende Angaben zum Lieferumfang einer Ware gemacht werden.

42 Über das **Verfahren** oder den **Zeitpunkt der Herstellung** darf ebenso nicht getäuscht werden. Mit dem Begriff »Verfahren« werden Produktionsabläufe erfasst. Es ist nicht »handwerksmäßig«, wenn eine industrielle Fertigung erfolgt. Irreführungen über den Zeitpunkt der Herstellung, Lieferung oder Erbringung der Leistung sind zu unterlassen. Dieses Tatbestandsmerkmal erfasst ganz unterschiedlich gelagerte Fallgruppen. Oft hat der Konsument ein Interesse daran, ein Produkt aus aktueller Produktion zu erhalten. Irreführend ist es, bei Kraftfahrzeugen ein Auslaufmodell als »fabrikneu« zu bezeichnen.[50] Eine Täuschung kann aber auch in umgekehrter Richtung erfolgen. Der Nachfrager möchte altes Porzellan erwerben, ihm wird aber fast fabrikneue Ware untergeschoben.

43 Unzulässig ist eine Täuschung über die **Zwecktauglichkeit** und die **Verwendungsmöglichkeit**. Strenge Maßstäbe sind bei gesundheitsbezogener Werbung anzulegen. Zu beachten sind hier die speziellen Irreführungsverbote des Arzneimittelrechts (§ 8 AMG), des Heilmittelwerberechts (§ 3 HWG) und des Lebensmittelrechts (§ 12 LFGB). Zur Verwendungstauglichkeit gehört auch die Schadstoffeinstufung eines Kfz. Wird ein Pkw mit »Umweltplakette Grün« beworben, verfügt er aber über eine solche Plakette nicht, ist aufgrund bestehender Einfahrverbote in Innenstädte die Verwendungsmöglichkeit eingeschränkt.

44 Zu unterlassen sind Irreführungen über die **Menge**. Wer 10 kg Kartoffeln anbietet, darf nicht 9 kg Kartoffeln liefern. Geprägt ist dieser Irreführungstatbestand in der Praxis durch eine Vielzahl spezialgesetzlicher Vorschriften. Für Lebensmittel in Fertigpackungen muss die Füllmenge nach der Fertigpackungsverordnung angegeben werden. Ergänzt wird diese durch die Pflicht zur Angabe des Grundpreises nach § 2 PAngV.

---

46 Umfassend zu den Beratungs- und Informationspflichten bei Effektengeschäften Schimansky/Bunte/Lwowski/*Hannöver/Waltz*, Bankrechts-Handbuch, 5. Aufl. 2017, § 110 Rn. 1 ff.
47 MüKoUWG/*Busche* § 5 Rn. 368.
48 VO (EG) Nr. 1924/2006 des Europäischen Parlaments und des Rates über nährwert- und gesundheitsbezogene Angaben über Lebensmittel v. 20.12.2006, ABl. 2006 L 404, 9.
49 Umfassender Überblick bei MüKoUWG/*Busche* § 5 Rn. 373.
50 Überblick über die recht hersteller- bzw. händlerfreundliche Rspr. bei Köhler/Bornkamm/Feddersen/*Bornkamm/Feddersen* UWG § 5 Rn. 2.74 ff.

Generalklauselartig weit untersagt § 5 I 2 Nr. 1 UWG auch Irreführungen über die **Be-** 45
**schaffenheit**. Hierunter können Merkmale des Produktes oder der Dienstleistung gefasst werden, die unter keinen anderen der in § 5 I 2 Nr. 1 UWG genannten Umstände fallen.[51] Erfasst werden Aussagen zur Qualität und zu den Eigenschaften des Produktes. Bei dem Verständnis des Tatbestandes kann § 434 BGB eine Hilfestellung leisten. Ein Unterhemd aus einer Kunstfaser ist kein »Naturprodukt«. Ebenso ist es irreführend, ein Sofa aus Kunstleder als »Ledersofa« zu bewerben.

> **Fall 9:** Über die Beschaffenheit der Ware täuscht, wer Ware mit abgelaufenem Mindesthaltbarkeitsdatum ohne weiteren Hinweis anbietet oder solche Ware umetikettiert.[52]

Über **Kundendienst** und **Beschwerdeverfahren** muss zutreffend informiert werden. 46
Es darf beispielsweise nicht mit einem 24 Stunden-Kundendienst geworben werden, wenn dieser tatsächlich nicht angeboten wird. Ebenso ist es unzulässig, dem Verbraucher unzutreffende Informationen über die Zugangsmöglichkeiten zu Beschwerdesystemen zu geben. Konkretisiert wird diese Regelung durch Nr. 8 des Anhangs zu § 3 III UWG, der eine Bestimmung zur Sprache der Kundendienstleistungen trifft (→ § 8 Rn. 88 f.).

§ 5 I 2 Nr. 1 UWG schützt vor dem Hervorrufen von Fehlvorstellungen über die 47
**geografische** oder **betriebliche Herkunft**. Der Schutz geografischer Herkunftsangaben ist seit 1995 in den §§ 126 ff. MarkenG geregelt. Unabhängig von der Frage zur Konkurrenz zwischen UWG und MarkenG[53] kommt dem Schutz der geografischen Herkunft über § 5 I 2 Nr. 1 UWG keine nennenswerte praktische Bedeutung zu. Beachtung in diesem Kontext verdienen allerdings die sog. personengebundenen Herkunftsangaben. Bekannt ist der Chartreuse-Fall des US Supreme Court aus dem Jahr 1911.[54] Nach ihrer Vertreibung aus Frankreich durften die Kartäusermönche ihren nunmehr in Tarragona hergestellten Likör weiterhin »La Grande Chartreuse« nennen. Für die Qualität des Produktes sei die geografische Herkunft unerheblich.[55] Entscheidend seien die Kenntnisse und Rezepte, die den Mönchen persönlich bekannt waren.[56] Ganz ähnlich entschied der BGH relativ kurze Zeit nach Ende des Zweiten Weltkrieges: »Rügenwalder Teewurst« dürfe nur von Fleischern (und ihren Nachkommen) hergestellt werden, die vor der Vertreibung im heute polnischen Rügenwalde (jetzt: Darlowo) tätig waren.[57] Die Vorstellung, dass die Wurst nur von sog. Traditionsträgern hergestellt wird, besteht heute allerdings nicht mehr.[58] »Rügenwalder Teewurst« wird nunmehr als Kollektivmarke nach § 97 MarkenG geschützt.[59]

---

51 Umfassender Überblick über die Rspr. bei MüKoUWG/*Busche* § 5 Rn. 307 ff.
52 Vgl. Ohly/Sosnitza/*Sosnitza* UWG § 5 Rn. 283 ff.
53 Vgl. hierzu MüKoUWG/*Jänich* § 4 Nr. 1 UWG Rn. 11 ff.; *Fezer*, Markenrecht, 4. Aufl. 2009, Vor § 126 Rn. 3; Köhler/Bornkamm/Feddersen/*Bornkamm/Feddersen* UWG § 5 Rn. 2.245 ff.
54 Baglin v. Cusenier, 221 U.S. 580 (1911).
55 Baglin v. Cusenier, 221 U.S. 580, 592 (1911).
56 Baglin v. Cusenier, 221 U.S. 580, 592 (1911).
57 BGH GRUR 1956, 270 – Rügenwalder Teewurst.
58 BGH GRUR 1995, 354 (357) – Rügenwalder Teewurst II.
59 Vgl. OLG Hamburg ZLR 1999, 354.

> Fall 5: Der Kunde erwartet bei »Dresdner Stollen«, dass dieser in Dresden hergestellt worden ist. Es handelt sich nicht um eine bloße Beschaffenheitsangabe[60]. Zudem genießt die Bezeichnung »Dresdner Stollen« heute als Kollektivmarke Schutz.[61]

48  Wird ein Industrieerzeugnis mit »Made in Germany« gekennzeichnet, müssen die zentralen Bestandteile aus Deutschland stammen oder es muss hier seine im Vordergrund stehenden Eigenschaften erhalten.[62]

> Fall 8: (nach BGH GRUR-RR 2015, 209 – KONDOME – Made in Germany): Die bloße Verpackung und Kontrolle genügt bei im Ausland hergestellten Kondomen nicht, um diese mit »Made in Germany« zu kennzeichnen.

49  Ebenso schützt § 5 I 2 Nr. 1 UWG vor Irreführungen über die **betriebliche Herkunft**. Diese Regelung ist eingebunden in ein komplexes Regelungsnetzwerk: Die Kennzeichenrechte des MarkenG schützen vor Fehlvorstellungen über die betriebliche Herkunft. Nach Nr. 13 des Anhangs zu § 3 III UWG darf für ähnliche Waren und Dienstleistungen nicht in der Weise geworben werden, dass über die betriebliche Herkunft der beworbenen Ware oder Dienstleistung getäuscht wird. § 5 II UWG untersagt eine geschäftliche Handlung, die eine Verwechslungsgefahr mit einer Ware, Dienstleistung oder Marke des Mitbewerbers hervorruft.

50  Vor dem Hintergrund der detaillierten Regelungen der UGP-RL zum Schutz vor Verwechslungen von Waren und Dienstleistungen (Art. 6 II lit. a UGP-RL; Anhang I Nr. 13 UGP-RL) kann nicht mehr von einem Vorrang des MarkenG ausgegangen werden. Die beiden Schutzbereiche stehen vielmehr nebeneinander.[63] Hinsichtlich des Schutzes vor Verwechslungen beziehungsweise Irreführungen über die betriebliche Herkunft ist § 5 I 2 Nr. 1 UWG deckungsgleich mit § 5 II UWG.[64] Die Rechtsprechung will Wertungswidersprüche zwischen **Markenrecht und UWG** vermeiden. Der Zeicheninhaber könne über das Lauterkeitsrecht nicht eine Schutzposition bekommen, die ihm zeichenrechtlich nicht zustehe.[65] Jedenfalls rechtfertigt es dieses Argument nicht, Irreführungen von Verbrauchern hinzunehmen (näher → § 12 Rn. 114).

> Fall 16: Wird mit dem Begriff »Fabrik« geworben, erwartet der Kunde eine über eine »handwerkliche Fertigung hinausgehende industrielle Produktion«.[66] Granit ist ein Naturprodukt aus Steinbrüchen, kann also nicht aus einer Fabrik stammen. Insoweit ist die Angabe irreführend. Zu prüfen ist aber, ob der Durchschnittsverbraucher die Angabe als am Lauterkeitsrecht zu messende Tatsachenangabe über die betriebliche Herkunft oder als bloße Anpreisung versteht.

51  Die »**von der Verwendung zu erwartenden Ergebnisse**« ähneln der Zwecktauglichkeit und Verwendungsmöglichkeit. Auf die obigen Ausführungen (→ § 12 Rn. 43) wird verwiesen.

52  Es dürfen keine unwahren oder zur Täuschung geeigneten Angaben über die **Ergebnisse oder wesentlichen Bestandteile von Tests der Waren oder Dienstleistungen** ge-

---

60 Fragwürdig dazu aus der Zeit vor der Wiedervereinigung BGH GRUR 1989, 440 – Dresdner Stollen. Es handelte sich wohl um einen fingierten Prozess, vgl. dazu die sehr lesenswerte Anmerkung von *Tillmann* GRUR 1989, 440 (443 ff.) und weiter BGH GRUR 1990, 461 – Dresdner Stollen II.
61 Vgl. BGH GRUR 2003, 242 – Dresdner Christstollen.
62 BGH GRUR-RR 2015, 209 Rn. 16 – KONDOME – Made in Germany.
63 Ebenso Köhler/Bornkamm/Feddersen/*Bornkamm/Feddersen* UWG § 5 Rn. 2.256.
64 Köhler/Bornkamm/Feddersen/*Bornkamm/Feddersen* UWG § 5 Rn. 9.2.
65 BGH GRUR 2013, 1161 Rn. 64 – Hard Rock Cafe; BGH GRUR 2016, 965 Rn. 23 – Baumann II.
66 Ohly/Sosnitza/*Sosnitza* UWG § 5 Rn. 612.

macht werden. Unabhängige Warentests haben für den Verbraucher große Relevanz. Insbesondere der STIFTUNG WARENTEST bringt der Verbraucher großes Vertrauen entgegen. Irreführend ist es, wenn ein Produkt mit Testergebnissen eines anderen, nicht baugleichen Produktes beworben wird.[67] Das Testergebnis muss vom Konsumenten zutreffend eingeordnet werden können. Daher ist es unlauter, ohne einen Hinweis auf die Testergebnisse der Wettbewerber zu werben, wenn das eigene Produkt mit »gut« bewertet worden ist, während alle anderen Produkte ein »sehr gut« erzielt haben **(Fall 10)**.[68] Die STIFTUNG WARENTEST hat, unter anderem zur Vermeidung von Irreführungen, ein Lizenzsystem entwickelt. Nur bei Einhaltung bestimmter Bedingungen ist es erlaubt, ihr markenrechtlich geschütztes Logo zu verwenden.[69]

**bb) Nr. 2 – Anlass des Verkaufs; Preis; Vertragsbedingungen.** Nach § 5 I 2 Nr. 2 UWG sind irreführende Angaben über den Anlass des Verkaufs wie das Vorhandensein eines besonderen Preisvorteils unlauter. Insolvenzverkäufe, Räumungsverkäufe und Schlussverkäufe sowie ähnliche Sonderveranstaltungen haben früher eine sehr große Anziehungskraft auf die Konsumenten ausgeübt. Dies verleitete viele Unternehmer dazu, diese Werbeform missbräuchlich einzusetzen (→ § 2 Rn. 4). Um dem entgegenzuwirken, implementierte der Gesetzgeber ausgesprochen strenge, aber auch komplizierte Regelungen für Sonderverkäufe. Ein Insolvenzwarenverkauf war nach § 6 I UWG aF nur zulässig, wenn die Ware noch zur Insolvenzmasse gehörte. Sonderveranstaltungen waren nach § 7 I UWG aF bis auf wenige, genau geregelte Veranstaltungen (Schlussverkäufe, Jubiläumsverkäufe und Räumungsverkäufe) unzulässig. Im Rahmen der Liberalisierung des Lauterkeitsrechts sind diese Tatbestände 2004 aufgehoben worden. Konkrete Irreführungen können aber weiter bekämpft werden. Besteht der behauptete Grund für einen Räumungsverkauf nicht, liegt eine Irreführung nach § 5 I 2 Nr. 2 UWG vor.

53

> **Beispiel:** U inseriert »Großer Räumungsverkauf wegen Wasserschadens«. Tatsächlich ist ein solches Schadensereignis nicht eingetreten.
>
> **Fall 11:** Die Werbung wäre nach § 6 I UWG aF irreführend gewesen. Heute wird der durchschnittlich aufmerksame Verbraucher nur erwarten, dass die Ware irgendwann einmal zu einer Insolvenzmasse gehörte. Sie ist daher nicht irreführend.
>
> **Fall 12:** Die Werbung ist irreführend. Der Verbraucher rechnet mit einer zeitnahen Geschäftsaufgabe und entsprechenden Preisvorteilen.

Ebenso dürfen keine irreführenden Angaben über den **Preis oder die Art und Weise, in der er berechnet wird,** gemacht werden. Neben der Qualität der Ware ist der Preis ein zentraler Wettbewerbsfaktor. § 5 I 2 Nr. 2 UWG schützt daher die Preiswahrheit.[70] Demgegenüber schützt die PAngV vorwiegend die Preisklarheit.[71] Der Verbraucher soll sich vollständig über die Kosten informieren können. Verstöße gegen die PAngV können lauterkeitsrechtlich über § 3a UWG (Rechtsbruch) verfolgt werden. Lockvogelangebote werden über Nr. 5 des Anhangs zu § 3 III UWG und auch über § 5 I 2

54

---

67 OLG Köln GRUR 1988, 556.
68 Ähnlich BGH GRUR 1982, 437 (438) – Test Gut.
69 Das Lizenzsystem ist dargestellt bei Köhler/Bornkamm/Feddersen/*Köhler* UWG § 6 Rn. 213.
70 *Jestaedt*, Wettbewerbsrecht, 2007, Rn. 722.
71 *Jestaedt*, Wettbewerbsrecht, 2007, Rn. 723.

Nr. 1 UWG (Verfügbarkeit) erfasst. Darüber hinaus ist früher diskutiert worden, ob durch einzelne, besonders günstige Angebote über die Preisbemessung des gesamten Angebots getäuscht wird.

> **Beispiel (nach BGH GRUR 1970, 33 – Lockvogel):** Supermarkt S bewirbt die Flasche Doornkaat (0,7 l) zum Preis von 3,50 EUR. Der billigste Fabrikabgabepreis beträgt 4,00 EUR.

55 Die Verbraucher heute sind die Werbung mit besonders günstigen Angeboten gewöhnt. Unter Berücksichtigung des aktuellen Verbraucherleitbildes wird man aus einzelnen Angeboten eine Täuschung über das Preisniveau des gesamten Angebots nur in extrem gelagerten Ausnahmefällen annehmen können.

56 Genannt werden muss stets der aktuell geforderte Preis.

> Daher wirbt in **Fall 3** das Internet-Preisvergleichsportal irreführend.

57 Recht großzügig geht die Rechtsprechung mit der lästigen Praxis des Kfz-Handels um, Überführungskosten separat zu berechnen. In der Angabe einer »unverbindlichen Preisempfehlung« liege noch nicht die Angabe eines Endpreises.[72]

> **Fall 13 (nach OLG Nürnberg Schaden-Praxis 2015, 355):** Anders als in der eben genannten Konstellation wirbt der Händler hier mit einem konkreten Preis, dem »Barpreis«. Daher ist die Werbung irreführend.

58 Auch irreführende Werbung mit Preisherabsetzungen wird von § 5 I 2 Nr. 2 UWG erfasst. Regelungen zur erleichterten Rechtsdurchsetzung finden sich in § 5 IV UWG. Zu dieser Werbeform zusammenfassend → § 12 Rn. 120 ff.

> **Klausurhinweis:** Bei irreführender Preiswerbung nach § 5 I 2 Nr. 2 UWG liegt oft auch ein Verstoß gegen § 3a UWG in Verbindung mit Vorschriften der PAngV vor.

59 **Kopplungsangebote** sind Angebote, bei denen mehrere Waren oder Dienstleistungen zu einem Preis angeboten werden. Der Unternehmer hat die Möglichkeit, Waren und Dienstleistungen in beliebiger Art und Weise zu koppeln. Auch muss er keine Einzelpreise angeben.[73] Unzulässig ist ein Kopplungsangebot, wenn der Verbraucher über Preisbestandteile getäuscht oder unzureichend über den Inhalt informiert wird.[74] Zu beachten ist, dass den Unternehmer keine allgemeine Aufklärungs- oder Hinweispflicht trifft. Er muss nicht objektiv über alle Vor- und Nachteile des Angebotes informieren.

60 In der Werbung ist es grundsätzlich erlaubt, auf **unverbindliche Preisempfehlungen** Bezug zu nehmen. Es muss sich aber um ernsthafte unverbindliche Preisempfehlungen handeln. Irreführend ist es, eine Mondpreisempfehlung zu verwenden.[75] Ein Vergleich mit Preisen der Wettbewerber fällt unter § 6 II Nr. 2 UWG (Preis). Eine Werbung mit

---

72 BGH GRUR 1983, 658 (660) – Hersteller-Preisempfehlung in Kfz-Händlerwerbung; BGH GRUR 2014, 403 Rn. 9 – DER NEUE.
73 BGH GRUR 2003, 77 (78) – Fernwärme für Börnsen; BGH GRUR 2003, 538 (539) – Gesamtpreisangebot; BGH GRUR 2004, 343 – Playstation; Köhler/Bornkamm/Feddersen/*Bornkamm/Feddersen* UWG § 5 Rn. 3.64.
74 BGH GRUR 2002, 979 (981) – Kopplungsangebot II; BGH GRUR 2009, 1180 Rn. 29 – 0,00 Grundgebühr; Köhler/Bornkamm/Feddersen/*Bornkamm/Feddersen* UWG § 5 Rn. 3.65.
75 BGH GRUR 2000, 436 (437) – Ehemalige Herstellerpreisempfehlung; BGH GRUR 2004, 246 (247) – Mondpreise?.

dem Slogan »ohne Umsatzsteuer« ist grundsätzlich zulässig.[76] Denkbar ist allerdings, dass der Durchschnittsverbraucher in einer solchen Situation einen Nachlass iHv 19% erwartet. Tatsächlich beträgt der im Endpreis enthaltene Umsatzsteueranteil aber nur ca. 15,966%. Wird ein Nachlass in der genannten geringeren Höhe gewährt, ohne darüber hinreichend zu informieren, kommt eine lauterkeitsrechtlich relevante Irreführung in Betracht.

Weiter erfasst § 5 I 2 Nr. 2 UWG Irreführungen über **Vertragsbedingungen**. Geschützt wird hier der Konditionenwettbewerb. Neben Preis und Qualität sind die Vertragsbedingungen ein entscheidender Gesichtspunkt für die Entscheidung der Marktgegenseite. Wird ein Haushaltsgerät mit dem Zusatz »Lieferung frei Verwendungsstelle« beworben, obwohl tatsächlich keine Bereitschaft besteht, das Gerät weiter als bis hinter die erste abschließbare Tür zu transportieren, liegt ein Lauterkeitsrechtsverstoß vor. Irreführend ist auch, wenn der Verbraucher über verbraucherschützende Rechte wie Widerrufsrechte oder Rücktrittsrechte unzutreffend belehrt wird.[77] Irreführende Angaben können sich auch auf Gewährleistungs- und Garantiebedingungen beziehen. Zu beachten ist hierbei die 30-jährige Verjährungsfrist des § 202 II BGB. Unzulässig ist es daher, eine über 30 Jahre hinausgehende »Gewährleistung nach BGB« zuzusagen.[78] Demgegenüber ist eine darüber hinaus gehende selbstständige Garantie denkbar, da es sich dann um ein Dauerschuldverhältnis handelt, welches nicht der Verjährung unterliegt.[79]

**cc) Nr. 3 – Person, Eigenschaften und Rechte des Unternehmers.** § 5 I 2 Nr. 3 UWG betrifft keine produktbezogenen Irreführungen, sondern Irreführungen, die sich auf Eigenschaften des Unternehmers beziehen. Die Aufzählung in § 5 I 2 Nr. 3 UWG ist beispielhaft.

Die **Identität** des Unternehmensträgers muss sichergestellt sein. Die Vorschrift ähnelt dem handelsrechtlichen Irreführungsverbot in § 18 II 1 HGB, nach dem die Firma eines Kaufmanns keine irreführenden Angaben enthalten darf. Die handelsrechtliche Zulässigkeit sagt aber nichts über die lauterkeitsrechtliche Beurteilung aus: Auch die nach § 18 II HGB zulässige Firma kann lauterkeitsrechtlich nach § 5 UWG irreführend sein.[80] Zu denken ist hier an eine Täuschung über die Identität des Unternehmensträgers beispielsweise auf Briefbögen oder in der Werbung. Zudem kann in der Unternehmensbezeichnung selbst eine Irreführung liegen: Eine »Fabrik« setzt einen industriellen Herstellungsbetrieb voraus.[81]

> **Beispiel:** Küchenhändler K bezeichnet sein Geschäft als »Küchen-Fabrik«. Er betreibt jedoch bloß Handel, nicht aber Herstellung. Die Bezeichnung ist daher irreführend.

---

76 Vgl. zu dieser Werbeform BGH GRUR 2010, 1022 – Ohne 19% Mehrwertsteuer; auf § 5 UWG geht der BGH in der Entscheidung nicht ein. Wahrscheinlich ist ein entsprechender Anspruch prozessual nicht geltend gemacht worden.
77 BGH GRUR 1977, 498 (500) – Aussteuersortimente; BGH GRUR 1986, 816 (818) – Widerrufsbelehrung bei Teilzahlungskauf; BGH WRP 1996, 204 – Widerrufsbelehrung III.
78 BGH GRUR 1994, 830 – Zielfernrohr.
79 BGH GRUR 2008, 915 Rn. 16 ff. – 40 Jahre Garantie.
80 Vgl. BGH GRUR 1958, 90 – Hähnel (zur Firmenfortführung durch einen Nachfolger); Köhler/Bornkamm/Feddersen/*Bornkamm/Feddersen* UWG § 5 Rn. 4.6.
81 Köhler/Bornkamm/Feddersen/*Bornkamm/Feddersen* UWG § 5 Rn. 4.12; ein Handelsgeschäft ist keine Fabrik.

**64** An die Fertigungstiefe dürfen allerdings – auch hier wiederum mit Blick auf den heutigen Verbraucherbegriff – keine übertriebenen Anforderungen gestellt werden.[82] Großen Reiz auf Verbraucher üben sog. »Fabrikverkäufe« oder »Outlets« aus. Der Konsument erhofft sich durch Weglassen einer Handelsstufe (Einzelhandel) Ersparnisse. Diese Erwartung geht fehl, wenn der Hersteller ausschließlich über »Outlets« veräußert.[83]

**65** Nur eine öffentlich-rechtliche Sparkasse mit einer Erlaubnis nach § 32 KWG ist befugt, sich »Sparkasse« zu nennen. Ein »Großhandel« soll nach älterer Rechtsprechung ein Handelsunternehmen sein, das primär Wiederverkäufer und Großabnehmer beliefert.[84] Auch hier ist kritisch zu hinterfragen, ob der Durchschnittsverbraucher heute noch eine solche Vorstellung hat. Dem modernen Verbraucherbild hält auch die Entscheidung BGH GRUR 1988, 458 (459) – Ärztehaus nicht mehr stand: Dort war aus der Verwendung des Wortes »Ärztehaus« abgeleitet worden, es werde eine **qualifiziertere** ärztliche Leistung erbracht. Eine solche Erwartung hegt ein Durchschnittsverbraucher heute nicht mehr. Zudem ist sein Vorstellungsbild durch die in den neuen Bundesländern erfolgte Umwandlung ehemaliger Polikliniken in »Ärztehäuser« mitgeprägt.

**66** Eine Irreführung über das **Vermögen** kommt in Betracht, wenn das Unternehmen eine Größe und Zuverlässigkeit suggeriert, die tatsächlich nicht gegeben ist. Zu denken ist hier auch an Fälle der Spitzenstellungswerbung. Ein Unternehmen behauptet, es sei das größte oder führende Unternehmen in einem bestimmten Marktsegment, oder aber, es gehöre zur Spitzengruppe der in dem Marktbereich tätigen Unternehmen.[85] Eine solche Werbung kann irreführend sein. Voraussetzung ist aber, dass es sich überhaupt um eine vom Verkehr ernstgenommene Tatsachenbehauptung und nicht um eine bloße Anpreisung handelt. Der Durchschnittsverbraucher wird im Regelfall solchen Anpreisungen skeptisch gegenübertreten. Anders hat die ältere Rechtsprechung entschieden.[86]

> **Fall 7 (nach BGH GRUR 1985, 140 – Größtes Teppichhaus der Welt):** Wird mit dem Slogan »Größtes Teppichhaus der Welt« geworben, ist der Umsatz von entscheidender Bedeutung. Abzuklären ist, ob der angesprochene Verkehr auch Wettbewerber mit einem Vollsortiment (Warenhäuser) in den Vergleich einbezieht.

**67** Irregeführt werden kann über **Rechte** des Unternehmers wie die **Rechte des geistigen Eigentums.** Der Unternehmer kann beispielsweise behaupten, Inhaber eines großen Patentportfolios zu sein. Er suggeriert damit Innovationsstärke. Verfügt er nicht über ein solches Patentportfolio, liegt eine Irreführung über die Eigenschaften des Unternehmers gem. § 5 I 2 Nr. 3 UWG vor. Dieser Fall ist von der Situation zu unterscheiden, in der der Unternehmer ein bestimmtes Produkt wahrheitswidrig als »patentrechtlich geschützt« oder Ähnliches anpreist. Solche produktbezogenen Irreführungen werden von § 5 I 2 Nr. 1 UWG erfasst.

---

82 BGH GRUR 2013, 1254 Rn. 22 – Matratzen Factory Outlet.
83 BGH GRUR 2013, 1254 Rn. 22 – Matratzen Factory Outlet.
84 BGHZ 28, 54 (62) = NJW 1958, 1347; Köhler/Bornkamm/Feddersen/*Bornkamm/Feddersen* UWG § 5 Rn. 4.23; vgl. näher *Jänich* Überhöhte Verbotsstandards 16 ff.
85 Aus der Rspr. BGH GRUR 1963, 34 (36) – Werkstatt und Betrieb; BGH GRUR 1985, 140 (141) – Größtes Teppichhaus der Welt; BGH GRUR 2004, 786 – Größter Online-Dienst.
86 BGH GRUR 1969, 415 (416) – Kaffeerösterei; zust. noch Köhler/Bornkamm/Feddersen/*Bornkamm/Feddersen* UWG § 5 Rn. 4.74.

**Fall 18:** Der Zusatz ® weist den Verkehr auf eine eingetragene Marke hin (BGH GRUR 2009, 888 Rn. 15 – Thermoroll). Wird ein solcher in der Bundesrepublik Deutschland verwendet, geht der angesprochene Verkehr davon aus, dass Zeichenschutz aufgrund einer registrierten Marke in Deutschland besteht (typischerweise eine eingetragene deutsche Marke oder eine Unionsmarke nach der UMV). Dies ist bei Fall 18 nicht der Fall. Dr. S wirbt daher irreführend.

Sonstige Rechte, über die der Unternehmer täuschen kann, sind beispielsweise behördliche Erlaubnisse für seine Tätigkeit. Eine Täuschung über den **Umfang von Verpflichtungen** ist eine Täuschung, die sich auf die Fähigkeit, eine neue vertragliche Verpflichtung zeitnah zu erfüllen, bezieht. Typischerweise wird über die finanzielle Leistungsfähigkeit getäuscht. Möglich ist aber auch die Täuschung über die Fähigkeit, sonstige Leistungen wie Bauleistungen zu erbringen. 68

**Beispiel:** Auf Nachfrage erklärt der Flugzeughersteller F, er könne nach einer Bestellung sofort mit der Produktion des bestellten Flugzeuges beginnen. Tatsächlich hat er jedoch vertragliche Verpflichtungen gegenüber 20 anderen Kunden vorrangig zu erfüllen (hier liegt gleichzeitig eine Irreführung über die Lieferfähigkeit, § 5 I 2 Nr. 1 UWG, vor).

§ 5 I 2 Nr. 3 UWG nennt als weiteres unlauterkeitsbegründendes Merkmal eine Irreführung über **Befähigung, Status, Zulassung, Mitgliedschaften** oder **Beziehungen**. **Befähigung, Status** und **Zulassung** sind persönliche Eigenschaften des Unternehmers, die Bezugspunkt einer Täuschung sein können. **Befähigungen** sind berufliche und fachliche Qualifikationen wie ein Meister im Handwerk oder die Erlangung eines akademischen Grades. Ein Doktortitel soll dem Verkehr eine erhöhte Gewähr für die Fähigkeiten, die Zuverlässigkeit und den guten Ruf des Trägers geben.[87] Irreführend ist es, wenn ein Unternehmen als »Dr. X GmbH« firmiert, obwohl kein Gesellschafter diesen akademischen Grad führt. Auch muss der verwendete akademische Grad in einem Kontext zur Tätigkeit stehen. Fehlt dieser, ist die Verwendung irreführend. 69

**Beispiel:** Der promovierte Juraprofessor X hat auch Medizin studiert und eröffnet nebenberuflich eine Praxis für Allgemeinmedizin. Er firmiert dort als »Prof. Dr. X, Facharzt für Allgemeinmedizin«. Die Verwendung von Professorentitel und Doktorgrad ist irreführend. Der Verkehr erwartet, dass es sich um medizinische Grade handelt.[88]

**Fall 15:** Hier fehlt der Zusammenhang zwischen akademischem Grad und Tätigkeit des Unternehmens. Die Firmierung ist irreführend nach § 5 I 2 Nr. 3 UWG.

Zur Befähigung gehört es auch, dass gesetzlich geschützte Berufsbezeichnungen wie Arzt, Zahnarzt, Tierarzt, Rechtsanwalt, Wirtschaftsprüfer oder Architekt nur von Personen geführt werden dürfen, die nach den einschlägigen Spezialgesetzen befugt sind, die Bezeichnung zu führen.[89] 70

Der Begriff »**Status**« ist in der deutschen Rechtspraxis und -wissenschaft noch nicht ausgeleuchtet worden. Naheliegend erscheint es, dass hier Fälle der Spitzenstellungswerbung erfasst werden sollen. Unzulässig ist es weiter, eine Zulassung vorzuspiegeln, über die der Unternehmer nicht verfügt. Bei der Irreführung über die Zulassung handelt es sich um einen Unterfall der Befähigung. Zudem darf nicht über Mitgliedschaf- 71

---
87 BGH GRUR 1959, 375 (376) – Doktortitel; BGH GRUR 1992, 121 – Dr. Stein ... GmbH.
88 Vgl. hierzu noch BGH GRUR 1995, 612 (613) – Sauerstoff-Mehrschritt-Therapie: Eine Therapie war von einem Wissenschaftler entwickelt worden, der einen Professorentitel für Leistungen auf dem Gebiet der Physik erhalten hatte. Der BGH hielt die Titelverwendung für zulässig.
89 Überblick bei Köhler/Bornkamm/Feddersen/*Bornkamm/Feddersen* UWG § 5 Rn. 4.164 ff.

ten getäuscht werden. Mitgliedschaften können eine besondere Sachkunde suggerieren.

> **Beispiel:** Hausarzt H wirbt damit, er sei Mitglied in verschiedenen medizinischen Fachverbänden. Tatsächlich ist dies nicht der Fall.

72 Eine identische Qualität kommt der Werbung mit **Beziehungen** zu. Ein Arzt kann beispielsweise damit werben, in engem wissenschaftlichen Kontakt zu einem Universitätsklinikum zu stehen und Ausbildungsplätze anzubieten. Existiert diese Beziehung nicht, ist die Werbung nach § 5 I 2 Nr. 3 UWG irreführend.

73 Auch irreführende Angaben zu **Auszeichnungen** und **Ehrungen** sind zu unterlassen. Die Begriffe sind gleichbedeutend.[90] Für § 5 I 2 Nr. 3 UWG sind nur Werbungen mit Auszeichnungen oder Ehrungen der Person des Unternehmers selbst, nicht aber seiner Produkte relevant. In Betracht kommen hier Begriffe wie »Unternehmen des Jahres« oder »Deutschlands Top-Zahnarzt«. Eine Irreführung liegt vor, wenn die Auszeichnung tatsächlich gar nicht verliehen wurde. Daneben kann eine Irreführung daraus folgen, dass es sich um eine Schein-Auszeichnung handelt, die der vermeintlich Ausgezeichnete gegen Entgelt erworben hat. Diese Situation ähnelt Pseudo-Warentests, bei denen jedes Produkt mit »sehr gut« ausgezeichnet wird.

74 Weiter untersagt § 5 I 2 Nr. 3 UWG eine Irreführung über die **Beweggründe für die geschäftliche Handlung.** Nicht erfasst wird von dieser Bestimmung eine Täuschung über den Anlass des Verkaufs: Diese fällt unter § 5 I 2 Nr. 2 UWG. § 5 I 2 Nr. 3 UWG umfasst hingegen Äußerungen über die Motivation für das geschäftliche Handeln. Erklärt der Unternehmer wahrheitswidrig, er handle nur zum Zeitvertreib und ohne Gewinnerzielungsabsicht, wird der Umworbene dem Angebot geneigter sein. Er hofft auf eine besonders günstige Geschäftschance. Hier einzuordnen ist auch ein Hinweis auf eine tatsächlich nicht gegebene Gemeinnützigkeit. Auch in dieser Situation erwartet der Verbraucher bzw. der sonstige Marktteilnehmer aufgrund des Fehlens der Gewinnerzielungsabsicht einen günstigen Preis.[91]

75 § 5 I 2 Nr. 3 UWG untersagt schließlich Irreführungen über die **Art des Vertriebs.** Die grammatikalische Auslegung ist nicht ganz eindeutig. Gemeint sein dürften nicht »Beweggründe für die Art des Vertriebs« (s. Wortlaut!), da diese für den Konsumenten oder sonstigen Marktteilnehmer typischerweise ohne Bedeutung sind. Erfasst wird hier der Fall, dass der Händler wahrheitswidrig suggeriert, er sei Hersteller des Produktes. Der Konsument erwartet beim Direktkauf vom Hersteller einen günstigeren Preis sowie eine vereinfachte Abwicklung von Gewährleistungsfällen.[92] Auch bei dieser Fallgruppe ist das heutige Verbraucherleitbild zu beachten. Eine Werbung »direkt ab Fabrik« kann beispielsweise heißen, dass ein Händler die Ware direkt vom Hersteller bezogen hat.[93] Insgesamt ist diese Fallgruppe ausgesprochen kritisch zu beurteilen: Oft führt der Direktverkauf nicht dazu, dass der Konsument zu besseren Konditionen einkaufen kann, sondern nur zu einer Steigerung des Herstellergewinns. Dies ist einem Durchschnittsverbraucher regelmäßig bekannt. Selbst wenn also eine Irreführung nach

---

90 Köhler/Bornkamm/Feddersen/*Bornkamm/Feddersen* UWG § 5 Rn. 4.180.
91 Vgl. BGH GRUR 1981, 670 (671) – Gemeinnützig; BGH GRUR 2003, 448 (450) – Gemeinnützige Wohnungsgesellschaft; MüKoUWG/Busche § 5 Rn. 585.
92 Köhler/Bornkamm/Feddersen/*Bornkamm/Feddersen* UWG § 5 Rn. 4.196.
93 Vgl. BGH GRUR 2005, 442 – Direkt ab Werk.

§ 5 I 2 Nr. 3 UWG angenommen werden kann, wird es doch häufig an der erforderlichen Relevanz (§ 5 I 1 UWG) fehlen.

**dd) Nr. 4 – Sponsoring und Zulassung des Unternehmens oder der Warendienstleistungen.** § 5 I 2 Nr. 4 UWG fasst recht willkürlich in Umsetzung von Art. 6 I lit. c UGP-RL zwei gänzlich verschiedene Fallgruppen zusammen. Variante 1 von § 5 I 2 Nr. 4 UWG erfasst Irreführungen im Kontext eines **Sponsorings.** Sponsoring kann definiert werden als die »gezielte Förderung von Personen, Organisationen oder Veranstaltungen durch Geld-, Sach- oder Dienstleistungen zum Zwecke der Eigenwerbung«.[94] Erfasst wird beispielsweise die Unterstützung von Sportveranstaltungen, Mannschaften und Vereinen, Kunst und Kultur sowie von Initiativen für den Umweltschutz. Verboten sind (irreführende) Angaben über Aussagen oder Symbole. Der Tatbestand ist beispielsweise erfüllt, wenn ein Unternehmer behauptet, er sei Sponsor einer Veranstaltung, dies aber tatsächlich nicht der Fall ist. Hinsichtlich der Kennzeichen (Logos, Slogans etc) wird der Veranstalter häufig zusätzlich einen Schutz nach dem MarkenG in Anspruch nehmen können.

76

**Fall 19:** Die unzutreffende Werbeaussage des R ist nach § 5 I 2 Nr. 4 UWG unzulässig.

Die Variante 2 erfasst einen gänzlich anders gelagerten Fall. Untersagt werden irreführende Angaben über Aussagen oder Symbole, die sich auf eine **Zulassung des Unternehmers oder der Waren oder Dienstleistungen** beziehen. Solche unzutreffenden Angaben werden bereits als produktbezogene Irreführungen von § 5 I 2 Nr. 1 UWG erfasst. Irreführungen in Bezug auf Eigenschaften des Unternehmers selbst werden zudem von § 5 I 2 Nr. 3 UWG untersagt. Der Regelung in § 5 I 2 Nr. 4 Var. 2 UWG kommt mithin keine selbstständige Bedeutung zu.

77

**ee) Nr. 5 – Notwendigkeit einer Leistung.** Nach § 5 I 2 Nr. 5 UWG sind irreführende Angaben über die Notwendigkeit einer Leistung, eines Ersatzteils, eines Austauschs oder einer Reparatur unlauter. Das UWG übernimmt hier wörtlich Art. 6 I lit. e UGP-RL. Verbraucher und sonstige Marktteilnehmer werden vor unnützen Ausgaben geschützt.

78

**Beispiel:** Studentin S lässt vor Saisonbeginn ihre Motorjacht in einer Werft überholen. Wahrheitswidrig behauptet Werftinhaber W, der Zylinderkopf des Motors sei defekt und er müsse generalüberholt werden.

**Fall 20:** M handelt lauterkeitswidrig nach § 5 I 2 Nr. 5 UWG.

**ff) Nr. 6 – Verhaltenskodex.** § 5 I 2 Nr. 6 UWG untersagt irreführende Angaben in Bezug auf die Einhaltung eines Verhaltenskodexes. Die Regelung ist in ein enges Normgeflecht eingebunden. Der Begriff »Verhaltenskodex« ist in § 2 I Nr. 5 UWG legal definiert. Die Nr. 1 des Anhangs zu § 3 III UWG verbietet die unwahre Angabe, zu den Unterzeichnern eines Verhaltenskodexes zu gehören. Die unwahre Angabe, ein Verhaltenskodex sei von einer öffentlichen oder anderen Stelle gebilligt, ist nach Nr. 3 des Anhangs zu § 3 III UWG unzulässig. § 5 I 2 Nr. 6 UWG schließlich untersagt irreführende Angaben zur **Einhaltung** eines Verhaltenskodexes. Hat sich der Unternehmer zur Einhaltung eines Verhaltenskodexes verbindlich verpflichtet **und** auf diese Bindung hingewiesen, sind irreführende Angaben zur Einhaltung unzulässig. Ein Ver-

79

---

94 Ohly/Sosnitza/*Sosnitza* UWG § 5 Rn. 698.

stoß gegen diese Regelung liegt also beispielsweise vor, wenn der Unternehmer beabsichtigt, den Verhaltenskodex nicht einzuhalten. Ist der Verhaltenskodex, eventuell aufgrund einer Kartellrechtswidrigkeit, nicht verbindlich, fehlt es an einer verbindlichen Verpflichtung zur Einhaltung und damit auch an der Erfüllung des Tatbestandes des § 5 I 2 Nr. 6 UWG.[95]

80 **gg) Nr. 7 – Rechte des Verbrauchers, Garantieversprechen.** Nach § 5 I 2 Nr. 7 UWG sind irreführende Angaben in Bezug auf Rechte des Verbrauchers, insbesondere solche aufgrund von Garantieversprechen oder Gewährleistungsrechten bei Leistungsstörungen, unlauter. Die Regelung setzt Art. 6 I lit. g UGP-RL um. Die Bestimmung ist unglücklich konzipiert. § 5 I UWG schützt Verbraucher und sonstige Marktteilnehmer. Für § 5 I 2 Nr. 7 UWG kommt denknotwendigerweise (»Rechte des **Verbrauchers**«) nur eine geschäftliche Handlung gegenüber Verbrauchern in Betracht. Zu denken ist hier an unrichtige Informationen über die dem Verbraucher zustehenden Rechte. Solche Fehlinformationen können bei Vertragsabschluss gegeben werden.

> **Fall 21:** Wenn Mobiltelefonhersteller A seine Geräte so bewirbt, dass bei einem nicht unerheblichen Teil der Verbraucher der Eindruck erweckt wird, Rechte wegen Mangelhaftigkeit der Kaufsache könnten nur ein Jahr lang geltend gemacht werden, die kaufrechtliche Sachmängelgewährleistung sei also um ein Jahr verkürzt, ist dies ein Verstoß gegen § 5 I 2 Nr. 7 UWG.

81 Unrichtige Angaben können aber auch noch nach Vertragsschluss gemacht werden. Der Unternehmer kann beispielsweise versuchen, durch unzutreffende rechtliche Ausführungen den Kunden davon abzuhalten, Gewährleistungsansprüche oder Ansprüche bei Flugverspätungen geltend zu machen.[96]

> **Beispiel:** K hat bei V einen Neuwagen gekauft. Das Fahrzeug verbraucht 25 % mehr Kraftstoff als im Prospekt angegeben. Wahrheitswidrig behauptet V, dass nach gefestigter BGH-Rechtsprechung erst ab einen Mehrverbrauch von 35 % ein Sachmangel vorliege. Tatsächlich bejaht die Rechtsprechung einen erheblichen Sachmangel schon bei Überschreitung der Herstellerangabe um zehn Prozent.[97]

### 3. Unwahr oder zur Täuschung geeignet

#### a) Methodik

82 Das Vorliegen einer Irreführung setzt voraus, dass die geschäftliche Handlung »unwahre Angaben« oder »sonstige zur Täuschung geeignete Angaben« enthält. Zu klären ist die Methodik, mit der festgestellt wird, ob eine »unwahre« oder eine »sonstige zur Täuschung geeignete« Angabe vorliegt. Bei der Bestimmung der Methodik ist ein besonderes Augenmerk auf den Begriff »Unwahrheit« zu legen. Dieser war dem deutschen Lauterkeitsrecht lange Zeit zu Recht unbekannt: Er suggeriert eine Schein-Objektivität. Ob etwas unwahr ist, kann nur unter Berücksichtigung des tatsächlichen Verständnisses der Werbung durch die angesprochenen Verkehrskreise bestimmt werden.

---

95 Ohly/Sosnitza/*Sosnitza* UWG § 5 Rn. 703.
96 Vgl. OLG Frankfurt a. M. GRUR-RR 2012, 161 – Flugverspätungsentschädigung.
97 BGH NJW 1996, 1337; 1997, 2590 f.; 2007, 2111 Rn. 4.

> **Beispiel:** A wirbt mit dem Werbeslogan »Größtes Küchenhaus in Thüringen«. Er verfügt zwar nicht flächenmäßig über die größte Küchenausstellung, allerdings befinden sich in seiner Ausstellung die meisten Musterküchen. Der Wettbewerber W geht gegen A vor. Die Werbeaussage sei »unwahr«. Ob die Werbeaussage »unwahr« ist, richtet sich nach dem Verständnis der Werbeaussage durch die angesprochenen Verkehrskreise. Wird (lediglich) eine große Musterküchenanzahl erwartet, dann ist die Angabe »wahr«.

Soll eine Irreführung festgestellt werden, ist wie folgt vorzugehen:[98] (1) Zunächst ist zu bestimmen, welche Verkehrskreise von der geschäftlichen Handlung angesprochen werden. (2) Sodann ist zu ermitteln, wie diese Verkehrskreise die geschäftliche Handlung verstehen. (3) Anschließend ist das tatsächliche Verständnis der Verkehrskreise mit den wirklichen Verhältnissen zu vergleichen. (4) Immer ist zu prüfen, ob die falsche Vorstellung für die Entschließung der angesprochenen Verkehrskreise relevant ist. Im Einzelfall schließlich (5) kann eine Interessenabwägung oder eine Verhältnismäßigkeitsprüfung das vorläufig gefundene Ergebnis modifizieren. 83

> **Klausurtipp:** Gekürzt kann das Verfahren wie folgt beschrieben werden:
> (1) Bestimmung der angesprochenen Verkehrskreise
> (2) Verständnis der Verkehrskreise
> (3) Vergleich Verständnis/Realität
> (4) Relevanz
> (5) Interessenabwägung/Verhältnismäßigkeit

Die beschriebene Vorgehensweise unterscheidet nicht zwischen unwahren oder zur Täuschung geeigneten Angaben. Die durch die UGP-RL (Art. 6 I) vorgezeichnete Differenzierung zwischen unwahren und sonstigen zur Täuschung geeigneten Angaben[99] hilft für die rechtliche Beurteilung nicht weiter. Der Terminus der »Wahrheit« ist ein zentraler Forschungsgegenstand der Philosophie. »Wahrheit« kann knapp definiert werden als eine Übereinstimmung mit der Wirklichkeit. Für die Feststellung einer Irreführung ist allein entscheidend, ob das Verständnis der Aussage durch die angesprochenen Verkehrskreise nicht mit der Wirklichkeit übereinstimmt. Dennoch kann der Begriff bei der Normanwendung hilfreich sein: »Falsche« Angaben werden besonders häufig zur Irreführung führen. 84

**aa) Angesprochene Verkehrskreise.** In einem ersten Schritt sind die angesprochenen Verkehrskreise zu bestimmen. Dies sind die von der geschäftlichen Handlung (oft einer Werbung) angesprochen Bevölkerungsgruppen. Oftmals handelt es sich dabei um private Verbraucher. Ebenso in Betracht kommen gewerbliche Endverbraucher oder sonstige Marktteilnehmer.[100] 85

> **Beispiel:** Der Großmarkt G veräußert seine Waren nur an Weiterverkäufer und Unternehmen, die bei ihm ihren möglichen Eigenbedarf decken. Er bewirbt seine Waren in Katalogen. Toleriert wird, dass im gewissen Maße der private Bedarf der gewerblichen Kunden gedeckt wird. Der angesprochene Verkehr ist dann ein Kreis von gewerblichen Abnehmern, die auch ihren Privatbedarf decken.

---

98 Beschreibung des Vorgehens nach Köhler/Bornkamm/Feddersen/*Bornkamm/Feddersen* UWG § 5 Rn. 1.63.
99 Die UGP-RL verwendet in Art. 6 I UGP-RL den Terminus »falsch«.
100 Vgl. BGH GRUR 1981, 667 (667) – Ungarische Salami I; BGH GRUR 1997, 925 (926) – Ausgeschiedener Sozius.

86 Eine Subsumtion unter den Begriff des »Verbrauchers« ist für die Anwendung des Irreführungsverbotes gem. § 5 UWG nicht erforderlich. Anders war dies für die abstrakten Gefährdungstatbestände der §§ 6a, 6b UWG in der bis 2004 gültigen Fassung (→ § 2 Rn. 7). Diese nannten als Tatbestandsmerkmal den »letzten Verbraucher«. Der Begriff sollte – wenig überzeugend – auch Gewerbetreibende erfassen, die Waren beziehen, die sie nicht weiter veräußern wollen.[101] Es wurde dabei außer Acht gelassen, dass solche Werbeadressaten geschäftlich erfahren sind.

87 Sofern sich eine Werbung nur an Fachkreise wendet, sind diese die angesprochenen Verkehrskreise.[102] Bedeutung hat diese Begrenzung bei der Bestimmung des Verständnisses der Werbeaussage (→ § 12 Rn. 88 ff., 110). Ist bei einer an Fachkreise gerichteten Werbung zu erwarten, dass die Werbung an Endverbraucher weitergegeben wird, zählen diese auch zu den angesprochenen Verkehrskreisen.[103] Werden mehrere Verkehrskreise angesprochen, genügt die Irreführung eines der beteiligten Verkehrskreise.[104] Diese schon zu § 3 UWG aF entwickelte Rechtsansicht hat auch heute noch Bestand. Deutlich macht dies der Wortlaut des § 5 I 1 UWG. Es genügt die Irreführung der Verbraucher **oder** sonstiger Marktteilnehmer.

88 bb) **Verständnis der angesprochenen Verkehrskreise.** In einem zweiten Schritt ist das Verständnis der angegriffenen geschäftlichen Handlung durch die angesprochenen Verkehrskreise zu ermitteln. Die Bestimmung dieses Maßstabs ist zentral für das Verbotsniveau des Lauterkeitsrechts: Ein flüchtiger, oberflächlicher, unaufmerksamer Betrachter legt einer Werbebehauptung viel eher unzutreffende Deutungen bei als ein sorgfältiger, umsichtiger, vorsichtiger Werbungsadressat.

89 Wendet sich die geschäftliche Handlung an **Verbraucher,** muss das in § 3 IV UWG kodifizierte Verbraucherleitbild des deutschen und europäischen Rechts herangezogen werden. Wendet sich die geschäftliche Handlung an **Fachkreise,** wird man oft einen höheren Grad an Aufmerksamkeit und Beurteilungsvermögen annehmen können.[105]

90 Bei der Adressierung an einen Verbraucher ist auf einen durchschnittlich informierten und verständigen Verbraucher abzustellen, der der Werbung die der Situation angemessene Aufmerksamkeit entgegenbringt.[106] Auf den ersten Blick scheint dies eine grundlegende Abkehr der früheren Rechtsprechung des BGH darzustellen, die für die Bestimmung des Bedeutungsinhalts der Werbeangabe bei § 3 UWG aF bei Werbeaussagen, die sich an das breite Publikum wendeten, von einem »unbefangenen, flüchtigen Betrachter« ausging[107].

91 Typischerweise wird ein flüchtiger, oberflächlicher Betrachter eher irregeführt werden als ein durchschnittlich informierter und verständiger Verbraucher. Zwingend

---

101 Vgl. BGH GRUR 1975, 375 (376) – Kaufausweis II; Baumbach/Hefermehl/*Hefermehl*, 16. Aufl. 1990, UWG § 6b Rn. 7b.
102 BGH GRUR 2010, 352 Rn. 11 – Hier spiegelt sich Erfahrung.
103 BGH GRUR 1968, 550 (552) – Poropan; BGH GRUR 1983, 256 – Sauerteig.
104 BGH GRUR 1968, 200 (201); Ohly/Sosnitza/*Sosnitza* UWG § 5 Rn. 123.
105 Ohly/Sosnitza/*Sosnitza* UWG § 5 Rn. 120.
106 BGH GRUR 2000, 619 (621) – Orient-Teppichmuster; BGH GRUR 2004, 244 (245) – Marktführerschaft; BGH GRUR 2004, 793 (796) – Sportlernahrung II; Köhler/Bornkamm/Feddersen/*Bornkamm/Feddersen* UWG § 5 Rn. 1.76.
107 BGH GRUR 1959, 365 (366) – Englisch Lavendel; BGH GRUR 1969, 415 (416) – Kaffeerösterei; BGH GRUR 1970, 425 (426) – Melitta-Kaffee.

erscheint dies aber nicht. Dies verdeutlicht der Rechtsstreit zwischen dem Zentralverband des deutschen Bäckerhandwerks und einem großen Discounter über den Begriff »Backen«.[108] Der Discounter hatte mit der Aussage »Ab sofort backen wir den ganzen Tag Brot und Brötchen für Sie« geworben. In den Filialen des Discounters wurden im Backautomaten Teigrohlinge erwärmt. Die Parteien stritten darüber, ob zum Backen auch das Kneten und Gären gehört. Bei dieser Werbung wird ein flüchtiger Betrachter keine näheren Betrachtungen über das Backen anstellen, während ein durchschnittlich informierter Verbraucher eventuell Erwägungen zu der Frage anstellen wird, welche Tätigkeiten zum Backvorgang gehören. In dieser Situation wird also der Durchschnittsverbraucher eher in die Irre geführt als ein flüchtiger Verbraucher. Häufig wird allerdings die umgekehrte Situation vorliegen.

Ein durchschnittlich informierter Verbraucher ist **nicht zwingend kein** flüchtiger Verbraucher. Angebote für niedrigpreisige Waren des täglichen Bedarfs beispielsweise wird auch ein durchschnittlich informierter und aufmerksamer Verbraucher nur flüchtig wahrnehmen. Sorgfältiger wird er eine Werbung studieren, mit der ein hochwertiges Konsumprodukt wie ein Orient-Teppich beworben wird.[109] 92

Oft wird eine Werbeaussage von einem Teil der angesprochenen Verbraucher zutreffend und von einem anderen Teil der angesprochenen Verbraucher unzutreffend verstanden. Es stellt sich dann die Frage, ob es eine **gespaltene Verkehrsauffassung** gibt. Der BGH verneint dies nunmehr: Es komme auf die Auffassung **des** (!) angemessen gut unterrichteten und angemessen aufmerksamen und kritischen Durchschnittsverbrauchers an.[110] Eine andere Beurteilung komme in Betracht, wenn sich die geschäftliche Handlung speziell oder zumindest auch an eine eindeutig identifizierbare Gruppe von Verbrauchern richtet, die besonders schutzbedürftig ist und durch diese Geschäftspraxis voraussichtlich und vorhersehbar allein das geschäftliche Verhalten dieser Verbrauchergruppe wesentlich beeinflusst wird.[111] Diesen Ansatz spiegelt § 3 IV 2 UWG wieder. Eine beachtliche gespaltene Verkehrsauffassung kann vorliegen, wenn unterschiedliche Verkehrskreise angesprochen werden. Wendet sich eine Werbung an Verbraucher und Fachleute, ist ein unterschiedliches Verständnis naheliegend. Dies ist auch beachtlich, wie der Wortlaut des § 5 I UWG zeigt: Die Irreführung einer Gruppe genügt. 93

Hier hinein spielt auch die Frage, ob das Verkehrsverständnis empirisch, beispielsweise durch Verkehrsbefragungen, festgestellt werden kann. Einer solchen Methodik wird der recht schillernde Begriff »normativ« gegenübergestellt.[112] Gemeint ist damit, dass der Richter selbst ausschließlich aufgrund seines Erfahrungswissens das Verkehrsverständnis ermittelt. Verkehrsbefragungen kann dann allein eine unterstützende Bedeutung zukommen. Die Entscheidung »Original-Bach-Blüten«[113] deutet, ebenso wie die Ausführungen 94

---

108 Der Rechtsstreit wurde vor dem LG Duisburg geführt (22 O 77/10) und mittlerweile durch Vergleich beendet. http://www.deutsche-handwerks-zeitung.de/baecker-und-aldi-beenden-streit/150/3094/313904.
109 BGH GRUR 2000, 619 (621) – Orient-Teppichmuster.
110 BGH GRUR 2014, 1013 Rn. 33 – Original Bach-Blüten.
111 BGH GRUR 2014, 1013 Rn. 33 – Original Bach-Blüten.
112 Umfassend und aktuell zu diesem Problem Harte-Bavendamm/Henning-Bodewig/*Dreyer* UWG § 5 Rn. 18 ff.
113 BGH GRUR 2014, 1013 Rn. 33 – Original Bach-Blüten.

im Erwägungsgrund 18 der UGP-RL[114], in diese Richtung. Die Entwicklung ist allerdings noch im Gange. Zunächst hatte der BGH in der Entscheidung »Meister-Kaffee«[115] angenommen, die Feststellung des Verständnisses der Werbeaussage sei eine offenkundige Tatsache (§ 291 ZPO). Diese Aussage hatte die für die Praxis missliche Konsequenz, dass ein Gegenbeweis möglich war. Mit der Entscheidung »Marktführerschaft« wurde diese Position aufgegeben.[116] Der Feststellung der Verkehrsauffassung liege die Anwendung richterlichen Erfahrungswissens zugrunde (→ § 12 Rn. 110).[117]

95 Die Verkehrsauffassung muss nicht bundesweit einheitlich sein. Ein schlankes Stangenglas mag in der Region Köln als ein Herkunftshinweis auf ein aus Köln stammendes »Kölsch« verstanden werden. In anderen Regionen Deutschlands wird dies nicht der Fall sein.[118] Wird nur regional geworben, sind die Verbraucher in der Region die Durchschnittverbraucher. Wird bundesweit geworben, muss geprüft werden, wie ein durchschnittlich informierter Verbraucher im Bundesgebiet die Angabe versteht. Bei einem zutreffenden Verständnis unterbleibt ein Verbot. Die Irreführung des verbleibenden Teils des Verkehrs ist hinzunehmen.[119]

96 Entscheidend für die Beurteilung ist der Gesamteindruck der Werbung bzw. der geschäftlichen Handlung.[120] Einzelne Äußerungen, die in einem Zusammenhang stehen, dürfen nicht aus diesem gerissen und isoliert betrachtet werden. Geprägt werden kann die Gesamtwirkung der Werbeaussage durch einen Blickfang. Eine solche Herausstellung kann bildlich, farblich, grafisch oder drucktechnisch erfolgen.[121] Wird ein Teil eines Angebotes herausgestellt, müssen die weiteren Informationen zum Angebot für den Verbraucher leicht erkennbar sein.

> **Beispiel (nach BGH GRUR 1999, 264 – Handy für 0,00 DM):** Wird ein Handy für 1 EUR beworben, müssen die für den Verbraucher mit dem Abschluss des Mobilfunkvertrages verbundenen Kosten deutlich erkennbar gemacht werden. Sie müssen dem blickfangmäßig herausgestellten Preis eindeutig zugeordnet werden können sowie gut lesbar und grundsätzlich vollständig sein.
>
> **Fall 1:** Die Informationen sind für den Verbraucher gut lesbar. In der Gesamtschau ist die Werbung daher nicht irreführend.

97 **cc) Vergleich des Verständnisses der angesprochenen Verkehrskreise mit tatsächlichen Verhältnissen.** Für die Feststellung der Irreführung muss das Verständnis der Angabe durch die angesprochenen Verkehrskreise mit der Realität verglichen werden. Bei einer Divergenz liegt eine Irreführung vor.

---

114 Dort (S. 5, 6) heißt es:
»... Der Begriff des Durchschnittsverbrauchers beruht dabei nicht auf einer statistischen Grundlage. Die nationalen Gerichte und Verwaltungsbehörden müssen sich bei der Beurteilung der Frage, wie der Durchschnittsverbraucher in einem gegebenen Fall typischerweise reagieren würde, auf ihre eigene Urteilsfähigkeit unter Berücksichtigung der Rechtsprechung des Gerichtshofs verlassen.«
115 BGH GRUR 1990, 607 (608) – Meister-Kaffee.
116 BGH GRUR 2004, 244 – Marktführerschaft.
117 BGH GRUR 2004, 244 (245) – Marktführerschaft.
118 Vgl. BGH GRUR 1983, 32 (33) – Stangenglas I; BGH GRUR 1986, 469 (470) – Stangenglas II; Köhler/*Bornkamm*/*Feddersen* UWG § 5 Rn. 1.71.
119 AA Ohly/Sosnitza/*Sosnitza* UWG § 5 Rn. 124.
120 BGH GRUR 2015, 698 Rn. 10 – Schlafzimmer komplett; Ohly/Sosnitza/*Sosnitza* UWG § 5 Rn. 126 ff.
121 Ohly/Sosnitza/*Sosnitza* UWG § 5 Rn. 133.

**Beispiel:** Ein Auto wird als »Hundert Prozent vegan« beworben. Die angesprochenen Verkehrskreise erwarten, dass für die Herstellung des Autos keine tierischen Produkte verwendet worden sind. Tatsächlich ist die Schalthebelumhüllung aus Leder gefertigt. Eine Irreführung liegt grundsätzlich vor (erörtert werden muss sodann aber die Relevanz).

Zweifelhaft ist die Bedeutung einer sog. **Irreführungsquote.** Die Diskussion um eine Irreführungsquote prägt über Jahrzehnte die Debatte um den Schutzstandard des UWG. Die Ausgangserwägung hierfür ist, dass nicht alle Verkehrskreise eine Werbung gleich verstehen. Die frühe Rechtsprechung zum UWG 1909 ließ die Irreführung eines nicht unerheblichen Teils der angesprochenen Verkehrskreise genügen.[122] Eine Irreführung eines »nicht unerheblichen Teils« der angesprochenen Verkehrskreise wurde angenommen, wenn ca. 10–15 % der Werbeadressaten irregeführt wurden.[123] Nach der UWG-Reform 2004 wurde eine höhere Irreführungsquote verlangt. Im Zuge der Liberalisierung des Lauterkeitsrechts legte der BGH die Schwelle höher. In einer Entscheidung aus dem Jahr 2003, also noch vor der großen UWG-Novelle 2004, führte der BGH aus, dass eine Irreführung von »15 bis 20 Prozent aller angesprochenen Anlageinteressenten« nicht genüge.[124] Umgekehrt müsse nicht jeder Werbeadressat irregeführt werden.[125] Genügend sei die Irreführung eines erheblichen Teils.[126] Zu beobachten war also eine doppelte Liberalisierung des Lauterkeitsrechts: Zum einen wurde ein strengerer Maßstab an das Verständnis der Werbeaussage angelegt. Zum anderen mussten mehr Werbeadressaten als zuvor irregeführt werden.

Diese Thematik ist mit einer konsequenten Anwendung der Grundsätze der Entscheidung »Original Bach-Blüten« aus dem Jahr 2014 gegenstandslos geworden.[127] Für das Verkehrsverständnis ist nach dieser Entscheidung auf **den (!)** Durchschnittsverbraucher abzustellen. Eine Differenzierung innerhalb eines einzigen angesprochenen Verkehrskreises sei nicht möglich. Es komme auf die Auffassung **des** angemessen gut unterrichteten und angemessen aufmerksamen und kritischen Durchschnittsverbrauchers an.[128] Es interessiert also nicht mehr das Verständnis der angesprochenen Verkehrskreise, sondern nur das des (einen!) Durchschnittsverbrauchers. Daher muss auch nicht mehr bestimmt werden, wie groß der Teil der angesprochenen Verkehrskreise ist, der irregeführt wird.[129] Etwas anderes mag nur ausnahmsweise in Betracht kommen, wenn sich die Werbung an eine abgrenzbare Gruppe von Verbrauchern richtet, die besonders schutzbedürftig ist.[130]

Diese Rechtsprechung scheint prima facie die Rechtsanwendung erheblich zu vereinfachen. Es bereitet aber erhebliche Schwierigkeiten, das Verständnis **des** Durchschnittsverbrauchers zu bestimmen. Selbst innerhalb homogener Gruppen (beispielsweise Jurastudenten eines bestimmten Semesters) ist das Verständnis einer

---

122 BGHZ 13, 244 (253) = NJW 1954, 1566 – Cupresa-Kunstseide; BGH GRUR 1971, 313 (315) – Bocksbeutel Flasche; BGH GRUR 1981, 71 (72) – Lübecker Marzipan; BGH GRUR 1984, 467 (468) – Das unmögliche Möbelhaus; vgl. hierzu näher *Jänich* Überhöhte Verbotsstandards 5 ff.
123 BGH GRUR 1979, 716 (718) – Kontinent-Möbel; BGH GRUR 1981, 71 (72) – Lübecker Marzipan.
124 BGH GRUR 2004, 162 (164) – Mindestverzinsung.
125 BGH GRUR 2004, 162 (164) – Mindestverzinsung.
126 BGH GRUR 2004, 162 (164) – Mindestverzinsung.
127 BGH GRUR 2014, 1013 – Original Bach-Blüten.
128 BGH GRUR 2014, 1013 Rn. 33.
129 IErg ebenso Köhler/Bornkamm/Feddersen/*Köhler* UWG § 12 Rn. 2.72.
130 BGH GRUR 2014, 1013 Rn. 33 aE.

Werbeaussage oft divergierend. Die weitere Entwicklung der Rechtsprechung bleibt abzuwarten.

101 dd) **Relevanz, § 5 I 1 aE UWG.** Der Schutzzweck des § 5 UWG wird durch die Relevanzklausel verdeutlicht. Nicht jede Irreführung, sondern nur eine Irreführung mit **Relevanz** für die Entscheidung der angesprochenen Verkehrskreise ist lauterkeitswidrig. Eine tatsächliche Beeinflussung ist allerdings nicht erforderlich. Es genügt, wenn die geschäftliche Handlung (nur) **geeignet** ist, den Verbraucher oder sonstigen Marktteilnehmer im Sinne einer geschäftlichen Entscheidung **zu beeinflussen.** Hier wird der präventive Charakter des Wettbewerbsrechts deutlich:[131] Schon die konkrete Gefahr einer Beeinflussung des Konsumenten wird abgewehrt. Eine tatsächliche Beeinflussung des Adressatenverhaltens ist nicht erforderlich.

102 Im Wortlaut des Irreführungsverbotes des UWG (§ 3 UWG aF bzw. § 5 UWG nF) hatte dieses Tatbestandsmerkmal lange Zeit keinen Niederschlag gefunden.[132] Jedoch gibt seit 2005 Art. 6 UGP-RL dieses Merkmal ausdrücklich vor: Nach Art. 6 I UGP-RL gilt eine Geschäftspraxis als irreführend, wenn sie den Durchschnittsverbraucher »täuscht oder ihn zu täuschen geeignet ist und ihn in jedem Fall tatsächlich oder voraussichtlich zu einer geschäftlichen Entscheidung veranlasst, die er ansonsten nicht getroffen hätte ...«. Der deutsche Gesetzgeber hat dieses Merkmal erst 2015 in den Wortlaut des § 5 I 1 UWG 2015 aufgenommen. Danach ist nunmehr eine geschäftliche Handlung unzulässig, »die geeignet ist, den Verbraucher oder sonstigen Marktteilnehmer zu einer geschäftlichen Entscheidung zu veranlassen, die er anderenfalls nicht getroffen hätte ...«.

103 An einer relevanten Irreführung fehlt es, wenn der Werbende für ihn nachteilige Angaben macht. Ein klassisches Beispiel hierfür ist die Bewerbung eines Echtledersofas als Kunstledersofa.[133] Vor dem Hintergrund der Beliebtheit veganer Produkte mag man diesen Fall heute anders beurteilen.

104 Typischerweise relevant sind Täuschungen, bei denen über für die angesprochenen Verkehrskreise zentralen Entscheidungsparameter getäuscht wird. In der Werbung wird beispielsweise ein niedrigerer Preis angegeben, als er sodann im Geschäft verlangt wird. In einer Waschmittelpackung befindet sich weniger Inhalt als auf der Verpackung angegeben. An der Relevanz für die geschäftliche Entscheidung fehlt es demgegenüber, wenn sich die irreführende Angabe nur auf Nebenpunkte der Entscheidung bezieht.[134]

> Die Reichweite der Relevanzklausel verdeutlichen **Beispiele:**
> - Ein Spirituosenhersteller vertreibt einen Aquavit unter der Bezeichnung »Linie-Aquavit«. Geworben wird mit einer »Äquator-Reife« des Produktes. Er habe in Sherry-Wässern in monatelanger Schifffahrt den Äquator passiert. Auf die Reise geschickt wird allerdings nicht trinkfertiger Aquavit, sondern ein Aquavit mit einer Alkoholkonzentration von 60 bis 70 Prozent. Nach der Reise wird er durch Zugabe von destilliertem Wasser auf 41,5 Prozent reduziert. Zu erwägen ist, ob eine Fehlvorstellung der Konsumenten, das fertige Produkt kreuze den Äquator, für § 5 UWG genügt. Der BGH verneinte dies. Ein solcher Irr-

---

131 Vgl. näher *Jänich* Überhöhte Verbotsstandards 7 f.
132 Vgl. zur früheren Rechtslage BGH GRUR 2009, 888 Rn. 18 – Thermoroll; ausf. *Jänich* Überhöhte Verbotsstandards 7 f.
133 Vgl. Köhler/Bornkamm/Feddersen/*Bornkamm/Feddersen* UWG § 5 Rn. 1.176.
134 BGH GRUR 1973, 206 (207) – Skibindungen; BGH GRUR 1991, 852 (855) – Aquavit; BGH GRUR 2000, 914 (915) – Tageszulassung II.

- tum sei nicht geeignet, den Kaufentschluss des Verbrauchers maßgeblich zu beeinflussen.[135]
- Ein Pkw wird mit »Tageszulassung mit 0 km« beworben. Tatsächlich war das Fahrzeug wenige Tage zugelassen. Es fehlt an einer Relevanz der Irreführung. Für den angesprochenen Verkehr kommt es nicht darauf an, ob das Fahrzeug nur einen Tag oder für wenige Tage angemeldet war.[136] **(Fall 2)**
- Ein Porzellanhersteller wirbt mit dem Gründungsdatum »1760«. Tatsächlich wurde zu diesem Zeitpunkt noch kein Porzellan hergestellt. Die Produktion wurde erst 1762 aufgenommen. Die Irreführung ist erheblich. Alters- und Traditionswerbung ist grundsätzlich geeignet, die Kaufentscheidung zu beeinflussen.[137] Gerade für Porzellansammler hat das genaue Alter Bedeutung.[138]
- Wird eine »Last-Minute-Reise« weit vor Reisebeginn beworben, kann dies irreführend sein. Die Relevanz kann entfallen, wenn der mit dem beworbenen Reisetyp verbundene Preisvorteil tatsächlich gewährt wird.[139]
- Ein Hersteller von Skibindungen wirbt mit Erfolgen der von ihm ausgestatteten Fahrer und Fahrerinnen bei Wintersportwettbewerben. Die von den Rennläufern eingesetzten Bindungen unterschieden sich von den Serienbindungen. Sie verfügen über eine härtere, sog. »Rennläufer-Feder«. Darauf wird in der Werbung nicht hingewiesen. Der BGH lehnte eine Irreführung nach § 3 UWG aF ab. Der Unterschied habe keine Bedeutung für den Kaufentschluss.[140]

ee) **Interessenabwägung, Verhältnismäßigkeit.** Im Einzelfall ist eine an sich gegebene Irreführung aufgrund besonderer Umstände nach einer **Interessenabwägung** hinzunehmen.[141] Die betroffenen Interessen von Werbetreibenden, Adressaten und Wettbewerbern sind ausnahmsweise in einer Weise zum Ausgleich zu bringen, dass die Unterlassungssanktion zurücktreten muss. Dies gilt insbesondere, wenn die Interessen, die für eine weitere Zulässigkeit der Werbeaussage sprechen, die Verbotsinteressen deutlich überwiegen.[142] Die Interessenabwägung ist eine Ausprägung des auf Art. 12 I GG beruhenden verfassungsrechtlichen Verhältnismäßigkeitsgrundsatzes. Eine Unterlassungssanktion wäre in der konkreten Situation unterverhältnismäßig. Daher bringt es keinen (auch nur dogmatischen) Ertrag, zwischen einer Interessenabwägung und der Prüfung der Verhältnismäßigkeit zu differenzieren.[143] 105

Verschiedene Fallgruppen haben sich in der Praxis herausgebildet. Denkbar ist, dass der Werbetreibende durch eine langjährige Benutzung einen **wertvollen Besitzstand** erworben hat.[144] In einer solchen Situation muss erwogen werden, ob nicht die Werbeaussage trotz einer an sich gegebenen Irreführung aufgrund eines schutzwürdigen Interesses des Werbenden hinzunehmen ist. 106

---

135 BGH GRUR 1991, 852 (855f.) – Aquavit (zu § 3 UWG aF).
136 BGH GRUR 2000, 914 (915) – Tageszulassung II.
137 Vgl. Köhler/Bornkamm/Feddersen/*Bornkamm/Feddersen* UWG § 5 Rn. 2.185.
138 OLG Jena NJOZ 2010, 1216 (1221).
139 BGH GRUR 2000, 239 (241) – Last-Minute-Reise.
140 BGH GRUR 1973, 206 (207) – Skibindungen.
141 BGH GRUR 1957, 285 (287) – Erstes Kulmbacher; BGH GRUR 1966, 445 (450) – Glutamal; BGH GRUR 1987, 171 (172) – Schlussverkaufswerbung; BGH GRUR 1991, 852 (855) – Aquavit; *Jänich* Überhöhte Verbotsstandards 9.
142 Terminologie nach *Hösl,* Interessenabwägung und rechtliche Erheblichkeit der Irreführung bei § 3 UWG, 1986, 153.
143 AA Köhler/Bornkamm/Feddersen/*Bornkamm/Feddersen* UWG § 5 Rn. 1.201.
144 Vgl. BGH GRUR 1958, 285 (287) – Erstes Kulmbacher; GRUR 1966, 445 (450) – Glutamal; GRUR 1977, 159 (161) – Ostfriesische Teegesellschaft; OLG Köln WRP 1981, 160 (164f.).

Fall 4 (nach BGH GRUR 1971, 313 – Bocksbeutelflasche): Aufgrund des durch langjährige Benutzung erwachsenen Besitzstandes ist eine durch die Verwendung der Flaschen eintretende Irreführung ausnahmsweise hinzunehmen.

107 Ebenso ist bei **objektiv zutreffenden Angaben,** die irreführend sind, zu prüfen, ob sie weiter verwendet werden dürfen.[145] Eine Angabe zur Produktherkunft kann irreführend werden, wenn eine Verlagerung der Produktionsstätte erfolgt. Auch hier kann ein schutzwürdiges Interesse an der weiteren Verwendung der – nunmehr irreführenden – Bezeichnung bestehen. Ein solches nahm der BGH nach dem zweiten Weltkrieg an, als die Wursthersteller aus dem heute zu Polen gehörenden Rügenwalde (jetzt: Darlowo) ihre Produktion in der Bundesrepublik Deutschland fortsetzten, aber weiter die Herkunftsbezeichnung »Rügenwalde« verwendeten.[146]

108 Auch aus dem **Recht am bürgerlichen Namen** (§ 12 BGB) kann ein schutzwürdiges Interesse an der Beibehaltung einer Bezeichnung folgen. Wird der Verkehr durch einen englisch klingenden Namen über die (deutsche) Herkunft des Produktes getäuscht, so ist eine solche Irreführung hinzunehmen.[147]

109 In die Abwägung einbezogen werden kann das Interesse aller Gruppenangehörigen. So ging der BGH in der Entscheidung »Lübecker Marzipan I« auf das Interesse aller nicht in Lübeck ansässigen Hersteller von Lübecker Marzipan ein.[148] Auch ein Interesse der Allgemeinheit an der Fortführung der Bezeichnung ist denkbar. Möglicherweise entnimmt ein Teil der angesprochenen Verkehrskreise der Werbeangabe – unter Umständen wichtige – Informationen, ein anderer Teil wird hingegen irregeführt.[149] Hier war nach der älteren Rechtsprechung zu erwägen, ob eine Interessenabwägung zu einer Erhöhung der erforderlichen Irreführungsquote führen kann.[150] Seit der Entscheidung »Original Bach-Blüten«[151] ist dies nicht mehr möglich: Da der BGH nunmehr für die Anwendung des Irreführungsverbotes nur noch auf die Vorstellung **des** (bestimmten) Durchschnittsverbrauchers abstellen will[152], kann diese Erwägung keine Tragkraft mehr entwickeln. Die Fallgruppe ist vielmehr umzugestalten. Nunmehr ist zu erwägen, aufgrund einer Interessenabwägung ausnahmsweise von einer lauterkeitsrechtlichen Sanktion abzusehen, wenn zwar **der** Durchschnittsverbraucher irregeführt wird, aber ein erheblicher Teil der angesprochenen Verkehrskreise der Werbung nützliche Informationen entnimmt.

### b) Prozess

110 Im Prozess müssen die Voraussetzungen einer Irreführung abgeklärt werden. Hierzu ist das Verständnis der Werbeaussage durch den Durchschnittsverbraucher zu bestimmen.[153] Zu klären ist, ob es sich hierbei um eine **Tatsachenfeststellung** oder eine

---

145 BGH WRP 2012, 1526 Rn. 3 – Über 400 Jahre Brautradition; BGH GRUR 2013, 401 Rn. 46 – Biomineralwasser.
146 BGH GRUR 1956, 270 (272f.) – Rügenwalder Teewurst; ebenso BGH GRUR 1966, 553 (556) – Coswig.
147 BGH GRUR 1958, 185 (187) – Wyeth.
148 BGH GRUR 1981, 71 (74) – Lübecker Marzipan; *Jänich* Überhöhte Verbotsstandards 12f.
149 Vgl. BGH GRUR 1995, 612 (614) – Sauerstoff-Mehrschritt-Therapie.
150 Vgl. hierzu *Teplitzky* FS Vieregge, 1995, 853ff.
151 BGH GRUR 2014, 1013 Rn. 33 – Original Bach-Blüten.
152 BGH GRUR 2014, 1013 Rn. 33 – Original Bach-Blüten; → § 12 Rn. 99.
153 BGH GRUR 2014, 1013 Rn. 33 – Original Bach-Blüten.

*§ 12 Das Irreführungsverbot (§§ 5 f. UWG)*

**Rechtsfrage** handelt, oder aber eine Kombination von beidem. Rechtsfragen sind vom Gericht eigenständig zu entscheiden, Tatsachen sind im Wege der Beweisaufnahme festzustellen, sofern sie nicht ausnahmsweise nicht beweisbedürftig sind. Die Rechtsprechung zu dieser zentralen Frage ist changierend. Lange Zeit wurde die Judikatur durch die Grundsätze der »Meister-Kaffee«-Entscheidung geprägt.[154] Das Verständnis einer Werbeaussage konnte vom Gericht selbst bestimmt werden, wenn die Richter – was der Regelfall war – auch zu den angesprochenen Verkehrskreisen gehörten oder aus anderen Gründen – beispielsweise wegen ständiger Befassung mit vergleichbaren Fragen – sachkundig waren. Der BGH sah hierin die Feststellung einer gerichtskundigen **Tatsache**, die nach § 291 ZPO dem Gegenbeweis zugänglich sei.[155]

Diese Rechtsprechung wurde vom BGH im Jahr 2003 mit der Entscheidung »Marktführerschaft« grundlegend modifiziert.[156] Unter ausdrücklicher Aufgabe der Entscheidung »Meister-Kaffee« entschied der BGH, § 291 ZPO komme nicht zur Anwendung. Dieser betreffe nur Tatsachen, nicht aber Erfahrungssätze. Die Feststellung der Verkehrsauffassung stütze sich jedoch auf **Erfahrungswissen,** das nicht durch Zeugenbeweis, sondern gegebenenfalls mithilfe eines Sachverständigen zu ermitteln sei.[157] Gehöre der Richter zu den angesprochenen Verkehrskreisen, bedarf es im Allgemeinen keines durch eine Meinungsumfrage untermauerten Sachverständigengutachtens.[158] Hiervon ausgehend wurde im Regelfall angenommen, dass der Richter die Verkehrsauffassung aufgrund eigener Sachkunde und Lebenserfahrung dann feststellen kann, wenn er selbst zu den angesprochen Verkehrskreisen gehört.[159]

111

Diese Rechtsprechung muss nachjustiert werden, wenn der BGH in Fortführung der Entscheidung »**Original Bach-Blüten**«[160] nur noch auf die Vorstellung des (bestimmten) Durchschnittsverbrauchers abstellen will. Dann ist es nicht genügend, dass der Richter zu den angesprochenen Verkehrskreisen gehört. Er muss auch befähigt sein, bestimmen zu können, wie **der** Durchschnittsverbraucher, der zu den angesprochenen Verkehrskreisen gehört, die Werbung versteht. Der Durchschnittsverbraucher ist nur ein Einzelner in der großen Gruppe der angesprochenen Verkehrskreise.

112

Die UGP-RL sieht in Erwägungsgrund 18 S. 6 vor, dass die Richter selbst die Irreführung feststellen. Dort heißt es: »Die nationalen Gerichte und Verwaltungsbehörden müssen sich bei der Beurteilung der Frage, wie der Durchschnittsverbraucher in einem gegebenen Fall typischerweise reagieren würde, auf ihre eigene Urteilsfindung unter Berücksichtigung der Rechtsprechung des Gerichts verlassen.« Danach ist nur ausnahmsweise eine Verkehrsbefragung zulässig.

113

---

154 BGH GRUR 1990, 607 – Meister-Kaffee.
155 BGH GRUR 1990, 607 (608) – Meister-Kaffe.
156 BGH GRUR 2004, 244 – Marktführerschaft.
157 BGH GRUR 2004, 244 (245) – Marktführerschaft.
158 BGH GRUR 2004, 244 (245) – Marktführerschaft.
159 BGH GRUR 2012, 215 Rn. 14 – Zertifizierter Testamentsvollstrecker.
160 BGH GRUR 2014, 1013 Rn. 33 – Original Bach-Blüten.

## II. § 5 II UWG – Verwechslungsgefahr mit einem anderen Produkt oder Kennzeichen

### 1. Verwechslungsschutz durch Markenrecht und durch Lauterkeitsrecht

114 Der Schutz vor Verwechslungen wird traditionell durch das MarkenG gewährleistet. Marken (§§ 3, 4 MarkenG) und geschäftliche Zeichen (§ 5 MarkenG) genießen Individualrechtsschutz nach dem MarkenG (§§ 14, 15 MarkenG). Die Rechtsprechung ging lange von einem Vorrang des kennzeichenrechtlichen Schutzes nach dem MarkenG aus. Dieser sollte den UWG-Schutz grundsätzlich verdrängen.[161] Über das UWG wurde nur ein ergänzender Schutz gewährt.[162] Diese Position ist heute überholt. Mit der UWG-Novelle 2008 wurde in Umsetzung von Art. 6 II lit. a UGP-RL mit § 5 II UWG ein selbstständiger lauterkeitsrechtlicher Schutz vor Verwechslungen statuiert. Daher kann das MarkenG heute keinen Anwendungsvorrang mehr beanspruchen.[163] Es ist im Grundsatz von einer vollständigen Anspruchskonkurrenz auszugehen (vgl. zum Verhältnis von UWG und MarkenG ausführlich → § 10 Rn. 22). Erwogen werden kann allerdings, dass die Anwendung des UWG nicht dazu führen darf, dass konkrete markenrechtliche Wertungen überlagert werden.[164] Für diese Position spricht, dass konkrete gesetzgeberische Wertungen grundsätzlich nicht durch die Rechtsanwendung überspielt werden dürfen.[165] Allerdings erscheint es kaum vorstellbar, aus dem primär individualrechtsschützenden MarkenG Wertungen abzuleiten, die einen lauterkeitsrechtlichen Verbraucherschutz vor Irreführungen ausschließen. Praktikabler erscheint es daher, gegebenenfalls erforderliche Korrekturen im Wege der Interessenabwägung vorzunehmen.[166] Jedenfalls ist ein lauterkeitsrechtlicher Schutz nach § 5 II UWG auszuschließen, wenn markenrechtliche Schranken wie § 23 MarkenG (Beispiele: Recht der Gleichnamigen, Beschaffenheitsangabe) den markenrechtlichen Schutz sperren.[167]

> **Fall 22:** In Betracht kommen auf § 5 I 2 Nr. 1 UWG (betriebliche Herkunft) und § 5 II UWG gestützte lauterkeitsrechtliche Unterlassungsansprüche. Fraglich ist, ob diese ebenso wie die markenrechtlichen Ansprüche verwirkt sind. Der BGH will nunmehr zur Vermeidung von Wertungswidersprüchen zum Markenrecht jedenfalls für § 5 I 2 Nr. 1 UWG den Verwirkungseinwand zulassen (BGH GRUR 2013, 1161 Rn. 64 – Hard Rock Cafe). Dies kann nicht überzeugen. Das UWG gibt keine subjektiven Rechte. Es ist ein Marktverhaltensrecht. Eine Verwirkung kommt nur in Betracht, wenn keine Konsumenteninteressen betroffen sind. Zudem stellt sich das widersinnige Ergebnis ein, dass bis auf den Markeninhaber jeder andere den lauterkeitsrechtlichen Anspruch geltend machen kann.

---

161 BGHZ 149, 191 (195 f.) = NJW 2002, 2031 – shell.de.
162 Vgl. BGH GRUR 1995, 354 (356) – Rügenwalder Teewurst II; BGH GRUR 2001, 73 (76 f.) – Stich den Buben; vgl. ausf. Köhler/Bornkamm/Feddersen/*Bornkamm/Feddersen* UWG § 5 Rn. 0.105.
163 BGH GRUR 2013, 1161 Rn. 60 – Hard Rock Cafe.
164 BGH GRUR 2013, 1161 Rn. 64 – Hard Rock Cafe; BGH GRUR 2016, 965 Rn. 23 – Baumann II; Ohly/Sosnitza/*Sosnitza* UWG § 5 Rn. 708; *Alexander* FS Köhler, 2014, 23 (27); **aA** *Köhler* GRUR 2007, 548 (551).
165 Vgl. hierzu *Jänich* Überhöhte Verbotsstandards 63 ff.
166 So *Ohly* FS Bornkamm, 2014, 423 (437 f.).
167 BGH GRUR 2013, 397 Rn. 44 – Peek & Cloppenburg III; *Sosnitza* ZGE 2013, 176 (187 f.); Ohly/Sosnitza/*Sosnitza* UWG § 5 Rn. 714.

## 2. Tatbestand des § 5 II UWG

Der Tatbestand des § 5 II UWG verfügt über zwei Tatbestandsmerkmale. Es muss sich um eine geschäftliche Handlung im Zusammenhang mit der Vermarktung von Waren oder Dienstleistungen handeln. Zudem ist das Vorliegen von Verwechslungsgefahr erforderlich.

Ein **Zusammenhang mit der Vermarktung** besteht immer dann, wenn die geschäftliche Handlung auf den Absatz der Ware oder Dienstleistung zielt. Nur ausnahmsweise wird dieser fehlen. Die Literatur nennt als Beispiel einen rein redaktionellen Beitrag über eine Ware oder eine Dienstleistung.[168] In diesem Fall fehlt der Zusammenhang aber nur dann, wenn der redaktionelle Beitrag nicht vom Unternehmer initiiert worden ist.

Weiterhin muss **Verwechslungsgefahr** gegeben sein. Die Verwechslungsgefahr ist ein zentraler Rechtsbegriff des Markenrechts. Grundsätzlich kann daher auf die markenrechtliche Rspr. und Lit. zur Verwechslungsgefahr zurückgegriffen werden.[169] Verwechslungsgefahr ist die Gefahr, dass erhebliche Teile der angesprochenen Verkehrskreise den Eindruck gewinnen können, dass die betreffenden Waren oder Dienstleistungen identisch sind oder zwar unterschiedlich sind, aber aus demselben Betrieb bzw. aus verschiedenen Betrieben, die in einem organisatorischen Zusammenhang stehen, stammen.[170] Eine vollständige Identität mit dem markenrechtlichen Begriff der Verwechslungsgefahr ist allerdings nicht gegeben. Ein Schutz für nicht benutzte Zeichen oder Zeichen, die über keinerlei Bekanntheit verfügen, ist für das Lauterkeitsrecht kaum vorstellbar.[171] Es wird dann jedenfalls an der Relevanz für die Konsumentenentscheidung fehlen.

## III. Vergleichende Werbung (§ 5 III UWG)

§ 5 III Var. 1 UWG geht zurück auf § 3 S. 2 UWG in der ab dem Jahr 2000 (bis 2004) geltenden Fassung. Die Regelung war in Umsetzung der RL 97/55 EG zur Zulässigkeit der vergleichenden Werbung eingeführt worden. Die grundsätzliche Zulässigkeit der vergleichenden Werbung folgt heute aus § 6 UWG. Fälle der Unzulässigkeit nennt § 6 II UWG. Dort fehlt allerdings die ausdrückliche Nennung der irreführenden vergleichenden Werbung. Diese wird von § 5 III Var. 1 UWG erfasst. Irreführende vergleichende Werbung ist also ausschließlich am Irreführungsverbot des § 5 UWG zu messen. Dies wird dadurch gewährleistet, dass § 5 III Var. 1 UWG klarstellend regelt, dass Angaben im Rahmen vergleichender Werbung auch Angaben iSd § 5 I 2 UWG sind.

> **Klausurhinweis:** In einer Klausur ist diese Frage beim Tatbestandsmerkmal »Angabe« zu erörtern.

Schwer erkennbar ist der Normzweck des § 5 III Var. 2 UWG. Danach sind Angaben iSd § 5 I 2 UWG auch **bildliche Darstellungen und sonstige Veranstaltungen, die darauf zielen und geeignet sind, solche Angaben zu ersetzen.** Hier sollen Werbeformen erfasst werden, die zwar nicht die Voraussetzungen einer vergleichenden Werbung nach § 6 I UWG erfüllen, dieser Werbeform aber sehr stark ähneln.

---

168 Ohly/Sosnitza/*Sosnitza* UWG § 5 Rn. 720; Köhler/Bornkamm/Feddersen/*Bornkamm/Feddersen* UWG § 5 Rn. 9.5.
169 Hierzu Ströbele/Hacker/*Hacker,* Markengesetz, 12. Aufl. 2018, MarkenG § 14 Rn. 341 iVm § 9 Rn. 15 ff.
170 So die Definition bei Ohly/Sosnitza/*Sosnitza* UWG § 5 Rn. 718.
171 Köhler/Bornkamm/Feddersen/*Bornkamm/Feddersen* UWG § 5 Rn. 9.16.

## IV. Werbung mit Preisherabsetzungen (§ 5 IV UWG)

### 1. Regelungszwecke, Struktur

120 § 5 IV UWG regelt die Werbung mit **Eigenpreisgegenüberstellungen.** Der Werbende stellt dabei dem von ihm geforderten aktuellen Preis einen alten, höheren Preis gegenüber, den er zuvor gefordert hat. So beworbene Produkte werden von den Konsumenten als preislich ausgesprochen attraktiv eingeschätzt. Sie meinen, ein »Schnäppchen« machen zu können. Entsprechend groß ist die Verlockung für Unternehmer, diese Werbeform missbräuchlich einzusetzen: Dem aktuellen Preis wird ein Preis gegenübergestellt, der nie oder nie ernsthaft (beispielsweise nur für eine extrem kurze Zeit) verlangt wurde. Die Bekämpfung dieser Wettbewerbspraxis ist ausgesprochen schwierig. Im Prozess treten erhebliche Beweisschwierigkeiten auf, da den klagebefugten Wettbewerbern und Verbraucherverbänden die Kenntnis von der früheren Preisstellung fehlt.

121 Um diese irreführenden Praktiken zu bekämpfen, wurde 1986 der abstrakte Verbotstatbestand des § 6e in das UWG eingefügt.[172] Die Norm bewährte sich in der Praxis nicht. Sie wurde aus Normzweckerwägungen und aufgrund von verfassungsrechtlichen Bedenken ausgesprochen restriktiv ausgelegt.[173] Bereits 1994 ist die Norm wieder aufgehoben worden. Grund hierfür war unter anderem eine Entscheidung des EuGH, nach der § 6e UWG eine nicht gerechtfertigte Maßnahme gleicher Wirkung (heute: Art. 34 AEUV; zum Entscheidungszeitpunkt Art. 30, 36 EGV) darstelle.[174] Seit 2004 versucht § 5 IV UWG, das Problem zu bewältigen. Das Regelungsprogramm der Norm besteht aus zwei Elementen. § 5 IV 1 UWG enthält eine Vermutung. In § 5 IV 2 UWG findet sich eine Beweislastregelung.

### 2. § 5 IV 1 UWG

122 Wenn der Ursprungspreis nur für eine unangemessen kurze Zeit gefordert worden ist, wird nach § 5 IV 1 UWG vermutet, dass es irreführend ist, mit der Herabsetzung eines Preises zu werben. Das deutsche Zivilrecht kennt Tatsachenvermutungen und Rechtsvermutungen.[175] Eine typische Tatsachenvermutung ist § 938 BGB: Hat jemand eine

---

172 § 6e UWG 1986:
(1) Wer im geschäftlichen Verkehr mit dem letzten Verbraucher in öffentlichen Bekanntmachungen oder in Mitteilungen, die für einen größeren Kreis von Personen bestimmt sind, die tatsächlich geforderten Preise für einzelne aus dem gesamten Angebot hervorgehobene Waren oder gewerbliche Leistungen höheren Preisen gegenüberstellt oder Preissenkungen um einen bestimmten Betrag oder Vomhundertsatz ankündigt und dabei den Eindruck erweckt, daß er die höheren Preise früher gefordert hat, kann auf Unterlassung in Anspruch genommen werden.
(2) Absatz 1 ist nicht anzuwenden
1. auf Preisauszeichnungen, die nicht blickfangmäßig herausgestellt werden,
2. wenn ohne blickfangmäßige Herausstellung auf einen höheren Preis Bezug genommen wird, der in einem früheren Katalog oder einem ähnlichen, das Angebot in einem Waren- oder Dienstleistungsbereich umfassenden Verkaufsprospekt enthalten ist,
3. wenn die Bekanntmachung oder Mitteilung sich ausschließlich an Personen richtet, die die Waren oder gewerblichen Leistungen in ihrer selbständigen beruflichen oder gewerblichen oder in ihrer behördlichen oder dienstlichen Tätigkeit verwenden.
173 Vgl. BGH GRUR 1988, 834 (836) – Schilderwald; BGH GRUR 1988, 836 (838) – Durchgestrichener Preis; BGH GRUR 1989, 848 – Kaffeepreis; näher zur Anwendung des § 6 UWG *Jänich* Überhöhte Verbotsstandards 29ff.
174 EuGH ECLI:EU:C:1993:191 = GRUR 1993, 747 – Yves Rocher.
175 Zöller/*Greger* ZPO Vor § 284 Rn. 10.

Sache am Anfang und am Ende eines Zeitraums im Eigenbesitz gehabt, so wird vermutet, dass ein Eigenbesitz auch in der Zwischenzeit bestanden hat. Die Tatsache »Eigenbesitz« wird also vermutet. Ein Beispiel für eine Rechtsvermutung ist § 891 BGB: Wenn im Grundbuch für jemanden ein Recht eingetragen ist, so wird vermutet, dass ihm das Recht zusteht. Für Vermutungen im Prozess gilt § 292 ZPO. Grundsätzlich ist der Beweis des Gegenteils bei Vermutungen möglich. Etwas anderes gilt bei gesetzlichen Fiktionen.[176] Hiervon ausgehend kann dahingestellt bleiben, ob die von § 5 IV UWG erfasste Irreführung eine Rechtsfrage oder eine Tatsachenfrage ist. Jedenfalls ist die Vermutung widerleglich.[177]

> **Beispiel:** V hat mit einem herabgesetzten Preis geworben. Der frühere Preis ist von ihm nur eine unangemessen kurze Zeit lang verwendet worden. Es wird vermutet, dass die Werbung mit der Preisherabsetzung irreführend ist. V kann im Prozess aber das Gegenteil darlegen und beweisen. Er muss dazu den Beweis führen, dass die Umworbenen nicht irregeführt worden sind. Hierzu kann er beispielsweise beweisen, dass er die Angesprochenen darauf hingewiesen hat, wie lange er den alten Preis verlangt hat.

Die Irreführung wird vermutet, wenn der alte Preis nur **unangemessen kurze Zeit** 123
verlangt worden ist. Was unangemessen ist, muss einzelfallabhängig beurteilt werden. Warengattung und Absatzform müssen einbezogen werden. Die Preise für Unterhaltungselektronik beispielsweise schwanken stärker als die für hochwertige Armbanduhren. Der Internethandel passt typischerweise seine Preise schneller an als der stationäre Einzelhandel. In die Berücksichtigung sollte zudem einbezogen werden, dass die Volatilität bei den Preisen tendenziell immer größer wird. Der Einzelhandel beispielsweise führt elektronische Etiketten ein, um seine Preise schnell ändern zu können. Andererseits sollte die Norm nicht zu restriktiv interpretiert werden.[178] Prinzipiell erwartet der Kunde bei dieser Werbeform, dass sich der Preis nachhaltig nach unten bewegt hat.

> **Fall 23:** Hier hat T den höheren Preis offensichtlich nicht ernsthaft verlangt. Es handelt sich um eine »unangemessen kurze Zeit«.

Ohne dass das Gesetz dies ausdrücklich aussagt, geht es davon aus, dass der gegen- 124
übergestellte höhere Preis unmittelbar vor der Herabsetzung verlangt worden ist.[179] Eine Preisschaukelei bei einer Werbung mit herabgesetzten Preisen ist also nicht erlaubt.

> **Beispiel:** Der Elektrohändler M bietet ein Mobiltelefon mit einem durchgestrichenen Preis von 549 EUR für 399 EUR an. Tatsächlich ist der Preis von 549 EUR längere Zeit verlangt worden. Vor der Herabsetzung auf 399 EUR wurde aber für einen ebenfalls nicht unerheblichen Zeitraum ein Preis von 449 EUR verlangt. Es handelt sich um eine unzulässige Werbung mit einer Preisherabsetzung, die bei Heranziehung des § 5 IV UWG nach § 5 I 2 Nr. 2 UWG irreführend ist.

> **Fall 14 (nach BGH GRUR 2009, 788 – 20 % auf alles):** Die Werbung »20 % auf alles« ist irreführend, da der Verbraucher erwartet, dass sich der Nachlass auf den unmittelbar vor der Erhöhung ernsthaft geforderten Preis bezieht.

---

176 BGH NJW 1965, 584; Zöller/*Greger* ZPO § 292 Rn. 1.
177 Ebenso Köhler/Bornkamm/*Bornkamm/Feddersen* UWG § 5 Rn. 3.120.
178 So aber MüKoUWG/*Busche* § 5 Rn. 457.
179 BGH GRUR 2009, 788 Rn. 15 ff. – 20 % auf alles.

### 3. Beweislast (§ 5 IV 2 UWG)

125 Wird ein Anspruch wegen einer unzulässigen Eigenpreisgegenüberstellung geltend gemacht, treffen den Anspruchsteller erhebliche Beweisprobleme. Nach allgemeinen zivilrechtlichen Grundsätzen trägt der Anspruchsteller die Beweislast für die rechtsbegründenden und der Anspruchsgegner die Beweislast für die rechtsvernichtenden, rechtshindernden und rechtshemmenden Tatbestandsmerkmale.[180] Hiernach müsste der Anspruchsteller darlegen und beweisen, in welchem Zeitraum der vermeintliche Verletzer den alten, herabgesetzten Preis verlangt hat. Dieser Beweis setzt eine umfassende Beobachtung des Wettbewerbers voraus. Eine solche ist häufig praktisch nicht möglich. In dieser Situation hilft § 5 IV 2 UWG. Wenn streitig ist, ob und in welchem Zeitraum der herabgesetzte Preis gefordert worden ist, so muss derjenige, der mit der Preisherabsetzung geworben hat, diesen Zeitraum beweisen.

> **Beispiel:** V klagt gegen Händler H wegen einer irreführenden Eigenpreisgegenüberstellung. H behauptet, er habe den alten, höheren Preis eine angemessen lange Zeit verlangt. Bestreitet V dies, muss H aufgrund der Vorschrift des § 5 IV 2 UWG den Beweis führen. Nach allgemeinen Beweislastregeln wäre V beweisbelastet.

126 Alle prozessualen Probleme räumt die Norm nicht aus.[181] Es fehlt ein außerprozessualer Auskunftsanspruch. Ohne Kenntnis des früher verlangten Preises kann der Anspruchsteller sein Prozessrisiko nicht abklären. Auch gilt im Zivilprozess nach § 138 I ZPO die Wahrheitspflicht. Der Anspruchsteller muss unter Umständen »ins Blaue hinein« zum früher verlangten Preis vortragen.

## C. § 5a UWG – Irreführung durch Unterlassen

### I. Struktur

127 § 3 UWG aF enthielt keine ausdrücklichen Regelungen zur Irreführung durch Unterlassen. Es war aber anerkannt, dass das Verschweigen einer Tatsache eine irreführende Angabe war, wenn für den Werbenden eine entsprechende Aufklärungspflicht bestand.[182] Insoweit ähnelte die Rechtsprechung also derjenigen zu § 123 BGB. Dort begründet das Verschweigen einer Tatsache nur dann eine Täuschung, wenn hinsichtlich der verschwiegenen Tatsache eine Aufklärungspflicht besteht.[183] Mit der UWG-Novelle 2004 wurde die Haftung für Unterlassen in § 5 II 2 UWG 2004 kodifiziert. Im Jahr 2008 erfolgte in Umsetzung der UGP-RL eine umfassende Neukodifikation in § 5a UWG. Für das Verständnis der Regelung ist die UGP-RL ausgesprochen hilfreich. Diese unterscheidet für irreführende Geschäftspraktiken zwischen »irreführenden Handlungen« einerseits und »irreführenden Unterlassungen« andererseits. Die irreführenden Handlungen sind in Art. 6 UGP-RL geregelt. Die irreführenden Unterlassungen werden von Art. 7 UGP-RL erfasst.

---

180 BGH NJW 1991, 1052 (1053); GRUR 2004, 246 (247) – Mondpreise?; Zöller/*Greger* ZPO Vor § 284 Rn. 17a.
181 Vgl. hierzu ausf. Köhler/Bornkamm/Feddersen/*Bornkamm/Feddersen* UWG § 5 Rn. 3.115 ff.
182 BGH GRUR 1952, 416 (417) – Dauerdose; BGH GRUR 1964, 269 (271) – Grobdesin; BGH GRUR 1988, 823 (824) – Entfernung von Kontrollnummern I; Baumbach/Hefermehl/*Hefermehl*, 16. Aufl. 1990, UWG § 3 Rn. 48.
183 BGH NJW 1989, 763 (764); NJW-RR 1991, 439 (440); 2008, 258 Rn. 20; Palandt/*Ellenberger* BGB § 123 Rn. 5.

§ 5a I UWG knüpft an § 5 UWG an und regelt, wenn das Verschweigen einer Tatsache 128 irreführend ist. Es handelt sich insoweit um ein Relikt des alten deutschen Lauterkeitsrechts. Die irreführenden Unterlassungen gem. Art. 7 UGP-RL finden sich in § 5a II–V UWG. § 5a VI UWG schließlich enthält eine Pflicht zur Kenntlichmachung des kommerziellen Zwecks einer geschäftlichen Handlung.

## II. § 5a I UWG

### 1. Wirkweise, Anwendungsbereich

§ 5a UWG kann – wie eben beschrieben – als ein Element des § 5 UWG begriffen werden. § 5 UWG setzt tatbestandlich eine **Handlung** voraus. Fehlt es an dieser, kommt § 5a I UWG zur Anwendung. Nach dieser Regelung sind bei der Beurteilung, ob das Verschweigen einer Tatsache irreführend ist, insbesondere deren Bedeutung für die geschäftliche Entscheidung nach der Verkehrsauffassung sowie die Eignung des Verschweigens zur Beeinflussung der Entscheidung zu berücksichtigen. 129

Streitig ist der Anwendungsbereich der Regelung. Teilweise wird vertreten, § 5a I UWG schütze Verbraucher und sonstige Marktteilnehmer gleichermaßen.[184] Nach der Gegenansicht sind Informationspflichten gegenüber Verbrauchern in Art. 7 UGP-RL abschließend kodifiziert.[185] Diese Regelung ist mit § 5a II–V UWG, nicht aber mit § 5a I UWG umgesetzt worden. Vorzugswürdig ist die letztgenannte Ansicht. Die UGP-RL bestimmt einen Schutzhöchststandard. Es ist kein Raum dafür, über § 5a I UWG iVm § 5 UWG weitere Informationspflichten zu begründen. Allerdings darf nicht verkannt werden, dass Art. 6 UGP-RL bzw. § 5 UWG Fallgruppen umfassen, denen ein Unterlassungselement immanent ist. Informiert der Unternehmer beispielsweise darüber, dass sein Produkt mit der Note »gut« von der STIFTUNG WARENTEST bewertet worden ist, verschweigt er aber gleichzeitig, dass alle anderen Geräte mit »sehr gut« bewertet worden sind, dann liegt eine unwahre Angabe nach § 5 I 2 Nr. 1 UWG vor, ohne dass ein Rückgriff auf § 5a II UWG erfolgen muss. 130

### 2. Verschweigen einer Tatsache

Das Verschweigen einer Tatsache kann unlauterkeitsbegründend sein. »Verschweigen« setzt begrifflich das Bestehen einer Aufklärungspflicht voraus. Grundsätzlich besteht keine allgemeine Aufklärungspflicht. Der Unternehmer muss nicht ungefragt alle Vor- und Nachteile seiner Ware oder Dienstleistung schildern.[186] Aufklärungspflichten können aus Gesetz, Vertrag oder vorangegangenem Tun folgen.[187] Hier kann eine Querverbindung zur beruflichen (Art. 2 lit. h UGP-RL) bzw. unternehmerischen Sorgfalt (§ 2 Nr. 7 UWG) gezogen werden.[188] Eine Aufklärungspflicht ist anzunehmen, wenn die Aufklärung der unternehmerischen Sorgfalt entspricht. Dies liegt vor, 131

---

[184] BGH GRUR 2011, 846 Rn. 14, 21 – Kein Telekom-Anschluss nötig; Ohly/Sosnitza/*Sosnitza* UWG § 5a Rn. 3.
[185] Köhler/Bornkamm/Feddersen/*Köhler* UWG § 5a Rn. 2.2.
[186] BGH GRUR 2011, 638 Rn. 34 – Werbung mit Garantie; BGH GRUR 2013, 945 Rn. 34 – Standardisierte Mandatsbearbeitung.
[187] Ohly/Sosnitza/*Sosnitza* UWG § 5a Rn. 23.
[188] So zutr. Köhler/Bornkamm/Feddersen/*Köhler* UWG § 5a Rn. 2.8.

wenn es um einen wesentlichen, relevanten Punkt geht und gerade aufgrund des Ausbleibens der Information die Entscheidung des Werbeadressaten erfolgt.

> **Beispiel (nach BGH GRUR 2007, 251 – Regenwaldprojekt II):** Großhändler G veräußert an gewerbliche Endabnehmer Bier in Kästen. Er bewirbt dies in seinem wöchentlich erscheinenden Prospekt mit dem Text: »Für jeden verkauften Kasten Bier rette ich einen Quadratmeter Regenwald. Beste Grüße, Ihr G«. Über die Art und Weise, wie die »Rettung« erfolgt, informiert G seine Kunden nicht. Tatsächlich spendet er pro verkauften Kasten Bier 3 Cent an eine Umweltschutzorganisation, die ihm zugesagt hat, für 3 Cent einen Monat lang einen Quadratmeter Regenwald vor Brandrodung zu schützen. In dieser Situation dürfte das Verschweigen der Wirkweise des Schutzmechanismus und insbesondere die Schutzdauer dazu führen, dass die Nachfrager zu einer Fehlentscheidung veranlasst werden.

132 § 5a I UWG aE verlangt die **Eignung des Verschweigens zur Beeinflussung der Entscheidung.** Hier ist eine klarstellende Auslegung geboten.[189] Das Relevanzkriterium ist so zu verstehen wie das entsprechende Merkmal in § 5 I 1 UWG: Das Verschweigen muss geeignet sein, den sonstigen Marktteilnehmer zu einer geschäftlichen Entscheidung zu veranlassen, die er andernfalls nicht getroffen hätte.

### III. Irreführung durch Vorenthalten einer wesentlichen Information (§ 5a II–IV UWG)

#### 1. Struktur

133 Anders als § 5a I UWG ist § 5a II UWG als selbstständiger Unlauterkeitstatbestand ausgestaltet. Er kann iVm § 3 I UWG die Unlauterkeit eines Handelns begründen.

> **Klausurhinweis:** § 5a II UWG iVm §§ 3 I, 8ff. UWG ist eine Anspruchsgrundlage. Anders ist dies bei § 5a I UWG. Dieser ergänzt nur § 5 UWG.

134 Der Tatbestand erfordert eine geschäftliche Handlung gegenüber Verbrauchern.

#### 2. Wesentliche Information

135 Dem Verbraucher muss eine »wesentliche Information« vorenthalten werden. Zu klären ist, wann eine Information »wesentlich« ist.

##### a) Grundsätze der Auslegung

136 Naheliegend erscheint es zunächst, jede Information für **wesentlich** zu halten, die für die Konsumentenentscheidung von Bedeutung ist. Ein solches Verständnis der Norm hätte jedoch zur Folge, dass der Unternehmer ungefragt auch alle Nachteile seines Angebotes offenbaren muss. Eine solche Verhaltenspflicht kollidiert mit dem Grundgedanken der Privatautonomie. Bei der Bestimmung des Merkmals »wesentlich« müssen daher die Interessen des Unternehmers berücksichtigt werden. Überzeugend ist die vermittelnde Position des BGH, der einerseits verlangt, dass die Information für die Entscheidung des Verbrauchers ein erhebliches Gewicht hat, andererseits aber auch unter Berücksichtigung der Interessen des Unternehmers die Mitteilung erwartet werden kann.[190] Grund-

---
189 So Köhler/Bornkamm/Feddersen/*Köhler* UWG § 5a Rn. 2.17.
190 BGH GRUR 2012, 1275 Rn. 36 – Zweigstellenbriefbogen.

sätzlich braucht der Unternehmer daher nicht jede nachteilige Eigenschaft der eigenen Ware oder Dienstleistung offenbaren.[191]

### b) Normative Konkretisierungen

Im Gesetz wird in zweifacher Weise der Begriff der wesentlichen Information konkretisiert. Die Konkretisierungen finden sich in § 5a III UWG und in § 5a IV UWG. 137

§ 5a III UWG nennt wesentliche Informationen, die gegeben werden müssen, wenn dem Verbraucher Waren oder Dienstleistungen zum Erwerb angeboten werden. Bei solchen konkreten Angeboten sind die in § 5a III Nr. 1–5 UWG genannten Angaben zu machen. Dem Verbraucher müssen die wesentlichen Merkmale der Ware oder Dienstleistung in dem dieser und dem verwendeten Kommunikationsmittel angemessenen Umfang gegeben werden (Nr. 1). Identität und Anschrift des Unternehmers müssen angegeben werden (Nr. 2). Der Preis muss nach Maßgabe von Nr. 3 genannt werden. Zahlung-, Liefer- und Leistungsbedingungen sowie besondere Beschwerdeverfahren sind mitzuteilen (Nr. 4). Schließlich ist eine wesentliche Information die Information über das Bestehen eines Rechts zum Rücktritt oder Widerruf (Nr. 5). 138

> **Klausurhinweis:** Liegt ein Verstoß gegen § 5a II UWG iVm § 5a III Nr. 5 UWG aufgrund eines fehlerhaften Hinweises über ein Recht zum Widerruf vor, ist regelmäßig auch ein Verstoß gegen § 3a UWG (Rechtsbruch) gegeben.

Wichtig ist, dass § 5a III UWG nur dann zur Anwendung kommt, wenn die Möglichkeit zum Geschäftsabschluss besteht. 139

Eine weitere Konkretisierung erfolgt durch **§ 5a IV UWG**. Danach sind wesentliche Informationen solche, »die dem Verbraucher aufgrund unionsrechtlicher Verordnungen oder nach Rechtsvorschriften zur Umsetzung unionsrechtlicher Richtlinien für kommerzielle Kommunikation einschließlich Werbung und Marketing nicht vorenthalten werden dürfen«. Diese Regelung setzt Art. 7 V der UGP-RL um. In Anhang II zur UGP-RL befindet sich eine nicht abschließende Liste der einschlägigen Rechtsvorschriften.[192] 140

**Beispiele für Informationspflichten:**
- Art. 6, 8 Verbraucherrechte-RL
- Art. 3 Pauschalreise-RL[193]
- Art. 5 f. E-Commerce-RL

---

191 BGH GRUR 2013, 945 Rn. 34 – Standardisierte Mandatsbearbeitung; Überblick über die weiter vertretenen Literaturpositionen bei Köhler/Bornkamm/Feddersen/*Köhler* UWG § 5a Rn. 3.12.
192 Ein Überblick über die einzelnen Informationspflichten findet sich bei Köhler/Bornkamm/Feddersen/*Köhler* UWG § 5a Rn. 5.6.
193 RL (EU) 2015/2302 des Europäischen Parlaments und des Rates über Pauschalreisen und verbundene Reiseleistungen, zur Änderung der Verordnung (EG) Nr. 2006/2004 und der Richtlinie 2011/83/EU des Europäischen Parlaments und des Rates sowie zur Aufhebung der Richtlinie 90/314/EWG des Rates v. 25.11.2015, ABl. 2015 L 326, 1.

141 Die Informationspflichten nach der E-Commerce-RL sind praktisch ausgesprochen bedeutsam. Die Umsetzung ist durch die §§ 5 f. Telemediengesetz (TMG) erfolgt. Wichtig ist insbesondere § 6 TMG.[194]

### 3. Vorenthalten

142 Der deutsche Gesetzgeber verwendet zur Umsetzung von Art. 7 II UGP-RL als Oberbegriff den der Richtlinie unbekannten Begriff des »**Vorenthaltens**«. Gemeint sind damit die Fälle, die in § 5 a II 2 UWG genannt sind. Vorenthalten ist also das Verheimlichen wesentlicher Informationen (§ 5 a II 2 Nr. 1 UWG), die Bereitstellung wesentlicher Informationen in unklarer, unverständlicher oder zweideutiger Weise (Nr. 2), und die nicht rechtzeitige Bereitstellung wesentlicher Informationen (Nr. 3).

143 Hilfe bei der Auslegung des Tatbestandsmerkmals »Vorenthalten« gibt **§ 5 a V UWG**. Zu berücksichtigen sind Beschränkungen, die mit den gewählten Kommunikationsmitteln einhergehen. Zudem sollen Maßnahmen des Unternehmers gewürdigt werden, dem Verbraucher die Informationen auf andere Weise als durch das gewählte Kommunikationsmittel zur Verfügung zu stellen. Das Regelungsziel verdeutlicht ein **Beispiel:**

> Ein Unternehmer unterbreitet einem Verbraucher telefonisch ein Angebot zum Kauf, das unter § 5 a III UWG fällt. Es ist ihm nicht möglich, alle wesentlichen Informationen am Telefon zu erteilen. In dieser Situation muss es genügen, dass er dem Verbraucher sehr zeitnah eine E-Mail zuleitet, die die nach § 5 a III UWG erforderlichen Informationen enthält.

### 4. Benötigen

144 § 5 a II UWG verlangt weiter, dass der Verbraucher die wesentliche Information nach den Umständen benötigt, um eine informierte geschäftliche Entscheidung zu treffen. Es bleibt abzuwarten, ob dieses Tatbestandsmerkmal nennenswerte praktische Bedeutung entfalten kann. Insbesondere dürfte es schon am Vorliegen einer wesentlichen Information fehlen, wenn der Verbraucher nach den konkreten Umständen die Information nicht für seine geschäftliche Entscheidung benötigt.

---

194 § 6 TMG – Besondere Informationspflichten bei kommerziellen Kommunikationen
(1) Diensteanbieter haben bei kommerziellen Kommunikationen, die Telemedien oder Bestandteile von Telemedien sind, mindestens die folgenden Voraussetzungen zu beachten:
1. Kommerzielle Kommunikationen müssen klar als solche zu erkennen sein.
2. Die natürliche oder juristische Person, in deren Auftrag kommerzielle Kommunikationen erfolgen, muss klar identifizierbar sein.
3. Angebote zur Verkaufsförderung wie Preisnachlässe, Zugaben und Geschenke müssen klar als solche erkennbar sein, und die Bedingungen für ihre Inanspruchnahme müssen leicht zugänglich sein sowie klar und unzweideutig angegeben werden.
4. Preisausschreiben oder Gewinnspiele mit Werbecharakter müssen klar als solche erkennbar und die Teilnahmebedingungen leicht zugänglich sein sowie klar und unzweideutig angegeben werden.
(2) Werden kommerzielle Kommunikationen per elektronischer Post versandt, darf in der Kopf- und Betreffzeile weder der Absender noch der kommerzielle Charakter der Nachricht verschleiert oder verheimlicht werden. Ein Verschleiern oder Verheimlichen liegt dann vor, wenn die Kopf- und Betreffzeile absichtlich so gestaltet sind, dass der Empfänger vor Einsichtnahme in den Inhalt der Kommunikation keine oder irreführende Informationen über die tatsächliche Identität des Absenders oder den kommerziellen Charakter der Nachricht erhält.
(3) Die Vorschriften des Gesetzes gegen den unlauteren Wettbewerb bleiben unberührt.

## 5. Relevanz

§ 5a II UWG verlangt schließlich, dass das »Vorenthalten der wesentlichen Information geeignet ist, den Verbraucher zu einer geschäftlichen Entscheidung zu veranlassen, die er anderenfalls nicht getroffen hätte« (§ 5a II Nr. 2 UWG). Die Rechtsprechung zu § 5a II UWG in der ab 2008 geltenden Fassung nahm an, dass die Feststellung, es handele sich um eine wesentliche Information, unwiderleglich zur Folge habe, dass das Vorenthalten die Konsumentenentscheidung beeinflussen könne (das Relevanzkriterium wurde zu diesen Zeitpunkt durch einen Verweis auf § 3 II UWG 2008 gewonnen).[195] Dieser Interpretation tritt *Köhler* für die Neufassung des § 5a II UWG aus dem Jahr 2015 mit beachtlichen Argumenten entgegen.[196] Die Ergänzung »je nach den Umständen« bringe eine Flexibilität in den Tatbestand, die zu einem Entfallen der Relevanz führen könne. *Köhler* nennt als Beispielsfall einen Verbraucher, der unabhängig von den vorenthaltenen Informationen auf jeden Fall zum Kaufabschluss entschlossen ist.[197]

145

## IV. Getarnte Werbung (§ 5a VI UWG)

### 1. Struktur, Normzweck

Verbraucher stehen Wirtschaftswerbung grundsätzlich skeptisch gegenüber. Es ist daher für den Unternehmer verlockend, den Verbraucher über den Werbecharakter einer geschäftlichen Handlung zu täuschen. Schon zu § 1 UWG 1909 war ein **Verbot der getarnten Werbung** anerkannt.[198] Mit der UWG-Novelle 2004 wurde mit § 4 Nr. 3 UWG ein eigenständiger Verbotstatbestand in das Gesetz aufgenommen, der die Verschleierung des Werbecharakters von Wettbewerbshandlungen untersagt. Der Schutz bestand unabhängig davon, ob der Adressat der Wettbewerbshandlung ein Verbraucher, ein Unternehmer oder ein sonstiger Marktteilnehmer war. Die UGP-RL wertet es nach Art. 7 II UGP-RL als irreführende Unterlassung, wenn der kommerzielle Zweck der Geschäftspraxis nicht kenntlich gemacht wird. Der deutsche Gesetzgeber hat nun diesen systematischen Vorgaben Folge geleistet und in § 5a VI UWG einen selbstständigen Verbotstatbestand statuiert. Dieser untersagt allerdings nur die Nichtkenntlichmachung der Verfolgung kommerzieller Zwecke gegenüber Verbrauchern. Für sonstige Marktteilnehmer muss ein Schutz über § 5 I UWG gewährleistet werden.[199] Getarnte Werbung gegenüber Mitbewerbern kann nur von § 3 I UWG erfasst werden.[200]

146

**Klausurhinweis:** § 5a VI UWG ist ein selbstständiger Unlauterkeitstatbestand. § 5a VI UWG ist iVm § 3 I UWG, §§ 8 ff. UWG eine Anspruchsgrundlage.

---

195 BGH GRUR 2010, 852 Rn. 21 – Gallardo Spyder; BGH GRUR 2011, 82 Rn. 33 – Preiswerbung ohne Umsatzsteuer; aA *Leible/Schäfer* WRP 2012, 32 (38).
196 Köhler/Bornkamm/Feddersen/*Köhler* UWG § 5a Rn. 3.43.
197 Köhler/Bornkamm/Feddersen/*Köhler* UWG § 5a Rn. 3.44.
198 Vgl. hierzu ausf. Baumbach/Hefermehl/*Hefermehl*, 16. Aufl. 1990, UWG § 1 Rn. 27 ff.
199 Ohly/Sosnitza/*Sosnitza* UWG § 5a Rn. 90.
200 Ohly/Sosnitza/*Sosnitza* UWG § 5a Rn. 90.

147  **Prüfungsschema für einen Anspruch aus § 5a VI UWG
iVm §§ 3 I, 8 I UWG auf Unterlassung**

1. Geschäftliche Handlung, § 2 I Nr. 1 UWG
2. Kommerzieller Zweck
3. Nichtkenntlichmachung, sofern nicht unmittelbar erkennbar
4. Relevanz
5. Wiederholungs- bzw. Erstbegehungsgefahr, § 8 I UWG

148 Oft trifft der Tatbestand mit Nr. 11 des Anhangs zu § 3 III UWG zusammen. Große praktische Relevanz kommt Vorschriften des Presserechts und des Rundfunkrechts zu. Die Landespressegesetze enthalten ebenfalls ein Trennungsgebot. Gleiches gilt für den Rundfunkstaatsvertrag (§§ 7f. RStV).

### 2. Geschäftliche Handlung

149 Voraussetzung für einen Verstoß gegen § 5a VI UWG ist eine geschäftliche Handlung gem. § 2 I Nr. 1 UWG.

### 3. Nichtkenntlichmachung des kommerziellen Zwecks

#### a) Grundsätze

150 Der Tatbestand setzt voraus, dass der kommerzielle Zweck nicht kenntlich gemacht wird. Auch hier ist wieder auf die Wahrnehmung des Durchschnittsverbrauchers abzustellen. Besonders strenge Anforderungen sind zu stellen, wenn sich die Werbung an Kinder richtet. Die Modifikation des Beurteilungsmaßstabes gem. § 3 IV 2 UWG ist dann auf § 5 VI UWG zu übertragen. Zudem muss das Nichtkenntlichmachen geeignet sein, auf die geschäftliche Entscheidung des Konsumenten einzuwirken (§ 5 VI aF UWG).

#### b) Fallgruppen

151 aa) **Getarnte Werbung in der Presse.** Eine zentrale Fallgruppe des § 5a VI UWG ist getarnte Werbung in der Presse. Schon die Landespressegesetze verpflichten zur Trennung von redaktionellem Teil und Werbung. Beispielhaft sei hier die Regelung des Nordrhein-Westfälischen Pressegesetzes genannt:

§ 10 LPresseG NRW
Kennzeichnung entgeltlicher Veröffentlichungen
Hat der Verleger oder der Verantwortliche (§ 8 II Satz 4) eines periodischen Druckwerks für eine Veröffentlichung ein Entgelt erhalten, gefordert oder sich versprechen lassen, so muß diese Veröffentlichung, soweit sie nicht schon durch Anordnung und Gestaltung allgemein als Anzeige zu erkennen ist, deutlich mit dem Wort »Anzeige« bezeichnet werden.

152 Der Leser soll durch den Hinweis vor Irreführungen geschützt werden. Er bringt der Presse ein besonderes Vertrauen entgegen. Wird ihm Werbung als Teil der redaktionellen Berichterstattung untergeschoben, legt er die Skepsis ab, die er Werbung entgegenbringt. Die Regelung dient zudem der Erhaltung der Objektivität und Neutralität der Presse.[201]

---

201 Köhler/Bornkamm/Feddersen/*Köhler* UWG § 5a Rn. 7.37.

Die Presse kann so Begehrlichkeiten von Inserenten, den Lesern Werbung im redaktionellen Teil unterzuschieben, entgegentreten.

Wird ein Inserat nicht so gekennzeichnet, dass es für den Durchschnittsverbraucher als Werbung erkennbar ist, liegt ein Verstoß gegen den Tatbestand des § 5a VI UWG vor. Ebenso sind der vorrangig zu prüfende § 3 III UWG iVm Anhang Nr. 11 UWG und § 3a UWG (Rechtsbruch) in Verbindung mit der jeweils einschlägigen Regelung des Landespresserechts verletzt.[202] Ist die Werbung schon aufgrund ihrer Gestaltung unzweifelhaft als solche zu erkennen, muss eine ausdrückliche Kennzeichnung mit dem Wort »Anzeige« nicht erfolgen.

153

Auch **redaktionelle Beiträge** können getarnte Werbung sein. Kritisch zu betrachten sind beispielsweise die Auto- und Reiseteile der überregionalen Tageszeitungen. Die dort publizierten Beiträge werden typischerweise von den Herstellern bzw. Touristikunternehmen unterstützt: Zu testende Produkte werden kostenlos zur Verfügung gestellt, Reisen zu kostspieligen Autopräsentationen in landschaftlich reizvollen Gegenden der Welt werden finanziert, aufwendige Luxusreisen werden von Reiseveranstaltern und Tourismusorganisationen bezahlt. Es stellt sich die Frage, ob in einer solchen Situation eine getarnte Werbung vorliegt. Die Rechtsprechung stellt entscheidend darauf ab, ob Produkte oder Dienstleistungen übermäßig oder einseitig werbend dargestellt werden.[203] Prüfungskriterien sind die Aufmachung des Beitrags, Art und Maß der Darstellung sowie die Frage, ob ein publizistischer Anlass vorliegt.[204]

154

> **Beispiel:** Ein deutscher Automobilhersteller bringt seinen Bestseller, ein Fahrzeug der unteren Mittelklasse, nach der Frankfurter Automobilausstellung IAA modellgepflegt auf den Markt. Eine überregionale Tageszeitung berichtet darüber auf der ersten Seite als Aufmacher. 75 % des Raumes auf der Titelseite wird der Markteinführung gewidmet. Im unteren Teil der Seite wird über eine weitere Neuigkeit des Tages, den Ausgang der Bundestagswahl, berichtet. In diesem Fall ist zwar ein publizistischer Anlass für die Berichterstattung gegeben. Art und Maß der Darstellung sind jedoch nicht angemessen. Ein Verstoß gegen § 5a VI UWG liegt vor. Der Beitrag hat Werbewirkung. Dies gilt auch, wenn keine Leistungen des Unternehmens an die Zeitung geflossen sind.

Der Prüfungsmaßstab ist abzumildern bei **Anzeigeblättern.** Diesen tritt der Durchschnittsverbraucher von vornherein skeptischer entgegen. Eine differenzierte Betrachtung ist bei Kundenzeitschriften erforderlich. Werden diese unentgeltlich vertrieben, wird der Durchschnittsverbraucher sie insgesamt als Werbung wahrnehmen. Einzelfallabhängig muss die Beurteilung bei dem neueren Typus der entgeltlichen Kundenzeitschrift sein. Gelegentlich bringt das Thema der Zeitschrift einen engen Bezug zu einem oder mehreren Anbietern von Waren oder Dienstleistungen mit sich. Ein typisches Beispiel hierfür sind Fernsehprogrammzeitschriften, die in den Mittelpunkt ihres Programmteils das Angebot der Pay-TV-Sender rücken.[205] Auch hier ist die Konsumentenerwartung entscheidend: Wird die Zeitschrift zum üblichen Preis einer Programmzeitschrift veräußert, erwartet der Konsument eine kritische, unabhängige Berichterstattung auch über das Angebot der Pay-TV-Sender.

155

---

202 BGH GRUR 2011, 163 Rn. 24 – Flappe.
203 BGH GRUR 1994, 441 (442) – Kosmetikstudio; BGH GRUR 1996, 502 (506) – Energiekosten-Preisvergleich; BGH GRUR 1997, 912 (913) – Die Besten I.
204 Köhler/Bornkamm/Feddersen/*Köhler* UWG § 5a Rn. 7.51 ff.
205 Vgl. hierzu OLG Hamburg GRUR-RR 2006, 15.

156 **bb) Rundfunk und Fernsehen.** Nach den §§ 7 ff. RStV muss Werbung als solche leicht erkennbar sein. Wenn nur auf einem Teil des Bildschirms Werbung gezeigt wird (sog. Splitscreen-Werbung), muss diese vom übrigen Programm eindeutig getrennt und gekennzeichnet sein. Wird gegen diese Vorgabe verstoßen, liegt jedenfalls ein Verstoß gegen § 3a UWG in Verbindung mit den einschlägigen rundfunkrechtlichen Bestimmungen vor. Für § 5a VI UWG ist im Einzelfall zu prüfen, ob der Durchschnittsverbraucher die Werbung erkennt. Schleichwerbung und Produktplatzierungen sind ausdrücklich im Rundfunkstaatsvertrag geregelt (Definition in § 2 II Nr. 8 und Nr. 11 RStV). Schleichwerbung ist grundsätzlich unzulässig. Ein Verstoß gegen das Verbot der Schleichwerbung fällt zugleich unter § 3a UWG und § 5a VI UWG.

> **Beispiel:** Die Fernsehmoderatorin F nimmt nach der Sommerpause sichtbar erholt und mit deutlich reduziertem Körpergewicht ihre Sendung wieder auf. Sie lässt in ihre Moderation einfließen, dass die erhebliche Gewichtsreduktion in der Sommerpause auf die »wunderbare XX-Diät« zurückzuführen sei. Für diese Äußerung hat die F von XX Geld erhalten.

157 Produktplatzierungen sind nach Maßgabe des § 7 VII RStV zulässig. Sie müssen zu Beginn und am Ende der Sendung genannt werden.

158 Bei Kinofilmen geht der Durchschnittsverbraucher davon aus, dass Produktplatzierungen aufgrund entgeltlicher Leistungen der Hersteller erfolgen. Der Durchschnittsverbraucher wird daher nicht mit getarnter Warnung gem. § 5a VI UWG konfrontiert.

> **Beispiel:** Geheimagentin JB gleitet auf einer eleganten Yacht durch die Lagune von Venedig. Sie arbeitet – gut erkennbar – an einem Computer der Marke T. Dem Durchschnittsverbraucher ist bekannt, dass T für diese Szene dem Filmproduzenten einen Geldbetrag zuwenden musste.

159 Auch Sponsoring ist im Rundfunkrecht nach Maßgabe des § 8 RStV zulässig. Es muss zum Beginn und zum Ende der Sendung eine entsprechende Information gegeben werden. Erfolgt der Hinweis, ist diese Werbeform lauterkeitsrechtlich unbedenklich.

160 **cc) Werbung im Internet.** Ein aktuelles Problem ist **getarnte Werbung im Internet**. Auch hier kommen Verstöße gegen § 3 III UWG iVm Anhang Nr. 11 UWG sowie § 5a VI UWG in Betracht. Daneben sind Bestimmungen des § 5 I Nr. 1 TMG (Impressumspflicht) und die Kennzeichnungspflicht nach § 6 I Nr. 1 TMG zu beachten. Nach § 6 I Nr. 1 TMG muss kommerzielle Kommunikation klar als solche erkennbar sein. Mögliche Verstöße gegen das Verbot der getarnten Werbung sind in vielfältiger Weise denkbar.

> **Beispiele:**
> – Eine Modebloggerin stellt bestimmte Kleidungsstücke vor. Sie bekommt dafür von den Bekleidungsherstellern einen erheblichen Geldbetrag zugewendet.
> – Ganz ähnlich ist **Fall 24** gelagert. Entscheidend ist hierbei, ob der Betrachter erkennen kann, dass die M einen eigenen Vorteil aus der Verlinkung zieht.
> – In Bewertungsportalen werden Bewertungen abgegeben, die ein Unternehmer gegen Entgelt erworben hat.
> – Ein Wikipedia-Eintrag wird dazu genutzt, Werbung für ein Unternehmen zu machen.[206]

---

206 OLG München WRP 2012, 1145 Rn. 11.

# § 13 Vergleichende Werbung (§ 6 UWG)

**Literatur:** *Glöckner*, The Regulatory Framework for Comparative Advertising in Europe – Time for a New Round of Harmonisation, IIC 2012, 35 ff.; *Kadelbach*, The Law affecting Comparative Advertising in South Africa, 2003; *Rippert/Weimer*, Vergleichende Werbung – eine Gegenüberstellung der Regeln in Deutschland und den USA, K&R 2007, 302 ff.

**Fall 1:** A wirbt mit dem Slogan »Bestes Restaurant der Stadt«. Wettbewerber B gefällt dies nicht.

**Fall 2:** Für das Mundwasser C wird auf Linienbussen und Straßenbahnen mit dem Slogan »C, ein wirklich gutes Mundwasser!« geworben. Auf anderen Bussen und Straßenbahnen wirbt ein Wettbewerber mit dem Slogan »Ja. Aber O ist besser!« Dem Publikum sind beide Mundwassersorten bekannt.

**Fall 3:** Ein Lebensmittelunternehmen stellt in der Werbung die Preise von Markenprodukten und Eigenmarken gegenüber. Beworben werden nur Markenprodukte, die das Lebensmittelunternehmen im eigenen Angebot hat. Auch werden die Preise genannt, die das werbende Unternehmen selbst verlangt. Markenartikelhersteller M ist über die Werbung ausgesprochen verärgert.

**Fall 4:** M und BK sind Wettbewerber auf dem Schnellrestaurantmarkt. Ein beliebtes Produkt bei M ist der »Big Muck«-Burger. Das Vergleichsprodukt des Wettbewerbers BK heißt »Wupper«. BK führt eine Blindverkostung mit mehreren tausend Teilnehmern durch. Ein Großteil der Teilnehmer (ungefähr 75 %) erklärt, der Wupper schmecke ihnen besser als der Big Muck. Daraufhin schaltet BK eine Werbeanzeige: »Eindeutiges Testergebnis: Der Wupper schmeckt den meisten Verbraucherinnen und Verbrauchern besser als der Big Muck«. Im weiteren Verlauf der Werbeanzeige wird das Testverfahren näher erläutert. M hält die Werbung für unzulässig.

**Fall 5:** Auf einer Bergstraße in den Bayerischen Alpen gerät ein Fahrzeug des Fahrzeugherstellers M ins Schleudern und stürzt mehrere hundert Meter einen Abhang herunter. Der Fahrer überlebt unverletzt. M nimmt dies zum Anlass, mit einem Foto der Unfallstelle und dem Slogan »Einfach sicher« zu werben. Auf dem Bild ist auch das abgestürzte, beschädigte Fahrzeug zu sehen. Eine Woche später lässt der Wettbewerber B eine Zeitungsanzeige schalten. Sie zeigt ein Fahrzeug des Herstellers B auf der gleichen Straße kurz hinter der Unfallstelle. Geworben wird mit dem Slogan »Wer wird denn gleich ins Schleudern geraten? Die beste Sicherheitstechnik ist die, die den Unfall vermeidet!«. M möchte gegen diese Werbung vorgehen.

**Fall 6:** V bietet im Internet Staubsaugerbeutel zum Verkauf an. Er nennt dazu die Staubsaugertypen, für die die Staubsaugerbeutel passen. Zudem nennt er das Zeichen und die Typenbezeichnung eines ausgesprochen bekannten Wettbewerbers auf dem Staubsaugerbeutelmarkt, an dessen Typenbezeichnungen sich die Kunden typischerweise orientieren. Der Wettbewerber sieht hierin eine unlautere vergleichende Werbung.

## A. Einleitung, Normstruktur, europarechtliche Grundlagen, Konkurrenzen

### I. Geschichte, Normstruktur und europarechtliche Grundlagen

Die Regulierung vergleichender Werbung blickt auf eine wechselvolle Geschichte 1 zurück. Nach dem Inkrafttreten des UWG im Jahr 1909 ging man **zunächst** von einer **grundsätzlichen Zulässigkeit** vergleichender Werbung aus.[1] Zwei Aufsätze

---
1 MüKoUWG/*Menke* § 6 Rn. 3.

von *Kohler* und *Lobe* aus dem Jahr 1917 initiierten eine Neubewertung.[2] Dieser Kritik schloss sich das RG im Jahr **1931** an und nahm eine **grundsätzliche Unzulässigkeit** vergleichender Werbung an.[3] Es stünde dem Unternehmer nicht zu, das eigene Angebot im Vergleich zu anderen Angeboten zu bewerten (kein Richter in eigener Sache).[4] Dieses grundsätzliche Verbot vergleichender Werbung wurde vom BGH zunächst nur leicht gelockert. Zulässig war vergleichende Werbung dann, wenn ein hinreichender Anlass für sie bestand.[5] Zu einer gänzlichen Neubeurteilung führte die RL 97/55/EG[6] über irreführende und vergleichende Werbung (→ § 12 Rn. 13). Die Richtlinie bzw. ihre Nachfolgeregelung bezweckt eine Harmonisierung des Rechts der vergleichenden Werbung, die in vielen Ländern Europas schon längere Zeit zulässig ist. Nach der RL 97/55/EG ist vergleichende Werbung **im Grundsatz zulässig** und nur im Ausnahmefall unzulässig. Bereits vor Ablauf der Umsetzungsfrist gab der BGH **1998** seine bisherige, strenge Praxis auf und glich seine Judikatur der noch nicht umgesetzten Richtlinie an. Vergleichende Werbung war nunmehr auch in Auslegung des noch nicht harmonisierten deutschen UWG im Grundsatz zulässig.[7] Erst im Jahr 2000 wurde die Richtlinie mit dem § 2 UWG 2000 (gemeinsam mit weiteren Änderungen) umgesetzt. Die sonst bedeutsame UGP-RL hat aufgrund ihres Regelungsansatzes (B2C → § 5 Rn. 11) für das Recht der vergleichenden Werbung keine größere Bedeutung.

2 **§ 6 I UWG** gibt eine **Legaldefinition** der vergleichenden Werbung. Aus der Formulierung des § 6 II UWG folgt, dass diese grundsätzlich zulässig ist. Nur für die aufgezählten Einzelfälle wird die Unzulässigkeit angeordnet. Eine Relevanzklausel enthält § 6 UWG nicht. **§ 6 II UWG** definiert **unlautere** Verhaltensweisen. Diese sind nach **§ 3 I UWG unzulässig**. Eine Spürbarkeit oder Relevanz verlangt § 3 I UWG 2015 im Gegensatz zu § 3 I UWG 2008 nicht mehr. Vertreten wird allerdings, eine Eignung, die Mitbewerber zu schädigen oder die Verbraucherentscheidung zu beeinflussen, sei bei der Auslegung des § 6 II UWG zu berücksichtigen.[8]

---

2 *Kohler* MuW 1917, 127 (128 f.); *Lobe* MuW 1917, 129 ff.; hierzu *Emmerich* Unlauterer Wettbewerb § 7 Rn. 2.
3 RG GRUR 1931, 1299 ff. – Hellegold.
4 RG GRUR 1931, 1299 (1301); vgl. hierzu MüKoUWG/*Menke* § 6 Rn. 4.
5 BGH GRUR 1962, 45 – Betonzusatzmittel.
6 Jetzt RL 2006/114/EG des Europäischen Parlaments und des Rates über irreführende und vergleichende Werbung v. 12.12.2006, ABl. 2006 L 376, 21.
7 BGH GRUR 1998, 824 (826) – Testpreis-Angebote.
8 So Köhler/Bornkamm/Feddersen/*Köhler* UWG § 6 Rn. 21 mit Verweis auf Erwägungsgrund 9 Werbe-RL.

> **Prüfungsschema für einen Unterlassungsanspruch
> aus § 8 I UWG iVm §§ 6, 3 I UWG**
>
> 1. Geschäftliche Handlung, § 2 I Nr. 1 UWG
>    (→ § 4 Rn. 2 ff.)
> 2. Vorliegen einer vergleichenden Werbung, § 6 I UWG
>    (→ § 13 Rn. 7 ff.)
> 3. Unlauterkeit, § 6 II Nr. 1–6 UWG
>    (→ § 13 Rn. 18 ff.)
> 4. Wiederholungs- bzw. Erstbegehungsgefahr, § 8 I UWG
>    (→ § 15 Rn. 27 ff.)

## II. Konkurrenzen

### 1. § 5 UWG

Art. 4 Werbe-RL nennt Kriterien, die vergleichende Werbung erfüllen muss, damit sie zulässig ist. Nach Art. 4 lit. a Werbe-RL darf vergleichende Werbung nicht irreführend sein. Diese Regelung ist **nicht** in § 6 UWG umgesetzt. Sie findet sich vielmehr in **§ 5 III UWG**. »Angaben« iSd § 5 I UWG sind demnach auch Angaben im Rahmen vergleichender Werbung. Eine irreführende, vergleichende Werbung ist daher an § 5 III UWG und **nicht** an § 6 UWG zu messen. Damit ist auch die Anwendung des § 5 a UWG (Irreführung durch Unterlassen) eröffnet. 3

### 2. § 4 UWG

§ 4 Nr. 1 UWG (Geschäftsehrverletzung) tritt hinter § 6 II Nr. 5 UWG zurück. Die Regelung des § 6 II Nr. 5 UWG ist spezieller.[9] Demgegenüber soll **§ 4 Nr. 2 UWG** neben § 6 UWG zur Anwendung kommen können.[10] Ist die vergleichende Werbung nach § 6 UWG zulässig, kommt ein Verstoß gegen **§ 4 Nr. 3 UWG** (unzulässige Nachahmung) oder **§ 4 Nr. 4 UWG** (gezielte Behinderung) grundsätzlich nicht in Betracht.[11] 4

### 3. Immaterialgüterrechte

Ausgesprochen kompliziert und noch nicht abschließend geklärt ist das Verhältnis von § 6 UWG zum **Markenrecht**.[12] Jedenfalls sind die Regelungen über die vergleichende Werbung keine generellen Schutzschranken des Markenrechts. Die **Verwendung einer Marke im Rahmen einer vergleichenden Werbung kann** daher **eine Markenverletzung** darstellen.[13] Beachtet werden muss allerdings die gesetzgeberische Grund- 5

---

9 BGH GRUR 2012, 74 Rn. 17f. – Coaching-Newsletter; MüKoUWG/*Jänich* § 4 Nr. 1 Rn. 5.
10 Köhler/Bornkamm/Feddersen/*Köhler* UWG § 6 Rn. 29; MüKoUWG/*Brammsen* § 4 Nr. 2 Rn. 18 f.
11 BGH GRUR 2011, 1158 Rn. 25 – Teddybär; zur Abgrenzung zu § 4 Nr. 3 UWG vgl. MüKoUWG/ *Menke* § 6 Rn. 40 ff.
12 Vgl. näher Köhler/Bornkamm/Feddersen/*Köhler* UWG § 6 Rn. 32 ff.; Ohly/Sosnitza/*Ohly* UWG § 6 Rn. 19 ff.
13 EuGH ECLI:EU:C:2008:339 Rn. 44 = GRUR 2008, 698 – O2 Holdings Ltd., O2 [UK]/H3G UK Ltd.; EuGH ECLI:EU:C:2009:378 Rn. 53 = GRUR 2009, 756 – L'Oréal/Bellure.

entscheidung: Vergleichende Werbung soll grundsätzlich zulässig sein. Daher gibt das Markenrecht dem Inhaber einer eingetragenen Marke **nicht** das Recht, die Benutzung eines mit seiner Marke identischen oder ähnlichen Zeichens in einer vergleichenden Werbung zu verbieten, wenn diese sämtliche Zulässigkeitsvoraussetzungen des Art. 4 Werbe-RL (§§ 6 II, 5 III UWG) erfüllt.[14] Besondere Aufmerksamkeit verdient der Schutz der **bekannten Marke** nach **§ 14 II Nr. 3 MarkenG**. Die Benutzung einer bekannten Marke im Rahmen einer vergleichenden Werbung kann dazu führen, dass es zu einer unlauteren Ausnutzung oder Beeinträchtigung der Unterscheidungskraft oder der Wertschätzung der Marke kommt.[15]

6 Ebenso bereitet die Abgrenzung zum Urheberrecht Probleme. Denkbar ist, dass die Gestaltung der Marke urheberrechtlichen Schutz genießt. Es könnte dann aus dem Urheberrecht (§ 97 UrhG iVm §§ 16 f. UrhG) gegen die vergleichende Werbung vorgegangen werden. Prima facie erscheint es naheliegend, dass die konkreten gesetzgeberischen Wertungen des MarkenG und des UWG nicht durch eine Anwendung des UrhG durchkreuzt werden dürfen. Aufgrund der individual-rechtlichen Prägung des UrhG ist dies dogmatisch jedoch kaum haltbar.

## B. Die Definition der vergleichenden Werbung (§ 6 I UWG)

7 Nach § 6 I UWG ist Werbung vergleichend, die unmittelbar oder mittelbar einen Mitbewerber oder die von einem Mitbewerber angebotenen Waren oder Dienstleistungen **erkennbar** macht.

### I. Werbung

8 Die Werbe-RL, auf der § 6 UWG beruht, enthält in Art. 2 lit. a Werbe-RL eine Definition des Begriffs »Werbung«. Werbung ist demnach »**jede Äußerung bei der Ausübung eines Handels, Gewerbes, Handwerks oder freien Berufs mit dem Ziel, den Absatz von Waren oder die Erbringung von Dienstleistungen, einschließlich unbeweglicher Sachen, Rechte und Verpflichtungen, zu fördern**«. Die Definition mutet recht weit an, ist jedoch enger als der Begriff der geschäftlichen Handlung in § 2 I Nr. 1 UWG. Unklar ist, ob auch eine vergleichende Werbung (durch eine Privatperson oder ein Unternehmen) zugunsten eines Dritten unter den Begriff »Werbung« fällt.

> **Beispiel:** Die Tageszeitung WZ publiziert eine Rangliste »Die 10 besten Herzchirurgen Ostfrieslands«. Liegt hierin eine vergleichende Werbung für den Erstplatzierten? In der Literatur wird diese Frage unterschiedlich beantwortet.[16] Jedenfalls bei Äußerungen der Presse wird man nur dann eine Werbung annehmen können, wenn konkrete Umstände dafür sprechen, dass in den Wettbewerb zugunsten eines bestimmten Unternehmens eingegriffen werden soll.[17]

---

14 EuGH ECLI:EU:C:2008:339 Rn. 45, 51 = GRUR 2008, 698 – O2 Holdings Ltd., O2 [UK]/H3G UK Ltd.; EuGH ECLI:EU:C:2009:378 Rn. 54 = GRUR 2009, 756 – L'Oréal/Bellure.
15 Vgl. hierzu näher EuGH ECLI:EU:C:2009:378 Rn. 38 ff. = GRUR 2009, 756 – L'Oréal/Bellure.
16 Vgl. Kohler/Bornkamm/Feddersen/*Köhler* UWG § 6 Rn. 64; MüKoUWG/*Menke* § 6 Rn. 64 f.
17 Vgl. BVerfG WRP 2003, 69 (71 f.) – Juve-Handbuch; BGH GRUR 1997, 912 (913) – Die Besten I; BGH GRUR 1997, 914 (915) – Die Besten II; BGH GRUR 2006, 875 Rn. 22 f. – Rechtsanwalts-Ranglisten.

## II. Erkennbarmachung

Ein Mitbewerber oder die von einem Mitbewerber angebotenen **Waren oder Dienstleistungen** müssen **unmittelbar oder mittelbar erkennbar** gemacht werden.

9

### 1. Mitbewerber

Der Begriff des »**Mitbewerbers**« deckt sich **nicht** mit § 2 I Nr. 3 UWG. Für § 6 I UWG ist er aus der Werbe-RL und nicht aus der UGP-RL abzuleiten. Nach der Rechtsprechung des EuGH ist entscheidend, ob die Produkte aus der Sicht der Verbraucher substituierbar sind.[18] Zu prüfen ist also, ob der Konsument die Produkte oder Dienstleistungen als potenziell austauschbar ansieht.

10

> **Beispiel:** Die Markentankstelle B stellt ihren Preisen die Preise der Markentankstelle T gegenüber. Typischerweise entscheiden die Konsumenten beliebig zwischen den beiden Tankstellen.

Auch durch die Werbung selbst kann die Mitbewerbereigenschaft begründet werden.[19] Probleme bereitet der Fall, bei dem ein Unternehmen auf einer vor- oder nachgelagerten Wirtschaftsstufe einen Vergleich verschiedener Produkte vornimmt.

11

> **Beispiel:** Der Lebensmitteleinzelhändler E wirbt in einer Tageszeitung mit einer Tabelle, in der er die Preise aller von ihm angebotenen Mineralwassersorten gegenüberstellt.[20]

Sofern der Unternehmer kein Interesse hat, dass der Absatz eines bestimmten Produktes gefördert wird, fehlt es an der Mitbewerbereigenschaft.[21]

12

### 2. Erkennbarkeit

Das prägende Merkmal einer vergleichenden Werbung ist es, den Mitbewerber **unmittelbar oder mittelbar erkennbar** zu machen. Für die Beurteilung ist auf die angesprochenen Verkehrskreise abzustellen. Dies können Verbraucher sein (§§ 2 II, 3 IV UWG). Eine vergleichende Werbung kann sich aber auch an Unternehmer (sonstige Marktteilnehmer) richten.

13

Eine **unmittelbare Erkennbarkeit** ist gegeben, wenn der **Mitbewerber** namentlich genannt wird. Dies kann etwa durch Verwendung von Unternehmenskennzeichen, Firma oder Marke geschehen. Die **Waren** eines Mitbewerbers können erkennbar gemacht werden, indem im Verkehr bekannte Kennzeichnungen, beispielsweise Ersatzteilnummern, genannt werden.[22]

14

Eine **mittelbare Erkennbarkeit** liegt vor, wenn der Mitbewerber durch Anspielungen oder Andeutungen für die angesprochenen Verkehrskreise erkennbar gemacht wird.

15

> Bei **Fall 2** und **Fall 5** (angelehnt an RGZ 131, 75) werden die Mitbewerber mittelbar erkennbar gemacht.

---

18 EuGH ECLI:EU:C:2007:230 Rn. 28 = GRUR 2007, 511 – De Landtsheer/CIVC.
19 Auch hier kommen die Grundsätze der Entscheidung BGH GRUR 1972, 553 – Statt Blumen ONKO-Kaffee zur Anwendung, → § 4 Rn. 25.
20 Vgl. die Fallkonstellation bei BGH GRUR 2007, 896 – Eigenpreisvergleich.
21 Ebenso Ohly/Sosnitza/*Ohly* UWG § 6 Rn. 29.
22 Vgl. EuGH ECLI:EU:C:2001:566 = GRUR 2002, 354 – Toshiba Europe/Katun.

16 Für die Feststellung der Erkennbarkeit kann die **Marktstruktur** von Bedeutung sein. Auf oligopolistischen Märkten ist eine mittelbare Erkennbarkeit eher anzunehmen als auf Märkten mit einer Vielzahl von Wettbewerbern. Die Berücksichtigung der Marktstruktur führt auch bei der Würdigung von Alleinstellungs- und Spitzenstellungsbehauptungen zu zutreffenden Ergebnissen. Der Werbeslogan »Das beste Mobilfunknetz Deutschlands« begründet eine Erkennbarkeit der Wettbewerber, da es nur noch zwei weitere Mobilfunknetze gibt. Demgegenüber lässt die Werbung »Das beste Restaurant der Stadt« (**Fall 1**) keinen Wettbewerber erkennen.

### 3. Vergleich

17 Nach § 6 II UWG handelt unlauter, wer unter bestimmen Umständen »**vergleichend**« wirbt. Demgegenüber setzt die Legaldefinition des § 6 I UWG erstaunlicherweise einen Vergleich gerade nicht voraus. Allerdings leitet der BGH zutreffend aus Art. 4 lit. b Werbe-RL ab, dass vergleichende Werbung, neben dem Erkennbarmachen eines konkreten Wettbewerbers, zwingend einen Vergleich mit einem von diesem angebotenen, hinreichend austauschbaren Produkt voraussetzt.[23] Die bloße Kritik an den Leistungen der Wettbewerber ist daher kein Vergleich.[24] Das Gleiche gilt für die Aufforderung zum Vergleich.

> **Beispiel (nach BGH GRUR 1987, 49 – Cola-Test):** »P-Cola« ist ein koffein- und kohlensäurehaltiges Erfrischungsgetränk. Marktführer ist der Wettbewerber »C-Cola«. P zeigt einen Werbefilm mit dem »P-Test«. Eine jugendliche Testperson führt einen Geschmacksvergleich mit zwei weiteren, nicht namentlich genannten Cola-Limonaden durch. Die Testperson wählt im Blindtest die »P-Cola«. Der Werbespot schließt mit einer Aussage der Person, die den Test durchführt: »P gewinnt nicht immer, aber Martin steht nicht allein – es gibt noch viele andere, die nicht wissen, wie gut P-Cola schmeckt, denn jeder hat seinen eigenen Geschmack. Jede Cola schmeckt anders. Macht den P-Test!«. Diese Aufforderung zum Vergleich reicht für sich genommen nicht aus, um eine vergleichende Werbung anzunehmen. Erwogen werden kann jedoch, ob nicht die Marktstellung von C-Cola dazu führt, dass ein Vergleich bejaht werden kann.

## C. Die ausnahmsweise Unzulässigkeit nach § 6 II UWG

### I. Systematik

18 Vergleichende Werbung ist grundsätzlich zulässig. Nur wenn ein Fall des § 6 II UWG oder des § 5 III UWG vorliegt, ist sie unlauter. Bei der Auslegung der Verbotstatbestände ist der Normzweck des § 6 UWG – natürlich – zu beachten. Der **Wettbewerb** zwischen den Unternehmen soll zugunsten der Verbraucher dadurch **gefördert** werden, dass dem Mitbewerber erlaubt wird, die Vorteile seines Produktes gegenüber vergleichbaren anderen Produkten herauszustellen.[25] Zugleich sollen Verhaltensweisen unterbunden werden, die wettbewerbsverzerrend wirken, eine Schädigung der Mitbewerber bewirken oder die Entscheidung des Verbrauchers negativ beeinflussen können.[26]

---

23 BGH GRUR 2012, 74 Rn. 18 – Coaching-Newsletter; unter ausdrücklicher Aufgabe der gegenteiligen Ansicht BGH GRUR 2004, 607 – Genealogie der Düfte.
24 BGH GRUR 2012, 74 Rn. 19 – Coaching-Newsletter.
25 EuGH ECLI:EU:C:2009:378 Rn. 68 = GRUR 2009, 756 – L'Oréal/Bellure.
26 EuGH ECLI:EU:C:2009:378 Rn. 68 = GRUR 2009, 756 – L'Oréal/Bellure.

## II. § 6 II Nr. 1 UWG

Nach § 6 II Nr. 1 UWG ist eine vergleichende Werbung unlauter, wenn sich der Vergleich **nicht auf Waren oder Dienstleistungen für den gleichen Bedarf oder dieselbe Zweckbestimmung bezieht.** Für die Begriffe Waren und Dienstleistungen ist die Definition in § 2 II Nr. 1 aE UWG zu beachten. Die vergleichende Werbung ist nur zulässig, wenn die Waren und Dienstleistungen, die verglichen werden, den gleichen Bedarf decken sollen und dieselbe Zweckbestimmung haben. Verlangt wird ein hinreichender Grad an **Austauschbarkeit.**[27] Die Funktion der Waren bzw. Dienstleistungen ist für diesen Vergleich zu bestimmen. Wird ein unterschiedlicher Bedarf gedeckt, fehlt es an hinreichender Austauschbarkeit. Die Beurteilung erfolgt aus der Sicht der angesprochenen Verkehrskreise. Eine Ähnlichkeit der verglichenen Waren oder Dienstleistungen ist nicht erforderlich. Entscheidend ist allein die Vorstellung des Verkehrs. Zulässig ist daher beispielsweise ein Vergleich der Reisepreise zwischen München und Hamburg für eine Reise mit der Bahn, mit dem Auto und dem Flugzeug.

19

Umstritten ist die Beurteilung bei **Luxusgütern.** Darf der Preis einer Billig-Armbanduhr mit dem einer Rolex-Uhr verglichen werden? Argumentieren ließe sich mit einer Funktionsidentität. Beide Uhren zeigen die Uhrzeit an. Zudem wird ein Preisvergleich mit dem Argument zugelassen, er verdeutliche, wieviel für den »Prestigegewinn« gezahlt werden müsse.[28] Vorzugswürdig ist allerdings die Gegenposition, die sich der Realität nicht verschließt: Eine Austauschbarkeit besteht nicht. Die Anschaffung einer Rolex-Armbanduhr erfüllt typischerweise weitere Funktionen. Sie ist grundsätzlich als Wertanlage geeignet. Zudem handelt es sich um einen leicht transportablen, mobilen Vermögensgegenstand, mit dem durch Veräußerung rasch Liquidität herbeigeführt werden kann. Alle diese Funktionen kommen einer Billig-Armbanduhr nicht zu. Insoweit fehlt es an der Austauschbarkeit. Dies gilt aber nicht für alle Luxus-Produkte. Beim Vergleich einer preisgünstigen Gesichtscreme vom Discounter mit einer Luxus-Gesichtscreme können ganz andere Faktoren bedeutsam sein. Für Ersatzteile und Zubehör für komplexe Produkte (Drucker, Autos, etc) gilt, dass grundsätzlich eine Austauschbarkeit zwischen Originalersatzteilen und kompatiblen Produkten von Drittherstellern besteht.[29]

20

> **Beispiele aus Rechtsprechung und Literatur:**
> - Eine Austauschbarkeit wurde bejaht:
>   – Heizöl, Erdgas, Fernwärme und Nachtstrom,[30]
>   – Leitungswasser und Mineralwasser,[31]
>   – Strom aus konventioneller Erzeugung und Strom aus regenerativen Quellen,[32]
>   – Butter und Margarine.[33]

---

27 EuGH ECLI:EU:C:2006:585 Rn. 26 = GRUR 2007, 69 – LIDL Belgium/Colruyt; EuGH ECLI: EU:C:2007:230 Rn. 44 = GRUR 2007, 511 – De Landtsheer/CIVC.
28 MüKoUWG/*Menke* § 6 Rn. 169; *Scherer* WRP 2001, 89 (91); **aA** *Kotthoff* BB 1998, 2217 (2218).
29 MüKoUWG/*Menke* § 6 Rn. 170; *Kotthoff* BB 1998, 2217 (2218).
30 Vgl. BGH GRUR 1997, 304 (305) – Energiekosten-Preisvergleich II.
31 OLG München ZLR 2000, 949 – Münchener Trinkwasser.
32 OLG Karlsruhe GRUR-RR 2008, 407 – Strom aus Kraft-Wärme-Kopplung; zweifelhaft ist, ob diese Aussage vor dem Hintergrund des gestiegenen Umweltbewusstseins zutreffend ist.
33 MüKoUWG/*Menke* § 6 Rn. 171; dies überzeugt nicht: Weite Teile der Bevölkerung dürfen aus gesundheitlichen Gründen keine Butter essen. Für einen wesentlichen Teil der angesprochenen Verkehrskreise besteht daher keine Austauschbarkeit.

- Eine Austauschbarkeit wurde verneint:
  - Whopper und Big Mac.³⁴

21 Der zuletzt genannte Fall kann nicht überzeugen. Die Produkte sind aus Sicht der angesprochenen Verkehrskreise substituierbar. Es handelt sich in beiden Fällen um Hamburger größeren Formats, die in Fast-Food-Restaurants angeboten werden. Ein unterschiedlicher Geschmack ändert an der Austauschbarkeit nichts. Gleiches gilt beispielsweise für Coca-Cola und Pepsi-Cola.

22 Für die Rechtsanwendung lohnt ein Blick auf das **Kartellrecht**. Das dort zur Bestimmung der Austauschbarkeit etablierte **Bedarfsmarktkonzept**³⁵ hat eine große Fülle an Fallmaterial hervorgebracht, die für das Lauterkeitsrecht nutzbar gemacht werden kann.

## III. § 6 II Nr. 2 UWG

23 Nach § 6 II Nr. 2 UWG ist vergleichende Werbung unlauter, wenn sich der Vergleich »**nicht objektiv auf eine oder mehrere wesentliche, relevante, nachprüfbare und typische Eigenschaften oder den Preis dieser Waren oder Dienstleistungen**« bezieht.

### 1. Eigenschaftsvergleich (§ 6 II Nr. 2 Alt. 1 UWG)

24 Der Begriff der »**Eigenschaft**« soll weit verstanden werden, um den Zweck der Werbe-RL, vergleichende Werbung in großem Umfang zuzulassen, zu verwirklichen.³⁶ Der Eigenschaftsbegriff des BGB (§§ 434, 119 II BGB) kommt daher nicht zur Anwendung. Entscheidend ist, dass die Angabe den angesprochenen Verkehrskreisen eine nützliche Information gibt.³⁷ Konkretisiert werden kann der Begriff durch einen Vergleich mit § 5 I 2 Nr. 1 UWG. Dort werden beispielhaft wesentliche Merkmale der Waren oder Dienstleistungen genannt. Die dort aufgezählten Merkmale wie beispielsweise Verfügbarkeit, Vorteile, Risiken, Zusammensetzung, Zubehör, Verfahren oder Zeitpunkt der Herstellung, Lieferung, Beschaffenheit und Kundendienst sowie die geografische oder betriebliche Herkunft sind jedenfalls Eigenschaften iSd § 6 II Nr. 2 UWG.

25 Die verglichenen Eigenschaften müssen zudem **wesentlich, relevant, nachprüfbar und typisch** sein. Dies bedeutet, dass die gegenüber gestellten Eigenschaften nicht unerhebliche Bedeutung für die Konsumentenentscheidung haben müssen.

**Beispiel:** Ein Hersteller von Kraftfahrzeugen stellt seinem Produkt ein Konkurrenzprodukt gegenüber. In einer Tabelle werden Eigenschaften nebeneinandergestellt, bei denen die Eigenschaften des Produktes des Werbenden die des Konkurrenzproduktes übertreffen. Allerdings sind sämtliche Eigenschaften wie »Volumen des Wischwasserbehälters« oder »Kapazität des Aschenbechers« für die Konsumenten von untergeordneter Bedeutung.

---

34 So OLG München WRP 1999, 692 (694) – Satte Mehrheit (damals noch »Big Mäc« statt »Big Mac«); LG Köln ZLR 1999, 522, (525) – Geschmackstest; Fezer/Büscher/Obergfell/*Koos* UWG § 6 Rn. 128.

35 Zum deutschen Kartellrecht: BGH WRP 1986, 26 (29) – Edelstahlbestecke, BGHZ 131, 107 = WRP 1996, 295 – Backofenmarkt; *Fuchs/Möschel* in Immenga/Mestmäcker, Wettbewerbsrecht, 5. Aufl. 2014, GWB § 18 Rn. 32 ff.; zum europäischen Kartellrecht EuGH ECLI:EU:C:1979:36 Rn. 28 = NJW 1979, 2460 – Hoffmann-La Roche; *Bergmann/Fiedler* in Loewenheim/Meesen/Riesenkampff/Kersting/Meyer-Lindemann, Kartellrecht, 3. Aufl. 2016, Art. 102 AEUV Rn. 38 ff.

36 BGH GRUR 2004, 607 (611) – Genealogie der Düfte; BGH GRUR 2005, 172 (174) – Stresstest; Köhler/Bornkamm/Feddersen/*Köhler* UWG § 6 Rn. 104.

37 BGH GRUR 2004, 607 (611) – Genealogie der Düfte; BGH GRUR 2010, 161 Rn. 27 – Gib mal Zeitung; Köhler/Bornkamm/Feddersen/*Köhler* UWG § 6 Rn. 104.

Zweifelhaft ist, ob aus dem Kriterium der Nachprüfbarkeit darauf geschlossen werden  26
kann, dass der Vergleich sich auf **objektive Eigenschaften** beziehen muss (**Achtung:**
Der Vergleich muss auf jeden Fall »objektiv« sein, § 6 II Nr. 2 UWG. Hier geht es um
die Frage, ob Gegenstand des Vergleichs »objektive Eigenschaften« sein müssen). Die
Problematik verdeutlicht anschaulich eine Entscheidung des OLG München zu einem
Geschmackstest.[38] Burger King hatte damit geworben, dass bei einer Umfrage 62 %
der befragten Personen bekundet hätten, der »Whopper« von Burger King schmecke
ihnen besser als der »Big Mac« von McDonalds. Die **Wertschätzung des Geschmacks**
eines Produktes sei **keine objektive Eigenschaft**.[39] Etwas anderes mag für bestimmte
**Geschmacksrichtungen** wie »scharf« und »sauer« gelten, die chemisch nachgewiesen
werden können.[40] Allerdings ist das **Testergebnis selbst**, das die Einschätzung der
Kundschaft widerspiegelt, eine Tatsache, die auf ihre Richtigkeit hin überprüfbar ist.
Dies spricht für eine Zulässigkeit der Werbung. Allerdings besteht die Gefahr, dass
über die »Hintertür« einer Verkehrsbefragung versucht wird, in weitem Umfang mit
subjektiven Kriterien zu werben.[41]

> Für die Lösung von **Fall 4** gilt das eben Ausgeführte.

Auch eine **Duftnote** kann eine Eigenschaft darstellen.[42] Die Erwägungen zur Beurtei-  27
lung eines Geschmacks gelten auch hier. Beschreibungen wie »duftet nach Rosen« oder
»duftet nach Leder« sind objektive Eigenschaften. Äußerungen wie »duftet gut« oder
»riecht lecker« sind keine Eigenschaften.

### 2. Preisvergleich (§ 6 II Nr. 2 Alt. 2 UWG)

Nach § 6 II Nr. 2 Alt. 2 UWG ist ein **Preisvergleich** zulässig. Die weiteren Zulässig-  28
keitsvoraussetzungen des § 6 II Nr. 2 UWG (»objektiv« sowie »wesentlich, relevant,
nachprüfbar und typisch«) müssen auch von einer Preiswerbung erfüllt sein.[43] Gegenübergestellt werden dürfen auch die Preise von Eigenmarken und Markenprodukten aus dem eigenen Angebot.[44] Der Preisvergleich setzt keine Identität der
Qualität voraus.

> **Beispiel:** Ein Discounter stellt in einer Werbung Preise von Butterkeksen gegenüber. Vergli-
> chen wird der Preis der Hausmarke mit dem vom Discounter selbst verlangten Preis für ein
> Markenprodukt. Das Markenprodukt ist deutlich hochwertiger, da bessere Zutaten verwendet
> werden. Ein solcher Vergleich ist mit § 6 II Nr. 2 UWG zu vereinbaren. Eine Unlauterkeit
> kann aber aus § 5 III UWG (Irreführung) folgen. Dies ist der Fall, wenn beim Konsumenten
> durch den Preisvergleich der Eindruck erweckt wird, die Produkte seien von identischer oder
> fast identischer Qualität. Nach diesen Grundsätzen ist **Fall 3** zu beurteilen.

Preis meint nicht zwingend den Endpreis. Auch für den Verbraucher relevante **Preis-**  29
**bestandteile** wie Liefer- und Zahlungsbedingungen können gegenübergestellt wer-

---

38 OLG München WRP 1999, 692 – Satte Mehrheit.
39 So auch OLG München WRP 1999, 692 (694) – Satte Mehrheit.
40 So auch OLG München WRP 1999, 692 (694) – Satte Mehrheit; *Meinberg* ZLR 1999, 1 (14); Fezer/
Büscher/Obergfell/*Koos* UWG § 6 Rn. 145; MüKoUWG/*Menke* § 6 Rn. 180.
41 IErg gegen eine Zulässigkeit OLG München WRP 1999, 692 – Satte Mehrheit; aA Köhler/Born-
kamm/Feddersen/*Köhler* UWG § 6 Rn. 108.
42 BGH GRUR 2004, 607 (611) – Genealogie der Düfte.
43 EuGH ECLI:EU:C:2006:585 Rn. 56 = GRUR 2007, 69 – LIDL Belgium/Colruyt.
44 BGH GRUR 2007, 896 Rn. 17 – Eigenpreisvergleich.

den.⁴⁵ Verglichen werden dürfen beispielsweise die Überführungskosten für Kraftfahrzeuge oder die Versandkosten im Internethandel.

### 3. Objektivität des Vergleichs

30 Beide Alternativen des § 6 II Nr. 2 UWG (Vergleich von Eigenschaften oder Preis) erfordern, dass der Vergleich »**objektiv**« ist. Die Zulässigkeit des Werbevergleichs setzt voraus, dass sich der Vergleich aus einer objektiven Feststellung und nicht aus einer subjektiven Wertung ergibt.⁴⁶ Allerdings ist die Grenze zwischen objektiver Feststellung und subjektiver Wertung fließend.⁴⁷ Zulässig sein sollen Schlussfolgerungen, die auf Tatsachen beruhen.⁴⁸ Früher wurde in Deutschland der Begriff der Objektivität als Sachlichkeitsgebot verstanden.⁴⁹ Dies ist nach der EuGH-Entscheidung LIDL Belgium/Colruyt nicht mehr haltbar.⁵⁰

## IV. § 6 II Nr. 3 UWG

31 Nach § 6 II Nr. 3 UWG darf die vergleichende Werbung nicht zur Herbeiführung einer **Verwechslungsgefahr** führen. Der Verbotstatbestand differenziert zwischen drei verschiedenen Bezugsobjekten der Verwechslungsgefahr. Es sind dies:
- Verwechslungsgefahr zwischen dem Werbenden und dem Mitbewerber;
- Verwechslungsgefahr zwischen den von dem Werbenden und dem Mitbewerber angebotenen Waren oder Dienstleistungen;
- Verwechslungsgefahr hinsichtlich der von dem Werbenden und dem Mitbewerber verwendeten Kennzeichen.

32 Aufmerksam zu lösen sind vielfältige **Konkurrenzfragen**. § 5 II UWG enthält eine ganz ähnliche Regelung. Diese beruht auf Art. 6 II lit. a UGP-RL, betrifft also das B2C-Verhältnis. § 6 II Nr. 3 UWG dient der Umsetzung der Werbe-RL. Davon ausgehend ist es stimmig, den Anwendungsbereich des § 6 II Nr. 3 UWG auf das B2B-Verhältnis zu beschränken. Das Hervorrufen einer Verwechslungsgefahr beim Verbraucher wird von § 5 II UWG abschließend geregelt.

33 Wie bereits dargelegt (→ § 13 Rn. 5), muss der Inhaber einer **Marke** die Verwendung im Rahmen einer **zulässigen** vergleichenden Werbung dulden. Er kann ihr keine markenrechtlichen Ansprüche entgegensetzen.⁵¹ Dies heißt aber auch, dass einer nach § 6 II UWG unzulässigen vergleichenden Werbung zugleich markenrechtliche Verletzungsansprüche entgegengehalten werden können.⁵²

34 Der Begriff »**Kennzeichen**« erfasst Marken und geschäftliche Bezeichnungen (§ 1 MarkenG). Geografische Herkunftsangaben fallen nicht darunter.⁵³ Eine geografische

---
45 Ebenso Köhler/Bornkamm/Feddersen/*Köhler* UWG § 6 Rn. 112.
46 EuGH ECLI:EU:C:2006:585 Rn. 46 = GRUR 2007, 69 – LIDL Belgium/Colruyt; BGH GRUR 2010, 161 Rn. 30 – Gib mal Zeitung.
47 Ohly/Sosnitza/*Ohly* UWG § 6 Rn. 50.
48 Köhler/Bornkamm/Feddersen/*Köhler* UWG § 6 Rn. 118.
49 BGH GRUR 1999, 69 (71) – Preisvergleich II.
50 EuGH ECLI:EU:2006:C:585: Rn. 40 ff. = GRUR 2007, 69 – LIDL Belgium/Colruyt; Köhler/Bornkamm/Feddersen/*Köhler* UWG § 6 Rn. 117.
51 EuGH ECLI:EU:C:2008:339 Rn. 45 ff., 51 = GRUR 2008, 698 – O2 Holdings Ltd., O2 [UK]/H3G UK Ltd.
52 MüKoUWG/*Menke* § 6 Rn. 52.
53 AA Köhler/Bornkamm/Feddersen/*Köhler* UWG § 6 Rn. 146.

Herkunftsangabe begründet kein subjektives Recht und damit auch nicht die Kollisionslage, die § 6 II Nr. 3 UWG zum Gegenstand hat.[54]

Es muss **Verwechslungsgefahr** bestehen. Eine tatsächliche Verwechslung muss nicht eintreten. Verwechslungsgefahr liegt vor, wenn die durch die Werbung angesprochenen Verkehrskreise entweder davon ausgehen, dass die angebotenen Produkte aus einem Unternehmen stammen, oder aber dass die Zuordnung der angebotenen Waren oder Dienstleistungen fehlerhaft erfolgt. Der Begriff der Verwechslungsgefahr ist kongruent mit dem des Markenrechts. Auf die umfassende Rechtsprechung und Literatur zu § 14 MarkenG kann somit Bezug genommen werden.[55] (Zum Begriff der Verwechslungsgefahr in § 5 II UWG → § 12 Rn. 114).[56] 35

## V. § 6 II Nr. 4 UWG

Nach § 6 II Nr. 4 UWG ist es unlauter, wenn die vergleichende Werbung **den Ruf des von einem Mitbewerber verwendeten Kennzeichens in unlauterer Weise ausnutzt oder beeinträchtigt.** Für das Verhältnis zum Kennzeichenrecht gilt das bereits Ausgeführte (→ § 13 Rn. 5). Genügt die vergleichende Werbung den Erfordernissen des § 6 UWG, liegt keine Kennzeichenverletzung vor. Ist die Werbung lauterkeitsrechtswidrig, kommt auch ein Verstoß gegen das MarkenG bzw. die GMV in Betracht. Gegenüber § 4 Nr. 3 UWG oder § 4 Nr. 4 UWG ist § 6 UWG vorrangig, da § 6 UWG anders als § 4 UWG Unionsrecht in deutsches Recht umsetzt.[57] 36

§ 6 II Nr. 4 UWG verwendet ebenso wie § 6 II Nr. 3 UWG den Begriff »**Kennzeichen**«. Der Begriff beruht zwar auf § 1 MarkenG, ist aber weiter zu verstehen. Art. 4 lit. d und lit. f Werbe-RL schützen »Marken, Handelsnamen, Ursprungsbezeichnungen oder andere Unterscheidungszeichen eines Mitbewerbers«. Der EuGH fasst hierunter jedes Zeichen, das als von einem bestimmten Unternehmen stammend angesehen wird.[58] Daher können auch Bestellnummern, Ersatzteilnummern und ähnliche Kennzeichnungen geschützte Kennzeichen iSv § 6 II Nr. 3, Nr. 4 UWG sein. 37

> **Beispiel:** Ein Hersteller von Computerdruckern kennzeichnet seine Drucker und die dazu passenden Druckerpatronen mit Bildmotiven wie Teddybären, Badeentchen und Sonnenschirmen, um den Konsumenten den Erwerb der richtigen Druckerpatrone zu erleichtern. Die Bildmotive sind Kennzeichen iSd § 6 II Nr. 4 UWG.[59]

Geschützt wird von § 6 II Nr. 4 UWG der »**Ruf**«. Der Ruf soll jede positive Assoziation umfassen, die mit dem geschützten Kennzeichen verbunden wird.[60] Insbesondere Qualität und Ansehen werden geschützt. Anders als § 14 II Nr. 3 MarkenG, der nur bekannte Marken schützt, ist die Bekanntheit keine Schutzvoraussetzung in § 6 II Nr. 4 UWG. 38

---

54 Str., Überblick zum Meinungsstand bei BeckOK MarkenR/*Schulteis*, 14. Ed. 1.7.2018, MarkenG § 126 Rn. 10ff.; *Sosnitza* MarkenR 2000, 77; gegen die Annahme eines subjektiven Rechts *Jänich*, Geistiges Eigentum, 2002, 190f.; aA BGH GRUR 2016, 741 Rn. 13 – Himalaya-Salz.
55 Umfassender Überblick bei Ströbele/Hacker/Thiering/*Hacker*, Markengesetz, 12. Aufl. 2018, MarkenG § 14 Rn. 341 iVm § 9 Rn. 15ff.
56 Zu beachten ist, dass eine nach § 5 II UWG relevante Irreführung nicht nur eine Verwechslungsgefahr voraussetzt. Es müssen auch die Voraussetzungen des § 5 I 1 UWG (Relevanz für die Konsumentenentscheidung) erfüllt sein. Ein solches Relevanzkriterium stellt § 6 II UWG nicht auf.
57 BGH GRUR 2011, 1158 Rn. 26 – Teddybär.
58 EuGH ECLI:EU:C:2001:566 Rn. 48 = GRUR 2002, 354 – Toshiba Europe/Katun.
59 BGH GRUR 2011, 1158 Rn. 12ff. – Teddybär.
60 Ohly/Sosnitza/*Ohly* UWG § 6 Rn. 61.

39  Eine **Ausnutzung des Rufs** erfolgt durch Übertragung des guten Rufs.[61] Eine solche Übertragung liegt vor, wenn eine Assoziation hervorgerufen wird.[62] Teilweise wird der Begriff »Imagetransfer« für diese Übertragung verwendet.[63] Dieser Begriff ist jedoch zu eng.[64] Alternativ genügt eine **Rufbeeinträchtigung.** Eine solche ist bereits gegeben, wenn der Ruf gefährdet wird.[65]

40  Zentral für die Anwendung des § 6 II Nr. 4 UWG ist, dass die Ausnutzung oder Beeinträchtigung des Rufs **in unlauterer Weise** erfolgt. Auch hier ist wieder eine wenig geschickte Formulierung des Gesetzes zu konstatieren: **Unlauter** nach § 6 II UWG handelt, wer **unlauter** beeinträchtigt oder ausnutzt. Der Benutzung eines fremden Kennzeichens im Rahmen einer vergleichenden Werbung ist eine gewisse Rufausnutzung immanent. Diese ist aufgrund der gesetzgeberischen Wertentscheidung hinzunehmen. Jedenfalls liegt eine unlautere Rufausnutzung nicht vor, wenn die Nennung des Kennzeichens erforderlich ist, um wirksamen Wettbewerb auf dem in Rede stehenden Markt zu gewährleisten.[66] Muss der Wettbewerber beispielsweise Seriennummern, Produktnummern oder Typenbezeichnungen angeben, um seine Waren vermarkten zu können, ist eine solche Angabe nicht unlauter.[67] Dies gilt auch, wenn die fremde Marke in einem Internet-Verkaufsangebot verwendet wird, um Kunden anzulocken, die eine Suchmaschine wie Google verwenden.[68] Ebenso ist es nicht unlauter, wenn ein Drogeriemarktbetreiber in einer Tabelle die Preise von Hausmarken denen von etablierten Markenprodukten gegenüberstellt.[69] Als unlauter wurde es von der Rechtsprechung angesehen, Schmuckstücke mit Bezeichnungen wie »a la Cartier«, »passen wunderbar zu Cartier Schmuck« und »für alle die Cartier Schmuck mögen« zu bewerben.[70]

> **Fall 6 (nach BGH GRUR 2015, 1136 – Staubsaugerbeutel im Internet):** Die Werbung von V ist zulässig. Er muss die Möglichkeit haben, auf die funktionelle Austauschbarkeit hinzuweisen.

## VI. § 6 II Nr. 5 UWG

41  Nach § 6 II Nr. 5 UWG ist eine vergleichende Werbung unlauter, wenn »die Waren, Dienstleistungen, Tätigkeiten oder persönlichen oder geschäftlichen Verhältnisse eines Mitbewerbers **herabgesetzt oder verunglimpft**« werden. Die Vorschrift ähnelt weitgehend § 4 Nr. 1 UWG. § 6 II Nr. 5 UWG hat als speziellere Regelung Vorrang vor § 4 Nr. 1 UWG. Äußerungen im Rahmen einer vergleichenden Werbung sind ausschließlich an § 6 II Nr. 5 UWG zu messen.[71] Eine Herabsetzung kann definiert werden als eine negative Äußerung, die aufgrund des Hinzutretens besonderer Umstände als in unangemessener Weise abfällig, abwertend oder unsachlich erscheint.[72] Die Verunglimpfung ist eine Steigerung einer Herabsetzung, wobei eine sachgerechte Abgren-

---

61 MüKoUWG/*Menke* § 6 Rn. 249.
62 MüKoUWG/*Menke* § 6 Rn. 251.
63 So bspw. Ohly/Sosnitza/*Ohly* UWG § 6 Rn. 62.
64 So ebenfalls MüKoUWG/*Menke* § 6 Rn. 251.
65 MüKoUWG/*Menke* § 6 Rn. 273.
66 EuGH ECLI:EU:C:2001:566 Rn. 54 = GRUR 2002, 354 – Toshiba Europe/Katun.
67 BGH GRUR 2003, 444 (445) – »Ersetzt«.
68 BGH GRUR 2015, 1136 Rn. 32 – Staubsaugerbeutel im Internet.
69 BGH GRUR 2007, 896 Rn. 26 – Eigenpreisvergleich.
70 BGH GRUR 2009, 871 Rn. 31 – Ohrclips.
71 BGH GRUR 2012, 74 Rn. 17f. – Coaching-Newsletter; MüKoUWG/*Jänich* § 4 Nr. 1 Rn. 5.
72 Vgl. MüKoUWG/*Jänich* § 4 Nr. 1 Rn. 32.

zung zur Herabsetzung kaum möglich ist.⁷³ Eine Abwägung der beteiligten Interessen als Ausprägung des Verhältnismäßigkeitsprinzips ist bei der Normanwendung hilfreich.⁷⁴ Auch kann die Rechtsprechung zu § 4 Nr. 1 UWG nutzbar gemacht werden.⁷⁵ Unzulässig ist jedenfalls eine sog. Schmähkritik. Eine herabsetzende Äußerung ist eine Schmähkritik, wenn in ihr nicht mehr die Auseinandersetzung in der Sache, sondern die Diffamierung der Person im Vordergrund steht.⁷⁶ Das Verständnis der Werbungsadressaten ist in die Betrachtung einzubeziehen. Die bloße namentliche Nennung des Mitbewerbers ist keine Herabsetzung.⁷⁷ Stets unlauter ist die Behauptung von unwahren nachteiligen Tatsachen.⁷⁸ Humorvolle und satirische Äußerungen sind oft zulässig.⁷⁹ Vor einer zu großzügigen Praxis ist allerdings zu warnen. Anderenfalls besteht die Gefahr, dass alle Herabsetzungen humorvoll verpackt werden. Unterschiedlich diskutiert wird, ob die Bezeichnung eines Konkurrenzproduktes als »minderwertig« eine Herabsetzung darstellt. Teilweise wird dies bejaht.⁸⁰ Hier ist jedoch Zurückhaltung geboten.⁸¹ Eine gewisse Qualitätskritik ist der vergleichenden Werbung immanent. Daher ist nur eine übertriebene Herabsetzung des Konkurrenzproduktes (als »Schrott«, »Gammel« oder Ähnliches) lauterkeitsrechtswidrig.

> **Fall 5** ist einem südafrikanischen Fall nachgebildet: Mercedes warb mit einem Fahrzeug, das in einer Kurve vom berühmten Chapman's Peak Drive abstürzte, dessen Fahrer aber den Unfall überlebte. BMW nahm in einer späteren Anzeige mit dem Text »Doesn't it make sense to drive a luxury sedan that beats the bendz?«⁸² (hier »bendz« = Kurven) Bezug auf die Werbung des Wettbewerbers. Bei dieser Werbung steht die humorvolle Auseinandersetzung mit dem Wettbewerber im Vordergrund. Dies spricht für ihre Zulässigkeit.

### VII. § 6 II Nr. 6 UWG

Nach § 6 II Nr. 6 UWG ist ein Werbevergleich unlauter, der »**eine Ware oder Dienstleistung als Imitation oder Nachahmung einer unter einem geschützten Kennzeichen vertriebenen Ware oder Dienstleistung darstellt**«. Schwierigkeiten bereitet es schon, den Verbotskern zu erfassen. Eine grammatikalische Auslegung eröffnet zwei Möglichkeiten: Zum einen kann die Regelung so verstanden werden, dass die vom Wettbewerber vertriebene Ware als Imitation bezeichnet wird. 42

> **Beispiel:** A behauptet, die von seinem Wettbewerber W vertriebene Ware sei eine Imitation.

Alternativ kann die Regelung dahingehend verstanden werden, dass die eigene Ware nicht als Imitation bezeichnet werden darf. 43

> **Beispiel:** A behauptet, seine Ware sei eine Imitation der Ware des Wettbewerbers W.

---

73 Vgl. hierzu MüKoUWG/*Jänich* § 4 Nr. 1 Rn. 33.
74 Vgl. zur Interessenabwägung nach § 4 Nr. 1 UWG: MüKoUWG/*Jänich* § 4 Nr. 1 Rn. 34; zu § 6 II 2 Nr. 5 UWG: Ohly/Sosnitza/*Ohly* UWG § 6 Rn. 68.
75 Umfassender Rechtsprechungsüberblick bei MüKoUWG/*Jänich* § 4 Nr. 1 Rn. 35 ff.
76 Vgl. dazu aus der Rspr. des BVerfG NJW 1991, 95 (96); NJW 2003, 3760; NJW-RR 2004, 1710 (1712).
77 EuGH ECLI:EU:C:2003:205 Rn. 50 = GRUR 2003, 533 – Pippig Augenoptik/Hartlauer.
78 Köhler/Bornkamm/Feddersen/*Köhler* UWG § 6 Rn. 171.
79 Vgl. BGH GRUR 2002, 72 (74) – Preisgegenüberstellung im Schaufenster; BGH GRUR 2002, 982 (984) – DIE »STEINZEIT« IST VORBEI!; BGH GRUR 2010, 161 – Gib mal Zeitung.
80 BGH GRUR 1998, 824 (828) – Testpreis-Angebot; Köhler/Bornkamm/Feddersen/*Köhler* UWG § 6 Rn. 179.
81 Skeptisch Ohly/Sosnitza/*Ohly* UWG § 6 Rn. 68.
82 Ausf. Schilderung des Falls bei *Kadelbach,* The Law affecting Comparative Advertising in South Africa, 2003, 5 f.

44 Die Rechtsprechung interpretiert die Bestimmung so, dass die Darstellung des eigenen Produktes als Imitation unlauter sein soll. Große praktische Relevanz haben hier sog. Duftvergleichslisten.[83] Die Regelung kann daher auch als »Parfümklausel« bezeichnet werden.[84] Es muss also die **eigene Ware oder Dienstleistung** als Imitation **dargestellt** werden. Fraglich ist, wie deutlich diese Darstellung erfolgen muss. Zweifelhaft ist, ob bloße Andeutungen oder Hinweise genügen. Auch bereitet die Einordnung von Hinweisen auf die Kompatibilität mit anderen Produkten Schwierigkeiten.

> **Beispiel:** Ist die Aussage »Nachbau von Druckerpatrone 2626« eine unzulässige Imitationswerbung?

45 Der BGH verlangt, dass der Werbende eine klare und deutliche, über eine bloße Gleichwertigkeitsbehauptung hinausgehende **Imitationsbehauptung** aufstellt.[85] Erforderliche Angaben dürfen erteilt werden.[86] Nach der Rechtsprechung des BGH ist § 6 II Nr. 6 UWG grundsätzlich restriktiv auszulegen, um zu verhindern, dass den Verbrauchern entgegen dem Regelungszweck vorteilhafte Sachinformationen vorenthalten werden.[87]

46 § 6 II Nr. 6 UWG wirft spezielle **Konkurrenzprobleme** auf. Wenn Werbung nach § 6 II Nr. 6 UWG unlauter ist, liegt zugleich ein Fall des § 6 II Nr. 4 UWG vor.[88]

> **Klausurtipp:** In der Klausur empfiehlt es sich, zunächst die speziellere Regelung des § 6 II Nr. 6 UWG zu prüfen. Zu § 6 II Nr. 4 UWG reichen dann knappe Hinweise. Ist die vergleichende Werbung nach § 6 II Nr. 6 UWG unlauter, kommen auch markenrechtliche Ansprüche des Herstellers der Originalware in Betracht.[89]

## § 14 Unzumutbare Belästigungen (§ 7 UWG)

> **Literatur:** *Gomille*, »Sex sells« und der lautere Wettbewerb, ZRP 2016, 134ff.; *Köhler*, Zur Neuvermessung der Tatbestände der unzumutbaren Belästigung (§ 7 UWG), WRP 2017, 253ff.; *Meyer*, Inhaltliche Aspekte unzumutbarer Belästigung, WRP 2017, 501ff.; *Scherer*, Das Chamäleon der Belästigung – Unterschiedliche Bedeutungen eines Zentralbegriffs des UWG, WRP 2017, 891ff.; *Voigt*, Spendenwerbung – ein Fall für das Lauterkeitsrecht?, GRUR 2006, 466ff.

> **Fall 1:** Passanten werden in der Fußgängerzone von Werbern, die übliche Straßenkleidung tragen, angesprochen. Die Werber wollen die Fußgängen dafür gewinnen, dem Automobilklub B beizutreten.
>
> **Fall 2:** Wie Fall 1, allerdings sollen Spenden für eine gut beleumundete Umweltschutzorganisation eingeworben werden.
>
> **Fall 3:** S handelt mit Schweinehälften an der Warenterminbörse. Er ruft willkürlich aus dem Telefonbuch ausgewählte Personen an, um ihnen Warentermingeschäfte anzubieten.

---

83 Vgl. nur EuGH ECLI:EU:C:2009:378 = GRUR 2009, 756 – L'Oréal/Bellure; BGH GRUR 2004, 607 – Genealogie der Düfte; BGH WRP 2010, 761 – Imitation von Parfümen; BGH GRUR 2011, 1153 – Creation Lamis; OLG Hamm BeckRS 2009, 15602; KG BeckRS 2016, 18980 – Piratenparfum.
84 So auch Harte-Bavendamm/Henning-Bodewig/*Glöckner* UWG Einl B Rn. 165.
85 BGH GRUR 2015, 1136 Rn. 42 – Staubsaugerbeutel im Internet.
86 BGH GRUR 2015, 1136 Rn. 42 – Staubsaugerbeutel im Internet.
87 BGH GRUR 2008, 628 Rn. 25 – Imitationswerbung.
88 EuGH ECLI:EU:C:2009:378 Rn. 79 = GRUR 2009, 756 – L'Oréal/Bellure (zur Auslegung von Art. 5 I lit. a Marken-RL 1989 [RL 89/104/EWG] [Identitätsschutz der Marke]).
89 Vgl. hierzu näher EuGH ECLI:EU:C:2009:378 = GRUR 2009, 756 – L'Oréal/Bellure; Köhler/Bornkamm/Feddersen/*Köhler* UWG § 6 Rn. 192.

**Fall 4:** Jurastudent J erhält unaufgefordert E-Mail-Werbung von juristischen Fachbuchverlagen.

**Fall 5:** Ebenso erhält Rechtsanwältin R unaufgefordert E-Mail-Werbung für juristische Fachbücher.

**Fall 6:** Z hat bei einem Online-Versandhandel einen Rasenmäher bestellt. Seitdem erhält er regelmäßig (einmal die Woche) einen E-Mail-Newsletter, in dem neue Gartenartikel beworben werden.

## A. Einleitung, Normstruktur, europarechtliche Grundlagen, Konkurrenzen

### I. Geschichte, Normstruktur und europarechtliche Grundlagen

#### 1. Geschichte

§ 7 UWG ist mit der UWG-Novelle 2004 eingeführt worden. Es handelt sich um eine Vorschrift, deren Normstruktur deutlich **von den übrigen UWG-Verbotstatbeständen abweicht.** Die §§ 3–6 UWG schützen vor unlauteren geschäftlichen Handlungen. Typisches Kennzeichen dieser Handlungen ist, dass die Konsumentenentscheidung oder die Entscheidung eines sonstigen Marktteilnehmers beeinflusst werden soll. Wird gegen einen der Tatbestände der §§ 3 II – 6 UWG verstoßen, ist dieses Verhalten »**unlauter**«. Nach § 3 I UWG ist eine unlautere geschäftliche Handlung »**unzulässig**«: Diese »Unzulässigkeit« löst Ansprüche nach den §§ 8 ff. UWG aus. 1

§ 7 UWG ist **nicht an § 3 I UWG gekoppelt.** Ein Verhalten, das gegen § 7 UWG verstößt, ist nicht »**unlauter**«, sondern »**unzulässig**«. Der Selbstständigkeit des § 7 UWG wird auch in den §§ 8 ff. UWG Rechnung getragen. In den dortigen Tatbeständen wird zwischen § 3 UWG (bzw. §§ 3 ff. UWG) und § 7 UWG differenziert. Die dort genannten Rechtsfolgen treten ein, wenn »**eine nach § 3 UWG oder § 7 UWG unzulässige geschäftliche Handlung**« vorgenommen wird (§ 8 I 2, § 9 S. 1, § 10 I UWG). 2

Da (auch) Verbraucher durch § 7 UWG geschützt werden, gewährleistet die Norm einen **Schutz der Privatsphäre.**[1] Der zivilrechtliche Schutz vor belästigender Werbung durch das allgemeine Persönlichkeitsrecht wird ergänzt.[2] 3

> **Beispiel:** F kennzeichnet seinen Briefkasten mit einem Aufkleber »Werbung einwerfen verboten«. Dennoch werden regelmäßig Prospekte eines benachbarten Supermarktes eingeworfen. Dies kann gegen das allgemeine Persönlichkeitsrecht (§ 823 I BGB iVm Art. 2 I, Art. 1 I GG) verstoßen. Zudem kommt eine Eigentums- bzw. Besitzstörung in Betracht (§§ 1004, 903 BGB).[3] Schließlich kann § 7 UWG geprüft werden. Eine Verletzung des § 7 UWG dürfte aber typischerweise am Tatbestandsmerkmal der »Unzumutbarkeit« scheitern.

Auch Unternehmer werden durch § 7 UWG vor Belästigungen geschützt. Schutzzweck ist dann die **Ungestörtheit der Betriebsabläufe.**[4] Einen **Schutz der Entscheidungsfreiheit der Verbraucher** und sonstigen Marktteilnehmer bezweckt § 7 UWG **grundsätzlich nicht.** Etwas anderes gilt nur für § 7 II Nr. 1 UWG. Dieser setzt Nr. 26 Anhang I UGP-RL um. 4

---
1 Ohly/Sosnitza/*Ohly* UWG § 7 Rn. 1.
2 Vgl. hierzu BGH GRUR 1989, 225 (226) – Handzettel-Wurfsendung.
3 Vgl. dazu BGH GRUR 1989, 225 (226) – Handzettel-Wurfsendung.
4 BGH GRUR 2010, 939 Rn. 20 – Telefonwerbung nach Unternehmenswechsel; Ohly/Sosnitza/*Ohly* UWG § 7 Rn. 1.

## 2. Normstruktur

5 **§ 7 I 1 UWG** enthält den Grundtatbestand, das Verbot von belästigenden geschäftlichen Handlungen, sowie die Rechtsfolgenanordnung. § 7 I 2 UWG ist ein Beispielstatbestand (»insbesondere«). Unerwünschte Werbung ist danach eine Form einer unzumutbaren Belästigung. **§ 7 II UWG** enthält einen Katalog von immer unzulässigen (»stets«) belästigenden Handlungen. **§ 7 III UWG** ergänzt § 7 II Nr. 3 UWG. Er nennt Fälle, bei denen trotz des Per-se-Verbotes von E-Mail-Werbung in § 7 II Nr. 3 UWG diese ausnahmsweise zulässig ist.

## 3. Europarechtliche Grundlagen

6 Die zentralen Regelungen der UGP-RL zur belästigenden Werbung (Art. 8 f. UGP-RL) sind **nicht** in § 7 UWG umgesetzt worden. Aggressive Geschäftspraktiken gem. Art. 8 f. UGP-RL werden von **§ 4a UWG** untersagt (→ § 11 Rn. 1). Eine wichtige Ausnahme stellt der bereits genannte (→ § 14 Rn. 4) § 7 II Nr. 1 UWG als Umsetzung der Nr. 26 des Anhang I zur UGP-RL dar. Dieser untersagt die aggressive Geschäftspraktik, Kunden durch hartnäckiges und unerwünschtes Ansprechen über Telefon, Fax, E-Mail oder sonstige für den Fernabsatz geeignete Medien zu umwerben. Die Umsetzung der Richtlinienbestimmung durch den deutschen Gesetzgeber kann nicht überzeugen. Die Regelung gehört systematisch in den Anhang zu § 3 III UWG oder aber in § 4a UWG. Die Lokalisierung des Werbeverbots offenbart eine dogmatische Schwäche des deutschen Rechts: § 7 UWG wirkt im UWG mittlerweile verloren. Sachgerecht wäre es, aus den §§ 4a und 7 UWG einen einheitlichen Verbotstatbestand aggressiver geschäftlicher Praktiken zu bilden. Dies würde auch die Frage beantworten, ob das weitgehende Verbot von Belästigungen in § 7 UWG mit der Festschreibung des Schutzhöchststandards durch Art. 3 V UGP-RL vereinbar ist.[5] Wird die Entscheidungsfreiheit des Konsumenten beeinträchtigt, besteht kein Raum für Regelungen, die den Schutzstandard der UGP-RL überschreiten.

7 § 7 UWG setzt auch Teile der **ePrivacy-RL** um. Die ePrivacy-RL bezweckt insbesondere den Schutz der in den Art. 7 und 8 GRCh verbürgten Grundrechte. Art. 13 Datenschutz-RL bietet Schutz vor »unerbetenen Nachrichten«. Die seit dem 25.5.2018 geltende DS-GVO gibt der ePrivacy-RL Vorrang (Art. 95 DS-GVO). Die Regelungen des § 7 UWG, beispielsweise zur Einwilligung in E-Mail-Werbung, gelten unverändert weiter. Geplant ist, die ePrivacy-RL durch eine ePrivacy-VO abzulösen.[6]

## II. Konkurrenzen

8 **§ 4a UWG** genießt grundsätzlich Anwendungsvorrang gegenüber § 7 UWG. Art. 8 UGP-RL (umgesetzt in § 4a UWG) verlangt, dass auf die »Entscheidungs- oder Ver-

---

5 Köhler/Bornkamm/Feddersen/*Köhler* UWG § 7 Rn. 9, zust. mit Verweis auf Erwägungsgrund 7 UGP-RL. Dort heißt es in Satz 5: »Die Mitgliedstaaten sollten daher in Einklang mit dem Gemeinschaftsrecht in ihrem Hoheitsgebiet weiterhin Geschäftspraktiken aus Gründen der guten Sitten und des Anstands verbieten können, auch wenn diese Praktiken die Wahlfreiheit der Verbraucher nicht beeinträchtigen.«

6 Vorschlag für eine Verordnung des Europäischen Parlamentes und des Rates über die Achtung des Privatlebens und den Schutz personenbezogener Daten in der elektronischen Kommunikation und zur Aufhebung der Richtlinie 2002/58/EG (Verordnung über Privatsphäre und elektronische Kommunikation) COM(2017) 10 final.

haltensfreiheit des Durchschnittsverbrauchers« eingewirkt wird. Für eine Anwendung des § 7 UWG ist also **nur Raum, wenn** Belästigungen erfolgen, die **nicht auf die Entscheidungsfreiheit** des Verbrauchers einwirken. Dies hat zur Konsequenz, dass Belästigungen von Verbrauchern nur ausgesprochen selten unter § 7 UWG fallen werden. Ein Großteil der Fälle, die von der Rechtsprechung zum alten Recht nach § 7 UWG entschieden worden sind, werden nunmehr ausschließlich von § 4a UWG erfasst. Bedeutung hat § 7 UWG für die Belästigung von »Nichtverbrauchern« (Mitbewerber, sonstige Marktteilnehmer). Diesen gegenüber entfaltet Art. 3 V UGP-RL keine Sperrwirkung (→ § 3 Rn. 12). Da § 4a UWG auch aggressive geschäftliche Handlungen gegenüber »sonstigen Marktteilnehmern« untersagt, besteht hier vollständige Anspruchskonkurrenz. Mitbewerber, die ja keine »sonstigen Marktteilnehmer« sind (vgl. § 1 UWG und → § 4 Rn. 31), werden vor Belästigungen durch ihre Konkurrenten allein durch § 7 UWG geschützt.

Soweit der **Anhang zu § 3 III UWG** aggressive, belästigende Praktiken untersagt, genießen die Bestimmungen des Anhangs Vorrang vor § 4a UWG. Gleiches muss auch für das Verhältnis zu § 7 UWG gelten. Bei Belästigungen im Wettbewerb kommen auch Ansprüche aus dem **BGB** in Betracht. Abwehransprüche gegenüber belästigender Werbung, insbesondere gegenüber Briefkastenwerbung, können aus dem Eigentums- und Besitzschutz (§ 1004 I BGB) folgen. Auch ermöglicht es das allgemeine Persönlichkeitsrecht, Belästigungen abzuwehren. 9

**Klausurtipp:** Der Bearbeiterhinweis der Klausur ist genau zu beachten. Oft sind **nur** lauterkeitsrechtliche Ansprüche zu prüfen.

## B. § 7 I UWG

### I. Der Grundtatbestand des § 7 I UWG

#### 1. Geschäftliche Handlung

§ 7 I 1 UWG untersagt **geschäftliche Handlungen,** die die Marktteilnehmer unzumutbar belästigen. Hier ist Aufmerksamkeit geboten. Während für § 7 I 1 UWG jede **geschäftliche Handlung** genügt, ist für § 7 I 2 UWG und § 7 II UWG erforderlich, dass eine »**Werbung**« vorliegt (der Begriff der »Werbung« ist enger als der der »geschäftlichen Handlung«, → § 13 Rn. 8). 10

Jedenfalls aus dem Anwendungsbereich des § 7 I UWG fällt, mangels geschäftlicher Handlung, Werbung für **politische Parteien** und gesellschaftliche Anliegen. **Spendenwerbung für humanitäre und soziale Zwecke** sollte an § 7 I UWG gemessen werden. Zum einen existiert ein »Spendenmarkt«, und zum anderen werden erwerbswirtschaftlich tätige Werbeunternehmen in die Spendenwerbung einbezogen.[7] Bei Werbeaktivitäten von Verbänden und Vereinen im nicht wirtschaftlichen, sozialen Bereich ist zu differenzieren. Die bloße Mitgliederwerbung stellt keine geschäftliche Handlung dar und soll daher nicht am UWG gemessen werden.[8] Verfolgen solche Vereinigungen und Verbände erwerbswirtschaftliche Zwecke, wird ein Handeln im geschäftlichen 11

---

7 IErg ebenso Ohly/Sosnitza/*Ohly* UWG § 7 Rn. 23; *Voigt* GRUR 2006, 466 (470).
8 So BGH GRUR 1997, 907 (908) – Emil-Grünbär-Klub.

Verkehr angenommen.[9] Überzeugen kann diese Differenzierung nicht. Es gibt auch einen Spenden- bzw. Mitgliedermarkt. Jeder Umworbene kann nur in einer begrenzten Anzahl von – auch gemeinnützigen – Vereinen Mitglied sein. Es besteht daher ein Markt, auf dem sich die Werbemaßnahmen auswirken.

> **Fall 2:** Sofern die Umweltschutzorganisation keine nennenswerte Tätigkeit in Bezug auf den Absatz oder den Bezug von Waren oder Dienstleistungen entfaltet, ist nach hM eine geschäftliche Handlung gem. § 2 I Nr. 1 UWG zu verneinen. Die Gegenposition ist mit Blick auf den Spendenmarkt gut vertretbar.

### 2. Belästigung

12  Eine geschäftliche Handlung ist **belästigend,** wenn sie dem Empfänger **aufgedrängt wird und** sie bereits wegen ihrer **Art und Weise** unabhängig von ihrem Inhalt als **störend** empfunden wird.[10] Das Tatbestandsmerkmal zerfällt also in zwei Elemente. Aus dem Sub-Tatbestandsmerkmal des Aufdrängens kann abgeleitet werden, dass eine Belästigung dann nicht vorliegt, wenn der Werbungsadressat der Werbung problemlos ausweichen kann. Dies ist beispielsweise dann der Fall, wenn in einer Fußgängerzone ein Flugblatt von einem Propagandisten nur entgegengehalten wird. Etwas anderes gilt, wenn der Angesprochene keine Möglichkeit hat, der Werbung auszuweichen.

> **Beispiel:** Das bekannteste Produkt des Schnellimbisskettenbetreibers B ist ein Hamburger mit dem Namen »Wupper«. B strahlt eine Fernsehwerbung aus. Die Werbung endet mit dem Text »O.K., Google, was ist ein Wupper?«. Der Text »O.K., Google« aktiviert einen sog. Smart-Home-Lautsprecher in der Nähe des Fernsehers. Der Wikipedia-Eintrag zum Hamburger »Wupper« wird vom Smart-Home-Lautsprecher vorgelesen. Der Werbungsadressat kann sich dieser Werbung, die noch dazu unter unfreiwilligem Einsatz seiner Elektronik vermittelt wird, nicht entziehen.

### 3. Unzumutbarkeit

13  Von großer Bedeutung für die Anwendung des Tatbestandes des § 7 I UWG ist das Tatbestandsmerkmal der **Unzumutbarkeit.** Nicht jede Belästigung ist lauterkeitsrechtswidrig. Nur **unzumutbare** Belästigungen sind zu unterlassen. Abzustellen ist nicht auf den konkret angesprochenen Adressaten, sondern auf einen durchschnittlich empfindlichen Marktteilnehmer.[11] Hier können die Erwägungen zu § 3 IV UWG (Verbrauchermaßstab) und § 5 UWG nutzbar gemacht werden (→ § 8 Rn. 59ff. und → § 12 Rn. 85ff.). Es ist auf den **Durchschnittsverbraucher** abzustellen. Richtet sich die Werbung an einen bestimmten Konsumentenkreis, ist auf diesen abzustellen.

> **Beispiel:** S vertreibt im Direktvertrieb Nylonblousons, sog. »Bomberjacken«. Eine Veranstaltung findet in einem Erholungsheim für sich im Ruhestand befindende Beamte statt. Zudem bewirbt X seine Jacken auf dem Jahreskongress des Verbandes der Berliner Türsteherinnen und Türsteher. Eine identische Vertriebspraktik kann in dem einen Fall zulässig und in dem anderen Fall unzulässig sein.

---

9 Vgl. BGH GRUR 1981, 823 (825) – Ecclesia-Versicherungsdienst; Köhler/Bornkamm/Feddersen/*Köhler* UWG § 2 Rn. 24; Ohly/Sosnitza/*Sosnitza* UWG § 2 Rn. 19.
10 BGH GRUR 2011, 747 Rn. 17 – Kreditkartenübersendung.
11 BGH GRUR 2010, 1113 Rn. 15 – Grabmalwerbung; BGH GRUR 2011, 747 Rn. 17 – Kreditkartenübersendung; MüKoUWG/*Leible* § 7 Rn. 48.

Zur Feststellung der Unzumutbarkeit ist eine umfassende Interessenabwägung vorzunehmen. Sowohl der Werbende als auch der Adressat können jeweils **Grundrechtspositionen** für sich in Anspruch nehmen. Diese sind gegeneinander in Ausgleich zu bringen (ausführlich → § 6 Rn. 3 ff.). Für den Unternehmer streitet jedenfalls Art. 12 I GG und oft auch Art. 5 I GG. Das Interesse, von Werbung nicht gestört zu werden, ist insbesondere durch das über Art. 2 I GG iVm Art. 1 I GG gewährleistete allgemeine Persönlichkeitsrecht abgesichert. Pauschalierungen nach einer vermeintlichen »Wertigkeit« der Grundrechte verbieten sich. Eine Einzelfallbetrachtung ist vorzunehmen. Entscheidend ist die **Eingriffsintensität.** Hier können Erwägungen zum allgemeinen Persönlichkeitsrecht, insbesondere das Sphärenmodell, nutzbar gemacht werden. Beispielsweise wird eine Werbung, welche die Intimsphäre berührt, immer unzumutbar sein. Grundsätzlich keine Rolle bei dieser Beurteilung sollten Abwehrmöglichkeiten spielen.[12] Der Werbungsadressat ist nicht verpflichtet, Vermeidungs- oder Verhinderungsmaßnahmen zu ergreifen. Wer beobachtet, dass auf einem Fußweg Passanten von Werbern aggressiv angesprochen werden, muss nicht die Straßenseite wechseln. Ebenso besteht keine Pflicht, technische Abwehrmaßnahmen gegen Werbung (beispielsweise das Installieren eines Werbeblockers auf dem Computer) vorzunehmen.

14

## II. Fallgruppen

Zu § 7 I UWG hat sich in der Praxis eine Reihe von Fallgruppen herausgebildet. Immer ist der Anwendungsvorrang des § 4a UWG zu beachten (→ § 14 Rn. 8).

15

### 1. Ansprechen in der Öffentlichkeit

Werden Passanten in der Öffentlichkeit, beispielsweise in Fußgängerzonen, von Werbenden angesprochen, ist dies nach § 7 I 1 UWG lauterkeitsrechtswidrig, wenn es für den Angesprochenen nicht ohne Weiteres **erkennbar** ist, dass er zu Werbezwecken angesprochen werden soll.[13] Diese Rechtsprechung kann überzeugen. Einem Ansprechen in der Öffentlichkeit steht der Angesprochene oft aufgeschlossen gegenüber, da er von einer nichtkommerziellen Kommunikation (Frage nach dem Weg oder der Uhrzeit, Einladung zum Kaffee oder Ähnliches) ausgeht. Wird er in dieser Situation mit einer Werbung konfrontiert, muss der Angesprochene aktiv werden, um den Beeinflussungsversuch abzubrechen. Die Erkennbarkeit kann insbesondere durch die Bekleidung der Werbenden (Unternehmensfarben, Logos etc) hergestellt werden. Auch das Aufstellen eines Werbestandes kann gewährleisten, dass die Werbung erkennbar ist.

16

> **Fall 1:** Es fehlt an der Erkennbarkeit. Das Ansprechen ist daher lauterkeitswidrig.

Die bloße Erkennbarkeit eröffnet allerdings nicht die Befugnis zu grenzlosen Werbemaßnahmen: Gibt der Angesprochene zu erkennen, dass er kein Interesse hat, darf er nicht weiter umworben werden.[14]

17

> **Beispiel:** F wird von W angesprochen. F schüttelt den Kopf und macht eine abwehrende Handbewegung. W muss nun seine Werbeaktivitäten einstellen.

---

12 Anscheinend aA Köhler/Bornkamm/Feddersen/*Köhler* UWG § 7 Rn. 26.
13 BGH GRUR 2004, 699 (700) – Ansprechen in der Öffentlichkeit I; BGH GRUR 2005, 443 (444) – Ansprechen in der Öffentlichkeit II.
14 MüKoUWG/*Leible* § 7 Rn. 67.

18  Sofern der Werbezweck nicht erkennbar ist, kommt auch ein Verstoß gegen § 5a VI UWG in Betracht. Nur ausnahmsweise wird in dem Ansprechen allein eine Belästigung gem. § 4a I 2 Nr. 1 UWG liegen. Das bloße Ansprechen wirkt noch nicht auf die Entscheidungsfreiheit ein. Hinzutreten müssen weitere Umstände.

### 2. Haustürwerbung

19  Der Verkauf an der Haustür kann auf eine lange Tradition zurückblicken. Dieser ist auch **gegenüber Verbrauchern grundsätzlich zulässig,** wie schon die §§ 312b, 355 BGB zeigen. Unzulässig ist eine Haustürwerbung, wenn durch Schilder wie »keine Vertreterbesuche« oder Ähnliches deutlich gemacht wird, dass diese Werbeform nicht gewünscht wird (§ 7 I 2 UWG). Die Rechtsprechung des BGH ging bisher von einer grundsätzlichen Zulässigkeit unbestellter Vertreterbesuche aus.[15] An dieser Rechtsprechung ist Kritik geäußert worden. Beanstandet wurde insbesondere, dass zwar ein unangekündigter Telefonanruf lauterkeitswidrig ist, nicht aber ein unerbetener Hausbesuch, der grundsätzlich zumindest gleich belästigend wirkt.[16] In der Tat wirkt die Differenzierung willkürlich. Es sind daher strengere Anforderungen an die Zulässigkeit von Hausbesuchen zu stellen. Zu fordern ist, dass der Verbraucher dem Besucher ein **tatsächliches oder mutmaßliches Einverständnis** erklärt hat.[17] Eine solche Zustimmung kann im Rahmen eines schon bestehenden geschäftlichen Kontakts erteilt worden sein. Von einem mutmaßlichen Einverständnis ist auch dann auszugehen, wenn sich Verbraucher und Unternehmer in ständigem geschäftlichen Kontakt befinden, der Verbraucher also regelmäßig von dem Unternehmer Waren und/oder Dienstleistungen bezieht. Auch können regionale Besonderheiten eine Rolle spielen. Für eine mildere Beurteilung besteht kein Anlass. Mag der Vertrieb durch Vertreter früher gerade in ländlichen Regionen noch in besonderem Maße der Bedarfsdeckung gedient haben, so ist dies heute nicht mehr der Fall. Der Verbraucher hat über Fernkommunikationsmittel (Internet, Telefon) die Möglichkeit, seinen Waren- oder Dienstleistungsbedarf zu decken oder aber einen Vertreter zu bestellen. Zudem besteht die Möglichkeit, Antwortpostkarten zu verteilen. Mit diesen kann ein Vertreterbesuch bestellt werden.

20  Bei **Unternehmen** wird man jedenfalls dann von einer mutmaßlichen Einwilligung ausgehen können, wenn der Vertreterbesuch einen Bezug zum Geschäftsbetrieb hat. Aber auch hier sind Einschränkungen und Hinweise des Unternehmers zu beachten. Dieser kann beispielsweise durch Schilder am Geschäftsraum Vertreterbesuche unterbinden.

### 3. Werbung in Schulen und Hochschulen

21  In Schulen und Hochschulen können Schüler und Studierende ungewollt Werbung ausgesetzt sein. Denkbar ist beispielsweise, dass die Schulleitung eine Werbeaktion für pädagogisch wertvolle Zeitschriften und Bücher während der Unterrichtszeit in der Schule zulässt. Ebenso kann während einer Lehrveranstaltung in der Hochschule einem Verlag Zeit eingeräumt werden, um seine Bücher zu bewerben. Zur Werbung in

---

15 Vgl. zuletzt BGH GRUR 2014, 883 Rn. 29 – Geschäftsführerhaftung (zu § 7 UWG 2008); umfassender Überblick über die ältere Rspr. bei Köhler/Bornkamm/Feddersen/*Köhler* UWG § 7 Rn. 43 f.
16 Fezer/Büscher/Obergfell/*Mankowski* UWG § 7 Rn. 315 f.
17 Vgl. Köhler/Bornkamm/Feddersen/*Köhler* UWG § 7 Rn. 51; MüKoUWG/*Leible* § 7 Rn. 231; Ohly/Sosnitza/*Ohly* UWG § 7 Rn. 80.

Schulen finden sich in den Landesschulgesetzen Sonderbestimmungen (Beispiele: Art. 84 I BayEUG; § 99 SchulG NRW; § 56 ThürSchulG). Aber selbst wenn eine Werbung schulrechtlich zulässig ist, tritt das Lauterkeitsrecht nicht zurück.[18] Zu prüfen ist, ob es zu einer unzumutbaren Belästigung der Schüler gem. § 7 I 1 UWG kommt. Gegen eine Zulässigkeit spricht, dass Schüler, die der Schulpflicht unterliegen, der Werbemaßnahme nicht ohne Pflichtverletzung ausweichen können. Im Einzelfall kommt daneben eine unzulässige Druckausübung (§ 4a UWG) gegenüber den Schülern oder deren Eltern in Betracht. Wird gegen das Schulrecht verstoßen, ist zudem an § 3a UWG zu denken.

Vgl. hierzu noch Fall 2 der Musterklausur (→ § 18).    22

### 4. Briefkastenwerbung

**Briefkastenwerbung** wurde früher als typischer Anwendungsfall des § 7 I 2 UWG an-   23
gesehen.[19] Gegenüber Verbrauchern trifft dies heute auf Bedenken: Diese Werbeform ist eine Werbung unter Verwendung eines für den Fernabsatz geeigneten Mittels iSd § 7 II UWG. Dieser setzt Anhang I Nr. 26 UGP-RL um. Jedenfalls für die Briefkastenwerbung gegenüber Verbrauchern ist daher von einer abschließenden Regulierung in § 7 II Nr. 1 UWG auszugehen.[20] Selbst bei einer entsprechenden Kennzeichnung des Briefkastens ist eine Werbung nach § 7 II Nr. 1 UWG nur dann unlauter, wenn ein »hartnäckiges Ansprechen« erfolgt. Dies ist erst bei einem mehrmaligen Einwurf von Werbung gegeben.

> **Klausurtipp:** Die Fälle unerwünschter Werbung können auch über das BGB gelöst werden, → § 14 Rn. 3.[21] Wendet sich ein Wohnungseigentümer oder -inhaber mit dem Aufkleber »Werbung verboten« gegen den Einwurf von Werbematerial, dürfen dennoch kostenlose Anzeigenblätter eingeworfen werden. Dies gilt auch, wenn den Anzeigenblättern Werbeprospekte beigelegt sind.[22]

### 5. Zusendung unbestellter Waren

Über die **Zusendung unbestellter Waren** musste die ältere lauterkeitsrechtliche   24
Rechtsprechung regelmäßig entscheiden.[23] Aufgrund des Anspruchsausschlusses in § 241a I BGB hat diese Fallgruppe heute praktisch keine Bedeutung mehr. Sollte eine Zusendung erfolgen, wird im Regelfall eine unzumutbare Belästigung iSd § 7 I 1 UWG vorliegen. Der Verbraucher wird allein durch die physische Anwesenheit der Ware in seiner Privatsphäre belästigt.

### 6. Scheibenwischerwerbung

Großer Beliebtheit erfreut sich Werbung, die an Kraftfahrzeugen oder sonstigen   25
Fahrzeugen (beispielsweise Fahrrädern) vom Werbetreibenden angebracht wird.

---

18 Übertrieben zurückhaltend BGH GRUR 1984, 665 (667) – Werbung in Schulen.
19 Vgl. MüKoUWG/*Leible* § 7 Rn. 70 ff.
20 Vgl. näher Köhler/Bornkamm/Feddersen/*Köhler* UWG § 7 Rn. 106.
21 Aus der Rspr. BGH NJW 1989, 902 (903).
22 BGH WRP 2012, 938 f.
23 Vgl. nur BGH GRUR 1992, 855 (856) – Gutscheinübersendung; OLG Stuttgart NJWE-WettbR 1996, 38; OLG Köln GRUR-RR 2002, 236.

Werbeflyer können unter den Scheibenwischer gesteckt werden. Visitenkarten werden hinter den Türgriff oder in die Scheibendichtung des Fahrzeugs geschoben. Bei Fahrrädern werden Werbezettel auf dem Gepäckträger festgeklemmt. Selbst wenn sich die Werbung leicht entfernen lässt, wird im **Regelfall eine unzumutbare Belästigung** vorliegen. Der Werbeadressat ist gezwungen, das Werbemedium mitzunehmen und zu entsorgen. Anderenfalls läuft er Gefahr, ordnungsbehördlich aufgrund einer unerlaubten Abfallbeseitigung in Anspruch genommen zu werden.[24]

## C. § 7 II UWG

### I. Funktion

26  Der Tatbestand des § 7 I UWG erfordert für die Feststellung einer unzumutbaren Belästigung eine Interessenabwägung. Von diesem Erfordernis dispensiert § 7 II UWG: Für die in § 7 II UWG genannten Fälle hat der Gesetzgeber die Abwägung vorgenommen. Die dort genannten Formen der Werbung sind **stets** unzulässig. Es handelt sich um **per-se-Verbote**.

### II. Werbung mit Fernkommunikationsmitteln (§ 7 II Nr. 1 UWG)

27  § 7 II Nr. 1 UWG untersagt es, Verbraucher mit einem nicht in Nr. 2 und Nr. 3 des § 7 II UWG genannten Fernkommunikationsmittel **hartnäckig** anzusprechen, obwohl sie dies erkennbar nicht wünschen. Geschützt werden durch die Vorschrift nur Verbraucher, nicht aber sonstige Marktteilnehmer. Untersagt werden bestimmte Formen der **Werbung** (zum Begriff der »Werbung« → § 13 Rn. 8). Diese Begrenzung beruht auf Nr. 26 S. 2 Anhang I UGP-RL und sollte mit § 7 UWG umgesetzt werden. Nr. 26 Anhang I UGP-RL enthält eine Untersagung bestimmter Werbeformen.[25] Die von § 7 II Nr. 1 UWG erfassten Werbeformen folgen aus einer Negativabgrenzung: An Nr. 1 des § 7 II UWG sind alle Fernkommunikationsmittel zu messen, die nicht in Nr. 2 und in Nr. 3 genannt sind. § 7 II Nr. 2 UWG erfasst Telefonanrufe. Unter § 7 II Nr. 3 UWG fällt die Werbung mit automatischen Anrufmaschinen, Faxgeräten und elektronischer Post (E-Mail). Fernkommunikationsmittel sind alle Kommunikationsmittel, die den Abschluss eines Vertrages zwischen einem Verbraucher und einem Anbieter ohne gleichzeitige körperliche Anwesenheit der Vertragsparteien herbeiführen können.[26] Typische Anwendungsfälle für § 7 II Nr. 1 UWG sind die Zusendung von Werbebriefen und -drucksachen sowie das Zuschicken von Katalogen, Prospekten und sonstigen Werbeschriften per Post. Die **Briefwerbung** ist von der **Briefkastenwerbung** zu unterscheiden. Die Briefwerbung ist **an den Empfänger**, dem die Werbung zugeleitet wird, **adressiert**. Eine solche **Adressierung** fehlt bei der Briefkastenwerbung. Schein-Adressierun-

---

24 IErg ebenso einen Lauterkeitsrechtsverstoß bejahend MüKoUWG/*Leible* § 7 Rn. 272; Fezer/Büscher/Obergfell/*Mankowski* UWG § 7 Rn. 348 ff.
25 Abweichend Köhler/Bornkamm/Feddersen/*Köhler* UWG § 7 Rn. 99, der § 7 II Nr. 1 UWG nicht auf Werbung begrenzen will.
26 Vgl. Ohly/Sosnitza/*Ohly* UWG § 7 Rn. 36 unter Bezugnahme auf Art. 2 Nr. 7 Verbraucherrechte-RL, der Definition des Fernabsatzvertrages.

gen wie »An die Bewohner der Goethestraße 1 in Rhauderfehn« sind als Briefkastenwerbung zu bewerten.[27]

Weiter ist erforderlich, dass der Verbraucher **hartnäckig** angesprochen wird, obwohl er dies **erkennbar nicht wünscht**. Hartnäckig meint ein wiederholtes Ansprechen.[28] Auch muss die Werbung erkennbar unerwünscht sein. Die Formulierung entspricht § 7 I 2 UWG. Für den Werbenden muss es wahrnehmbar gewesen sein, dass der Angesprochene die Werbung nicht erhalten möchte. Die Erkennbarkeit kann beispielsweise durch einen ausdrücklichen Hinweis an den Werbenden oder durch eine Eintragung auf eine »Robinson-Liste« bewirkt werden.[29] 28

## III. Telefonwerbung (§ 7 II Nr. 2 UWG)

### 1. Zweck und Regelungsrahmen

**Telefonwerbung** ist eine von Unternehmen gern gewählte Werbeform, da sie es ermöglicht, den Konsumenten sehr kostengünstig direkt anzusprechen. Dem Angerufenen ist sie aus verschiedensten Gründen ausgesprochen lästig.[30] Sofern Privatpersonen angerufen werden, erfolgt eine Störung in der häuslichen Sphäre. In Unternehmen werden Betriebsabläufe gestört. Selbst wenn die Rufnummer übermittelt ist, muss der Angerufene regelmäßig Gespräche entgegennehmen, um zunächst abzuklären, ob es sich um Werbung oder einen sonstigen Telefonanruf handelt. Zudem wird der Telefonanschluss für die Zeit des Anrufs blockiert. Bei Anrufen auf Mobiltelefonen erfolgt zudem oft eine Störung in unpassenden Situationen (beim Arztbesuch, beim Autofahren etc). Vor diesem Hintergrund wird Telefonwerbung in Deutschland traditionell streng beurteilt. Schon unter der Geltung von § 1 UWG 1909 war anerkannt, dass Werbe- oder Telefonanrufe bei Verbrauchern nur mit deren Einwilligung zulässig sind. Ein Unternehmer durfte zu Werbezwecken angerufen werden, wenn von dessen mutmaßlicher Einwilligung ausgegangen werden konnte.[31] 29

Die **europarechtlichen Vorgaben** für diesen Bereich sind – recht überraschend – spärlich. Art. 10 Fernabsatz-RL[32] enthielt eine Regelung zur Telefonwerbung. Diese wurde durch Art. 3 I Verbraucherrechte-RL ersatzlos gestrichen. Die ePrivacy-RL macht den Mitgliedstaaten keine konkreten Vorgaben für die Ausgestaltung der Regulierung von Telefonwerbung. Nr. 26 S. 1 Anhang I UGP-RL untersagt nur das »hartnäckige und unerwünschte Ansprechen über das Telefon«. Eine strengere nationale Regelung wird 30

---

27 Vgl. zu teiladressierten Werbeschreiben OLG München GRUR-RR 2014, 162f.; zu Postwurfsendungen Köhler/Bornkamm/Feddersen/*Köhler* UWG § 7 Rn. 108: Ein Vermerk »keine Werbung« am Briefkasten sei bei Postwurfsendungen als Annahmeverweigerung zu bewerten.
28 OLG Hamm GRUR-RR 2011, 469 (470) – Gratiszeitung mit Werbebeilagen; Ohly/Sosnitza/*Ohly* UWG § 7 Rn. 37.
29 Strenger Köhler/Bornkamm/Feddersen/*Köhler* UWG § 7 Rn. 111b: Es genügt, wenn die Werbung unerwünscht ist. »Erkennbarkeit« sei nicht zu verlangen.
30 Vgl. die Begr. RegE zum UWG, BT-Drs. 15/1487, 21.
31 Vgl. BGH GRUR 1989, 753 (754) – Telefonwerbung II; BGH GRUR 1990, 280 (281) – Telefonwerbung III.
32 RL 97/7/EG des Europäischen Parlaments und des Rates über den Verbraucherschutz bei Vertragsabschlüssen im Fernabsatz v. 20.5.1997, ABl. 1997 L 144, 19, mittlerweile nicht mehr in Kraft.

aber ausdrücklich zugelassen (Nr. 26 S. 2 Anhang I UGP-RL iVm Art. 13 III ePrivacy-RL).[33]

> **Fall 3:** Es handelt sich um einen typischen Fall einer nach § 7 II Nr. 2 UWG unzulässigen Telefonwerbung. Es fehlt die erforderliche Einwilligung.

### 2. Werbung mit einem Telefonanruf

31 »Telefonanruf« wird definiert als individuelle mündliche Kommunikation.[34] Die Verwendung von automatischen Anrufmaschinen wird (nur) von § 7 II Nr. 3 UWG erfasst. Probleme entstehen, wenn sich der Werbende verwählt oder der Telefonanschluss des Angerufenen von mehreren Personen genutzt wird. Um einen Verstoß gegen § 7 II Nr. 2 UWG zu vermeiden, ist der Werbende dazu angehalten, zu Beginn des Gespräches abzuklären, ob er mit der Person spricht, die er auch anzurufen wünscht.[35]

> **Beispiel:** Der Student J hat gegenüber dem Verlag V eingewilligt, telefonische Werbeanrufe zu erhalten. J wohnt in einer studentischen WG. Ruft V bei J an, muss zu Beginn des Gespräches abgeklärt werden, ob tatsächlich J das Gespräch angenommen hat. Bewirbt V im Telefongespräch einen Mitbewohner des J, der nicht eingewilligt hat, liegt ein Verstoß gegen § 7 II Nr. 2 UWG vor. Die Einwilligung ist personen- und nicht anschlussbezogen.

32 Nicht jede geschäftliche Handlung genügt für den Tatbestand des § 7 II Nr. 2 UWG. Erforderlich ist eine **Werbung.** Werbung ist jede Äußerung im Geschäftsverkehr mit dem Ziel, den Absatz von Waren oder die Erbringung von Dienstleistungen zu fördern (näher → § 13 Rn. 8).

> **Beispiel:** U ruft seinen Kunden K an, um ihn an eine fällige Zahlung zu erinnern. Es liegt keine Werbung iSd § 7 II Nr. 2 UWG vor. Beurteilungsmaßstab ist allein § 7 I 1 UWG.

33 Telefonanrufe zum Zwecke der Marktforschung sind dann Werbung, wenn sie zumindest mittelbar der Absatzförderung eines Unternehmens dienen.[36]

> **Beispiel:** Der Automobilhersteller B beauftragt das Marktforschungsunternehmen M, Konsumenten anzurufen und sie zu befragen, welche Antriebsart sie beim nächsten Fahrzeugkauf bevorzugen werden. Das Ergebnis der Studie soll B bei der mittelfristigen und langfristigen Produktplanung unterstützen. In einer solchen Situation dürfte das Ziel, den Absatz auch nur mittelbar zu fördern, zu verneinen sein.

34 Wird ein Arbeitnehmer angerufen, um ihn als Arbeitnehmer zu gewinnen, ist der Arbeitnehmer »sonstiger Marktteilnehmer« und nicht »Verbraucher«. Der Anruf ist nicht an § 7 II Nr. 2 UWG zu messen.[37] Prüfungsmaßstäbe sind § 7 I UWG und § 4 Nr. 4 UWG.

---

33 BGH GRUR 2011, 936 Rn. 23 ff. – Double-opt-in-Verfahren; aA *Engels/Braun* GRUR 2010, 886 (888 f.).
34 Köhler/Bornkamm/Feddersen/*Köhler* UWG § 7 Rn. 127.
35 Vgl. Köhler/Bornkamm/Feddersen/*Köhler* UWG § 7 Rn. 128 d f.
36 OLG Köln MMR 2012, 535 (536) – Telefonanruf durch Meinungsforschungsinstitut; Ohly/Sosnitza/*Ohly* UWG § 7 Rn. 44.
37 Ohly/Sosnitza/*Ohly* UWG § 7 Rn. 46.

## 3. Einwilligung

### a) Grundsätze

Eine **Einwilligung** begründet die Zulässigkeit des Anrufs. Die **Rechtsnatur** der Einwilligung wird in der Literatur intensiv erörtert. Weitestgehend Einigkeit besteht darüber, dass es sich nicht um die in § 183 S. 1 BGB geregelte vorherige Zustimmung in ein Rechtsgeschäft handelt.[38] Hier geht es nicht um eine Zustimmung zu einem Rechtsgeschäft, sondern um die Gestattung eines Eingriffs in die Privat- bzw. Unternehmenssphäre. Die Einwilligung kann im Rahmen eines Vertrages erteilt werden und auch im Gegenseitigkeitsverhältnis stehen.

35

> **Beispiele:**
> - In einem umfassenden Vertragswerk vereinbaren die Parteien, dass der Kunde angerufen werden kann.
> - Unternehmer U wendet allen Kunden einen 5 EUR-Einkaufsgutschein zu, wenn sie sich bereit erklären, telefonisch umworben zu werden.

**Umstritten** ist, ob es sich bei der Einwilligung um eine **Willenserklärung oder** um eine **geschäftsähnliche Handlung** handelt.[39] Kennzeichen einer geschäftsähnlichen Handlung ist, dass sie auf einen tatsächlichen Erfolg gerichtet ist und die Rechtsfolgen kraft Gesetzes eintreten.[40] Ein typisches Beispiel ist die Mahnung.[41] Für § 7 II Nr. 2 UWG treten die Rechtsfolgen der Einwilligung kraft Gesetzes ein. Dies spricht dafür, von einer geschäftsähnlichen Handlung auszugehen. Unterschiedliche Rechtsfolgen dürfte die Beantwortung des Streits nicht zur Folge haben. Auf geschäftsähnliche Handlungen sind die Regelungen zu den Willenserklärungen gem. §§ 104 ff. BGB grundsätzlich anwendbar. Für die **Voraussetzungen** einer wirksamen Einwilligung ist **zwischen Verbrauchern und sonstigen Marktteilnehmern zu differenzieren**.

36

### b) Verbraucher – ausdrückliche Einwilligung (§ 7 II Nr. 2 Alt. 1 UWG)

Ein Werbeanruf bei einem Verbraucher ist nur zulässig, wenn eine **vorherige ausdrückliche** Einwilligung erteilt worden ist. Die Regelung wurde mit dem »Gesetz zur Bekämpfung unerlaubter Telefonwerbung und zur Verbesserung des Verbraucherschutzes bei besonderen Vertriebsformen«[42] im Jahr 2009 nachgeschärft. Verstöße sind nunmehr nach § 20 UWG bußgeldbewährt. Auch eine **konkludente Einwilligung** ist **nicht mehr genügend**. Ein besonderes Formerfordernis (wie etwa die Textform oder Ähnliches), welches im Entwurf der Bundesregierung v. 8.8.2008 noch gefordert wurde,[43] ist im Gesetzgebungsverfahren gescheitert und besteht nicht. Die Reichweite der Einwilligung ist unter Beachtung des Tatbestandsmerkmals »ausdrücklich« zu bestimmen. Es genügt daher beispielsweise nicht, wenn ein Verbraucher im Rahmen eines Preisausschreibens die Erklärung abgibt, er sei generell mit Telefonanrufen zu Werbezwecken einverstanden.[44] Durch Preisausschreiben mit attraktiven Prei-

37

---

38 Köhler/Bornkamm/Feddersen/*Köhler* UWG § 7 Rn. 143; aA Splittgerber/Zscherpe/*Goldmann* WRP 2006, 178 (179).
39 Vgl. näher Köhler/Bornkamm/Feddersen/*Köhler* UWG § 7 Rn. 143; Ohly/Sosnitza/*Ohly* UWG § 7 Rn. 48; *Ohly*, »Volenti non fit iniuria« – Die Einwilligung im Privatrecht, 2002, 201 ff.
40 Palandt/*Ellenberger* BGB Überbl v. § 104 Rn. 6.
41 BGHZ 47, 352 (357) = NJW 1967, 1800 (1802).
42 BGBl. 2009 I 2413.
43 Vgl. BT-Drs. 16/10734, 19.
44 Diese Praxis war bis zur UWG-Novelle 2009 ausgesprochen beliebt.

sen, etwa Autos, wurden Verbraucher vor 2009 dazu motiviert, eine Generaleinwilligung in Werbeanrufe abzugeben. Die Adressdatensätze wurden anschließend veräußert.

38  Die Erklärung muss vor dem Werbeanruf erteilt werden. Das Gesetz verlangt eine **vorherige** Einwilligung. Eine während des Gesprächs erteilte Einwilligung ist unbeachtlich. Die Einwilligungserklärung unterliegt einer einschränkungslosen AGB-Kontrolle.[45] Eine nach § 307 I BGB unzulässige unangemessene Benachteiligung liegt vor, wenn die Einwilligung in Textpassagen enthalten ist, die auch andere Erklärungen und Hinweise erhält. Erforderlich ist eine gesonderte Erklärung durch zusätzliche Unterschrift oder Markieren eines entsprechenden Feldes (sog. »opt-in«).[46] Ebenso liegt eine unangemessene Benachteiligung vor, wenn von einer grundsätzlichen Einwilligung ausgegangen wird und der Verbraucher einer Telefonwerbung ausdrücklich widersprechen muss (sog. »opt-out«).[47]

39  Im Prozess muss der Unternehmer darlegen und gegebenenfalls beweisen, dass der Verbraucher in die Telefonwerbung eingewilligt hat.[48] Das in der Praxis verwendete sog. Double-opt-in-Verfahren ist für den Unternehmer nicht so sicher, wie es scheint. Bei diesem Verfahren holt der Werbungstreibende im Internet – beispielsweise im Rahmen eines Gewinnspiels – über eine Eingabemaske die Einwilligung des Verbrauchers in Werbeanrufe ein und versendet im Anschluss an die Eingabe durch den Verbraucher eine E-Mail an die vom Verbraucher angegebene E-Mail-Adresse. Die E-Mail enthält einen Link, den der Verbraucher anklicken muss, um beispielsweise an einem Gewinnspiel teilnehmen zu können. Selbst dieses eher aufwendige Verfahren befreit den Unternehmer nicht von allen Schwierigkeiten. Denkbar ist, dass in die Interneteingabemaske eine E-Mail-Adresse eingetragen worden ist, auf die der angerufene Verbraucher gar keinen Zugriff hat.[49]

### c) Sonstige Marktteilnehmer – mutmaßliche Einwilligung (§ 7 II Nr. 2 Alt. 2 UWG)

40  Nicht so streng sind die Anforderungen für eine Telefonwerbung gegenüber sonstigen Marktteilnehmern. Hier genügt **deren zumindest mutmaßliche Einwilligung.** Diese Formulierung beschreibt allein den Mindeststandard. Selbstverständlich können auch sonstige Marktteilnehmer ausdrücklich in die Telefonwerbung einwilligen. Typischerweise werden vom Begriff des »sonstigen Marktteilnehmers« Unternehmer erfasst. Eine mutmaßliche Einwilligung liegt vor, wenn aufgrund konkreter Umstände ein sachliches Interesse des Anzurufenden am Anruf vermutet werden kann.[50] Eine sog. »allgemeine Sachbezogenheit« soll nicht genügen, da anderenfalls Telefonwerbung grenzenlos zulässig wäre.[51]

---

45  BGH GRUR 2008, 1010 Rn. 18 – Payback; GRUR 2013, 531 Rn. 19 – Einwilligung in Werbeanrufe II.
46  BGH GRUR 2008, 1010 Rn. 28 f. – Payback.
47  BGH GRUR 2008, 1010 Rn. 33 – Payback.
48  BGH GRUR 2011, 936 Rn. 30 – Double-opt-in-Verfahren.
49  Vgl. zum Ganzen BGH GRUR 2011, 936 Rn. 37 ff. – Double-opt-in-Verfahren.
50  BGH GRUR 2001, 1181 (1183) – Telefonwerbung für Blindenwaren; BGH GRUR 2008, 189 Rn. 14 – Suchmaschineneintrag; BGH GRUR 2010, 939 Rn. 20 – Telefonwerbung nach Unternehmenswechsel; Köhler/Bornkamm/Feddersen/*Köhler* UWG § 7 Rn. 164.
51  Vgl. Köhler/Bornkamm/Feddersen/*Köhler* UWG § 7 Rn. 165.

**Beispiel:** D vertreibt Standard-Druckerpapier im Format DIN A4. Willkürlich ruft er Unternehmen an und bietet seine Produkte an. Grundsätzlich benötigt jedes Unternehmen das von D vertriebene Papier. Dies allein kann nicht genügen, um von einer mutmaßlichen Einwilligung auszugehen.

Es sind daher Kriterien zu bestimmen, die für eine Zulässigkeit des Anrufs sprechen. 41
Eine mutmaßliche Einwilligung kann angenommen werden, wenn der Angerufene ein **sachliches Interesse** an der **Art der Werbung** hat.[52] Für eine Zulässigkeit sprechen weiter eine bereits **bestehende**, intensive **Geschäftsverbindung** und die **Nähe des Angebots zum Bedarf** des umworbenen Unternehmens.[53] In die Abwägung einbezogen werden kann die Störungsintensität. Je seltener die Anrufe erfolgen und je kürzer sie sind, desto wahrscheinlicher ist eine Zulässigkeit. Bei der Beurteilung des Interesses des Unternehmers ist auch einzubeziehen, welche alternativen Werbemöglichkeiten bestehen.

**Beispiele:**
- Ein juristischer Kommentar erscheint in Neuauflage. Hierüber könnte Rechtsanwalt R per Telefon informiert werden. Weniger störend und unter Umständen informativer ist für ihn jedoch eine E-Mail-Werbung (bei der dann die Voraussetzungen der §§ 7 II Nr. 3, III UWG eingehalten werden müssen → § 14 Rn. 43 f.) oder eine Werbung per Brief. In einer solchen Situation muss das sachliche Interesse an einer Telefonwerbung verneint werden.
- Die telefonische Mitarbeiterabwerbung ist im Verhältnis zum Arbeitgeber nicht an § 7 II Nr. 2 UWG zu messen. Ihm gegenüber handelt es sich nicht um Werbung.[54]

Die Werbeform des Telefonanrufs ist auch gegenüber sonstigen Marktteilnehmern für 42
den Unternehmer nicht ohne Risiko. Beurteilt er das sachliche Interesse des Angerufenen an der Werbung fehlerhaft, geht diese Fehleinschätzung zu Lasten des Anrufers. Er handelt lauterkeitsrechtswidrig.

## IV. Automatische Anrufmaschinen, Faxwerbung und elektronische Post (§ 7 II Nr. 3 UWG)

### 1. Eckpunkte

§ 7 II Nr. 3 UWG und § 7 III UWG enthalten Regelungen für die Werbung mit auto- 43
matischen Anrufmaschinen, Faxgeräten und elektronischer Post (E-Mail). Die Norm differenziert, anders als die Regelung zur Telefonwerbung (§ 7 II Nr. 2 UWG), nicht zwischen Verbrauchern und sonstigen Marktteilnehmern. Im Grundsatz ist immer **eine vorherige ausdrückliche Einwilligung** erforderlich. § 7 III UWG benennt einige Ausnahmen von diesem Prinzip. Die Regelung stellt eine Verschärfung gegenüber der früheren Rechtslage dar. Telefax- und E-Mail-Werbung gegenüber Unternehmern war bei einer mutmaßlichen Einwilligung zulässig.[55] Art. 13 I ePrivacy-RL stand (und steht) einer Fortführung der liberaleren älteren deutschen Rechtsprechung entgegen.

---

52 BGH GRUR 1991, 764 (765) – Telefonwerbung IV.
53 BGH GRUR 1991, 764 (765) – Telefonwerbung IV; Ohly/Sosnitza/*Ohly* UWG § 7 Rn. 57.
54 AA Ohly/Sosnitza/*Ohly* UWG § 7 Rn. 58.
55 Vgl. GRUR 2004, 517 (518 f.) – E-Mail-Werbung; BGH GRUR 2007, 164 Rn. 8 – Telefax-Werbung II.

44 Die Regelung in § 7 II Nr. 3, III UWG ist strenger als **Nr. 26 Anhang I UGP-RL**. Dort wird ein »hartnäckiges und unerwünschtes« Ansprechen verlangt. Dennoch bestehen keine unionsrechtlichen Probleme. § 7 II Nr. 3 UWG iVm § 7 III UWG setzt Art. 13 I Datenschutz-RL um. Nach dieser Regelung setzen die von § 7 II UWG erfassten Werbeformen eine vorherige ausdrückliche Einwilligung voraus. Die ePrivacy-RL wird durch die UGP-RL ausdrücklich nicht eingeschränkt (Anhang I Nr. 26 S. 2 UGP-RL).

**2. Erfasste Werbeformen**

45 § 7 II Nr. 3 UWG erfasst drei verschiedene Werbeformen. Die Werbung mit **automatischen Anrufmaschinen** ist in Deutschland bisher nicht allzu verbreitet. Die **Telefax-Werbung** hatte im Vor-Internet-Zeitalter eine große Bedeutung, da ein Telefax beim Empfänger oft eine beachtliche Aufmerksamkeit auslöste. Der Begriff der »**elektronischen Post**« stammt aus der der Datenschutz-RL. Nach Art. 2 lit. h ePrivacy-RL ist elektronische Post »jede über ein öffentliches Kommunikationsnetz verschickte Text-, Sprach-, Ton- oder Bildnachricht, die im Netz oder im Endgerät des Empfängers gespeichert werden kann, bis sie von diesem abgerufen wird«. Erfasst werden insbesondere E-Mail und SMS. Gleiches gilt für die heute kaum noch verwendete MMS. Auch zu Werbezwecken versendete WhatsApp-Nachrichten sind »elektronische Post«. Art. 2 lit. h ePrivacy-RL erfasst auch Sprachnachrichten. Eine zu Werbezwecken versendete WhatsApp-Sprachnachricht, die Werbung enthält, unterfällt also § 7 II Nr. 3 UWG. Gleiches wird man für Nachrichten auf der Telefon-Mailbox annehmen können.

**3. Vorherige ausdrückliche Einwilligung**

46 Die in § 7 II Nr. 3 UWG erfassten Werbeformen sind nur zulässig, wenn eine **vorherige ausdrückliche Einwilligung** des Adressaten vorliegt. Es gilt das zur Telefonwerbung (→ § 14 Rn. 35 ff.) Ausgeführte. Eine konkludente Einwilligung genügt nicht. Dies gilt auch für eine mutmaßliche Einwilligung. Sie muss zudem »für den konkreten Fall« erteilt worden sein.[56] Aus der bloßen Kundgabe einer E-Mail-Adresse kann also nicht abgeleitet werden, dass der Empfänger grundsätzlich mit der Zusendung von Werbung einverstanden ist.[57]

> **Fall 4**: Die Werbung ist unzulässig. Es fehlt die erforderliche vorherige ausdrückliche Einwilligung.

> **Fall 5**: Auch die E-Mail an die Rechtsanwältin verstößt gegen § 7 II Nr. 3 UWG. Es fehlt an einer vorherigen ausdrücklichen Einwilligung. Wenig plausibel ist der Unterschied zur Telefonwerbung. Für diese genügt bei der Rechtsanwältin als sonstige Marktteilnehmerin eine mutmaßliche Einwilligung (§ 7 II Nr. 2 UWG), obwohl diese Werbeform oft stärker stört als eine E-Mail.

**4. Erweiterte Zulässigkeit elektronischer Post gem. § 7 III UWG**

47 § 7 III UWG nennt Voraussetzungen, unter denen eine Werbung unter Verwendung elektronischer Post (zum Begriff → § 14 Rn. 45) **ausnahmsweise** zulässig ist, auch wenn eine vorherige ausdrückliche Einwilligung des Adressaten nicht vorliegt. Die Regelung dient dazu, den **E-Commerce** zu erleichtern. Die Regelung beruht auf Art. 13 II ePrivacy-RL. Ein Unternehmer darf einem Kunden, der bei ihm schon ein-

---

56 OLG Köln WRP 2013, 659 Rn. 15.
57 Köhler/Bornkamm/Feddersen/*Köhler* UWG § 7 Rn. 186.

mal eine Ware gekauft oder eine Dienstleistung in Anspruch genommen hat, Produkte mit elektronischer Post anbieten. Der Tatbestand hat vier Voraussetzungen, die kumulativ erfüllt sein müssen, damit die elektronische Werbung zulässig ist.
- Der Unternehmer muss im Zusammenhang mit dem Verkauf einer Ware oder Dienstleistung von dem Kunden dessen elektronische Postadresse erhalten haben (§ 7 III Nr. 1 UWG).
- Die Adresse muss vom Unternehmer für Direktwerbung für eigene ähnliche Waren oder Dienstleistungen verwendet werden (§ 7 III Nr. 2 UWG).
- Der Kunde darf der Verwendung seiner elektronischen Postadresse nicht widersprochen haben (§ 7 III Nr. 3 UWG).
- Der Unternehmer muss den Kunden bei Erhebung der elektronischen Postadresse und bei jeder Verwendung darauf hinweisen, dass er zukünftigen Verwendungen jederzeit widersprechen kann, ohne dass dies andere Kosten als die Übermittlungskosten nach den Basistarifen auslöst (§ 7 III Nr. 4 UWG).

Aus dem eindeutigen Wortlaut des § 7 III Nr. 1 UWG folgt, dass es zu einem **Vertragsabschluss** gekommen sein muss. Bloßes Verhandeln reicht nach **hM** nicht aus.[58] Das Vorliegen eines Vertrages wird durch einen Widerruf nach § 355 BGB nicht beseitigt. Der Unternehmer kann also weiter werben. Entscheidend ist allein, ob im Widerruf zugleich ein Widerspruch nach § 7 III Nr. 3 UWG liegt. An einem »Vertragsschluss« fehlt es bei einer wirksamen, ex tunc wirkenden Anfechtung (§ 142 BGB). 48

> **Beispiel:** P bestellt bei Spielzeughändler S ein Fahrzeug für seine Autorennbahn. Der Kaufvertrag wird von P widerrufen. S sendet ihm weiter E-Mail-Werbung zu. Dies ist nach § 7 III UWG zulässig. Zu beachten ist, dass der Unternehmer die elektronische Postadresse vom Kunden selbst erhalten haben muss. Ein Erwerb von einem Adressenhändler oder einem Unternehmen, das ähnliche Waren und Dienstleistungen anbietet, genügt nicht.

Die elektronische Postadresse darf nur für »eigene ähnliche Waren oder Dienstleistungen« verwendet werden. Das Tatbestandsmerkmal soll dahingehend interpretiert werden können, dass dem Kunden Werbung für den gleichen erkennbaren oder doch typischen Verwendungszweck oder für seinen Bedarf zugeleitet werden darf.[59] Um den Schutzcharakter der Vorschrift nicht zu unterlaufen, wird teilweise für eine strengere Auslegung plädiert.[60] Jedenfalls darf die Regelung nicht dazu führen, dass für jeden denkbaren Bedarf geworben werden darf. 49

> **Beispiel:** P, der ein Rennfahrzeug für eine Autorennbahn erworben hat, erhält nunmehr regelmäßig Werbe-E-Mails, in denen verschiedenste Spiele und Spielzeuge beworben werden. Dies sind keine ähnlichen Waren. Die Werbung ist nach § 7 III UWG unzulässig.
>
> **Fall 6:** Hier wird per E-Mail für verwandte Waren geworben. Dies ist lauterkeitsrechtlich erlaubt.

---

[58] Köhler/Bornkamm/Feddersen/*Köhler* UWG § 7 Rn. 204a; MüKoUWG/*Leible* § 7 Rn. 181; aA Leistner/Pothmann WRP 2003, 815 (822).
[59] OLG Jena MMR 2011, 101; Köhler/Bornkamm/Feddersen/*Köhler* UWG § 7 Rn. 205.
[60] Vgl. MüKoUWG/*Leible* § 7 Rn. 185 mit Verweis auf das aus dem Kartellrecht bekannte Kriterium der Kreuzpreiselastizität. Demnach erscheinen zwei Produkte ähnlich, wenn preisliche Veränderungen bei Produkt A Auswirkungen auf den Absatz des Produktes B zur Folge haben. Im Grunde stellt sich somit auch hier die Substitutionsfrage.

50  Zu beachten ist weiter, dass ein **Widerspruch** gegen die weitere Verwendung problemlos **möglich** sein muss. Insbesondere dürfen keine teuren Hotlines vorgeschoben werden.

> **Beispiel:** Unternehmer U belehrt seine Kunden wie folgt: »Sofern sie keine weitere Werbung wünschen, rufen Sie bitte die Telefon-Hotline unter der Rufnummer 0190/... (1,86 EUR/Minute) an.« Die Übermittlungskosten überschreiten damit den Basistarif. Die Werbung mit elektronischer Post ist nicht ausnahmsweise nach § 7 III UWG zulässig. Es bleibt beim Verbot nach § 7 II Nr. 3 UWG.

### 5. Exkurs: Zulässigkeit von E-Mail-Werbung nach dem BGB

51  Die vorstehend erläuterte Problematik kann auch zivilrechtlich anhand des BGB beurteilt werden. Wird eine E-Mail an einen Verbraucher versendet, ohne dass dieser vorher ausdrücklich eingewilligt hat, liegt eine Verletzung des allgemeinen Persönlichkeitsrechts vor. Der Verbraucher kann einen Schadensersatzanspruch nach § 823 I BGB und über § 1004 I BGB einen Unterlassungsanspruch geltend machen.[61] Wird die Werbe-E-Mail an eine geschäftliche E-Mail-Adresse gesendet, liegt ein Eingriff in das durch § 823 I BGB geschützte Recht am eingerichteten und ausgeübten Gewerbebetrieb vor.[62]

52  Wird der Angerufene mit einem unzulässigen Werbeanruf überrumpelt und zu einem Vertragsabschluss gedrängt, kann erwogen werden, ob ihm ein **Schadensersatzanspruch** aus § 823 I BGB oder § 823 II BGB iVm § 7 II UWG zu gewähren ist. Ein solcher könnte dann dem vertraglichen Erfüllungsanspruch des Unternehmers entgegengehalten werden (dolo agit, qui petit, quod statim redditurus est).[63]

## V. Identitätsverschleierung (§ 7 II Nr. 4 UWG)

53  Konsumenten empfinden es als belästigend, wenn ihnen Werbung zugeleitet wird, bei der der Absender nicht erkennbar ist. Diesen Fall greift Art. 13 IV ePrivacy-RL auf. In Umsetzung dieser Vorschrift untersagt § 7 II Nr. 4 UWG Fälle der **Identitätsverschleierung.** Vorausgesetzt wird eine Werbung mit einer »Nachricht«. Der Begriff der Nachricht ist in § 2 I Nr. 4 UWG legal definiert. Gemeint sind hier aber wohl in richtlinienkonformer Auslegung nur Fälle der Werbung mit elektronischer Post.[64]

54  Erfasst werden drei Fälle. Bei **§ 7 II Nr. 4 lit. a UWG** wird die Identität des Absenders verschleiert oder verheimlicht. Verschleiern meint das Angeben eines unrichtigen Namens. Bei einem Verheimlichen fehlt jegliche Namensnennung. § 6 I TMG benennt Informationspflichten bei kommerzieller Kommunikation.[65] Wird gegen diese Vorschrift

---

61 LG Berlin NJWE-WettbR 2000, 91.
62 BGH GRUR 2013, 1259 Rn. 12 – Empfehlungs-E-Mail; BGH GRUR 2017, 748 Rn. 15, 25 – Robinson Liste.
63 Vgl. hierzu BGH GRUR 2016, 831 Rn. 12f. – Lebens-Kost (welcher im konkreten Fall einen Anspruch abgelehnt hat).
64 Vgl. Köhler/Bornkamm/Feddersen/*Köhler* UWG § 7 Rn. 209, der den Anwendungsbereich noch stärker auf E-Mail-Werbung und SMS-Werbung beschränken will.
65 § 6 TMG Besondere Informationspflichten bei kommerziellen Kommunikationen
(1) Diensteanbieter haben bei kommerziellen Kommunikationen, die Telemedien oder Bestandteile von Telemedien sind, mindestens die folgenden Voraussetzungen zu beachten:
 1. Kommerzielle Kommunikationen müssen klar als solche zu erkennen sein.
 2. Die natürliche oder juristische Person, in deren Auftrag kommerzielle Kommunikationen erfolgen, muss klar identifizierbar sein.

verstoßen, oder soll der Empfänger eine Website aufrufen, auf der gegen diese Vorschrift verstoßen wird, so liegt zugleich ein Verstoß gegen **§ 7 II Nr. 4 lit. b UWG** vor. Schließlich muss immer eine Adresse genannt werden, an die eine Aufforderung zur Einstellung der Nachrichtenübermittlung gerichtet werden kann (**§ 7 II Nr. 4 lit. c UWG**).

> **Beispiel:** L hat zugestimmt, von U Werbung per E-Mail zu erhalten. Eine Information zu einer Möglichkeit, die Werbung abzubestellen, wurde L nicht erteilt. Zwar verstößt die Werbung nicht gegen § 7 II Nr. 3 UWG, da eine vorherige Einwilligung vorliegt. Es liegt jedoch ein Verstoß gegen § 7 II Nr. 4 lit. c UWG vor.

> **Klausurhinweis:** Ein Verstoß gegen § 6 I TMG ist in der Klausur auch unter dem Aspekt des Rechtsbruchs (§ 3a UWG) zu untersuchen. Gelegentlich wird auch ein Fall des § 5a VI UWG vorliegen (Nichtkenntlichmachung des kommerziellen Zwecks einer geschäftlichen Handlung).

---

3. Angebote zur Verkaufsförderung wie Preisnachlässe, Zugaben und Geschenke müssen klar als solche erkennbar sein, und die Bedingungen für ihre Inanspruchnahme müssen leicht zugänglich sein sowie klar und unzweideutig angegeben werden.
4. Preisausschreiben oder Gewinnspiele mit Werbecharakter müssen klar als solche erkennbar und die Teilnahmebedingungen leicht zugänglich sein sowie klar und unzweideutig angegeben werden.

(2) Werden kommerzielle Kommunikationen per elektronischer Post versandt, darf in der Kopf- und Betreffzeile weder der Absender noch der kommerzielle Charakter der Nachricht verschleiert oder verheimlicht werden. Ein Verschleiern oder Verheimlichen liegt dann vor, wenn die Kopf- und Betreffzeile absichtlich so gestaltet sind, dass der Empfänger vor Einsichtnahme in den Inhalt der Kommunikation keine oder irreführende Informationen über die tatsächliche Identität des Absenders oder den kommerziellen Charakter der Nachricht erhält.

(3) Die Vorschriften des Gesetzes gegen den unlauteren Wettbewerb bleiben unberührt.

# 3. Kapitel. Rechtsfolgen

## § 15 Rechtsfolgen (§§ 8–11 UWG)

**Literatur:** *Ahrens*, Der Wettbewerbsprozess, 8. Aufl. 2017; *Henning-Bodewig*, Enforcement im deutschen und europäischen Lauterkeitsrecht, WRP 2015, 667 ff.; *Teplitzky*, Wettbewerbsrechtliche Ansprüche und Verfahren, 11. Aufl. 2016.

**Fall 1:** Spielzeughändler S wirbt in einer Sonntagszeitung mit einer irreführenden Preisangabe für ein Puppenhaus des Herstellers N. Wettbewerber W möchte, »dass so etwas nicht noch einmal vorkommt«. Zudem begehrt er Schadensersatz. Am Montag nach Erscheinen der Anzeige hat W kein einziges Puppenhaus verkauft. Normalerweise verkauft er montags im Durchschnitt drei Puppenhäuser.

**Fall 2:** In einer Filiale der X-Supermarkt-GmbH werden Suppenhühner als »Bio-Suppenhühner« veräußert. Tatsächlich stammen sie aus konventioneller Massentierhaltung und sind ausschließlich mit genmanipuliertem Mais gefüttert worden. Die Verbraucherzentrale geht gegen die X-Supermarkt-GmbH wegen irreführender Werbung (§ 5 I UWG) vor. Die X-Supermarkt GmbH lehnt jede Haftung ab. Die Werbung sei ohne Wissen und Kenntnis der Geschäftsleitung der X-Supermarkt-GmbH vom Marktleiter veranlasst worden. Dafür könne man nicht haftbar gemacht werden.

**Fall 3:** U hat ein Modulsystem für den Gerüstbau entwickelt. Dieses ist von Z lauterkeitswidrig (§ 4 Nr. 3 UWG) nachgeahmt worden. Z erzielte mit der Veräußerung des Gerüstbausystems einen Gewinn von 30.000 EUR. Diesen verlangt U von Z als Schadensersatz heraus. Z wendet ein, der Gewinn sei allein auf seine unternehmerische Tüchtigkeit zurückzuführen.

## A. Einführung – Die lauterkeitsrechtlichen Ansprüche

### I. Rechtsdurchsetzung im Lauterkeitsrecht – privatrechtlich und/oder öffentlich-rechtlich?

Nach § 3 UWG sind unlautere geschäftliche Handlungen »**unzulässig**«. Gleiches ordnet § 7 UWG für unzumutbare Belästigungen an. Die §§ 4–6 UWG nehmen auf § 3 UWG Bezug. Was aber sind die Rechtsfolgen der Unzulässigkeit? Löst ein Normverstoß keine Rechtsfolgen aus und erscheint dem Normadressaten zudem das Normgebot wenig plausibel, sinkt die Bereitschaft, das Verbot zu beachten. 1

**Beispiel:** In den 1980er Jahren galt in den Niederlanden eine Geschwindigkeitsbegrenzung auf Autobahnen auf 100 km/h. Die Einhaltung dieses Verbotes wurde praktisch nicht überwacht. Der Normzweck »Bekämpfung des sauren Regens« (ein in den 1980er Jahren intensiv diskutiertes Umweltproblem) überzeugte nicht.[1] In der Folge beachtete ein Großteil der Autofahrer die Geschwindigkeitsbegrenzung nicht. Der niederländische Gesetzgeber reagierte, indem er die Geschwindigkeitsbegrenzung auf Autobahnen von 100 km/h auf zunächst 120 km/h und später teilweise sogar auf 130 km/h anhob. Diese Begrenzung erscheint einem Großteil der Normadressaten sachgerecht und wird daher beachtet.

---

1 Der Spiegel, Ausgabe 15/1988, 168; http://www.spiegel.de/spiegel/print/d-13527744.html.

2   Der effektive Schutz der Lauterkeit des Wettbewerbs erfordert daher ein **taugliches Sanktionsinstrumentarium**. Anderenfalls droht eine Verwilderung der Sitten im Wettbewerb, wie die Verhältnisse vor Inkrafttreten des UWG von 1896 anschaulich demonstrieren (vgl. § 2 Rn. 4).

3   Denkbar sind ganz unterschiedliche Formen der Rechtsdurchsetzung und Sanktionierung. Zu unterscheiden ist zunächst danach, ob die Sanktionierung durch den **Staat** erfolgt, **oder** ob die Sicherstellung der Einhaltung der lauterkeitsrechtlichen Normen den **Marktteilnehmern selbst** obliegen soll. Auch Kombinationen der beiden Ansätze sind denkbar. Der deutsche Gesetzgeber hat sich dafür entschieden, dass lauterkeitsrechtliche Ansprüche **primär** durch **Mitbewerber und Verbände** im Wege der **zivilrechtlichen Anspruchsdurchsetzung** verwirklicht werden sollen. Von zentraler Bedeutung im Lauterkeitsrecht ist der Unterlassungsanspruch nach § 8 I UWG. Dieser kann nach § 8 III UWG von jedem Mitbewerber, von Verbänden zur Förderung gewerblicher und beruflicher Interessen, Verbraucherverbänden sowie Industrie- und Handelskammern und Handwerkskammern geltend gemacht werden. Den genannten Anspruchsgläubigern obliegt es, das Lauterkeitsrecht zu verwirklichen. Der deutsche Gesetzgeber bringt einer solchen privaten Rechtsdurchsetzung mehr Vertrauen entgegen als einer öffentlich-rechtlichen Rechtsverwirklichung durch eine Behörde. Diese Einschätzung scheint im Kern zutreffend zu sein. Dies demonstriert beispielsweise die Rechtspraxis zu § 3a UWG. Lauterkeitsrechtlich werden Verstöße gegen die PAngV und die Ladenschlussgesetze der Länder verfolgt, weil anscheinend die gleichzeitig mögliche öffentlich-rechtliche Sanktionierung ineffizient ist.

> **Beispiel:** In Thüringen sind Verkaufsstellen samstags um 20 Uhr zu schließen (§ 3 ThürLadÖffG). Um die große studentische Nachfrage nach Bier und Schaumwein am Samstagabend zu befriedigen, hält Ladeninhaber L sein Geschäft bis 24 Uhr offen. Ein Einschreiten der hoffnungslos überlasteten Ordnungsbehörde fürchtet er nicht. Viel wahrscheinlicher ist es, dass Wettbewerber über § 3a UWG zivilrechtlich gegen L vorgehen (vgl. → § 9 Rn. 16).

4   Einige wenige lauterkeitswidrige Praktiken (strafbare Werbung, § 16 UWG, und der Verrat von Betriebs- und Geschäftsgeheimnissen, §§ 17ff. UWG) werden **strafrechtlich** sanktioniert.

5   Dieses über einhundert Jahre alte Sanktionsinstrumentarium (zivilrechtliche Ansprüche und Straftatbestände) wurde erst im Jahr **2009** um eine **Bußgeldvorschrift** ergänzt. Nach § 20 UWG handelt ordnungswidrig, wer gegen das Verbot der belästigenden Telefonwerbung nach § 7 UWG verstößt. Die Rechtspraxis zeigte, dass die zivilrechtlichen Sanktionen allein nicht genügten, um belästigende Telefonwerbung zu stoppen.

> **Beispiel:** T betreibt lauterkeitsrechtswidrig Telefonwerbung für Warentermingeschäfte. Er erzielt am Tag einen Gewinn von ca. 2.000 EUR. Die bloße Gefahr, zivilrechtlich auf Unterlassung in Anspruch genommen zu werden und dann Abmahnkosten von vielleicht 1.000 EUR erstatten zu müssen, hält ihn von seinem Tun nicht ab. Der Gewinn aus seinem rechtswidrigen Handeln gleicht das Risiko mehr als aus.

6   Schon diese Nachjustierung zeigt, dass das deutsche Sanktionensystem ständig kritisch überprüft werden muss. Es können Rechtsschutzlücken entstehen, die das bestehende Schutzsystem nicht schließen kann. Dies zeigen zwei Beispiele:

(1) Alkoholfreies Bier enthält in Deutschland oft einen nicht unerheblichen Rest-Alkoholgehalt von 0,5‰.[2] Nur wenige Sorten sind gänzlich alkoholfrei. Dennoch wird das Bier als »alkoholfreies Bier« beworben. Unter Umständen besteht aufgrund des Restalkoholgehalts für alkoholkranke Menschen die Gefahr eines Rückfalls nach dem Konsum dieses doch nicht alkoholfreien Biers. Naheliegend erscheint eine irreführende Werbung (§ 5 UWG 2015; § 3 UWG 1909). Belastbare Rechtsprechung hierzu ist allerdings nicht bekannt geworden. Offensichtlich werden mögliche Lauterkeitsrechtsverstöße nicht verfolgt. Wenn alle Mitbewerber den gleichen potentiellen Wettbewerbsverstoß begehen, erscheint dies nicht ganz fernliegend.

(2) Der Mobiltelefonhersteller Apple gibt für viele Produkte (nur) eine einjährige Garantie. Diese kann gegen Entgelt verlängert werden (»Apple Care«). Apple erweckte den Eindruck, als stünde der Hersteller nur ein Jahr für Mängel des Produktes ein. Die Sachmängelgewährleistungsfrist beträgt beim Verbrauchsgüterkauf allerdings zwei Jahre (Art. 5 I Verbrauchsgüterkauf-RL[3], § 476 II BGB). Die EU-Kommission forderte 2012 die Mitgliedstaaten auf, gegen Apple vorzugehen.[4] In Deutschland war dies über das Lauterkeitsrecht nicht möglich. Dieses begründet, abgesehen von § 20 UWG (Telefonwerbung), keine Eingriffsbefugnisse für eine staatliche Behörde. Um eine lauterkeitsrechtliche Durchsetzung zu bewirken, konnte die Bundesrepublik Deutschland in dieser Situation nur an nach § 8 III UWG zur Anspruchsdurchsetzung Aktivlegitimierte (beispielsweise Verbraucherzentralen) herantreten und diese bitten, Apple lauterkeitsrechtlich in Anspruch zu nehmen (Die Verbraucherzentrale Berlin ging schließlich erfolgreich gegen Klauseln im Apple-Garantievertrag vor.[5]).

Auffällig ist zudem, dass auf der einen Seite § 8 III UWG die Anspruchsberechtigung über den Kreis der unmittelbar Verletzten hinaus erweitert und beispielsweise Verbraucherverbände und Industrie- und Handelskammern Ansprüche durchsetzen können, andererseits aber die durch das Lauterkeitsrecht in besonderer Weise geschützten Verbraucher selbst nicht aktivlegitimiert sind. Es gibt **keine Popularklagebefugnis im Lauterkeitsrecht,** obwohl eine solche Befugnis dem deutschen Recht nicht unbekannt ist. In dem (mit dem Lauterkeitsrecht verwandten) Markenrecht kann ein Löschungsverfahren vor dem Patentamt wegen absoluter Schutzhindernisse (§ 50 MarkenG) von jedermann eingeleitet werden.

**Beispiel:** Unternehmer U hat den Namen der Schauspielerin S ohne deren Wissen bösgläubig als Marke angemeldet (§ 8 II Nr. 10 MarkenG). Verbraucher V, der ein großer Fan der S ist, bemerkt dies zufällig bei einer Markenrecherche. Er kann einen Löschungsantrag beim DPMA stellen.

Ebenso kann jedermann Einspruch gegen ein erteiltes Patent einlegen (§ 59 I PatG). Im Sinne einer effektiven Rechtsverwirklichung wäre es wünschenswert, wenn auch im Lauterkeitsrecht jeder **Verbraucher** Ansprüche durchsetzen könnte. Die Wahrscheinlichkeit der Rechtsdurchsetzung würde steigen. Im Beispielsfall »alkoholfreies Bier« würde sich sicherlich der ein oder andere Verbraucher dazu entschließen, gegen die

---

2 http://www.deutschlandfunk.de/verbraucherschutz-klarheit-ueber-restprozente-in.697.de.html?dram:article_id=288960; vgl. Erbs/Kohlhaas/*Freytag,* Strafrechtliche Nebengesetze, 215. EL Juni 2017, B 95b. (Bierverordnung), Rn. 15: Bis 0,5‰ Alkoholgehalt sei die Bezeichnung »alkoholfreies Bier« üblich; ebenso *Rathke/Sosnitza* in Zipfel/Rathke, Lebensmittelrecht, 136. EL 2009, C. Nr. 412 (Bierverordnung), Vorbemerkung Rn. 17f.
3 RL 1999/44/EG des Europäischen Parlaments und des Rates zu bestimmten Aspekten des Verbrauchsgüterkaufs und der Garantien für Verbrauchsgüter v. 25.5.1999, ABl. 1999 L 171, 12.
4 Vgl. DER SPIEGEL 40/2012, 78, http://www.spiegel.de/netzwelt/netzpolitik/gewaehrleistung-eu-kommission-erhoeht-den-druck-auf-apple-a-888993.html.
5 LG Berlin CR 2015, 74ff.; die Berufung gegen diese Entscheidung wurde durch Beschluss nach § 522 II 1 ZPO wegen offensichtlicher Erfolglosigkeit zurückgewiesen (KG BeckRS 2015, 20147).

Verwendung der Bezeichnung vorzugehen. Im Ergebnis würde – bei unterstellter Lauterkeitswidrigkeit – ein Normverstoß unterbunden werden. Die **Effizienz** der Verhaltensgebote des Lauterkeitsrechts würde **gesteigert** werden. Aber dennoch gibt es eine solche Aktivlegitimation nicht. Hier tritt eine weitere Besonderheit des deutschen Lauterkeitsrechts zutage: Die Rechtsdurchsetzung soll, was recht widersinnig erscheint, **effektiv, aber nicht zu effektiv** sein. Befürchtet wird eine Belästigung der Marktteilnehmer mit berechtigten (!) Unterlassungsansprüchen. Der Gedanke klingt in § 8 IV UWG an. Nach dieser Vorschrift kann ein Anspruch gem. § 8 I UWG auf Unterlassung oder Beseitigung nicht durchgesetzt werden, wenn die Geltendmachung »missbräuchlich« ist.

9 Die effektive **Verteidigung des Rechts** spricht für eine möglichst weit gefasste Klagebefugnis. Anscheinend wird gelegentlich verkannt, dass derjenige, der sich normgemäß verhält, keinem Unterlassungsanspruch ausgesetzt ist. Erklären lässt sich die Zurückhaltung gegenüber einer Popularklagebefugnis historisch: Lange Zeit wurde der Verbotsstandard des deutschen Lauterkeitsrechts verbreitet als zu hoch empfunden.[6] Gewährt wurde eine de-facto-Abmilderung durch eine Beschränkung des Kreises der Aktivlegitimierten. Mit der mittlerweile erfolgten Absenkung des Schutzstandards des Lauterkeitsrechts ist zu erwägen, ob nicht zukünftig zur Effektivitätssicherung der Kreis der zur Unterlassungsklage Befugten weiter zu ziehen ist. Das Gegenteil freilich ist der Fall. Der Gesetzgeber plant (Stand: September 2018), zur Bekämpfung vermeintlich missbräuchlicher Abmahnungen den Kreis der zur Durchsetzung lauterkeitsrechtlicher Ansprüche Aktivlegitimierter zu verkleinern (→ § 15 Rn. 86a, Rn. 88, Rn. 98a).[7]

10 Ein Vergleich mit anderen Rechtsordnungen zeigt Gestaltungsmöglichkeiten auf, die auf ihre Vorbildfunktion für das deutsche Recht hin betrachtet werden müssen. In der **Schweiz** ist auch der unmittelbar **betroffene Verbraucher** klageberechtigt.[8] Ebenso ist im schweizerischen Lauterkeitsrecht gem. Art. 10 III schwUWG der **Bund** klagebefugt. In dem geschilderten Apple-Fall hätte in der Schweiz der Staat selbst lauterkeitsrechtlich gegen Apple vorgehen können. In **Schweden** kommt dem **Verbraucher-Ombudsmann** (Konsumentombudsmannen) zentrale Bedeutung in lauterkeitsrechtlichen Streitigkeiten zu.[8] Er steht der schwedischen Verbraucheragentur (Konsumentverket) vor, die Konsumenteninteressen vertritt und unter anderem die Lauterkeit des Wettbewerbs schützt.[10] Auch andere Länder in Europa folgen diesem Ansatz zumindest teilweise. In **Polen** kann der Präsident des Büros für Wettbewerb und Verbraucherschutz zur Unterlassung lauterkeitswidriger Praktiken auffordern.[11] In Deutsch-

---

6 Vgl. *Jänich* überhöhte Verbotsstandards XXVII.
7 BMJV, Referentenentwurf (RefE): Entwurf eines Gesetzes zur Stärkung des fairen Wettbewerbs, 11.9.2018, abrufbar unter www.bmjv.de.
8 Art. 10 des schweizerischen Bundesgesetzes gegen unlauteren Wettbewerb v. 19.12.1986 (Stand 1.7.2016):
Klageberechtigung von Kunden und Organisationen sowie des Bundes
(1) Die Klagen gemäss Artikel 9 stehen ebenso den Kunden zu, die durch unlauteren Wettbewerb in ihren wirtschaftlichen Interessen bedroht oder verletzt sind.
8 Vgl. *Engelbrecht* in Henning-Bodewig, International Handbook on Unfair Competition, 2013, § 22 Rn. 15 ff.
10 Nähere Informationen unter www.konsumentverket.se.
11 *Nestoruk* in Henning-Bodewig, International Handbook on Unfair Competition, 2013, § 19 Rn. 92; weitere Informationen zum polnischen Büro für Wettbewerb und Verbraucherschutz unter https:\\uokik.gov.pl.

land kommt eine Diskussion erst jetzt in Gang. Erwogen wird eine behördliche Durchsetzung des Lauterkeitsrechts durch das BKartA.[12]

Nicht immer ist staatliches Handeln erforderlich, um irreführende oder sonst unlautere Wettbewerbshandlungen zu unterbinden. In einigen Ländern kommt der **Werbeselbstkontrolle** eine große praktische Bedeutung zu. Hervorzuheben ist hier die britische Advertising Standards Authority (ASA).[13] Bei der Werbeselbstkontrolle unterwerfen sich die Werbenden den Entscheidungen einer unabhängigen Organisation, die von der Werbeindustrie selbst organisiert und finanziert wird. Solche Werbeselbstkontrollen arbeiten effizient und kostengünstig. Gerichtliche Auseinandersetzungen sind im Vereinigten Königreich mit hohen Kosten verbunden.[14] Daher bietet sich die Konfliktbeilegung im Wege der Selbstkontrolle für alle Beteiligten an. In Deutschland erfolgt eine Selbstregulierung durch den deutschen **Werberat**.[15] Er wird getragen von den im Zentralverband der deutschen Werbewirtschaft (ZAW) zusammengeschlossenen Organisationen. Der außergerichtlichen Streitbeilegung dienen schließlich auch die **Einigungsstellen bei den Industrie- und Handelskammern** (§ 15 UWG).

## II. Struktur der Ansprüche

Das UWG sieht drei zentrale zivilrechtliche Rechtsfolgen für Verstöße gegen das Lauterkeitsrecht vor. Es sind dies **Abwehr der Störung** (§ 8 I UWG), **Schadensersatz** (§ 9 UWG) und **Gewinnabschöpfung** (§ 10 UWG).

Beim **Abwehranspruch nach § 8 I UWG** ist zwischen dem Beseitigungsanspruch, der darauf gerichtet ist, die andauernde Störung zu unterbinden, und dem in die Zukunft gerichteten Unterlassungsanspruch zu unterscheiden. Diese Ansprüche haben in der Praxis im Vergleich zum Schadensersatzanspruch eine herausragende Bedeutung. Diese folgt daraus, dass der Verletzte häufig nicht in der Lage ist, einen Schaden nachzuweisen.

> **Beispiel:** X bewirbt irreführend Telefongeräte. Unmittelbar nach Erscheinen der Anzeige bemerkt Wettbewerber W eine Kaufzurückhaltung bei seiner Kundschaft. Dennoch wird es ihm wahrscheinlich nicht gelingen, vor Gericht einen Schadensersatzanspruch durchzusetzen. Die bei W gesunkene Nachfrage kann auch andere Gründe haben als die irreführende Werbung des X.

Der **Unterlassungsanspruch** weist gegenüber dem Schadensersatzanspruch zwei zentrale Unterschiede auf. Zum einen verlangt er **kein Verschulden**. Zum anderen muss **Wiederholungsgefahr** vorliegen.

§ 10 UWG will die Gewinnabschöpfung bei sogenannten **Streuschäden** ermöglichen. Ein Streuschaden liegt vor, wenn eine Vielzahl von Verbrauchern um kleinere Beträge geschädigt worden ist, sodass es recht unwahrscheinlich ist, dass die Verbraucher selbst ihre Ansprüche geltend machen. Die Norm ist vom Gesetzgeber jedoch als »zahnloser Tiger« ausgestaltet worden. Nennenswerte praktische Bedeutung kommt ihr daher nicht zu.

---

12 Vgl. näher *Köhler* WRP 2018, 519ff.
13 https:\\www.asa.org.uk.
14 *Lord Woolf*, Access to Justice, Final Report, Chapter 7, abrufbar unter http://webarchive.national archives.gov.uk/20060213223540/http://www.dca.gov.uk/civil/final/contents.htm; ein anschauliches Beispiel zu einem arbeitsgerichtlichen Verfahren ist die Entscheidung Court of Appeal EuZA 2016, 379: Gestritten wurde um die Frage, ob die Höhe der Gerichtsgebühren gegen des Gebot effektiven Rechtsschutzes (Art. 47 GrCh) verstößt.
15 https:\\www.werberat.de.

## B. Die Abwehransprüche des § 8 UWG

### I. Einleitung

16 § 8 UWG enthält vielfältige Regelungen zur Anspruchsdurchsetzung. Zentral ist der in Abs. 1 geregelte Beseitigungs- und Unterlassungsanspruch. § 8 I UWG ist eine **Anspruchsgrundlage**. Die Vorschrift enthält zwei **Abwehransprüche**, den **Unterlassungsanspruch** und den **Beseitigungsanspruch**. Der Beseitigungsanspruch richtet sich gegen **bereits eingetretene Beeinträchtigungen**. Der Unterlassungsanspruch will **zukünftige Beeinträchtigungen** abwehren.

> **Klausurtipp:** In der Klausur sind die beiden Abwehransprüche klar zu unterscheiden. Das **Anspruchsziel** ist zu beachten. Oft muss der Bearbeiter herausarbeiten, ob Unterlassung und/oder Beseitigung das Ziel des Anspruchstellers verwirklichen.

17 § 8 III UWG bestimmt, wer zur Durchsetzung lauterkeitsrechtlicher Ansprüche legitimiert ist. Die Regelung erweitert den Kreis der Anspruchsberechtigten über die unmittelbar verletzten Wettbewerber hinaus, ohne jedoch eine Popularklagebefugnis zu begründen. Insbesondere **Mitbewerber, Unternehmer- und Verbraucherverbände** sind nach § 8 III UWG zur Durchsetzung lauterkeitsrechtlicher Ansprüche befugt.

18 § 8 II UWG regelt die im Detail tückische Haftung des Unternehmers für Zuwiderhandlungen, die von einem Mitarbeiter oder Beauftragten begangen worden sind.

19 Eine missbräuchliche Anspruchsgeltendmachung will **§ 8 IV UWG** bekämpfen. Oft wurden und werden lauterkeitsrechtliche Ansprüche nur geltend gemacht, um Anwaltsgebühren zu erzielen. § 8 IV UWG soll dies unterbinden.

20 Der außerordentlich kompliziert gefasste § 8 V UWG gibt einen Auskunftsanspruch gegen die Erbringer von Post-, Telekommunikations- und Telemediendiensten. Diese müssen den Namen und die zustellungsfähige Anschrift ihrer Kunden mitteilen, sofern dies für die Durchsetzung des Unterlassungsanspruchs nach § 8 I UWG erforderlich ist.

### II. Der Unterlassungsanspruch (§ 8 I UWG)

#### 1. Grundlagen

21 Nach § 241 I 1 BGB kann der Gläubiger kraft des Schuldverhältnisses eine Leistung fordern. Nach S. 2 des § 241 I BGB kann die Leistung »auch in einem Unterlassen bestehen«. Ein vertragliches Schuldverhältnis kann also als Hauptleistungspflicht ein **Unterlassen** zum Gegenstand haben.

> **Beispiel:** Jurastudentin J verpflichtet sich vertraglich gegenüber ihrem Großvater, bis zum Beginn der Vorlesungszeit des kommenden Semesters auf Gaststätten- und Discothekenbesuche zu verzichten. Sie enthält hierfür ein Entgelt iHv. 1.000 EUR. Die Unterlassungspflicht ist vertragliche Hauptleistungspflicht (unter der Voraussetzung, dass eine rechtsgeschäftliche Bindung im konkreten Fall bejaht werden kann).

Unterlassungspflichten sind auch als Sekundärpflichten aus einem Schuldverhältnis vorstellbar.[16] Weiter differenziert werden kann danach, ob die Unterlassungspflicht aus einem gesetzlichen oder einem vertraglichen Schuldverhältnis folgt. Ein typisches Beispiel für einen gesetzlichen Unterlassungsanspruch aus dem Schuldrecht ist der Unterlassungsanspruch bei Verletzungen des allgemeinen Persönlichkeitsrechts nach §§ 1004 I 2 BGB analog, 823 I BGB iVm Art. 2 I, Art. 1 I GG. Die Frage, ob es sich bei Unterlassungspflichten, die aus dem Gesetz folgen, nur um ein prozessuales Rechtsschutzinstrument handelt oder aber um einen materiell-rechtlichen Anspruch,[17] spielt für das Lauterkeitsrecht keine Rolle. Hier ist allgemein anerkannt, dass § 8 I UWG einen materiell-rechtlichen Anspruch begründet.[18]

22

Es sind zwei Typen des Unterlassungsanspruches zu unterscheiden. § 8 I 1 UWG erfasst den Unterlassungsanspruch, der nach einer Rechtsverletzung geltend gemacht wird. Dieser kann griffig als »**Verletzungsunterlassungsanspruch**« bezeichnet werden. Demgegenüber regelt § 8 I 2 UWG den **vorbeugenden Unterlassungsanspruch.** Ein Verstoß gegen das Lauterkeitsrecht ist in diesem Fall noch nicht begangen worden, steht aber bevor. Dieser kann mit einem vorbeugenden Unterlassungsanspruch verhindert werden.

23

> **Beispiel:** Busunternehmer B erwirbt in einer Eisenwarenhandlung Vorhängeschlösser. Auf die Frage nach dem Verwendungszweck erklärt er dem Verkäufer, er wolle am kommenden Wochenende Seniorinnen und Senioren bei einer Verkaufsveranstaltung einschließen, um den Absatz von Wärmedecken und Schnellkochtöpfen zu steigern. Der Verkäufer teilt dies einer Verbraucherzentrale mit. Diese kann nach § 8 I 2 UWG einen vorbeugenden Unterlassungsanspruch gegen den B geltend machen.

Die Typisierungsmöglichkeiten für Unterlassungsansprüche sind vielfältig.[19] Wichtig ist die **Unterscheidung zwischen vertraglichen und gesetzlichen Unterlassungsansprüchen.** Beide sind im Lauterkeitsrecht anzutreffen. § 8 I UWG iVm § 3 UWG oder § 7 UWG gibt einen **gesetzlichen** Unterlassungsanspruch. Eine Abmahnung nach § 12 UWG kann zur Folge haben, dass sich der Verletzer **vertraglich** zur Unterlassung verpflichtet. Die vertragliche Unterlassungsverpflichtung führt zum Entfall der Wiederholungsgefahr und damit zum Entfall des gesetzlichen Unterlassungsanspruchs nach § 8 I UWG (dazu → § 15 Rn. 27).

24

### 2. Anspruchsvoraussetzungen

Der Unterlassungsanspruch nach § 8 I 1 UWG setzt das Vorliegen einer **Wiederholungsgefahr** voraus. Ein erneuter Verstoß muss »ernsthaft und greifbar zu besorgen«[20] sein. Wenn schon ein Wettbewerbsverstoß begangen worden ist, spricht eine widerlegliche **tatsächliche Vermutung** dafür, dass Wiederholungsgefahr besteht.[21]

25

---

16 Teplitzky/*Schaub* Kap. 1 Rn. 5.
17 Vgl. hierzu Teplitzky/*Schaub* Kap. 1 Rn. 6.
18 BGH GRUR 1980, 241f. – Rechtsschutzbedürfnis; Köhler/Bornkamm/Feddersen/*Bornkamm* UWG § 8 Rn. 1.8; Teplitzky/*Schaub* Kap. 1 Rn. 6; *Ahrens* in Ahrens Wettbewerbsprozess Kap. 14 Rn. 1.
19 Überblick bei Teplitzky/*Schaub* Kap. 2 Rn. 11ff.
20 Ohly/Sosnitza/*Ohly* UWG § 8 Rn. 7.
21 BGH GRUR 1996, 290 (291) – Wegfall der Wiederholungsgefahr; BGH GRUR 2002, 717 (718f.) – Vertretung der Anwalts-GmbH.

26 Die Erstbegehungs- oder Wiederholungsgefahr ist eine **materielle Anspruchsvoraussetzung**.[22] Dies hat zur Konsequenz, dass in der Klausur die Begehungsgefahr als materielle Tatbestandsvoraussetzung in der Anspruchsprüfung zu untersuchen ist. Sie ist zu unterscheiden vom Rechtsschutzbedürfnis, das ein Element der Zulässigkeit der Klage ist.

27 Die **Wiederholungsgefahr entfällt,** wenn sich der Unterlassungsschuldner strafbewehrt vertraglich zur Unterlassung weiterer Verstöße verpflichtet hat. Eine solche **strafbewehrte Unterlassungserklärung** wird typischerweise aufgrund einer Abmahnung gem. § 12 UWG abgegeben. Der Verletzer verpflichtet sich für den Fall der Wiederholung des Verstoßes zur Zahlung einer Vertragsstrafe.

> **Beispiel:** U hat einen Wettbewerbsverstoß begangen. Er wird daraufhin von Wettbewerber W gem. § 12 UWG abgemahnt und zur Abgabe einer strafbewehrten Unterlassungserklärung aufgefordert. U gibt diese gegenüber W ab. Damit entfällt die Wiederholungsgefahr. U hat damit das Risiko ausgeräumt, gerichtlich auf Unterlassung in Anspruch genommen zu werden.

28 Die **Unterlassungserklärung** muss unbedingt und unbefristet abgegeben werden.[23] Die Höhe der Vertragsstrafe muss angemessen sein und den ernsthaften Unterlassungswillen belegen.[24] Nicht erforderlich ist es, einen festen Betrag zu versprechen. Ebenso kann die Bestimmung der Höhe dem Gläubiger oder einem Dritten überlassen werden (§§ 315 I, 317 BGB). Zivilrechtlich wird das Unterlassungsversprechen in § 781 BGB (abstrakte Schuldanerkenntnis) eingeordnet.[25] Konsequenz ist ein Schriftformerfordernis. Dies hat aber nur geringe praktische Konsequenzen: Sehr oft ist der Verletzer Kaufmann. Dann ist gem. § 350 HGB die Schriftform entbehrlich.

29 Die strafbewehrte Unterwerfung begründet typischerweise einen **Unterlassungsvertrag**. Auch eine einseitige Unterwerfung ist möglich. Die Wiederholungsgefahr entfällt also auch dann, wenn der Unterlassungsgläubiger die Erklärung nicht annimmt.[26] Die Wiederholungsgefahr kann zudem durch eine Drittunterwerfung ausgeräumt werden.[27]

> **Beispiel:** U wird von W abgemahnt. U nimmt dies zum Anlass, gegenüber der IHK eine Unterlassungserklärung abzugeben.

30 Die Wiederholungsgefahr wird, auch wenn der Verletzer von mehreren Personen abgemahnt worden ist, gänzlich ausgeräumt, sobald er nur einer Person gegenüber eine Unterlassungserklärung abgibt.

> **Beispiel:** U wirbt wettbewerbswidrig. A, B und C mahnen ihn ab. U gibt nur gegenüber A eine Unterlassungserklärung ab. Damit entfällt der geltend gemachte Anspruch insgesamt.

31 Ausgesprochen zurückhaltend ist die Rechtsprechung mit der Annahme eines Wegfalls der Wiederholungsgefahr ohne Abgabe einer Unterlassungserklärung. Die bloße Ein-

---

22 BGH GRUR 1973, 208 (209) – Neues aus der Medizin; BGH GRUR 1992, 318 (319) – Jubiläumsverkauf; Köhler/Bornkamm/Feddersen/*Bornkamm* UWG § 8 Rn. 1.11.
23 BGH GRUR 2008, 815 Rn. 14 – Buchführungsbüro; Ohly/Sosnitza/*Ohly* UWG § 8 Rn. 12.
24 Teplitzky/*Kessen* Kap. 8 Rn. 18a.
25 Ohly/Sosnitza/*Ohly* UWG § 8 Rn. 49.
26 BGH GRUR 1996, 290 (292) – Wegfall der Wiederholungsgefahr; Ohly/Sosnitza/*Ohly* UWG § 8 Rn. 14.
27 Die Lit. ist hier oft sehr skeptisch, vgl. Ohly/Sosnitza/*Ohly* UWG § 8 Rn. 17.

stellung der lauterkeitswidrigen Geschäftspraxis und sogar die Aufgabe der unternehmerischen Tätigkeit genügen nicht, um die Wiederholungsgefahr zu beseitigen.²⁸

Der **vorbeugende Unterlassungsanspruch** nach § 8 I 2 UWG setzt eine **Erstbegehungsgefahr** voraus. Für eine Vermutung ist hier kein Raum, da es an einer bereits begangenen Verletzung fehlt. Erstbegehungsgefahr liegt vor, wenn tatsächliche Umstände gegeben sind, die eine ernstlich drohende und unmittelbar bevorstehende Gefahr erstmaliger Begehung begründen.²⁹ Verschiedene tatsächliche Umstände können eine Erstbegehungsgefahr begründen. Eine etablierte Fallgruppe zur Erstbegehungsgefahr ist die »**Berühmung**«.³⁰ Wird die Behauptung aufgestellt, ein bestimmtes Verhalten sei lauterkeitsrechtlich zulässig, so kann dies die Gefahr begründen, dass auch entsprechend am Markt agiert wird. 32

> **Beispiel:** Steinmetz S erklärt auf der Weihnachtsfeier der Steinmetzinnung, er halte es für zulässig, den Angehörigen von Verstorbenen unmittelbar nach der Beisetzung ein Angebot für einen Grabstein zu unterbreiten. Diese Äußerung kann Erstbegehungsgefahr begründen.

Nicht jede Berühmung führt auch zur Begründung einer Erstbegehungsgefahr. Immer ist zu prüfen, ob eine Wahrscheinlichkeit besteht, dass das für möglich gehaltene Verhalten realisiert wird. Eine **Markenanmeldung** beim DPMA kann Erstbegehungsgefahr begründen, wenn man in ihr noch keine Benutzung der Marke sehen will.³¹ Unter Umständen kann sogar das Verteidigungsvorbringen im Prozess eine Berühmung sein.³² Hier ist jedoch Vorsicht geboten: Eine vorschnelle Bejahung der Erstbegehungsgefahr durch die Rechtsprechung gefährdet die Ausübung verfassungsrechtlich garantierter prozessualer Rechte des Angegriffenen. 33

### 3. Inhalt des Anspruchs

Der Inhalt des Anspruchs muss in **sachlicher, räumlicher und zeitlicher** Hinsicht bestimmt werden. 34

In **sachlicher Hinsicht** wird der Anspruch durch die konkrete Verletzungshandlung und die durch sie begründete Wiederholungsgefahr beschränkt. Nur so weit, wie diese reicht, besteht der Unterlassungsanspruch. Bei der Anspruchsdurchsetzung hilft die sog. **Kerntheorie**. Wiederholungsgefahr besteht für alle im Kern gleichen Verletzungshandlungen.³³ Die Kerntheorie entfaltet zwei Wirkungen: Zum einen wird durch eine Verletzungshandlung für alle im Kern gleichartigen Handlungen Wiederholungsgefahr begründet. Zum anderen erfasst eine Verurteilung zur Unterlassung eines bestimmten Verhaltens alle im Kern gleichartigen Handlungen. Kommt es also zu einem gleichartigen Lauterkeitsrechtsverstoß, muss der Unterlassungsgläubiger nicht erneut klagen. 35

---

28 Vgl. BGH GRUR 1992, 318 (319f.) – Jubiläumsverkauf; BGH GRUR 2008, 625 Rn. 23 – Fruchtextrakt; Ohly/Sosnitza/*Ohly* UWG § 8 Rn. 19.
29 Vgl. Köhler/Bornkamm/*Köhler* UWG § 8 Rn. 1.18; Ohly/Sosnitza/*Ohly* UWG § 8 Rn. 27.
30 BGH GRUR 1987, 125 (126) – Berühmung; Ohly/Sosnitza/*Ohly* UWG § 8 Rn. 28.
31 Vgl. BGH GRUR 2008, 912 Rn. 30 – Metrosex; für eine Markenbenutzung in diesem Fall Büscher/Dittmer/Schiwy/*Büscher*, Gewerblicher Rechtsschutz, Urheberrecht, Medienrecht, 3. Aufl. 2015, MarkenG § 14 Rn. 613.
32 BGH GRUR 1999, 418 (420) – Möbelklassiker; vgl. Köhler/Bornkamm/Feddersen/*Köhler* UWG § 8 Rn. 1.19.
33 BGH GRUR 2014, 706 Rn. 11 – Reichweite des Unterlassungsgebotes; zur Kritik Teplitzky/*Feddersen* Kap. 57 Rn. 13ff.

Er kann dann die Unterlassungszwangsvollstreckung nach § 890 ZPO aus dem bereits erstrittenen Titel betreiben.

> **Beispiel:** U vertrieb zur Fußballweltmeisterschaft 2014 lauterkeitswidrig Sammelbilder. Er setzte ältere Schüler als »fliegende Verkäufer« ein, die in aggressiver Weise vor Grundschulausgängen die Sammelbilder veräußerten (§ 4a UWG). Er ist daraufhin von der Verbraucherzentrale V gerichtlich erfolgreich auf Unterlassung in Anspruch genommen worden. Zur Fußballweltmeisterschaft 2018 setzt U auf ein identisches Vertriebssystem. V muss nicht erneut auf Unterlassung klagen. Es kann aus der gerichtlichen Unterlassungsverurteilung für Werbemaßnahmen aus dem Jahr 2014 vollstreckt werden (§ 890 ZPO).

36 In zeitlicher Hinsicht kann die Wiederholungsgefahr bzw. die Erstbegehungsgefahr entfallen, wenn es zu einer **Gesetzesänderung** kommt, die zur Zulässigkeit des bisher unzulässigen Verhaltens führt.

> **Beispiel:** M veranstaltet im Jahr 2009 ein Gewinnspiel. Er koppelt in einer gegen § 4 Nr. 6 UWG 2008 verstoßenden Weise die Teilnahmemöglichkeit an einen Warenkauf. Er wird daraufhin von Z auf Unterlassung in Anspruch genommen. Der Unterlassungsanspruch besteht zunächst. Sodann ergeht die EuGH-Entscheidung »Plus Warenhandelsgesellschaft«[34], nach der das Verhalten des M zulässig ist. Die Wiederholungsgefahr entfällt. Damit kann auch der Unterlassungsanspruch nicht mehr mit Erfolg gerichtlich geltend gemacht werden.

37 In räumlicher Hinsicht gewährt die Rechtsprechung grundsätzlich einen **bundesweiten** Unterlassungsanspruch.[35] Dies vermag dogmatisch nicht zu überzeugen. Ist der Unternehmer zum Zeitpunkt des Lauterkeitsrechtsverstoßes nur regional tätig, besteht keine Wiederholungsgefahr im gesamten Bundesgebiet.

> **Beispiel:** D betreibt in Flensburg einen kleinen Schnellimbiss. Sind ihre Preisangaben irreführend, begründet dies keine Wiederholungsgefahr für einen gleichartigen Verstoß in Oberammergau. Da D dort nicht geschäftlich tätig ist, kann es zu einem solchen Verstoß nicht kommen.

38 Praktikabilitätsgesichtspunkte sprechen für eine räumlich unbeschränkte Tenorierung und eine begrenzende Auslegung des Vollstreckungstitels in Vollstreckungsverfahren. Im Regelfall wäre die Angabe einer räumlichen Begrenzung in Erkenntnisverfahren ein bloßer Formalismus, der die Urteilsfindung erschwert, ohne Verhaltensspielräume für den in Anspruch Genommenen zu eröffnen.

39 Gelegentlich hat die Unterlassungspflicht für den Schuldner **gravierende Folgen.** Dies gilt beispielsweise, wenn er umfangreiche Warenvorräte vernichten muss oder er sein gesamtes Werbematerial erneuern muss, weil sich ein kleiner Druckfehler eingeschlichen hat.

> **Beispiel:** V veräußert ein Eau de Toilette in Flacons, die aufgrund ihrer Größe über die Füllmenge täuschen. In den Flacons befindet sich ein Kunststoffeinsatz, der diese Täuschung bewirkt. Der Einsatz wurde vom Flacon-Designer aus ästhetischen Gründen eingefügt. Muss V alle Flacons vernichten, droht ihm die Insolvenz.

40 Um eine unverhältnismäßige Sanktion zu verhindern, ist allgemein anerkannt, dass dem Verletzer eine **Aufbrauchfrist** eingeräumt werden kann.[36] Es handelt sich hierbei

---

34 EuGH ECLI:EU:C:2010:12 = GRUR 2010, 244.
35 BGH GRUR 1999, 509 (510) – Vorratslücken.
36 BGH GRUR 1982, 425 (431) – Brillen-Selbstabgabestellen; BGH GRUR 1990, 522 (528) – HBV-Familien- und Wohnungsrechtsschutz; Köhler/Bornkamm/Feddersen/*Bornkamm* UWG § 8 Rn. 1.72; Ohly/Sosnitza/*Ohly* UWG § 8 Rn. 38.

um eine materiell-rechtliche Beschränkung des Unterlassungsanspruchs und nicht um ein prozessuales Instrument.[37] Die dogmatische Grundlage kann in § 242 BGB oder in § 275 II BGB gesehen werden.[38] Die Aufbrauchfrist ist eine Ausprägung des auf Art. 12 I GG beruhenden Verhältnismäßigkeitsgrundsatzes. Eine vom Gericht verhängte Unterlassungssanktion greift in die durch Art. 12 I GG geschützte Berufsausübungsfreiheit ein. Sie muss daher verhältnismäßig sein. Anderenfalls liegt eine Grundrechtsverletzung vor. Geboten ist eine Abwägungsentscheidung. Die sofortige Durchsetzung der Unterlassungssanktion muss für den Schuldner gravierende Nachteile mit sich bringen. Demgegenüber müssen die Beeinträchtigungen, die aus der andauernden Rechtsverletzung folgen, hinnehmbar sein.[39] Unter Umständen kann der Interessenausgleich durch ergänzende Auflagen sichergestellt werden.

> **Beispiel:** Im eben geschilderten Beispiel zu den Parfümflacons erscheint es denkbar, dass der Veräußerer dazu angehalten wird, auf die Fehlmenge hinzuweisen. Die Grenzen sind allerdings fließend: Sofern er die Verpackungen durch Aufkleber oder Ähnliches umgestaltet, entfällt unter Umständen schon die Verletzung, da eine Irreführung (§ 5 UWG) nicht mehr vorliegt. Im konkreten Fall hilft eine Kennzeichnung allerdings nicht, da weiterhin ein Verstoß gegen § 3a UWG iVm § 43 II MessEG (Verbot von Fertigpackungen, deren Gestaltung eine größere Füllmenge vortäuscht) vorliegt.

### III. Der Beseitigungs- und Widerrufsanspruch (§ 8 I 1 UWG)

#### 1. Überblick

§ 8 I UWG gibt neben dem Unterlassungsanspruch einen – ebenso **verschuldensunabhängigen** – **Abwehranspruch auf Beseitigung und Widerruf.** Während der Unterlassungsanspruch zukünftige Störungen verhindern will, ist der Beseitigungsanspruch auf die Abwehr bereits eingetretener Störungen gerichtet. Bei der Rechtsanwendung zu beachten ist die dogmatisch ausgesprochen schwierige Abgrenzung[40] zwischen Schadensersatz und Störungsbeseitigung. Soweit das Anspruchsziel im Wege der Störungsbeseitigung verwirklicht werden kann, ist ein Verschulden nicht erforderlich. 41

> **Beispiel (zum BGB):** Ein Fußball wird durch eine Fensterscheibe in ein Wohnhaus geschossen. Ist nur die Entfernung des Fußballs Störungsbeseitigung, oder auch die Reparatur der Fensterscheibe? Wird Letzteres bejaht, kann Ersatz über § 1004 I BGB[41] auch ohne Verschulden verlangt werden. Handelt es sich um Schadensersatz, ist gem. § 823 I BGB ein Verschulden erforderlich.

Der **Widerrufsanspruch** ist eine besondere Ausprägung des Beseitigungsanspruches und auch in § 8 I 1 UWG geregelt. 42

---

37 Köhler/Bornkamm/Feddersen/*Köhler* UWG § 8 Rn. 1.73; Ohly/Sosnitza/*Ohly* UWG § 8 Rn. 39; aA Harte-Bavendamm/Henning-Bodewig/*Brüning* UWG Vorb zu § 12 Rn. 236.
38 Vgl. Teplitzky/*Feddersen* Kap. 57 Rn. 18.
39 Vgl. Teplitzky/*Feddersen* Kap. 57 Rn. 17.
40 Zur Abgrenzung im BGB prägnant BGH NJW 1996, 845 (846): »Die Grenzziehung zwischen dem negatorischen Beseitigungsanspruch und dem deliktsrechtlichen Schadensersatzanspruch gehört zu den ungelösten Problemen des § 1004 BGB.«; hierzu Staudinger/*Gursky*, 2012, BGB § 1004 Rn. 3ff., 137ff.; *Picker*, Der negatorische Beseitigungsanspruch, 1972, passim.
41 Die nähere dogmatische Begr. (Geschäftsführung ohne Auftrag? Bereicherungsrecht?) ist höchst str., vgl. ausf. Staudinger/*Gursky*, 2012, BGB § 1004 Rn. 158ff.

## 2. Beseitigungsanspruch

43 Der Beseitigungsanspruch setzt eine **Fortdauer des Störungszustandes** voraus. Dieser ist beispielsweise dann gegeben, wenn irreführende Werbeplakate noch aushängen oder die Ware weiter in einer irreführenden Verpackung angeboten wird. Wird der Störungszustand vom Verletzer beseitigt, entfällt der Beseitigungsanspruch (aber grundsätzlich nicht der Unterlassungsanspruch!).

> **Beispiel:** X hängt vor seinem Geschäft ein irreführendes Werbeplakat aus. Er wird vom Wettbewerber W gerichtlich auf Beseitigung (Abhängen des Plakates) und Unterlassung (kein erneutes Aufhängen des Plakates) in Anspruch genommen. Hängt X während des laufenden Prozesses das Werbeplakat ab, entfällt der Beseitigungsanspruch. Macht W den Anspruch weiter geltend, ist die Klage insoweit abzuweisen. W muss prozessuale Maßnahmen (Erledigungserklärung) ergreifen, um ein Unterliegen zu vermeiden.

44 Die **Art und Weise der Störungsbeseitigung** ist von der konkreten Verletzung abhängig. Zu beachten ist, dass ebenso wie bei § 1004 I BGB der Schuldner selbst entscheiden kann, wie er die Störung beseitigt.[42] Auch schuldet der Schuldner nur eine Beseitigung, die ihm rechtlich und tatsächlich möglich ist. Ist rechtsverletzende Ware weiter veräußert worden, kann der Verletzer diese nicht vernichten. Dem steht das Eigentumsrecht (Art. 14 I GG) des Erwerbers entgegen. Ein Rückrufanspruch als Ausprägung des Beseitigungsanspruchs kann sich an den ausdrücklichen Normierungen des Rückrufanspruchs im Rechts des geistigen Eigentums (§ 18 MarkenG, § 98 UrhG u.a.) orientieren.[43]

> **Beispiel:** Sofern die Parfümflacons aus dem obigen Beispiel weiter veräußert worden sind, kann gegen den Veräußerer ein Vernichtungsanspruch nicht mehr geltend gemacht werden. Die Erwerber haben Eigentum erworben.

45 Nach der aktuellen Rechtsprechung des BGH kann die Beseitigung eines **andauernden Störungszustandes** bereits mit dem Unterlassungsanspruch (§ 8 I 1 Var. 2 UWG) verlangt werden.[44] Bedeutung entfaltet dies, wenn sich der Schuldner bereits vertraglich zur Unterlassung verpflichtet hat.

> X hat sich gegenüber W nach einer Abmahnung vertraglich zur Unterlassung verpflichtet. Dennoch hängt er das Werbeplakat nicht ab. W kann aus dem vertraglichen Unterlassungsanspruch gegen X vorgehen. Zudem besteht weiter ein gesetzlicher Beseitigungsanspruch aus § 8 I 1 Var. 1 UWG.

## 3. Widerrufsanspruch

46 Der **Widerrufsanspruch** ist eine besondere Form des Beseitigungsanspruches. Sind lauterkeitswidrig Tatsachenbehauptungen über einen Wettbewerber aufgestellt worden, kann zur Störungsbeseitigung ein **Widerruf der Äußerung** geboten sein. Der Widerrufsanspruch hat drei Voraussetzungen:

- Fortdauer des Störungszustandes
- Unrichtigkeit der Tatsachenbehauptung
- Verhältnismäßigkeit des Widerrufs

---

42 Köhler/Bornkamm/Feddersen/*Bornkamm* UWG § 8 Rn. 1.97 f.
43 Zu § 18 MarkenG *Jänich* MarkenR 2008, 413.
44 BGH GRUR 2017, 208 Rn. 28 – Rückruf von RESCUE-Produkten; BGH GRUR 2017, 825 Rn. 28 – Luftentfeuchter (beide zum UWG); BGH GRUR 2015, 263 Rn. 64 – CT-Paradies (zum Urheberrecht); BGH GRUR 2018, 292 Rn. 1 ff. – Produkte zur Wundversorgung (zum Markenrecht); *Ahrens* GRUR 2018, 374 ff.

Für die **Fortdauer des Störungszustandes** gilt das zum Beseitigungsanspruch Ausgeführte (→ § 15 Rn. 43). 47

Zudem muss eine **unrichtige Tatsachenbehauptung** vom Verletzer geäußert worden sein. Bei bloßen Werturteilen kommt ein Widerruf nicht in Betracht. Hinsichtlich der Beweislast enthält das Lauterkeitsrecht eine gewichtige Beweiserleichterung für den Verletzten: Bei der Anschwärzung muss der Äußernde nach § 4 Nr. 2 UWG die Wahrheit der von ihm aufgestellten Tatsachenbehauptung beweisen. 48

Große Bedeutung kommt dem Merkmal der **Verhältnismäßigkeit des Widerrufs** zu. Mit einem Widerruf ist eine erhebliche Belastung des zum Widerruf Verpflichteten verbunden. Daher sind die Interessen des Verletzten und Verletzers sorgfältig gegeneinander abzuwägen. Ein Widerruf kommt dann nicht in Betracht, wenn er nicht eine fortdauernde Störung beseitigt, sondern nur eine Bloßstellung des zum Widerruf Verpflichteten bewirken würde. 49

## IV. Der Schuldner des Unterlassungsanspruchs

### 1. Problemstellung

Es ist zu bestimmen, wer als **Schuldner des Unterlassungsanspruchs** für den Verstoß gegen das Lauterkeitsrecht haften muss. Unproblematisch ist dies bei einem Einzelunternehmer, der eine lauterkeitswidrige Handlung begeht. Er persönlich haftet auf Unterlassung und gegebenenfalls auch auf Schadensersatz. 50

> **Beispiel:** Einzelunternehmer U hat irreführend geworben. U selbst kann erfolgreich auf Unterlassung in Anspruch genommen werden.

Schwierigkeiten bereitet die Feststellung des Schuldners, wenn komplexere Strukturen vorliegen. Ist beispielsweise für eine GmbH gehandelt worden, muss geklärt werden, ob auch Geschäftsführer und Gesellschafter haften. Zudem können dritte Personen am Lauterkeitsrechtsverstoß mitgewirkt haben. Der Gastwirt, der für eine lauterkeitsrechtswidrige Werbeverkaufsfahrt den Saal zur Verfügung stellt, trägt zumindest kausal zum Erfolgseintritt bei. Gleiches gilt für den Busfahrer, der die Umworbenen zur Verkaufsveranstaltung fährt. Sollen beide für einen Lauterkeitsrechtsverstoß haften? In die kommerzielle Kommunikation mit dem Kunden werden zudem häufig Mittler eingeschaltet: Das irreführende Angebot wird bei eBay eingestellt. In einer Tageszeitung wird eine Anzeige geschaltet, die gegen das Lauterkeitsrecht verstößt. Für diese Fälle ist zu erörtern, ob die am Lauterkeitsverstoß zumindest kausal Mitwirkenden ebenfalls haften. Für den Fall eines Wettbewerbsverstoßes durch Mitarbeiter enthält **§ 8 II UWG** eine Regelung. 51

Bei der Beantwortung dieser Fragen können die (sonder-)deliktsrechtlichen Wurzeln des Lauterkeitsrechts (→ § 1 Rn. 8 ff.) nutzbar gemacht werden. Grundsätzlich finden die im **Deliktsrecht** entwickelten Grundsätze für die Haftung Anwendung. Täterschaft und Teilnahme bestimmen sich nach allgemeinen Grundsätzen. Auch ist im Lauterkeitsrecht mittlerweile eine Haftung für die Verletzung von Verkehrspflichten anerkannt. Besonders intensiv erörtert die deutsche Strafrechtswissenschaft Probleme von Täterschaft und Teilnahme. Auch deren Erkenntnisse können und sollten für die Anwendung des Lauterkeitsrechts nutzbar gemacht werden. 52

## 2. Täterschaft und Teilnahme

### a) Grundsätze

53 Als **Täter** haftet, wer **selbst** den objektiven Tatbestand des § 3 oder § 7 UWG **kausal und zurechenbar verwirklicht** oder (für den vorbeugenden Unterlassungsanspruch) zu begehen droht.[45] Zu beachten ist, dass der Täter selbst eine geschäftliche Handlung iSd § 2 I Nr. 1 UWG vornehmen muss. Fehlt es daran, kommt eine täterschaftliche Haftung nicht in Betracht.

> **Beispiel:** V behauptet wahrheitswidrig, in der Bäckerei des B wimmele es von Ungeziefer. Will V weder den eigenen Absatz noch den eines Wettbewerbers fördern, liegt eine geschäftliche Handlung gem. § 2 I Nr. 1 UWG nicht vor. Er haftet daher nicht täterschaftlich.

54 Auch **Mittäterschaft** und **mittelbare Täterschaft** sind im Lauterkeitsrecht möglich.[46] Die mittäterschaftliche Haftung beruht im Zivilrecht auf § 830 BGB.[47] Für eine Teilnehmerhaftung nach allgemeinen Grundsätzen gilt § 830 II BGB: »Anstifter und Gehilfen stehen Mittätern gleich«. Die Voraussetzungen für eine Haftung sind dem Strafrecht zu entnehmen.[48] Eine einschränkungslose Anwendung der Vorschriften der §§ 26, 27 StGB für Anstiftung und Beihilfe ist allerdings nicht möglich. Anstiftung und Beihilfe setzen eine vorsätzliche, rechtswidrige (Haupt-)Tat voraus. Das Fahrlässigkeitsdelikt kennt nur den Einheitstäterbegriff. Eine lauterkeitsrechtswidrige Handlung erfordert keinen Vorsatz. Bereits eine objektiv rechtswidrige geschäftliche Handlung löst den Unterlassungsanspruch nach § 8 I UWG aus. Konsequent ist es daher, die **§§ 26, 27 StGB modifiziert anzuwenden.** Zu verlangen ist neben einer objektiven Teilnahmehandlung zumindest ein bedingter Vorsatz in Bezug auf die Haupttat, die das Bewusstsein der Rechtswidrigkeit einschließen muss.[49] Genügend ist eine vorsätzliche Mitwirkung an der Verwirklichung des objektiven Tatbestands der Zuwiderhandlung durch einen anderen, wobei die Tatbestandsverwirklichung auch ohne Verschulden erfolgt sein kann.[50]

### b) Haftung für Verletzung von Verkehrspflichten

55 aa) Grundlagen. Im allgemeinen Zivilrecht kommen den **Verkehrspflichten** verschiedene Funktionen zu.[51] Verkehrspflichten dienen dazu, eine Haftung für Unterlassen zu ermöglichen. Zudem werden sie zur Begründung der Rechtswidrigkeit bei nur mittelbaren Rechtsgutverletzungen herangezogen. Auch im Lauterkeitsrecht hat sich mittlerweile die Rechtsfigur der Verkehrspflicht etabliert.[52] Die Haftung für die Verletzung von **lauterkeitsrechtlichen Verkehrspflichten** hat die **lauterkeitsrechtliche Störerhaftung abgelöst.** Eine Störerhaftung ist allerdings weiter im Recht des geistigen Eigentums anerkannt.[53]

---

45 Ohly/Sosnitza/*Ohly* UWG § 8 Rn. 115.
46 BGH GRUR 2011, 1018 Rn. 17, 21 – Automobil-Onlinebörse.
47 Hierzu ausf. *Eichelberger*, Deliktische Haftung Mehrerer (Habilitationsschrift, im Erscheinen), passim.
48 BGH GRUR 2015, 485 Rn. 35 – Kinderhochstühle im Internet III.
49 BGH GRUR 2011, 152 Rn. 30 – Kinderhochstühle im Internet; BGH GRUR 2011, 1018 Rn. 24 – Automobil-Onlinebörse.
50 So zutreffend Köhler/Bornkamm/Feddersen/*Köhler/Feddersen* UWG § 8 Rn. 2.15.
51 Ausf. *v. Bar*, Verkehrspflichten, 1980, passim.
52 Grdl. BGH GRUR 2007, 890 Rn. 36 – Jugendgefährdende Medien bei eBay.
53 BGH GRUR 2010, 633 Rn. 19 – Sommer unseres Lebens; BGH GRUR 2016, 268 Rn. 21 – Störerhaftung des Access-Providers.

Die Entwicklung hin zu einer Haftung für die Verletzung von Verkehrspflichten unter Aufgabe der Störerhaftung im Lauterkeitsrecht kann in **drei Phasen** unterteilt werden. 56

Bis in das **Jahr 2001** wurde in Anlehnung an § 1004 BGB bei Verstößen gegen das UWG neben der Haftung als Täter, Mittäter oder Teilnehmer (§ 830 I, II BGB) eine Störerhaftung angenommen. Der Störer haftete nur auf Abwehr (Unterlassung, Beseitigung), nicht aber auf Schadensersatz.[54] Die Störerhaftung ermöglichte es, denjenigen, der – ohne Täter oder Teilnehmer zu sein – in irgendeiner Weise willentlich und adäquat kausal zur Verletzung eines geschütztes Gutes oder zu einer verbotenen Handlung beigetragen hat, auf Beseitigung und Unterlassung in Anspruch zu nehmen.[55] Diese Rechtsprechung führte zu einer beinahe grenzenlosen Haftung. Beispielsweise bejahte der BGH die Haftung eines Omnibusunternehmers für die irreführende Werbung für eine Verkaufsfahrt, die von einem anderen Unternehmen organisiert worden war.[56] 57

Spätestens ab **2004** wurden die **Anforderungen** an die Störerhaftung **verschärft**. Die Störerhaftung dürfe die Haftung nicht über Gebühr auf Dritte erstrecken. Nunmehr setzte die Haftung als Störer – zusätzlich – die Verletzung von **zumutbaren Prüfpflichten** voraus.[57] 58

Eine Zäsur erfolgte im Jahr **2007** mit der BGH-Entscheidung »Jugendgefährdende Medien bei eBay«.[58] Auf der Internetplattform eBay wurden jugendgefährdende Medien wie Computerspiele, Tonträger und Filme angeboten. Der Kläger nahm den Betreiber der Internetplattform eBay auf Unterlassung in Anspruch. Der BGH erörterte, ob eine Haftung der Beklagten nach § 3 UWG 2004 »unter dem Aspekt der Verletzung einer **wettbewerbsrechtlichen Verkehrspflicht**« in Betracht kam. Wer durch sein Handeln im geschäftlichen Verkehr die Gefahr schafft, dass Dritte durch das Wettbewerbsrecht geschützte Interessen von Marktteilnehmern verletzen, sei wettbewerbsrechtlich dazu verpflichtet, diese Gefahr im Rahmen des Möglichen und Zumutbaren zu begrenzen.[59] Mit der Entscheidung »Kinderhochstühle im Internet« aus dem Jahr **2010** wurde vom BGH die **Störerhaftung** im Lauterkeitsrecht **endgültig aufgegeben**.[60] 59

Anders als im Lauterkeitsrecht führt der I. Zivilsenat die Störerhaftung im **Recht des geistigen Eigentums** fort.[61] Der X. Zivilsenat des BGH, der für das Patentrecht zuständig ist, steht der Störerhaftung ausgesprochen skeptisch gegenüber.[62] Die **Differenzierung zwischen** dem **Lauterkeitsrecht und dem Recht des geistigen Eigentums** kann aus zwei Gründen **nicht überzeugen**. Zum einen ist die vom BGH 60

---

54 BGH GRUR 2002, 618, (619) – Meißner Dekor.
55 BGH GRUR 1957, 352 (353) – Taeschner (Pertusin II) (zum WZG; BGH GRUR 1997, 313 (314f.) – Architektenwettbewerb; BGH GRUR 2002, 618 (619) – Meißner Dekor.
56 BGH GRUR 1988, 829 (830) – Verkaufsfahrten II.
57 BGH GRUR 2004, 693 (695) – Schöner Wetten; BGH GRUR 2006, 875 Rn. 32 – Rechtsanwalts-Ranglisten: »Prüfungspflichten«.
58 BGH GRUR 2007, 890 – Jugendgefährdende Medien bei eBay.
59 BGH GRUR 2007, 890 (894) – Jugendgefährdende Medien bei eBay.
60 BGH GRUR 2011, 152 Rn. 48 – Kinderhochstühle im Internet.
61 BGH GRUR 2015, 485 Rn. 49 – Kinderhochstühle im Internet III (Markenrecht); BGH GRUR 2015, 672 Rn. 81 – Videospiel-Konsolen II (Urheberrecht).
62 Vgl. BGH GRUR 2009, 1142 Rn. 29ff. – MP3-Player-Import.

gegebene Begründung für die Unterscheidung nicht durchschlagend. Zum anderen gibt es keinen praktischen Grund für eine Differenzierung. Der BGH begründet seine Rechtsprechung damit, dass es sich bei der Verletzung der absoluten Schutzrechte des geistigen Eigentums um **Erfolgsunrecht** handele. Demgegenüber betreffe das Lauterkeitsrecht Fälle des **Verhaltensunrechts**.[63] Dieser Rechtsprechung liegt anscheinend die Vorstellung zugrunde, dass es sich bei Fällen der Verletzung von Rechten des geistigen Eigentums, also von subjektiven Ausschließlichkeitsrechten, um Fälle des Erfolgsunrechts handelt, während Verstöße gegen das Lauterkeitsrecht, das keine absoluten Rechtspositionen schützt, dem Verhaltensunrecht zuzuordnen seien. Eine solche Vorstellung geht fehl.[64] Die Differenzierung zwischen Verhaltens- und Erfolgsunrecht betrifft eine zentrale Frage des Deliktrechts und entfaltete praktische Bedeutung beim sog. Kölner Straßenbahnfall.[65] Ein Straßenbahnwagenfahrer war unter Beachtung der einschlägigen Betriebsvorschriften losgefahren, als ein Fahrgast versuchte, auf die offene Plattform der losrollenden Straßenbahn zu springen. Der Fahrgast wurde bei diesem Versuch schwer verletzt und machte Ersatzansprüche aus § 831 BGB gegen die Verkehrsbetriebe geltend. § 831 BGB setzt eine tatbestandsmäßige, **rechtswidrige** Handlung voraus. Verknüpft man das Rechtswidrigkeitsurteil mit dem eingetretenen Erfolg (Lehre vom Erfolgsunrecht), so war das Verhalten des Straßenbahnwagenfahrers aufgrund des eingetretenen Verletzungserfolgs rechtswidrig. Ist Anknüpfungspunkt das Verhalten, handelte er rechtmäßig, sodass ein Schadensersatzanspruch nicht gegeben war. Der BGH folgte hier im Kern der Lehre vom Verhaltensunrecht.[66] In der Literatur wurde dies vehement und mit guten Gründen kritisiert.[67] Das Herbeiführen einer schweren Verletzung könne nicht rechtmäßig sein. Die Grundfrage, die sich hier stellt, ist die nach der Erfolgsbezogenheit des Rechtswidrigkeitsurteils. Für eine Gleichbehandlung von Lauterkeitsrecht und Recht des geistigen Eigentums spricht, dass auch bei einem Verstoß gegen UWG-Tatbestände ein Erfolg eintritt: Er liegt in der **Verletzung der Interessen der** in § 1 UWG genannten **Schutzsubjekte**. Zudem sprechen Aspekte der Rechtssicherheit für eine einheitliche Rechtswidrigkeitsbeurteilung bei Verstößen gegen das UWG und bei Verletzung von Rechten des geistigen Eigentums. Lauterkeitsrechtliche »Verkehrspflichten« sind praktisch nicht von »Prüfpflichten« zu unterscheiden.

61 bb) **Voraussetzungen der Haftung für die Verletzung von lauterkeitsrechtlichen Verkehrspflichten.** Die Verletzung lauterkeitsrechtlicher Verkehrspflichten begründet eine **Haftung als Täter**. Anders als bei der Störerhaftung wird nicht nur auf Unterlassung und Beseitigung, sondern auch (bei Verschulden!) auf Schadensersatz gehaftet. Ein Verstoß gegen eine lauterkeitsrechtliche Verkehrspflicht begründet einen Lauter-

---

63 BGH GRUR 2004, 860 (864) – Internetversteigerung; BGH GRUR 2007, 708 Rn. 40 – Internetversteigerung II: »Da die Verletzung eines absoluten Rechts in Rede steht, stellt sich im Streitfall nicht die Frage, ob die Störerhaftung auch in Fällen des Verhaltensunrechts anzuwenden ist«; BGH GRUR 2011, 152 Rn. 48 – Kinderhochstühle im Internet.
64 Krit. zum BGH auch *Ahrens* WRP 2007, 1281 (1285f.); *Leistner* GRUR-Beil. 2010, 1 ff.
65 BGHZ 24, 21 = NJW 1957, 785; näher zum Erfolgs- und Verhaltensunrecht *Larenz/Canaris*, Lehrbuch des Schuldrechts, Bd. II/2, 13. Aufl. 1994, § 75 II, S. 364 ff.
66 BGHZ 24, 21 = NJW 1957, 785.
67 Ausf. zum Streit MüKoBGB/*Wagner* § 823 Rn. 5 ff.; *Deutsch/Ahrens*, Deliktsrecht, 6. Aufl. 2014, § 7 Rn. 89.

keitsrechtsverstoß nach § 3 I UWG.[68] Besteht die Verkehrspflicht gegenüber Verbrauchern, handelt es sich um eine Ausprägung der fachlichen Sorgfalt gem. § 3 II UWG.[69]

> **Klausurtipp:** Soll ein Unterlassungsanspruch wegen einer Verletzung einer wettbewerblichen Verkehrspflicht geprüft werden, ist die **Anspruchsgrundlage § 8 UWG iVm § 3 I UWG oder § 3 II UWG (bei einer Verkehrspflicht gegenüber Verbrauchern).**

Dogmatisch ist die lauterkeitsrechtliche Verkehrspflichtverletzung nicht einfach zu fassen: Ein weiteres Tatbestandsmerkmal muss den Bezug zu den durch das Lauterkeitsrecht geschützten Interessen herstellen. Die **bloße Pflichtverletzung** kann grundsätzlich **keinen Anspruch** auslösen. Für einen Beseitigungs- oder Schadensersatzanspruch ist ohne eine eingetretene Beeinträchtigung geschützter Interessen kein Raum. Die Verletzung einer wettbewerblichen Verkehrspflicht kann aber schon die Erstbegehungsgefahr für einen Lauterkeitsrechtsverstoß begründen. Auch hier hilft für das Verständnis eine Parallele zum allgemeinen Zivilrecht: Die bloße Verletzung einer Verkehrssicherungspflicht wie einer Streupflicht löst noch keine deliktischen Schadensersatzansprüche aus. Diese kommen erst in Betracht, wenn eine Person geschädigt worden ist. 62

Erforderlich ist eine **Gefährdung lauterkeitsrechtlich geschützter Interessen.**[70] Eine solche Interessengefährdung kann daraus folgen, dass eine andere Person einen der Tatbestände der §§ 3 ff. UWG verwirklicht. 63

> **Beispiel:** E betreibt ein Auktionsportal im Internet. U wirbt dort lauterkeitswidrig. E soll auf Unterlassung in Anspruch genommen werden. Eine Interessengefährdung erfolgte hier durch die Werbung des U.

Eine Interessenbeeinträchtigung bei der Verletzung einer lauterkeitsrechtlichen Verkehrspflicht kann auch durch den unmittelbar Handelnden selbst erfolgen. Allerdings ist dann das Konstrukt der Verkehrspflicht für die Haftungsbegründung nicht erforderlich. Der Handelnde haftet unmittelbar als Täter. 64

Eine **Verkehrspflicht im Wettbewerb** wird **begründet** durch eine geschäftliche Handlung, von der erkennbar die ernsthafte Gefahr ausgeht, dass durch das Lauterkeitsrecht geschützte Interessen von Marktteilnehmern verletzt werden.[71] Die Verkehrspflicht folgt also aus einem gefährlichen Tun. Die konkrete Ausgestaltung ist vom Einzelfall abhängig. Unterschieden werden können Prüfungs-, Überwachungs- und Eingreifpflichten.[72] Differenziert werden kann weiter zwischen Pflichten, die vor Eintritt einer Rechtsverletzung auf die Verhinderung des Schadenseintritts gerichtet sind, und Pflichten, die nach Schadenseintritt eine weitere Intensivierung verhindern sollen. 65

> **Beispiel:** I betreibt eine Auktionsplattform in Internet. Auf dieser werden regelmäßig gefälschte Rolex-Uhren angeboten. Denkbar ist eine Prüfpflicht vor dem Einstellen der Angebote. Eine solche Pflicht verhindert das Eintreten von Rechtsverletzungen. Daneben kann eine Handlungspflicht nach einem Hinweis auf eine Rechtsverletzung begründet werden.

---

68 BGH GRUR 2014, 883 Rn. 22 – Geschäftsführerhaftung.
69 BGH GRUR 2014, 883 Rn. 22 – Geschäftsführerhaftung.
70 Ähnlich Ohly/Sosnitza/*Ohly* UWG § 8 Rn. 125; Köhler/Bornkamm/Feddersen/*Köhler/Feddersen* UWG § 8 Rn. 2.8.
71 Köhler/Bornkamm/Feddersen/*Köhler/Feddersen* UWG § 8 Rn. 2.10.
72 Köhler/Bornkamm/Feddersen/*Köhler/Feddersen* UWG § 8 Rn. 2.10.

Diese verhindert dann eine Intensivierung des Schadenseintritts und unter Umständen weitere, ähnlich gelagerte Rechtsverletzungen.

66  cc) **Beispiele für Verkehrspflichtverletzungen im Lauterkeitsrecht.** Wird in einem Printmedium eine lauterkeitsrechtliche Werbung veröffentlicht, ist immer zu prüfen, ob nicht die **Presse** selbst auch eine Haftung trifft. Wird getarnte Werbung veröffentlicht, haftet das Presseunternehmen täterschaftlich. Anzeigen von Kunden müssen nur – dem zeitlichen Ablauf des Produktionsprozesses entsprechend – grob gesichtet werden. Offensichtliche Rechtsverstöße sind zu verhindern.[73] Gelegentlich schießt die Rechtsprechung bei dieser Beurteilung über das Ziel hinaus. In den Benetton-Entscheidungen misslang dem BGH zweimal eine zutreffende rechtliche Beurteilung: Die Entscheidungen wurden vom BVerfG aufgehoben.[74] Den fünf Berufsrichtern des BGH gelang es also zweimal nicht, den Sachverhalt zutreffend rechtlich zu würdigen. Dennoch nahmen sie einen leicht erkennbaren Wettbewerbsverstoß an und bejahten dem Grunde nach eine Haftung des Presseunternehmens, in dem die Anzeige publiziert wurde.

67  Wer über ein **Mitgliedskonto** bei einem Internetdienst wie **eBay** verfügt, den trifft die lauterkeitsrechtliche Verkehrspflicht, seine Mitgliedsdaten sorgfältig zu verwahren und zu sichern. Geschieht dies nicht, haftet der Kontoinhaber für rechtsverletzende Handlungen eines Dritten, die dieser unter Missbrauch der Kontodaten begeht.[75]

> **Beispiel:** Jurastudentin S ist Inhaberin eines eBay-Accounts. Ihr Freund M hat Zugriff auf die Zugangsdaten und bietet in rechtsverletzender Weise ein »SSSuper... Tolle... Halzband (Cartier Art)« an. S haftet für den Rechtsverstoß wegen Verletzung einer lauterkeitsrechtlichen Verkehrspflicht.

68  Das Beispiel ist der Entscheidung BGH GRUR 2009, 597 – Halzband nachgebildet. Der Beklagte des dortigen Verfahrens hatte behauptet, er sei für das Angebot nicht verantwortlich: Seine Ehefrau habe sein Mitgliedskonto ohne sein Wissen zum Verkauf persönlicher Gegenstände genutzt. Aufgrund der Verkehrspflichtenbildung durch den *Senat* ging dieses Verteidigungsvorbringen ins Leere.

69  Große Schwierigkeiten bereitet die Bildung von **Prüfpflichten** bei **Internetplattformen** wie eBay (wie insgesamt die Beurteilung der **Haftung für Lauterkeitsrechtsverstöße im Internet**[76]). Zu beachten sind zunächst die in Umsetzung der E-Commerce-RL geschaffenen Sonderregelungen für die Haftung in den §§ 7 ff. Telemediengesetz (TMG, früher §§ 8–11 TDG), sofern es sich um einen elektronischen Informations- und Kommunikationsdienst handelt (§ 1 I TMG). Ein typisches Beispiel für einen solchen Dienst ist ein Angebot im Internet.

70  Für **eigene Informationen,** die sie zur Nutzung bereithalten, haften Diensteanbieter »nach den allgemeinen Gesetzen« (§ 7 I TMG). Dies heißt, dass der Diensteanbieter

---

73 Überblick über die Rspr. bei Köhler/Bornkamm/Feddersen/*Köhler/Feddersen* UWG § 8 Rn. 2.13.
74 BGH GRUR 1995, 600 – H.I.V. POSITIVE aufgehoben durch BVerfG GRUR 2001, 170 – Benetton-Werbung I; BGH GRUR 2002, 360 – H.I.V. POSITIVE II aufgehoben durch BVerfG GRUR 2003, 442 – Benetton-Werbung II.
75 BGH GRUR 2009, 597 Rn. 16 ff. – Halzband.
76 Vgl. aus der aktuellen Rspr. BGH GRUR 2015, 1129 – Hotelbewertungsportal; BGH GRUR 2016, 206 – Haftung für Hyperlink.

für eigene Informationen uneingeschränkt nach allen Gesetzen und somit auch nach dem UWG haftet.

> **Beispiel:** Die Flugpreisangaben auf der Internetseite der Fluggesellschaft Air Springfield sind irreführend, § 5 UWG. Es ist eine eigene Information, für die die Fluggesellschaft uneingeschränkt haftet.

Für **fremde Informationen** enthalten § 7 II bis § 10 TMG Haftungsprivilegierungen. Nach § 7 II sind die Diensteanbieter iSd §§ 8–10 TMG nicht verpflichtet, die von ihnen gespeicherten Informationen zu überwachen oder nach Umständen zu forschen, die auf eine rechtswidrige Tätigkeit hinweisen. § 10 TMG beschränkt die Haftung für die Speicherung von fremden Informationen. 71

Telemediengesetz (TMG)
§ 10 Speicherung von Informationen
Diensteanbieter sind für fremde Informationen, die sie für einen Nutzer speichern, nicht verantwortlich, sofern
1. sie keine Kenntnis von der rechtswidrigen Handlung oder der Information haben und ihnen im Falle von Schadensersatzansprüchen auch keine Tatsachen oder Umstände bekannt sind, aus denen die rechtswidrige Handlung oder die Information offensichtlich wird, oder
2. sie unverzüglich tätig geworden sind, um die Information zu entfernen oder den Zugang zu ihr zu sperren, sobald sie diese Kenntnis erlangt haben.

Satz 1 findet keine Anwendung, wenn der Nutzer dem Diensteanbieter untersteht oder von ihm beaufsichtigt wird.

Die frühere Rechtsprechung des BGH wandte § 10 TMG auf Unterlassungsansprüche nicht an. »Verantwortlichkeit« meine nur strafrechtliche Verantwortlichkeit und Schadensersatzhaftung, nicht aber Unterlassungshaftung.[77] Diese Rechtsprechung scheint der BGH mittlerweile aufgegeben zu haben. In jüngeren Entscheidungen werden unter Bezugnahme auf die Entscheidung des EuGH in der Sache L'Oréal/eBay[78] die Voraussetzungen des § 10 TMG bzw. Art. 14 I E-Commerce-RL bei einer Unterlassungshaftung mitgeprüft.[79] Die Aussage, »Verantwortlichkeit« im Sinne des TMG meine keine Unterlassungshaftung, findet sich in neueren Entscheidungen nicht mehr. 72

Der Diensteanbieter haftet nach § 10 TMG nicht, wenn er entweder keine Kenntnis von der rechtswidrigen Information hat (§ 10 S. 1 Nr. 1 TMG) oder er unverzüglich nach Kenntniserlangung die Information entfernt oder sperrt (§ 10 S. 1 Nr. 2 TMG). Dies alles gilt aber nur, solange sich der **Diensteanbieter neutral** verhält.[80] Sofern er eine aktive Rolle übernimmt und beispielsweise Anzeigen auf seinem Internet-Marktplatz an anderer Stelle im Internet bewirbt, greift die Haftungsschranke des § 10 TMG aufgrund eines Zu-Eigen-Machens der Information nicht.[81] 73

---

77 BGH GRUR 2007, 890 Rn. 20 – Jugendgefährdende Medien bei eBay (zum UWG); grdl. BGH GRUR 2004, 860 (862) – Internet-Versteigerung (zu einem markenrechtlichen Fall).
78 EuGH ECLI:EU:C:2011:474 Rn. 104 ff. = GRUR 2011, 1025 – L'Oréal/eBay.
79 BGH GRUR 2011, 1038 Rn. 22 – Stiftparfüm; BGH GRUR 2013, 370 Rn. 19 ff. – Alone in the Dark. Beide Entscheidungen sind zu Schutzrechten für geistiges Eigentum und nicht zum Lauterkeitsrecht ergangen. Eine Aufgabe der bisherigen Rspr. nehmen Köhler/Bornkamm/*Köhler/Feddersen* UWG § 8 Rn. 2.28) an. Ebenso KG WRP 2013, 1242 Rn. 49 aE (Vorinstanz zu BGH GRUR 2015, 1129 – Hotelbewertungsportal).
80 Köhler/Bornkamm/Feddersen/*Köhler/Feddersen* UWG § 8 Rn. 2.28.
81 BGH GRUR 2015, 1129 Rn. 34 – Hotelbewertungsportal; Köhler/Bornkamm/Feddersen/*Köhler/Feddersen* UWG § 8 Rn. 2.28; für das Markenrecht BGH GRUR 2011, 1038 Rn. 23 – Stiftparfüm

> **Beispiel:** Air Springfield wirbt irreführend auf einer Reiseportalseite im Internet. Das Reiseportal wiederum bewirbt das Inserat von Air Springfield mit Google AdWords-Anzeigen, da das Reiseportal für jede Buchung, die bei Air Springfield über das Reiseportal getätigt wird, eine Provision erhält. Das Portal kann sich aufgrund des Zu eigen Machens nicht auf § 10 TMG berufen.

74 Die teilweise gegenüber den Diensteanbietern wie eBay recht großzügige ältere Praxis des BGH wurde unter anderem damit begründet, das konkrete »**Geschäftsmodell**« sei von der Rechtsordnung gebilligt und dürfe nicht gefährdet werden.[82] Eine solche konkrete Billigung von Internet-Marktplätzen oder Auktionsplattformen schlechthin gibt es nicht. Zulässig sind – wie immer – nur Geschäftsmodelle, die mit der Rechtsordnung vereinbar sind. Das »Geschäftsmodell-Argument« ist nicht geeignet, geltendes Recht auszuhebeln oder Verhaltensspielräume zu erweitern. Ist beispielsweise ein neues Fahrgemeinschaftskonzept nicht mit dem Personenbeförderungsgesetz vereinbar, verbietet sich die Argumentation, das Personenbeförderungsgesetz behindere das Geschäftsmodell.

75 Liegt ein **Rechtsverstoß** vor und ist der Diensteanbieter auf diesen **hingewiesen** worden, muss er **zumutbare Maßnahmen zur Gefahrenabwehr** treffen.[83] Nach dem Hinweis auf eine Rechtsverletzung trifft den Anbieter der Internetauktionsplattform die Pflicht, Vorsorge zu treffen, sodass es möglichst nicht zu weiteren gleichartigen Rechtsverletzungen kommt.[84]

### 3. Haftung für Mitarbeiter oder Beauftragte (§ 8 II UWG)

76 Nach § 8 II UWG sind der Unterlassungsanspruch und der Beseitigungsanspruch auch gegenüber dem Inhaber des Unternehmens begründet, wenn die Zuwiderhandlungen in einem Unternehmen von einem **Mitarbeiter oder Beauftragten** begangen worden sind. Die Norm ähnelt § 831 BGB. Dieser begründet bei einem Auswahl- oder Überwachungsverschulden einen deliktischen Anspruch gegen den Geschäftsherrn, wenn ein Verrichtungsgehilfe einem anderen rechtswidrig einen Schaden zugefügt hat. Der Anspruch besteht (wie bei § 831 BGB) auch dann, wenn der Verrichtungsgehilfe selbst (beispielsweise nach § 823 I BGB) haftet. In ähnlicher Weise begründet § 8 II UWG eine Haftung des Unternehmers **neben** dem Mitarbeiter oder Beauftragten, wenn gegen diesen ein Unterlassungsanspruch besteht (»auch«). Voraussetzung ist immer, dass der Mitarbeiter oder Beauftragte selbst haftet. Insbesondere muss dieser eine geschäftliche Handlung gem. § 2 I Nr. 1 UWG begangen haben. Typischerweise wird eine Förderung **fremden** Wettbewerbs – den des Unternehmers – vorliegen. Ein eigenes Verschulden des Unternehmers setzt § 8 II UWG – anders als § 831 BGB – nicht voraus.

77 Die **Zuwiderhandlung** muss in einem **Unternehmen** begangen worden sein. Dies ist der Fall, wenn die Tätigkeit im Zusammenhang mit den Aufgaben im Unternehmen

---

unter Bezugnahme auf EuGH GRUR 2011, 1025 Rn. 113, 116 – L'Oréal/eBay; für eine Störerhaftung nach allgemeinem Zivilrecht BGH GRUR 2017, 844 Rn. 17f. – klinikbewertungen.de.
82 BGH GRUR 2004, 860 – Internet-Versteigerung; BGH GRUR 2007, 708 – Internet-Versteigerung II; BGH GRUR 2011, 152 Rn. 38 – Kinderhochstühle im Internet.
83 BGH GRUR 2011, 152 Rn. 48f. – Kinderhochstühle im Internet; BGH GRUR 2015, 485 Rn. 52 – Kinderhochstühle im Internet III (zu einer Markenverletzung).
84 BGH GRUR 2015, 485 Rn. 52 – Kinderhochstühle im Internet III (zu einer Markenverletzung).

des Anspruchsgegners steht.[85] Auch wenn der Arbeitnehmer oder Beauftragte weisungswidrig handelt, ist die Regelung einschlägig.[86] Etwas anderes gilt erst dann, wenn der Arbeitnehmer vollständig aus eigenem Antrieb handelt.[87]

**Mitarbeiter** ist derjenige, der aufgrund eines schuldrechtlichen Vertrages, üblicherweise einem Werk- oder Dienstvertrag, weisungsabhängige Dienste zu leisten hat.[88] Typische Fälle sind Arbeitnehmer, Auszubildende und Praktikanten. Ein »**Beauftragter**« (§ 8 II Var. 2 UWG) ist für das Unternehmen aufgrund einer vertraglichen Beziehung tätig und in das Unternehmen eingegliedert.[89] Der Beauftragte kann eine natürliche oder juristische Person sein. Die schuldrechtliche Qualifikation des Rechtsverhältnisses ist insoweit von Bedeutung, als sie eine Eingliederung in das Unternehmen bewirken muss. Kein Beauftragter ist, wer über einen großen eigenen Gestaltungsspielraum verfügt. Beauftragte können beispielsweise sein:[90] 78

- Call-Center.
- Versicherungs- bzw. Handelsvertreter.
- Vertragshändler.
- Franchise-Nehmer.
- Hersteller bei Auftragsproduktion für einen Händler.
- Werbeagentur.[91]
- Affiliate bei einem Internet-Werbeprogramm.[92]

Immer aber ist im Einzelfall der Gestaltungsspielraum zu überprüfen.

Die Haftung nach § 8 II UWG trifft den **Unternehmensinhaber**. Dies ist derjenige, der Eigentümer des Unternehmens ist, oder in dessen Namen und Verantwortung die Geschäfte geführt werden (beispielsweise ein Nießbraucher).[93] Die Organe einer juristischen Person (Vorstand einer AG, Geschäftsführer einer GmbH) sind **nicht** Inhaber des Unternehmens iSd § 8 II UWG. Zu denken ist bei ihnen an die §§ 31, 89 BGB (in entsprechender Anwendung). Der BGH scheint jetzt einen anderen Weg zu beschreiten: Eine Geschäftsführerhaftung für Verstöße gegen das Lauterkeitsrecht soll nur dann in Betracht kommen, wenn der Geschäftsführer entweder persönlich durch aktives Tun an der lauterkeitsrechtswidrigen Handlung beteiligt war oder wenn er eine lauterkeitsrechtliche Verkehrspflicht zur Abwendung der konkreten Gefahr verletzt hat. Die bloße Organstellung begründet keine Pflicht zur Verhinderung von Wettbewerbsverstößen.[94] 79

> **Fall 2:** Nach § 8 II UWG haftet die X-GmbH für den Marktleiter. Der Marktleiter selbst ist unmittelbar als Täter verantwortlich (»zugunsten eines fremden Unternehmens«, § 2 I Nr. 1 UWG).

---

85 MüKoUWG/*Fritzsche* § 8 Rn. 307.
86 MüKoUWG/*Fritzsche* § 8 Rn. 307.
87 MüKoUWG/*Fritzsche* § 8 Rn. 307.
88 Köhler/Bornkamm/Feddersen/*Köhler/Feddersen* UWG § 8 Rn. 2.39; MüKoUWG/*Fritzsche* § 8 Rn. 299.
89 Köhler/Bornkamm/Feddersen/*Köhler/Feddersen* UWG § 8 Rn. 2.41; MüKoUWG/*Fritzsche* § 8 Rn. 300.
90 Beispiele von MüKoUWG/*Fritzsche* § 8 Rn. 302.
91 BGH GRUR 1973, 208 (209) – Neues aus der Medizin; BGH GRUR 1994, 219 (220) – Warenhinweis.
92 BGH GRUR 2009, 1167 Rn. 25 (Beauftragter iSv § 14 VII MarkenG).
93 Köhler/Bornkamm/Feddersen/*Köhler/Feddersen* UWG § 8 Rn. 2.48.
94 BGH GRUR 2014, 883 Rn. 17, 23 – Geschäftsführerhaftung; vgl. zur früheren Rechtslage (WZG) auf der Grundlage der Störerhaftung BGH GRUR 1986, 248 (251) – Sporthosen; *A. König*, Wettbewerbsrechtliche Abwehransprüche gegen die GmbH und ihre Gesellschafter, 1992, passim.

## V. Der Gläubiger des Anspruchs

### 1. Vorüberlegungen

80 § 8 III UWG bestimmt, wer zur Geltendmachung der Ansprüche aus § 8 I UWG befugt ist. Er regelt die sogenannte **Aktivlegitimation**. Aktiv legitimiert ist derjenige, der **materiell-rechtlich** berechtigt ist, einen Anspruch durchzusetzen. Es handelt sich um eine Anspruchsvoraussetzung. Die Aktivlegitimation ist **zu unterscheiden** von der **Prozessführungsbefugnis**. Prozessführungsbefugnis meint die **prozessuale** Befugnis, einen Anspruch vor Gericht durchsetzen zu können. Sie ist in § 51 ZPO angesprochen. Die Prozessführungsbefugnis der nach § 8 III Nr. 1 UWG anspruchsberechtigten Mitbewerber bedarf keiner näheren Begründung. Es wird ein eigener Anspruch geltend gemacht. Der Inhaber eines Anspruchs ist grundsätzlich immer befugt, diesen gerichtlich durchzusetzen.[95] Für die in § 8 III Nr. 2–4 UWG genannten Verbände soll es sich bei der Bestimmung des § 8 III UWG um eine Vorschrift mit **Doppelnatur** handeln. Sie soll sowohl die materiell-rechtliche Anspruchsberechtigung als auch die Prozessführungsbefugnis begründen.[96] Dies hat zur Konsequenz, dass die Berechtigung zur Anspruchsverfolgung schon im Rahmen der **Zulässigkeit** der Klage zu prüfen ist. Zudem ist sie in jeder Phase des Verfahrens, also auch noch in der Revisionsinstanz vor dem BGH, **von Amts wegen** zu untersuchen.[97] Gegen diese Position können beachtliche Argumente vorgebracht werden:[98] Nach dem Wortlaut des § 8 III UWG begründet die Norm für die klagebefugten Verbände einen eigenen materiell-rechtlichen Anspruch. Dies spricht dafür, dass sie im Prozess einen **eigenen Anspruch** geltend machen und somit unmittelbar nach § 51 ZPO klagebefugt sind. Praktische Konsequenz dieser Position ist, dass die Klagebefugnis erst in der Begründetheit der Klage zu prüfen ist. Während die Zulässigkeitsvoraussetzungen vom Gericht von Amts wegen zu prüfen sind, gilt für die materiell-rechtliche Berechtigung der Beibringungsgrundsatz. Den Gerichten würde also die Befugnis entzogen, die Voraussetzungen für eine Anspruchsgeltendmachung durch einen Verband von Amts wegen schon bei der Prüfung der Zulässigkeit der Klage zu untersuchen.

81 Weiter zu beachten ist, dass § 8 III UWG zwar den Kreis der zur Geltendmachung des Unterlassungsanspruchs Befugten erweitert, aber keine **Popularklagebefugnis** begründet. Es kommt also einerseits zu einer Effektivitätssteigerung in Bezug auf die Einhaltung der Rechtsordnung durch eine Erweiterung des Kreises der zur Klage Befugten, während andererseits der Gesetzgeber davor zurückscheut, jedermann die Klagebefugnis einzuräumen. Getragen ist dies von der Erwägung, Marktteilnehmer müssten vor der Geltendmachung von Unterlassungsansprüchen in »belästigender Weise« geschützt werden. Dies ist aber, wie bereits dargelegt (→ § 15 Rn. 8), kein Problem der Anspruchsdurchsetzung, sondern eines materiellen Rechts.

82 § 8 III UWG regelt die Anspruchsberechtigung für Unterlassungsansprüche, Beseitigungsansprüche und Auskunftsansprüche, die zur Durchsetzung eines Beseitigungs-

---

[95] Zöller/Vollkommer vor § 50 Rn. 18.
[96] BGH GRUR 2012, 411 Rn. 12 – Glücksspielverband; BGH GRUR 2015, 1240 Rn. 13 – Der Zauber des Nordens.
[97] Zur Prüfung der Zulässigkeitsvoraussetzungen von Amts wegen im Zivilprozess BGH NJW 2010, 1595 Rn. 27; BeckOK ZPO/*Bacher*, 29. Ed. 2018, § 253 Rn. 10.
[98] Vgl. ausf. Köhler/Bornkamm/Feddersen/*Köhler/Feddersen* UWG § 8 Rn. 3.10; Ahrens/*Jestaedt* Wettbewerbsprozess Kap. 19 Rn. 13; Teplitzky/*Büch* Kap. 13 Rn. 16.

anspruchs⁹⁹ oder Aufwendungsersatzanspruchs nach § 12 I 2 UWG¹⁰⁰ erforderlich sind. **Schadensersatzansprüche** werden **nicht** erfasst. Für die mitbewerberschützenden Regelungen des **§ 4 Nr. 4 UWG** wird verbreitet vertreten, nur der betroffene Mitbewerber sei klagebefugt.[101] Die **Abtretung** lauterkeitsrechtlicher Abwehransprüche soll ausgeschlossen sein, um zu verhindern, dass der Kreis der Verfolgungsberechtigten über § 8 III UWG hinaus erweitert wird.[102]

Die **Vervielfältigung der Anspruchsbefugnis durch § 8 III UWG** hat zur Konsequenz, dass ein Wettbewerber unter Umständen mehrfach in Anspruch genommen wird. 83

> **Beispiel:** U hat in einem Anzeigenblatt lauterkeitswidrig inseriert. Er wird von Mitbewerber M, dem Verbraucherverband V und der Industrie- und Handelskammer parallel in Anspruch genommen.

§ 8 III UWG lässt eine Vielzahl von materiell-rechtlichen Ansprüchen entstehen. Der unlauter Handelnde wird unter Umständen mit einer Vielzahl von Klagen konfrontiert. Die Klagen haben unterschiedliche Streitgegenstände, da verschiedene materiell-rechtliche Ansprüche geltend gemacht werden. Der Inanspruchgenommene kann also nicht den Einwand anderweitiger Rechtshängigkeit (§ 261 III Nr. 1 ZPO) erheben oder auf die Rechtskraft einer Entscheidung (§ 325 ZPO) verweisen. Im Ausnahmefall kann eine mehrfache Rechtsverfolgung rechtsmissbräuchlich nach § 8 IV UWG sein. Zudem führt die Abgabe **einer** strafbewehrten Unterlassungserklärung im Normalfall zum Entfall der Wiederholungsgefahr für alle weiteren Unterlassungsansprüche. Gleiches gilt für **eine** rechtskräftige Verurteilung zur Unterlassung. 84

> **Beispiel:** U gibt (nur) gegenüber der IHK eine Unterlassungserklärung ab. Alle Unterlassungsansprüche entfallen.

## 2. Anspruchsberechtigung der Mitbewerber (§ 8 III Nr. 1 UWG)

Das alte Lauterkeitsrecht (§ 13 II Nr. 1 UWG in der bis zur UWG-Novelle 2004 geltenden Fassung) unterschied zwischen dem »unmittelbar Verletzten«, dessen Anspruchsberechtigung direkt aus den Verbotstatbeständen wie § 1 UWG und § 3 UWG aF folgte, und den »Mitbewerbern«, die nach § 13 II Nr. 1 UWG aF anspruchsberechtigt und klagebefugt waren. Mit der UWG-Novelle 2004 wurde diese Klagebefugnis auf den »**Mitbewerber**« konzentriert (§ 8 III Nr. 1 UWG). Der Begriff des Mitbewerbers ist in § 2 I Nr. 3 UWG legal definiert (→ § 4 Rn. 23). 85

In der Literatur wird gefordert, die Anspruchsberechtigung des § 8 III Nr. 1 UWG in Anlehnung an § 8 III Nr. 2 UWG auf Fälle zu beschränken, in denen **Interessen** des Mitbewerbers betroffen sind.[103] Wenn sich die geschäftliche Handlung nur gegen einen bestimmten Mitbewerber richtet, solle nur dieser zur Durchsetzung des Anspruchs berechtigt sein.[104] Diese Reduzierung des Kreises der Anspruchsberechtigten ist abzulehnen. Schon der Vergleich mit § 8 III Nr. 2 UWG zeigt, dass eine Einschränkung vom Gesetzgeber nicht beabsichtigt war. Zudem sind die Grenzen zwischen unmittelbarer 86

---

99 BGH GRUR 1972, 558 (560) – Teerspritzmaschinen.
100 Ohly/Sosnitza/*Ohly* UWG § 8 Rn. 87.
101 Vgl. Köhler/Bornkamm/Feddersen/*Köhler* UWG § 4 Rn. 1.27, Rn. 2.25, Rn. 3.86, Rn. 4.208, dagegen MüKoUWG/*Jänich* § 4 Nr. 1 Rn. 42.
102 BGH GRUR 2007, 978 Rn. 33 – Rechtsberatung durch Haftpflichtversicherer.
103 Köhler/Bornkamm/Feddersen/*Köhler/Feddersen* UWG § 8 Rn. 3.28.
104 Köhler/Bornkamm/Feddersen/*Köhler/Feddersen* UWG § 8 Rn. 3.28.

und mittbarer Beeinträchtigung fließend. Darüber hinaus dient das Lauterkeitsrecht nicht nur Individualinteressen, sondern auch einem Interesse der Allgemeinheit an einem Schutz des unverfälschten Wettbewerbs. Auch die Durchsetzung dieses Allgemeininteresses obliegt den Mitbewerbern.

> **Beispiel:** W betreibt ein Autohaus in einer kleinen Stadt in einer ländlich geprägten, religiösen Region. Sein Wettbewerber A behauptet über ihn in lauterkeitswidriger Weise, W sei ein notorischer Ehebrecher. Attackiert wird hier zwar nur der W. Unter Umständen bringt die Äußerung dem A aber auch Wettbewerbsvorteile gegenüber den anderen Anbietern, da er sich selbst zugleich als moralisch integer darstellt. In dieser Situation gibt es keinen Anlass, den übrigen Mitbewerbern keinen Unterlassungsanspruch zu gewähren.

86a Durch ein »**Gesetz zur Stärkung des fairen Wettbewerbs**« (Referentenentwurf vom September 2018[105]) soll die Klagebefugnis der Mitbewerber nach § 8 III Nr. 1 UWG eingeschränkt werden, um vermeintliche Missbräuche durch Schein-Mitbewerber, die tatsächlich nicht nachhaltig wirtschaftlich tätig sind, zu verhindern.

> **Beispiel:** A eröffnet einen Internet-Shop für Angelbedarf. Tatsächlich geht es ihm nicht um den Warenabsatz. Vielmehr will er die Aktivlegitimation nach § 8 III Nr. 1 UWG erlangen, um andere Angelshop-Betreiber abmahnen zu können.

86b Zukünftig soll für die Anspruchsberechtigung zusätzlich verlangt werden, dass der Mitbewerber »**in nicht unerheblichem Maße ähnliche Waren oder Dienstleistungen vertreibt oder nachfragt**« (§ 8 III Nr. 1 UWG-RefE). Abzuwarten bleibt, ob die beabsichtigte Änderung umgesetzt wird.

### 3. Rechtsfähige Verbände zur Förderung gewerblicher oder selbstständiger beruflicher Interessen (§ 8 III Nr. 2 UWG)

87 § 8 III Nr. 2 UWG begründet eine Anspruchsbefugnis für rechtsfähige Verbände zur Förderung gewerblicher oder selbstständiger beruflicher Interessen. An diese werden für die Anspruchsberechtigung von § 8 III Nr. 2 UWG weitere, recht strenge Anforderungen gestellt. Verhindert werden soll ein Missbrauch der Anspruchsbefugnis durch Verbände, deren primärer Zweck darin liegt, Lauterkeitsrechtsverstöße aufzuspüren und zu verfolgen, um dann einen Anspruch auf Abmahnkostenerstattung erfolgreich geltend machen zu können. Die Verbände müssen die folgenden Voraussetzungen erfüllen:

- Rechtsfähigkeit.
- Verbandszweck: Förderung gewerblicher oder selbstständiger beruflicher Interessen.
- Mitglieder: Erhebliche Zahl von Unternehmern, die Waren oder Dienstleistungen gleicher oder verwandter Art auf denselben Markt vertreiben.
- Genügende personelle, sachliche und finanzielle Ausstattung, um die satzungsgemäßen Aufgaben der Verfolgung gewerblicher oder selbstständiger beruflicher Interessen tatsächlich wahrzunehmen.
- Interessenbeeinträchtigung der Mitglieder durch die Zuwiderhandlung.

88 Zu § 8 III Nr. 2 UWG gibt es eine überaus reiche Kasuistik.[106] Eine typische Verteidigungstaktik des Inanspruchgenommenen ist es, die Voraussetzungen des § 8 III Nr. 2 UWG anzuzweifeln. Beabsichtigt ist (Referentenentwurf eines **Gesetzes zur Stär-**

---

105 BMJV, Referentenentwurf (Stand: September 2018), abrufbar unter www.bmjv.de.
106 Vgl. dazu Köhler/Bornkamm/Feddersen/*Köhler/Feddersen* UWG § 8 Rn. 3.30 ff.

kung des fairen Wettbewerbs vom September 2018[107]), die Aktivlegitimation von Verbänden an strengere Voraussetzungen zu knüpfen (insbesondere mindestens 50 Mitglieder, § 8a II Nr. 1 UWG-RefE) und zudem eine Eintragung in eine noch zu schaffende, vom Bundesamt für Justiz zu führende Liste der qualifizierten Wirtschaftsverbände zu verlangen (§ 8 II Nr. 2 UWG-RefE; § 8a UWG-RefE).

> **Klausurtipp:** Sofern sich in einem Aufgabentext Hinweise zu einzelnen Voraussetzungen des § 8 III Nr. 2 UWG finden, ist das betreffende Merkmal zu problematisieren. Wird beispielsweise die Zahl der Mitglieder eines Verbandes genannt, ist zu erörtern, ob die Mitgliederzahl ausreichend ist.[108]

### 4. Verbraucherverbände (§ 8 III Nr. 3 UWG)

Nach Maßgabe des § 8 III Nr. 3 UWG sind Verbraucherverbände anspruchs- und klagebefugt. Auch dies birgt ein Missbrauchspotential in sich.

89

> **Beispiel:** Jurastudent J gründet mit einigen Kommilitonen zusammen den Verbraucherschutzverein »Fans des Ralph Nader e. V.«. Sodann geht der Verein gegen unlautere geschäftliche Praktiken vor. Über Aufwendungsersatzansprüche nach § 12 UWG soll ein Gewinn generiert werden.

Um missbräuchliche Verhaltensweisen zu verhindern, hat der Gesetzgeber eine Verknüpfung mit dem Unterlassungsklagengesetz (**UKlaG**) hergestellt. Das UKlaG regelt die Aktivlegitimation für die Verfolgung von Unterlassungsansprüchen bei Verstößen gegen Verbraucherschutzvorschriften wie Bestimmungen des Fernabsatzrechts und Vorschriften für Verbrauchsgüterkäufe. Ansprüche nach dem UKlaG können von Verbänden zur Förderung gewerblicher oder selbstständiger beruflicher Interessen, von Industrie- und Handelskammern, Handwerkskammern und »qualifizierten Einrichtungen« (§ 3 I Nr. 1 UKlaG) geltend gemacht werden. Diese qualifizierten Einrichtungen müssen bestimmte Voraussetzungen nach § 4 UKlaG erfüllen (beispielsweise hinsichtlich der Mitgliederzahl oder des Umfangs ihrer Tätigkeit). Für Verbraucherzentralen und andere Verbraucherverbände, die mit öffentlichen Mitteln gefördert werden, wird die Erfüllung der Voraussetzungen vermutet (§ 4 II 2 UKlaG). Die qualifizierten Einrichtungen werden in eine Liste eingetragen, die vom Bundesamt für Justiz geführt wird und im Internet publiziert wird.[109] Die Aufnahme in die Liste der qualifizierten Einrichtungen ist zwingende Voraussetzung für die Anspruchsberechtigung nach § 8 III Nr. 3 UWG. Es genügt nicht, dass der Verband in einer lauterkeitsrechtlichen Streitigkeit vor Gericht behauptet, er erfülle die Voraussetzung des § 4 UKlaG.

90

> **Beispiel:** Verbraucherverein VV ist nicht in die Liste qualifizierter Einrichtungen nach § 4 UKlaG eingetragen. In einer lauterkeitsrechtlichen Streitigkeit trägt der Verein vor Gericht vor, er erfülle alle Voraussetzungen, die § 4 II UKlaG für qualifizierte Einrichtungen aufstellt. Er wird mit diesem Vortrag nicht erhört. Die Klage ist unbegründet (oder schon unzulässig, wenn man der Lehre von der Doppelwirkung [→ § 15 Rn. 81] folgt).

---

107 BMJV, Referentenentwurf (Stand: September 2018), abrufbar unter www.bmjv.de.
108 Zu diesem Problem BGH GRUR 1998, 170f. – Händlervereinigung; BGH GRUR 2004, 251 – Hamburger Auktionatoren.
109 Abrufbar unter https://www.bundesjustizamt.de; zur Zeit (Stand: 1.9.2018) befinden sich 78 Verbände auf dieser Liste.

### 5. Industrie- und Handelskammern und Handwerkskammern (§ 8 III Nr. 4 UWG)

91 Industrie- und Handelskammern sowie Handwerkskammern sind nach § 8 III Nr. 4 UWG anspruchs- und klagebefugt. Für andere Kammern wie Rechtsanwaltskammern oder Architektenkammern folgt die Klagebefugnis aus § 8 III **Nr. 2** UWG.

## VI. Rechtsmissbräuchliche Geltendmachung des Unterlassungs- und Beseitigungsanspruchs (§ 8 IV UWG)

92 Der Verein oder Verband, der einen **bestehenden** (!) lauterkeitsrechtlichen Unterlassungsanspruch geltend macht, hat gegen den Verletzer einen Anspruch auf Kostenerstattung. Für die lauterkeitsrechtliche Abmahnung leitete der BGH einen solchen Kostenerstattungsanspruch zunächst aus Geschäftsführung ohne Auftrag (§ 683 S. 1 BGB, §§ 677, 670 BGB) ab.[110] Es liege im Interesse des Abgemahnten, auf den Rechtsverstoß hingewiesen zu werden, um einen kostspieligen Prozess zu vermeiden. Heute hat der Kostenerstattungsanspruch eine gesetzliche Grundlage im UWG (§ 12 I 2 UWG). Kommt es zum Prozess, entsteht für die obsiegende Partei aus § 91 ZPO ein Kostenerstattungsanspruch. All dies gilt jedoch nur, wenn tatsächlich ein Lauterkeitsrechtsverstoß vorliegt. Die sich **rechtstreu verhaltene Partei hat nichts zu befürchten.** Sie hat allein mit der Lästigkeit des Prozesses zu kämpfen.

93 Schon frühzeitig wurde erörtert, ob nicht im Einzelfall der Unterlassungsanspruch **missbräuchlich** geltend gemacht werde und aus diesem Grunde die Anspruchsberechtigung zu versagen sei.[111] Bekämpft werden sollten auf diesem Weg sog. »Gebühreneinspielvereine«[112], die lauterkeitsrechtliche Ansprüche nur geltend machen, um Einnahmen zu erzielen. Die Idee, vermeintliche »Missbräuche« zu bekämpfen, ist nicht so selbstverständlich, wie sie auf den ersten Blick scheint. Es darf nicht verkannt werden, dass sich der zu Recht Abgemahnte und auf Unterlassung Inanspruchgenommene **rechtswidrig** verhalten hat. Die Effizienz der Normdurchsetzung wird beeinträchtigt, wenn man die Durchsetzung **materiell-rechtlich bestehender** Ansprüche mit dem Argument eines »Missbrauchs« verhindert. Auch »Gebühreneinspielvereine« veranlassen grundsätzlich Wünschenswertes: Sie wirken hin auf die Einhaltung der Rechtsordnung. Die beklagten Missstände waren (und sind) eher zurückzuführen auf ein zu strenges materielles Lauterkeitsrecht und einer damit einhergehenden zu starken Einschränkung der Verhaltensspielräume der Marktteilnehmer. Der Gesetzgeber allerdings trug den Klagen der Wirtschaft Rechnung und ergänzte § 13 UWG aF im Jahr 1986 um eine Regelung zur missbräuchlichen Geltendmachung von Unterlassungsansprüchen. Heute findet sich diese Regelung in § 8 IV UWG. Aktuell plant der Gesetzgeber weitere gesetzliche Maßnahmen gegen »Abmahnmißbrauch« zu ergreifen. Ein Gesetzesentwurf liegt seit dem 11.9.2018 vor.[113]

94 Nach **§ 8 IV 1 UWG** ist die »Geltendmachung« der Ansprüche nach § 8 I UWG »**unzulässig**«, wenn sie unter Berücksichtigung der gesamten Umstände missbräuchlich ist. Die Regelung wird von der hM **prozessual** verstanden. Die Prozessführungsbefug-

---

110 BGHZ 52, 393 (399f.) = NJW 1970, 243 (245) – Fotowettbewerb; BGH GRUR 1973, 384 (385) – Goldene Armbänder.
111 BGH GRUR 1971, 585 (586) – Spezialklinik; BGH GRUR 1986, 320 (321) – Wettbewerbsverein I.
112 Der Begriff »Gebühreneinspielverein« geht zurück auf *Albrecht* WRP 1983, 540.
113 BMJV, Referentenentwurf (RefE): Entwurf eines Gesetzes zur Stärkung des fairen Wettbewerbs, 11.9.2018, abrufbar unter www.bmjv.de.

nis soll entfallen.[114] Dieser Position kann man mit guten Gründen entgegentreten.[115] Versteht man den Gedanken des Rechtsmissbrauchs im UWG ähnlich wie im Bürgerlichen Recht (§ 242 BGB), handelt es sich um eine materiell-rechtliche Einwendung. Diesem systematischen Argument können praktischen Erwägungen entgegengehalten werden. Eine Verortung des Problems auf der Zulässigkeitsebene entbindet die Rechtsprechung davon, auf den materiell-rechtlichen Anspruch einzugehen. Zudem werden die Zulässigkeitsvoraussetzungen zu jedem Verfahrenszeitpunkt von Amts wegen untersucht. Die Einordnung in die Zulässigkeit gewährleistet eine effiziente Anwendung des § 8 IV UWG.

§ 8 IV UWG ist von § 4 Nr. 1 UWG und § 4 Nr. 4 UWG abzugrenzen. Eine missbräuchliche Abmahnung kann selbst lauterkeitswidrig sein.[116]   95

> **Beispiel:** V hat den U missbräuchlich wegen einer Lauterkeitsrechtsverletzung abgemahnt. V bezweckte damit, die betrieblichen Abläufe bei U zu stören. Gegenüber der gerichtlichen Inanspruchnahme durch V kann sich U auf § 8 IV UWG berufen. Die Klage ist unzulässig. Umgekehrt kann U selbst gegen V aufgrund eines Lauterkeitsrechtsverstoßes nach § 4 Nr. 4 UWG (gezielte Behinderung) vorgehen. Ein Kostenerstattungsanspruch des U gegen V folgt bereits aus § 8 IV 2 UWG.

Ob ein **Missbrauch** vorliegt, ist »unter Berücksichtigung der gesamten Umstände«   96
festzustellen. Als typischen Beispielsfall (»insbesondere«) nennt das Gesetz das Ziel des Anspruchstellers, Aufwendungs- und Kostenersatzansprüche zu erlangen. Ob ein solches Ziel verfolgt wird, ist unter Bewertung der gesamten Umstände des Einzelfalls zu bestimmen. Ein typischer Fall ist gegeben, wenn der Umfang der Abmahntätigkeit in keinem vernünftigen Verhältnis zur gewerblichen Tätigkeit des Abmahnenden steht.[117]

> **Beispiel:** X betreibt einen kleinen Angelshop im Internet. Er erzielt einen Monatsumsatz von ca. 1.000 EUR. Pro Monat spricht er gegenüber Mitbewerbern ca. 40 bis 50 Abmahnungen wegen Lauterkeitsrechtsverstößen im Internet aus. Die Einnahmen aus den Abmahnungen überschreiten bei weitem die Erlöse aus seiner gewöhnlichen Geschäftstätigkeit.

Auch die Festsetzung **überhöhter Streitwerte** in der Abmahnung soll ein Indiz für   97
einen Rechtsmissbrauch sein.[118] Ein **massenhaftes Vorgehen** soll ebenfalls dafür sprechen, dass die Abmahnungen im Gebührenerzielungsinteresse ausgesprochen worden sind. Hier ist allerdings Vorsicht geboten. Eine Vielzahl von Verstößen löst auch eine Vielzahl von Abmahnungen aus.[119] In der Praxis bestehen erhebliche Beweisschwierigkeiten. Da es sich nach der hM um eine Frage der Zulässigkeit handelt, ist von Amts wegen zu prüfen, ob ein Missbrauch vorliegt (→ § 15 Rn. 81). Das Gericht wird aber erst dann in eine Untersuchung eintreten, wenn es zureichende Anhaltspunkte für einen Missbrauch gibt. Hier ist der Antrags- bzw. Klagegegner gefordert.[120] Unter

---

114 BGH GRUR 2013, 176 Rn. 16 – Ferienluxuswohnung; *Jestaedt* in Ahrens Wettbewerbsprozess Kap. 20 Rn. 5.
115 Vgl. Köhler/Bornkamm/Feddersen/*Köhler*, 29. Aufl. 2011, UWG § 8 Rn. 4.4, anders nun Köhler/Bornkamm/Feddersen/*Köhler/Feddersen* UWG § 8 Rn. 4.4.
116 Vgl. ausf. MüKoUWG/*Jänich* § 4 Nr. 1 Rn. 40, § 4 Nr. 4 Rn. 115 ff.; *Achilles* in Ahrens Wettbewerbsprozess Kap. 4 Rn. 10.
117 BGH GRUR 2012, 286 Rn. 13 – Falsche Suchrubrik.
118 OLG Jena BeckRS 2008, 14233; *Krbetschek/Schlingloff* WRP 2014, 1 Rn. 11 f.
119 OLG Jena BeckRS 2008, 14233 Rn. 8: 18 Abmahnungen wurden als nicht genügend angesehen, um den Schluss auf einen Missbrauch zuzulassen.
120 Vgl. *Krbetschek/Schlingloff* WRP 2014, 1 Rn. 14 ff.

Umständen hilft ihm eine Internetrecherche (Berichte in Foren zu »bekannten« Abmahnern etc).

98 Auch **Behinderungspraktiken,** die typischerweise unter § 4 Nr. 4 UWG fallen, können einen Missbrauchsvorwurf begründen. Der Aktivlegitimierte kann das Rechtsinstitut des Unterlassungsanspruchs dazu nutzen, Mitbewerber in ihren wettbewerblichen Entfaltungsmöglichkeiten zu beschränken. Beispielsweise kann der Anspruch nur geltend gemacht werden, um den Wettbewerber mit Kosten zu belasten. Besonders deutlich wird dies, wenn mehrere konzernmäßig verbundene Unternehmen parallel gegen einen Wettbewerber vorgehen.

> **Beispiel (nach BGH GRUR 2000, 1089 – Missbräuchliche Mehrfachverfolgung):** X handelt mit Fotoapparaten und Zubehör. Er wirbt irreführend mit einem Werbefaltblatt. Er wird daraufhin von 14 rechtlich selbstständigen Töchtern des M-Konzerns auf Unterlassung in Anspruch genommen. Alle Konzerntöchter werden von einem Rechtsanwalt vertreten. Das koordinierte Vorgehen ist missbräuchlich.

98a Der Referentenentwurf eines **Gesetzes zur Stärkung des fairen Wettbewerbs vom September 2018**[121] sieht vor, die Regelung des § 8 IV UWG in einen neuen § 8b UWG-RefE zu überführen.[122] Neu sind Vermutungen für die missbräuchliche Geltendmachung in § 8 IV 2 UWG-RefE. Sie verbessern die Verteidigungsmöglichkeiten des Abgemahnten.

## C. Schadensersatz (§ 9 UWG)

### I. Überblick

99 § 9 UWG regelt den **Schadensersatzanspruch.** Dieser setzt – anders als die Beseitigungs- und Unterlassungsansprüche nach § 8 I UWG – ein Verschulden voraus. Ein Schadensersatzanspruch steht nur den **Mitbewerbern** zu. Verbraucher können einen ihnen durch eine unlautere geschäftliche Handlung entstandenen Schaden nicht über § 9 UWG liquidieren. Streitig ist, ob Verbraucher über § 823 II BGB iVm § 3 UWG

---

121 BMJV, Referentenentwurf (Stand: September 2018), abrufbar unter www.bmjv.de.
122 § 8b UWG-RefE
Verbot der missbräuchlichen Geltendmachung von Ansprüchen; Haftung
»(1) Die Geltendmachung der Ansprüche nach § 8 Absatz 1 ist unzulässig, wenn sie unter Berücksichtigung der gesamten Umstände missbräuchlich ist.
(2) Ein Missbrauch nach Absatz 1 liegt insbesondere vor, wenn die Geltendmachung der Ansprüche vorwiegend dazu dient, gegen den Zuwiderhandelnden einen Anspruch auf Ersatz von Aufwendungen oder Kosten der Rechtsverfolgung oder die Zahlung einer Vertragsstrafe entstehen zu lassen. Eine missbräuchliche Geltendmachung wird vermutet, wenn
1. Mitbewerber eine erhebliche Anzahl von Verstößen gegen die gleiche Rechtsvorschrift geltend machen, insbesondere wenn die Anzahl außer Verhältnis zum Umfang der eigenen Geschäftstätigkeit steht oder anzunehmen ist, dass der Anspruchsteller das wirtschaftliche Risiko des außergerichtlichen und gerichtlichen Vorgehens nicht selbst trägt,
2. der Gegenstandswert oder der Streitwert unangemessen hoch angesetzt wird,
3. unangemessen hohe Vertragsstrafen vereinbart oder gefordert werden oder
4. eine vorgeschlagene Unterlassungsverpflichtung erheblich über die abgemahnte Rechtsverletzung hinausgeht.
(3) Bei der missbräuchlichen Geltendmachung von Ansprüchen kann der Anspruchsgegner vom Anspruchsteller Ersatz der für seine Rechtsverteidigung erforderlichen Aufwendungen verlangen. Weiter gehende Ersatzansprüche bleiben unberührt.«

als Schutzgesetz einen Schadensersatzanspruch geltend machen können. Dies lässt sich mit guten Argumenten bejahen. § 1 UWG nennt ausdrücklich den Schutz der Verbraucherinnen und Verbraucher als Zweck des UWG. Dies spricht für die Schutzgesetzeigenschaft.[123] Dagegen kann vorgebracht werden, dass der Gesetzgeber in Kenntnis der Problematik von einem lauterkeitsrechtlichen Schadensersatzanspruch der Verbraucher Abstand genommen hat.[124]

> **Beispiel:** Verbraucher V entdeckt in einem Inserat des Elektro-Großmarktes E ein günstiges Angebot für einen Kühlschrank. V fährt zum Elektro-Großmarkt E, der sich auf der »grünen Wiese« befindet. Vor Ort erfährt er, dass sich aufgrund mangelnder Sorgfalt bei der Angebotserstellung ein Fehler in die Anzeige eingeschlichen habe. Der Kühlschrank ist deutlich teurer. V fährt verärgert nach Hause. Die von ihm aufgewendeten Fahrtkosten sind nicht erstattungsfähig, wenn dem Verbraucher kein Schadensersatzanspruch über § 823 II BGB iVm §§ 3, 5 UWG gewährt wird.

## II. Anspruchsvoraussetzungen

Der Anspruch setzt eine tatbestandsmäßige, rechtswidrige und **schuldhafte** Verletzungshandlung voraus. Hinsichtlich der Zurechnung (Kausalität, Schutzzweck der Norm) können die Erkenntnisse zum allgemeinen Zivilrecht nutzbar gemacht werden.[125]

100

Ist der Tatbestand des § 3 UWG oder des § 7 UWG verwirklicht worden, lässt die Tatbestandsmäßigkeit den Schluss auf die **Rechtswidrigkeit** zu. Eine besondere Feststellung der Rechtswidrigkeit ist nicht erforderlich.[126] Die Schadensersatzhaftung nach § 9 UWG setzt **Vorsatz oder Fahrlässigkeit** voraus. Aufgrund der stark einzelfallabhängigen Rechtsanwendung im Lauterkeitsrecht ist ein Rechtsirrtum oft nicht fernliegend. Um eine Flucht aus der Haftung zu verhindern, legt die Rechtsprechung einen ausgesprochen strengen Maßstab an: Zweifel an der Rechtslage gehen zulasten des Verletzers.[127] Eine juristische Person haftet für Organe gem. § 31 BGB. Ebenso kann § 831 BGB haftungsbegründend wirken.[128] Für die **Presse** begründet **§ 9 S. 2 UWG** ein **Haftungsprivileg**. Gegen die verantwortlichen Personen von periodischen Druckschriften kann der Anspruch auf Schadensersatz nur bei einer vorsätzlichen Zuwiderhandlung geltend gemacht werden.

101

> **Beispiel:** In der Tageszeitung T wird eine irreführende Werbeanzeige abgedruckt. Der Verstoß gegen § 5 UWG war unschwer zu erkennen. Die Zeitung hat ihre Prüfpflicht (→ § 15 Rn. 66) verletzt. Ein Unterlassungsanspruch aus § 8 I UWG besteht. Zum Schadensersatz ist die Zeitung allerdings nicht verpflichtet, da sie nicht vorsätzlich gehandelt hat (§ 9 S. 2 UWG).

---

123 Fezer/Büscher/Obergfell/*Fezer* UWG Einl Rn. 521; vgl. auch *Emmerich* Unlauterer Wettbewerb § 14 Rn. 90.
124 Änderung des RegE, BT-Drs. 15/1487, 22; darauf Bezug nehmend Ohly/Sosnitza/*Ohly* Einf D Rn. 62.
125 Zum allg. Zivilrecht *Deutsch/Ahrens*, Deliktsrecht, 6. Aufl. 2014, § 5 Rn. 41 ff.; § 9 Rn. 111 ff.
126 Vgl. zur Rechtswidrigkeitsfeststellung bei § 823 I BGB *Deutsch/Ahrens*, Deliktsrecht, 6. Aufl. 2014, § 3 Rn. 29.
127 BGH GRUR 1999, 923 (928) – Tele-Info-CD.
128 Vgl. Köhler/Bornkamm/Feddersen/*Köhler* UWG § 9 Rn. 1.5 ff.

### III. Umfang des Schadensersatzanspruches

102 Die Bestimmung der Höhe des Schadensersatzanspruches bereitet große Schwierigkeiten. Typischerweise lässt sich nicht genau bestimmen, welcher kausale Schaden durch die unlautere geschäftliche Handlung ausgelöst worden ist.

> **Beispiel:** U hat irreführend in einer Tageszeitung Computer beworben. Am Tag des Erscheinens der Anzeige und am Folgetag veräußert W deutlich weniger Computer als sonst im normalen Geschäftsgang. Der Rückgang **kann** auf die Werbeanzeige zurückzuführen sein. Es sind aber auch andere Gründe denkbar. W wird es im Prozess wahrscheinlich nicht gelingen, die Kausalität der Handlung des U für seinen Umsatzrückgang zu beweisen. Gleiches gilt in **Fall 1**.

103 Für das Recht des geistigen Eigentums ist die sog. **dreifache Schadensberechnung** allgemein anerkannt.[129] Mit der Umsetzung der Enforcement-RL[130] ist diese Methode der Schadensberechnung in den Haftungsnormen des Rechts des geistigen Eigentums kodifiziert worden (§ 139 II 2, 3 PatG; § 97 II 2, 3 UrhG; § 14 VI 2, 3 MarkenG; § 24 II 2, 3 GebrMG; § 42 II 2, 3 DesignG).

> **Beispiel § 97 II 2, 3 UrhG:** Bei der Bemessung des Schadensersatzes kann auch der Gewinn, den der Verletzer durch die Verletzung des Rechts erzielt hat, berücksichtigt werden. Der Schadensersatzanspruch kann auch auf der Grundlage des Betrages berechnet werden, den der Verletzer als angemessene Vergütung hätte entrichten müssen, wenn er die Erlaubnis zur Nutzung des verletzten Rechts eingeholt hätte.

104 Die dreifache Schadensberechnung gibt dem Verletzten die Möglichkeit, den Schaden in – der Leser ahnt es – dreierlei Weise zu berechnen:
- Der Verletzte kann den Schaden **konkret** nach den §§ 249 ff. BGB berechnen.
- Alternativ kann er eine **angemessene (fiktive) Lizenzgebühr** verlangen.
- Stattdessen kann er die **Herausgabe des Verletzergewinns** verlangen.

105 Die dreifache Schadensberechnung ist nicht bei jeder Verletzung des Lauterkeitsrechts möglich. Die Rechtsprechung gewährt die Möglichkeit nur, wenn ein **sonderrechtsschutzähnliches Nutzungsergebnis** verletzt worden ist. Dies ist insbesondere beim ergänzenden wettbewerbsrechtlichen Leistungsschutz der Fall (§ 4 Nr. 3 UWG).[131] Ein Leistungsergebnis kann in gleicher Weise über § 4 Nr. 4 UWG geschützt sein.[132] Auch beim Verrat von Betriebs- und Geschäftsgeheimnissen (§ 17 UWG) kann der Geschädigte die dreifache Schadensberechnung wählen.[133]

106 Bei der **fiktiven Lizenzgebühr** wird der Verletzer genauso gestellt, als hätte er sich rechtmäßig verhalten. Er muss die Lizenzgebühr zahlen, die er auch hätte zahlen müssen, wenn er sich mit dem geschädigten Mitbewerber über eine Benutzung des Leistungsergebnisses in einem Lizenzvertrag verständigt hätte. Dieses Ergebnis überrascht prima facie: Anscheinend lohnt sich rechtstreues Verhalten nicht. Der widerrechtlich Handelnde muss allenfalls das als Schadensersatz zahlen, was er bei normgemäßem Ver-

---

[129] BGH GRUR 1962, 401 – Kreuzbodenventilsäcke III; BGH GRUR 1962, 509 – Dia-Rähmchen II; BGH GRUR 1973, 375 (377) – Miss Petite; BGH GRUR 2001, 329 (330 f.) – Gemeinkostenanteil; BGH GRUR 2010, 1091 Rn. 18 – Werbung eines Nachrichtensenders.
[130] RL 2004/48/EG des Europäischen Parlaments und des Rates zur Durchsetzung der Rechte des geistigen Eigentums v. 29.4.2004, ABl. 2004 L 157, 16.
[131] BGH GRUR 1993, 55 (57) – Tchibo/Rolex II; BGH GRUR 1993, 757 (759) – Kollektion »Holiday«.
[132] Köhler/Bornkamm/Feddersen/*Köhler* UWG § 9 Rn. 1.36b.
[133] BGH GRUR 1977, 539 (541) – Prozeßrechner; Köhler/Bornkamm/Feddersen/*Köhler* UWG § 17 Rn. 59.

halten hätte zahlen müssen. Eine solche Erwägung greift allerdings zu kurz. § 9 UWG ist keine Strafnorm.[134] Unter Heranziehung des § 287 I ZPO ist die übliche Lizenzgebühr zu bestimmen. In der Praxis üblich sind Stücklizenzen oder Pauschallizenzen.[135]

> **Beispiel:** Der Kaffeeröster T veräußerte im September 1980 knapp 500.000 Uhren zum Preis von je 39,95 DM. Der Umsatz betrug insgesamt also ca. 20 Mio. DM. Die Uhren waren eine unlautere Nachahmung einer Schweizer Luxusuhr. Erörtert wurde ein Lizenzsatz von 12,5 bis 20 % des Nettowarenwertes.[136] Der Lizenzanalogie steht nicht entgegen, dass der Schweizer Luxusuhrenhersteller dem Kaffeeröster unter keinen Umständen eine Lizenz erteilt hätte. Es spielt keine Rolle, ob der Verletzte im konkreten Fall tatsächlich bereit war, eine Lizenz zu erteilen. Entscheidend ist allein, dass eine Nutzung nicht ohne Gegenleistung erlaubt worden wäre.[137]

Die dritte Schadensberechnungsmethode ist die **Herausgabe des Verletzergewinns.** 107 Herauszugeben ist nicht der gesamte Verletzergewinn, sondern nur der Gewinn, der auf die Rechtsverletzung zurückzuführen ist.[138]

> **Fall 3:** U muss den gesamten Gewinn herausgeben.
>
> **Beispiel:** U verkauft Uhren, die er unter Verstoß gegen § 4 Nr. 3 UWG nachgeahmt hat, zum Preis von 40 EUR. Der Gewinn beträgt 10 EUR. Ohne die lauterkeitswidrige Nachahmung hätte er die Uhren für 35 EUR verkaufen können. Der auf die Rechtsverletzung zurückzuführende, herauszugebende Gewinn beträgt somit 5 EUR pro Uhr.

In der Praxis ausgesprochen wichtig ist die Rechtsprechung des BGH zu den sog. **Gemeinkosten.** Gemeinkosten sind die Kosten, die einem Kostenträger wie einem Produkt oder einer Dienstleistung nicht direkt zugerechnet werden können.[139] Nach der Entscheidung »Gemeinkostenanteil« des BGH aus dem Jahr 2000 sind diese grundsätzlich nicht abziehbar.[140] Etwas anders soll nur dann gelten, wenn die Gemeinkosten unmittelbar dem schutzrechtsverletzenden bzw. rechtsverletzenden Gegenstand zugerechnet werden können.[141]

## D. Auskunfts- und Rechnungslegungsansprüche

### I. Problemlage und Systematisierung

Für die Durchsetzung von Ansprüchen nach Verstößen gegen das Lauterkeitsrecht 109 benötigt der Gläubiger häufig noch ergänzende Informationen. Besonders deutlich wird dies beim ergänzenden lauterkeitsrechtlichen Leistungsschutz (§ 4 Nr. 3 UWG). Beabsichtigt der Anspruchsinhaber, einen Anspruch auf Zahlung der fiktiven Lizenzgebühr (Lizenzanalogie) oder auf Herausgabe des Verletzergewinns geltend zu machen, muss er darlegen, welche Umsätze der Verletzer getätigt hat. Hierzu benötigt er Informationen

---

134 Zum Strafschadensersatzanspruch EuGH ECLI:EU:C:2017:36 Rn. 27–29 = GRUR Int. 2017, 265 – Stowarzyszenie »Oławska Telewizja Kablowa« mAnm *Raue* ZUM 2017, 353 f.; zur Vorlage *Nestoruk* GRUR Int. 2016, 332 ff.
135 Beispiel aus der Kasuistik bei Köhler/Bornkamm/Feddersen/*Köhler* UWG § 9 Rn. 1.43.
136 BGH GRUR 1993, 55 – Tchibo/Rolex II.
137 BGH GRUR 2006, 143 (145) – Catwalk.
138 BGH GRUR 2006, 419 Rn. 15 – Noblesse.
139 *Gabler*, Wirtschaftslexikon, Stichwort: Gemeinkosten, http://wirtschaftslexikon.gabler.de/Archiv/1504/gemeinkosten-v5.html.
140 BGH GRUR 2001, 329 (331) – Gemeinkostenanteil.
141 BGH GRUR 2001, 329 (332) – Gemeinkostenanteil; BGH GRUR 2007, 431 Rn. 25 ff. – Steckverbindergehäuse (ausdrücklich für den lauterkeitsrechtlichen Nachahmungsschutz).

über den Umfang der getätigten Geschäfte. Diese Auskunft kann ihm nur der Verletzer geben. Mit dem Begriff »**Auskunftsanspruch**« werden alle Informationsbegehren des Gläubigers erfasst. Der Anspruch auf Rechnungslegung ist ein spezifizierter, besonderer Auskunftsanspruch.

### II. Der Auskunftsanspruch

110 Zu unterscheiden sind **zwei verschiedene Formen** des Auskunftsanspruches. Der **unselbstständige (oder auch akzessorische) Auskunftsanspruch** dient der Durchsetzung eines lauterkeitsrechtlichen Schadensersatz- oder Beseitigungsanspruchs.[142] Auch zur Geltendmachung anderer lauterkeitsrechtlicher Ansprüche kann ein Auskunftsanspruch geboten sein. Kennzeichen des **unselbstständigen Auskunftsanspruches** ist die Verknüpfung mit einem anderen lauterkeitsrechtlichen Anspruch. Hierauf beruht die Bezeichnung als »unselbstständig«. Anspruchsgrundlage ist § 242 BGB in Verbindung mit dem gesetzlichen Schuldverhältnis, das zwischen dem Geschädigten und dem Verletzer besteht. Vertreten wird, dass dieser Auskunftsanspruch mittlerweile gewohnheitsrechtlich verfestigt ist.[143] Der Anspruch setzt voraus, dass **(1)** der Hauptanspruch besteht und **(2)** die Auskunftserteilung zur Durchsetzung des Anspruchsberechtigten erforderlich und für den Verpflichteten zumutbar ist.[144] Für die Zumutbarkeit sind die Interessen der Beteiligten gegeneinander abzuwägen. In die Abwägung einzustellen sind Art und Schwere des Verstoßes, der Aufwand für den Schuldner und insbesondere ein eventuelles Geheimhaltungsinteresse.[145] Einem Geheimhaltungsinteresse des Verpflichteten kann durch einen sog. Wirtschaftsprüfervorbehalt Rechnung getragen werden.[146] Der Inanspruchgenommene wird dann verpflichtet, die Informationen einem zur Verschwiegenheit verpflichteten Wirtschaftsprüfer mitzuteilen.[147]

111 Der **selbstständige Auskunftsanspruch** wird oft missverständlich als **Anspruch auf Drittauskunft** bezeichnet. Für die Schutzrechte des geistigen Eigentums ist er in Umsetzung der Enforcement-RL ausdrücklich gesetzlich geregelt (Beispiele: § 101 UrhG, § 140b PatG, § 19 MarkenG, § 46 DesignG, § 24b GebrMG).

> **Klausurtipp:** Ist in einer lauterkeitsrechtlichen Klausur ein selbstständiger Auskunftsanspruch zu prüfen, können die genannten Normen zur inhaltlichen Konkretisierung herangezogen werden.

112 Der Anspruch auf Drittauskunft dient dazu, die Durchsetzung eines lauterkeitsrechtlichen Anspruches vorzubereiten. Der Anspruchsteller benötigt eine Auskunft, um den Rechtsverletzer zu identifizieren und in Anspruch nehmen zu können. In diesen Fällen hilft der Anspruch auf Drittauskunft. Der Anspruch hat die gleichen Voraussetzungen wie der selbstständige Auskunftsanspruch.[148] Insbesondere ist es erforderlich, dass der **Inanspruchgenommene ebenfalls Verletzer** ist.

---

142 BGH GRUR 1994, 630 (632f.) – Cartier-Armreif; BGH GRUR 1996, 271 (275) – Gefärbte Jeans.
143 Köhler/Bornkamm/Feddersen/*Köhler* UWG § 9 Rn. 4.5; *Lettl*, Wettbewerbsrecht, 3. Aufl. 2016, § 10 Rn. 111.
144 Ohly/Sosnitza/*Ohly* UWG § 9 Rn. 35 ff.
145 Ohly/Sosnitza/*Ohly* UWG § 9 Rn. 38.
146 BGH GRUR 1981, 535 – Wirtschaftsprüfervorbehalt.
147 BGH GRUR 1981, 535 – Wirtschaftsprüfervorbehalt; näher zum Wirtschaftsprüfervorbehalt Köhler/Bornkamm/Feddersen/*Köhler* UWG § 9 Rn. 4.19 ff.
148 Ohly/Sosnitza/*Ohly* UWG § 9 Rn. 42.

> **Beispiel:** Baumarkt B bietet Gerüste an, die lauterkeitswidrig nachgeahmt worden sind (§ 4 Nr. 3 UWG). A ist Hersteller des Originalproduktes. A kann B lauterkeitsrechtlich auf Unterlassung in Anspruch nehmen (§ 8 UWG iVm § 4 Nr. 3 UWG). Daneben steht ihm ein Anspruch auf Drittauskunft zu. Baumarkt B muss seine Bezugsquelle mitteilen. Anschließend kann auch diese auf Unterlassung in Anspruch genommen werden.

### III. Rechnungslegungsanspruch

Der Rechnungslegungsanspruch ist eine spezielle Ausprägung des Auskunftsanspruches. Er teilt auch dessen Voraussetzungen. Insbesondere muss die Rechnungslegung zur Durchsetzung der Rechte des Anspruchsinhabers **erforderlich** sein.

113

### IV. Durchsetzung der Auskunftsansprüche

Die Ansprüche auf Auskunft und Rechnungslegung sind materiell-rechtliche Ansprüche. Erfüllung (§ 362 BGB) tritt ein, sobald der Inanspruchgenommene **irgendeine Erklärung** abgegeben hat und zu dieser mitteilt, die Auskunft bzw. Rechnungslegung sei **vollständig**. Etwas anders gilt nur, wenn die Erklärung offensichtlich unvollständig, nicht ernst gemeint oder unglaubhaft ist.[149] Bestehen Zweifel an der Richtigkeit und Vollständigkeit der gemachten Angaben, kann der Gläubiger die Abgabe einer eidesstattlichen Versicherung gem. §§ 259 II, 260 II BGB verlangen. Auch dies ist ein materiell-rechtlicher Anspruch. Die Ansprüche sind im Wege der **Leistungsklage** geltend zu machen. Eine einstweilige Verfügung ist nicht möglich, da diese die Hauptsache vorwegnehmen würde.[150] Der Anspruchsinhaber muss nicht zeitlich gestaffelt nacheinander drei Klagen auf Auskunft, gegebenenfalls eidesstattliche Versicherung und schließlich Zahlung erheben. Er kann die Anträge in einer **Stufenklage (§ 254 ZPO)** verbinden. Erfüllt der Schuldner die Verpflichtung zur Auskunft nicht, kann nach rechtskräftiger Verurteilung zur Auskunftserteilung gem. § 888 ZPO vollstreckt werden. Der Schuldner kann dann mit Zwangsgeld oder Zwangshaft zur Erteilung der geschuldeten Auskunft angehalten werden.

114

## E. Gewinnabschöpfung (§ 10 UWG)

### I. Problemfeld und Regelungsidee

Konsumenten entstehen durch unlautere geschäftliche Handlungen oft nur geringe Schäden. Durch die Vielzahl von Fällen erzielt der Verletzer einen großen Gewinn. Dies macht es für ihn ökonomisch lukrativ, unlautere geschäftliche Handlungen zu begehen, durch die viele Verbraucher geschädigt werden.

115

> **Beispiel:** U wirbt grob irreführend in einer Fernsehprogrammzeitschrift für ein Diätmittel. Das gänzlich nutzlose Mittel kostet 10 EUR. Für die Herstellung und den Vertrieb wendet U inklusive Werbung und Marketing 1 EUR pro Packung auf. 100.000 Packungen des Schlankheitsmittels werden veräußert. Dem einzelnen Konsumenten entsteht ein Schaden von – nur – 10 EUR. U erzielt einen Gewinn von 900.000 EUR.

---

149 BGH GRUR 2001, 841 (844) – Entfernung der Herstellungsnummer II.
150 Köhler/Bornkamm/Feddersen/*Köhler* UWG § 9 Rn. 4.35.

116 Löst die geschäftliche Handlung beim Verbraucher nur einen geringen Schaden aus, wird der Konsument schon aus Effizienzgesichtspunkten im Regelfall davon Abstand nehmen, zivilrechtliche Ansprüche, insbesondere aus kaufrechtlicher Gewährleistung, gegen den Unternehmer durchzusetzen.

> **Beispiel:** Im eben genannten Fall würden allenfalls sehr wenige Konsumenten Ansprüche gegen U geltend machen.

117 Da es für den Unternehmer recht unwahrscheinlich ist, in umfangreiche Streitigkeiten über Gewährleistungsansprüche verwickelt zu werden, ist das unlautere Verhalten in ökonomischer Hinsicht attraktiv. Die etablierten zivilrechtlichen Sanktionen (Schadensersatz und Unterlassung aus UWG und BGB) sind nicht geeignet, den Unternehmer von der lauterkeitsrechtswidrigen Handlung abzuhalten. Die wirtschaftlichen Schäden für die Konsumenten sind in der Summe bedeutend. *Micklitz* berichtet den Fall eines französischen Weinhändlers, der Ende der 1970er Jahre nur 1,486 Liter Wein pro Flasche statt der angegebenen 1,5 Liter einfüllte und so bei 200 Mio. verkauften Flaschen einen ungerechtfertigten Gewinn von 13 Mio. Franc erzielt habe.[151] Auch sog. Mogelpackungen dürften Verbraucher erheblich schädigen.[152] Das Beispiel zeigt, dass es in vielen Fällen für den Unternehmer ausgesprochen lukrativ ist, sich unlauter zu verhalten. Die präventive Wirkung der lauterkeitsrechtlichen Verbotstatbestände wird verfehlt. Zur Steigerung der Effektivität des Rechtsschutzes ist eine gemeinsame Verfolgung von Verbraucherinteressen geboten. Angesprochen ist damit das Problemfeld des **kollektiven Rechtsschutzes**. Unter kollektivem Rechtsschutz versteht man eine gebündelte Rechtsverfolgung durch eine Vielzahl gleichartig Betroffener in einem einzigen Verfahren mit Zuständigkeitskonzentration.[153] Die Idee des kollektiven Rechtsschutzes ist es, die Individualität des klassischen Zivilprozesses (ein Kläger – ein Beklagter) zu durchbrechen und auf Klägerseite eine Bündelung der Interessen herbeizuführen.

> **Beispiel:** Im sog. VW-Dieselskandal sind den einzelnen Verbrauchern unter Umständen nur geringe Schäden aufgrund eines merkantilen Minderwerts der Fahrzeuge entstanden. Von der Geltendmachung ihrer Ansprüche werden die Verbraucher aufgrund des damit verbundenen Aufwands oft Abstand nehmen. Dies wurde zum Anlass genommen, die Einführung einer Sammelklage in Deutschland zu fordern.[154]

118 In den USA erleichtert das Rechtsinstrument der **Sammelklage** die Durchsetzung von Verbraucherrechten.[155] Deutlich weniger ausgeprägt sind die kollektiven Rechtsschutzmöglichkeiten in Deutschland und Europa. Eine Verfahrensbündelung sieht das Musterverfahren nach dem Kapitalanleger-Musterverfahrensgesetz (KapMuG) vor.[156] Denkbar ist zudem, dass eine gemeinsame Verfolgung von Ansprüchen durch

---

151 MüKoUWG/*Micklitz* § 10 Rn. 9.
152 Vgl. den Kalkulationsansatz bei MüKoUWG/*Micklitz* § 10 Rn. 9.
153 Vgl. hierzu Zöller/*Vollkommer* Vor § 50 Rn. 58.
154 *Tilp/Schiefer* NZV 2017, 14; der Bundestag hat am 14.6.2018 das »Gesetz zur Einführung einer zivilprozessualen Musterfeststellungsklage« beschlossen. Es soll am 1.11.2018 in Kraft treten (vgl. https://www.bmjv.de/SharedDocs/Artikel/DE/2018/061418LMFK.htm).
155 Vgl. zur Rechtslage in den USA näher Federal Rules of Civil Procedure, Rule 23; *Eichholtz*, Die US-amerikanische Class Action und ihre deutschen Funktionsäquivalente, 2002; *Brand* NJW 2012, 1116 ff.
156 Zu weiteren Möglichkeiten des kollektiven Rechtsschutzes nach der deutschen Rechtsordnung vgl. *Alexander* JuS 2009, 590 ff.

eine Abtretung der materiell-rechtlichen Ansprüche an einen Treuhänder ermöglicht wird, der dann nur ein einziges Verfahren führen muss.[157] Um diese unbefriedigende Situation zumindest für das Lauterkeitsrecht abzustellen, wurde durch die **UWG-Novelle 2004** mit § 10 UWG ein **Gewinnabschöpfungsanspruch** geschaffen. Gewinne, die der Unternehmer erzielt, wenn er den Verbrauchern Bagatell- oder Streuschäden zufügt, sollen abgeschöpft werden. Die Konstruktion des Anspruches ist recht ungewöhnlich. Geltend machen können ihn nur Verbände, die nach § 8 III Nr. 2–4 UWG zur Anspruchsgeltendmachung befugt sind, also typischerweise Verbraucherverbände. Sie können vom unlauter Handelnden die Herausgabe des durch die unlautere geschäftliche Handlung erzielten Verletzergewinns verlangen. Allerdings dürfen Verbände diesen Gewinn nicht selbst behalten. Die Zahlung erfolgt an den Bundeshaushalt.

**Beispiel:** Verbraucherverband V macht gegen Unternehmer U einen Anspruch aus § 10 I UWG geltend. Dieser ist darauf gerichtet, dass U den durch die unlautere geschäftliche Handlung erzielten Gewinn an den Bundeshaushalt abzuführen hat.

In der Praxis hat sich die Vorschrift als »zahnloser Tiger« erwiesen. Dies ist insbesondere darauf zurückzuführen, dass § 10 I UWG eine **vorsätzliche** unzulässige geschäftliche Handlung nach § 3 UWG oder § 7 UWG verlangt. Schon bei grober Fahrlässigkeit scheidet ein Anspruch aus. Im Gesetzgebungsverfahren war zunächst vorgesehen worden, grobe Fahrlässigkeit für den Anspruch genügen zu lassen.[158] Nach intensiver Lobbyarbeit wurde diese Regelung im Regierungsentwurf abgeschwächt. Dieser verlangte Vorsatz.[159] In der Literatur finden diese strengen tatbestandlichen Voraussetzungen teilweise Zustimmung.[160] Eine Haftung für Unternehmer, die sich in einem Grenzbereich lauterkeitsrechtlicher Zulässigkeit bewegen, sei abzulehnen.[161] Dieser Argumentation ist mit Skepsis zu begegnen. Ein Unternehmer, der sich an der Grenze des lauterkeitsrechtlich Zulässigen bewegt, handelt nicht immer grob fahrlässig. Ernüchtern muss der rechtstatsächliche Befund, dass in der Praxis nur ausgesprochen selten auf § 10 UWG gestützten Klagen stattgegeben wird.[162] Da es praktisch zu keinen Verurteilungen zur Gewinnabführung auf der Grundlage des § 10 UWG kommt, kann der Regelung auch keine präventive Wirkung beigemessen werden.[163] Zu hoffen ist, dass der Gesetzgeber die Norm nachschärft.

119

---

157 Vgl. hierzu *Gsell* in Schulze, Privatrecht in Vielfalt geeint, 2014, 179 ff.; zum kollektiven Rechtsschutz im dt. Kartellrecht vgl. *Hempel* NJW 2015, 2077 ff.; über die Zulässigkeit des Abtretungsmodells im Kartellrecht wird heftig gestritten, vgl. hierzu BGH GRUR-RR 2009, 319 – Zementkartell; OLG Düsseldorf NZKart 2015, 201 ff. – Schadensersatz aus Zementkartell (CDC); LG Mannheim NZKart 2017, 137 ff. – Zementkartell.
158 BMJ, Referentenentwurf, Entwurf eines Gesetzes gegen den unlauteren Wettbewerb (Stand 23.1.2003), S. 45 f.; abrufbar unter: http://www.gesmat.bundesgerichtshof.de/gesetzesmaterialien/15_wp/UWG2003/refe.pdf.
159 Begr. RegE, BT-Drs. 15/1487, 23 f.
160 Köhler/Bornkamm/Feddersen/*Köhler* UWG § 10 Rn. 1.
161 Köhler/Bornkamm/Feddersen/*Köhler* UWG § 10 Rn. 1.
162 Vgl. MüKoUWG/*Micklitz* § 10 Rn. 12: Bis 2009 seien nicht einmal 4.000 EUR (!) eingeklagt worden. Der größte Erfolg sei ein Vergleich iHv 25.000 EUR bei einem potentiellen Gewinn des Verletzers von 400.000 EUR gewesen.
163 So aber Köhler/Bornkamm/Feddersen/*Köhler* UWG § 10 Rn. 2.

## II. Voraussetzungen des § 10 UWG

### 1. Grundstruktur

120 § 10 UWG regelt eine Drei-Personen-Konstellation. Der **Anspruchsgegner** hat vorsätzlich gegen § 3 UWG oder § 7 UWG verstoßen. Mögliche **Anspruchsteller** sind die in § 8 III Nr. 2–4 UWG genannten Verbände und Kammern. Wird der Schuldner zur Zahlung verurteilt, fließt das Geld nicht an den Kläger. Vielmehr ist er zur Leistung an den **Bundeshaushalt** zu verurteilen. Der Kläger selbst hat also keinen unmittelbaren Nutzen von der Geltendmachung des Anspruches. Der Vorschrift zugrunde liegt die Erwartung, dass der Bund auf diesem Wege erzielte Einnahmen wieder für Zwecke des Verbraucherschutzes ausgibt.[164]

### 2. Vorsätzlicher Verstoß gegen § 3 UWG oder § 7 UWG

121 Der Gewinnabschöpfungsanspruch nach § 10 UWG setzt einen **vorsätzlichen Verstoß** gegen § 3 UWG oder § 7 UWG voraus. Vorsatz bedeutet Wissen und Wollen der Tatbestandsverwirklichung. Nach der im Zivilrecht vorherrschenden Vorsatztheorie umfasst der Vorsatz das Bewusstsein der Rechtswidrigkeit.[165] Jedenfalls für die Anwendung des § 10 UWG ist dies abzulehnen.[166] Ein anderes Verständnis des Rechtswidrigkeitsmerkmales würde die Norm faktisch ihres Anwendungsbereichs berauben. Der Normzweck würde zur Gänze verfehlt. Hat der Unternehmer nicht selbst gehandelt, treten weitere Probleme auf. Eine Zurechnungsnorm für einen fremden Vorsatz fehlt. Helfen kann nur eine entsprechende Anwendung der §§ 31, 831 BGB.[167]

122 > **Klausurtipp:** Achtung: § 831 BGB ist keine Zurechnungsnorm! Sie begründet **keine Haftung für fremdes**, sondern eine **Haftung für eigenes Verschulden** (häufiger Klausurfehler). Daher kommt hier nur eine entsprechende Anwendung in Betracht.

123 Aussagekräftiges Fallmaterial zu § 10 UWG liegt nicht vor. Denkbar erscheint die Anwendung des § 10 UWG bei vorsätzlicher irreführender Werbung für Produkte geringen Wertes wie beispielsweise Schlankheitsmitteln. Auch Füllmengenunterschreitungen bei Fertigpackungen (»Mogelpackungen«) können erfasst werden.[168] Eventuell wird die Vorschrift im Rahmen des VW-Dieselskandals Wirkung entfalten können.

### 3. Gewinnerzielung zulasten einer Vielzahl von Abnehmern

124 Der das Lauterkeitsrecht vorsätzlich verletzende Unternehmer muss »zulasten einer Vielzahl von Abnehmern einen Gewinn erzielt« haben. Die ursprüngliche Gesetzesfassung sah vor, dass der Unternehmer einen Gewinn »auf Kosten« der Verbraucher erlangt haben muss.[169] Dieses Tatbestandsmerkmal hätte der Norm eine bereiche-

---

164 MüKoUWG/*Micklitz* § 10 Rn. 33 ff.
165 BGHZ 69, 128 (142) = NJW 1875 (1878) – Fluglotsenstreik; BGH NJW 1992, 2014 (2016); BGH NJW 2002, 3255 (3256); Palandt/*Grüneberg* BGB § 276 Rn. 11; anders ist dies im Strafrecht. Die Schuldtheorie trennt zwischen dem Vorsatz als Tatvorsatz und dem Bewusstsein der Rechtswidrigkeit, vgl. BGHSt 2, 194 Rn. 32 = NJW 1952, 593; *Jescheck/Weigend*, Lehrbuch des Strafrechts, Allgemeiner Teil, 5. Aufl. 1996, § 24 III 5 (S. 243).
166 Ebenso *Alexander*, Schadensersatz und Abschöpfung im Lauterkeits- und Kartellrecht, 2010, 624 ff.
167 MüKoUWG/*Micklitz* § 10 Rn. 93 ff.
168 MüKoUWG/*Micklitz* § 10 Rn. 72.
169 Begr. RegE, BT-Drs. 15/1487, 7.

rungsrechtliche Prägung gegeben. Der Kläger hätte uU darlegen und beweisen müssen, dass den Abnehmern ein Vermögensnachteil entstanden wäre.[170] Im Gesetzgebungsverfahren wurde dieses Merkmal aufgegeben und durch den Begriff »zu Lasten« ersetzt. Es genügt, wenn bei der Gruppe der Verbraucher insgesamt eine finanzielle Schlechterstellung eingetreten ist.[171] In der Rechtsanwendung bereitet das Tatbestandsmerkmal ausgesprochene Schwierigkeiten.[172] Unklar ist, wie der »Gewinn« zu bestimmen ist. Der Wortlaut deutet in die Richtung, dass nur der auf die unlautere geschäftliche Handlung zurückzuführende Gewinn herauszugeben ist.[173] Der präventive Zweck des § 10 UWG streitet allerdings für eine weite Auslegung, nach der der gesamte Gewinn herauszugeben ist.[174]

> **Beispiel:** U täuscht vorsätzlich über die Wirksamkeit eines von ihm vertriebenen Schlankheitsmittels. Die Produktion löst bei ihm Kosten iHv 7 EUR pro Packung aus. Ohne die irreführende Werbung könnte er es für 8 EUR pro Packung veräußern. Aufgrund der vorsätzlichen irreführenden Werbung kann er einen Marktpreis von 10 EUR pro Packung erzielen. Nach zutreffender Auffassung ist der gesamte Gewinn iHv 3 EUR herauszugeben.

Unklar ist, ob zwischen dem vorsätzlich unlauter Handelnden und den geschädigten Verbrauchern unmittelbar ein **Vertragsverhältnis** bestehen muss.[175] Diese Frage kann zukünftig in den »Dieselskandal-Fällen« eine große praktische Bedeutung entfalten. Kommt man zu dem Ergebnis, dass ein Automobilhersteller zurechenbar vorsätzlich irreführend geworben hat, entscheidet dieses Unmittelbarkeitserfordernis darüber, ob der bei ihm entstandene Gewinn auch dann abgeschöpft werden kann, wenn die einzelnen Kaufverträge zwischen den Kraftfahrzeughändlern und den Kunden geschlossen worden sind. Gegen die Annahme eines Unmittelbarkeitserfordernisses spricht der Wortlaut des § 10 I UWG. Das Merkmal »zu Lasten« sollte nicht restriktiv ausgelegt werden, um den Anwendungsbereich des § 10 UWG nicht (weiter) auszuhöhlen. 125

Der Gewinn muss »zu Lasten einer Vielzahl von Abnehmern« erzielt worden sein. Es handelt sich hierbei um einen unbestimmten Rechtsbegriff. Entscheidend ist es, ob die von § 10 UWG vorausgesetzte Breitenwirkung des Lauterkeitsrechtsverstoßes eingetreten ist. Eine Orientierung an § 305 BGB (Recht der allgemeinen Geschäftsbedingungen), für den eine geringe Untergrenze von Vertragsverwendungen angenommen wird,[176] ist nicht zielführend. Es sollte zumindest zu 15 bis 30 Beeinträchtigungen gekommen sein.[177] 126

Geschädigt sein müssen »**Abnehmer**«. § 10 UWG schützt nicht nur Verbraucher. 127

> **Beispiel:** U wirbt vorsätzlich irreführend gegenüber Zahnärzten für eine Füllmasse. Einer Vielzahl von Zahnärzten entsteht ein geringer Vermögensschaden. Dieser kann über § 10 UWG abgeschöpft werden. Erforderlich ist allein, dass sich die Geschädigten auf nachgelagerten

---

170 Vgl. MüKoUWG/*Micklitz* § 10 Rn. 100.
171 BT-Drs. 15/2795, 21.
172 Zum vielfältigen Meinungsstand MüKoUWG/*Micklitz* § 10 Rn. 102ff.; Köhler/Bornkamm/Feddersen/*Köhler* UWG § 10 Rn. 9f.
173 So Köhler/Bornkamm/Feddersen/*Köhler* UWG § 10 Rn. 9.
174 So überzeugend MüKoUWG/*Micklitz* § 10 Rn. 125f.
175 Dafür Köhler/Bornkamm/Feddersen/*Köhler* UWG § 10 Rn. 9; dagegen Harte-Bavendamm/Henning-Bodewig/*Goldmann* UWG § 10 Rn. 109.
176 Palandt/*Grüneberg* BGB § 305 Rn. 9.
177 So MüKoUWG/*Micklitz* § 10 Rn. 118; Harte-Bavendamm/Henning-Bodewig/*Goldmann* UWG § 10 Rn. 99, will jedenfalls 50 Personen genügen lassen.

Marktstufen befinden.¹⁷⁸ Eine unmittelbare Vertragsbeziehung zum unlauter Handelnden ist, wie eben dargelegt, nicht erforderlich.

### III. Besonderheiten bei der Anspruchsdurchsetzung

128 Die zur Geltendmachung des Gewinnabschöpfungsanspruchs Befugten können nicht **Zahlung** an sich, sondern nur **an den Bundeshaushalt** verlangen. Der Klageantrag ist entsprechend zu fassen.

129 Sofern der Schuldner aufgrund des vorsätzlichen Lauterkeitsrechtsverstoßes **Zahlungen an Dritte** oder an den Staat erbracht hat, sind diese **abzuziehen.** Erfasst werden hier insbesondere Leistungen an die Abnehmer aufgrund von vertraglichen Gewährleistungsansprüchen und weitere Sanktionen wie Geldstrafen und Bußgelder.

> **Beispiel:** U hat mithilfe einer strafbaren irreführenden Werbung 10.000 Packungen seines Schlankheitsmittels verkaufen können. Der herauszugebende Gewinn beträgt 30.000 EUR. Aufgrund der Geltendmachung von kaufrechtlichen Sachmängelgewährleistungsansprüchen musste U an Abnehmer bereits 5.000 EUR zahlen. Zudem ist er zur Zahlung einer Geldstrafe wegen vorsätzlicher irreführender Werbung iHv 3.000 EUR verurteilt worden. U muss daher nur 22.000 EUR (30.000 EUR Gewinn abzüglich 5.000 EUR Aufwand für Gewährleistungsansprüche abzüglich 3.000 EUR Geldstrafe) an den Bundeshaushalt abführen.

130 Der ausgesprochen unwahrscheinliche Fall, dass mehrere Gläubiger gleichzeitig einen Anspruch aus § 10 UWG geltend machen, ist in § 10 III UWG geregelt. Es sollen dann die Regelungen in §§ 428 ff. BGB über die **Gesamtgläubigerschaft** gelten. Die zuständige Bundesbehörde ist das Bundesamt für Justiz (§ 10 V UWG). Diesem gegenüber sind anspruchstellende Gläubiger nach § 10 IV 1 UWG zur Auskunft verpflichtet. Auch haben sie gegenüber dem Bundesamt für Justiz einen Kostenerstattungsanspruch, der auf die Höhe des an den Bundeshaushalt abgeführten Gewinns beschränkt ist (§ 10 IV 3 UWG). Das Risiko einer rechtlichen Auseinandersetzung verbleibt also im Grundsatz beim Anspruchsberechtigten, während der Bund zwar unter Umständen Einnahmen erzielt, aber keinerlei Risiko trägt.

## F. Verjährung und Verwirkung

### I. Überblick

131 Das Rechtsinstitut der Verjährung ist aus dem allgemeinen Zivilrecht bekannt. Es schützt denjenigen, der als Schuldner eines Anspruchs in Anspruch genommen wird. Soweit der Anspruch tatsächlich bestand, sichert die Verjährung den Rechtsfrieden. Die Parteien gewinnen **Rechtssicherheit.** Ebenso sichert die Verjährung dem Schuldner die Möglichkeit einer **effektiven Verteidigung.**¹⁷⁹ Je länger die Anspruchsentstehung zurückliegt, desto schwieriger wird die Verteidigung aufgrund des durch den Zeitablauf eintretenden Verblassens von Beweismitteln (Zeugen können sich nicht mehr erinnern, Dokumente sind entsorgt worden). Zu kurz darf eine Verjährungsfrist allerdings nicht bemessen sein, da sie anderenfalls in uU verfassungsrechtlich geschützte Positionen des Gläubigers in unverhältnismäßiger Weise eingreift. Aufgrund

---

178 Harte-Bavendamm/Henning-Bodewig/*Goldmann* UWG § 10 Rn. 100.
179 Vgl. Palandt/*Ellenberger* BGB Überblick vor § 194 Rn. 7.

des sonderdeliktsrechtlichen Charakters des Lauterkeitsrechts (→ § 1 Rn. 8 f.) kommen grundsätzlich die **Verjährungsregelungen des BGB** zur Anwendung. Diese werden durch **§ 11 UWG** modifiziert. Zentral ist die Verkürzung der Verjährungsfrist. Während nach § 195 BGB die regelmäßige Verjährungsfrist drei Jahre beträgt, verjähren die Ansprüche aus den §§ 8, 9 und 12 I 2 UWG in **sechs Monaten**. Die kurze lauterkeitsrechtliche Verjährung wird damit gerechtfertigt, dass der unlauter Handelnde einer Vielzahl von Gläubigern gegenübersteht. Dies begründe ein besonderes Interesse an Rechtssicherheit.[180] Ebenso werden Beweisschwierigkeiten angeführt.[181] Das letzte Argument kann nicht überzeugen. Lauterkeitsrechtliche Streitigkeiten sind typischerweise dadurch geprägt, dass der Sachverhalt unstreitig ist, und mithin kein Beweis zu erheben ist. Ergänzt wird das Rechtsinstitut der Verjährung durch die **Verwirkung**, einer Ausprägung des Grundsatzes von Treu und Glauben (§ 242 BGB). Auch lauterkeitsrechtliche Ansprüche können im Einzelfall verwirkt sein.

## II. § 11 UWG

### 1. Beginn und Dauer der Frist

Nach § 11 I UWG verjähren der Unterlassungs- und Beseitigungsanspruch aus § 8 UWG, der Schadensersatzanspruch aus § 9 UWG und der Anspruch auf Erstattung der Abmahnkosten nach § 12 I 2 UWG in **sechs Monaten**. Der Gewinnabschöpfungsanspruch nach § 10 UWG verjährt nicht nach § 11 UWG. Für ihn gilt die regelmäßige Verjährungsfrist des § 195 BGB. Der im Lauterkeitsrecht nicht ausdrücklich kodifizierte Auskunftsanspruch wird ebenfalls nicht von § 11 I UWG erfasst. Auch für ihn gilt daher die regelmäßige Verjährungsfrist des § 195 BGB (drei Jahre).[182] Sollte neben dem UWG § 823 I BGB ausnahmsweise anwendbar sein (→ § 1 Rn. 10), verjährt der Anspruch entgegen der hM erst nach drei Jahren, § 195 BGB.[183] Ein anderes Ergebnis verkennt, dass bei einer möglichen Anwendung des § 823 I BGB vollständige Anspruchskonkurrenz vorliegt. Zudem kann die Gegenansicht nicht erklären, warum demgegenüber bei Ansprüchen aus § 823 II BGB iVm den §§ 16–18 UWG[184], § 824 BGB[185] und § 826 BGB[186] die Verjährungsvorschriften des BGB herangezogen werden sollen. Soweit gleichzeitig ein Verstoß gegen das MarkenG vorliegt, kommt nach § 20 MarkenG iVm § 195 BGB die dreijährige Regelverjährungsfrist zur Anwendung. § 11 UWG wird nicht entsprechend herangezogen. Gleiches gilt für konkurrierende Ansprüche aus dem Kartellrecht.[187]

132

Der **Beginn** des Laufs der Verjährungsfrist setzt nach § 11 II Nr. 1, Nr. 2 UWG voraus, dass (1) der Anspruch entstanden ist und (2) der Gläubiger von den anspruchsbegrün-

133

---

180 Vgl. zur Vorgängerregelung (§ 21 UWG 1909): BGH GRUR 1968, 367 (370) – Corrida.
181 Harte-Bavendamm/Henning-Bodewig/*Schulz* UWG § 11 Rn. 8.
182 Köhler/Bornkamm/Feddersen/*Köhler* UWG § 11 Rn. 1.17; Harte-Bavendamm/Henning-Bodewig/*Schulz* UWG § 11 Rn. 26; aA BGH GRUR 1972, 558 (560) – Teerspritzmaschinen.
183 AA BGH GRUR 1962, 310 (314) – Gründerbildnis; Harte-Bavendamm/Henning-Bodewig/*Schulz* UWG § 11 Rn. 60. Wie hier für Ansprüche unberechtigter Schutzrechtsverwarnung Köhler/Bornkamm/Feddersen/*Köhler* UWG § 4 Rn. 4.180; dazu auch MüKoUWG/*Jänich* § 4 Nr. 4 Rn. 130.
184 Köhler/Bornkamm/Feddersen/*Köhler* UWG § 11 Rn. 1.9.
185 BGH GRUR 1962, 310 (313) – Gründerbildnis.
186 BGH GRUR 1964, 218 (220) – Düngekalkhandel.
187 MüKoUWG/*Fritzsche* § 11 Rn. 65; zu § 852 BGB aF BGH GRUR 1966, 344 (345) – Glühlampenkartell.

denden Umständen und der Person des Schuldners Kenntnis erlangt hat oder diese ohne grobe Fahrlässigkeit hätte erlangen müssen.

134 Für die **Anspruchsentstehung** ist nach Anspruchstypen zu unterscheiden. Ein lauterkeitsrechtlicher Anspruch entsteht, wenn der Verbotstatbestand des § 3 UWG oder des § 7 UWG verletzt worden ist. Entscheidend ist, dass alle Tatbestandsmerkmale der lauterkeitswidrigen Handlung **verwirklicht** worden sind. Probleme bereiten **Dauerhandlungen.**

> **Beispiele:**
> - Seit sieben Monaten hängt im Schaufenster des X eine lauterkeitswidrige Werbung.
> - Seit beinahe einem Jahr wirbt U auf seiner Internetseite irreführend.

135 Im Einzelnen ist hier vieles umstritten.[188] Jedenfalls dürfte Einigkeit darüber bestehen, dass Unterlassungs- und Beseitigungsansprüche bei Dauerhandlungen nicht verjähren können, so lange der Störungszustand noch andauert.[189] Bei Schadensersatzansprüchen ist es möglich, diese in Teilakte (Tage) zu zerlegen und jeden Anspruch getrennt den Verjährungsregeln zu unterwerfen.[190]

> **Beispiel:** A veräußert in lauterkeitsrechtswidriger Weise (§ 4 Nr. 3 UWG) Kinderstühle. Bei jeder Verletzung (jeder einzelnen Veräußerung) entsteht ein neuer Schadensersatzanspruch, der separat verjährt.

136 Der Beginn der Verjährungsfrist setzt weiter voraus, dass der Gläubiger **Kenntnis der anspruchsbegründenden Umstände und der Person des Schuldners** erlangt hat oder ohne grobe Fahrlässigkeit hätte erlangen müssen (§ 11 II Nr. 2 UWG). Die Kenntnis muss grundsätzlich in der Person des Gläubigers eintreten. Für die Zurechnung der Kenntnis von Vertretern und Mitarbeitern kann auf § 166 BGB und die von der Rechtsprechung entwickelten Grundsätze zur analogen Anwendung des § 166 BGB zurückgegriffen werden.[191] Es genügt daher nicht, wenn irgendein Mitarbeiter Kenntnis der erforderlichen Umstände erworben hat. Der Mitarbeiter muss mit der wirksamen Verwertung eines entsprechenden Wissens betraut sein.[192]

137 Der Gläubiger muss Kenntnis von allen den Anspruch begründenden Tatsachen haben. Auch müssen ihm **Person und Anschrift des Schuldners** so konkret bekannt sein, dass die Anforderungen an die Individualisierung der Partei in einer Klageschrift erfüllt werden können. Bei mehreren Anspruchsschuldnern sind die Voraussetzungen für jeden separat zu prüfen.[193]

138 Unabhängig von der Kenntnis und der grob fahrlässigen Unkenntnis verjähren die Ansprüche in zehn Jahren, gerechnet ab ihrer Entstehung, spätestens nach dreißig Jahren von der schadenauslösenden Handlung an **(§ 11 III UWG)**. Ansonsten beträgt die Verjährungsfrist für die Ansprüche gem. § 11 I UWG sechs Monate. Alle anderen lau-

---

188 Umfassender Überblick über den Streitstand bei MüKoUWG/*Fritzsche* § 11 Rn. 95 f.
189 BGH GRUR 2003, 448 (450) – Gemeinnützige Wohnungsgesellschaft; Köhler/Bornkamm/Feddersen/*Köhler* UWG § 11 Rn. 1.21.
190 BGH GRUR 1978, 492 (495) – Fahrradgepäckträger II; MüKoUWG/*Fritzsche* § 11 Rn. 115; aA *Messer* FS Helm, 2002, 111 (120 ff.).
191 Köhler/Bornkamm/Feddersen/*Köhler* UWG § 11 Rn. 1.27.
192 Vgl. hierzu BGH NJW 1994, 1150 (1151); 2000, 1411 (1412); Palandt/*Ellenberger* BGB § 166 Rn. 6 ff.
193 Teplitzky/*Bacher* Kap. 16 Rn. 11.

terkeitsrechtlichen Ansprüche, beispielsweise der Anspruch aus § 10 UWG[194], verjähren in drei Jahren von ihrer Entstehung an (§ 11 IV UWG).

## 2. Hemmung und Neubeginn

Für Hemmung und Neubeginn der Verjährung gelten die **Regelungen des BGB** 139
(§§ 203–213 BGB). Der praktisch wichtigste Fall der Hemmung ist die Erhebung der Klage auf Leistung gem. § 204 I Nr. 1 BGB. Die Wirkung der Hemmung bestimmt § 209 BGB. Der Zeitraum, währenddessen die Verjährung gehemmt ist, wird in die Verjährungsfrist nicht eingerechnet. Verhandlungen über den Anspruch führen ebenfalls zur Hemmung (§ 203 BGB). Will der Schuldner verhindern, dass es zu einer Hemmung nach § 203 BGB kommt, so ist ihm ein vollumfängliches Schweigen anzuraten. Die Rechtsprechung legt den Begriff der »Verhandlung« ausgesprochen großzügig aus. Es genügt für eine Hemmung schon, wenn der Schuldner erkennen lässt, dass er ein Gespräch über den Anspruch führen will.[195] Auch die Anrufung einer Einigungsstelle nach § 15 UWG führt zu einer Hemmung der Verjährung (§ 15 IX UWG). In lauterkeitsrechtlichen Verfahren haben einstweilige Verfügungen eine große praktische Bedeutung. Diese führen nach Maßgabe des § 204 I Nr. 9 UWG zu einer Hemmung. In der Praxis ist hier Aufmerksamkeit geboten: **§ 204 I Nr. 9 BGB unterscheidet** danach, ob das Gericht über den Antrag über die einstweilige Verfügung mündlich verhandelt. Ist dies der Fall, tritt Hemmung mit der Zustellung des Antrags ein. Entscheidet das Gericht ohne mündliche Verhandlung und gibt es dem Antrag statt, wird auf den Zeitpunkt der Einreichung bei Gericht abgestellt.

Häufig werden wettbewerbsrechtliche Streitigkeiten durch die Abgabe einer strafbewehrten Unterlassungserklärung beendet (dazu § 16 Rn. 26). Eine solche **strafbewehrte Unterlassungserklärung ist kein Anerkenntnis** gem. § 212 I Nr. 1 BGB, das zu einem Neubeginn der Verjährung führt. Die Abgabe der strafbewehrten Unterlassungserklärung führt zu einem Untergang des gesetzlichen Unterlassungsanspruchs und substituiert diesen durch einen vertraglichen Unterlassungsanspruch. Etwas anderes gilt allerdings dann, wenn die Unterlassungserklärung nicht strafbewehrt ist. Eine solche Erklärung lässt den gesetzlichen Unterlassungsanspruch nicht untergehen. In ihr kann ein Anerkenntnis liegen.[196] 140

> **Klausurtipp:** Häufig wird eine Hemmungsproblematik mit § 167 ZPO kombiniert. Nach § 167 ZPO iVm § 204 BGB tritt eine Hemmung bereits mit Einreichung der Klageschrift (und nicht erst mit Zustellung, § 253 I ZPO) ein, wenn die Zustellung »demnächst« erfolgt. Eine Zustellung erfolgt »demnächst«, wenn der Zustellungsbetreiber alles ihm Zumutbare für eine baldige Zustellung getan hat und der Rückwirkung keine schutzwürdigen Belange des Gegners entgegenstehen.[197] Insbesondere muss der Gerichtskostenvorschuss (§ 12 I GKG) zeitnah nach Anforderung durch das Gericht eingezahlt werden.

---

194 Krit. zur Anwendung des § 11 IV UWG auf Ansprüche aus § 10 UWG MüKoUWG/*Fritzsche* § 11 Rn. 39ff.: Anwendung der §§ 195, 199 BGB.
195 Vgl. BGH NJW 2001, 1723; BGH GRUR 2009, 1186 Rn. 27 – Mecklenburger Obstbrände; Palandt/*Ellenberger* BGB § 203 BGB Rn. 2.
196 MüKoUWG/*Fritzsche* § 11 Rn. 223.
197 BGH NJW 1999, 3125; Zöller/*Greger* ZPO § 167 Rn. 10.

## III. Verwirkung

141 Die **Verwirkung** ist ein Unterfall der unzulässigen Rechtsausübung und kann ebenfalls der Durchsetzbarkeit des lauterkeitsrechtlichen Anspruchs entgegenstehen.[198] Hier kann auf die **Rechtsprechungsgrundsätze zu § 242 BGB** zurückgegriffen werden. Der Einwand der Verwirkung setzt zwei Elemente voraus, ein **Zeitmoment** und ein **Umstandsmoment**. Ein Recht ist verwirkt, wenn der Berechtigte es längere Zeit nicht geltend gemacht hat und der Verpflichtete sich mit Rücksicht auf das gesamte Verhalten des Berechtigten darauf eingerichtet hat und sich auch einrichten durfte, dass dieser das Recht auch in Zukunft nicht mehr geltend machen werde.[199] Die Rechtsfigur der Verwirkung ist im Lauterkeitsrecht mit äußerster Vorsicht und Zurückhaltung anzuwenden. Typischerweise sind nicht nur Individualinteressen, sondern auch Allgemeininteressen betroffen. Eine Verwirkung kann im Einzelfall bei den primär individualschützenden Tatbeständen des § 4 Nr. 3 UWG und der §§ 17 ff. UWG in Erwägung gezogen werden. Auf Bedenken trifft es, wenn die Rechtsprechung eine Verwirkung markenrechtlicher Ansprüche auch auf die Irreführung über die betriebliche Herkunft gem. § 5 I 2 Nr. 1 UWG erstreckt.[200] Das Interesse der Allgemeinheit an der Abwehr von Irreführungen ist zu beachten.

142 Zur Ausfüllung des Umstandsmoments stellt die Rechtsprechung auf einen »**wertvollen Besitzstand**« ab. Die Inanspruchnahme auf Beseitigung und Unterlassung kann nur dann unzumutbar sein, wenn der Schuldner im Vertrauen auf die Duldung einen schutzwürdigen wertvollen Besitzstand aufgebaut hat, der durch einen Unterlassungsanspruch vernichtet werden würde.[201] Ein solcher Besitzstand kann definiert werden als jeder für den Verletzer wirtschaftlich bedeutsame Zustand.[202] Darunter fallen betriebliche Einrichtungen, Vermögenswerte, Marken, Werbung und Produktgestaltungen. Der Begriff wird also recht weit verstanden. Aber selbst wenn ein solcher Besitzstand vorliegt, darf eine Verwirkung nur in besonders gelagerten Ausnahmefällen einem lauterkeitsrechtlichen Anspruch entgegenstehen. Typischerweise verletzt eine unlautere geschäftliche Handlung eine Vielzahl von Interessen verschiedener Rechtssubjekte. Nur selten werden alle Betroffenen einen entsprechenden Vertrauenstatbestand geschaffen haben. Ließe man die Verwirkung in einem weiteren Umfang zu, beeinträchtigte dies Interessen insbesondere der Verbraucherinnen und Verbraucher.

> **Beispiel:** Unternehmer U kennzeichnet von ihm hergestellte Sportschuhe in irreführender Weise. Es wird der Eindruck erweckt, diese stammten vom Sportschuhhersteller N. N geht jahrelang nicht gegen U vor. Er vertraut daher darauf, »es werde schon nichts passieren«. Entschließt sich N nun dazu, gegen U vorzugehen, darf dem Anspruch eine Verwirkung dann nicht entgegenstehen, wenn bei den Konsumenten eine nach § 5 UWG relevante Irreführung hervorgerufen wird. Anderenfalls würde das Verhalten (nur) des N dazu führen, dass die Irreführung der Verbraucherinnen und Verbraucher durch U hinzunehmen ist. Eine Scheinlösung wäre es, den Einwand der Verwirkung gegenüber N zuzulassen, aber beispielsweise Verbraucherverbänden den Unterlassungsanspruch zu gewähren. Der sich dann auf dem Markt tatsächlich einstellende Schutzstandard wäre zufällig.

---

198 Köhler/Bornkamm/Feddersen/*Köhler* UWG § 11 Rn. 2.13.
199 BGH NJW 2010, 3714 Rn. 24; NJW 2011, 212 Rn. 20 – Stromnetznutzungsentgelt IV; BGH NJW 2014, 1230 Rn. 13; Palandt/*Grüneberg* BGB § 242 Rn. 87.
200 BGH GRUR 2013, 1161 Rn. 64 – Hard Rock Cafe.
201 BGH GRUR 1993, 151 (153 f.) – Universitätsemblem; BGH GRUR 1998, 1034 (1037) – Makalu; BGH GRUR 2008, 1104 Rn. 33, 36 – Haus & Grund II; MüKoUWG/*Fritzsche* § 11 Rn. 345.
202 MüKoUWG/*Fritzsche* § 11 Rn. 347.

# 4. Kapitel. Anspruchsdurchsetzung

## § 16 Verfahren (§§ 12–15 UWG)

**Literatur:** *Ahrens,* Der Wettbewerbsprozess, 8. Aufl. 2017; *Apel/Drescher,* Die Schutzschrift, JURA 2017, 427 ff.; *Teplitzky,* Wettbewerbsrechtliche Ansprüche und Verfahren, 11. Aufl. 2016.

**Fall 1:** Pferdehändler U stellt fest, dass sein Wettbewerber W irreführend wirbt. U überlegt, sofort Klage zu erheben.

**Fall 2:** W schreibt dem U nach Erhalt der Abmahnung, er gebe ihm sein »Pferdehändlerehrenwort«, die Werbung werde sich nicht wiederholen.

**Fall 3:** W reagiert nicht auf die Abmahnung des U. Nach der Rückkehr aus seinem dreimonatigen Sommerurlaub entschließt sich U, gegen W im Wege der einstweiligen Verfügung vorzugehen.

**Fall 4:** U hat mithilfe seines Anwalts R eine einstweilige Verfügung gegen W erwirkt. Unmittelbar nach dem Prozesserfolg brechen U und R – ohne Weiteres zu veranlassen – zu einer 8-wöchigen Trekkingtour in den Frankenwald auf. Nach der Rückkehr meint R zu U, man habe etwas Wichtiges vor der Abreise vergessen.

## A. Überblick, Problemstellung

Die prozessuale Durchsetzung lauterkeitsrechtlicher Ansprüche weist eine Reihe gewichtiger Besonderheiten auf. Es hat sich daher ein selbstständiges »Wettbewerbsverfahrensrecht« herausgebildet.[1] Es handelt sich hierbei weniger um besondere gesetzliche Regelungen (aber auch solche finden sich in den §§ 12 ff. UWG) als um eine lauterkeitsrechtsspezifische Anwendung der allgemeinen Regeln des Prozessrechts. 1

Die prägenden Besonderheiten des Wettbewerbsprozesses sind: 2
- **Dominanz des Unterlassungsanspruchs**
  Die Rechtsdurchsetzungspraxis wird dominiert vom Unterlassungsanspruch aus § 8 I UWG. Aufgrund der Schwierigkeiten, einen Schadensersatzanspruch substantiiert darzulegen (→ § 15 Rn. 103), kommt diesem Anspruch aus § 9 UWG in der Prozesspraxis nur eine geringe Bedeutung zu.
- **Streitbeilegung durch strafbewehrte Unterlassungserklärung**
  Die Abgabe einer strafbewehrten Unterlassungserklärung führt zu einer schnellen, effizienten Streitbeilegung ohne Einschaltung der Gerichte. Sie lässt den materiell-rechtlichen Unterlassungsanspruch entfallen (→ § 15 Rn. 27). Daher wird der Verletzer, wie es auch § 12 I UWG vorsieht, zunächst außergerichtlich abgemahnt und zur Abgabe einer strafbewehrten Unterlassungserklärung aufgefordert. Unterbleibt eine Abmahnung, läuft der Gläubiger des Anspruchs Gefahr, dass der Verletzer bei einer gerichtlichen Inanspruchnahme den Anspruch sofort anerkennt und die negative Kostenfolge des § 93 ZPO (Kostentragungspflicht des Klägers bei fehlendem Anlass für die Klage) ihn, den klagenden Anspruchsteller, trifft.

---
[1] Vgl. insbes. *Ahrens,* Wettbewerbsverfahrensrecht, 1983, passim; *Ahrens* in Ahrens Wettbewerbsprozess Einl S. 1 ff.

- **Eilbedürftigkeit**
  Lauterkeitsrechtliche Streitigkeiten sind regelmäßig besonders eilbedürftig. Wirbt ein Verletzer irreführend, hilft es dem Anspruchsteller oft nicht, erst nach Jahren eine rechtskräftige Hauptsacheentscheidung zu erlangen. In der Praxis hat deswegen das Recht der einstweiligen Verfügung größte Bedeutung. Der Erlass einer einstweiligen Verfügung setzt einen Verfügungsanspruch (den bestehenden materiell-rechtlichen Anspruch) und einen Verfügungsgrund (Eilbedürftigkeit, §§ 936, 917 ZPO) voraus. Die Dringlichkeit wird gem. § 12 II UWG für die Geltendmachung lauterkeitsrechtlicher Ansprüche vermutet.
- **Oftmals unstreitige Sachverhalte**
  Anders als sonst im Zivilprozess sind die Sachverhalte bei lauterkeitsrechtlichen Streitigkeiten in tatsächlicher Hinsicht oft unstritig. Die Parteien streiten allein über Rechtsfragen, nicht über Tatsachen. Die im einstweiligen Verfügungsverfahren urteilenden Gerichte legen einer Entscheidung in einem nachfolgenden Hauptsacheverfahren regelmäßig keine abweichende Rechtsansicht zugrunde.

  **Beispiel:** U nimmt den W im Wege der einstweiligen Verfügung auf Unterlassung wegen einer irreführenden Werbung (§ 5 UWG) in Anspruch. Der Sachverhalt ist unstreitig. Das LG erlässt nach mündlicher Verhandlung die begehrte einstweilige Verfügung. Kommt es anschließend noch zu einem Klageverfahren in der Hauptsache, wird die Entscheidung des LG wahrscheinlich nicht anders ausfallen.

3 Nach Durchführung des einstweiligen Verfügungsverfahrens ist nur im Ausnahmefall mit einer anderen Entscheidung im Hauptsacheverfahren zu rechnen. Das Hauptsacheverfahren erscheint sinnlos. Die Streitigkeit kann aus Sicht der Parteien abgeschlossen werden. Der Verletzte kann die Sache aber nicht auf sich beruhen lassen: Die einstweilige Verfügung führt nur zu einer **vorläufigen** Regelung der Angelegenheit. Die Entscheidung im Verfahren der **einstweiligen Verfügung** ist hinsichtlich des Hauptsacheanspruchs **nicht der materiellen Rechtskraft fähig**.[2] Wenn auch die Wirkungen der materiellen Rechtskraft durch eine Parteivereinbarung nicht herbeigeführt werden können, so haben die Parteien doch die Möglichkeit, die Wirkung einer rechtskräftigen Hauptsacheentscheidung durch Willenserklärungen nachzubilden.[3] Die entsprechende Aufforderung an den Schuldner wird als **Abschlussschreiben** bezeichnet.[4] Die Erklärungen des Schuldners finden sich dann in einer **Abschlusserklärung**.[5]

4 Beachtung verdient in diesem Kontext der **Instanzenzug**: Erstinstanzlich ausschließlich zuständig sind die Landgerichte gem. § 13 I 1 UWG. Über den Antrag auf Erlass einer einstweiligen Verfügung kann das LG nach mündlicher Verhandlung oder ohne mündliche Verhandlung entscheiden. Entscheidet das LG ohne mündliche Verhandlung, ergeht ein Beschluss gem. §§ 936, 922 I ZPO. Gegen den stattgebenden Beschluss kann der Schuldner Widerspruch (§ 924 ZPO) einlegen. Es wird dann eine mündliche Verhandlung anberaumt (§ 924 II ZPO). Sodann wird durch Endurteil entschieden (§ 925 ZPO). Gegen dieses Endurteil kann Berufung zum OLG eingelegt werden (§ 511 I ZPO). Wird der Antrag auf Erlass einer einstweiligen Verfügung im Beschlusswege zurückgewiesen (was ohne Information des Schuldners geschehen kann [!], § 922

---

2 *Ahrens* in Ahrens Wettbewerbsprozess Kap. 58 Rn. 3; diff. Zöller/*Vollkommer* ZPO Vor § 916 Rn. 13.
3 *Ahrens* in Ahrens Wettbewerbsprozess Kap. 58 Rn. 5f.
4 Ohly/Sosnitza/*Sosnitza* UWG § 12 Rn. 184.
5 Ohly/Sosnitza/*Sosnitza* UWG § 12 Rn. 189.

III ZPO), kann der Antragsteller sofortige Beschwerde gem. § 567 I Nr. 2 ZPO erheben. Auch über diese entscheidet das OLG (sowohl für die Berufung als auch die Beschwerde ist das OLG nach § 119 I Nr. 2 GVG zuständig). In beiden Fällen ist der Instanzenzug zum BGH nicht eröffnet. Die Revision wird durch die ausdrückliche Regelung des § 542 II ZPO ausgeschlossen. Auch eine Rechtsbeschwerde ist nicht möglich.[6]

Der Gesetzgeber plant, mit dem »**Gesetz zur Stärkung des fairen Wettbewerbs**«[7] das Lauterkeitsverfahrensrecht grundlegend umzugestalten. Ziel ist es, ein missbräuchliches Einsetzen lauterkeitsrechtlicher Instrumente, insbesondere zur bloßen Gebührenerzielung, zu verhindern. Der Ansatz erscheint zumindest zweifelhaft, da im Ergebnis ein Schutz des Rechtsuntreuen bewirkt werden soll. Wird das Lauterkeitsrecht als zu schneidig empfunden, sind die materiellen Verbotsstandards abzusenken. 4a

> **Beispiel:** Kurz vor einer Wahl befürchtet eine Regierungspartei, die Wähler könnten aufgrund gehäufter lauterkeitsrechtlicher Abmahnungen, die auf Verstöße gegen die DS-GVO gestützt werden, nachhaltig verärgert sein. Um die Wähler zu beschwichtigen, sollen Abmahnmöglichkeiten eingedämmt werden. Die richtige Stellschraube ist hier § 3a UWG, also die Bestimmung des materiell-rechtlichen Schutzstandards des UWG. Es ist widersprüchlich, einerseits einen hohen Schutzstandard zu statuieren und andererseits die Anspruchsdurchsetzung zu erschweren. Zudem sorgt auch der vermeintlich missbräuchlich Abmahnende für die Beachtung des materiellen Rechts.

Die zentralen beabsichtigten Änderungen sind:
- Eigenständige Regelung für Abmahnung und Unterlassungsverpflichtung, § 13 UWG-RefE;
- Bestimmung zur Höhe der Vertragsstrafe, § 13a UWG-RefE;
- Wegfall des sog. »fliegenden Gerichtsstandes«, § 14 II 1 UWG-RefE.

(Zu den beabsichtigten Änderungen in § 8 UWG [Aktivlegitimation] → § 15 Rn. 86a, 88, 98a).

Die folgende Darstellung orientiert sich am Verfahrensgang. Die einzelnen Punkte werden in der Reihenfolge des zeitlichen Ablaufs einer lauterkeitsrechtlichen Streitigkeit dargestellt. 5

Die Entscheidungsmöglichkeiten der Parteien im jeweiligen Verfahrensstadium macht die **Übersicht »Wettbewerbsprozess«** deutlich → § 16 Rn. 60. 6

Ein praktisches Anschauungsbeispiel gibt die **Musterakte** im Anhang des Buchs. 7

## B. Die Abmahnung (§ 12 I UWG)

### I. Funktion und Erforderlichkeit der Abmahnung

Die **Abmahnung** dient der **außergerichtlichen Streitbeilegung** im Lauterkeitsrecht. Seit der UWG-Reform 2004 ist sie in § 12 I UWG ausdrücklich gesetzlich geregelt. Zuvor war sie gewohnheitsrechtlich anerkannt. Mit der Abmahnung weist der Gläubiger eines Unterlassungsanspruchs den Schuldner auf den Lauterkeitsrechtsverstoß hin. 8

---

6 Dazu krit. Wieczorek/Schütze/*Jänich,* Zivilprozessordnung und Nebengesetze, 4. Aufl. 2017, ZPO § 574 Rn. 7.
7 BMJV, Referentenentwurf (Stand: September 2018), abrufbar unter www.bmjv.de.

Zudem wird der Schuldner aufgefordert, durch die Abgabe einer strafbewehrten Unterlassungserklärung die Wiederholungsgefahr auszuräumen und damit den Streit beizulegen. Ist die Abmahnung berechtigt, kann der Gläubiger gem. § 12 I 2 UWG den Ersatz der erforderlichen Aufwendungen verlangen.

9   Schon der Wortlaut des § 12 I 1 UWG (»sollen«) zeigt, dass **keine Pflicht zur Abmahnung** besteht. Allerdings läuft der Gläubiger Gefahr, dass der Schuldner bei einer gerichtlichen Inanspruchnahme entweder ein sofortiges Anerkenntnis (§ 93 ZPO) erklärt oder sofort eine strafbewehrte Unterlassungserklärung abgibt. Es entfällt dann der materiell-rechtliche Unterlassungsanspruch. Eine Klage auf Unterlassung ist dann abzuweisen. Auch ein Antrag auf Erlass einer einstweiligen Verfügung wäre mangels Verfügungsanspruchs zurückzuweisen. Der Kläger muss die Klage (bzw. den Antrag auf Erlass einer einstweiligen Verfügung) zurücknehmen (mit der negativen Kostenfolge des § 269 III 2 ZPO) oder den Rechtsstreit für erledigt erklären.[8]

**Fall 1:** Für U empfiehlt es sich, vor Klageerhebung eine Abmahnung auszusprechen.

10  Die Abmahnung ist kein Rechtsgeschäft, sondern wie eine Mahnung nach § 286 I BGB eine **geschäftsähnliche Handlung.**[9] Bei der geschäftsähnlichen Handlung tritt – im Gegensatz zur Willenserklärung – die Rechtsfolge aufgrund gesetzlicher Anordnung und nicht aufgrund eines entsprechenden Willens ein.[10] Im Einzelfall kann die Abmahnung **entbehrlich** sein. Dies ist der Fall, wenn davon auszugehen ist, dass der Abzumahnende trotz einer eventuellen Abmahnung das Verhalten fortsetzen wird. An eine solche Annahme sind allerdings strenge Anforderungen zu stellen. Erörtert wird dies für eine erneute Zuwiderhandlung nach einer gerichtlichen Verurteilung oder einer bereits erfolgten Unterwerfung.[11] Der Wortlaut des § 12 I 1 UWG geht davon aus, dass im Regelfall abzumahnen ist. Zur Vermeidung von Unsicherheiten empfiehlt es sich für den Gläubiger, immer eine Abmahnung auszusprechen.

11  Die Abmahnung ist abzugrenzen von der sog. **Berechtigungsanfrage.** Diese spielt insbesondere bei den Schutzrechten für geistiges Eigentum eine große Rolle. Bei einer Berechtigungsanfrage fordert der Anfragende nicht zur Unterlassung auf, sondern erkundigt sich nur nach der Berechtigung zur Vornahme einer bestimmten Rechtshandlung.

**Beispiele:**
- U fragt bei X an, auf welcher Grundlage er mit der Behauptung »größte Küchenausstellung Thüringens« werbe.
- A möchte von B erfahren, warum er sich für befugt halte, für ein von A auf dem Markt etabliertes Gerüstbausystem Ergänzungselemente zu liefern.

## II. Anforderungen an die Abmahnung

12  Nach dem Wortlaut des § 12 I 1 UWG muss die Abmahnung bestimmte Anforderungen erfüllen, damit sie die ihr zukommenden Wirkungen (Vermeidung prozessualer

---

8 Die Wirkungen der Erledigungserklärung hängen vom Verhalten des Schuldners ab. Erklärt dieser den Rechtsstreit ebenfalls für erledigt, ergeht eine Kostenentscheidung nach § 91a ZPO. Bleibt er beim Abweisungsantrag, erfolgt eine Umdeutung des Klageantrags auf Leistung in einen Feststellungsantrag, vgl. hierzu näher Zöller/*Vollkommer* ZPO § 91a Rn. 34ff.; *Musielak/Voit,* Grundkurs ZPO, 13. Aufl. 2016, Rn. 480ff.
9 Köhler/Bornkamm/Feddersen/*Köhler* UWG § 12 Rn. 1.10; Ohly/Sosnitza/*Sosnitza* UWG § 12 Rn. 3.
10 Brox/*Walker,* BGB AT, 41. Aufl. 2017, Rn. 95; *Köhler,* BGB AT, 41. Aufl. 2017, § 5 Rn. 7.
11 Vgl. Ohly/Sosnitza/*Sosnitza* UWG § 12 Rn. 7.

Nachteile für den Gläubiger; Kostenerstattungsanspruch) auslösen kann. Die Kriterien sind ausgehend vom Zweck der Abmahnung, den Rechtsverstoß abzustellen und eine gerichtliche Auseinandersetzung zu vermeiden, zu bestimmen.

Es sind dies: 13
- Anspruchsberechtigung und Aktivlegitimation.
- Bezeichnung des Rechtsverstoßes.
- Aufforderung zur Abgabe einer strafbewehrten Unterlassungsverpflichtung.
- Fristsetzung und Androhung gerichtlicher Maßnahmen (str.).

### 1. Anspruchsberechtigung und Aktivlegitimation

Der Anspruchsteller muss seine Anspruchsberechtigung nach § 8 III UWG darlegen. 14
Beispielsweise hat der Abmahnende zu erläutern, woraus seine Mitbewerbereigenschaft (§ 8 III Nr. 1 UWG) folgt oder warum er als Verband klagebefugt ist. Zudem ist der Unterlassungsschuldner exakt zu benennen. Der Anspruchsteller muss genau bezeichnen, wer (natürliche Person, juristische Person) in Anspruch genommen werden soll. Gegebenenfalls ist auf § 8 II UWG (Haftung des Unternehmensinhabers) Bezug zu nehmen.

### 2. Bezeichnung des Rechtsverstoßes

Weiter muss der Anspruchsteller den Rechtsverstoß präzise bezeichnen.[12] Anderen- 15
falls kann die Abmahnung nicht die ihr zukommende Hinweisfunktion erfüllen. Der Gesetzgeber hat dies für die urheberrechtliche Abmahnung in § 97a II Nr. 2 UrhG ausdrücklich kodifiziert. Zwar kann die Vorschrift nicht einschränkungslos entsprechend angewendet werden, da § 97a UrhG auch einen Schutz abgemahnter Privatpersonen zum Ziel hat, solche aber keine potenziellen Adressaten einer Abmahnung nach § 12 I 1 UWG sind. Die Funktion der Abmahnung ist aber in beiden Rechtsgebieten (Urheberrecht und Lauterkeitsrecht) identisch.

> **Klausurtipp:** Ist die Wirksamkeit der Abmahnung gem. § 12 I UWG zu prüfen, empfiehlt es sich § 97a II UrhG als Hilfe heranzuziehen. Soweit es das jeweilige Prüfungsrecht zulässt, bietet es sich an, im Gesetzestext bei § 12 I UWG einen Querverweis auf § 97a II UrhG anzubringen.

Eine **rechtliche Würdigung** muss die Abmahnung **nicht** enthalten. Genügend ist es, 16
wenn das beanstandete Verhalten in tatsächlicher Hinsicht exakt beschrieben wird. Dem Abgemahnten obliegt es dann, den Sachverhalt selbst rechtlich zutreffend zu beurteilen.[13]

### 3. Aufforderung zur Abgabe einer strafbewehrten Unterlassungsverpflichtung

Für eine wirksame Abmahnung nach § 12 I 1 UWG ist der Verletzer aufzufordern, eine 17
strafbewehrte Unterlassungsverpflichtung abzugeben. Oft wird in der Praxis eine vorformulierte Unterlassungserklärung beigefügt. Dies ist allerdings nicht erforderlich. Es kann dem Inanspruchgenommenen überlassen werden, die vertragliche Unterlassungsverpflichtung zu formulieren. In der Praxis versuchen Abmahnende oft, eine Unterlassungsverpflichtung zu erlangen, die über das konkret beanstandete Verhalten hinausgeht.

---

12 *Achilles* in Ahrens Wettbewerbsprozess Kap. 2 Rn. 29.
13 *Achilles* in Ahrens Wettbewerbsprozess Kap. 2 Rn. 27.

**Beispiel:** In der Musterakte (→ Anhang) versucht der Anspruchsteller, eine Unterlassungserklärung zu erhalten, die nicht nur einen Verstoß gegen die Pflicht zur Angabe des Grundpreises bei Kaffee, sondern alle Verstöße gegen die PAngV erfasst.

**4. Fristsetzung und Androhung gerichtlicher Maßnahmen**

18   Unterschiedlich erörtert wird, ob in der Abmahnung eine **Frist** gesetzt werden muss.[14] Für die Annahme einer solchen Pflicht spricht, dass die Abmahnung – auch – im Interesse des Abgemahnten erfolgt. Er soll die Möglichkeit erlangen, den Rechtsverstoß abzustellen. Daher gebietet es der Gedanke der Rechtsklarheit, dass der Anspruchsteller sein weiteres beabsichtigtes Procedere darlegt. Eine bestimmte **Form** muss die Abmahnung nicht erfüllen. Sie kann auch fernmündlich erfolgen. Allerdings ist hiervon aus Beweisgründen Abstand zu nehmen. Intensiv diskutiert wird, ob bei einer Abmahnung durch einen Bevollmächtigten (insbesondere einem Rechtsanwalt) nach **§ 174 BGB** eine **Vollmachtsurkunde** beizufügen ist.

**Beispiel:** Unternehmer U beauftragt Rechtsanwalt R, Mitbewerber X wegen eines Lauterkeitsrechtsverstoßes abzumahnen. Muss R der Abmahnung eine von U unterzeichnete Vollmachtsurkunde im Original beifügen, um eine Zurückweisung (§ 174 S. 1 BGB) durch X zu vermeiden?

19   Die Frage ist in Rechtsprechung und Literatur lebhaft umstritten.[15] Wenn die Abmahnung ein Vertragsangebot zum Abschluss eines Unterwerfungsvertrages umfasst, soll nach teilweise vertretener Ansicht § 174 S. 1 BGB nicht anwendbar sein.[16] § 174 BGB gelte unzweifelhaft nicht für Vertragsangebote. Es bestehe keine Veranlassung, die einheitliche Erklärung des Gläubigers in eine geschäftsähnliche Handlung (Abmahnung) und ein Vertragsangebot (Angebot auf Abschluss eines Unterwerfungsvertrages) aufzuspalten. Diese Argumentation ist nicht einschränkungslos überzeugungskräftig. Es fehlt ein Argument dafür, warum eine Aufspaltung nicht möglich sein soll, wenn das Schreiben zwei unterschiedliche Erklärungen enthält. Liegt eine isolierte Abmahnung vor, wird also ein Angebot auf Abschluss eines Unterwerfungsvertrages nicht unterbreitet, ist § 174 BGB anwendbar. Eine Vollmachtsurkunde ist vorzulegen.[17]

20   Da für die Abmahnung als geschäftsähnliche Handlung grundsätzlich die Vorschriften über Willenserklärungen gelten, setzt die Wirksamkeit der Abmahnung einen **Zugang** voraus (§ 130 I 1 BGB). Wird im Prozess der Zugang der Abmahnung bestritten, stellt sich die Frage, wen die Beweislast trifft. Der BGH hat dieses Problem ausgesprochen pragmatisch gelöst: Die Frage, ob eine Abmahnung wirksam zugegangen ist, stellt sich im Regelfall im Zusammenhang mit der Anwendung der Vorschrift des § 93 ZPO (Kosten bei sofortigem Anerkenntnis). Der BGH begreift diese Regelung zutreffend als Ausnahmevorschrift zum Grundsatz des § 91 I 1 ZPO, nach dem die unterlegene Partei die Kosten zu tragen hat. Die Beweislast für das Vorliegen der Voraussetzungen des Ausnahmetatbestandes trägt der Beklagte, der sich auf diese beruft.[18] Der Beklagte muss also die negative Tatsache »Nichtzugang des Abmahnschreibens« darlegen und gegebenenfalls

---

14 Teplitzky/*Bacher* Kap. 41 Rn. 14 d; dagegen Harte-Bavendamm/Henning-Bodewig/*Brüning* UWG § 12 Rn. 47.
15 Umfassender Überblick über den Meinungsstand bei Köhler/Bornkamm/Feddersen/*Bornkamm* UWG § 12 Rn. 1.30 ff.
16 BGH GRUR 2010, 1120 Rn. 15 – Vollmachtsnachweis.
17 Ohly/Sosnitza/*Sosnitza* UWG § 12 Rn. 11; **aA** mit beachtlichen Argumenten Teplitzky/*Bacher* Kap. 41 Rn. 6a.
18 BGH GRUR 2007, 629 Rn. 11 – Zugang des Abmahnschreibens.

beweisen. Der BGH hilft ihm in seiner Beweisnot mit einer sog. sekundären Darlegungslast.[19] Der Beklagte kann sich zunächst darauf beschränken, den Zugang des Abmahnschreibens zu bestreiten. Der Kläger muss dann seinen Vortrag zum Zugang näher substantiieren.

## III. Rechtsfolgen der Abmahnung

### 1. Berechtigte Abmahnung

Zwischen dem Gläubiger des Anspruchs und dem Schuldner besteht aufgrund der unlauteren geschäftlichen Handlung ein **gesetzliches Schuldverhältnis**. Dieses wird mit der Abmahnung konkretisiert.[20] Aufklärungspflichten können entstehen. Bedeutung hat dies insbesondere bei der Mehrfachabmahnung. Wird ein Verletzer mehrfach abgemahnt, ist er verpflichtet, auf die weitere Abmahnung hin Informationen zur Erstabmahnung und gegebenenfalls Unterwerfung zu erteilen.[21]   21

Nach § 12 I 2 UWG hat der Abmahnende bei einer berechtigten Abmahnung Anspruch auf **Ersatz der erforderlichen Aufwendungen**. Seit 2004 ist dieser Anspruch gesetzlich geregelt. Zuvor wurde er – etwas überraschend – aus GoA (§§ 683 S. 1, 677, 670 BGB) gewährt.[22] Üblicherweise ist der Anspruch auf den Ersatz der erforderlichen und tatsächlich entstandenen Anwaltskosten gerichtet.[23] Bei den nach § 8 III Nr. 2–4 UWG Aktivlegitimierten wird davon ausgegangen, dass sie Lauterkeitsrechtsverstöße grundsätzlich selbst abmahnen können.[24] Die Verbände können daher nur einen Anspruch auf Erstattung einer Kostenpauschale geltend machen.[25] Demgegenüber können Mitbewerber, die nach § 8 III Nr. 1 UWG zur Durchsetzung lauterkeitsrechtlicher Ansprüche befugt sind, auch dann die Erstattung von tatsächlich entstandenen Rechtsanwaltskosten verlangen, wenn sie über eine eigene Rechtsabteilung verfügen.[26]   22

Gelegentlich kommt es zu **Mehrfachabmahnungen**.   23

> **Beispiel:** U inseriert lauterkeitswidrig in einer Tageszeitung. Seine Wettbewerber A, B und C mahnen ihn unabhängig voneinander ab.

Die Lösung dieser Fälle lässt sich recht einfach aus dem Wortlaut des § 12 I UWG ableiten: Hat sich der lauterkeitswidrig Handelnde bereits strafbewehrt zur Unterlassung verpflichtet, besteht der Unterlassungsanspruch nicht mehr. Die später Abmahnenden sprechen unberechtigte Abmahnungen aus. Ein Kostenerstattungsanspruch aus § 12 I 2 UWG besteht nicht.[27] Etwas anderes gilt, wenn der Rechtsverletzer noch keine Unterlassungserklärung abgegeben hat. Die Abmahnung ist dann »berechtigt«.[28] Immer zu prüfen ist in diesen Fällen, ob eine nach § 8 IV UWG missbräuchliche Abmahnung vorliegt.   24

---

19 BGH GRUR 2007, 629 Rn. 12 – Zugang des Abmahnschreibens.
20 Köhler/Bornkamm/Feddersen/*Bornkamm* UWG § 12 Rn. 1.75.
21 BGH GRUR 1987, 54 (55) – Aufklärungspflicht des Abgemahnten.
22 BGH GRUR 1970, 189 (190) – Fotowettbewerb; BGH GRUR 1984, 129 (131) – shop-in-the-shop I.
23 Ohly/Sosnitza/*Sosnitza* UWG § 12 Rn. 22.
24 BGH GRUR 2013, 1259 Rn. 30 – Empfehlungs-E-Mail (zur Beauftragung eines Rechtsanwalts durch einen Rechtsanwalt); Ohly/Sosnitza/*Sosnitza* UWG § 12 Rn. 22.
25 Ohly/Sosnitza/*Sosnitza* UWG § 12 Rn. 23.
26 BGH GRUR 2008, 928 Rn. 14 – Abmahnkostenersatz.
27 IErg ebenso BGH GRUR 2002, 357 (359f.) – Missbräuchliche Mehrfachabmahnung.
28 OLG Oldenburg WRP 2012, 1138 Rn. 17.

## 2. Unberechtigte Abmahnung

25 Bei einer unberechtigten Abmahnung besteht – natürlich – **kein Kostenerstattungsanspruch** gem. § 12 I 2 UWG. Auch muss der Abgemahnte auf unbegründete Abmahnungen nicht reagieren oder Hinweise erteilen.[29] Im Einzelfall können dem zu Unrecht Abgemahnten Gegenansprüche aus dem Lauterkeitsrecht (beispielsweise aus § 4 Nr. 4 UWG – gezielte Behinderung) oder aus dem allgemeinen Deliktsrecht zustehen. Die Grundsätze zur unberechtigten Schutzrechtsverwarnung aus einem Schutzrecht des geistigen Eigentums wie etwa einem Patent- oder Markenrecht[30] sowie die spezielle Regelung zur unberechtigten Abmahnung im UrhG (§ 97 IV UrhG) solle im Lauterkeitsrecht nicht entsprechend herangezogen werden können.[31] Beeinträchtigungen, die mit einer lauterkeitsrechtlichen Abmahnung einhergehen, seien typischerweise nicht so weitreichend wie diejenigen, die eine Schutzrechtsverwarnung aus einem Recht des geistigen Eigentums auslöst (kritisch dazu → § 10 Rn. 98).

## IV. Novellierungsbestrebungen

25a Das Recht der Abmahnung soll durch das »**Gesetz zur Stärkung des fairen Wettbewerbs**«[32] grundlegend umgestaltet werden. Der bisherige § 12 I UWG zur Abmahnung soll wortgleich in einen neuen § 13 UWG-RefE »Abmahnung; Unterlassungsverpflichtung, Haftung«[33] überführt werden. § 13 II UWG-RefE stellt inhaltliche

---

29 BGH GRUR 1995, 167 (168) – Kosten bei unbegründeter Abmahnung; Köhler/Bornkamm/Feddersen/*Bornkamm* UWG § 12 Rn. 1.77.
30 Grdl. hierzu BGH GRUR 2005, 882 – Unberechtigte Schutzrechtsverwarnung, → § 10 Rn. 95 ff.
31 BGH GRUR 2011, 152 Rn. 63 – Kinderhochstühle im Internet.
32 BMJV, Referentenentwurf (Stand September 2018), abrufbar unter www.bmjv.de.
33 § 13 UWG-RefE
»Abmahnung; Unterlassungsverpflichtung; Haftung
(1) Die zur Geltendmachung eines Unterlassungsanspruchs Berechtigten sollen den Schuldner vor der Einleitung eines gerichtlichen Verfahrens abmahnen und ihm Gelegenheit geben, den Streit durch Abgabe einer mit einer angemessenen Vertragsstrafe bewehrten Unterlassungsverpflichtung beizulegen.
(2) In der Abmahnung muss klar und verständlich angegeben werden:
 1. Name oder Firma des Abmahnenden, sowie im Fall einer Vertretung zusätzlich Name oder Firma des Vertreters,
 2. die Voraussetzungen der Anspruchsberechtigung nach § 8 Absatz 3,
 3. in welcher Höhe ein Aufwendungsersatzanspruch geltend gemacht wird und wie sich diese berechnet,
 4. die Rechtsverletzung,
 5. wenn ein Anspruchsberechtigter nach § 8 Absatz 3 Nummer 1 oder 2 Ersatz der erforderlichen Aufwendungen nach Absatz 3 verlangt, aus welchem Grund der Anspruch darauf nicht nach Absatz 4 ausgeschlossen ist.
(3) Soweit die Abmahnung berechtigt ist und den Anforderungen des Absatzes 2 entspricht, kann der Abmahnende vom Abgemahnten Ersatz der erforderlichen Aufwendungen verlangen.
(4) Der Anspruch auf Ersatz der erforderlichen Aufwendungen ist für Anspruchsberechtigte nach § 8 Absatz 3 Nummer 1 oder Nummer 2 ausgeschlossen,
wenn
 1. die Zuwiderhandlung angesichts ihrer Art, ihrer Schwere, ihres Ausmaßes und ihrer Folgen die Interessen von Verbrauchern, sonstigen Marktteilnehmern und Mitbewerbern in nur unerheblichem Maße beeinträchtigt und
 2. der Abgemahnte gegenüber dem Abmahnenden nicht bereits auf Grund einer gleichartigen Zuwiderhandlung durch Vertrag, auf Grund einer rechtskräftigen gerichtlichen Entscheidung oder einer einstweiligen Verfügung zur Unterlassung verpflichtet ist.
Satz 1 gilt auch dann, wenn neben dem Unterlassungs- ein Beseitigungsanspruch geltend gemacht wird.

Anforderungen für die Abmahnung auf. Nur wenn diese erfüllt werden (und die Abmahnung berechtigt ist), soll ein Anspruch auf Ersatz der Abmahnkosten bestehen (§ 13 III UWG-RefE). Der Anspruch von Mitbewerbern und Verbänden (§ 8 III Nr. 1, Nr. 2 UWG-RefE) auf Erstattung der Abmahnkosten soll gem. § 13 IV UWG-RefE unter anderem dann ausgeschlossen sein, wenn die Zuwiderhandlung die Interessen von Verbrauchern, sonstigen Marktteilnehmern und Mitbewerbern »in nur unerheblichen Maße beeinträchtigt« und schon aufgrund einer gleichartigen Verpflichtung eine Unterlassungsverpflichtung begründet wurde. Hier feiert die alte materiell-rechtliche (!) Relevanzklausel des § 3 UWG 2004 (→ § 8 Rn. 10), jedenfalls zum Teil, fröhliche Wiederauferstehung. In Anlehnung an § 97a IV UrhG will § 13 V UWG-RefE einen Gegenanspruch bei unberechtigter Abmahnung gewähren. Detaillierte Bestimmungen zur Vertragsstrafe sieht § 13a I UWG-RefE vor. § 13a I UWG-RefE kodifiziert die bekannte Rechtsprechung zur Höhe der Vertragsstrafe. Bei leichten Zuwiderhandlungen will der (noch nicht ganz präzise formulierte) § 13a II UWG-RefE die Höhe der Vertragsstrafe auf 1.000 EUR begrenzen.

## C. Die strafbewehrte Unterlassungserklärung

### I. Handlungsmöglichkeiten des Abgemahnten

Der Empfänger einer Abmahnung hat verschiedene Möglichkeiten, auf diese zu reagieren. Seine Entscheidung wird im Regelfall geprägt sein durch die eigene Beurteilung der materiellen Rechtmäßigkeit seines Verhaltens. Aber auch taktische Erwägungen können eine zentrale Rolle spielen. Die folgenden Handlungsmöglichkeiten stehen dem Abgemahnten offen: 26

#### 1. »Keine Reaktion«

In jeder juristischen Auseinandersetzung muss zu jedem Zeitpunkt erwogen werden, auf eine Aktion des Gegners **nicht** zu reagieren. Nichthandeln ist auch ein Handeln. Diese generellen Erwägungen können ebenso im Lauterkeitsrecht Geltung beanspruchen: Der Abgemahnte kann auf jegliche Reaktion verzichten. Ein solches Verhalten bietet sich an, wenn der Abgemahnte der Meinung ist, sein Verhalten sei offensichtlich rechtmäßig. Das Ausbleiben einer Reaktion kann zudem zu einer beabsichtigten Verunsicherung des Gläubigers führen. Auch § 11 UWG kann für ein solches Verhalten sprechen: Die Rechtsprechung stellt extrem geringe Anforderungen an ein Verhandeln über den Anspruch (→ § 15 Rn. 139), das zu einer Hemmung der Verjährung führt. Um den Ablauf der Verjährungsfrist nicht zu gefährden, empfiehlt es sich oft, auf eine Abmahnung überhaupt nicht zu reagieren. 27

> **Fall 2:** Das »Ehrenwort« genügt nicht, um die Wiederholungsgefahr auszuräumen. W setzt sich weiter der Gefahr einer gerichtlichen Inanspruchnahme aus.

---

(5) Soweit die Abmahnung unberechtigt ist oder nicht den Anforderungen des Absatzes 2 entspricht, hat der Abgemahnte gegen den Abmahnenden einen Anspruch auf Ersatz der für die Rechtsverteidigung erforderlichen Aufwendungen, es sei denn, es war für den Abmahnenden zum Zeitpunkt der Abmahnung nicht erkennbar, dass die Abmahnung unberechtigt war. Weiter gehende Ersatzansprüche bleiben unberührt.«

## 2. Abgabe der beigefügten Unterlassungserklärung und Zusage, die Kosten zu übernehmen

28  Weiter hat der Abgemahnte die Möglichkeit, sich vertraglich durch die Abgabe der Unterlassungserklärung, die der Abmahnung beigefügt war, zur Unterlassung des abgemahnten Verhaltens zu verpflichten und zugleich zuzusagen, die Kosten gem. § 12 I 2 UWG zu tragen.

## 3. Abgabe einer selbst formulierten Unterlassungserklärung

29  Der Inanspruchgenommene muss, um die Wiederholungsgefahr zu beseitigen, nicht zwingend eine vorformulierte Unterlassungserklärung des Anspruchstellers verwenden. Ebenso kann er selbst die Unterlassungserklärung verfassen. Ein solches Vorgehen bietet sich an, wenn der Abmahnende – was in der Praxis regelmäßig geschieht – den Unterlassungsanspruch viel zu weit gefasst hat. Wichtig ist, dass eine vom Abgemahnten ausgearbeitete Unterlassungserklärung den Kern der Verletzungshandlung vollständig erfasst. Ansonsten besteht weiter Wiederholungsgefahr.

## 4. Unterlassungserklärung unter Kostenwiderspruch

30  Wenn der Abgemahnte kein Interesse daran hat, eine Werbeaussage oder eine sonstige geschäftliche Handlung zu wiederholen, er aber das angegriffene Verhalten für rechtmäßig hält, kann er eine Unterlassungserklärung unter Widerspruch gegen die Kostentragungspflicht (§ 12 I 2 UWG) abgeben. Er muss sich klar und eindeutig und unter Angebot einer angemessenen Vertragsstrafe (→ § 15 Rn. 27) dazu verpflichten, das Verhalten zukünftig zu unterlassen. Weiter kann er darauf hinweisen, dass er das Verhalten für zulässig hält, mithin die Abmahnung nicht »berechtigt« iSd § 12 I 2 UWG ist. Konsequenz eines solchen Verhaltens ist, dass sich das Kostenrisiko für den Abgemahnten erheblich reduziert: Der Unterlassungsanspruch, für den die Gerichte typischerweise einen recht hohen (regelmäßig fünfstelligen) Streitwert annehmen, ist aufgrund des Vertragsstrafeversprechens untergegangen. Der Abmahnende kann nun nur noch einen Kostenerstattungsanspruch geltend machen. Hier ist der Streitwert aber deutlich geringer (Kosten der Abmahnung). Oft fehlt dem Abmahner dann das Interesse und die Motivation, den Anspruch gerichtlich geltend zu machen.

> **Beispiel:** S wirbt mit dem Slogan »Größtes Trachtenmodengeschäft Münchens«. Mitbewerber W greift dies als irreführend an. S ist fest davon überzeugt, dass seine Werbung zulässig ist. Dennoch gibt er die Unterlassungserklärung unter Widerspruch gegen die Kosten ab. Er möchte eine kostspielige lauterkeitsrechtliche Streitigkeit vermeiden. Zudem will er den Werbeslogan keinesfalls wiederverwenden: Nach dem Schalten der Anzeige ist sein Umsatz spürbar zurückgegangen. Die Kundschaft schätzt es nicht, Trachtenmode in größeren Geschäften zu kaufen.

31  Für das Unterlassungsversprechen des Schuldners gilt nach § 780 BGB das **Schriftformerfordernis**. Es handelt sich um ein abstraktes Schuldversprechen. Ein neuer vertraglicher Unterlassungsanspruch wird begründet. § 781 BGB passt hier nicht. Der bestehende gesetzliche Anspruch ist nicht Gegenstand der vertraglichen Vereinbarung. Im Gegenteil: Er geht mit Abgabe des vertragsstrafebewehrten Unterlassungsversprechens unter.[34] In einer der Abmahnung beigefügten Unterlassungserklärung mit Ver-

---

34 Für ein abstraktes Schuldanerkenntnis Köhler/Bornkamm/Feddersen/*Bornkamm* UWG § 12 Rn. 1.155; vgl. näher BGH GRUR 1995, 678 (679f.) – Kurze Verjährungsfrist.

tragsstrafeversprechen liegt ein Angebot auf Abschluss eines Unterlassungsvertrages (§ 311 I BGB). Dieses Angebot kann der Abgemahnte durch Unterzeichnung der Unterlassungserklärung annehmen. Ein schuldrechtlicher Unterlassungsvertrag ist damit zustande gekommen. Gibt der Abgemahnte eine selbstformulierte oder modifizierte Erklärung ab, ist dies ein neuer Antrag (§ 150 I BGB). Unter Beachtung des § 151 BGB ist zu prüfen, ob ein Unterlassungsvertrag zustande kommt. Nimmt man einen Vertragsschluss nach § 151 S. 1 BGB (Annahme ohne Erklärung gegenüber dem Antragenden) an, heißt dies aber nicht, dass zugleich ein Erlass hinsichtlich des weitergehenden Anspruchs vorliegt.[35] Eine »Erlassfalle«[36] gibt es im Lauterkeitsrecht nicht.

## II. Folgen

Die Abgabe einer strafbewehrten Unterlassungserklärung, die die Verletzungshandlung erfasst, lässt die **Wiederholungsgefahr entfallen.** Der lauterkeitsrechtliche Anspruch auf Unterlassung aus § 8 I UWG erlischt und kann nicht mehr erfolgreich gerichtlich geltend gemacht werden. 32

> **Beispiel:** X hat U wegen einer irreführenden Werbung abgemahnt. U gibt eine genügende strafbewehrte Unterlassungserklärung gegenüber X ab. Erhebt X nun Klage, ist diese als unbegründet abzuweisen. Ein gesetzlicher Unterlassungsanspruch aus dem UWG besteht mangels Wiederholungsgefahr nicht mehr.

Diese Wirkung der strafbewehrten Unterlassungserklärung tritt schon mit Abgabe der Erklärung ein. Ein Unterlassungsvertrag muss nicht zustande kommen.[37] Kommt es zu einem erneuten Verstoß, ist die Vertragsstrafe verwirkt. Der Abmahnende kann dann gegen den Abgemahnten den Zahlungsanspruch auf **Zahlung der Vertragsstrafe** durchsetzen. Zudem steht ihm statt des gesetzlichen Unterlassungsanspruchs aus dem UWG nun ein **vertraglicher Anspruch auf Unterlassung** zu. Dieser kann gerichtlich geltend gemacht werden. Die Höhe der Vertragsstrafe können die Parteien im Unterlassungsvertrag vereinbaren. Sie muss so hoch bemessen sein, dass sie den Unterlassungsschuldner sicher von einer Wiederholung seines lauterkeitsrechtswidrigen Tuns abhält. Möglich ist auch, die Vertragsstrafe zunächst nicht festzusetzen. In der Praxis verbreitet ist der sog. »neue Hamburger Brauch«.[38] Die Bestimmung der Höhe der Vertragsstrafe wird dem Gläubiger überlassen, wobei ein Höchstbetrag genannt wird (§ 315 I BGB). Der Schuldner hat dann die Möglichkeit, die Höhe der Festsetzung nach § 315 III BGB gerichtlich überprüfen zu lassen. Zudem begründet eine erneute Zuwiderhandlung einen **neuen Unterlassungsanspruch** nach **§ 8 I UWG** aufgrund des neuen lauterkeitswidrigen Verhaltens. Hat der Unterlassungsschuldner mehrfach gegen die vertragliche Unterlassungsverpflichtung verstoßen, ist im Einzelfall zu prüfen, ob die Vertragsstrafe mehrfach verwirkt worden ist. Einen Fortsetzungszusammenhang gibt es – auch – im Lauterkeitsrecht nicht mehr.[39] 33

Die Unterlassungsverpflichtung besteht zeitlich grundsätzlich unbeschränkt. Ein **Dauerschuldverhältnis** wurde begründet. Im Einzelfall ist eine Anfechtung nach 34

---

35 Hierzu Köhler/Bornkamm/Feddersen/*Bornkamm* UWG § 12 Rn. 1.156f.
36 Vgl. zu diesem Problem BGH NJW 1990, 1657; 2001, 2324; MDR 2008, 274 Rn. 17; Palandt/*Ellenberger* BGB § 151 Rn. 2a; *v. Randow* ZIP 1995, 445ff.
37 Köhler/Bornkamm/Feddersen/*Bornkamm* UWG § 12 Rn. 1.163.
38 Vgl. näher *Achilles* in Ahrens Wettbewerbsprozess Kap. 8 Rn. 36.
39 BGH GRUR 2001, 758 (759f.) – Trainingsvertrag; Aufgabe der Rechtsfigur des Fortsetzungszusammenhangs im Strafrecht durch BGHSt 40, 138 = NJW 1994, 1663.

§§ 119, 123 BGB möglich.⁴⁰ Eine Kündigung des Dauerschuldverhältnisses aus wichtigem Grund gem. § 314 BGB kommt insbesondere bei einer Änderung der Rechtslage in Betracht.⁴¹ Daneben bleibt kaum noch Raum für eine Anwendbarkeit des § 313 BGB (Wegfall der Geschäftsgrundlage).⁴²

## D. Die einstweilige Verfügung (§ 12 II UWG)

### I. Grundsätze

35  Die einstweilige Verfügung ist, wie bereits erläutert (→ § 16 Rn. 2), für die Durchsetzung lauterkeitsrechtlicher Unterlassungsansprüche von **großer praktische Bedeutung**. Für die **Dringlichkeit** findet sich in § 12 II UWG eine besondere Regelung.

36  Das Zivilprozessrecht kennt verschiedene Typen der einstweiligen Verfügung. Die ZPO unterscheidet zwischen der Sicherungsverfügung (§ 935 ZPO) und der Regelungsverfügung (§ 940 ZPO). Daneben hat sich in der Praxis die Leistungsverfügung herausgebildet.⁴³ Das Lauterkeitsprozessrecht ist geprägt durch eine **Leistungsverfügung auf Unterlassung**.⁴⁴ Eine erfolgreiche einstweilige Verfügung setzt einen **Verfügungsanspruch** und einen **Verfügungsgrund** voraus. **Verfügungsanspruch** ist der materielle Anspruch, der im Wege der einstweiligen Verfügung durchgesetzt werden soll. Ein **Verfügungsgrund** ist gegeben, wenn die Besorgnis besteht, dass durch eine Veränderung des bestehenden Zustands die Verwirklichung des Rechts des Gläubigers vereitelt oder wesentlich erschwert werden könnte. Zu untersuchen ist also die **Eilbedürftigkeit bzw. Dringlichkeit**.⁴⁵

### II. Die Dringlichkeitsvermutung des § 12 II UWG

37  § 12 II UWG begründet eine **Vermutung für die Dringlichkeit** der Rechtsdurchsetzung im Lauterkeitsrecht. Die Dringlichkeit wird (nur!) für Unterlassungsansprüche gem. § 12 II UWG vermutet. Der Gläubiger muss also nicht im Einzelnen darlegen, dass die Angelegenheit eilbedürftig ist. Er kann sich auf die Vermutung des § 12 II UWG berufen. Die Vermutung betrifft nur den Verfügungsgrund, nicht den Verfügungsanspruch. Da es sich um eine Vermutung handelt, kann diese im Einzelfall entfallen. Lässt der Antragsteller nach einem Verstoß zu viel Zeit vergehen, entfällt die Vermutung der Dringlichkeit. Mit Blick auf § 11 II Nr. 2 UWG erscheint es naheliegend, dass schon grob fahrlässige Unkenntnis des Lauterkeitsrechtsverstoßes genügt, um bei zu langem Zuwarten die Dringlichkeitsvermutung entfallen zu lassen.⁴⁶ Dem Gläubiger bereitet es große Schwierigkeiten des Anspruchs, die Zeitspanne zu bestimmen, die er abwarten darf, ohne dass die Dringlichkeitsvermutung entfällt. Da gegen Entscheidungen im Verfahren der einstweiligen Verfügung eine Revision zum BGH nicht möglich ist, fehlt es an der vereinheitlichenden Wirkung einer höchstrichterlichen Rechtsprechung. Immerhin scheint sich in der

---

40 Näher *Jänich* FS Köhler, 2014, 319 ff.
41 Vgl. näher *Achilles* in Ahrens Wettbewerbsprozess Kap. 8 Rn. 53 ff.
42 Vgl. *Achilles* in Ahrens Wettbewerbsprozess Kap. 8 Rn. 62.
43 Zöller/*Vollkommer* ZPO § 935 Rn. 2.
44 Teplitzky/*Feddersen* Kap. 53 Rn. 6, 8.
45 Zöller/*Vollkommer* ZPO § 935 Rn. 10.
46 *Singer* in Ahrens Wettbewerbsprozess Kap. 45 Rn. 21 f. mit umfassenden Nachweisen auch zur früheren Rechtslage nach § 25 UWG aF.

Rechtsprechung der Oberlandesgerichte eine **Regelfrist** von einem **Monat** herauszubilden.[47] Nicht nur das zu lange Zuwarten mit der Einleitung des Verfahrens kann schädlich sein. Der Anspruchsteller kann zudem durch sein weiteres Verhalten im Verfahren zu erkennen geben, dass die Angelegenheit aus seiner Sicht nicht eilbedürftig ist. Typische Fälle sind der Erlass eines Versäumnisurteils gegen den Antragsteller,[48] die Beantragung einer Terminverlegung oder ein Antrag auf Schriftsatzfrist.[49]

**Fall 3:** U wartet zu lange. Er hat zu erkennen gegeben, dass ihm die Angelegenheit nicht eilbedürftig ist.

### III. Hinweise zum Verfahrensgang

Der Ablauf des einstweiligen Verfügungsverfahrens bei der Geltendmachung lauterkeitsrechtlicher Ansprüche weist einige Besonderheiten auf, auf die im Folgenden hingewiesen werden soll. 38

Die ZPO gibt den Gerichten für die Ausgestaltung des Verfahrens der einstweiligen Verfügung einen recht großen **Gestaltungsspielraum.** Die einstweilige Verfügung im Lauterkeitsrecht ist ein Rechtsschutzinstrument, das gelegentlich im Rahmen erbitterter Auseinandersetzungen zwischen Unternehmen unterschiedlicher Marktstärke eingesetzt wird. 39

**Beispiel:** Die Supermarktkette L attackiert den Einzelkaufmann K, der ein kleines Lebensmittelgeschäft betreibt, ständig mit einstweiligen Verfügungen.

Die Gerichte sind daher dazu angehalten, ihre Gestaltungsmöglichkeiten für den Verfahrensablauf unter Beachtung der Verfahrensgrundrechte auch des vermeintlichen Verletzers zu nutzen. 40

§ 937 II ZPO eröffnet den Gerichten die Möglichkeit, in dringenden Fällen **ohne mündliche Verhandlung** dem Antrag auf Erlass einer einstweiligen Verfügung **stattzugeben.** Die einstweilige Verfügung wird also erlassen, ohne dass der Antragsgegner auch nur Kenntnis vom Verfahren hat. Ein Verstoß gegen Art. 103 I GG soll hierin nicht liegen, da der Antragsgegner gem. § 936 ZPO iVm § 924 ZPO gegen den Erlass der einstweiligen Verfügung Widerspruch einlegen kann. Es wird sodann eine mündliche Verhandlung anberaumt, in der der Antragsgegner seine Argumente vorbringen kann. Dennoch muss die mündliche Verhandlung der Regelfall sein.[50] Um das Überraschungsmoment zu erhalten, versuchen die Antragsteller oft, vom Gericht einen (telefonischen) Hinweis zu erhalten, wenn das Gericht erst nach mündlicher Verhandlung entscheiden will. Der Antragsteller beabsichtigt dann häufig, den Antrag zurückzunehmen und ihn bei einem anderen Gericht, das seiner Rechtsansicht vielleicht mehr gewogen ist, erneut zu stellen. 41

**Beispiel:** U stellt am LG Hamburg einen Antrag auf Erlass einer einstweiligen Verfügung gegen W. Richter X ruft den U an und teilt ihm mit, er beabsichtige, eine mündliche Verhandlung anzuberaumen. Daraufhin nimmt U den Antrag zurück und stellt ihn neu am LG Köln. Das LG Köln erlässt die beantragte einstweilige Verfügung.

---

47 Vgl. die umfangreichen Nachweise aus der aktuellen Instanzrechtsprechung bei *Singer* in Ahrens Wettbewerbsprozess Kap. 45 Rn. 46 und Harte-Bavendamm/Henning-Bodewig/*Retzer* UWG § 12 Rn. 917ff.
48 OLG Celle MMR 2009, 483f.; OLG Hamm GRUR 2007, 173 (174).
49 Weitere Beispiele aus der Rspr. bei *Singer* in Ahrens Wettbewerbsprozess Kap. 45 Rn. 52 und Harte-Bavendamm/Henning-Bodewig/*Retzer* UWG § 12 Rn. 320ff.
50 MüKoUWG/*Schlingloff* § 12 Rn. 417.

42 Wird ein Hinweis des Gerichts erbeten, ist dieser, sofern er erteilt wird, auch dem Gegner mitzuteilen.[51] Zutreffend bezeichnet *Bornkamm* sog. **»Schubladenverfügungen«** als »Unsitte«.[52] »Schubladenverfügungen« sind einstweilige Verfügungen, die ohne vorherige Abmahnung und ohne Anhörung des Antragsgegners ergangen sind. Dies ist mit Blick auf das Grundrecht auf rechtliches Gehör (Art. 103 I GG) bedenklich, da der Antragsgegner noch nicht einmal die Möglichkeit hatte, sich mit einer **Schutzschrift** gegen den möglichen Erlass einer einstweiligen Verfügung zu wehren. Wird ein Unternehmer abgemahnt, muss er damit rechnen, dass der Abmahnende eine einstweilige Verfügung beantragt. Da eine einstweilige Verfügung ohne mündliche Verhandlung ergehen kann, läuft der Abgemahnte Gefahr, dass die Argumente, die für die Rechtmäßigkeit seines Verhaltens sprechen, vor Gericht (zunächst) nicht berücksichtigt werden. Er hat die Möglichkeit, seine Argumente in einer **Schutzschrift** niederzulegen. Eine solche Schutzschrift kann bei Gericht hinterlegt werden und wird sodann bei der Entscheidungsfindung berücksichtigt. Der Eingang der Schutzschrift wird im elektronischen Schutzschriftenregister vermerkt (§ 945a ZPO). Art. 103 I GG hält die Gerichte dazu an, vor Entscheidung über einen Antrag auf eine einstweilige Verfügung zu recherchieren, ob eine Schutzschrift eingereicht worden ist.

43 Sofern das Gericht ohne mündliche Verhandlung die einstweilige Verfügung erlässt, ergeht eine **Beschlussverfügung** nach § 937 II ZPO. Gegen diese kann der Antragsgegner Widerspruch einlegen (§§ 936, 924 I ZPO). Wird der Antrag auf Erlass einer einstweiligen Verfügung im Beschlusswege zurückgewiesen, kann der Antragsteller hiergegen sofortige Beschwerde gem. § 567 I Nr. 2 ZPO erheben. Hat das Gericht durch Urteil entschieden, ist Berufung gem. § 511 ZPO zulässig. Eine Revision zum BGH findet gem. § 542 II 1 ZPO nicht statt. Ausgesprochen wichtig ist es, dass die **einstweilige Verfügung nach Erlass vollzogen** wird. Nach § 929 II ZPO iVm § 936 ZPO ist die Vollziehung der einstweiligen Verfügung unstatthaft, wenn seit dem Tag der Verkündung oder seit dem Tag der Zustellung ein Monat verstrichen ist. Vollziehung bedeutet nichts anderes als die Vollstreckung der in der einstweiligen Verfügung angeordneten Maßnahmen.[53] Für die Vollziehung ist nach h.M. eine **Zustellung** der einstweiligen Verfügung **im Parteibetrieb** erforderlich.[54] Die **Partei selbst** (!) muss also gem. §§ 166 ff. ZPO (§ 192 I ZPO) die Zustellung durch den Gerichtsvollzieher veranlassen. Dies gilt nach hM selbst dann, wenn eine Urteilsverfügung von Amts wegen dem Antragsgegner zugestellt worden ist.[55]

> **Fall 4:** U und R haben vergessen, die einstweilige Verfügung im Parteibetrieb zuzustellen. Nunmehr ist die Vollziehung der einstweiligen Verfügung unstatthaft.

44 Die einstweilige Verfügung ist ein ausgesprochen schneidiges Rechtsinstrument. Daher trifft den Antragsteller nach **§ 945 ZPO** eine **Gefährdungshaftung**, wenn die einstweilige Verfügung zu Unrecht angeordnet worden ist. Ein Verschulden ist für die Haftung also nicht erforderlich. Eine konfliktvermeidende Wirkung kommt § 945 ZPO im Lauterkeitsrecht nur in geringem Maße zu, da der Inanspruchgenommene regelmäßig keinen Schaden darlegen kann.

---

51 Vgl. zu diesem Problem Zöller/*Vollkommer* ZPO § 937 Rn. 2b.
52 Köhler/Bornkamm/Feddersen/*Bornkamm* UWG § 12 Rn. 1.72 f.; krit. auch *Zindel/Vorländer* WRP 2017, 276 ff.
53 *Büttner* in Ahrens Wettbewerbsprozess Kap. 57 Rn. 2.
54 Zöller/*Vollkommer* § 929 Rn. 12 mit umfangreichen Nachweisen zum Streitstand.
55 BGHZ 120, 73 (78 f.) = NJW 1993, 1076 (1077); OLG Oldenburg WRP 2011, 508 (508 f.); *Büttner* in Ahrens Wettbewerbsprozess Kap. 57 Rn. 12; **aA** OLG Stuttgart BeckRS 1998, 02189.

Die einstweilige Verfügung bewirkt nur eine vorläufige Klärung der Rechtslage, da ihr **45** eine materielle Rechtskraftwirkung hinsichtlich der Hauptsache nicht zukommt.[56] Oft sind aber die zentralen Streitpunkte zwischen den Parteien nach Abschluss des einstweiligen Verfügungsverfahrens erledigt, da das Gericht die streitigen Rechtsfragen entschieden hat. Sie haben ein Interesse daran, die Streitigkeiten endgültig beizulegen. Zu diesem Zweck fordert der Anspruchsgläubiger den Antragsgegner mit einem **Abschlussschreiben** dazu auf, eine **Abschlusserklärung** abzugeben. Diese besteht aus einem Bündel prozessualer und materiell-rechtlicher Erklärungen, die zur Konsequenz haben, dass rechtskraftähnliche Wirkungen eintreten.[57] Eine Rechtskraftwirkung selbst kann nicht durch eine vertragliche Vereinbarung simuliert werden.[58] Die einzelnen Erklärungen sind sorgfältig auf ihre Wirkung hin zu betrachten.[59] Üblicherweise verzichtet der Antragsgegner auf die Rechte aus §§ 924, 926 ZPO und § 927 ZPO. Zudem wird auf eine Klage im ordentlichen Verfahren verzichtet. Vorsicht ist in Bezug auf materiell-rechtliche Erklärungen geboten. Eine strafbewehrte Unterlassungserklärung entzieht der einstweiligen Verfügung die Grundlage.[60] Abhängig von den konkret abgegebenen Erklärungen ist eine Annahme durch den Antragsteller erforderlich. In der Aufforderung des Antragsstellers an den Antragsgegner im Abschlussschreiben, eine Abschlusserklärung abzugeben, wird oft ein Angebot liegen, das dann mit der Abschlusserklärung angenommen werden kann.[61]

## E. Das Hauptsacheverfahren

Das Hauptsacheverfahren wird als Zivilprozess vor den ordentlichen Gerichten geführt. **46** In §§ 13f. UWG finden sich Regelungen zur sachlichen und örtlichen Zuständigkeit. § 12 UWG ergänzt die Bestimmungen der ZPO zum Hauptsacheverfahren. Nach § 12 III UWG ist eine Urteilsbekanntmachung möglich. Nach § 12 IV, V UWG ist eine Herabsetzung der Verfahrenskosten möglich, wenn diese die unterliegende Partei wirtschaftlich erheblich gefährden.

### I. Urteilsbekanntmachung (§ 12 III UWG)

Nach § 12 III 1 UWG kann das Gericht der obsiegenden Partei die Befugnis zusprechen, **47** das Urteil auf Kosten der unterliegenden Partei öffentlich bekannt zu machen, wenn sie ein berechtigtes Interesse darlegt. Ähnliche Ansprüche finden sich auch im Recht des geistigen Eigentums (Beispiele: § 103 UrhG, § 19c MarkenG) und in § 7 UKlaG. § 12 III 1 UWG ähnelt dem Widerrufsanspruch bei Verletzung des allgemeinen Persönlichkeitsrechtes.[62] Im Kern handelt es sich um einen materiell-rechtlichen Störungsbeseitigungsanspruch. Eine andauernde Marktverwirrung oder eine Schädigung des Ansehens des Unternehmens soll abgemildert bzw. beseitigt werden.

---

56 Ahrens/*Ahrens* Wettbewerbsprozess Kap. 58 Rn. 3; MüKoZPO/*Drescher*, 5. Aufl. 2016, vor § 916 Rn. 28.
57 *Ahrens* in Ahrens Wettbewerbsprozess Kap. 58 Rn. 4.
58 Vgl. *Ahrens* in Ahrens Wettbewerbsprozess Kap. 58 Rn. 4.
59 *Ahrens* in Ahrens Wettbewerbsprozess Kap. 58 Rn. 12 ff.
60 *Ahrens* in Ahrens Wettbewerbsprozess Kap. 58 Rn. 8 ff.
61 Ein Formulierungsvorschlag für eine Abschlusserklärung findet sich bei *Ahrens* in Ahrens Wettbewerbsprozess Kap. 58 Rn. 59.
62 Vgl. dazu Palandt/*Sprau* BGB Einf v. § 823 Rn. 40.

> **Beispiel:** U behauptet wahrheitswidrig, Bio-Landwirt W verkaufe Fleisch aus Massentierhaltung als Fleisch aus artgerechter Haltung. U wird zur Unterlassung verurteilt. W begehrt eine Urteilsveröffentlichung, um die bei seinen Kunden eingetretene Verunsicherung zu beseitigen.

48 Der Anspruch aus § 12 III UWG ist nur gegeben, wenn ein **berechtigtes Interesse** an der Veröffentlichung besteht. Um dieses festzustellen, ist eine Interessenabwägung vorzunehmen.[63] Die Art und Schwere des Verstoßes, das Ausmaß der Beeinträchtigung des Verletzten sowie die Reaktion der Öffentlichkeit auf die Entscheidung sind in die Abwägung einzubeziehen.[64]

## II. Streitwertbegünstigung (§ 12 IV, V UWG)

49 Die Gerichte neigten lange Zeit dazu, Streitwerte für lauterkeitsrechtliche Unterlassungsklagen recht hoch festzusetzen. Gelegentlich wurde mit Regelstreitwerten von 20.000 DM oder 30.000 DM gearbeitet.[65] Solche Regelstreitwerte stehen im Widerspruch zu den Gebührenbemessungsvorschriften in § 3 ZPO und § 51 II GKG, die eine Festsetzung für den konkreten Fall verlangen.[66] Im Jahr 2013 ist durch das Gesetz gegen unseriöse Geschäftspraktiken mit § 51 II–IV GKG eine Gebührenbemessungsvorschrift für das Recht des geistigen Eigentums und das Lauterkeitsrecht in das GKG eingefügt worden.[67] Nach § 51 III GKG ist der Streitwert zu mindern, wenn die Bedeutung der Sache für den Beklagten erheblich geringer zu bewerten ist als die Bedeutung für den Kläger (auf die es im Grundsatz nach § 51 II GKG ankommt). Fehlen genügende Anhaltspunkte für die Bemessung des Streitwerts, ist von einem Regelstreitwert von (nur) 1.000 EUR auszugehen, § 51 III 2 GKG.

> **Beispiel:** Student S eröffnet am Stadtrand von Herne ein kleines Fachgeschäft für Surfsport und Stand Up Paddling (SUP). Er nennt dieses »Apple«. Der Computer- und Mobiltelefonhersteller Apple geht aus Markenrecht und Lauterkeitsrecht gegen S vor. Apple beziffert den Streitwert zutreffend (§ 51 II GKG) auf 10 Mio. EUR, da eine Verwässerung der Marke droht. Nach § 51 III 1 GKG ist der Streitwert herabzusetzen, da die ökonomische Bedeutung für S nur sehr gering ist.

50 § 12 IV, V UWG wird nur selten neben § 51 II, III GKG Bedeutung entfalten können. Zu denken ist an die Fälle, in denen die (zutreffende) Anwendung des § 51 GKG zu einem hohen Streitwert führt, der eine Partei wirtschaftlich gefährdet. Beachtung verdient, dass § 12 IV UWG nicht nur Beseitigungs- und Unterlassungsansprüche erfasst und auch zugunsten der klagenden bzw. antragstellenden Partei wirkt.

> **Beispiel:** Der angeschlagene Küchenhersteller K gerät wirtschaftlich immer weiter in die Krise, da Wettbewerber W lauterkeitswidrig kompatible Schränke zum Küchensystem des K anbietet. K nimmt W gerichtlich auf Unterlassung in Anspruch. Der Streitwert wird auf 1 Mio. EUR festgesetzt. K verliert das Verfahren, da es seinem wenig versierten Rechtsanwalt R nicht gelingt, einen Unterlassungsantrag zu stellen, der dem prozessualen Bestimmtheitsgebot genügt. Eine Belastung mit den Prozesskosten in voller Höhe würde K in die Insolvenz treiben. Er kann Streitwertbegünstigung nach § 12 IV UWG beantragen.

---

63 Ohly/Sosnitza/*Sosnitza* UWG § 12 Rn. 218.
64 BGH GRUR 1955, 37 (42) – Cupresa; Ohly/Sosnitza/*Sosnitza* UWG § 12 Rn. 218.
65 Rechtsprechungsübersicht bei Ohly/Sosnitza/*Sosnitza* UWG § 12 Rn. 234.
66 So zutr. Köhler/Bornkamm/Feddersen/*Köhler/Feddersen* UWG § 12 Rn. 5.3 a.
67 Näher zu dieser Regelung MüKoUWG/*Schlingloff* § 12 Rn. 660 ff.

## III. Unterlassungsvollstreckung

Die Unterlassungsvollstreckung aus einer einstweiligen Verfügung oder aus einem Ur- 51
teil, das im Hauptsacheverfahren ergangen ist, bestimmt sich nach § 890 ZPO. Dieser
regelt die Zwangsvollstreckung zur Erzwingung von Unterlassungen und Duldungen.
Gegen den Unterlassungsschuldner wird ein **Ordnungsgeld** (mit Ersatzordnungshaft)
oder Ordnungshaft angeordnet. Die Ordnungsmittel müssen zuvor angedroht werden
(§ 890 II ZPO). Dies geschieht typischerweise schon in der einstweiligen Verfügung
oder im Urteil. Ob eine Zuwiderhandlung vorliegt, bestimmt sich nach der sog. **Kerntheorie**[68]. Ein Verstoß gegen das Unterlassungsgebot liegt vor, wenn der Verkehr die
neue Handlung als gleichwertig ansieht, weil sie nur geringfügig abweicht.[69]

> **Beispiel (nach OLG München GRUR-RR 2011, 32 – Jackpot-Werbung II):** Ein Lottounternehmen
> bewarb lauterkeitswidrig einen Jackpot und wurde daraufhin erfolgreich gerichtlich auf Unterlassung in Anspruch genommen. Die Werbung wird mit einem geringfügig geänderten Layout
> in etwas anderer Größe wiederholt. Die neue Handlung fällt in den Kernbereich des Unterlassungstitels.

## F. Sachliche und örtliche Zuständigkeit

### I. Sachliche Zuständigkeit (§ 13 UWG)

Seit 2004 sind nach § 13 I UWG für alle lauterkeitsrechtlichen Streitigkeiten die **Land-** 52
**gerichte ausschließlich zuständig.** Zuvor wurden insbesondere Kostenstreitsachen
nach erfolgter Abmahnung (und abgegebener Unterlassungserklärung) vor den Amtsgerichten ausgetragen.[70] In Rechtsprechung und Literatur ist intensiv umstritten, ob
§ 13 I UWG auch für Ansprüche auf Zahlung einer Vertragsstrafe eine streitwertunabhängige Zuständigkeit der Landgerichte begründet.[71]

§ 13 I 2 UWG ordnet klarstellend an, dass es sich bei Wettbewerbsstreitigkeiten um 53
**Handelssachen iSd § 95 GVG** handelt. Eine identische Regelung findet sich in § 95 I
Nr. 5 GVG. Die Kammer für Handelssachen wird tätig, wenn ein entsprechender Antrag gestellt wird (§§ 96 I, 98 I GVG). Ein solcher Antrag darf nicht vorschnell gestellt
werden. Gelegentlich haben die Gerichte Spezialkompetenz für das Lauterkeitsrecht in
allgemeinen Zivilkammern gebündelt. Der Rechtsanwalt bzw. die Rechtsanwältin
muss sich zu dieser Frage mit den örtlichen Gegebenheiten vertraut machen.

§ 13 II UWG ermöglicht es den Ländern, die Zuständigkeit eines Gerichtes für die Be- 54
zirke mehrerer LG zu bestimmen. Entsprechende Regelungen finden sich nur in Sachsen und Mecklenburg-Vorpommern.[72] Bei Streitigkeiten zwischen Arbeitgebern und
Arbeitnehmern sind die **Arbeitsgerichte** ausschließlich zuständig (§ 2 ArbGG). Daher
sind lauterkeitsrechtliche Konflikte gelegentlich von den Arbeitsgerichten zu entschei-

---

68 Ausf. dazu *Ahrens* in Ahrens Wettbewerbsprozess Kap. 65 Rn. 9 ff.
69 *Ahrens* in Ahrens Wettbewerbsprozess Kap. 65 Rn. 10.
70 Vgl. hierzu *Steinmetz*, Der »kleine« Wettbewerbsprozeß, 1993, passim.
71 Für eine Anwendbarkeit des § 13 I 1 UWG: OLG Jena GRUR-RR 2011, 199 f.; OLG Schleswig
   GRUR-RR 2015, 358 (358 f.); LG Mannheim GRUR-RR 2015, 454 (454 f.); **aA** OLG Köln WRP
   2014, 1369; Köhler/Bornkamm/Feddersen/*Köhler/Feddersen* UWG § 13 Rn. 2 mwN.
72 Vgl. Köhler/Bornkamm/Feddersen/*Köhler/Feddersen* UWG § 13 Rn. 5.

den. Ein typisches Beispiel ist ein Geheimnisverrat durch einen Arbeitnehmer nach § 17 I UWG.[73]

## II. Örtliche Zuständigkeit (§ 14 I UWG)

55 § 14 UWG bestimmt eine **ausschließliche örtliche Zuständigkeit** für lauterkeitsrechtliche Streitigkeiten. Diese Regelung geht den allgemeinen Regelungen zur Zuständigkeit in den §§ 12 ff. ZPO vor (vgl. den Wortlaut des § 14 II UWG »... außerdem nur das Gericht zuständig ...«). Nach § 14 I UWG ist das Gericht zuständig, in dessen Bezirk der **Beklagte** seine gewerbliche oder selbstständige berufliche **Niederlassung** hat. Fehlt eine solche Niederlassung, ist das Gericht des Wohnsitzes zuständig. Hat der Beklagte auch keinen Wohnsitz, ist der inländische Aufenthaltsort maßgeblich (§ 14 I 2 UWG).

> **Beispiel:** Rechtsanwalt R betreibt seine Kanzlei in Köln. Er wohnt in Düsseldorf. Für eine lauterkeitsrechtliche Klage gegen ihn ist das LG (§ 13 I UWG) in Köln zuständig.

56 § 14 II UWG begründet **zusätzlich** den **Gerichtsstand des Begehungsortes**. Der Kläger hat grundsätzlich ein Wahlrecht zwischen den beiden Gerichtsständen. Nach § 8 III Nr. 2–4 UWG zur Klage Berechtigte müssen aber am Gerichtsstand der Niederlassung des Beklagten nach § 14 I UWG klagen (§ 14 II 2 UWG). Etwas anderes gilt nur, wenn der Beklagte im Inland weder einen Wohnsitz noch eine Niederlassung hat.

57 Durch § 14 II UWG wird zudem ein sog. **»fliegender Gerichtsstand«** begründet. Bei Wettbewerbsverstößen in Druckschriften ist jedes Gericht im regelmäßigen Verbreitungsgebiet zuständig.[74] Gleiches gilt für Angebote im Internet. Auch hier ist für die Zuständigkeitsbestimmung der Kreis der Personen, an die sich das Angebot im Internet bestimmungsgemäß richtet, zu bestimmen.[75] Diese Rechtsprechung führte dazu, dass bei Werbung in Druckschriften und im Internet im Regelfall jedes deutsche LG zuständig ist. Diese Regelung ist rechtspolitisch inakzeptabel, da sie vielfältige **Missbrauchsmöglichkeiten** eröffnet.

> **Beispiele:**
> - Um die Rechtsverteidigung zu erschweren, wird ein Gericht angerufen, das sich fernab von der Niederlassung des Beklagten befindet.
> - Mit der Verfolgung eines Lauterkeitsrechtsverstoßes wurde sehr lange gewartet. Eine Vielzahl der Landgerichte lehnt aufgrund der Wartezeit das Eingreifen der Dringlichkeitsvermutung (§ 12 II UWG) ab. Der Antragsteller wählt ein Gericht aus, das bei dieser Frage großzügiger ist.
> - Die Antragsteller wählen bevorzugt Landgerichte aus, die einstweilige Verfügungen ohne mündliche Verhandlung erlassen.
> - Die Streitwertzumessungspraxis unterscheidet sich zwischen den einzelnen Landgerichten. Dies verleitet den Antragsteller dazu, ein LG anzurufen, das für seine großzügige Streitwertbemessungspraxis bekannt ist.
> - Die Rechtsprechung des LG X ist besonders pressefreundlich. Der Zeitungsverlag Z bringt alle Streitigkeiten vor dieses Gericht.
> - Unterschiede im Verständnis der materiellen Verbotstatbestände des UWG zwischen den Gerichten können von Antragstellern bzw. Klägern gezielt ausgenutzt werden.

---

73 Weitere Beispielsfälle bei Köhler/Bornkamm/*Bornkamm* UWG § 12 Rn. 2.4.
74 BGH GRUR 1978, 194 (195) – profil.
75 BGH GRUR 2006, 513 Rn. 25 – Arzneimittelwerbung im Internet; BGH GRUR 2005, 431 (432) – Hotel MARITIME (zur internationalen Zuständigkeit).

Für eine Beibehaltung der bisherigen Regelung spricht insbesondere das von einigen  58
Gerichten aufgebaute Know-how im Lauterkeitsrecht.[76] Viele Probleme ließen sich
vermeiden, wenn Beschlussverfügungen (ohne mündliche Verhandlung) nur noch im
Ausnahmefall ergingen (§ 937 II ZPO). Mit dem »**Gesetz zum Schutz des fairen
Wettbewerbs**«[77] ist beabsichtigt, den »fliegenden Gerichtsstand« abzuschaffen, § 14 II
1 UWG-RefE. Abzuwarten bleibt, ob sich die Änderung gegen den zu erwartenden
starken Widerstand, der sich wahrscheinlich wieder auf die besondere Sachkompetenz
der bislang sehr häufig angerufenen Gerichte (beispielsweise erfreuen sich das LG
Hamburg und das LG Köln großer Beliebtheit bei Anspruchstellern) berufen wird, behaupten kann.

## G. Einigungsstellen (§ 15 UWG)

Ein alternatives Streitbeilegungsinstrument hält § 15 UWG bereit. Die Landesregierun-  59
gen haben bei den **Industrie- und Handelskammern Einigungsstellen** eingerichtet, die
lauterkeitsrechtliche Konflikte außergerichtlich lösen sollen. Das Einigungsstellenverfahren ist kostengünstig und trägt zum Rechtsfrieden bei. Es ist allerdings nicht geeignet,
streitige Rechtsfragen zu klären.[78] Intensiv genutzt wird das Instrument des § 15 UWG
von der Zentrale zur Bekämpfung unlauteren Wettbewerbs e.V. (Wettbewerbszentrale),
einem nach § 8 III Nr. 2 UWG klagebefugten Verband.[79] Im Jahr 1999 wurden insgesamt
ca. 1800 Einigungsstellenverfahren durchgeführt. An ungefähr 1400 Verfahren war die
Wettbewerbszentrale beteiligt.[80] Der Verfahrensgang vor der Einigungsstelle ist in § 15
UWG geregelt. Das Verfahren ist auf einen gütlichen Ausgleich gerichtet (§ 15 VI 1
UWG). Angestrebt wird ein Vergleich (§ 15 VII UWG). Ein paralleles einstweiliges Verfügungsverfahren steht dem Einigungsstellenverfahren nicht entgegen (vgl. § 15 X 2
UWG). Eine Klage durch den Antragsteller des Einigungsstellenverfahrens ist vor der
Entscheidung der Einigungsstelle typischerweise treuwidrig und daher mangels eines
Rechtsschutzbedürfnisses unzulässig.[81] Während des laufenden Einigungsstellenverfahrens ist die Verjährung gehemmt (§ 15 IX UWG). Die Beantragung und Durchführung
eines Einigungsstellenverfahrens soll der Dringlichkeit für eine einstweilige Verfügung
nach Abschluss des Einigungsstellenverfahrens nicht entgegenstehen.[82] Allerdings ist
Vorsicht geboten. Das Gesetz (§ 12 II UWG) enthält keine ausdrückliche Regelung zu
den Auswirkungen eines Einigungsstellenverfahrens auf die Dringlichkeitsvermutung.

---

76 Vgl. die Stellungnahme der GRUR zu einer 2013 erwogenen Streichung des § 14 II UWG, GRUR
2013, 597f.
77 BMJV, Referentenentwurf (Stand: September 2018), abrufbar unter www.bmjv.de.
78 Umfassend zu den Vor- und Nachteilen MüKoUWG/*Ottofülling* § 15 Rn. 14ff.
79 Vgl. *Ottofülling* WRP 2006, 410ff.
80 MüKoUWG/*Ottofülling* § 15 Rn. 28, 30.
81 MüKoUWG/*Ottofülling* § 15 Rn. 136.
82 OLG Hamm GRUR 1980, 928 (929) – Feiertagspreis.

# H. Übersicht: Ablauf einer lauterkeitsrechtlichen Steitigkeit

60

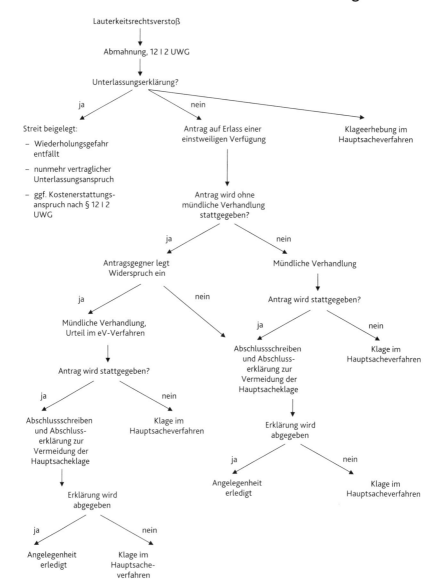

# 5. Kapitel. Straf- und Bußgeldvorschriften

## § 17 Straftatbestände und Ordnungswidrigkeiten

**Literatur:** *Keller,* Progressive Systeme zur Verkaufsförderung im Recht des unlauteren Wettbewerbs, WRP 2017, 262 ff.; *McGuire,* Der Schutz von Know-how im System des Immaterialgüterrechts, GRUR 2016, 1000 ff.; *Oetker,* Neujustierung des arbeitsrechtlichen Schutzes von Geschäftsgeheimnissen vor Offenbarung durch das Unionsrecht, ZESAR 2017, 257 ff.

**Fall 1:** Automobilhersteller W-AG bewirbt seine Dieselfahrzeuge in einer Zeitschriftenwerbung mit dem Text: »Sauberer als frische Bergluft am Sonntagmorgen: Alle unsere Diesel entsprechen der Euro-6-Norm«. Tatsächlich halten die Fahrzeuge die Norm nicht ein. Mit einer Softwaremanipulation wurden die Zulassungsbehörden im Zulassungsverfahren getäuscht. Sachbearbeiter X der W-AG, der die Anzeige geschaltet hat, weiß dies.

**Fall 2:** Unternehmer U übergibt dem Subunternehmer Z Schnittmuster, damit dieser für U Polohemden herstellen kann. U weist Z an, das Muster nicht anderweitig zu verwenden. Dennoch gibt Z es weiter.

**Fall 3:** Energieversorgungsunternehmen E ruft systematisch und unter Verstoß gegen § 7 II Nr. 2 UWG alle im Telefonbuch eingetragenen Anschlussinhaber an, um sie von einem Wechsel des Energieversorgers zu überzeugen. Versuche, E über das Zivilrecht zu stoppen, scheitern. Vertragsstrafen und Ordnungsgelder werden von E lächelnd gezahlt, da die unlautere Geschäftspraktik ökonomisch dennoch ausgesprochen attraktiv ist.

## A. Überblick

Die §§ 16–20 UWG enthalten Straf- und Ordnungswidrigkeitentatbestände. Der Bereich zerfällt in drei zentrale Komplexe. § 16 UWG enthält zwei Fälle **strafbarer Werbung.** Gegenstand der §§ 17–19 UWG ist der lauterkeitsrechtliche **Geheimnisschutz.** § 20 UWG sieht eine Bußgeldsanktion für Fälle **unzulässiger Telefonwerbung** vor (zum Sanktionsinstrumentarium des UWG ausführlich → § 15 Rn. 1 ff.). Allen genannten Fällen ist gemeinsam, dass sie Verhaltensweisen erfassen, bei denen eine bloße zivilrechtliche Sanktionierung nicht für ausreichend gehalten wird. Der deutsche Gesetzgeber plant, zur Umsetzung der Know-how-RL die §§ 17–19 UWG durch ein neues Gesetz, das Gesetz zum Schutz der Geschäftsgeheimnisse, zu ersetzen. 1

## B. Strafbare Werbung (§ 16 UWG)

### I. Überblick

Nach § 16 I UWG ist eine **vorsätzliche irreführende Werbung** strafbar. § 16 II UWG stellt die **progressive Kundenwerbung,** sog. »Schneeballsysteme«, unter Strafe. Die praktische Bedeutung der Vorschriften ist überschaubar. Aktuell gewinnt § 16 I UWG durch den Dieselskandal an Aufmerksamkeit. Zu erwägen ist, ob sich Verantwortliche nicht aufgrund unzutreffender Angaben über den Schadstoffausstoß der Fahrzeuge gem. § 16 I UWG strafbar gemacht haben. 2

**Fall 1:** Es ist vorsätzlich irreführend geworben worden. X hat daher gegen § 16 I UWG verstoßen. Juristische Personen können sich nicht strafbar machen. Eine strafrechtliche Verantwortung der Organe der W-AG kommt nur nach Maßgabe des § 14 StGB in Betracht. Für den durch X begangenen (zivilrechtlichen) Verstoß gegen § 5 UWG haftet die W-AG über § 8 II UWG.

### II. Strafbare irreführende Werbung (§ 16 I UWG)

3   § 16 I UWG stellt vorsätzliche irreführende Werbung unter Strafe. Der objektive Straftatbestand knüpft an § 5 I UWG an. Verlangt wird zusätzlich, dass die Angaben **unwahr** sind. Auch genügt eine Irreführung in einem Kundengespräch nicht. Sie muss in öffentlichen Bekanntmachungen oder in Mitteilungen, die für einen größeren Kreis von Personen bestimmt sind, erfolgen. Das Vorsatzerfordernis wird in § 16 I UWG nicht ausdrücklich genannt. Es folgt aus § 15 StGB. Weiter verlangt der subjektive Tatbestand des § 16 I UWG die **Absicht** (dolus directus ersten Grades)[1], den Anschein eines besonders günstigen Angebots hervorzurufen. Dafür muss der Täter die Ware günstiger darstellen, als sie tatsächlich ist.[2]

### III. Progressive Kundenwerbung (§ 16 II UWG)

4   § 16 II UWG stellt die progressive Kundenwerbung unter Strafe. In Nr. 14 des Anhangs zu § 3 III UWG findet sich ein Per-se-Verbot der progressiven Kundenwerbung. Die Tatbestände sind identisch zu interpretieren.[3] Insoweit kann auf die obigen Ausführungen zu Nr. 14 des Anhangs zu § 3 III UWG verwiesen werden (→ § 8 Rn. 103 ff.). Auch hier gilt § 15 StGB. **Strafbar** ist ein System der progressiven Kundenwerbung also nur, wenn der Täter hinsichtlich aller Tatbestandsmerkmale zumindest mit **dolus eventualis** handelt (§ 15 StGB).

## C. Schutz von Geschäftsgeheimnissen

### I. Einführung

5   Der Schutz von **Geschäftsgeheimnissen** ist für Unternehmen von enormer ökonomischer Bedeutung. Geheimes betriebliches Wissen ist ein zentrales Element der Wertschöpfung im Unternehmen. Insbesondere Unternehmen, die unkörperliche Güter schaffen, sind in besonderer Weise darauf angewiesen, dass ihr **Unternehmens-Knowhow** geheim bleibt. Ein Beispiel für ein solches Know-how sind die Suchalgorithmen, die Google anwendet. Ein weiteres, klassisches Beispiel für betriebliches Know-how ist das sagenumwobene Coca-Cola-Rezept. Die Funktionsweise, Möglichkeiten und Grenzen des Know-how-Schutzes verdeutlicht das Patentrecht. Hat ein Unternehmer eine Erfindung gemacht, die patentfähig ist, stehen ihm zwei Möglichkeiten zur Auswahl. Zum einen kann er seine Erfindung zum Patent anmelden. Er erhält dann ein Ausschließlichkeitsrecht mit bis zu 20 Jahren Laufzeit (§§ 9, 16 PatG). Im Gegenzug dafür muss er die technische Innovation aufdecken. Nach Ablauf der Schutzfrist können alle Wettbewerber das Patent frei verwenden. Alternativ kann der Erfinder erwägen, ob es ihm gelingen

---

[1] Köhler/Bornkamm/Feddersen/*Bornkamm* UWG § 16 Rn. 18; Harte-Bavendamm/Henning-Bodewig/*Dreyer* UWG § 16 Rn. 31.
[2] Köhler/Bornkamm/Feddersen/*Bornkamm* UWG § 16 Rn. 19.
[3] OLG Frankfurt a. M. GRUR-RR 2012, 77 – Vergütungsplan; Köhler/Bornkamm/Feddersen/*Bornkamm* UWG § 16 Rn. 38; Harte-Bavendamm/Henning-Bodewig/*Dreyer* UWG § 16 Rn. 46.

kann, die Innovation über eine längere Zeit geheim zu halten. Gelingt ihm dies, hat er einen Vorsprung gegenüber seinen Wettbewerbern, der unter Umständen die Patentschutzzeit überdauert. Ob dies möglich ist, hängt von der Erfindung ab. Betrifft diese ein innerbetriebliches Produktionsverfahren, kann eine Geheimhaltung möglich sein. Kann die Funktionsweise der Erfindung durch bloße Inaugenscheinnahme nachvollzogen werden (Beispiel: Fischer-Dübel), hilft ein Geheimhaltungsschutz nicht weiter.

Die ökonomische Bedeutung von Betriebsgeheimnissen ist enorm. **Wirtschaftsspionage** wird sowohl von Unternehmen als auch von Staaten betrieben. Die Schadenshöhe für die deutsche Wirtschaft wird auf mehrere Milliarden Euro geschätzt.[4] Das Internet hat den Tätern hier neue Begehungsmöglichkeiten eröffnet (insbesondere »Hacking«). In einem Graubereich bewegt sich die sog. »**Corporate Intelligence**«. Mit diesem Begriff wird die Beobachtung von Wettbewerbern beschrieben. Sie ist teilweise zulässig (Auswerten von Zeitungsanzeigen, Beobachten und Zählen der Mitarbeiter an Personalein- und -ausgängen etc), teilweise aber auch unzulässig (wenn die Grenzen des § 17 UWG überschritten werden). 6

**§ 17 UWG** erfasst Fälle des **Verrats von Betriebs- und Geschäftsgeheimnissen**. Die sog. **Vorlagenfreibeuterei** wird in **§ 18 UWG** unter Strafe gestellt. Die Strafbarkeit wird durch **§ 19 UWG vorverlagert**. Nach § 19 I UWG ist die versuchte Anstiftung zu einer Straftat nach § 17 UWG oder § 18 UWG strafbar. Das Erbieten zum Verrat ist nach § 19 II UWG strafbar. 7

Der Schutz von Geschäfts-und Betriebsgeheimnissen ist in Deutschland zurzeit noch strafrechtlich geprägt. Die §§ 17–19 UWG sind Straftatbestände. Zivilrechtlich können Ansprüche über § 823 II BGB geltend gemacht werden.[5] Daneben wird häufig eine Individualbehinderung iSd § 4 Nr. 4 UWG vorliegen.[6] 8

Das Recht des Schutzes der Geschäftsgeheimnisse steht vor einer grundlegenden Überarbeitung. Die EU hat den Bereich mit der **RL 2016/943/EU über den Schutz von Geschäftsgeheimnissen**[7] (Know-how-RL) reguliert. Der Begriff des Geschäftsgeheimnisses wird in Art. 2 Nr. 1 Know-how-RL definiert: 9

»Informationen, die folgende Kriterien erfüllen:
a) Sie sind in dem Sinne geheim, dass sie weder in ihrer Gesamtheit noch in der genauen Anordnung und Zusammensetzung ihrer Bestandteile den Personen in den Kreisen, die üblicherweise mit dieser Art von Informationen umgehen, allgemein bekannt oder ohne weiteres zugänglich sind;
b) sie sind von kommerziellem Wert, weil sie geheim sind;
c) sie sind Gegenstand von den Umständen entsprechenden angemessenen Geheimhaltungsmaßnahmen durch die Person, die die rechtmäßige Kontrolle über die Informationen besitzt.«

Die Frist zur Umsetzung der Know-how-RL ist am 9.6.2018 abgelaufen. Der deutsche Gesetzgeber beabsichtigt, die Richtlinie mit einem neuen Gesetz, dem **Gesetz zum Schutz von Geschäftsgeheimnissen (GeschGehG)**, umzusetzen. Seit dem 18.7.2018 liegt ein Regierungsentwurf vor.[8] Beabsichtigt ist, die §§ 17–19 UWG auf-

---

4 MüKoUWG/*Brammsen* Vor § 17 Rn. 7.
5 MüKoUWG/*Brammsen* § 17 Rn. 7.
6 Hierzu näher MüKoUWG/*Jänich* § 4 Nr. 4 Rn. 76 f.
7 RL (EU) 2016/943 des Europäischen Parlaments und des Rates über den Schutz vertraulichen Knowhows und vertraulicher Geschäftsinformationen (Geschäftsgeheimnisse) vor rechtswidrigem Erwerb sowie rechtswidriger Nutzung und Offenlegung v. 8.6.2016, ABl. 2016 L 157, 1.
8 Der Regierungsentwurf ist über https://www.bmjv.de zugänglich.

**zuheben** und durch das neue Gesetz zu ersetzen. Zu den Eckpunkten der künftigen Rechtslage → § 17 Rn. 22 f.

## II. § 17 UWG

10  § 17 UWG ist die Zentralnorm des Schutzes von Geschäftsgeheimnissen.

> **Typische Beispiele für Geheimnisse sind:**[9]
> - Kundenlisten.
> - Mitarbeiterlisten.
> - Umsatzzahlen.
> - Interne Informationen über Marketingmaßnahmen.
> - Verkaufskonditionen.
> - Produktionsmethoden, Herstellungsverfahren.
> - Rezepte.
> - Programmcodes von Computerprogrammen.
> - Algorithmen.

11  § 17 UWG stellt drei verschiedene Tathandlungen unter Strafe.
- Geheimnisverrat, § 17 I UWG (→ § 17 Rn. 12)
- Betriebsspionage, § 17 II Nr. 1 UWG (→ § 17 Rn. 14)
- Geheimnisverwertung, § 17 II Nr. 2 UWG (→ § 17 Rn. 16)

12  Der Geheimnisverrat (§ 17 I UWG) erfolgt durch »eine bei einem Unternehmen beschäftigte Person«. Erfasst wird hier die Weitergabe durch Arbeitnehmer und Personen in Führungspositionen (Vorstand, Geschäftsführer).[10] **Während der Geltungsdauer** des Dienstverhältnisses muss das Geheimnis unbefugt mitgeteilt werden. Mitteilungen von Informationen nach Beendigung des Dienstverhältnisses werden also nicht erfasst. Hierfür haftet der Mitarbeiter allein zivilrechtlich.

> **Beispiel:** Versicherungsmitarbeiter V kündigt sein Arbeitsverhältnis. Nach dem Ausscheiden gibt er Kundenlisten an ein Konkurrenzunternehmen weiter. Das Verhalten ist nicht nach § 17 I UWG strafbar. In Betracht kommt jedoch ein Verstoß gegen eine vertragliche Wettbewerbsklausel (§ 74 HGB, sog. non-compete clause) oder gesetzliche nachvertragliche Pflichten (§ 311 BGB iVm § 241 BGB).

13  Der **subjektive Tatbestand** des § 17 I UWG erfordert Vorsatz (dolus eventualis genügt). Zudem muss eines von vier weiteren zusätzlichen subjektiven Merkmalen (»zu Zwecken des Wettbewerbs«, »Eigennutz«, »zu Gunsten eines Dritten« oder »Absicht, dem Inhaber des Unternehmens Schaden zuzufügen«) vorliegen.

14  § 17 II Nr. 1 UWG erfasst die **Betriebsspionage**, also einen Angriff von außen. Der Täter muss sich das Geschäfts- oder Betriebsgeheimnis durch die Anwendung technischer Mittel, die Herstellung einer verkörperten Wiedergabe des Geheimnisses oder die Wegnahme einer Sache, in der das Geheimnis verkörpert ist, verschaffen. Typische Fälle sind der unbefugte Zugriff auf fremde Daten (»Hacking«), das Abfotografieren oder Fotokopieren, der Nachbau eines geschützten Objektes sowie der Diebstahl einer Sache, in der das Geheimnis verkörpert ist. Intensiv erörtert wurde, ob das **Reverse**

---
[9] Vgl. Köhler/Bornkamm/Feddersen/*Köhler* UWG § 17 Rn. 12 f.
[10] Köhler/Bornkamm/Feddersen/*Köhler* UWG § 17 Rn. 14.

**Engineering** gegen § 17 II Nr. 1 lit. a UWG verstößt.[11] Beim Reverse Engineering wird ein auf dem Markt frei zugängliches Produkt analysiert, um Informationen über das Produkt zu gewinnen.

> **Beispiel:** U veräußert Mikroskope, die über einen sehr einfach zu bedienenden Fokussiermechanismus verfügen. Wettbewerber W erwirbt im Handel ein solches Mikroskop und zerlegt es, um die Funktionsweise der Fokussiereinrichtung zu verstehen und diese nachahmen zu können.

Die Know-how-RL erklärt ein solches Verhalten ausdrücklich für rechtmäßig (Art. 3 I lit. b Know-how-RL). Es empfiehlt sich, das nationale Recht jetzt schon richtlinienkonform auszulegen und die Zulässigkeit des Reverse Engineering zu bejahen.  15

**§ 17 II Nr. 2 UWG** stellt die unbefugte Geheimnisverwertung unter Strafe. Verwertung ist die wirtschaftliche Nutzung des Geheimnisses.[12] Die Strafbarkeit setzt voraus, dass das Geheimnis in einer bestimmten Weise erlangt worden ist. § 17 II Nr. 2 UWG nennt dafür drei Varianten:  16

- Mitteilung nach § 17 I UWG
- Unbefugte Verschaffung oder Sicherung nach § 17 II Nr. 1 UWG
- Sonstige unbefugte Verschaffung oder Sicherung

Dies betrifft die Fälle, in denen ein Beschäftigter nach seinem Ausscheiden auf schriftliche oder digitale Aufzeichnungen zugreift, die während seiner Dienstzeit entweder von ihm selbst angefertigt worden sind oder die er auf sonstige Weise erlangt hat.[13]  17

### III. Vorlagenfreibeuterei (§ 18 UWG)

§ 18 UWG untersagt die sog. »**Vorlagenfreibeuterei**«. Das Gesetz nennt in § 18 I UWG Beispiele für geschützte Vorlagen. Zeichnungen, Modelle, Schablonen, Schnitte und Rezepte beispielsweise werden unter Schutz gestellt. Solche Vorlagen dienen der Produktion als Grundlage und haben einen erheblichen wirtschaftlichen Wert. Sie erleichtern die Nachahmung von Produkten.  18

> **Beispiel:** U entwendet die Konstruktionszeichnung für ein Verkehrsflugzeug. Für eine eigene Entwicklung übernimmt er wesentliche Teile der fremden Konstruktionszeichnung. Er spart Zeit und Entwicklungsaufwand.

Bei der Auslegung der Vorschrift ist das strafrechtliche Analogieverbot zu beachten. Bedenklich erscheint es daher, Werbe- und Kommunikationskonzepte unter § 18 UWG zu fassen.[14]  19

**Täter** kann nur derjenige sein, dem die Vorlagen im geschäftlichen Verkehr anvertraut worden sind.[15]  20

---

11 Umfassend zum Streitstand Ohly/Sosnitza/*Ohly* UWG § 17 Rn. 26a. Ebenso ist zu erörtern, ob ein Verstoß gegen § 4 Nr. 3 UWG vorliegt: → § 10 Rn. 43.
12 Köhler/Bornkamm/Feddersen/*Köhler* UWG § 17 Rn. 41.
13 BGH GRUR 2006, 1044 Rn. 14 – Kundendatenprogramm; BGH GRUR 2012, 1048 Rn. 17 – MOVICOL-Zulassungsantrag.
14 So aber Köhler/Bornkamm/Feddersen/*Köhler* UWG § 18 Rn. 9; *Wüterich/Breucker* GRUR 2004, 389 (390).
15 Ohly/Sosnitza/*Ohly* UWG § 18 Rn. 3.

> **Fall 2:** Ein Anvertrauen im geschäftlichen Verkehr liegt vor, da der Auftragsfertiger angewiesen ist, das Muster nicht anderweitig zu verwenden.
>
> **Beispiel:** Architektin A überlässt ihrem Angestellten Z Planungsunterlagen für ein Einfamilienhaus, die dieser bearbeiten soll. Z verwendet die Zeichnung für ein eigenes Bauvorhaben. Er ist nicht nach § 18 UWG strafbar, da ihm die Unterlagen nicht im geschäftlichen Verkehr anvertraut worden sind.

21 Übergibt ein Unternehmer einem Privatmann Unterlagen unter der Auflage, diese nicht weiterzugeben oder anderweitig zu verwenden, liegt ein Handeln im geschäftlichen Verkehr nicht vor.[16] § 18 UWG bezweckt, das geschäftliche Verhalten zwischen Unternehmern zu regeln. Eine darüber hinaus gehende Interpretation überdehnt den Wortlaut des Straftatbestandes.

> **Beispiel:** Küchenhändler K plant für Privatmann P eine Einbauküche. K übergibt dem P die Planung und fordert ihn auf, die Planung keinesfalls einem anderen Küchenanbieter zugänglich zu machen. P geht mit dem Angebot zu X, um sich ein günstigeres Angebot erstellen zu lassen. P hat sich nicht strafbar gemacht.[17]

### IV. Die Know-how-RL und ihre Umsetzung in das deutsche Recht

#### 1. Die Know-how-RL

22 Der Schutz von Geschäftsgeheimnissen vor unlauteren Praktiken wie der Betriebsspionage ist von zentraler Bedeutung für den unternehmerischen Erfolg. Für Unternehmen ist der Schutz von Know-how ähnlich wichtig wie der Schutz von geistigem Eigentum (Patente, Urheberrechte etc). Vor dem Hintergrund der großen praktischen Bedeutung und dem uneinheitlichen Schutzstandard in Europa hat die EU die Richtlinie 2016/943 vom 8. Juni 2016 über den Schutz vertraulichen Know-hows und vertraulicher Geschäftsinformationen (Geschäftsgeheimnisse) vor rechtswidrigem Erwerb sowie rechtswidriger Nutzung und Offenlegung (**Know-how-RL**) erlassen. Der Begriff des Geschäftsgeheimnisses wird in Art. 2 Nr. 1 Know-how-RL definiert (§ 17 Rn. 8). Die Art. 3–5 Know-how-RL klären die Frage, wann Erwerb, Nutzung und Offenlegung von Geschäftsgeheimnissen rechtmäßig sind. Art. 3 Know-how-RL nennt die Möglichkeiten eines rechtmäßigen Erwerbs. Zulässig ist unter anderem das sog. Reverse Engineering. Dabei wird das Produkt eines Wettbewerbers auf dem Markt erworben und anschließend zerlegt, um neue Erkenntnisse zu gewinnen.

> **Beispiel:** Automobilhersteller T bringt ein innovatives Elektrofahrzeug auf den Markt. Mitbewerber M erwirbt ein solches Fahrzeug und zerlegt es sodann, um neues Wissen zu erlangen. Die Vorgehensweise von M ist nach Art. 3 Abs. 1b Know-how-RL zulässig (vgl. auch § 10 Rn. 43).

Wann der Erwerb des Geschäftsgeheimnisses unzulässig ist, bestimmt Art. 4 Know-how-RL. Beispielsweise ist der Erwerb des Geschäftsgeheimnisses durch unbefugten Zugang, unbefugtes Kopieren oder ähnliches rechtswidrig. Art. 5 Know-how-RL will sicherstellen, dass das Recht der freien Meinungsäußerung und der Informationsfreiheit nicht beeinträchtigt wird (*»Whistleblower«*). Die Art. 6ff. Know-how-RL machen

---

16 So zutr. OLG Karlsruhe WRP 1986, 623 (625); aA Ohly/Sosnitza/*Ohly* UWG § 18 Rn. 7; Köhler/Bornkamm/Feddersen/*Köhler* UWG § 18 Rn. 12.
17 Vgl. zu einer ähnlichen Konstellation OLG Karlsruhe WRP 1986, 623. Das OLG Karlsruhe bejahte allerdings einen Schadensersatzanspruch aus § 1 UWG 1909 (»Förderung fremden Wettbewerbs«); vgl. zu diesem Fall noch → § 10 Rn. 42.

Vorgaben für den gerichtlichen Rechtsschutz. Die Mitgliedstaaten müssen insbesondere Maßnahmen, Verfahren und Rechtsbehelfe vorsehen, die wirksam und abschreckend sind (Art. 6 Abs. 2c Know-how-RL).

**2. Die geplante Umsetzung in das deutsche Recht**

Der deutsche Gesetzgeber beabsichtigt, zur Umsetzung der Know-how-RL ein »**Ge-** 23 **setz zum Schutz von Geschäftsgeheimnissen (GeschGehG)**« zu erlassen. Dieses soll die §§ 17–19 UWG ersetzen. Am 18.7.2018 wurde ein Regierungsentwurf vorgelegt. In enger Anlehnung an Art. 2 Nr. 1 Know-how-RL definiert § 2 Nr. 1 GeschGehG-E den Begriff des Geschäftsgeheimnisses. § 3 GeschGehG-E benennt den Kreis der zur Erlangung erlaubten Handlungen. Ein Geschäftsgeheimnis darf u.a. durch Gesetz, aufgrund eines Gesetzes oder durch Rechtsgeschäft erlangt, genutzt oder offengelegt werden. § 4 GeschGehG-E nennt »Handlungsverbote«. Gemeint ist die unbefugte Erlangung von Geschäftsgeheimnissen. Unter bestimmten Umständen sind Erlangung, Nutzung und Offenlegung des Geschäftsgeheimnisses nach § 5 GeschGehG-E gerechtfertigt. Das Recht der freien Meinungsäußerung und Informationsfreiheit kann einen Eingriff rechtfertigen. Gleiches gilt für das Aufdecken einer rechtswidrigen Handlung (»Whistleblower-Problematik«). In den §§ 6ff. GeschGehG-E sind die Rechtsfolgen einer Rechtsverletzung kodifiziert. Sie ähneln denen bei der Verletzung von Rechten des geistigen Eigentums. § 6 GeschGehG-E gibt einen Anspruch auf Beseitigung und Unterlassung. Der Schadenersatzanspruch findet sich in § 10 GeschGehG-E. Die in §§ 15ff. GeschGehG-E enthalten Bestimmungen für das gerichtliche Verfahren. Den Geheimhaltungsinteressen der Parteien soll durch die §§ 16ff. GeschGehG-E Rechnung getragen werden. Eine Strafvorschrift enthält § 23 GeschGehG-E.

## V. Der Bußgeldtatbestand des § 20 UWG

Die praktischen Erfahrungen zeigten, dass nach § 7 II Nr. 2 und 3 UWG unlautere Te- 24 lefonwerbung trotz der drohenden zivilrechtlichen Sanktionen in der Praxis immer noch sehr häufig praktiziert wurde. Offensichtlich entfalteten die zivilrechtlichen Normen keine genügende Abschreckungswirkung.[18] 2009 ergänzte der Gesetzgeber daher das Sanktioneninstrumentarium des UWG um einen Bußgeldtatbestand. Ordnungswidrig handelt nunmehr, wer vorsätzlich oder fahrlässig unlauter (§ 7 II Nr. 2, Nr. 3 UWG) mit Telefonanrufen oder Anrufmaschinen wirbt. Täter ist jedenfalls derjenige, der den Anruf tätigt. Oft sind dies Mitarbeiter eines Call-Centers, die persönlich haften (§ 2 I Nr. 1 UWG: »… zugunsten … eines fremden Unternehmens«).[19] Die Betreiber des Call-Centers sowie die Auftraggeber der Werber können als Täter (§ 8 II UWG), Mittäter, Anstifter oder mittelbarer Täter verantwortlich sein. Schwierigkeiten kann in der Praxis die Feststellung der Fahrlässigkeit bereiten. Beispielsweise kann eine Einwilligungserklärung falsch verarbeitet worden sein. Nach § 20 II UWG kann die Ordnungswidrigkeit mit einer **Geldbuße bis zu 300.000 EUR** belegt werden. Geldbußen können auch gegen Unternehmen festgesetzt werden (§ 30 OWiG).

**Fall 3:** Hier kommt die Festsetzung einer spürbaren Geldbuße gegen E in Betracht.

---

18 → § 15 Rn. 5, zur Prävention durch zivilrechtliche Haftungsnormen *Wagner* VersR 1999, 1441 ff.; BeckOK BGB/*Förster*, 46. Ed. 1.5.2018, BGB § 823 Rn. 9.
19 Köhler/Bornkamm/Feddersen/*Köhler* UWG § 20 Rn. 3.

**25** Ursprünglich sah das Gesetz vor, dass eine Geldbuße in einer Höhe von bis zu 50.000 EUR festgesetzt werden konnte (§ 20 II UWG in der ab 2009 geltenden Fassung). 2013 wurde diese Summe erhöht. Offensichtlich war die vorherige Höhe der drohenden Geldbuße nicht geeignet, hinreichend verhaltenssteuernd auf die Marktteilnehmer einzuwirken. Zuständig für die Ahndung der Ordnungswidrigkeiten ist die Bundesnetzagentur für Elektrizität, Gas, Telekommunikation, Post und Eisenbahnen mit Sitz in Bonn.

# 6. Kapitel. Die Klausur im Lauterkeitsrecht

## § 18 Musterklausur

### A. Vorbemerkungen und Hinweise

Nachfolgend finden Sie eine Musterklausur nebst einer Lösungsskizze und drei Lösungsvorschlägen. Die Klausur ist eine Originalklausur aus der Schwerpunktbereichsprüfung an der Friedrich-Schiller-Universität Jena (Vorlesungsabschlussklausur »Lauterkeitsrecht«). Die Bearbeitungszeit betrug zwei Stunden. Die Klausur ist vom Umfang und vom Schwierigkeitsgrad her anspruchsvoll.

Sie finden im Folgenden zunächst den Aufgabentext und eine kurze Lösungsskizze, wie sie in ähnlicher Form üblicherweise den Korrekturassistentinnen und Korrekturassistenten zur Verfügung gestellt wird. Sie erkennen, dass diese Lösungshinweise nur grob den Lösungsweg vorzeichnen. Hierdurch soll sichergestellt werden, dass von den Lösungshinweisen abweichende studentische Lösungsvorschläge nicht vorschnell als »nicht vertretbar« abgewertet werden.

Im Anschluss daran finden Sie drei (potentielle) studentische Bearbeitungen nebst den dazugehörigen Voten. Eine der Leistungen befindet sich im unteren Leistungsspektrum an der Grenze zum Nichtbestehen. Die zweite Klausur ist an der Grenze zum oberen Bereich des Notenspektrums angesiedelt. Die dritte Klausur schließlich ist eine Spitzenleistung. Arbeiten Sie die Unterschiede der Klausurbearbeitungen heraus. Sie erkennen dann deutlich die bewertungsrelevanten Kriterien.

### B. Aufgabentext

Prof. Dr. Volker Michael Jänich

**Lauterkeitsrecht – Vorlesungsabschlussklausur**

**Fall 1**

K, Hersteller von stark gezuckerten Frühstücksflocken, möchte durch eine großangelegte Werbeoffensive die Verkaufszahlen während der erfahrungsgemäß schwachen Sommerferienzeit ankurbeln. Neben der Steigerung der Verkaufszahlen soll auch das durch den Fitness- und Gesundheitstrend in Mitleidenschaft gezogene Image von Frühstücksflocken aufgebessert werden.

Um diese Ziele umzusetzen, werden die Packungen mit sog. »Golden K Codes« bestückt. Diese sollen von Schülern gesammelt und gegen Equipment für den Sportunterricht in der Schule eingelöst werden. Um die Aktion in die Schulen zu transportieren, findet sich auf jeder Packung der folgende Text: »Mach Deine Schule fit – Melde dich mit Deinem Sportlehrer an und beginne zu sammeln«. Verantwortlicher für den

Account muss eine Person des Lehrkörpers sein. Nur diese ist berechtigt, im Namen der Schule an der Aktion teilzunehmen. Für fünf Codes erhält die Schule ein Springseil, für 15 einen Ball ihrer Wahl, für 50 ein Badminton-Set, für 250 Futsal-Tore sowie Ball und ab 555 Codes den Hauptgewinn, einen von K errichteten Basketball Court im Design des Maskottchens des K.

Um die Aktion zielgruppengerecht bekannt zu machen, wird eine neue Aktionspackung gestaltet und Werbung im Fernseh-Nachmittagsprogramm ausgestrahlt. Auch auf Video- und Social-Media-Plattformen wird intensiv geworben. Der Ehrgeiz der Schüler ist sofort geweckt und ein regelrechter Wettkampf unter den Schülern, Klassen und Stufen entbrennt. Auch der 11-jährige Clemens-Malte aus der Klasse 5b ist vom Sammelfieber ergriffen und trägt seiner Mutter (M) regelmäßig auf, die besagten Frühstücksflocken zu kaufen. Die letzten Male hatte sich M von der Argumentation des Sohnes – wie solle er denn vor den Klassenkameraden oder in der Schule dastehen – breitschlagen lassen, jedoch müsse irgendwann Schluss sein. Erbost greift M zum Hörer und ruft bei der Verbraucherzentrale Thüringen (V), einer qualifizierten Einrichtung nach § 4 UKlaG, an und informiert diese über die Sammelaktion. Es könne wohl nicht angehen, dass man durch die Schule zum Kauf eines total überzuckerten Produktes genötigt werde. Der zuständige Sachbearbeiter pflichtet M bei.

Unterlassungsanspruch der V gegen K?

**Fall 2**

J, Schulleiter der Jenaer Gesamtschule »Margarete Abbe«, hat eine Anfrage des Marktführers für pädagogische Jugendprintmedien auf dem Schreibtisch liegen. Der Verlag möchte die Zeitschriften »Die Welt mit meinen Augen« und »Spielend erlernen« in der Schule des J vertreiben. Der Verlag ist der Ansicht, dass gerade in Zeiten der ständigen Ablenkung durch Social Media die Schule eingreifen solle und die Schüler wieder an das Lesen von gut recherchierten, altersgerechten und über 140 Zeichen hinausgehenden Berichten heranführen müsse. Wohin käme unsere Gesellschaft mit einer Generation, welche ihre Freizeit mit dem Schauen von Let's Play Videos vergeude? Für die Umsetzung dieses Auftrags habe man sowohl das richtige Produkt als auch geschulte Mitarbeiter zur Überzeugung der Schüler. Gerne komme man in der Schule vorbei und gebe den Schülern direkt etwas »zum Anfassen« in die Hand. Gemeint ist ein Sonderexemplar, vom Aufbau eine Mischung beider oben besagter Zeitschriften, welches primär die Schüler ansprechen soll, jedoch auch einen Teil für die Eltern das hauptsächlich eine Bewerbung der beiden Zeitschriften und weiteren Printmedien des Verlages bereithält. Am Ende der Elternsparte ist auch ein Bestellschein zu finden. Diesen können die Schüler einfach im Laufe der Woche gesammelt in der Schule abgeben oder die Eltern können ihn per Post an den Verlag schicken. Die Zeitschrift kommt dann monatlich frei Haus.

J ist von der pädagogischen Qualität der Zeitschriften überzeugt und möchte dem Verlag gerne eine Zusage geben, hat aber gewisse Bedenken, ob die Werbeaktion lauterkeitsrechtlich zulässig ist.

Erstellen Sie ein Rechtsgutachten, in dem Sie die lauterkeitsrechtliche Zulässigkeit der durch den Verlag vorgeschlagenen Praktik begutachten. Zu untersuchen sind nur die Handlungen des Verlages, nicht die der Schule, des Schulträgers oder des Rektors.

**Bearbeitervermerk:** Es sind nur Ansprüche aus dem UWG zu prüfen.

### § 2 ThürSchulG
Gemeinsamer Auftrag für die Thüringer Schulen
(1) Der Bildungs- und Erziehungsauftrag der Schule in Thüringen leitet sich ab von den grundlegenden Werten, wie sie im Grundgesetz für die Bundesrepublik Deutschland und in der Verfassung des Freistaats Thüringen niedergelegt sind. Die Schule erzieht zur Achtung vor dem menschlichen Leben, zur Verantwortung für die Gemeinschaft und zu einem verantwortlichen Umgang mit der Umwelt und der Natur. Sie pflegt die Verbundenheit mit der Heimat in Thüringen und in Deutschland, fördert die Offenheit gegenüber Europa und weckt das Verantwortungsgefühl für alle Menschen in der Welt. Wesentliche Ziele der Schule sind die Vermittlung von Wissen und Kenntnissen, die Entwicklung von Fähigkeiten und Fertigkeiten, die Vorbereitung auf das Berufsleben, die Befähigung zu gesellschaftlicher Mitverantwortung und zur Mitgestaltung der freiheitlichen demokratischen Grundordnung sowie zum bewussten, selbst bestimmten und kritischen Umgang mit Medien, die Erziehung zur Aufgeschlossenheit für Kultur und Wissenschaft sowie die Achtung vor den religiösen und weltanschaulichen Überzeugungen anderer. Die Schüler lernen, ihre Beziehungen zu anderen Menschen nach den Grundsätzen der Gerechtigkeit, der Solidarität und der Toleranz sowie der Gleichberechtigung der Geschlechter zu gestalten. Dabei werden die Schüler darauf vorbereitet, Aufgaben in Familie, Gesellschaft und Staat zu übernehmen und dazu angehalten, sich im Geiste des Humanismus und der christlichen Nächstenliebe für die Mitmenschen einzusetzen. Die Schule fördert den Entwicklungsprozess der Schüler zur Ausbildung ihrer Individualität, zu Selbstvertrauen und eigenverantwortlichem Handeln. Sie bietet Raum zur Entfaltung von Begabungen sowie für den Ausgleich von Bildungsbenachteiligungen. Die natürlichen Rechte der Eltern und die ihnen obliegenden Pflichten zur Erziehung ihrer Kinder bleiben davon unberührt.
(2) Die Schulen sind im Rahmen ihres Bildungs- und Erziehungsauftrags zur individuellen Förderung der Schüler als durchgängiges Prinzip des Lehrens und Lernens verpflichtet.
(3) Bei der Gestaltung des Erziehungs- und Schulwesens wirken das Land, die kommunalen Gebietskörperschaften und die freien Schulträger mit den Eltern, den Lehrern, den Erziehern, den Sonderpädagogischen Fachkräften, den Schülern, den Mitarbeitern von öffentlichen und freien Trägern der Kinder- und Jugendhilfe sowie weiteren Vertretern von Einrichtungen, die an der schulischen oder außerschulischen Bildung und Erziehung beteiligt sind, zusammen.
(4) Der Bildungs- und Erziehungsauftrag verpflichtet die Schulen insbesondere bei der Einschulung, beim Schulwechsel und beim Übergang in die weiterführenden Schulen zu einer engen Zusammenarbeit untereinander sowie mit den vorschulischen Einrichtungen und mit außerschulischen Einrichtungen, die an der Bildung und Erziehung beteiligt sind.

### § 56 ThürSchulG
Veranstaltungen, Werbung, Sammlungen und Versammlungen in der Schule
(1) Veranstaltungen nicht zur Schule gehörender Personen, wie Vorträge, Lichtbild- und Filmvorführungen in der Schule, bedürfen der Genehmigung des Schulleiters. Dies gilt auch für den von der Schule durchgeführten Besuch solcher Veranstaltungen außerhalb der Schulanlage. Über Informationsbesuche nicht zur Schule gehörender Personen im Unterricht entscheidet der Schulleiter. Bild-, Film-, Fernseh- und Tonaufnahmen in der Schule sind, soweit sie nicht zum Unterricht gehören, nur nach Zustimmung des Schulleiters zulässig. Die Zustimmung setzt voraus,
1. bei Bild-, Film- und Fernsehaufnahmen in der Schulanlage das schriftliche Einverständnis des Schulträgers,
2. für die Mitwirkung der Schüler das schriftliche Einverständnis der Eltern, die über das Vorhaben zu unterrichten sind.

Satz 5 gilt nicht für Klassenfotos. Die Beteiligung von Lehrern und Schülern ist freiwillig.
(2) …
(3) Kommerzielle Werbung und Werbung für politische Parteien und politische Gruppierungen ist in der Schule grundsätzlich nicht zulässig. Sponsoring in der Schule sowie kommerzielle Werbung in der Schülerzeitung und bei Schulveranstaltungen, die nicht der Schulbesuchspflicht unterliegen, sind zulässig, soweit sie mit § 2 vereinbar sind. Schüler dürfen Abzeichen, Anstecknadeln, Plaketten, Aufkleber und Zeichen tragen, wenn dadurch nicht der Schulfriede, der geordnete Schulbetrieb, die Erfüllung des Bildungs- und Erziehungsauftrages, das Recht der persönlichen Ehre und die Erziehung zur Toleranz gefährdet werden. Im Zweifelsfall entscheidet hierüber der Schulleiter. Der Betroffene kann die Behandlung in der Schulkonferenz verlangen.
(4) Druckschriften dürfen in der Schulanlage an die Schüler nur verteilt werden, wenn sie für Erziehung und Unterricht förderlich sind und keine kommerzielle oder parteipolitische Werbung enthalten; Absatz 3 Satz 1 bleibt unberührt. Über die Verteilung entscheidet der Schulleiter. Die Verteilung von Wer-

bematerial anlässlich der Wahl der Schulelternvertretung ist unzulässig. Die Vorschriften über die Berufsberatung in den Schulen bleiben unberührt. Plakate, die sich an Schüler wenden, dürfen ausgehängt werden, wenn sie auf Veranstaltungen hinweisen oder sich auf Gegenstände beziehen, die für Erziehung und Unterricht förderlich sind. Die Genehmigung erteilt der Schulleiter.
(5) Der Vertrieb von Gegenständen aller Art, Ankündigungen und Werbung, das Sammeln von Bestellungen sowie der Abschluss sonstiger Geschäfte sind in den Schulen vorbehaltlich der Sätze 2 bis 4 untersagt. Neben dem Aufstellen von Getränke- und Speiseautomaten ist während der Pausen der Verkauf von einfachen Speisen und alkoholfreien Getränken erlaubt. Über Einzelheiten entscheidet die Schulkonferenz; das Einvernehmen des Schulträgers ist herzustellen. Sammelbestellungen sind nur zulässig, wenn besondere schulische Gründe sie erfordern oder wenn sie einem besonderen pädagogischen Zweck dienen.

## C. Lösungsskizze

### Fall 1 (nach BGH GRUR 2008, 183 – Tony Taler)

A. Unterlassungsanspruch der V gegen K gem. § 8 I 1 Var. 2 UWG

I. Unzulässige geschäftliche Handlung, § 3 I UWG

1. Unzulässigkeit gem. § 3 III UWG

a) Geschäftliche Handlung iSd § 2 I Nr. 1 UWG
– (+), die Werbeaktion des K dient der Förderung des Absatzes eigener Waren und Dienstleistungen.

b) Gegenüber Verbrauchern, § 2 II UWG iVm § 13 BGB
– (+), die Werbemaßnahme ist an Schüler adressiert, sie zielt jedoch darauf ab, dass sich diese an ihre Eltern wenden, damit diese wiederum das Produkt erwerben. Die Werbemaßnahme richtet sich also an Schüler und deren Eltern und damit an Verbraucher.

c) Nr. 28 des Anhangs zu § 3 III UWG
– Werbeaktion als »unmittelbare Aufforderung« der Kinder, ihre Eltern dazu zu veranlassen, die beworbenen Waren zu erwerben?
– Die Werbemaßnahmen richten sich zunächst an Schüler. Schüler sind »Kinder« iSd Nr. 28, Anhang zu § 3 III UWG. Der Begriff des Kindes ist str., (Personen bis zur Vollendung des 14. Lebensjahres sind jedenfalls Kinder, vgl. Köhler/Bornkamm/Feddersen/*Köhler*, UWG Anh. zu § 3 III Rn. 28.5). Dass auch Eltern angesprochen werden, steht dem nicht entgegen (BGH GRUR 2014, 1211 Rn. 24 – Runes of Magic II).
– Direkte Aufforderung im Sinne eines Kaufappells? (-), allgemeine Werbeaussagen und -anpreisungen sind keine »unmittelbare Aufforderung«. Ein auffordernder Charakter fehlt hier. Es erfolgt eine bloße Vorstellung bzw. Empfehlung des Produkts.

2. Unzulässigkeit gem. § 3 I UWG

a) Geschäftliche Handlung iSd § 2 I Nr. 1 UWG, s. A.I.1.a)

b) Unlauterkeit der Werbeaktion

aa) § 4a I 1 UWG

(1) »aggressive« geschäftliche Handlung

- Die Werbeaktion richtet sich an Schüler und damit an eine bestimmte Gruppe von Verbrauchern, die wegen des Alters besonders schutzbedürftig iSd § 3 IV 2 UWG ist (vgl. Köhler/Bornkamm/Feddersen/*Köhler* UWG § 3 Rn. 5.23).
- Die Werbemaßnahme ist jedoch nicht darauf angelegt, Kinder und Jugendliche als Käufer zu gewinnen. Vielmehr sollen die Eltern das Produkt erwerben (angesprochen ist die Willensentschließungsfreiheit der Eltern als potentielle Käufer). Daher ist auf ein durchschnittliches Mitglied der Gruppe der »Eltern« als »bestimmte Gruppe« iSv § 3 IV 1 UWG abzustellen.

(a) Aggressivität – unzulässige Beeinflussung iSv § 4a I 2 Nr. 3 UWG?

- Unzulässige Beeinflussung der Eltern gem. § 4a I **2 Nr. 3** UWG? Der Begriff der Beeinflussung wird durch § 4a I 3 UWG konkretisiert: Wird eine Machtposition zur Ausübung von Druck durch K in der Weise ausgenutzt, dass die Fähigkeit der Verbrauchergruppe »Eltern« zu einer informierten Entscheidung wesentlich eingeschränkt wird?

(aa) Machtposition – Ausübung von Druck, § 4a I 3 UWG

**Klausurschwerpunkt:** Genügt der Einsatz von Kindern als Absatzhelfer (sog. »Kaufmotivatoren«) mit dem Ziel, ihre Eltern zu einer geschäftlichen Entscheidung zu veranlassen?

- Eine unzulässige Beeinflussung kann bejaht werden, wenn man die Möglichkeit der Beeinflussung der Eltern durch hartnäckige Kinderwünsche als Machtposition ansieht, die der Werbende (K) für seine Zwecke ausnutzt (vgl. Köhler/Bornkamm/Feddersen/*Köhler* UWG § 3 Rn. 7.20, der dieser Fallgruppe skeptisch gegenübersteht).
- Die Schwelle zur Unlauterkeit der Einflussnahme wird allerdings erst überschritten, »wenn der auf den Erwachsenen ausgeübte Druck ein solches Ausmaß erreicht, dass er in seiner freien Willensentschließung wesentlich beeinträchtigt wird« (BGH GRUR 2008, 183 Rn. 16 aE – Tony Taler). Dies ist nach den Umständen des Einzelfalls zu beurteilen (vgl. (BGH GRUR 2008, 183 Rn. 14 – Tony Taler).
- Nicht genügend ist es, wenn eine Werbung bei Kindern und Jugendlichen Kaufwünsche weckt mit dem Ziel, ihre Eltern zu einer entsprechenden Kaufentscheidung zu veranlassen (vgl. neben BGH GRUR 2008, 183 Rn. 17 – Tony Taler auch OLG Frankfurt GRUR 2005, 782 [785] sowie Ohly/Sosnitza/*Sosnitza* UWG § 4a Rn. 29; Köhler/Bornkamm/Feddersen/*Köhler* UWG § 3 Rn. 7.20). Grundsätzlich ist davon auszugehen, dass verständige Eltern sich durch derartige Wünsche nicht in ihrer rationalen Entscheidung über den Kauf eines Produktes beeinflussen lassen (BGH GRUR 2008, 183 Rn. 17 – Tony Taler).
- Das Ausnutzen einer Machtposition kommt in Betracht, wenn besondere Umstände vorliegen. Beispiel: Ein Gruppenzwang bei den angesprochenen Kindern wird geschaffen und ausgenutzt (BGH GRUR 2008, 183 Rn. 18 ff. – Tony Taler).

→ Diskussion:
- Die Werbung zielt darauf ab, die Minderheit (nicht teilnehmende Gruppe der Schüler) unter Druck zu setzen, ebenfalls einen Beitrag zur Erlangung der Geräte zu leisten.
- Die auf diese Weise einem gewissen Gruppenzwang ausgesetzten Schüler werden demnach auch an ihre Eltern mit dem Wunsch herantreten, die Produkte zu erwerben.
- Die Werbeaktion zielt indes nicht nur auf die Druckausübung durch die Kinder ab, sondern sie ist auch darauf angelegt, die Autorität der Schule (insbesondere der Lehrer) für die Aktion einzusetzen, um auf diese Weise den Wettbewerb des K zu fördern: vgl. Text auf jeder Verpackung: Verantwortlichkeit liegt bei Lehrern: Nur diese können einen Account einrichten.
- Schüler werden durch die Werbeaktion aufgefordert, ihre Lehrer von der Aktion zu informieren und diese sollen die Codes einlösen.
- Die Schule hat ein erhebliches Interesse daran, auf ihre Schüler und deren Eltern Einfluss zu nehmen, sich an der Sammelaktion zu beteiligen (vgl. BGH GRUR 2006, 77 Rn. 19 – Schulfotoaktion).
- Die Eltern befinden sich damit in einer Situation, die Aktion des K unterstützen zu müssen, um den Eindruck mangelnder Hilfsbereitschaft und Solidarität mit der Schulgemeinschaft zu vermeiden (moralischer Druck zur Teilnahme ihrer Kinder, vgl. Ohly/Sosnitza/*Sosnitza* UWG § 4a Rn. 29). Sie werden sich (wohl) dazu veranlasst sehen, ihren Kindern zu erlauben, sich an der Aktion zu beteiligen und hierfür die Produkte des K zu erwerben, die sie sonst nicht gekauft hätten (aA gut vertretbar und vertreten von MüKoUWG/*Heermann* UWG 2. Aufl. 2014 § 4 Nr. 1 Rn. 84).

> **Korrekturhinweis:** Die Argumentationslinien in Rechtsprechung und Literatur müssen dem Verfasser selbstverständlich nicht bekannt sein. Erwartet wird, dass der Verfasser sich selbst dem Problem nähert.

(bb) Wesentliche Einschränkung der Fähigkeit des Verbrauchers zu einer informierten Entscheidung, § 4a I 3 UWG aE.
- Im Kern identische Argumentation: Grundsätzlich ist die Fähigkeit der Eltern zu einer informierten Entscheidung durch die bloße Druckausübung der Kinder nicht beeinträchtigt.
- Allerdings kann eine Beeinträchtigung bei besonderen Umständen angenommen werden. Eine Gesamtabwägung hat zu erfolgen; § 4a II 1 UWG kann in die Betrachtung einbezogen werden.
- Hier: Vieles spricht für eine wesentliche Einschränkung der Fähigkeit der Eltern zu einer informierten Entscheidung.

(2) »erhebliche« Beeinträchtigung der Entscheidungsfreiheit der Eltern iSd § 4a I 2 UWG
- Ist die Fähigkeit zu einer informierten Entscheidung wesentlich eingeschränkt, so wird in der Regel auch die Entscheidungsfreiheit erheblich beeinträchtigt sein (Köhler/Bornkamm/Feddersen/*Köhler* UWG § 4a Rn. 1.66).

(3) Eignung zur Veranlassung einer geschäftlichen Entscheidung, die anderenfalls nicht getroffen worden wäre, § 4a I 1 aE UWG
(+), die aggressive geschäftliche Handlung ist geeignet, auf die Entscheidung über den Kauf der Frühstücksflocken einzuwirken.

(4) Zwischenergebnis: § 4a I 1 UWG (+)

### bb) § 3 II UWG iVm § 3 IV 2 UWG

**Klausurschwerpunkt:** Verhältnis des § 3 II UWG zu § 4a UWG?
- Die Generalklausel des Art. 5 II UGP-RL kommt erst zur Anwendung, wenn die fragliche Geschäftspraxis weder irreführend noch aggressiv iSv Art. 5 IV iVm. Art. 6–9 UGP-RL ist.
- Dieses Vorrangverhältnis gilt entsprechend für die verbraucherschützenden Tatbestände des UWG: Ein Rückgriff auf § 3 II UWG erfolgt nur dann, wenn nicht schon § 3 III UWG iVm Anhang sowie die §§ 4a, 5, 5a UWG das Verhalten erfassen (Köhler/Bornkamm/Köhler/*Feddersen* UWG § 3 Rn. 3.5). § 3 II UWG ist insoweit Auffangtatbestand.
- > § 3 II UWG (-)

### II. Wiederholungsgefahr, § 8 I UWG (+)
- Eine tatsächliche Vermutung für eine Wiederholungsgefahr wird durch den Verstoß begründet.
- Die Wiederholungsgefahr kann grundsätzlich nur mit einer strafbewehrten Unterlassungserklärung ausgeräumt werden: K hat keine derartige Erklärung abgegeben und auch sonst sind keine Umstände für einen Wegfall der Wiederholungsgefahr ersichtlich.

### III. Anspruchsberechtigung
- V ist gem. § 8 III Nr. 3 UWG anspruchsberechtigt (Nr. 78 der Liste qualifizierter Einrichtungen des Bundesamts für Justiz iSd § 4 II UKlaG; Stand: 1.7.2018).

### IV. Anspruchsverpflichtung
- K haftet als Verletzer/Täter.

### B. Ergebnis: Unterlassungsanspruch der V gegen K gem. § 8 I 1 Var. 2 UWG (+)

### Fall 2 (nach BGH GRUR 1984, 665 – Werbung in Schulen)

**Korrekturhinweis:** Gefragt ist nur nach der lauterkeitsrechtlichen Zulässigkeit. Eine Anspruchsprüfung muss nicht erfolgen.

### A. Unzulässigkeit gem. Nr. 28 Anhang zu § 3 III UWG

### I. geschäftliche Handlung iSd § 2 I Nr. 1 UWG
- Das Verteilen der Zeitschriften (Sonderexemplare) zur Werbung und das Einsammeln von Bestellungen dient der Förderung des Absatzes eigener Waren und Dienstleitungen des V. Eine geschäftliche Handlung liegt vor.

### II. Verstoß gegen Nr. 28 Anhang zu § 3 III UWG
- »Kaufappell an Kinder«: Definition »Kinder« s.o. A I 1c)
- Zwar werden die Schüler in den Bestellprozess mittelbar eingebunden. Der Bestellschein befindet sich aber im Elternteil des Heftes, daher keine Kaufaufforderung an Kinder.

### B. Unzulässigkeit gem. §§ 3 I, 4a I 1 UWG

### I. Geschäftliche Handlung, § 2 I Nr. 1 UWG (+)

## II. Aggressivität iSv § 4a I 2 UWG

### 1. Nr. 1: Belästigung

– Schutz des Verbrauchers davor, dass er eine bestimmte geschäftliche Entscheidung nur deshalb trifft, um sich der Einwirkung des Unternehmers auf seine Privatsphäre zu entziehen (Köhler/Bornkamm/Feddersen/*Köhler* UWG § 4a Rn. 1.39). Hier: (-)

### 2. Nr. 3: unzulässige Beeinflussung

§ 4a I 2 Nr. 3 UWG wird durch § 4 I 3 UWG konkretisiert:

a) **Ausnutzung einer Machtposition zur Ausübung von Druck durch V?**

> **Klausurschwerpunkt:** Einsatz der Autorität der Schule für die Kundenwerbung und damit für die Absatzinteressen des V?

– Schon die Duldung der Werbung des Verlages (V) in der von J geleiteten Schule (ohne ein aktives Tätigwerden) kann den Eindruck erwecken, dass die Schule hinter der Werbung des Verlages steht, zumal die Schule für die Eltern jedenfalls in der Frage der Beurteilung der pädagogischen Qualität von solchen Zeitschriften als sachverständig gilt (BGH GRUR 1984, 665, 666 – Werbung in Schulen). Damit kann eine Machtposition angenommen werden.
– Dies allein würde indes keine unzulässige Beeinflussung begründen; vielmehr müsste diese Machtposition des V zur Ausübung von Druck ausgenutzt werden. Der Einsatz fremder Autorität in der Werbung ist daher nicht per se unlauter.
– Eine Ausnutzung der Machtposition zur Ausübung von Druck liegt vor, wenn die angesprochenen Verbraucher davon ausgehen müssen, dass die Ablehnung der erwünschten geschäftlichen Entscheidung (Nichtbestellen der Zeitschriften) möglicherweise Nachteile (schulische, gesellschaftliche, etc.) mit sich bringen wird.
– Hier: Besondere Umstände, die solche Nachteile begründen, liegen nicht vor. Die entgegengesetzte Position kann ebenso bezogen werden.

b) **Zwischenergebnis:**

V würde seine Machtposition nicht zur Ausübung von Druck ausnutzen.

### III. Ergebnis: § 4a I 1 UWG (-)

## C. Unzulässigkeit gem. § 7 I UWG

### I. Anwendbarkeit

– Ist § 7 I UWG (dient dem Schutz der Privatsphäre) neben § 4a UWG (dient dem Schutz der wirtschaftlichen Interessen der Verbraucher) anwendbar?
– Wenn es zu einer erheblichen Beeinträchtigung der Entscheidungsfreiheit kommt, ist § 4a UWG vorrangig (Köhler/Bornkamm/Feddersen/*Köhler* UWG § 4a Rn. 1.38). Daran fehlt es (nach hier vertretener Ansicht). § 7 I UWG ist daher anwendbar.

### II. Geschäftliche Handlung, § 2 I Nr. 1 UWG, (+) s. o.

### III. Unzumutbare Belästigung gem. § 7 I UWG

– Abzustellen ist auf den durchschnittlich empfindlichen Adressaten (Köhler/Bornkamm/Feddersen/*Köhler* UWG § 7 Rn. 21). Adressaten sind hier Schüler, Lehrer und Eltern.

## 1. Stets unzumutbare Belästigung gem. § 7 II UWG (-)
– Die Verteilung der Zeitschrift zur Werbung und Einsammlung von Bestellungen erfolgt nicht unter Verwendung von Fernkommunikationsmitteln.

## 2. Erkennbar nicht erwünschte Werbung gem. § 7 I 2 UWG (-)
– Es sind keine Anhaltspunkte dafür ersichtlich, dass die Werbung unerwünscht ist.

## 3. Sonstige unzumutbare Belästigung gem. § 7 I 1 UWG
– Die Werbung müsste bereits auf Grund der Art und Weise, wie sie den Empfängerkreis erreicht (Verteilen der Zeitschriften), von diesem als belästigend empfunden werden. Eine Beeinträchtigung folgt dann aus dem **Aufdrängen**. Der Empfänger muss sich mit ihr, ob er möchte oder nicht, auseinandersetzen. Sein entgegenstehender Wille ist vom Handelnden entweder ignoriert worden oder der Wille konnte gar nicht formuliert werden; vgl. hierzu MüKoUWG/*Leible* UWG § 7 Rn. 45.
– Zu erörtern ist, ob sich die Schüler der Werbung entziehen können.
– Die Werbung für Zeitschriften und das Einsammeln von Bestellungen, die mit Genehmigung der Schulverwaltung in Schulen erfolgen, sollen nach einer älteren BGH-Entscheidung keine unzumutbare Belästigung der Lehrer und Schüler darstellen (BGH GRUR 1984, 665, 667 – Werbung in Schulen).
– Aber: Wertungen des Schulrechts können berücksichtigt werden:
– § 56 III ThürSchulG: Grundsätzliches Verbot kommerzieller Werbung in der Schule.
– § 56 IV ThürSchulG: Die Verteilung von Druckschriften ist nur zulässig, wenn sie für Erziehung und Unterricht förderlich ist und diese keine kommerzielle Werbung enthalten. Über die Verteilung entscheidet der Schulleiter.
– § 56 V ThürSchulG: Der Vertrieb von Gegenständen aller Art, Ankündigungen und Werbung, das Sammeln von Bestellungen sowie der Abschluss sonstiger Geschäfte sind in Schulen grundsätzlich untersagt.
– Die Entscheidung der Schulverwaltung, Werbung zuzulassen, darf (sofern diese nicht unangemessen beeinflusst wurde, vgl. OLG Brandenburg WRP 2003, 903) nicht vom Lauterkeitsrecht übergangen werden (Köhler/Bornkamm/Feddersen/*Köhler*, UWG § 7 Rn. 92).
– Die Wertung des § 56 III ThürSchulG (Werbeverbot) spricht für die Annahme einer Belästigung.

**Hinweis:** Die einzelnen landesrechtlichen Regelungen der Schulgesetze zur Werbung unterscheiden sich deutlich.

## 4. Ergebnis
– Ein Verstoß gegen § 7 UWG kann bejaht oder verneint werden.

## D. Unlauterkeit gem. § 3a UWG

### I. Gesetzliche Vorschrift
– Gesetzliche Vorschrift ist gem. Art. 2 EGBGB jede Rechtsnorm. Die Vorschriften des ThürSchulG sind Rechtsnormen.

### II. Regelung des Marktverhaltens im Interesse der Marktteilnehmer
– Es ist zwischen Marktverhaltensregeln und Marktzutrittsregeln zu unterscheiden. Die Regelungen der Schulgesetze der Länder regeln zumindest **auch** im Interesse der Marktteilnehmer das Marktverhalten (BGH GRUR 2006, 77 Rn. 25 – Schulfotoaktion).

## III. Zuwiderhandlung

- Verstoß gegen § 56 III ThürSchulG (Werbeverbot) (+)
- Verstoß gegen § 56 IV ThürSchulG (Verteilung von Druckschriften) ebenso (+), da das Werbeverbot des § 56 III ThürSchulG unberührt bleiben soll (§ 56 IV 1 Hs. 2 ThürSchulG).
- Verstoß gegen § 56 V ThürSchulG (Vertriebsverbot) (-), da ein pädagogischer Zweck von J bejaht wird.

## IV. Spürbarkeit

(+), die Handlung ist geeignet, die Verbraucher (Eltern) in ihrer geschäftlichen Entscheidung zu beeinträchtigen. Auch kommt es zu einer Störung des Schulbetriebs.

## V. Ergebnis

- Die Werbeaktion ist nach § 3a UWG iVm § 3 I UWG unzulässig.

# D. Studentische Bearbeitungen

## I. Studentische Bearbeitung 1

**Fall 1**

### A. Unterlassungsanspruch der V gem. §§ 8 I, 3 UWG

V könnte gegen K einen Anspruch auf Unterlassung gem. §§ 8 I, 3 UWG haben.

### I. Berechtigung der V gem. § 8 III UWG

V müsste der Unterlassungsanspruch gem. § 8 III UWG zustehen. Der Berechtigtenkreis im UWG ist eingeschränkt. Beispielsweise kann nicht jeder Verbraucher gegen unlauteres Verhalten eines Unternehmens eigenständig vorgehen. Grundsätzlich steht der Anspruch jedem Mitbewerber (Nr. 1), rechtsfähigen Verbänden zur Förderung gewerblicher oder selbstständiger beruflicher Interessen (Nr. 2), nach § 4 UKlaG qualifizierten Einrichtungen (Nr. 3) und den Industrie- und Handelskammern oder den Handwerkskammern (Nr. 4) zu. Fraglich ist, ob V einer der Gruppen zugeordnet werden kann. Bei der V handelt es sich um die Verbraucherzentrale Thüringen. Diese könnte eine qualifizierte Einrichtung iSd Nr. 3 sein. Dies ist laut Sachverhalt eindeutig der Fall.

V ist gem. §§ 8 III Nr. 3 UWG befugt, gegen den K vorzugehen.

### II. Unzulässigkeit gem. § 3 UWG

Die Werbeaktion des K stellt eine geschäftliche Handlung dar. Zudem handelt es sich um eine Werbeaktion für Verbraucher.

#### 1. § 3 III UWG iVm Nr. 16 des Anhangs UWG

Dadurch, dass K seine Packungen mit sog. »Golden K Codes« zur Teilnahme an der Sammelaktion bestückt und vertrieben hat, könnte ein Verstoß gegen § 3 III UWG iVm Nr. 16 des Anhangs UWG vorliegen. Dazu müsste K die Angabe gemacht haben, dass durch seine Waren die Gewinnchancen bei einem Glücksspiel erhöht werden. K gibt an, dass durch den Kauf der Frühstücksflocken an der Sammelaktion mit den Codes teilgenommen werden kann. Je mehr Codes gesammelt und eingelöst werden, desto größer ist die Prämie, die erlangt werden kann. K setzt diese Angaben bei seiner gesamten Werbung ein. Dies führt dazu, dass die Schüler animiert werden, viele Packungen zu erwerben, um ihre Chancen auf den Hauptgewinn zu erhöhen. Demnach handelt es sich unproblematisch um eine stets unlautere Handlung gem. § 3 III UWG iVm Nr. 16 des Anhangs UWG.

### 2. § 3 III UWG iVm Nr. 17 des Anhangs UWG

Ferner könnte ein Verstoß gegen § 3 III UWG iVm Nr. 17 des Anhangs UWG vorliegen. Fraglich ist, ob K die unwahre Angabe gemacht hat oder den unzutreffenden Eindruck erweckt hat, dass der Verbraucher einen Preis gewinnen werde und es einen solchen Preis nicht gibt. Die Verbraucher, die die Codes sammeln, erhalten bei der Vorlage der ausreichenden Menge tatsächlich einen Preis. Es gibt laut Sachverhalt keine Anhaltspunkte dafür, dass die Angabe des K unwahr ist. Jedoch wird die Möglichkeit, einen Preis zu erlangen, von der Zahlung eines Geldbetrages – dem Kaufpreis für die Frühstücksflocken – abhängig gemacht. Damit wird die Möglichkeit, einen solchen Preis zu erlangen, direkt von der Zahlung von Geldbeträgen abhängig gemacht. Auch der Tatbestand des § 3 III UWG iVm Nr. 17 des Anhangs UWG ist somit erfüllt.

### 3. § 3 III UWG iVm Nr. 28 des Anhangs UWG

Die Handlung des K könnte auch gegen § 3 III UWG iVm Nr. 28 des Anhangs UWG verstoßen. Danach ist es unzulässig, im Rahmen von Werbung Kinder unmittelbar dazu aufzufordern, selbst die beworbene Ware zu erwerben oder die Eltern dazu zu veranlassen. Laut Sachverhalt enthält die Werbung des K den Ausspruch »Mach deine Schule fit – Melde dich mit deinem Sportlehrer an und beginne zu sammeln«. Der Ausspruch richtet sich direkt an die Schüler, mithin also an Kinder. Diese sollen sich gemeinsam mit ihrem Sportlehrer anmelden und mit dem Sammeln der Codes beginnen. Eine nach § 3 III UWG iVm Nr. 28 des Anhangs UWG unzulässige Handlung liegt also eindeutig vor.

### 4. § 4a I UWG

Die Unlauterkeit der Werbeaktion des K könnte sich auch aus § 4a I 2 Nr. 3, I 3 UWG ergeben. Vorliegend wird die Werbung dazu eingesetzt, um bei den Schülern den Wunsch nach den Frühstücksflocken hervorzurufen. Dies geschieht dadurch, dass auf eine Gruppensammelaktion hingewiesen wird, durch die man seine Fitness steigern könne und gleichzeitig Vorteile für den Sportunterricht in der Schule erlangt. Jedoch steht dies im Widerspruch zu dem stark zuckerhaltigen Produkt, um das es eigentlich geht. Es wird an das Gemeinschafts- und Gesundheitsgefühl der Schüler appelliert, um ein ungesundes Produkt zu vertreiben. Auf diese Weise entsteht bei den Schülern eine Art von Gruppenzwang, bei der Aktion unbedingt teilnehmen zu wollen. Gerade im Kinder- und Jugendlichenalter ist eine solche Vorgehensweise oftmals wirksam, wie sich auch am tatsächlichen Erfolg der Werbeaktion zeigt. Schließlich drängt der 11-jährige Clemens-Malte seine Mutter regelmäßig dazu, die Frühstücksflocken zu kaufen. Ein Verstoß gegen § 4a UWG liegt vor.

### III. Wiederholungsgefahr gem. § 8 I 1 UWG

Diese ist hier unproblematisch gegeben.

## B. Ergebnis

V hat gegen K einen Anspruch auf Unterlassung gem. §§ 8 I, 3 UWG.

**Fall 2**

## A. Unzulässigkeit gem. §§ 3 I, 4 a I 2 Nr. 3, I 3 UWG

Die Unzulässigkeit könnte sich aus den §§ 3 I, 4 a I 2 Nr. 3, I 3 UWG ergeben.

### I. Aggressive geschäftliche Handlung

Das Verteilen der Zeitschriften und die Aufnahme der Bestellungen stellt eine geschäftliche Handlung gegenüber Verbrauchern dar. Diese müsste »aggressiv« sein. Dazu müsste V seine Machtposition durch unzulässige Beeinflussung zur Ausübung von Druck ausgenutzt haben, sodass die Fähigkeit der Verbraucher zu einer informierten Entscheidung wesentlich eingeschränkt und ihre Entscheidungsfreiheit wesentlich eingeschränkt wird, § 4 a I 2 Nr. 3, I 3 UWG. Fraglich ist, wessen Machtposition hier von wem ausgenutzt wird. Die Zeitschriften werden in der Schule verteilt, sodass die Machtposition eigentlich bei der Schule liegt, die gem. § 56 ThürSchulG schließlich auch über die Verteilung der Zeitschriften entscheidet. Außerdem ist zweifelhaft, ob überhaupt Druck auf die Schüler bzw. ihre Eltern ausgeübt wird, weil nicht unbedingt von einer Art Gruppenzwang auszugehen ist, da die Bestellungen auch an den Verlag gesandt werden können, ohne dass die anderen Schüler etwas davon mitbekommen.

### II. Ergebnis

Die Handlung des V ist nicht unlauter gem. § 4 a I 2 Nr. 3, I 3 UWG.

## B. Unzulässigkeit gem. §§ 3 I, 7 UWG

### I. Unzumutbare Belästigung gem. § 7 I UWG

Das Verteilen der Zeitschriften in der Schule könnte gegen § 7 I UWG verstoßen und damit unlauter gem. § 3 I UWG sein. Dazu müsste ein Marktteilnehmer in unzumutbarer Weise belästigt werden oder im Rahmen von Werbung erkennbar sein, dass der angesprochene Marktteilnehmer diese Werbung nicht wünscht.

Eine unzumutbare Belästigung nach § 7 II UWG kommt vorliegend nicht in Betracht. Gesetzt den Fall, die Schulleitung würde das Verteilen der Zeitschriften und die Annahme der Bestellungen gem. § 56 ThürSchulG zulassen, dürfte keine unzumutbare Belästigung iSd § 7 I UWG gegeben sein. Die Zeitschriften haben den Zweck, den Schülern das Lernen fern von Social Media nahe zu bringen. Ob in der Verteilung eine unzumutbare Belästigung zu sehen ist, ist fraglich. Es kommt darauf an, unter welchen Umständen die Verteilung erfolgt. Findet die Werbung beispielsweise regelmäßig im Unterricht statt, sodass die Schüler gezwungen sind, der Werbeveranstaltung beizuwohnen, ist schon von einer Belästigung, die unzumutbar ist, auszugehen, da den Schülern das Angebot quasi aufgedrängt wird. Legt man die Zeitschriften hingegen lediglich in der Schule aus oder verteilt sie in den Pausen, um die Schüler auf das Angebot aufmerksam zu machen, dürfte es an der unzumutbaren Belästigung fehlen, weil die Schüler dann die Möglichkeiten haben, sich davon zu distanzieren.

## II. Ergebnis

Damit liegt durch das Verteilen der Zeitschriften nicht notwendigerweise eine unzumutbare Belästigung iSd § 7 I UWG vor.

## B. Unzulässigkeit gem. § 3 a UWG

Die Unzulässigkeit könnte sich aber aus § 3a UWG ergeben, wenn mit dem Verteilen der Zeitschriften ein Rechtsbruch begangen wird.

In Betracht kommt ein Verstoß gegen § 56 ThürSchulG. § 56 III ThürSchulG verbietet kommerzielle Werbung in Schulen. Solche Werbung ist mit den Zeitschriften des V gegeben. § 56 IV ThürSchulG erlaubt das Verteilen der Zeitschriften, wenn sie für die Erziehung und den Unterricht förderlich sind und keine kommerzielle Werbung enthalten. Wie bereits festgestellt, ist jedoch kommerzielle Werbung enthalten. § 56 ThürSchulG verbietet den Vertrieb, das Sammeln von Bestellungen und den Abschluss sonstiger Geschäfte. Auch dies ist vorliegend der Fall. Jedoch ist zu beachten, dass letztlich der Schulleiter die Entscheidungsbefugnis hat, vgl. § 56 III 4, IV 2 UWG. Sammelbestellungen sind zudem gem. § 56 V 4 ThürSchulG zulässig, wenn besondere schulische Gründe sie erfordern oder wenn sie einem besonderen pädagogischen Zweck dienen. Dies trifft hier zu. Folglich ist das Verhalten des V nicht unzulässig gem. § 3a UWG.

## C. Ergebnis

Die durch den Verlag vorgeschlagene Praktik ist lauterkeitsrechtlich zulässig.

**Votum zur studentischen Bearbeitung 1:**

Prof. Dr. Volker Michael Jänich

Erstgutachten

zu der Vorlesungsabschlussklausur Lauterkeitsrecht

Wintersemester 2016/2017

SB-Prüf-Nr. 2-001

SB 2: Deutsches und Europäisches Wirtschaftsrecht

**I.**

Fall 1 ist an BGH GRUR 2008, 183 – Tony Taler angelehnt. Ein Unterlassungsanspruch des V kann aus § 8 I 1 Alt. 2 UWG iVm § 3 III UWG, Anhang zu § 3 III UWG Nr. 28 folgen. Es dürfte jedoch an einer **unmittelbaren** Kaufaufforderung fehlen. Weiter ist die Zulässigkeit der Werbung gem. § 3 I UWG iVm § 4a I 1 UWG zu prüfen. Vorliegend sollen die Kinder als sog. Kaufmotivatoren eingesetzt werden, um die Kaufentscheidung der Eltern bzw. Erziehungsberechtigten zu beeinflussen. Fraglich ist, ob darin eine unzulässige Beeinflussung iSv § 4a I 2 Nr. 3, 3 UWG liegt. Die Schwelle zur Unlauterkeit der Einflussnahme wird dabei erst überschritten, wenn der auf den Erwachsenen ausgeübte Druck ein solches Ausmaß erreicht, dass er in seiner freien Willensentschließung wesentlich beeinträchtigt wird (BGH GRUR 2008, 183 Rn. 16 – Tony-Taler). Hier besteht allerdings die Besonderheit, dass ein »Gruppendruck« entstehen kann, weil die Prämien allen Kindern zugutekommen, auch denen, die sich nicht beteiligen. Ferner steigt der Wert der Prämien mit der Anzahl der gesammelten Punkte. Schließlich hat auch die Schule ein eigenes Interesse, da sie die Sportgeräte unentgeltlich erhält. Es besteht insofern die Gefahr, dass auch von dieser Seite Druck auf die Eltern ausgeübt wird oder diese sich jedenfalls verpflichtet fühlen, die Aktion zu unterstützen. Schüler und Eltern geraten so in die Situation, an der Sammelaktion teilnehmen zu müssen. Diese Ausübung von Druck führt auch dazu, dass die Fähigkeit der Eltern, als Verbraucher eine informierte Entscheidung zu treffen, **wesentlich** eingeschränkt wird (§ 4a I 3 UWG). Eine **erhebliche** Beeinträchtigung der Entscheidungsfreiheit der Eltern iSd § 4a I 2 UWG und daher letztlich ein Verstoß gegen § 4a I 1 UWG liegen vor. Ein (zusätzlicher) Rückgriff auf § 3 II UWG iVm § 3 IV 2 UWG ist – insbesondere hinsichtlich des Anwendungsvorrangs von § 4a UWG – fragwürdig.

Der Fall 2 orientiert sich an der Entscheidung BGH GRUR 1984, 665 – Werbung in Schulen. Nr. 28 des Anhangs zu § 3 III UWG dürfte aufgrund des Fehlens einer **unmittelbaren** Kaufaufforderung abzulehnen sein. Für eine Unzulässigkeit gem. §§ 3 I, 4a I 1, 2 Nr. 3 UWG kommt es darauf an, ob ein Einsatz der Autorität der Schule (als eingeschalteter Dritter) für die Kundenwerbung und demnach für die Absatzinteressen des Verlags V vorliegt und dieser eine unzulässige Beeinflussung der Eltern begründet. Allein die Duldung der Werbung durch J dürfte hierfür jedoch nicht ausreichen, da V dessen Machtposition nicht **zur Ausübung von Druck ausnutzte,** vgl. § 4a I 3 UWG. Anders läge es, wenn der Eindruck entstünde, dass eine Ablehnung des Bezugs der Zeitschrift Nachteile mit sich bringen könnte. Weiter ist eine unzumutbare Belästigung gem. § 7 I 1 UWG zu prüfen. Hierfür müsste die Werbung bereits aufgrund der Art und Weise, wie sie den Empfängerkreis erreicht (Verteilen der Zeitschriften), von diesem als belästigend im Sinne eines Aufdrängens empfunden werden. § 7 UWG kann vertretbar mit der Begründung abgelehnt werden, dass zur Abwehr belästigender Werbung in Schulen primär die Zuständigkeit des Schulrechts und der Schulverwaltung gegeben ist, während das Lauterkeitsrecht allenfalls unter besonderen Umständen ergänzend greifen kann (BGH GRUR 1984, 665 [667]). Zwingend ist dies allerdings nicht. Als dritten Aspekt gilt es auf eine mögliche Unzulässigkeit nach § 3a UWG einzugehen. Zu prüfen ist, ob § 56 ThürSchulG eine Marktverhaltensregelung ist.

## II.

Der Bearbeiter beginnt bei der Prüfung von Fall 1 mit der Prüfung eines Unterlassungsanspruchs aus §§ 8 I, 3 UWG. § 8 III UWG wird untersucht. Der Verfasser verliert sich zu Beginn in allgemeinen Erwägungen. Sodann wird eine Unzulässigkeit der Werbeaktion des K nach § 3 UWG untersucht. Zunächst erörtert der Verfasser § 3 III UWG iVm Nr. 16 des Anhangs zum UWG. Dieser wird oberflächlich und fehlerhaft bejaht. Der Erwerb der Cornflakes führt nicht zur Erhöhung der Gewinnchance bei einem Glücksspiel. Die Werbeaktion ist kein Glücksspiel, sondern eine Sammelaktion. Ebenso können die Ausführungen zu § 3 III UWG iVm Nr. 17 des Anhangs zum UWG nicht überzeugen. Es wird nicht klar, worin die unwahre Angabe liegen soll. Vorschnell wird § 3 III UWG iVm Nr. 28 des Anhangs zum UWG bejaht. Der Verfasser arbeitet nicht heraus, worin eine unmittelbare Kaufaufforderung liegen soll. Stattdessen wird nur vollmundig (»eindeutig«) behauptet, eine solche liege vor. Nicht gelungen sind die Ausführungen zu § 4a UWG. Die komplizierte Struktur des Tatbestandes wird nicht herausgearbeitet. Die Ausführungen verlieren sich in oberflächlichen Behauptungen. Erkannt wird, dass der Unterlassungsanspruch Wiederholungsgefahr voraussetzt.

Bei Fall 2 untersucht der Bearbeiter zunächst einen Anspruch aus §§ 3 I, 4a I 2 Nr. 3, I 3 UWG. Sodann wird der Tatbestand des § 4a UWG etwas näher betrachtet. Die konkrete Situation in der Schule wird nicht präzise ausgeleuchtet. Die Ausführungen zu § 7 UWG leiden darunter, dass das Konkurrenzverhältnis zu § 4a UWG nicht abgeklärt wird. Immerhin erkennt der Verfasser, dass die Ausweichmöglichkeit des Angesprochenen in die Beurteilung einzubeziehen ist. Unpräzise sind die Ausführungen zu § 3a UWG. Der Verfasser arbeitet nicht heraus, wann eine Marktverhaltensnorm vorliegt.

## III.

Die Arbeit weist erhebliche Defizite auf. Bei Fall 1 gelingt es dem Bearbeiter nicht, zum Problemkern vorzudringen. Offensichtlich fernliegende Tatbestände werden breit erörtert. Nr. 28 des Anhangs zu § 3 III UWG und § 4a I UWG werden nur oberflächlich erörtert. Auch die Bearbeitung von Fall 2 weist gravierende Mängel auf. § 4a I UWG wird flüchtig geprüft. Die Tatbestandsmerkmale des § 3a UWG werden nicht sorgfältig herausgearbeitet. Insgesamt handelt es sich um eine Leistung, die gerade noch durchschnittlichen Anforderungen genügt.

**ausreichend (04 Punkte).**

## II. Studentische Bearbeitung 2

### Fall 1

Ein Unterlassungsanspruch der Verbraucherschutzbehörde könnte sich aus § 8 I 1 Alt. 2 UWG ergeben.

Ein Unterlassungsanspruch bestünde, wenn V aktiv legitimiert und K als Täter, Teilnehmer oder Störer eine Zuwiderhandlung gegen § 3 oder § 7 UWG begangen hätte oder eine solche aufgrund des Verhaltens des K droht.

### A. Aktivlegitimation

V müsste aktiv legitimiert sein. Die Ansprüche des § 8 I UWG stehen nur den in § 8 III UWG explizit Genannten zu. In Betracht käme die Aktivlegitimation als qualifizierte Einrichtung iSv § 8 III Nr. 3 UWG. Nach dem Sachverhalt handelt es sich bei V um eine nach § 4 UKlaG qualifizierte Einrichtung.

### B. Verstoß gegen § 3 UWG

Es könnte ein Verstoß gegen § 3 UWG in Form einer unlauteren geschäftlichen Handlung vorliegen.

### I. Geschäftliche Handlung

Zunächst müsste eine geschäftliche Handlung vorliegen. Der Begriff geschäftliche Handlung wird in § 2 I Nr. 1 UWG legal definiert. Erfasst ist dabei jedes Verhalten einer Person zugunsten des eigenen oder eines fremden Unternehmens. Vorliegend möchte V, dass K die Werbeaktion unterlässt. Einer lauterkeitsrechtlichen Kontrolle unterliegt somit die Werbeaktion mit den »Golden K Codes«. Eine Werbeaktion dient grundsätzlich immer der Förderung des Absatzes eigener Waren und Dienstleistungen. Wie dem Sachverhalt darüber hinaus zu entnehmen ist, soll durch die Aktion gerade das erfahrungsgemäße Sommerloch ausgeglichen werden. Die Werbeaktion ist somit als geschäftliche Handlung iSd § 2 I Nr. 1 UWG einzuordnen.

### II. Adressat der Geschäftlichen Handlung

Gem. § 3 IV 1 UWG ist bei der Beurteilung von geschäftlichen Handlungen gegenüber Verbrauchern von einem durchschnittlichen Verbraucher oder einem durchschnittlichen Mitglied einer bestimmten Verbrauchergruppe auszugehen.

#### 1. Verbraucher, § 2 II UWG iVm § 13 BGB

Gemäß § 2 II UWG gilt der Verbraucherbegriff des § 13 BGB, welcher selbst auf dem europarechtlichen Verbraucherbegriff der Verbraucherrechterichtlinie basiert. Verbraucher ist demnach jede natürliche Person, die das entsprechende Rechtsgeschäft nicht überwiegend im Rahmen ihrer gewerblichen/beruflichen Tätigkeit ausführt. Vorliegend richtet sich die Werbung wohl überwiegend an Schüler, die zum Sammeln der »K Codes« animiert werden sollen. Dies wird zum einen durch die gezielte Verbreitungsstrategie (Nachmittagsprogramm + Social Media) und die Verbindung des Produkts mit der Institution Schule erreicht. Jedoch geht auch ein gewisser Anreiz auf die Eltern der Schüler aus, da der Zweck, die Verbesserung des Sportunterrichts, auch den Interessen der Eltern entsprechen könnte. Zudem ist je nach Alter der Schüler und Häufigkeit des Frühstücksflockenkaufs auch eine gewisse Mitwirkung der Eltern notwendig. Diese soll durch das Gesundheitskonzept und die Verknüpfung mit der Institution Schule ebenfalls erreicht werden. Bei Frühstücksflocken handelt es sich zudem um Waren, die üblicherweise nicht für den gewerblichen/beruflichen Bedarf angeschafft werden. Die Aktion richtet sich in jedem Fall an Verbraucher iSd § 2 II UWG.

## 2. Kinder oder Eltern als Adressat

Kinder gelten aufgrund ihres Alters und der damit verbundenen Leichtgläubigkeit in Hinblick auf die geschäftliche Handlung als eine besonders schutzwürdige Verbrauchergruppe. In diesen Fällen ist die geschäftliche Handlung anhand eines durchschnittlichen Mitglieds dieser Gruppe zu beurteilen. Hierzu müsste die Handlung vorhersehbar das Verhalten der eindeutig identifizierbaren Gruppe beeinflussen. Vorliegend müsste also die Werbeaktion vorhersehbar das Verhalten der Schüler beeinflussen und diese müssten eine besonders schutzwürdige Gruppe darstellen. Da Schüler 6 bis teilweise 20 Jahre alt sein können, ist hier bereits die Homogenität der Gruppe anzuzweifeln. Um eine besonders schutzwürdige Verbrauchergruppe als Referenzmaßstab heranzuziehen, muss sich die geschäftliche Handlung ausschließlich an diese Gruppe richten.

Betrachtet man nun die Werbemaßnahme genauer, wird deutlich, dass nicht nur die bereits in sich inhomogene Gruppe Schüler angesprochen wird, sondern darüber hinaus die Schule als notwendiger Kooperationspartner. Zudem sprechen die Produktpalette und die Verknüpfung mit dem Gesundheitsaspekt auch die Eltern der Schüler an. In erster Linie handelt es sich bei Frühstücksflocken nicht um Produkte, wie etwa bei einzeln verkauften Schokoriegeln, die ein Kind vom eigenen Taschengeld erwirbt und sofort verzehrt, sondern vielmehr landen diese in der Regel im Rahmen des Wocheneinkaufs im Wagen. Die letztlich als Erwerber der Produkte angesprochene Verbrauchergruppe ist die der Eltern.

Eltern sind in der Regel keine besonders schutzwürdige Verbrauchergruppe iSv § 3 IV 2 UWG. Im Gegenteil wird man einwenden können, dass die Verbrauchergruppe Eltern bereits aufgrund der eminent vorhandenen Drucksituation seitens der eigenen Kinder eher als schwer zu beeinflussende Gruppe einzuordnen ist.

Die Unlauterkeit der geschäftlichen Handlung ist daher aus Sicht der Eltern als Adressaten zu betrachten.

## III. Unzulässigkeit gem. § 3 III UWG iVm Nr. 28 Anhang UWG

Bei der Beeinflussung von Eltern zur Kaufentscheidungen ist zunächst an den Verbotstatbestand der Nr. 28 Anhang UWG zu denken. Demnach ist stets unzulässig, an Kinder eine unmittelbare Aufforderung zu richten, die beworbenen Waren zu erwerben oder die Eltern bzw. einen anderen Erwachsenen zum Kauf zu bewegen. Wie bereits oben dargestellt, werden zwar letztlich die Eltern als Käufer tätig, die Werbung wird aber primär über von Kindern wahrgenommene Kanäle, Social Media, Nachmittagsprogramm und Mund-zu-Mund Propaganda in der Schule, transportiert. Somit könnte die Werbeaktion eine unmittelbare Aufforderung an die Kinder darstellen, die eigenen Eltern zum Kauf zu motivieren.

## 1. Kind im Sinne des Gesetzes

Der Begriff Kind ist im UWG nicht definiert und die Bestimmung ist weitgehend umstritten. Die Definition reicht hier von einer am Deliktsrecht angelehnten Definiton des Kindes bis zur Vollendung des 10. Lebensjahres bis hin zu einer Negativabgrenzung vom Erwachsenen und somit bis zur Vollendung des 18. Lebensjahres. Eine Bestimmung des Tatbestandsmerkmals wird jedoch obsolet, wenn bereits keine unmittelbare Aufforderung in der Werbeaktion zu sehen ist.

## 2. Unmittelbare Aufforderung

Die Werbeaktion müsste eine unmittelbare Aufforderung enthalten, welche über den üblichen Kaufanreiz einer Werbemaßnahme hinausgeht. Nr. 28 Anh. UWG unterscheidet hierbei zwischen zwei im Kern unterschiedlichen Fallgruppen. Zum einen erfolgt die Aufforderung gegenüber dem Kind zum eigenständigen Erwerb. Zum anderen wird das Kind lediglich als Kaufmotivator eingesetzt. In dieser Konstellation ist zunächst festzustellen, dass Eltern regelmäßig – beispielhaft sei hier nur der Kassenbereich eines Supermarktes zu nennen – einer gewissen Drucksituation durch Kinder ausgesetzt sind, sodass die unmittelbare Aufforderung hier einen stärkeren Effekt haben muss.

Betrachtet man vorliegend den Werbeslogan von K: »Mach deine Schule fit – Melde dich mit deinem Sportlehrer an und beginne zu sammeln«, wird zunächst deutlich, dass der Slogan selbst zwar direkte Aufforderungen enthält, diese jedoch nur darauf gerichtet sind, sich an den Sportlehrer zu wenden und mit dem Sammeln zu beginnen. Der Slogan spricht dabei nicht die Kinder an, dass die Eltern für sie einkaufen sollen oder dass das Kind selbst als Käufer tätig werden soll. Jedoch könnte aus den Umständen auf eine unmittelbare Aufforderung geschlossen werden. Hier sind der Ablauf der Sammelaktion und die Modalitäten des Produkterwerbs zu untersuchen. Zunächst der Produkterwerb: Frühstücksflocken werden, wie oben bereits erläutert, in der Regel von den Eltern des Kindes erworben. Somit muss über das Kind eine Motivation der Eltern stattfinden. Zudem bedarf eine Teilnahme an der Sammelaktion auch einer Kooperation der Schule. Ein Lehrer muss die Sammelaktion betreuen und sich im Namen der Schule bei K registrieren. Somit bedarf es einiger Zwischenschritte und vor allem auch Überzeugungsaufwand von Seiten des Kindes, bis es zu einer tatsächlichen Kaufentscheidung kommt. Dies reicht im Ergebnis nicht aus, um den strengen Verbotstatbestand der Nr. 28 Anh. UWG zu erfüllen. K ist daher keine unmittelbare Aufforderung gegenüber Kindern iSv Nr. 28 Anhang UWG vorzuwerfen.

## 3. Zwischenergebnis

Somit liegt unabhängig von den Fragen, wie der Begriff Kind zu bestimmen ist und ob die Kinder selbst Adressaten oder lediglich als Kaufmotivatoren eingesetzt werden sollen, kein Fall der Nr. 28 Anhang UWG vor, da die Schule als eigenverantwortlicher Dritter dazwischen tritt und durch K keine unmittelbare Drucksituation gegenüber den angesprochenen Adressaten aufgebaut werden konnte.

## IV. Unzulässigkeit gem. § 3 I UWG iVm. § 4a I 1 UWG

Die Werbeaktion könnte jedoch nach der Generalklausel in § 3 I UWG unzulässig sein. Hierzu müsste eine unlautere Handlung vorliegen.

Die Werbeaktion könnte als aggressive geschäftliche Handlung iSv § 4a I 1 UWG unlauter sein. Hierzu müsste die Werbeaktion aggressiv und geeignet sein, Verbraucher zu einer geschäftlichen Entscheidung zu veranlassen, die sie sonst nicht getroffen hätten. Gemäß § 4a I 2 UWG ist eine geschäftliche Handlung aggressiv, wenn sie im konkreten Fall unter Berücksichtigung aller Umstände geeignet ist, die Entscheidungsfreiheit des Verbrauchers – hier der Eltern – erheblich zu beeinträchtigen, durch Belästigung (Nr. 1), Nötigung (Nr. 2) oder unzulässige Beeinflussung (Nr. 3). Eine unzulässige Beeinflussung liegt dann vor, wenn der Unternehmer eine Machtposition gegenüber den Eltern zur Ausübung von Druck in einer Weise ausnutzt, die die Fähigkeit des Verbrauchers zu einer informierten Entscheidung wesentlich einschränkt.

### 1. Unzulässige Beeinflussung

Eine unzulässige Beeinflussung liegt demnach vor, wenn K eine gewisse Machtposition zuzuschreiben ist und dieser auf die Eltern einen Druck ausübt, der über den gewöhnlichen Druck hinausgeht. Hierzu sind die Modalitäten der Sammelaktion genauer zu betrachten.

K fordert zunächst mit seinem Slogan die Kinder auf, mit dem Sammeln zu beginnen und den Sportlehrer dazu zu bringen, dass er sich im Namen der Schule bei K registriert. Da Sammelaktionen gerade bei Kindern nicht unüblich sind, wird man alleine von einer Sammelaktion noch nicht auf eine besondere Drucksituation schließen können. Das Sammeln der Golden K Codes steht im Wettbewerb mit der Sammlung von anderen Gegenständen. Dabei ist es auch nicht unüblich, dass die Kinder untereinander in einen Wettbewerb geraten. Dieser Druck ist sicherlich aus Sicht des Werbenden gewollt und im Ergebnis auch aus Sicht der Eltern bekannt. Besonders und dabei abweichend von den üblichen Sammelaktionen, wie etwa bei Fußballbildern oder gewissen Sammelkartenspielen, ist die Einbeziehung der Schule.

Die Besonderheit wird auch in der Argumentation des 11-jährigen Clemens-Malte deutlich. Er macht gegenüber seiner Mutter deutlich, dass er schlecht dastünde, wenn er nicht wie die anderen Codes sammle und so an der gemeinsamen Aktion teilnehme. Neben dem doch wohl üblichen Druck, der von Seiten der Mitschüler gemacht wird, überträgt sich auch ein gewisser Druck der Schule auf die Eltern. Durch die Verknüpfung der Codes mit einer Verbesserung des Schulunterrichts wird eine negative Kaufentscheidung und somit die Beisteuerung weniger Codes von Seiten bestimmter Eltern auch mit einem Desinteresse an der Qualität des Unterrichts verbunden. Darüber hinaus beeinflusst das Ausmaß der Partizipation der Eltern auch die gesellschaftliche Stellung des eigenen Kinds im Mikrokosmos Schule.

Die Aktion ist daher geeignet, die Eltern sowohl über die Verknüpfung Sammelaktion – Schule – Verbesserung der Unterrichtsqualität als auch durch die Beeinflussung der Wahrnehmung des eigenen Kindes in der Klassen-/Schulgemeinschaft empfindlichem Druck auszusetzen.

### 2. Wesentliche Einschränkung in der informierten Entscheidung

Die Drucksituation müsste die Eltern auch wesentlich in ihrer informierten Entscheidung einschränken. Vorliegend legt der Sachverhalt nahe, dass M als informierte Verbraucherin in der Regel nicht die nach eigener Aussage überzuckerten Produkte von K kaufen würde – jedenfalls nicht in dieser Häufigkeit. Die Kaufentscheidung für das

Produkt folgte aus der Überredung des Sohnes. Nachvollziehbar wollte sie durch ihr Verhalten nicht negativ das Ansehen des Sohnes und ihrer selbst in der Schulgemeinschaft beeinflussen.

### 3. Zwischenergebnis

Eine aggressive Handlung iSv § 4a I UWG liegt vor.

### V. Wiederholungsgefahr

Für die Geltendmachung des Unterlassungsanspruchs müsste Wiederholungsgefahr bestehen. Diese wird grundsätzlich vermutet. Eine Widerlegung von Seiten des K ist nicht ersichtlich.

### VI. Anspruchsverpflichtung

K hat die unlautere Handlung durch aktives Tun hervorgerufen und ist somit als Täter zur Unterlassung verpflichtet.

### B. Ergebnis

V steht ein Unterlassungsanspruch gem. § 8 I 1 Alt. 1 UWG zu.

**Fall 2**

### A. Unzulässigkeit gem. Nr. 28 des Anhangs zu § 3 III UWG

Zunächst könnte die vorgeschlagene Praktik gem. Nr. 28 Anh. UWG zu § 3 III UWG unzulässig sein.

Hierzu müsste, wie oben erläutert, eine unmittelbare Aufforderung an die Kinder erfolgt sein. Käufer – auch hier – sollen nicht die Kinder, sondern die Eltern sein. Somit käme maximal eine Einbeziehung als Kaufmotivatoren in Betracht. Hierzu müsste jedoch diesbezüglich eine Aufforderung an die Kinder ersichtlich sein. Dies liegt jedoch nicht vor. Der Bestellschein ist in der Elternsparte zu finden. Die Abonnemententscheidung und somit der Werbe-/Kaufanreiz wird direkt bei den Eltern gesetzt.

Es liegt keine Unzulässigkeit nach Nr. 28 Anhang UWG zu § 3 III UWG vor.

### B. Unzulässigkeit gem. §§ 3 I, 4a I 1 UWG

Es könnte jedoch auch hier eine aggressive Handlung iSd §§ 3 I, 4a I 1 UWG vorliegen.

### I. Geschäftliche Handlung und Adressat

Eine geschäftliche Handlung ist, wie oben erläutert, nach § 2 I Nr. 1 UWG legal definiert. Vorliegend stellen das Verteilen von Sonderexemplaren als Werbung und das anschließende Einsammeln der Bestellscheine in der Schule eine absatzfördernde Maßnahme dar und somit eine geschäftliche Handlung iSv § 2 I Nr. 1 UWG.

Adressat dieser Maßnahme und letztlich Abnehmer der Zeitschrift sind auch hier primär die Eltern der Schüler. Dies wird bereits durch die Umstände des Vertriebs (Mitnahme der Zeitschrift durch die Kinder und Ablieferung zuhause) und der Bestellmöglichkeit in einem speziell an die Eltern adressierten Bereich der Zeitschrift erreicht.

## II. Aggressivität iSv § 4a I 2 UWG

Um lauterkeitsrechtlich unzulässig zu sein, müsste es sich bei dieser Werbemaßnahme um eine aggressive geschäftliche Handlung handeln. Wie bereits oben dargestellt bestimmt sich das Tatbestandsmerkmal Aggressivität nach § 4a I 2 UWG. Auch hier könnte durch die Drucksituation in der Schule eine unzulässige Beeinflussung iSv § 4a I 2 Nr. 3 UWG gegeben sein. Hierzu müsste aber auch eine Machtposition des V mithilfe der Schule ausgeübt werden.

Wie bereits oben erläutert, sind hierzu alle Umstände des Einzelfalls zu berücksichtigen. Insbesondere sind die Modalitäten und die Einbindung der Schule zu betrachten.

Bisher wurden von der Schule keine Zeitschriften oder Presseerzeugnisse zugelassen. Somit impliziert die Zulassung der Zeitschriften vom Verlag (V) zumindest eine gewisse pädagogische Überprüfung durch die Schule, da bisher alle Zeitschriften abgelehnt wurden. Durch eine Zulassung wäre zumindest eine gewisse Machtposition erkennbar. Diese müsste V jedoch auch ausgenutzt haben, um Druck auf die Eltern auszuüben. Wie oben im Fall der Codes gezeigt, braucht es hierfür eine gewisse Gruppendynamik und negative Rückschlüsse bei der Verweigerung einer Partizipation. Eine lediglich kommentarlose Weitergabe von Zeitschriften, auch im Rahmen des Unterrichts, ist für sich genommen noch nicht geeignet, um einen Druck auf die jeweiligen Eltern über die Kinder auszuüben. Erst wenn im Rahmen der Bestellentscheidung, entweder im Verhältnis Lehrer zu Schüler oder Schüler untereinander, eine Unterscheidung zwischen den Schülern entsteht, die sich für eine Zeitschrift entschieden haben, und denjenigen, die sich dagegen entschieden haben, ist ein Druckpotential gegeben. Darüber hinaus besteht auch hier die Möglichkeit, dass Elternteile eine Verknüpfung zwischen der Zeitschrift und einer Förderung des Kindes in der schulischen Ausbildung herstellen, sodass auch direkter Druck entstehen könnte.

Hierzu reicht aber die vorgeschlagene Praktik nicht aus. V möchte lediglich die Zeitschriften in der Klasse verteilen und die Bestellscheine gesammelt wieder einholen. Eine Mitwirkung der Schule, welche über die Zulassung des V hinausgeht, verlangt dieser nicht. Auch von Seiten der Lehrer soll kein Kaufanreiz oder ähnliches geschaffen werden. Der Vertrieb über die Schule erleichtert dabei lediglich den Bestellvorgang und die Verbreitung an die gewünschte Zielgruppe. Druck von Seiten der Schule bezüglich einer Kaufentscheidung ist dadurch nicht ersichtlich. Dies wird auch durch die Tatsache deutlich, dass die Zeitschrift nach Hause geschickt und somit der Zeitraum des Abonnements, also der tatsächliche Konsum, im Gegensatz zum Ausgangsfall, nicht in der Schule überprüft wird.

## III. Ergebnis

Es liegt keine aggressive Handlung iSv § 4a I 1 UWG vor.

## C. Unzulässigkeit gem. § 3a UWG

In Betracht kommt jedoch eine Unzulässigkeit qua Rechtsbruch iSv § 3a UWG.

Vorliegend könnte die vorgeschlagene Praktik gegen die Regelungen des § 56 ThürSchulG verstoßen.

## I. Gesetzliche Vorschrift

Bei § 56 V ThürSchulG müsste es sich um eine gesetzliche Vorschrift handeln. Eine gesetzliche Vorschrift iSv § 3a UWG ist jede Rechtsnorm. Die Bestimmungen des ThürSchulG entsprechen dieser Anforderung.

## II. Regelung des Marktverhaltens im Interesse der Marktteilnehmer

Die Vorschrift müsste dazu bestimmt sein, im Interesse der Marktteilnehmer iSv § 2 I Nr. 2 UWG ein Marktverhalten zu regeln.

Marktverhalten ist jede Tätigkeit auf einem Markt, die objektiv der Förderung des Absatzes oder Bezugs dient und durch die ein Unternehmer auf die Mitbewerber, Verbraucher oder sonstige Marktteilnehmer einwirkt.

§ 56 ThürSchulG regelt das Verbot der kommerziellen Werbung und damit verbundene Verhaltensweisen auf dem Schulgelände. Es ist somit geeignet, Marktverhalten zu regeln.

## III. Zuwiderhandlung

Die Praktik des V müsste gegen § 56 ThürSchulG verstoßen.

In Betracht kommen insbesondere die Abs. IV und V des § 56 ThürSchulG. Gem. § 56 IV ThürSchulG dürfen Druckschriften nur verteilt werden, wenn sie für die Erziehung und den Unterricht förderlich sind und keine kommerzielle Werbung enthalten. Aus Sicht des J – der im Folgenden mangels abweichender Sachverhaltsinformationen gefolgt werden muss – sind die von V in Umlauf gebrachten Zeitschriften pädagogisch wertvoll und geeignet, die Erziehung und den Unterricht zu fördern. Jedoch dürften diese dann keine kommerzielle Werbung enthalten. Der einzige nach Sachverhalt bekannte Inhalt der Zeitschrift, der als kommerzielle Werbung eingeordnet werden kann, ist das Bestellformular für die Zeitschrift selbst. Sonstige Werbung für Drittprodukte enthält die Zeitschrift nicht. Somit ist hier noch keine kommerzielle Werbung iSv § 56 IV ThürSchulG zu sehen.

Jedoch könnte ein Verstoß gegen § 56 V ThürSchulG vorliegen, wonach der Vertrieb von Gegenständen aller Art, Ankündigungen und Werbung, das Sammeln von Bestellungen sowie der Abschluss sonstiger Geschäfte in Schulen grundsätzlich untersagt sind. Gem. § 56 IV 4 ThürSchulG sind Sammelbestellungen jedoch ausnahmsweise zulässig, wenn besondere schulische Gründe sie erfordern, was vorliegend wohl nicht gegeben ist, oder wenn sie einem besonderen pädagogischen Zweck dienen. Hierzu müsste jedoch die Sammlung selbst einem besonderen pädagogischen Zweck dienen. Hier dient die Sammelbestellung der Zeitschrift dem pädagogischen Zweck, wieder gut recherchierte, mit pädagogisch wertvollen Inhalten ausgestattete Printprodukte bei den Schülern publik und angesehen zu machen. Hierbei ist die Klassendynamik geeignet, wieder mehr Schüler zum Lesen pädagogisch wertvoller Zeitschriften zu bewegen.

Es liegt somit kein Verstoß gegen § 56 ThürSchulG vor.

## IV. Ergebnis

Die vorgeschlagene Praktik des V ist auch nicht gem. § 3a UWG unzulässig.

## D. Endergebnis

J kann die Zeitschriften in der Schule zulassen.

**Votum zur studentischen Bearbeitung 2:**

Prof. Dr. Volker Michael Jänich

Erstgutachten

zu der Vorlesungsabschlussklausur Lauterkeitsrecht

Wintersemester 2016/2017

SB-Prüf-Nr. 2-002

SB 2: Deutsches und Europäisches Wirtschaftsrecht

I.

[Einleitung wie Votum zur Bearbeitung 1]

II.

Der Verfasser beginnt bei Fall 1 mit der Untersuchung der Aktivlegitimation. Knapp und zutreffend wird dargelegt, dass es sich bei der Verbraucherzentrale V um eine nach § 8 III Nr. 3 UWG iVm § 4 UKlaG qualifizierte Einrichtung handelt.

Sodann will der Verfasser einen »Verstoß gegen § 3 UWG« untersuchen. Hier wird viel zu breit das Tatbestandsmerkmal der geschäftlichen Handlung untersucht. Ebenso wird abstrakt und ohne Bezug zu einem konkreten Verbotstatbestand der »Adressat der geschäftlichen Handlung« betrachtet. Der Verfasser hätte sofort mit der Prüfung eines konkreten Verbotstatbestandes beginnen müssen. Zu den Adressaten der Werbung stellt der Verfasser recht interessante Erwägungen an. Er arbeitet jedoch nicht konkret heraus, dass die Kinder als Kaufmotivatoren eingesetzt werden sollen. Sodann wendet sich der Verfasser – endlich – der Unzulässigkeit gem. § 3 III UWG iVm Nr. 28 des Anhangs zum UWG zu. Der Verfasser erkennt, dass der Begriff des »Kindes« umstritten ist. Er lässt den Streit offen und wendet sich sodann dem Tatbestandsmerkmal der unmittelbaren Aufforderung zu. Das Vorgehen widerspricht allgemeinen Grundsätzen der Gutachtentechnik, erscheint hier jedoch in Anbetracht des Umfangs der Aufgabe und der zur Verfügung stehenden Bearbeitungszeit vertretbar. Im Ergebnis zutreffend wird mit ansprechender Begründung ein Verstoß gegen § 3 III UWG iVm Nr. 28 des Anhangs zum UWG abgelehnt. Sodann wendet sich der Verfasser § 4a UWG zu. Die Tatbestandsmerkmale werden sorgfältig herausgearbeitet. Mit stimmiger Argumentation wird eine aggressive Handlung gem. § 4a I UWG angenommen. Allerdings wird nicht deutlich genug herausgearbeitet, dass auch § 4a I 1 UWG ein Relevanzerfordernis aufstellt. Wiederholungsgefahr wird zutreffend und knapp bejaht.

Bei Fall 2 erörtert der Verfasser zunächst eine Unzulässigkeit gem. § 3 III UWG iVm Nr. 28 des Anhangs zum UWG. Dieser wird zutreffend abgelehnt. Anschließend prüft der Verfasser § 4a I UWG. Er erkennt, dass das Merkmal der »Machtposition« für den Fall entscheidend ist und lehnt eine solche mit ansprechender Argumentation ab.

§ 3a UWG wird gesehen. Zutreffend wird angenommen, § 56 ThürSchulG sei eine Marktverhaltensnorm. Fehlerhaft wird ein Verstoß gegen § 56 ThürSchulG verneint. Der Verfasser übersieht § 56 III ThürSchulG.

### III.

Der Bearbeiter hat insgesamt eine stimmige Bearbeitung vorgelegt. Die zentralen Probleme des Falls werden gesehen. Bei Fall 1 hätte noch § 7 UWG geprüft werden können. Kein gravierender Fehler ist die fehlerhafte Anwendung des § 56 ThürSchulG in Fall 2. Insgesamt handelt es sich schon um eine Leistung, die über den durchschnittlichen Anforderungen liegt.

**vollbefriedigend (10 Punkte).**

## III. Studentische Bearbeitung 3

### Fall 1

**A. Unterlassungsanspruch der V gegen K gem. § 8 I 1 Alt. 2 UWG**

Ein Unterlassungsanspruch gem. § 8 I 1 Alt. 2 UWG setzt einen Verstoß gegen § 3 UWG oder § 7 UWG und Wiederholungsgefahr voraus.

**I. Verstoß gegen § 3 UWG**

Zu prüfen ist, ob die Werbeaktion des K gegen § 3 UWG verstößt.

**1. Unzulässigkeit gem. § 3 III UWG**

Hierfür kommt zunächst ein Verstoß gegen § 3 III UWG in Betracht. Demnach müsste zunächst eine geschäftliche Handlung gegenüber Verbrauchern vorliegen.

**a) Geschäftliche Handlung iSd § 2 I Nr. 1 UWG**

Die (gesamte) Werbeaktion des K dient der Förderung des Absatzes eigener Waren und Dienstleitungen und stellt damit eine geschäftliche Handlung dar.

**b) Gegenüber Verbrauchern gem. § 2 II UWG iVm § 13 BGB**

Fraglich ist, wer hier als maßgeblicher Verbraucher gilt. Die Werbemaßnahme richtet sich an Schüler, zielt jedoch darauf ab, dass sich diese an ihre Eltern wenden, damit diese wiederrum das Produkt erwerben. Somit richtet sich die Werbemaßnahme an Schüler und deren Eltern gleichermaßen und damit an Verbraucher iSv § 13 BGB.

**c) Tatbestand der Nr. 28 des Anhangs zu § 3 III UWG**

Eine gegenüber Verbrauchern stets unzulässige geschäftliche Handlung ist »die in eine Werbung einbezogene unmittelbare Aufforderung an Kinder, selbst die beworbene Ware zu erwerben oder die beworbene Dienstleistung in Anspruch zu nehmen oder ihre Eltern dazu zu veranlassen«.

Die Werbemaßnahmen richten sich zunächst an Schüler. Es ist fraglich, ob es sich dabei um Kinder im Sinne des Gesetzes handelt. Weder das UWG noch die UGP-RL geben näheren Aufschluss über diesen Begriff des Kindes. Beispielsweise schützt die Richtlinie 2010/13/EU über audiovisuelle Mediendienste nicht nur Kinder, sondern – weiter gehend – Minderjährige. Daraus lässt sich ein enges Verständnis des Begriffs, demnach bis zur Vollendung des 14. Lebensjahres, ableiten. Auch der Schutzzweck von Nr. 28 spricht für ein solch enges Verständnis. Denn im Gegensatz zu Jugendlichen, die bereits mit Werbung und einfachen Geschäften des täglichen Lebens vertraut sind, betreffen die Gefahren einer Direktansprache (Aufforderung iSv Nr. 28) gerade kleine Kinder, die aufgrund ihrer geistigen Entwicklung mit den Wirkungen von Werbung noch nicht vertraut sind und diese an sich zumeist nicht einmal erkennen können. Da sich die Werbung u. a. an den 11-jährigen Clemens-Malte richtet, ist der Begriff des Kindes iSd Nr. 28 erfüllt. Dass auch die Eltern angesprochen werden, steht dem nicht entgegen.

Vorliegend handelt es sich bei der Maßnahme des K um Werbung, vgl. Art. 2 lit. a RL 2006/114/EG. Fraglich ist jedoch, ob darin eine direkte Aufforderung im Sinne eines Kaufappells zu sehen ist. Allgemeine Werbeaussagen und -anpreisungen können dafür nicht genügen, denn diese betreffen die bloße Vorstellung bzw. Empfehlung des Produkts oder der Dienstleistung. Entscheidend ist, ob die Kinder gezielt angesprochen werden und den Eindruck gewinnen, sie sollen einen Kauf bestimmter Produkte tätigen oder ihre Eltern zum Kauf veranlassen. Hier findet sich auf jeder Packung der Text: »Mach deine Schule fit – Melde dich mit deinem Sportlehrer an und beginne zu sammeln«. Dadurch schafft der K zwar einen Anreiz, die »K Codes« als Zugabe zu erlangen und zu sammeln (Mitmachaktion). Dieser Ansporn verstärkt jedoch nicht die als reine Anpreisung gestaltete Werbemaßnahme. Auch der Umstand, dass durch diese »Mitmachaktion« eine Art Gruppenzwang ausgeübt wird, steht dem nicht entgegen, denn dies ist nachgelagert. Dass sich die Kinder unmittelbar im Sinne eines gezielten Kaufappells als potentielle Käufer angesprochen fühlen, ist somit zu verneinen, denn insbesondere geht die Werbeaktion des K nicht über die bloße Information des Werbeinhalts (an sich) hinaus.

Daher liegt kein Verstoß des K gem. Nr. 28 des Anhangs zu § 3 III UWG vor.

**2. Unzulässigkeit gem. § 3 I UWG**

Daher bleibt zu prüfen, ob die Werbung des K gem. § 3 I UWG unzulässig ist.

**a) Geschäftliche Handlung iSd § 2 I Nr. 1 UWG**

Eine geschäftliche Handlung liegt, wie oben ausgeführt, vor.

**b) Unlauterkeit der Werbeaktion**

aa) § 4a I 1 UWG iVm § 3 IV 2 UWG

Die Werbeaktion könnte den Tatbestand des § 4a UWG erfüllen. Dafür müsste die geschäftliche Handlung aggressiv iSd § 4a I UWG sein.

(1) »Aggressive« geschäftliche Handlung

(a) Maßgebliche Sichtweise

Da sich die Werbeaktion an eine Gruppe von Verbrauchern richtet, die wegen ihres Alters besonders schutzbedürftig iSd § 3 IV 2 UWG ist (Schüler), könnte diese aus Sicht eines durchschnittlichen Mitglieds dieser schutzbedürftigen Gruppe zu beurteilen sein. § 3 IV 2 findet nicht nur bei § 3 II UWG, sondern bei allen Unlauterkeitstatbeständen Anwendung, die der Umsetzung der UGP-Richtlinie dienen, daher auch bei § 4a UWG. Dies gilt ebenso für die Feststellung, ob eine geschäftliche Handlung aggressiv iSv § 4a I UWG ist.

Die Werbemaßnahme ist allerdings letztlich nicht darauf angelegt, Kinder und Jugendliche als Käufer zu gewinnen. Vielmehr sollen die Eltern das Produkt erwerben (es geht um die Willensentschließungsfreiheit der Eltern als potentielle Käufer). Daher ist auf ein durchschnittliches Mitglied der Gruppe der »Eltern« als »bestimmte Gruppe« iSv § 3 IV 1 UWG abzustellen.

(b) Aggressivität iSv § 4a I 2 UWG

Eine geschäftliche Handlung ist aggressiv, wenn sie im konkreten Fall geeignet ist, die Entscheidungsfreiheit des Verbrauchers erheblich zu beeinträchtigen. Vorliegend kommt eine unzulässige Beeinflussung (§ 4a I 2 Nr. 3 UWG) der Eltern in Betracht. Diese wird in § 4a I 3 UWG konkretisiert. Demnach müsste K eine Machposition zur Ausübung von Druck in der Weise ausgenutzt haben, die die Fähigkeit der Verbrauchergruppe Eltern zu einer informierten Entscheidung wesentlich eingeschränkte. Vorliegend sollen die Kinder als sog. Kaufmotivatoren eingesetzt werden, um die Kaufentscheidung der Eltern bzw. Erziehungsberechtigten zu beeinflussen. Eine unzulässige Beeinflussung kann darin nur liegen, wenn die Möglichkeit der Beeinflussung der Eltern durch hartnäckige Kinderwünsche als Machtposition anzusehen wäre, die der Werbende (K) für seine Zwecke ausnutzt. Die Schwelle zur Unlauterkeit der Einflussnahme wird aber erst überschritten, wenn der auf den Erwachsenen ausgeübte Druck ein solches Ausmaß erreicht, dass er in seiner freien Willensentschließung wesentlich beeinträchtigt ist. Wenn eine Werbung bei Kindern Kaufwünsche mit dem Ziel weckt, ihre Eltern zu einer entsprechenden Kaufentscheidung zu veranlassen, liegt darin eine bloße Druckausübung von Kindern im Allgemeinen. Denn es ist grundsätzlich davon auszugehen, dass verständige Eltern sich durch derartige Wünsche nicht in ihrer rationalen Entscheidung über den Kauf eines Produktes beeinflussen lassen. Diese können (und müssen) mehr Druck aushalten. Hier besteht allerdings die Besonderheit, dass ein »Gruppendruck« entsteht, weil die Prämien allen Kindern zugutekommen, auch denen, die sich nicht beteiligen. Ferner steigt der Wert der Prämien mit der Anzahl der gesammelten Punkte. Schließlich hat auch die Schule ein eigenes Interesse, da sie die Sportgeräte unentgeltlich erhält. Es besteht insofern die Gefahr, dass auch von dieser Seite Druck auf die Eltern ausgeübt wird oder diese sich jedenfalls verpflichtet fühlen, die Aktion zu unterstützen. Schüler und Eltern (hier Clemens-Malte und seine Mutter) geraten so in die Situation, an der Sammelaktion teilnehmen zu müssen, um den Eindruck mangelnder Hilfsbereitschaft und Solidarität mit der Schulgemeinschaft zu vermeiden. Sie werden sich daher dazu veranlasst sehen, ihren Kindern zu erlauben, sich an der Aktion zu beteiligen und hierfür die Produkte des K zu erwerben, die sie sonst nicht gekauft hätten. Eine unzulässige Beeinflussung liegt folglich vor.

Die Ausübung des Drucks muss zudem in der Weise erfolgen, die die Fähigkeit des Verbrauchers zu einer informierten Entscheidung wesentlich einschränkt. Letztlich kommt es hierbei auf die gleiche Argumentation an: Grundsätzlich ist die berührte Fähigkeit der Willensentschließung der Eltern als potentielle Käufer (allein) durch die bloße Druckausübung der Kinder nicht beeinträchtigt. Hier liegen jedoch besondere Umstände vor, die (wie oben beschrieben) zur wesentlichen Beeinträchtigung der Entscheidungsfreiheit der Eltern führen.

(2) »Erhebliche« Beeinträchtigung der Entscheidungsfreiheit der Eltern iSd § 4a I 2 UWG

Soweit die Fähigkeit zu einer informierten Entscheidung durch Druckausübung wesentlich eingeschränkt ist (s. o.), wird auch die Entscheidungsfreiheit erheblich beeinträchtigt sein. Die Frühstücksflocken hätte M ohne die unzulässige Beeinflussung des K nicht gekauft.

(3) Zwischenergebnis

Folglich ist die Werbemaßnahme des K gem. § 4a I UWG unzulässig.

bb) § 3 II UWG iVm § 3 IV 2 UWG

Zudem käme ein Verstoß gegen § 3 II UWG in Betracht. Dem könnte allerdings das Anwendungsverhältnis von § 3 II zu § 4a UWG entgegenstehen. Die Generalklausel Art. 5 II UGP-RL kommt erst zur Anwendung, wenn die fragliche Geschäftspraxis weder irreführend noch aggressiv iSv Art. 5 IV UGP-RL iVm Art. 6–9 UGP-RL ist.

Dieses Vorrangverhältnis gilt entsprechend für die verbraucherschützenden Tatbestände des UWG. Ein Rückgriff auf § 3 II UWG kann erst dann erfolgen, wenn nicht schon § 3 III UWG iVm Anh. UWG sowie §§ 4a, 5 und 5a UWG einschlägig sind. In dieser Konstellation würde § 3 II UWG daher nur als Auffangtatbestand greifen. Indes ist aber § 4a UWG einschlägig.

## II. Wiederholungsgefahr

Für die Wiederholungsgefahr spricht eine tatsächliche, widerlegliche Vermutung. Diese kann grundsätzlich nur durch Abgabe einer strafbewehrten Unterlassungserklärung widerlegt werden. K hat keine derartige Erklärung abgegeben und auch sonst sind keine Gründe für einen Wegfall der Wiederholungsgefahr ersichtlich.

## III. Anspruchsberechtigung

V ist zudem gem. § 8 III Nr. 3 UWG anspruchsberechtigt (§ 4 UKlaG).

## IV. Anspruchsverpflichtung

K haftet als Verletzer.

## B. Ergebnis

Ein Unterlassungsanspruch der V gegen K gem. § 8 I 1 Alt. 2 UWG besteht.

**Fall 2**

## A. Unzulässigkeit gem. Nr. 28 des Anhangs zu § 3 III UWG

Zunächst könnte ein Verstoß nach Nr. 28 des Anhangs zu § 3 III UWG vorliegen. Hierfür fehlt es jedoch an einer unmittelbaren Aufforderungen im Sinne eines Kaufappells. Zwar werden die Schüler auch in den Prozess des Abonnements mittelbar mit eingebunden, der Bestellschein befindet sich aber (allein) in der Elternsparte, sodass nur diese eine Bezugsoption haben. Auch das Sammeln der Bestellungen in der Schule setzt das vorherige Ausfüllen der Elternsparte durch die Erziehungsberechtigten voraus. Mit dem Verteilen der Zeitschrift geht daher kein unmittelbarer Kaufappell einher. Die Schüler werden nicht gezielt darauf angesprochen, ihre Eltern zum Bezug der Zeitungen zu veranlassen. Vielmehr handelt es sich um eine bloße Vorstellung und Empfehlung der Zeitungen des Verlags (V). Nr. 28 ist mithin zu verneinen.

## B. Unzulässigkeit gem. §§ 3 I, 4a I 1 UWG

Weiterhin könnte das Verteilen der Zeitschriften nach §§ 3 I, 4a I UWG unzulässig sein. Dafür müsste eine aggressive geschäftliche Handlung vorliegen.

## I. Aggressive geschäftliche Handlung

### 1. Geschäftliche Handlung iSd § 2 I Nr. 1 UWG

Das Verteilen der Zeitschriften zur Werbung und das Einsammeln von Bestellungen dienen der Förderung des Absatzes eigener Waren und Dienstleitungen des V, mithin liegt eine geschäftliche Handlung vor. Diese richtet sich insbesondere an die Eltern, für welche die Zeitschrift eine eigene Bestellsparte bereithält. Neben diesen werden zudem auch die Schüler als (Erst-)Adressat angesprochen.

## 2. Aggressivität iSv § 4a I 2 UWG

### a) § 4a I 2 Nr. 1 UWG: durch Belästigung

§ 4a I 2 Nr. 1 UWG dient dem Schutz des Verbrauchers davor, dass er eine bestimmte geschäftliche Entscheidung nur deshalb trifft, um sich der Einwirkung des Unternehmers auf seine Privatsphäre zu entziehen. Dies liegt hier nicht vor.

### b) Nr. 3: unzulässige Beeinflussung

Vielmehr kommt wiederrum eine unzulässige Beeinflussung in Betracht. Dies wird durch § 4a I 3 UWG konkretisiert. Daher müsste das Verteilen der Zeitschriften zu Werbezwecken die Ausnutzung einer Machtposition zur Ausübung von Druck darstellen.

#### aa) Ausnutzung einer Machtposition zur Ausübung von Druck durch V

Hier könnte die Autorität der Schule (als eingeschalteter Dritter) für die Kundenwerbung und damit für die Absatzinteressen des V ausgenutzt werden. Dafür könnte sprechen, dass schon die Duldung der Werbung des V in der Schule durch J (ohne dessen Aktivwerden) den Eindruck erwecken könnte, die Schule stehe hinter dieser Werbung des V. Da die Schule für die Eltern jedenfalls in der Frage der Beurteilung der pädagogischen Qualität von solchen Zeitschriften als sachverständig und damit als, wenn auch nicht alleinige, Autorität gilt, wäre eine Machtposition des V durch Einbeziehung der Schule zu bejahen. Erst recht würde eine Machtposition des V vorliegen, wenn J das Verteilen der Zeitschriften in der Schule zuließe. Denn dies würde suggerieren, J hätte die Zeitschrift auf ihre pädagogische Qualität hin getestet.

Dies allein würde jedoch keine unzulässige Beeinflussung begründen, vielmehr müsste V seine Machtposition zur Ausübung von Druck ausnutzen. Der Einsatz fremder Autorität in der Werbung ist aber nicht von vornherein unlauter. Eine Unlauterkeit begründet sie erst dann, wenn die angesprochenen Verbraucher davon ausgehen müssten, dass die Ablehnung der erwünschten geschäftlichen Entscheidung möglicherweise Nachteile (schulische, gesellschaftliche, etc.) mit sich bringen. Hier sind jedoch keine solchen Umstände ersichtlich. Ein Nichtbestellen der Zeitschriften führt für die potentiellen Käufer (Eltern) zu keinerlei Konsequenzen. Dass V die Schule als Vertriebsmarkt für die Zeitschriften nutzen würde und es dafür einer Mitwirkung der Schule im Sinne einer Zulassung bzw. Duldung des Verteilens der Zeitschrift bedarf, stellt noch keine Ausübung von Druck gegenüber den Eltern hinsichtlich des Erwerbs der Zeitschriften dar.

#### bb) Zwischenergebnis

V würde seine Machtposition folglich nicht zur Ausübung von Druck ausüben.

### II. Ergebnis

Daher liegt in dem Vorgehen des V keine aggressive geschäftliche Handlung gem. § 4a I 1 UWG.

## B. Unzulässigkeit gem. § 7 I UWG

Es könnte zudem ein Verstoß gegen § 7 I UWG vorliegen. § 7 I UWG, der dem Schutz der Privatsphäre dient, müsste dabei neben § 4a UWG, der dem Schutz der wirtschaftlichen Interessen der Verbraucher dient, anwendbar sein. Sofern die Entscheidungsfreiheit der Verbraucher erheblich beeinträchtigt ist, kommt § 7 UWG nicht zur Anwendung, § 4a UWG ist mithin vorrangig. Ein Verstoß gegen § 4a UWG ist aber nicht einschlägig (s. o.), sodass § 7 UWG zu prüfen ist.

## I. Geschäftliche Handlung, § 2 I Nr. 1 UWG

Eine geschäftliche Handlung liegt vor (s. o.).

## II. Unzumutbare Belästigung gem. § 7 I UWG

Maßgebend ist der durchschnittlich empfindliche Adressat. Hier sind die Schüler, Lehrer und insbesondere die Eltern Adressaten.

### 1. Stets unzumutbare Belästigung gem. § 7 II UWG

Das Verteilen der Zeitschrift zur Werbung und das Einsammeln von Bestellungen würde nicht unter Verwendung von Fernkommunikationsmitteln stattfinden. Daher liegt keine stets unzumutbare Belästigung iSv § 7 II UWG vor.

### 2. Vom angesprochenen Marktteilnehmer erkennbar nicht gewünschte Werbung gem. § 7 I 2 UWG

Auch ist nicht ersichtlich, dass die Werbung erkennbar unerwünscht iSd § 7 I 2 UWG war.

### 3. Sonstige unzumutbare Belästigung gem. § 7 I 1 UWG

Demnach könnte es sich nur um eine sonstige unzumutbare Belästigung iSv § 7 I UWG handeln. Die Werbung müsste bereits auf Grund der Art und Weise, wie sie den Empfängerkreis erreicht (Verteilen der Zeitschriften), von diesem als belästigend empfunden werden; die Beeinträchtigung folgt also aus ihrem Aufdrängen. Der Empfänger muss sich mit ihr, ob er möchte oder nicht, zunächst einmal auseinandersetzen, da ein entgegenstehender Wille vom Handelnden entweder ignoriert worden ist oder gar nicht formuliert werden konnte. Hier ist fraglich, ob sich die Schüler und nachfolgend deren Eltern der Werbung entziehen könnten. Laut Sacherhalt würde den Schülern ein Exemplar (von Mitarbeitern des V) in die Hand gegeben. Daraus resultiert jedoch kein Zwang, sich umgehend mit der Zeitschrift auseinander zu setzen. Vielmehr können die Schüler frei über den Umgang mit dem Exemplar entscheiden. Denn insbesondere findet das Verteilen, mangels gegenteiliger Sachverhaltsangaben, nicht im Rahmen einer schulischen Veranstaltung oder einem vergleichbaren Rahmen statt. Die Lehrer sind zudem nicht unmittelbar eingebunden und auch den Eltern bleibt es letztlich vorbehalten, eigenständig darüber zu entscheiden, ob sie die Bezugsmöglichkeit (Sammelbestellung oder Postaufgabe) nutzen. Das Verteilen der Zeitschriften in der Schule hat daher keinen aufdrängenden Charakter iSd § 7 I UWG. Demnach ist eine unzumutbare Belästigung zu verneinen.

Zudem würde die Werbung für die Zeitschriften und das Einsammeln der Bestellungen keine unzumutbare Belästigung darstellen, wenn sie mit Genehmigung der Schulverwaltung (J) erfolgt. Denn letztlich ist es in erster Linie Sache des Schulrechts, der Schulorganisation und des Hausrechts, Schüler und Lehrer vor belästigender Werbung zu schützen. Dies wird hier anhand des § 56 III, IV, V ThürSchulG ersichtlich. Die (mögliche) Entscheidung der Schulverwaltung, Werbung zuzulassen, kann nicht mittels des Lauterkeitsrechts unterlaufen werden. Das Wettbewerbsrecht hat insofern nur eine ergänzende Funktion, sodass lediglich solche Umstände wettbewerblich relevant werden, die außerhalb der schulischen Befugnisse liegen, sodass ein Verstoß gegen § 7 I UWG allein deshalb scheitert.

### III. Ergebnis

Ein Verstoß des V gem. § 7 I UWG würde folglich nicht vorliegen.

### C. Unzulässigkeit gem. § 3a UWG

Das Verhalten des V kann schließlich als Rechtsbruch gem. § 3a UWG unlauter sein. In Betracht kommt ein Verstoß gegen § 56 ThürSchulG. Dabei müsste es sich um eine gesetzliche Vorschrift handeln, die das Markverhalten im Interesse der Marktteilnehmer regelt.

### I. Gesetzliche Vorschrift

Eine gesetzliche Vorschrift iSv § 3a UWG ist jede Rechtsnorm, vgl. Art. 2 EGBGB. Bei den Bestimmungen des ThürSchulG handelt es sich um Landesrecht und damit um gesetzliche Vorschriften.

### II. Regelung des Marktverhaltens im Interesse der Marktteilnehmer

Die Vorschrift müsste auch dazu bestimmt sein, im Interesse der Marktteilnehmer (§ 2 I Nr. 2 UWG) das Marktverhalten zu regeln. Marktverhalten ist dabei jede Tätigkeit auf einem Markt, die objektiv der Förderung des Absatzes oder Bezugs dient und durch die ein Unternehmer auf die Mitbewerber, Verbraucher oder sonstigen Marktteilnehmer einwirkt. Abzugrenzen gilt es zu (bloßen) Marktzutrittsregelungen. Reine Marktzutrittsregelungen sind solche Normen, die Personen den Marktzutritt aus Gründen verwehren, die nichts mit ihrem Marktverhalten, also der Art und Weise des Agierens am Markt, zu tun haben. Hier regelt § 56 ThürSchulG Verbote der (kommerziellen) Werbung und damit verbundene Verhaltensweisen (Verteilung von Zeitschriften, Sammelbestellungen) auf dem Schulgelände. Die Vorschrift hat daher einen Marktbezug iSv § 3a UWG, da sie grundlegende Anforderungen für Werbung und deren Zugänglichmachung auf dem Schulgelände enthält. Dabei handelt es sich um marktbezogene Anforderungen und mithin um Marktverhaltensregelungen. Insbesondere sollen die Schüler vor kommerzieller Werbung geschützt werden. Dies jedoch nur, sofern keine Ausnahmegenehmigung erteilt ist. Eine solche liegt hier jedoch (noch) nicht vor.

### III. Zuwiderhandlung

Zudem müsste V gegen § 56 ThürSchulG verstoßen haben. Dies könnte zum einen in einem Verstoß gegen § 56 III ThürSchulG liegen. Danach ist kommerzielle Werbung in der Schule grundsätzlich verboten. Hier ist das Sonderexemplar mit einer Elternsparte ausgestattet, die die Bewerbung der beiden Zeitschriften enthält und zudem die Bewerbung weiterer Printmedien des Verlages beinhaltet. Hierin liegt ein kommerzieller Zweck der Werbemaßnahme des V. Eine Zuwiderhandlung läge daher vor.

Zudem käme ein Verstoß gegen § 56 IV ThürSchulG infrage, der bestimmt, dass Druckschriften nur verteilt werden dürfen, wenn sie für Erziehung und Unterricht förderlich sind und keine kommerzielle Werbung enthalten. Vorliegend sind in der Elternsparte eine Bewerbung der beiden Zeitschriften und die Bewerbung weiterer Printmedien des Verlages, mithin kommerzielle Werbung, enthalten. Demnach würde V § 56 IV ThürSchulG zuwider handeln, indem er die Sonderexemplare verteilen lässt. Auf die Förderung für Erziehung und Unterricht käme es daher nicht an. Über die Verteilung kann aber letztlich der Schulleiter entscheiden. Demnach steht hier eine Option der Ausnahmegenehmigung offen, bei deren Erteilung (durch J) ein Verstoß entfiele.

Auch könnte ein Verstoß gegen § 56 V ThürSchulG vorliegen, wonach der Vertrieb von Gegenständen aller Art, Ankündigungen und Werbung, das Sammeln von Bestellungen sowie der Abschluss sonstiger Geschäfte in Schulen grundsätzlich untersagt sind. Allein in der Option der Schüler, die Bestellscheine gesammelt in der Schule abgeben zu können, würde ein Verstoß gegen § 56 V ThürSchulG liegen. Sammelbestellungen sind indes zulässig, wenn sie einem besonderen pädagogischen Zweck dienen. Im Sachverhalt wird ein solcher zumindest nicht in Abrede gestellt. Vielmehr ist J von der pädagogischen Qualität der Zeitschriften überzeugt.

Folglich würde in der von V vorgeschlagenen Praktik des Verteilens der Sonderexemplare zumindest ein Verstoß gegen § 56 III ThürSchulG vorliegen.

**IV. Spürbarkeit**

Das Verhalten des V wäre auch geeignet, die Interessen der Verbraucher (Eltern) spürbar zu beeinträchtigen, weil diese dazu veranlasst werden können, eine geschäftliche Entscheidung, nämlich das Bestellen der Zeitung des V, zu treffen, die sie andernfalls nicht getroffen hätten.

**V. Ergebnis**

V würde damit gegen § 3a UWG verstoßen. Sein Verhalten wäre somit lauterkeitsrechtlich unzulässig.

**Votum zur studentischen Bearbeitung 3**
Prof. Dr. Volker Michael Jänich

Erstgutachten

zu der Vorlesungsabschlussklausur Lauterkeitsrecht

Wintersemester 2016/2017

SB-Prüf-Nr. 2-003

SB 2: Deutsches und Europäisches Wirtschaftsrecht

**I.**

[Einleitung wie Votum zur Bearbeitung 2]

**II.**

Der Verfasser beginnt bei Fall 1 mit der Prüfung eines Unterlassungsanspruchs der V gegen K aus § 8 I 1 Var. 2 UWG. Zunächst wird ein Verstoß gegen § 3 UWG geprüft. Das Vorliegen einer geschäftlichen Handlung gegenüber Verbrauchern wird zutreffend und knapp bejaht. Die Aussage zu Nr. 28 des Anhangs zu § 3 III UWG überzeugt. Mit großer Sorgfalt und fundierten Kenntnissen wird der Begriff des Kindes ausgeleuchtet. Der Verfasser zieht überaus souverän die RL 2010/13/EU heran. Ebenso ist dem Verfasser bekannt, dass sich in der RL 2006/114/EG eine Definition des Begriffs der »Werbung« findet. Sehr schön wird herausgearbeitet, dass ein direkter Kaufappell erforderlich ist, dieser im vorliegenden Fall aber nicht gegeben ist. Sodann wird eine Unlauterkeit nach § 3 I UWG iVm § 4a I 1 UWG und § 3 IV 2 UWG untersucht. Etwas störend wird zunächst abstrakt der Prüfmaßstab bestimmt. Sodann wendet sich der Verfasser dem Begriff der Aggressivität zu. Geprüft wird, ob etwa eine unzulässige Beeinflussung vorliegt. Der Verfasser erkennt, dass dieser Begriff in § 4a I 3 UWG näher konkretisiert wird. Mit großer Akribie wird die Druckausübung herausgearbeitet. Auch ein Einfluss auf die Entscheidungsfreiheit wird bejaht. Hier differenziert der Verfasser allerdings nicht hinreichend sorgfältig genug zwischen § 4a I 1 aE UWG und § 4a I 2 UWG. Sehr schön wird eine Anwendbarkeit des § 3 II UWG im konkreten Fall abgelehnt.

Bei Fall 2 untersucht der Verfasser zunächst eine Unzulässigkeit gem. Nr. 28 des Anhangs zu § 3 III UWG. Dieser wird knapp und zutreffend verneint. Sodann wird § 4a I 1 UWG geprüft. Der Verfasser erkennt, dass entscheidend eine Machtposition des Werbenden ist. Überaus präzise wird herausgearbeitet, dass eine solche Machtposition allenfalls der Schule zusteht. Diese Machtposition müsste dann dem Werbenden V zugerechnet werden. Da jedoch ein Nichtbestellen der Zeitung keine Konsequenzen für die Eltern auslöst, mangelt es an einer Machtposition. Hier hätte der Verfasser vielleicht noch die Erwägung anstellen können, dass die Eltern eventuell Angst um das schulische Fortkommen ihrer Kinder haben. Sodann wird § 7 UWG untersucht. Zutreffend wird die Anwendbarkeit bejaht. Auf die Entscheidungsfreiheit ist nicht eingewirkt worden. Der Verfasser stellt überzeugend darauf ab, dass sich die Schüler der Werbung entziehen können. Dies ist zutreffend. Eine Werbeaktion in den Unterrichtsstunden selbst ist offensichtlich nicht beabsichtigt. Die Bearbeitung schließt mit in jeder Hinsicht zutreffenden Ausführungen zu einen Verstoß gegen § 3a UWG.

### III.

Der Verfasser hat eine ganz vorzügliche Bearbeitung vorgelegt. Die kleineren Mängel trüben das Bild nicht nachhaltig. Insgesamt ohne Zweifel

**sehr gut (16 Punkte).**

# Anhang

## Musterakte einer lauterkeitsrechtlichen Streitigkeit

Am 15.5.2018 schaltet der Elektrogroßmarkt $E^2$ in der Tageszeitung »Erfurter Tageblatt« eine ganzseitige Anzeige. Beworben werden neben Elektrogroßgeräten, Fernsehern und Kaffeemaschinen auch Kaffeekapseln für eine Kaffeekapselmaschine mit dem folgenden Text:

------------------------------------------------------------

Nuvino-Kaffeekapseln für Ihren Nuvino-Kaffeeautomaten

10 Stück 2,99 EUR

------------------------------------------------------------

Lebensmittelhändler Ludwig Laab aus Erfurt meint, die Anzeige sei lauterkeitswidrig und bittet seine Rechtsanwältin Dr. Maier daher, für ihn tätig zu werden.

Rechtsanwältin Dr. Mandy Marina Maier
Max-Eyth-Str. 131
99085 Erfurt, 23.5.2018

An die
Elektrogroßmarkt E² GmbH
An der breiten Eiche 23
99001 Erfurt

**Ihre Werbeanzeige im »Erfurter Tageblatt« am 15.5.2018**

Sehr geehrte Damen und Herren,

der Lebensmittelhändler Ludwig Laab, e.K., Straße der Astronauten 12, 99084 Erfurt, hat uns mit der Wahrnehmung seiner Interessen beauftragt. Auf mich lautende Vollmacht ist im Original beigefügt.

Mein Mandant hat am 22.5.2018 erfahren, dass Sie am 15.5.2018 im »Erfurter Tageblatt« wie folgt geworben haben:

Nuvino-Kaffeekapseln für Ihren Nuvino-Kaffeeautomaten

10 Stück 2,99 EUR

Diese Werbung ist lauterkeitswidrig. Sie verstößt gegen § 3a UWG iVm § 2 I 1 PAngV. Wenn Verbrauchern gewerbs- oder geschäftsmäßig Waren in Fertigpackungen nach Gewicht angeboten werden, ist nach § 2 I 1 PAngV neben dem Gesamtpreis auch der Preis je Mengeneinheit einschließlich der Umsatzsteuer und sonstiger Preisbestandteile (Grundpreis) in unmittelbarer Nähe des Gesamtpreises anzugeben. Sie hätten daher den Preis pro kg angeben müssen. Dies haben Sie nicht getan.

Wir fordern Sie auf, diese lauterkeitswidrige Werbung zu unterlassen. Um eine gerichtliche Auseinandersetzung zu vermeiden, fordern wir Sie weiter auf, bis zum

**30.5.2018**

eine strafbewehrte Unterlassungserklärung abzugeben. Nur eine solche Erklärung beseitigt die Wiederholungsgefahr. Eine vorbereitete Unterlassungserklärung ist diesem Schreiben als Anlage beigefügt.

Die unserem Mandanten in dieser Sache entstandenen Anwaltskosten in Höhe von 745,40 EUR netto (Gegenstandswert 10.000 EUR) sind von Ihnen gem. § 12 I 2 UWG zu tragen. Die entsprechende Kostennote ist diesem Schreiben zu Ihrer Information beigefügt. Auch diese Kosten sind von Ihnen bis zum 30.5.2018 zu zahlen.

Sollten Sie nicht bis zum genannten Termin eine geeignete Unterlassungserklärung abgeben und die vorbezeichneten Kosten zahlen, wird mein Mandat unverzüglich gerichtlichen Rechtsschutz in Anspruch nehmen.

Mit freundlichen Grüßen

Dr. Maier, Rechtsanwältin

## Unterlassungserklärung

Elektrogroßmarkt E² GmbH

An der breiten Eiche 23

99001 Erfurt


verpflichtet sich gegenüber

Lebensmittelhändler Ludwig Laab, e.K.,

Straße der Astronauten 12

99084 Erfurt


es bei Meidung einer Vertragsstrafe in Höhe von 5001 EUR für jeden Fall der schuldhaften Zuwiderhandlung zu unterlassen, im geschäftlichen Verkehr zu Zwecken des Wettbewerbs zu werben, ohne den Grundpreis anzugeben, soweit dies nach § 2 I 1 PAngV erforderlich ist.

Weiter verpflichtet sich die Elektrogroßmarkt E² GmbH, die dem eingetragenen Kaufmann Laab durch Inanspruchnahme der Rechtsanwältin Dr. Maier entstandenen Kosten in Höhe von 745,40 EUR netto zu zahlen.


Erfurt, _____


_____

rechtsverbindliche Unterschrift

> Der Elektrogroßmarkt E² reagiert auf das Schreiben nicht. Daher beantragt Rechtsanwältin Dr. Maier für Laab nunmehr den Erlass einer einstweiligen Verfügung.

---

Rechtsanwältin Dr. Mandy Marina Maier

Max-Eyth-Str. 131

99085 Erfurt, 30.5.2018

per Bote

An das Landgericht Erfurt

3. Zivilkammer

Domplatz 37

99084 Erfurt

EILT! Bitte sofort vorlegen!

Antrag auf Erlass einer einstweiligen Verfügung

des

**Lebensmittelhändler Ludwig Laab, e.K.,**
Straße der Astronauten 12
99084 Erfurt

Prozessbevollmächtigte: Rechtsanwältin Dr. Maier, Erfurt

– Antragsteller

gegen

**die Elektrogroßmarkt E² GmbH**
vertreten durch die Geschäftsführer Linder und Bäumer
An der breiten Eiche 23
99001 Erfurt

– Antragsgegnerin

wegen Lauterkeitsrechtsverletzung.

**Streitwert: 10.000 EUR**

Ich beantrage namens und in Vollmacht des Antragstellers,

der besonderen Dringlichkeit wegen ohne mündliche Verhandlung,

1. der Antragsgegnerin bei Vermeidung eines vom Gericht für jeden Fall der künftigen Zuwiderhandlung festzusetzenden Ordnungsgeldes bis 250.000 EUR, ersatzweise Ordnungshaft, oder einer Ordnungshaft bis zu sechs Monaten, zu vollziehen an den Geschäftsführern, im Wege der einstweiligen Verfügung zu untersagen, im geschäftlichen Verkehr gegenüber Letztverbrauchern für Kaffeekapseln mit Preisangaben zu werben, ohne zugleich den Grundpreis gem. § 2 I, III PAngV anzugeben, wenn dies wie folgt geschieht:

Nuvino-Kaffeekapseln für Ihren Nuvino-Kaffeeautomaten

10 Stück 2,99 €

2. der Antragsgegnerin die Kosten des Verfahrens aufzuerlegen.

**Begründung:**

**I. Sachverhalt**

Der Antragsteller ist eingetragener Kaufmann und betreibt in Erfurt ein Lebensmitteleinzelhandelsgeschäft.

**Glaubhaftmachung:** eidesstaatliche Versicherung des Antragstellers

Die Antragsgegnerin betreibt in Erfurt einen Elektrogroßmarkt.

**Glaubhaftmachung:** Vorlage des Handelsregisterauszugs
eidesstaatliche Versicherung des Antragstellers

Am 15.5.2018 hat die Antragsgegnerin im »Erfurter Tageblatt« wie folgt geworben:

Nuvino-Kaffeekapseln für Ihren Nuvino-Kaffeeautomaten

10 Stück 2,99 EUR

**Glaubhaftmachung:** Vorlage des Erfurter Tageblatts vom 15.5.2018 mit der Anzeige der Antragsgegnerin, für das Gericht in Kopie anbei

Diese Anzeige ist lauterkeitswidrig. Der Antragsteller hat die Antragsgegnerin mit anwaltlichem Schreiben vom 23.5.2018 zur Unterlassung sowie zur Abgabe einer strafbewehrten Unterlassungserklärung aufgefordert. Die Antragsgegnerin hat auf dieses Schreiben nicht reagiert.

**Glaubhaftmachung:** Eidesstaatliche Versicherung des Antragstellers; eidesstaatliche Versicherung der Rechtsanwältin Dr. Maier

Daher ist es geboten, die Antragsgegnerin im Wege des einstweiligen Rechtsschutzes auf Unterlassung in Anspruch zu nehmen.

## II. Verfügungsanspruch

Der Antragstellerin steht gegen die Antragsgegnerin ein Anspruch auf Unterlassung aus § 3a UWG iVm § 2 I PAngV zu. Die Parteien sind Mitbewerber auf dem Lebensmittelmarkt (Verkauf von Kaffee an Konsumenten) in Erfurt.

Das Verhalten der Antragsgegnerin verstößt gegen § 2 I PAngV. Nach § 2 I PAngV muss derjenige, der Verbrauchern gewerbs- oder geschäftsmäßig Waren in Fertigpackungen nach Gewicht, Volumen, Länge oder Fläche anbietet, neben dem Gesamtpreis auch den Preis je Mengeneinheit einschließlich der Umsatzsteuer und sonstiger Preisbestandteile (Grundpreis) in unmittelbarer Nähe des Gesamtpreises gem. § 2 III 1, 2, 4 oder 5 PAngV angeben. Dieser Pflicht ist die Antragstellerin nicht nachgekommen. Sie hat nur den Preis für die Verpackungseinheit (10 Stück für 2,99 EUR), nicht aber den Grundpreis für den Kaffee (Preis pro kg bzw. 100 Gramm) angegeben. Eine solche Angabe muss aber beim Anbieten von Kaffeekapseln gemacht werden (OLG Jena GRUR 2006, 256).

§ 2 I 1 PAngV ist eine Marktverhaltensnorm iSd § 3a UWG, sodass die Antragsgegnerin durch den Verstoß auch lauterkeitswidrig gehandelt hat (OLG Jena, aaO).

Die Begehung des Lauterkeitsrechtsverstoßes begründet Wiederholungsgefahr.

## III. Verfügungsgrund

Die Sache ist eilbedürftig. Dringlichkeit ist gem. § 12 II UWG gegeben.

Beantragt wird, aufgrund besonderer Dringlichkeit die einstweilige Verfügung ohne mündliche Verhandlung zu erlassen. Es ist zu befürchten, dass die Antragsgegnerin zeitnah identisch wirbt. Zudem ist ihr aufgrund der Abmahnung bekannt, dass der Antragsteller ihr Verhalten für lauterkeitswidrig hält. Sie hatte die Möglichkeit, eine Schutzschrift bei Gericht zu hinterlegen.

Sollte die angerufene Kammer Bedenken gegen den Erlass der einstweiligen Verfügung ohne mündliche Verhandlung haben, bitten wir um einen kurzen Hinweis per Telefon oder E-Mail. Auch bitten wir um eine zeitnahe Information, wenn die einstweilige Verfügung erlassen worden ist.

Rechtsanwältin Dr. Maier

# Einstweilige Verfügung

Die Entscheidungsbegründung entspricht weitgehend der Begründung der Entscheidung LG Koblenz, 1. Kammer für Handelssachen, Beschl. v. 20.12.2016 – 1 HKO 108/16 = BeckRS 2016, 115999.

**Landgericht Erfurt**
4 O 131/18

**Im Namen des Volkes!**

In dem einstweiligen Verfügungsverfahren

Lebensmittelhändler Ludwig Laab, e.K.,

Straße der Astronauten 12

99084 Erfurt

– Verfahrensbevollmächtigte: Rechtsanwältin Dr. Maier, Erfurt

gegen

Elektrogroßmarkt E² GmbH

An der breiten Eiche 23

99001 Erfurt

hat die 3. Zivilkammer des Landgerichts Erfurt am 1.6.2018 entschieden:

I. Der Antragsgegnerin wird untersagt, im geschäftlichen Verkehr gegenüber Letztverbrauchern für Kaffeekapseln mit Preisangaben zu werben, ohne zugleich den Grundpreis gem. § 2 I, III PAngV anzugeben, wenn dies wie folgt geschieht:

Nuvino-Kaffeekapseln für Ihren Nuvino-Kaffeeautomaten

10 Stück 2,99 €

II. Wegen einer jeden Zuwiderhandlung wird die Antragsgegnerin zu einem Ordnungsgeld bis zu 250.000 EUR und für den Fall, dass dieses nicht beigetrieben werden kann, zur Ordnungshaft oder zur Ordnungshaft bis zu sechs Monaten verurteilt.

III. Die Antragsgegnerin hat die Kosten des Verfahrens zu tragen.

IV. Der Wert des Streitgegenstandes wird auf 20.000 EUR festgesetzt.

Gründe:

## I.

Im »Erfurter Tageblatt« vom 15.5.2018 warb die Antragsgegnerin für »Nuvino-Kaffeekapseln« mit einem Preis von »2,99 EUR« ohne Angabe des Preises je Mengeneinheit. Mit Schreiben vom 23.5.2018 forderte der Antragsteller die Antragsgegnerin auf, bis 30.5.2018 eine mit einer Vertragsstrafe bewehrte Unterlassungsverpflichtung abzugeben. Auf dieses Schreiben reagierte die Antragsgegnerin nicht.

Der Antragsteller beantragt,

der Antragsgegnerin bei Vermeidung eines vom Gericht für jeden Fall der künftigen Zuwiderhandlung festzusetzenden Ordnungsgeldes bis 250.000 EUR, ersatzweise Ordnungshaft, oder einer Ordnungshaft bis zu sechs Monaten, zu vollziehen an den Geschäftsführern, zu untersagen, im geschäftlichen Verkehr für Kaffeekapseln gegenüber Letztverbrauchern mit Preisanangaben zu werben, ohne zugleich den Grundpreis gem. § 2 I, III PAngV anzugeben, wenn dies wie folgt geschieht:

Nuvino-Kaffeekapseln für Ihren Nuvino-Kaffeeautomaten

10 Stück 2,99 EUR

## II.

1. Der Antrag auf Erlass der einstweiligen Verfügung ist zulässig und begründet.

a) Gemäß § 3 I UWG sind unlautere geschäftliche Handlungen unzulässig. Unlauter handelt nach § 3a UWG, wer einer gesetzlichen Vorschrift zuwiderhandelt, die auch dazu bestimmt ist, im Interesse der Marktteilnehmer das Marktverhalten zu regeln, wenn der Verstoß geeignet ist, die Interessen von Verbrauchern, sonstigen Marktteilnehmern oder Mitbewerbern spürbar zu beeinträchtigen.

Die Preisangabenverordnung, deren Zweck es ist, durch eine sachlich zutreffende und vollständige Verbraucherinformation Preiswahrheit und Preisklarheit zu gewährleisten und durch optimale Preisvergleichsmöglichkeiten die Stellung der Verbraucher gegenüber Handel und Gewebe zu stärken und den Wettbewerb zu fördern (BGH Urt. v. 3.7.2003 – I ZR 211/01 = NJW 2003, 3343 mwN), enthält Vorschriften, die auch dazu bestimmt sind, im Interesse der Marktteilnehmer das Marktverhalten zu regeln (Köhler/Bornkamm/Feddersen, UWG, 35. Aufl. 2017, § 3a Rn. 1.260 mwN). Wer Verbrauchern gewerbs- oder geschäftsmäßig oder wer ihnen regelmäßig in sonstiger Weise Waren in Fertigpackungen nach Gewicht anbietet, hat nach § 2 I 1 PAngV neben dem Gesamtpreis auch den Preis je Mengeneinheit einschließlich der Umsatzsteuer und sonstiger Preisbestandteile (Grundpreis) in unmittelbarer Nähe des Gesamtpreises anzugeben.

Gemäß § 8 I 1 UWG kann bei Wiederholungsgefahr auf Unterlassung in Anspruch genommen werden, wer eine nach § 3 UWG unzulässige geschäftliche Handlung vornimmt. Der Anspruch steht gem. § 8 III Nr. 1 UWG Mitbewerbern zu. Der Antragsteller ist Mitbewerber.

b) Die Bewerbung von »Nuvino-Kaffeekapseln für Ihren Nuvino-Kaffeeautomaten, 10 Stück 2,99 EUR« mittels des in der Zeitung veröffentlichten Inserats konnte von einem Verbraucher als Angebot im Sinne von Art. 2 I 1 PAngV, das Erzeugnis zu den genannten Bedingungen zu verkaufen, aufgefasst werden (vgl. BGH Urt. v. 26.2.2009 – I ZR 163/06 = GRUR 2009, 982 mwN; s. auch EuGH Urt. v. 7.7.2016 – C-476/14 = NJW 2016, 2557 zu Art. 1, 3 IV der Richtlinie 98/6 des Europäischen Parlaments und des Rates vom 16. Februar 1998 über den Schutz der Verbraucher bei der Angabe der Preise der ihnen angebotenen Erzeugnisse).

Da in dem Inserat der Preis je Mengeneinheit nicht angegeben war, handelte die Antragsgegnerin § 2 I 1 PAngV zuwider und deshalb unlauter (vgl. LG Düsseldorf Urt. v. 9.9.2015 – 12 O 465/14 = BeckRS 2016, 00629; s. auch OLG Koblenz Urt. v. 25.4.2006 – 4 U 1219/05 = GRUR-RR 2007, 23).

Ob der Grundpreis angegeben werden muss, wenn Waren in Fertigpackungen betroffen sind, die allgemein nach Gewicht angeboten werden (so wohl LG Düsseldorf Urt. v. 9.9.2015 – 12 O 465/14 = BeckRS 2016, 00629), oder ob die Angabe des Grundpreises entbehrlich ist, wenn solche Waren im konkreten Fall – hier: mittels eines Inserats, das eine Beschreibung ohne Gewichtangabe enthält und die Fertigpackung so abbildet, dass die dort angegebene Gewichtangabe nicht lesbar ist (s. § 1 VI 1 PAngV) – nicht nach Gewicht, sondern nach Stückanzahl angeboten werden, braucht nicht entschieden zu werden. Denn der Grundpreis von »Nuvino Kaffeekapseln, 10 Stück« musste schon deshalb angegeben werden, weil zum einen Kapseln mit Kaffeepulver gerichtsbekannt nicht stets dasselbe Gewicht haben (anders noch OLG Koblenz Urt. v. 25.4.2006 – 4 U 1219/05 = GRUR-RR 2007, 23, 24: »allgemein nur in 130 g-Packungen angeboten«) und zum anderen Verbrauchern ermöglicht werden muss, die Preise von Kaffee in Kapseln und von unverpacktem Kaffee zu vergleichen (vgl. LG Düsseldorf Urt. v. 9.9.2015 – 12 O 465/14 = BeckRS 2016, 00629).

Der Verstoß ist geeignet, die Interessen von Verbrauchern, sonstigen Marktteilnehmern oder Mitbewerbern spürbar zu beeinträchtigen. Der durchschnittliche Verbraucher (s. § 3 IV 1 UWG) muss den Grundpreis von »Nuvino-Kaffeekapseln, 10 Stück«

kennen, um einen Preisvergleich vornehmen zu können (anders noch OLG Koblenz Urt. v. 25.4.2006 – 4 U 1219/05 = GRUR-RR 2007, 23, 24). Dem gegenüber genügt der Umstand, dass die Antragsgegnerin, die einen Elektrofachmarkt betreibt, Kaffeekapseln nur als »Zusatzartikel« (vgl. OLG Koblenz Urt. v. 25.4.2006 – 4 U 1219/05 = GRUR-RR 2007, 23, 24; s. auch OLG Jena Urt. v. 2.11.2005 – 2 U 384/05 = BeckRS 2005, 14101) anbietet, nicht, um die Spürbarkeit der Beeinträchtigung der Verbraucherinteressen verneinen zu können.

Ferner ist der Verstoß der Antragsgegnerin für das Marktgeschehen von nicht nur unerheblicher Bedeutung. Er betrifft nicht nur die Kunden, die eine Kaffeemaschine oder Kaffeekapseln erwerben wollen, sondern alle Kunden, die die Elektrofachmärkte aufsuchen (vgl. OLG Jena Urt. v. 2.11.2005 – 2 U 384/05 = BeckRS 2005, 14101). Hierbei ist auch die erhebliche »Marktstärke« der Antragsgegnerin zu berücksichtigen, deren Werbung regelmäßig das Interesse einer großen Anzahl von Verbrauchern weckt (vgl. OLG Jena Urt. v. 2.11.2005 – 2 U 384/05 = BeckRS 2005, 14101 mwN).

2. Die Ordnungsmittelandrohung beruht auf § 890 II ZPO.

3. Die Kostenentscheidung folgt aus § 91 ZPO.

4. Die Festsetzung des Wertes des Streitwertes beruht auf § 51 II GKG.

[Unterschriften der Richter]

Die einstweilige Verfügung beinhaltet nur eine vorläufige Regelung des Rechtsverhältnisses. Um ein Hauptsacheverfahren zu vermeiden, können die Parteien durch eine vertragliche Vereinbarung die Wirkung einer rechtskräftigen Entscheidung simulieren. Mit einem **Abschlussschreiben** fordert der Antragsteller die Antragsgegnerin auf, eine **Abschlusserklärung** abzugeben → § 16 Rn. 45.

---

Rechtsanwältin Dr. Mandy Marina Maier
Max-Eyth-Str. 131
99085 Erfurt, 08.06.2018

Elektrogroßmarkt E² GmbH

An der breiten Eiche 23

99001 Erfurt

**Landgericht Erfurt, 4 O 131/18**

Sehr geehrte Damen und Herren,

wie Sie wissen, hat das Landgericht Erfurt unter dem Aktenzeichen 4 O 131/18 eine einstweilige Verfügung gegen Sie erlassen. Diese einstweilige Verfügung ist Ihnen ausweislich der vorliegenden Zustellungsurkunde am 2.6.2018 per Gerichtsvollzieher zugestellt worden.

Durch diese einstweilige Verfügung werden die Ansprüche unseres Mandanten nur vorläufig bis zum rechtskräftigen Abschluss eines gerichtlichen Hauptsacheverfahrens gesichert. Das Ihnen auferlegte Verbot beseitigt weder die aufgrund Ihrer Verletzungshandlung bestehende Wiederholungsgefahr noch wird hierdurch das Rechtsschutzbedürfnis zur Erhebung einer Hauptsacheklage beseitigt. Ich muss daher meinem Mandanten zur Hauptsacheklage raten.

Ein solches Verfahren können Sie vermeiden, wenn Sie die folgenden Erklärungen zum Abschluss des Verfahrens abgeben:

1. Sie erkennen die gegen Sie ergangene einstweilige Verfügung des LG Erfurt vom 1.6.2018, 4 O 131/18, als endgültige und zwischen den Parteien materiell-rechtlich verbindliche Regelung an und verzichten auf die Einlegung eines Widerspruchs gemäß § 924 ZPO sowie auf die Rechtsbehelfe der §§ 926, 927 ZPO (Setzung einer Frist zur Erhebung der Hauptsacheklage, Beantragung der Aufhebung der einstweiligen Verfügung wegen veränderter Umstände).

4. Sie verpflichten sich, die durch unsere Beauftragung entstandenen Kosten in Höhe von 1745,61 EUR und die von unserem Mandanten verauslagten Gerichtskosten in Höhe von 517,50 EUR zu erstatten.

Sollte die Abschlusserklärung und/oder die Zahlung nicht bis zum

15.6.2018

eingehen, erfolgt Klageerhebung.

Mit freundlichen Grüßen

Rechtsanwältin Dr. Maier

**Anmerkungen und Hinweise:**

Die Musterakte demonstriert beispielhaft den Ablauf einer lauterkeitsrechtlichen Streitigkeit.

1. Im Beispielsfall geht der Gläubiger nach einer Abmahnung (§ 12 I UWG) gerichtlich im Wege der einstweiligen Verfügung erfolgreich gegen den Verletzer vor. Da eine Entscheidung im einstweiligen Verfügungsverfahren hinsichtlich der Hauptsache nicht in Rechtskraft erwächst, schließt sich zur Vermeidung einer Hauptsacheklage das Abschlussschreiben (→ § 16 Rn. 45) an.

2. Ähnliche Fälle mussten das OLG Jena und das OLG Koblenz zum UWG 2004 entscheiden. Das OLG Koblenz verneinte eine erhebliche Beeinträchtigung des Wettbewerbs zum Nachteil der Mitbewerber oder Verbraucher.[1] Das OLG Jena nahm einen Lauterkeitsrechtsverstoß an.[2]

3. Eine Unterlassungserklärung ist der Abmahnung beigefügt. Der Schuldner muss diese nicht verwenden. Er kann die Erklärung auch selbst formulieren. Im Beispiel ist der typische Versuch erkennbar, eine möglichst weit gefasste Unterlassungserklärung zu erlangen.

4. Die Festsetzung der Vertragsstrafe auf einen Betrag von mehr als 5.000 EUR entspricht einer langjährigen Praxis. Jedenfalls die streitwertabhängige Zuständigkeit der Landgerichte soll herbeigeführt werden. In Rechtsprechung und Literatur ist es intensiv umstritten, ob für Ansprüche auf Zahlung einer Vertragsstrafe § 13 I UWG eine streitwertunabhängige Zuständigkeit der Landgerichte begründet.[3]

5. Zur Beseitigung der Wiederholungsgefahr ist es nicht erforderlich, sich zu verpflichten, die Anwaltskosten des Abmahnenden zu übernehmen.

6. In der Antragsschrift für den Erlass einer einstweiligen Verfügung empfiehlt es sich (ebenso wie in einer Klageschrift), zwischen Sachverhalt und rechtlichen Ausführungen zu trennen. Zwar müssen rechtliche Ausführungen nicht gemacht werden, aber sie machen dem Gericht das Rechtsschutzbegehren und die eigene Rechtsansicht deutlich. Auch dienen sie der Selbstkontrolle des Anwalts und helfen, Fehler zu vermeiden.

7. Im Verfahren der einstweiligen Verfügung müssen Tatsachen nicht bewiesen werden (§ 286 I ZPO). Es genügt die Glaubhaftmachung (§ 294 ZPO). Daher ist eine eidesstaatliche Versicherung möglich.

8. Die Rechtsanwältin bittet um telefonische Information, falls das Gericht dem Antrag nicht ohne mündliche Verhandlung stattgeben will. Sie wird dann wahrscheinlich den Antrag zurücknehmen. Eine solche Information durch das Gericht ist verfahrensrechtlich bedenklich (→ § 16 Rn. 42).

---

[1] OLG Koblenz GRUR-RR 2007, 23.
[2] OLG Jena GRUR 2006, 246.
[3] Für eine Anwendbarkeit des § 13 I 1 UWG OLG Jena GRUR-RR 2011, 199; OLG Schleswig GRUR-RR 2015, 358; LG Mannheim GRUR-RR 2015, 454; aA OLG Köln WRP 2014, 1369; Köhler/Bornkamm/Feddersen/*Köhler/Feddersen* UWG § 13 Rn. 2 mwN.

# Verzeichnis wichtiger Entscheidungen

| | | | | |
|---|---|---|---|---|
| EuGH | Rs. 8/74 | NJW 1975, 515 | Dassonville | § 5 Rn. 5 |
| EuGH | Rs. 120/78 | GRUR Int. 1979, 468 | Cassis de Dijon | § 5 Rn. 5 |
| EuGH | Rs. C-126/91 | GRUR Int. 1993, 763 | Yves Rocher | § 5 Rn. 8 |
| EuGH | Rs. C-67/91 und C-268/91 | GRUR Int. 1994, 56 | Keck und Mithouard | § 5 Rn. 5 |
| EuGH | Rs. C-210/96 | GRUR Int. 1998, 795 | Gut Springenheide | § 8 Rn. 61 |
| EuGH | Rs. C-220/98 | GRUR Int. 2000, 354 | Esteé Lauder/Lancaster (Lifting Creme) | § 5 Rn. 6 |
| EuGH | Rs. C-487/07 | GRUR 2009, 756 | L'Oréal/Bellure | § 13 Rn. 5 |
| | | | | |
| BVerfG | 1 BvR 1762/95 | GRUR 2001, 170 | Benetton-Werbung | § 6 Rn. 5 |
| BVerfG | 1 BvR 426/02 | GRUR 2003, 442 | Benetton-Werbung II | § 6 Rn. 6 |
| | | | | |
| BGH | I ZR 153/59 | GRUR 1961, 544 | Hühnergegacker | § 8 Rn. 67; § 12 Rn. 30 |
| BGH | Ib ZR 46/53 | GRUR 1965, 363 | Fertigbrei | § 12 Rn. 27 |
| BGH | I ZR 60/70 | GRUR 1972, 553 | Statt Blumen ONKO-Kaffee | § 13 Rn. 11 |
| BGH | I ZR 97/98 | GRUR 1981, 71 | Lübecker Marzipan | § 12 Rn. 109 |
| BGH | I ZR 158/82 | GRUR 1985, 550 | DIMPLE | § 4 Rn. 5 |
| BGH | I ZR 128/82 | GRUR 1985, 876 | Tchibo/Rolex | § 10 Rn. 34; § 10 Rn. 40 |
| BGH | I ZR 160/86 | GRUR 1989, 440 | Dresdner Stollen | § 12 Rn. 47 |
| BGH | I ZR 108/88 | GRUR 1990, 461 | Dresdner Stollen II | § 12 Rn. 47 |
| BGH | I ZR 204/89 | GRUR 1991, 852 | Aquavit (Linie-Aquavit) | § 12 Rn. 104 |
| BGH | I ZR 110/93 | GRUR 1995, 595 | Kinderarbeit | § 3 Rn. 9 |
| BGH | I ZR 239/93 | GRUR 1995, 598 | Ölverschmierte Ente | § 8 Rn. 18 |
| BGH | I ZR 180/94 | GRUR 2000, 600 | H.I.V. POSITIVE | § 3 Rn. 9 |
| BGH | I ZR 149/97 | GRUR 2000, 239 | Last-Minute-Reise | § 12 Rn. 104 |
| BGH | I ZR 167/97 | GRUR 2000, 619 | Orient-Teppichmuster | § 8 Rn. 62; § 12 Rn. 92 |
| BGH | I ZR 253/97 | GRUR 2000, 914 | Tageszulassung II | § 12 Rn. 104 |
| BGH | I ZR 28/98 | GRUR 2000, 1076 | Abgasemissionen | § 9 Rn. 3 |
| BGH | I ZR 284/00 | GRUR 2002, 360 | H.I.V. POSITIVE II | § 8 Rn. 18 |
| BGH | I ZR 250/00 | GRUR 2002, 825 | Elektroarbeiten | § 9 Rn. 4 |
| BGH | I ZR 207/00 | GRUR 2003, 242 | Dresdner Christstollen | § 12 Rn. 47 |
| BGH | I ZR 120/00 | WRP 2004, 746 | Zeitung zum Sonntag | § 8 Rn. 47 |
| BGH | I ZR 151/01 | GRUR 2004, 602 | Zwanzig Minuten Köln | § 8 Rn. 48 |
| BGH | I ZR 30/02 | GRUR 2005, 349 | Klemmbausteine III (Lego) | § 10 Rn. 45 |
| BGH | GSZ 1/04 | GRUR 2005, 882 | Unberechtigte Schutzrechtsverwarnung | § 10 Rn. 96 |
| BGH | I ZR 83/03 | GRUR 2006, 428 | Abschleppkosten-Inkasso | § 4 Rn. 20 |
| BGH | I 97/04 | GRUR 2007, 251 | Regenwaldprojekt II | § 12 Rn. 131 |
| BGH | I ZR 18/04 | GRUR 2007, 890 | Jugendgefährdende Medien bei eBay | § 8 Rn. 53 |
| BGH | I ZR 82/08 | GRUR 2008, 183 | Tony Taler | § 8 Rn. 163 |
| BGH | I ZR 114/06 | GRUR 2009, 597 | Halzband | § 8 Rn. 53 |
| BGH | I ZR 75/08 | GRUR 2010, 1022 | Ohne 19% Mehrwertsteuer | § 12 Rn. 60 |
| BGH | I ZR 139/08 | GRUR 2011, 152 | Kinderhochstühle im Internet | § 15 Rn. 59; § 16 Rn. 25 |

| | | | | |
|---|---|---|---|---|
| BGH | I ZR 54/11 | GRUR 2013, 301 | Solarinitiative | § 8 Rn. 18, § 8 Rn. 47 |
| BGH | I ZR 221/12 | GRUR 2014, 1013 | Original-Bach-Blüten | § 8 Rn. 68; § 12 Rn. 94; § 12 Rn. 99; § 12 Rn. 112 |
| BGH | I ZR 154/16 | | Adblock Plus | § 10 Rn. 86 |
| RG | II 295/80 | RGZ 3, 67 | Apollinaris/Apollinis | § 2 Rn. 3 |
| RG | I 418/03 | RGZ 58, 24 | Juteplüsch | § 10 Rn. 96 |
| RG | II 514/30 | RGZ 134, 342 | Benrather Tankstellenfall | § 1 Rn. 7 |

# Sachverzeichnis

(Die Angaben verweisen auf die Randnummern)

Abfangen von Kunden § 10 Rn. 65
Abmahnung § 10 Rn. 98; § 15 Rn. 96; § 16 Rn. 8
Abnehmerverwarnung § 10 Rn. 14, 95
Absatzbehinderung § 10 Rn. 59
Abschleppkosten § 4 Rn. 20
Abschlusserklärung § 16 Rn. 3, 45
Abschlussschreiben § 16 Rn. 3, 45
abstrakte Gefahr § 8 Rn. 48
abstrakte Gefährdungstatbestände § 2 Rn. 7; § 3 Rn. 3, 13
Abwerben von Mitarbeitern § 10 Rn. 90
Ad-Blocker § 4 Rn. 27; § 10 Rn. 86
AdWords § 10 Rn. 83
agressive geschäftliche Handlung § 11 Rn. 6
akademischer Grad § 12 Rn. 69
Aktivlegitimation § 15 Rn. 81
allgemeine Marktbehinderung (Marktstörung) § 8 Rn. 45
Ambush-Marketing § 10 Rn. 67
Angabe (Irreführung) § 12 Rn. 27
Anschwärzung § 10 Rn. 11
Ansprechen am Unfallort § 11 Rn. 27
Ansprechen in der Öffentlichkeit § 14 Rn. 16
Anspruchsberechtigung der Mitbewerber § 15 Rn. 86
Anstandsgefühl aller billig und gerecht Denkenden § 8 Rn. 6
Anwaltsrangliste § 6 Rn. 6
Anzeigeblätter § 12 Rn. 155
Arbeitsgerichte (Zuständigkeit in UWG-Sachen) § 16 Rn. 54
Arbeitszeitgesetz (ArbZG) § 9 Rn. 1
Arzneimittelgesetz (AMG) § 12 Rn. 22
Aufbrauchfrist § 15 Rn. 40
Aufmerksamkeitswerbung § 11 Rn. 25
Auskunftsanspruch § 15 Rn. 111
Auslegung
 – gespaltene § 5 Rn. 15
 – richtlinienkonforme § 5 Rn. 14
außergerichtliche Streitbeilegung § 16 Rn. 8
Ausspannen und Abfangen von Kunden § 10 Rn. 60
Austauschbarkeit § 13 Rn. 19

B2B § 2 Rn. 9; § 5 Rn. 11, 16; § 8 Rn. 25
B2C § 2 Rn. 9; § 5 Rn. 11, 16; § 8 Rn. 25
bait-and-switch-Praktiken § 8 Rn. 84
»beats the bendz« § 13 Rn. 41
Beauftragter § 15 Rn. 76
Bedarfsmarktkonzept § 4 Rn. 24; § 13 Rn. 22
Beeinträchtigung der Wettbewerbsbeziehungen § 7 Rn. 8

Behavioural Economics § 1 Rn. 2
Behinderung § 10 Rn. 56
 – »gezielt« § 10 Rn. 55
Belästigung § 11 Rn. 6f.; § 14 Rn. 12
Berechtigungsanfrage § 16 Rn. 11
Beschlussverfügung § 16 Rn. 43
Beseitigungsanspruch § 15 Rn. 13, 41, 43
Bestattungsunternehmen § 4 Rn. 21
Betriebsspionage § 17 Rn. 14
Betriebsstörung § 10 Rn. 88
BGB § 1 Rn. 10; § 14 Rn. 51
BGB (Verjährung) § 15 Rn. 131
Bierverordnung § 12 Rn. 40
Blacklist § 2 Rn. 11
bösgläubige Markenanmeldung § 10 Rn. 71; § 15 Rn. 7
Boykott § 10 Rn. 102
Briefkastenwerbung § 14 Rn. 23
Bürgerliches Recht § 10 Rn. 52; § 14 Rn. 51
Business to Business s. B2B
Business to Consumer s. B2C
Bußgeld § 15 Rn. 5

CE-Kennzeichnung § 8 Rn. 76
Chapman's Peak Drive § 13 Rn. 41
Charta der Grundrechte der EU (GRCh) § 6 Rn. 7
Chicago School § 1 Rn. 2
Coaching § 10 Rn. 1
Coca-Cola-Rezept § 17 Rn. 5
Code Civil § 2 Rn. 3
Code of Conduct § 4 Rn. 33
concurrence déloyale § 2 Rn. 3
Corporate Intelligence § 17 Rn. 6

Dauerschuldverhältnis § 16 Rn. 34
Deregulierung § 2 Rn. 8
Deutscher Werberat § 15 Rn. 11
Diätmittel § 15 Rn. 116
Diebstahl § 10 Rn. 42
Dieselskandal § 17 Rn. 2; § 15 Rn. 125
Domainnamen § 10 Rn. 79
Dönerimbiss § 4 Rn. 1
Doppelkontrolle § 10 Rn. 51
Double-opt-in-Verfahren § 14 Rn. 39
dreifache Schadensberechnung § 15 Rn. 104
Dresdner Stollen § 12 Rn. 47
Dringlichkeitsvermutung § 16 Rn. 37
»Drücker« § 8 Rn. 138
DS-GVO § 11 Rn. 20; § 14 Rn. 7
Dual-Use § 4 Rn. 28
Duftnoten § 13 Rn. 27

durchschnittlich informierter und verständiger Verbraucher § 8 Rn. 63

E-Commerce § 14 Rn. 47
E-Commerce-RL § 7 Rn. 14
Effizienz § 15 Rn. 8
Eigenpreisgegenüberstellungen § 12 Rn. 120
Eilbedürftigkeit § 16 Rn. 2
EinhZeitG § 8 Rn. 56
Einigungsstellen § 16 Rn. 59
einstweilige Verfügung § 16 Rn. 3, 35
Einwirkungsort § 7 Rn. 9
EMRK § 6 Rn. 7
Erfahrungswissen § 12 Rn. 111
Erfolgsort § 7 Rn. 17
Erfolgsunrecht § 15 Rn. 60
Ergänzender wettbewerbsrechtlicher Leistungsschutz § 10 Rn. 20
Erkennbarkeit (vergleichende Werbung) § 13 Rn. 13
Erstbegehungsgefahr § 15 Rn. 32
Europarecht § 5 Rn. 1

Fabrikverkauf § 12 Rn. 64
Festhalten zum Vertragsabschluss § 8 Rn. 126
fliegender Gerichtsstand § 16 Rn. 57
Flucht in die Generalklausel § 8 Rn. 5
flüchtiger Durchschnittsverbraucher § 8 Rn. 60
Flüchtlinge (Schutzstandard) § 8 Rn. 69
Frühstückscerialien § 11 Rn. 18
funktionales Verständnis des UWG § 8 Rn. 16

Garantieversprechen § 12 Rn. 80
Gefahr § 8 Rn. 48
Gefährdungshaftung § 16 Rn. 44
gefühlsbetonte Werbung § 6 Rn. 6
Geheimnisverrat § 17 Rn. 12
Gemeinkosten § 15 Rn. 109
Generalklausel § 8 Rn. 5
Gerichtsstand des Begehungsortes § 16 Rn. 56
Geschäftliche Entscheidung § 4 Rn. 39
geschäftliche Handlung § 4 Rn. 3, 8
Geschäftsgeheimnis § 17 Rn. 5
Geschäftsgeheimnisse, Gesetz zum Schutz von § 17 Rn. 23
Geschäftsmodell § 15 Rn. 74
Geschäftsmodell-Argument § 15 Rn. 74
Geschäftspraktik (UGP-RL) § 4 Rn. 8
gesetzliche Schuldverhältnisse § 16 Rn. 21
gespaltene Verkehrsauffassung § 8 Rn. 68; § 12 Rn. 93
Gesundheitswerbung § 8 Rn. 113
Getarnte Werbung § 8 Rn. 97; § 12 Rn. 146
Gewährleistungsrecht § 12 Rn. 80
Gewerbefreiheit § 2 Rn. 2
Gewinnabschöpfung (§ 10 UWG) § 15 Rn. 116
gezielte Behinderung § 10 Rn. 55
Glücksspiele § 8 Rn. 109

Google AdWords § 10 Rn. 83
GrCH
– Verhältnis zum GG § 6 Rn. 7
Großkanzlei § 9 Rn. 1
Großmärkte § 3 Rn. 3
Grundsatz der Nachahmungsfreiheit § 10 Rn. 20
GS-Zeichen § 8 Rn. 76
Gütezeichen § 8 Rn. 76

Hackerangriff § 10 Rn. 42
Handelsstrukturen § 3 Rn. 3
Handlungsort § 7 Rn. 17
Haustürwerbung § 14 Rn. 19
Headhunter § 10 Rn. 91
Health-Claims-VO § 12 Rn. 40
Heilmittelwerbegesetz (HWG) § 12 Rn. 22
Hemmung (Verjährung) § 15 Rn. 139
Herabsetzung (§ 4 Nr. 1 UWG) § 10 Rn. 2
Herkunftsfunktion (Markenrecht) § 10 Rn. 22
Herkunftslandprinzip § 7 Rn. 12
Herkunftstäuschung § 8 Rn. 100; § 10 Rn. 34
Herstellerverwarnung § 10 Rn. 14, 95
Hoheitliche Autorität, Werbung mit § 11 Rn. 28

Immitationswerbung § 13 Rn. 42
Industrial Organization (klassische Industrieökonomik) § 1 Rn. 2
Informationspflichten § 12 Rn. 140
Inländerdiskriminierung § 5 Rn. 8
Interessenabwägung § 8 Rn. 41; § 12 Rn. 105
Internationale Zuständigkeit § 7 Rn. 16
Internationales Lauterkeitsrecht § 7 Rn. 1
Internationales Privatrecht (IPR) § 7 Rn. 2
Irreführung durch Unterlassen § 12 Rn. 127
Irreführung durch Vorenthalten einer wesentlichen Information § 12 Rn. 133
Irreführungsquote § 12 Rn. 98
Irreführungsverbot § 12 Rn. 1, 24

Josef Kohler § 8 Rn. 8
Jubiläumsverkäufe § 12 Rn. 53

Kartellrecht § 1 Rn. 6 f.; § 10 Rn. 50
Kaufmotivator § 8 Rn. 134; § 11 Rn. 18
Kennzeichen § 13 Rn. 34
Kennzeichenrecht § 10 Rn. 70; § 13 Rn. 36
Kerntheorie § 15 Rn. 35
Keyword-Advertising § 10 Rn. 83
Kinder § 8 Rn. 131
klassische Wettbewerbstheorie § 1 Rn. 2
Know-how § 17 Rn. 5
Know-how-RL § 17 Rn. 22
kommunaler Gartenbaubetrieb § 4 Rn. 1
Kommunalrecht § 4 Rn. 16
konkretes Wettbewerbsverhältnis § 4 Rn. 23, 25
Kontrollnummernbeseitigung § 10 Rn. 68
Konzept der Wettbewerbsfreiheit § 1 Rn. 2

koordinierter Bereich (E-Commerce-RL) § 7 Rn. 14
Kopplungsangebote § 12 Rn. 59
Kostenwiderspruch § 16 Rn. 30
Küchen-Fabrik § 12 Rn. 63
Kundendienst § 8 Rn. 123

Landespressegesetz § 12 Rn. 151
lauterkeitsrechtliche Verkehrspflicht § 8 Rn. 53
lauterkeitsrechtlicher Nachahmungsschutz § 10 Rn. 22
Lebensmittelkennzeichnungsverordnung (LMKV) § 12 Rn. 40
Lego § 10 Rn. 1
Leistungsverfügung § 16 Rn. 36
Leistungswettbewerb § 3 Rn. 9; § 8 Rn. 7
Leserzeitung § 8 Rn. 48
LFGB § 12 Rn. 22
Lockangebote § 8 Rn. 81

Made in Germany § 12 Rn. 48
Markenanmeldung § 15 Rn. 33
MarkenG § 12 Rn. 114
Markenrecht § 10 Rn. 22; § 12 Rn. 114; § 13 Rn. 5
Markenrecht und UWG § 12 Rn. 50
Marktort § 7 Rn. 2
Marktortprinzip § 7 Rn. 2
Marktteilnehmer § 4 Rn. 31
Marktverhalten § 9 Rn. 4
Marktverhaltensnorm § 8 Rn. 52; § 9 Rn. 8
Marktverhaltensregelung § 8 Rn. 52; § 9 Rn. 3
Marktzugangsregelung § 9 Rn. 4
materielle Rechtskraft § 16 Rn. 3
Mehrfachabmahnungen § 16 Rn. 23
Missbrauch von Nachfragemacht § 10 Rn. 100
Mitarbeiter § 15 Rn. 76
Mitbewerber § 4 Rn. 23; § 10 Rn. 3
Mittäterschaft § 15 Rn. 54
mittelbare Täterschaft § 15 Rn. 54
moralischer Kaufzwang § 11 Rn. 10
more economic approach § 1 Rn. 2
Multi-Level-Marketing § 8 Rn. 106
Multi-State-Fälle § 7 Rn. 10

Nachahmung § 8 Rn. 57; § 10 Rn. 30
Nachricht (§ 2 I Nr. 4 UWG) § 4 Rn. 32
neuer Hamburger Brauch § 16 Rn. 33
Nichtverlassen der Wohnung § 8 Rn. 128
non-compete clause § 17 Rn. 12
normative Verkehrsauffassung § 12 Rn. 94
Nötigung § 11 Rn. 6
Nötigung (§ 4a I 2 Nr. 2 UWG) § 11 Rn. 8

öffentliche Hand § 4 Rn. 16
Öffentliches Recht § 4 Rn. 17
opt-out § 14 Rn. 38
örtliche Zuständigkeit § 16 Rn. 55

PAngV § 8 Rn. 56
Pariser Verbandsübereinkunft (PVÜ) § 7 Rn. 18
Patent § 15 Rn. 8
Patentrecht § 17 Rn. 5
Per-se-Verbote § 8 Rn. 72
persönliche Sicherheit, Drohung mit einer Gefahr für die § 8 Rn. 99
Popularklagebefugnis § 15 Rn. 82
Preisausschreiben § 8 Rn. 116
Preisgestaltungsfreiheit § 10 Rn. 109
Preisunterbietung § 10 Rn. 109
Preisvergleich § 13 Rn. 28
Presse § 4 Rn. 6; § 15 Rn. 102
Pressemarkt § 8 Rn. 48
private Willensäußerung § 4 Rn. 11
Privatsphäre § 14 Rn. 3
produktbezogene Irreführung § 12 Rn. 35
Produktplatzierungen (Fernsehen, Film) § 12 Rn. 157
progressive Kundenwerbung § 17 Rn. 2, 4; § 8 Rn. 103f.
Prozessführungsbefugnis § 15 Rn. 81
Prüfpflichten § 15 Rn. 58
Pyramidensystem § 8 Rn. 103

Rabattgesetz § 2 Rn. 6
Räumungsverkäufe § 8 Rn. 107; § 12 Rn. 53
Räumungsverkäufe, jahrelange § 2 Rn. 4
Rechnungslegungsanspruch § 15 Rn. 114
Rechtsdurchsetzung § 15 Rn. 1
Recht am eingerichteten und ausgeübten Gewerbebetrieb § 2 Rn. 5
Recht des geistigen Eigentums § 1 Rn. 8; § 10 Rn. 23; § 13 Rn. 5; § 15 Rn. 60, 104; § 12 Rn. 67
Rechtsmissbrauch (§ 8 IV UWG) § 15 Rn. 93
Regelbeispieltechnik § 2 Rn. 10
Relevanz § 8 Rn. 55
Reverse Engineering § 17 Rn. 14; § 10 Rn. 43
Richtlinienkonforme Auslegung § 5 Rn. 14
RL 2016/943/EU über den Schutz von Geschäftsgeheimnissen (Know-how-RL) § 17 Rn. 8
Rom II-VO § 7 Rn. 3
Rufausbeutung § 13 Rn. 35
Rufbeeinträchtigung § 13 Rn. 39

sachliche Zuständigkeit § 16 Rn. 52
sachlicher Anwendungsbereich § 4 Rn. 2
Sammelklage § 15 Rn. 119
Sanktionsinstrumentarium § 15 Rn. 2
Schadensersatzanspruch § 15 Rn. 100
Scheibenwischerwerbung § 14 Rn. 25
Schleichwerbung § 12 Rn. 156
Schlussverkäufe § 12 Rn. 53
Schneeballsysteme § 2 Rn. 7; § 8 Rn. 103; § 17 Rn. 2
Schockwerbung § 6 Rn. 6
Schriftformerfordernis § 16 Rn. 31
Schubladenverfügung § 16 Rn. 42

Schuldner des Unterlassungsanspruchs § 15 Rn. 50
Schutzhöchststandard § 8 Rn. 54
Schutzobjekt § 3 Rn. 3
Schutzsubjekt § 3 Rn. 3
schutzwürdiger Besitzstand § 10 Rn. 74
Schutzzweck § 3 Rn. 2, 6, 10
Schutzzwecktrias § 3 Rn. 3, 6
schwarze Liste (»Black List«, Anhang § 3 III UWG) § 2 Rn. 11
»Schwarztaxi« § 9 Rn. 1
Schwimmbad § 4 Rn. 1
Selbstregulierung § 4 Rn. 33
Selbstverständlichkeiten, Webung mit § 12 Rn. 38
Sittenwidrigkeit § 2 Rn. 4; § 8 Rn. 5
situationsadäquate Aufmerksamkeit § 8 Rn. 63
Sonderdeliktsrecht § 1 Rn. 8; § 15 Rn. 52
sonstige Marktteilnehmer § 3 Rn. 6
Spätaussiedler § 8 Rn. 69
Spendenwerbung § 14 Rn. 11
Spieltheorie § 1 Rn. 2
Splitscreen-Werbung § 12 Rn. 156
Sponsoring § 12 Rn. 75
Sprache von Kundendienstleistungen § 8 Rn. 91
Stiftung Warentest § 8 Rn. 77; § 12 Rn. 52
Störerhaftung § 15 Rn. 55
Strafbare Werbung § 17 Rn. 2
strafbewehrte Unterlassungserklärung § 15 Rn. 140; § 16 Rn. 2
Streitwertbegünstigung § 16 Rn. 49
Streuschäden § 15 Rn. 15
Strukturvertriebe § 8 Rn. 106
subjektives Tatbestandsmerkmal § 8 Rn. 42

Tageszeitung § 8 Rn. 48
Tante-Emma-Läden § 3 Rn. 1
Täter § 15 Rn. 53, 61
Täuschung über den Zeitpunkt der Verfügbarkeit § 8 Rn. 89
teilweise harmonisiertes Recht § 5 Rn. 14
Telefonwerbung § 14 Rn. 29; § 17 Rn. 24
Testkäufe § 10 Rn. 89
TMG § 7 Rn. 12; § 15 Rn. 69
Trennungsgebot § 12 Rn. 151
TRIPS § 7 Rn. 18
Typosquatting § 10 Rn. 82

UGP-RL § 2 Rn. 11; § 5 Rn. 10
UKlaG § 15 Rn. 91
Umweltschutz § 9 Rn. 1
Unberechtigte Abmahnung § 10 Rn. 98; § 16 Rn. 25
unberechtigte Schutzrechtsverwarnung § 1 Rn. 10; § 10 Rn. 14, 95
unbestellte Waren § 8 Rn. 135
Unentgeltlichkeit, Täuschung über § 8 Rn. 118
Unionsrecht § 5 Rn. 1; § 8 Rn. 39

Unlauterkeit wegen Grundrechtsverletzung § 8 Rn. 43
Unterlassungsanspruch § 15 Rn. 14, 21
– Schuldner § 15 Rn. 50
Unterlassungserklärung § 15 Rn. 28
Unterlassungsvollstreckung § 16 Rn. 51
Unternehmensinhaber § 15 Rn. 79
Unternehmer § 4 Rn. 15, 34
Unternehmergeneralklausel § 8 Rn. 19
Unternehmerische Sorgfalt § 4 Rn. 35; § 8 Rn. 52
unverbindliche Preisempfehlung § 12 Rn. 60
unverfälschter Wettbewerb § 3 Rn. 8
Unzulässige Beeinflussung (§ 4a I 2 Nr. 3 UWG) § 11 Rn. 6, 11
Unzumutbare Belästigung § 14 Rn. 1
Urheberrecht § 13 Rn. 6
Urteilsbekanntmachung § 16 Rn. 47
UWG § 12 Rn. 121

Verbände § 15 Rn. 3
Verbraucher § 4 Rn. 28
Verbrauchergeneralklausel § 8 Rn. 32, 49
Verbraucherleitbild § 2 Rn. 8; § 5 Rn. 6; § 8 Rn. 59
Verbraucherschutz § 5 Rn. 5
Verbraucherverbände § 15 Rn. 90
Verbraucherzentrale § 15 Rn. 91
verfassungskonforme Auslegung § 6 Rn. 6
Verfassungsrecht § 6 Rn. 1; § 8 Rn. 40; § 12 Rn. 19
Vergleichende Werbung
– § 5 III UWG § 12 Rn. 118
– § 6 UWG § 13 Rn. 1
Verhaltenskodex § 4 Rn. 33; § 8 Rn. 73; § 12 Rn. 78
Verhaltensunrecht § 15 Rn. 60
Verhältnis GG/GRCh § 6 Rn. 8
Verhältnismäßigkeit § 5 Rn. 6
Verhinderung ausländischer Konkurrenz § 10 Rn. 76
Verjährung § 15 Rn. 131
– BGB § 15 Rn. 131
Verkehrsfähigkeit § 8 Rn. 93
Verkehrsförderungsmaßnahmen § 11 Rn. 22
Verkehrspflichten, lauterkeitsrechtliche § 8 Rn. 53; § 15 Rn. 55
Verleiten zum Vertragsbruch § 10 Rn. 63
Verrat von Betriebs- und Geschäftsgeheimnissen § 17 Rn. 7
Versicherungsvertrag § 8 Rn. 129
Verteidigung des Rechts § 15 Rn. 9
Vertragsbedingungen, Irreführung über § 12 Rn. 61
Vertragsrecht § 1 Rn. 11
Verunglimpfung § 10 Rn. 4
Verwirkung § 15 Rn. 131, 141
vollständige Konkurrenz, Theorie der § 1 Rn. 2
Vorbenutzungsrecht § 10 Rn. 73
Vorlagenfreibeuterei § 17 Rn. 7, 18
vorsätzliche irreführende Werbung § 17 Rn. 2

Wahrheit § 10 Rn. 15
Warenverkehrsfreiheit § 2 Rn. 8; § 5 Rn. 3
Warenverkehrsfreiheit (Art. 34, 36 AEUV) § 12 Rn. 18
WeinG § 12 Rn. 22
Werbeblocker § 4 Rn. 27; § 10 Rn. 86
Werbe-RL § 5 Rn. 9; § 12 Rn. 14
Werbeselbstkontrolle § 15 Rn. 11
Werbung, Definition § 12 Rn. 14; § 13 Rn. 8
Werbung in Schulen und Hochschulen § 14 Rn. 21
Werbung mit Selbstverständlichkeiten § 8 Rn. 95
Werkspionage § 10 Rn. 42
wertvoller Besitzstand § 12 Rn. 106; § 15 Rn. 142
Wesentliche Beeinflussung § 4 Rn. 38
Wettbewerb § 1 Rn. 1
wettbewerbliche Eigenart § 10 Rn. 25, 33
Wettbewerbsabsicht § 4 Rn. 5
Wettbewerbsförderung § 4 Rn. 5
Wettbewerbsfreiheit § 6 Rn. 2
Wettbewerbshandlung § 4 Rn. 7
Wettbewerbspolitik § 1 Rn. 2
Wettbewerbsrecht, Begriff § 1 Rn. 5
Wettbewerbsverhältnis § 4 Rn. 24
»Why the poor pay more« § 8 Rn. 67
Widerrufsanspruch § 15 Rn. 42, 46

Wiederholungsgefahr § 15 Rn. 25
wirtschaftspolitische Neutralität § 6 Rn. 2
Wirtschaftsspionage § 17 Rn. 6
workable-competition-approach § 1 Rn. 2

Zugabeverordnung § 2 Rn. 6
Zugang (Abmahnung) § 16 Rn. 20
Zünfte § 2 Rn. 2
Zusendung unbestellter Waren § 14 Rn. 24
Zuständigkeit, örtliche § 16 Rn. 55
Zuständigkeit, sachliche § 16 Rn. 52

§ 13 BGB § 4 Rn. 28
§ 823 I BGB § 1 Rn. 10; § 10 Rn. 96; § 14 Rn. 3, 51
§ 823 II BGB § 1 Rn. 10
§ 826 BGB § 1 Rn. 10
§ 831 BGB § 15 Rn. 122
§ 10 TMG § 15 Rn. 71
§ 97 IV UrhG § 16 Rn. 25
§ 97a UrhG § 16 Rn. 15
§ 6e UWG § 12 Rn. 121
Art. 5 I 1 GG § 6 Rn. 5
Art. 12 I GG § 6 Rn. 4
Art. 14 I GG § 6 Rn. 4
Art. 39 I TRIPS § 7 Rn. 18